WILLIAM BRAMLEY

DIE GÖTTER VON EDEN

Eine neue Betrachtung der Menschheitsgeschichte

IN DER TAT VERLAG

DIE GÖTTER VON EDEN

Aus dem Amerikanischen von Renate Hué-Cerino

Illustrationen auf der dem Beginn eines jeden Kapitels gegenüberliegenden Seite aus: Miltons verlorenes Paradies von Gustave Doré, herausgegeben von Robert Vaughn, D. D. (New York, Pollard & Moss, 1885).

ISBN 978-389539-075-3
6. Auflage 2015

IN DER TAT VERLAG
Ammergauer Str. 80, 86971 Peiting
Telefon 08861 . 59018 · Fax 08861 . 67091
www.michaelsverlag.de

Für all jene, die viele Stunden, für die ihnen niemand gedankt hat, auf der Suche nach der Wahrheit verbracht haben, wer immer sie auch sein mögen.

Und natürlich danke ich Elizabeth.

Inhalt

KAPITEL 1

Beginn der Recherchen

Als ich anfing, mich damit zu beschäftigen, warum die Menschen gegeneinander Krieg führen, waren die besser als "UFOs" bekannten unidentifizierten Flugobjekte das Letzte, was mir dabei in den Sinn kam. Die vielen Zeitschriften über fliegende Untertassen, die früher an den Zeitschriftenständen auslagen, waren es meiner Meinung nach nicht wert, daß man sich ernsthaft mit ihnen befaßte. Ich war auch nicht der Ansicht, daß dem Phänomen UFO so große Bedeutung zuzumessen sei, selbst, wenn es einen Beweis für die Existenz außerirdischer Wesen darstellte. Mir schien es viel wichtiger zu sein, die konkreten Probleme zu lösen, die Krieg und menschliches Leid schufen, als darüber zu dikutieren, ob vielleicht "kleine grüne Marsmännchen" der Erde hin und wieder einen Besuch abstatteten oder nicht.

1979 begann ich mit den Recherchen zu diesem Buch; der Wunsch, daß es keine Kriege mehr geben möge, wurde jedoch schon viel früher in mir geweckt, als ich gerade eben acht Jahre alt war. Damals waren in meinem Freundeskreis Kriegsfilme sehr populär; und wir spielten am liebsten "Soldaten". In der Regel kommandierte ich die eine Gruppe von Kindern, und mein Freund David führte die Gegner an. Die Schlachten, die wir uns ausdachten, zeichneten sich genau wie im Fernsehen durch Romantik und Opferbereitschaft aus. Unser größter Held in dieser Zeit war der verstorbene Schauspieler Vic Morrow, der seine Männer in der Fernsehserie *Combat!* jede Woche mit Bravour zum Sieg führte.

Eines Samstagnachmittags sah ich im Fernsehen einen Hollywoodfilm. Er unterschied sich in nichts von irgendeinem anderen Kriegsfilm, nur, daß er ein kurzes Stück grausiger Wirklichkeit enthielt. Zum ersten Mal in meinem Leben sah ich einige Meter eines Dokumentarfilms über ein echtes Konzentrationslager der Nazis. Noch lange, nachdem der Film zu Ende war, verfolgten mich die Bilder, wie skelettähnliche Körper in große

Gruben geworfen wurden. Wie so viele andere konnte ich nur schwer fassen, daß die Nazis fähig waren, Menschen wie Brotlaibe in Ziegelbacköfen zu schieben und kurz danach die verkohlten Überreste herauszuziehen. In Sekundenschnelle zeichneten jene körnigen Schwarzweißbilder das wahre Bild des Krieges. Hinter den wehenden Fahnen und der aufrüttelnden Rhetorik steckt nicht viel mehr als eine entartete Psychose. Während Kriegsfilme und -spiele bisweilen noch Spaß machen können, ist die Wirklichkeit unvorstellbar.

Jahrhundertelang haben Wissenschaftler und Philosophen zu ergründen versucht, warum die Menschen Kriege führen. Sie haben festgestellt, daß sich fast alle Geschöpfe der Erde von Zeit zu Zeit gegenseitig bekämpfen, wobei es im allgemeinen um Nahrung, Territorium oder Fortpflanzung geht. Agression scheint ein generelles mit dem Überleben zusammenhängendes Verhalten zu sein. Auch andere Faktoren können zum Ausbruch von Kriegen beitragen. Der Analytiker muß so veränderliche Größen wie die menschliche Psychologie, Soziologie, politische Führung, Wirtschaftlage und natürliche Umwelt berücksichtigen. Viele Philosophen haben jedoch fälschlicherweise alle menschlichen Motive mit den im Tierreich angetroffenen gleichgesetzt. Das ist ein Fehler, denn Intelligenz gebiert Komplexität. Je intelligenter ein Geschöpf ist, desto vielschichtiger werden auch seine Motive. Es ist nicht schwer zu verstehen, warum sich zwei Straßenkatzen um Speisereste balgen, es wäre jedoch nicht richtig, einem Terroristen, der auf einem Flugplatz eine Bombe deponiert, eine ebenso einfache Denkungsweise zu unterstellen.

Ausgangspunkt der vorliegenden Untersuchung war ein einziger Gedanke, auf den ich gestoßen war. Dieser Gedanke ist sicher nicht neu und scheint sich auf den ersten Blick in einem eng begrenzten Rahmen zu bewegen. Dennoch ist er recht bedeutsam, weil er sich mit einer Motivation befaßt, die nur von hochintelligenten Geschöpfen formuliert werden kann:

Der Krieg an sich kann eine wertvolle Ware sein.

Allein die Tatsache einer gewaltsamen Auseinandersetzung zwischen Menschengruppen kann, unabhängig davon, worum die Menschen kämpfen, als solches für irgendjemanden wertvoll sein. Ein augenfälliges Beispiel dafür ist ein Waffenhersteller, der Kriegsmaterial an kriegführende Staaten verkauft, oder ein Kreditinstitut, das Regierungen in Kriegszeiten Darlehen gewährt. Beide können allein aus dem Vorhandensein eines Krieges wirtschaftlichen Nutzen ziehen, sofern sie selbst durch die Gewalt nicht unmittelbar betroffen sind.

Der Wert des Krieges als Ware liegt aber nicht nur einem finanziellen Gewinn:

Krieg kann ein wirksames Mittel zur Aufrechterhaltung der sozialen und politischen Kontrolle über eine große Bevölkerung sein.

Im 16. Jahrhundert bestand Italien aus zahlreichen unabhängigen Fürstentümern, die häufig im Krieg miteinander standen. Wenn ein Fürst eine benachbarte Stadt besiegt hatte, pflegte er bisweilen innenpolitische Konflikte unter den besiegten Bürgern auszulösen. Das war eine wirksame Methode zur Aufrechterhaltung der politischen Kontrolle über die Bevölkerung, weil die unaufhörlichen Querelen sie davon abhielt, sich gegen den Eroberer zu verbünden. Dabei spielte es kaum eine Rolle, worüber die Leute sich zankten, solange sie gegeneinander kämpfen und nicht gegen den Fürsten.

Durch Krieg kann man ein Volk auch darin bestärken, in einer Weise zu denken, wie es dies sonst nicht tun würde, und die Schaffung von Institutionen zu akzeptieren, die es normalerweise ablehnen würde. Je länger eine Nation in einen Krieg verwickelt ist, desto stärker verankern sich diese Institutionen und Denkungsweisen.

Die meisten umfangreichen Geschichts Bücher enthalten kurze Hinweise auf derartige Manipulationen von seiten Dritter. Es ist beispielsweise kein Geheimnis, daß Frankreich vor der amerikanischen Revolution Geheimagenten nach Amerika gesandt hat, um die Unzufriedenheit der Kolonisten gegen die britische Krone zu schüren. Es ist ebenfalls kein Geheimnis, daß das deutsche Militär Lenin und die Bolschewiken in der russischen Revolution von 1917 unterstützt hat. Durch die gesamte Geschichte hindurch haben Menschen zu den zwischen anderen bestehenden Konflikten beigetragen und davon profitiert.

Da mich diese Gedanken fesselten, beschloß ich, zu untersuchen, welche Bedeutung der Person des Dritten in der Geschichte zukommt. Ich wollte herausfinden, welche Zusammenhänge zwischen den verschiedenen Einflüssen von seiten Dritter möglicherweise bestanden haben, wenn es denn solche Einflüsse gegeben hat. Ich hoffte, daß diese Untersuchung zusätzliche Erkenntnisse darüber bringen würde, wie und von wem Geschichte gemacht wird.

Das Ergebnis dieser bescheidenen Zielsetzung war eine der außergewöhnlichsten Irrfahrten, die ich je unternommen habe. Die Untersuchung führte mich durch ein verwickeltes Labyrinth ungewöhnlicher Fakten, überrraschender Theorien und allem, was dazwischen liegt. Als ich noch tiefer eindrang, tauchte ein roter Faden auf. Leider war dieser Faden so seltsam, daß ich meine Untersuchung bei mindestens zwei Gelegenheiten verärgert aufgab. Ich dachte über mein Dilemma nach und gelangte dabei zu einer wichtigen Erkenntnis:

Vernunftbegabte Wesen suchen auch nach vernünftigen Erklärungen für menschliche Probleme.

Als ich jedoch weiter forschte, mußte ich die Möglichkeit in Betracht ziehen, daß einige menschliche Probleme ihre Wurzeln möglicherweise in einigen der denkbar seltsamsten Realitäten haben. Da diese Realitäten selten eingestanden, geschweige denn verstanden werden, befaßt man sich auch nicht mit ihnen. Folglich werden die durch diese Realitäten hervorgerufenen Probleme selten gelöst, und die Welt scheint von einer Kalamität in die nächste zu stolpern.

Ich gebe zu, daß ich zu Beginn meiner Recherchen etwas Bestimmtes zu finden glaubte: das Motiv menschlichen Gewinnstrebens als gemeinsamem Nenner der verschiedenen Einflüsse Dritter in der gewalttätigen Geschichte der Menschheit. Stattdessen fand ich das UFO.

Nichts hätte unangenehmer sein können.

KAPITEL 2

Lagebestimmung

Sagt ein Mann zu seiner Frau. Schau mal, Liebling. Hier steht, daß die Erde mit einer Geschwindigkeit von 66.000 Meilen pro Stunde jährlich 595 Millionen Meilen um die Sonne zurücklegt. Gleichzeitig dreht sich die Erde um den Mittelpunkt der Galaxis. Die Galaxis wiederum wandert unablässig durch den Weltraum und zieht die Erde mit sich. Wie kannst du also sagen, wir gingen niemals irgendwohin?

Seien Sie herzlich willkommen! Dies ist unser Planet Erde. Bevor wir jedoch mit unserer Reise durch die Geschichte beginnen, wollen wir aus der Perspektive von Neuankömmlingen, die eine kurze Lagebestimmung vornehmen, einen kurzen Blick auf unsere Erdkugel werfen.

Das "Raumschiff Erde", wie einige Leute es gern nennen, ist ein verhältnismäßig kleiner Himmelskörper, der vom amerikanischen Raumfähre in nur eineinhalb Stunden vollständig umrundet wird. Mit einem modernen Flugzeug ist die Überquerung der einst so furchterregenden Meere für viele Geschäftsleute, die oft fliegen und geschäftlich regelmäßig zwischen den Kontinenten verkehren, kaum mehr als eine langweilige Routineangelegenheit geworden. Man braucht nur einen Telefonhörer abzuheben und eine Nummer zu wählen, um sofort mit jemandem auf der anderen Seite des Globus sprechen zu können. Wir alle sind Zeugen dafür, auf welche bemerkenswerte Weise wir durch Hochgeschwindigkeitsreisen und Telekommunikation schnell und einfach Verbindungen zwischen weit entfernten Punkten der Erde herstellen können.

Die Erde ist nicht nur klein, sie ist auch ziemlich abgelegen. Von einem Punkt außerhalb der Milchstraße könnte man erkennen, daß sich die Erde am äußeren Rand der Galaxis befindet. Darüber hinaus lassen sehr viel

OBEN: *Dieses Foto der NASA vermittelt einen Eindruck von der Abgelegenheit der Erde, die sich am äußeren Rand einer kleinen Galaxis befindet.*

größere Galaxien die Erde kleiner erscheinen. Die isolierte Lage der Erde könnte als Erklärung dafür dienen, warum sie so wenig mit außerirdischen Zivilisationen in Kontakt kommt, wenn es denn solche Zivilisationen gibt. Die Erde treibt in den entlegenen Randbezirken einer kleineren Galaxis.

Trotz ihrer Abgelegenheit ist die Erde schön, und sie ist bewohnt. Zur Zeit, da ich dieses schreibe, beträgt die Erdbevölkerung über fünf Milliarden Menschen. Rechnet man zu dieser Zahl noch alle übrigen großen Säugetiere hinzu, werden die Kontinente und Meere der Erde von unendlich vielen intelligenten und halbintelligenten Geschöpfen bevölkert.

Was für eine Art Tier ist der Mensch denn nun? Wie uns ein Student der Biologie sehr schnell sagen kann, machen die Menschen jene Species aus, die als *Homo sapiens* bekannt ist. Das Wort *Homo* kommt von dem lateinischen Wort für Mensch, und *sapiens* bedeutet verständig oder vernünftig. Als *Homo sapiens* wird also ein mit Verstand und Vernunft begabtes Wesen bezeichnet. Abgesehen von einer kleinen Zahl, auf die das offenbar nicht zutrifft, werden die meisten Menschen ihrem Namen auch gerecht.

Handelt es sich denn beim Menschen wirklich nur um ein Tier? Wie sich zeigen wird, ist das nicht der Fall. Offenbar haben wir es mit etwas viel Bedeutenderem zu tun, nämlich mit einem geistigen Wesen.

Die Vorstellung, daß es eine geistige Wirklichkeit gibt, ist nicht neu. In einigen Religionen glaubt man seit Jahrtausenden daran, daß die Menschen nur Marionetten sind, die von geistigen Wesen beseelt werden. Dieser Glaubenssatz geht häufig Hand in Hand mit der Lehre von der "Wiedergeburt" oder einem "Leben nach dem Tode". In der christlichen Religion dient das Wort "Seele" seit langem zur Bezeichnung einer geistigen Wesenheit, die den Tod des physischen Leibes überdauert.

Einige Leute behaupten, daß es einst ein Urwissen über den Geist gegeben habe. Wenn es jemals ein solches Wissen gegeben hat, so wurde es durch unzählige falsche Vorstellungen, seltsame mystische Glaubensanschauungen und Praktiken, eine unverständliche Symbolik und wissenschaftliche Irrlehren hoffnungslos vernebelt. Infolgedessen ist der Geist ein Thema, das heute kaum noch erforscht werden kann. Hinzu kommt, daß viele in den wissenschaftlichen Methoden des Abendlandes geschulte Gelehrte die Vorstellung von einer Seele offenbar deshalb ablehnen, weil sie einen Geist weder unter ein Mikroskop legen und beobachten können, wie er sich hin und her windet, noch Elektroden an ihm befestigen und ihm Elektroschocks versetzen können.

Glücklicherweise wurden in den letzten Jahrzehnten einige Durchbrüche zu diesem Thema erzielt. Es gibt tatsächlich sehr glaubhafte Beweise dafür, daß jeder Mensch ein einmaliges geistiges Wesen ist. Bändeweise wurden faszinierende Zeugenaussagen von Menschen zusammengetragen, die sogenannte "Sterbeerlebnisse" erfahren haben. Bei einem solchen Erlebnis haben viele Menschen das Gefühl, daß sie ihren Körper verlassen, und das umso stärker, je näher sie dem physischenTod sind. Einige Psychiater wenden dagegen ein, daß dieses Phänomen nur eine als Selbstschutz wirkende Sinnestäuschung sei. Viele Verunglückte, die ein Sterbeerlebnis haben, können ihren Körper von einem außerhalb ihres Körpers liegenden Standort wahrnehmen. Dabei bleiben das Bewußtsein ihres Selbst und ihre persönliche Identität erhalten, obgleich ihre Körper ohne Bewußtsein sind.*

Angesichts solcher Zeugenaussagen ist es nicht verwunderlich, daß die Menschen nach einigen Religionen, wie beispielsweise dem Buddhismus, unsterbliche geistige Wesen sind, die im Leben eng mit einem Körper verbunden sind. Die Buddhisten schließen daraus, daß dies zumindest teilweise durch die lange Wechselwirkung zwischen Geist und physischem Universum bewirkt wird. Im krassen Gegensatz zu der von den Psychiatern vertretenen Theorie lehren die Buddhisten, daß die Trennung von Geist und Körper der gesundeste Zustand für den Menschen ist, und sie suchen diese Trennung ohne ein physisches Trauma oder den Tod zu erreichen. Ihr Ziel beruht auf dem Glauben, daß ein geistiges Wesen ebenso gut oder sogar noch besser von außen auf einen Körper einwirken kann als von innen.

Die folgende verschiedenen Religionen gemeinsame Definition eines geistigen Wesens scheint die genaueste zu sein: ein geistiges Wesen ist ein mit Bewußtsein, Kreativität und Persönlichkeit begabtes Wesen. Es besteht weder aus Materie, noch aus irgendeinem anderen Bestandteil des physischen Universums; stattdessen scheint es sich um eine unvergängliche

---

* Ein kurzer, aber interessanter Titel unter der Überschrift *A Typology of Near-Death Experiences* von Dr. Bruce Greyson steht in der Ausgabe 1985 des *American Journal of Psychiatry* vom August. Dr. Greyson legt darin eine statistische Aufschlüsselung der verschiedenen "Todesnähe-Phänomene" vor und stellt fest "Die Personen, die über diese drei Arten von Todesnähe-Erfahrungen berichten, unterscheiden sich nach demographischen Variablen nicht wesentlich voneinander" (S. 968). Dr. Greyson stellt keine Vermutungen über die Ursachen der Erlebnisse an.

Bewußtseinseinheit zu handeln, die nicht untergehen, jedoch durch physische Materie gebunden werden kann. Das geistige Wesen ist absolut fähig, sich selbst zu verstehen.

Heute geht die Tendenz dahin, das Gehirn als Zentrum des Bewußtseins und der Persönlichkeit zu betrachten. Wissenschaftler sind in der Lage, bestimmte Teile des Gehirns durch Stromstöße zu stimmulieren, um die physiologischen Symptome vieler menschlichen Gemütsbewegungen herbeizuführen. Das zeigt jedoch, daß das Gehirn nur ein hochentwickeltes Schaltbrett ist, das von den verschiedensten außerhalb liegenden Quellen, wie beispielsweise einem Experimentator mit seinen Elektroden oder vielleicht sogar einem geistigen Wesen mit seiner eigenen Energieproduktion aktiviert werden kann. Offenbar ist die Wechselwirkung zwischen einem geistigen Wesen und dem Zentralnervensystems des Körpers so eng, daß eine Veränderung des einen häufig das Verhalten des anderen beeinflussen kann.

Aus alledem entsteht ein Bild, das den Menschen als ein geistiges Wesen zeigt, dem eine gewisse geistige Unsterblichkeit eigen ist, deren er sich jedoch in der Regel erst dann bewußt wird, wenn es zu einer unerwarteten Trennung kommt. Im Leben neigen geistige Wesen dazu, sich nahezu ausschließlich auf die Wahrnehmungen des physischen Körpers zu verlassen. Nach der vorstehenden Darstellung ist der Tod kaum mehr, als daß der Geist den Körper bei einem schweren körperlichen oder geistigen Schaden verläßt.

Und was hat das alles damit zu tun, daß die Menschen Kriege führen?

Wie wir sehen werden, eine ganze Menge.

Damit kommen wir zum dritten und letzten Thema unserer Lagebestimmung, den UFOs. Es gibt heutzutage kaum ein Thema, bei dem es so viele falsche Informationen, Täuschungen und Verrücktheiten gegeben hat/gibt wie bei den “fliegenden Untertassen”. Viele ernsthaft Menschen, die dieses Thema zu erforschen versuchen, werden durch eine Vielzahl ungeheuerlicher Lügen einer kleinen Zahl von Leuten in die Irre geführt, die um eines flüchtigen Augenblicks der Berühmtheit willen oder in der wohlerwogenen Absicht, Verwirrung zu stiften, das Feld mit falschen Berichten, unhaltbaren “Behauptungen” und betrügerischen Beweisen in ein schiefes Licht gerückt haben. Es genügt zu sagen, daß es hinter dieser Nebelwand zahlreiche Beweise für Besuche von Außerirdischen auf der Erde gibt. Pech gehabt! Eine umfassende Untersuchung des Phänomens UFO zeigt, daß es sich dabei nicht um einen netten kleinen Spaziergang durch eine angenehm erregende unbekannte Welt handelt. Das UFO scheint sich immer mehr als eine der härtesten Realitäten zu entpuppen, denen sich die Menschheit je gegenübersah.

Lassen Sie uns die Sache nun eingehender betrachten, wobei wir die einzelnen Punkte unserer Lagebestimmung nicht aus den Augen verlieren wollen.

KAPITEL 3

UFOs: Wahrheit oder Fiktion?

Was sind UFOs? Woher kommen sie?

Genaugenommen steht der Begriff *Unbekanntes Flugobjekt* (UFO) für alle Flugobjekte, die nicht eindeutig als eine vom Menschen hergestellte Konstruktion oder als eine bekannte Naturerscheinung identifiziert werden können. Der Begriff besagt, daß es sich um etwas Rätselhaftes handelt. Im allgemeinen Sprachgebrauch dient UFO häufig zur Bezeichnung aller Objekte, die ein Raumschiff einer außerirdischen Zivilisation sein könnten.

Der Ausdruck *Unbekannntes Flugobjekt* wurde von Captain Edward J. Ruppelt von der amerikanischen Luftwaffe geprägt. Captain Ruppelt leitete 1951 eine Untersuchung der amerikanischen Luftwaffe über dieses Phänomen. Vor Ruppelts Untersuchung wurden UFOs im allgemeinen "fliegenden Untertassen" genannt, weil viele Augenzeugen sie als scheibenförmige Objekte beschrieben. Aufgrund der skeptischen Bemerkungen vieler Zeitungs- und Zeitschriftenreporter wurde "fliegende Untertasse" rasch zu einem abwertenden Begriff. Um seiner für die Luftwaffe durchgeführten Untersuchung einen Anstrich von Seriösotät zu verleihen, verwendete Captain Ruppelt den Ausdruck "unbekanntes Flugobjekt". UFO ist auch deshalb der zutreffendere Begriff, weil nicht alle Flugobjekte die Form einer Untertasse haben.

Hunderte von UFOs werden jedes Jahr gemeldet, im allgemeinen bei der Polizei, den Nachrichtenmedien oder den UFO-Forschungsgruppen. Diese Berichte stellen nur einen Bruchteil aller tatsächlich gesichteten UFOs dar, da die meisten Zeugen nicht offen über ihre Begegnung mit einem UFO sprechen.

Etwa 90% bis 95% aller gemeldeten UFOs erweisen sich als vom Menschen hergestellte Flugzeuge oder nicht erkannte Naturerscheinungen. Ungefähr 1,5% bis 2% sind aufgelegter Schwindel, der mit gefälschten Fotografien belegt wird. Obwohl die Falschmeldungen nur einen kleinen

OBEN RECHTS UND LINKS: *In den vergangenen Jahrhunderten wurden lange zylindrische Objekte, die an einem Ende Flammen ausstießen, am Himmel der Erde beobachtet. Diese Objekte wurden im allgemeinen fliegende "Säulen" und "Fackeln" genannt. Das Vorstehende ist die 1557 in dem Buch* A Chronicle of Prodigies and Portents ... *von Conrad Lycosthenes veröffentlichte Vorstellung eines Künstlers von diesen Objekten. Diese Objekte erinnern an Raketen und würden heute als UFOs bezeichnet werden.*

UNTEN LINKS: *Vor Jahrhunderten wurden auch häufig am Himmel gesichtete "Flammende Balken" gemeldet. Diese Illustration aus dem Buch von Lycosthenes ist die Vorstellung des Illustrators von einem solchen Objekt. Die "Flammenden Balken" der Vergangenheit wurden tatsächlich genauso beschrieben wie die noch heutzutage von menschlichen Augenzeugen gesichteten "Flammenbalken"-UFOs.*

Teil aller Berichte über UFOs ausmachen, haben sie unverhältnismäßig viel Ärger verursacht. Falschmeldungen sind auch die Ursache dafür, daß die seriöse UFO-Forschung fast völlig in Mißkredit geraten ist. In der Regel ist der Schaden umso größer, je überzeugender der Betrug ist. Die restlichen 3% bis 3,8% aller gesichteten UFOs scheinen Flugkörper nichtmenschlichen Ursprungs zu sein. Mit dieser Gruppe befassen sich auch die meisten Forscher.

Vor 1947 wurde in den Massenmedien selten über die im 20. Jahrhundert gesichteten UFOs berichtet. Deshalb halten einige Leute UFOs für ein verhältnismäßig neues Phänomen. In Wirklichkeit ist das Gegenteil der Fall. Seit Jahrtausenden werden UFOs aus allen Teilen der Welt gemeldet. So brachte der Schriftsteller Julius Obsequens in seinem Buch *Prodigorium liber* folgenden Bericht aus dem Jahre 216 v. Chr.:

> Objekte, die wie Schiffe aussahen, wurden am Himmel über Italien gesehen....In Arpi (Italien) wurde am Himmel ein rundes Schild gesehen....In Capua stand der Himmel in Flammen und man konnte Figuren, die Schiffen glichen, sehen....[1]

Im ersten Jahrhundert vor unserer Zeitrechnung berichtete der berühmte römische Staatsmann Cicero von einer Nacht, in der die Sonne unter lautem Getöse am Nachthimmel gesehen worden sein soll. Der Himmel soll sich aufgetan haben und es sollen seltsame "Kugelförmige Gebilde" zu sehen gewesen sein. Im 8. und 9. Jahrhundert wurden die UFOs so lästig, daß sich Kaiser Karl der Große gezwungen sah, einige Edikte zu erlassen, durch die den UFOs verboten wurde, die Luft aufzuwirbeln und Stürme zu verursachen. Bei einem Zwischenfall wurden einige Untertanen Karls des Großen in einem Luft "schiff" mitgenommen, man zeigte ihnen Wunder und brachte sie dann wieder auf die Erde zurück, wo sie dann von einem aufgebrachten Pöbel gelyncht wurden. Diese lästigen Schiffe wurde sogar beschuldigt, die Ernten zu vernichten.*

---

* Eine große und interessante Sammlung früherer UFO-Sichtungen und ungewöhnlicher Naturerscheinungen kurz vor und nach der Zeitenwende findet sich in dem Buch von Harold T. Wilkins, *Flying Saucers on the Attack*. Trotz des reißerischen Titels ist Wilkins Buch oft gut belegt und als eines der ersten Bücher des modernen UFO-Zeitalters lesenswert. Eine ausgezeichnete Auswahl alter Berichte über UFOs enthält auch Jacques Vallee's *Passport to Magonia*.

Es wurden nicht nur UFOs gesichtet, sie wurden auch durch die gesamte Geschichte hindurch verehrt. In den Religionen des alten Mesopotamiens, Ägyptens sowie Nord- und Südamerikas spielte die Verehrung von menschenähnlichen "Göttern", die vom Himmel herabstiegen, eine entscheidende Rolle. Viele dieser "Götter" sollen in fliegenden "Barken" und "Kugeln" gereist sein. Die damaligen Behauptungen dieser Art bilden die Grundlage der modernen Theorie von den "Präastronauten", der zufolge einst ein Volk des Raumzeitalters die Erde besucht und in das menschliche Geschehen eingegriffen hat. Einige UFO-Forscher gehen noch einen Schritt weiter und behaupten, daß ein solches Volk des Raumzeitalters das Menschengeschlecht vor vielen Jahrtausenden geschaffen oder besiegt habe und daß es seitdem ein wachsames Auge auf seinen Besitz hat.

Derartige Theorien sind für viele nur Science Fiction Unsinn. Ist man jedoch über den theoretischen Streit, der die Historiker seit mehr als einem Jahrhundert beschäftigt, erst einmal hinaus, stellt sich die Frage: Wie kommt es, daß sich die frühen Kulturen der Alten und der Neuen Welt, die sich an entgegengesetzten Enden der Welt befanden, so sehr gleichen? Warum entwickeln diese weit voneinander entfernten Zivilisationen so auffallend ähnliche Glaubensanschauungen?

Nach einer weitverbreiteten Ansicht waren Sibirien und Alaska einst durch eine Land- oder Eisbrücke über die Beringstraße miteinander verbunden, über die die Menschen aus der Alten Welt in die neue Welt gezogen sind. Andere verweisen auf die archäologischen Belege, wonach die alten Phönizier bereits Jahrhunderte vor den skandinavischen Wikingern oder Christoph Columbus über den Atlantik gesegelt sind. Manche Gelehrten kommen zu dem Schluß, daß die Phönizier vieles von den Ägyptern übernommen und in die Neue Welt mitgebracht haben. Wieder andere nehmen an, daß die alten Ägypter selbst über den Ozean gesegelt sind.

Obgleich es für alle vorstehenden Möglichkeiten Beweise gibt, stützt sich keine der Theorien auf alle bekannnten Tatsachen. Das führte zu einer vierten Theorie, die 1910 von dem Oxforder Professor und Nobelpreisträger Frederick Soddy gut vertreten wurde:

> Einige der uns aus der Antike überlieferten Glaubensanschauungen und Legenden sind so weltweit und fest verankert, daß wir uns daran gewöhnt haben, sie für fast so alt wie die Menschheit selbst zu halten. Dennoch drängt sich die Frage auf, ob die Tatsache, daß einige dieser Glaubensanschauungen und Legenden gemeinsame Züge aufweisen, auf

Zufall beruht oder ob die zwischen ihnen bestehende Ähnlichkeit nicht einen Hinweis auf die Existenz einer alten, völlig unbekannten und unvermuteten Zivilisation darstellt, von der sonst keine Spuren übriggeblieben sind.[2]

Bei einer solchen Vermutung denken viele Menschen an untergegangene Erdteile oder Inseln, wie das legendäre Atlantis oder Lemurien. Ein Zeitgenosse Professor Soddys ging anders vor und vertrat die These, daß außerirdische Zivilisationen in die Vorgeschichte der Erde verwickelt waren. Dieser umstrittene Zeitgenosse Dr. Soddys war Charles Hoy Fort (1867-1923).

Charles Fort ist möglicherweise der erste Autor, der ernsthaft die Ansicht äußerte, daß Außerirdische in das menschliche Geschehen verwickelt seien. Fort lebte von einer kleinen Erbschaft und verbrachte als Erwachsener viele Jahre seines Lebens damit, aus Fachblättern, Zeitungen und Zeitschriften ungewöhnliche Phänomene zusammenzutragen. Die Geschichten, die er sammelte, handelten von Begebenheiten, wie ungewöhnlichen sich bewegenden Lichtern am Himmel, "Tierregen"/vom Himmmel fallende Tiere und anderen Ereignissen, die sich den üblichen wissenschaftlichen Erklärungen zu entziehen schienen. Seine ersten beiden Bücher *Book of the Damned* (1919) und *New Lands* (1923) enthalten eine große Zahl von UFO-Sichtungen und damit zusammenhängende Phänomene aus den Jahren um die Jahrhundertwende. Fort kam zu dem Schluß, daß der Himmel eine stattliche Anzahl außerirdischer Flugkörper beherbergt, die er "Superkonstruktionen" nannte.

Fort entwickelte weitere Theorien auf der Grundlage seiner Forschungen, von denen einige überdauert haben und auch heute noch provokant sind. In seinem Buch *The Book of the Damned* schrieb er:

> Ich glaube, wir sind Eigentum.
> Ich würde sagen, wir gehören irgendetwas:
> Daß diese Erde einstmals Niemandsland war, daß Wesen von anderen Sternen hier forschten und kolonisierten und untereinander um ihren Besitz kämpften, daß sie jedoch jetzt irgendjemandes Eigentum ist:
> Daß etwas diese Erde besitzt - und alle anderen ferngehalten werden.[3]

Fort kam zu dem Schluß, daß das Menschengeschlecht, verglichen mit den außerirdischen Eigentümern, auf keiner sehr hohen Stufe steht. Bezüglich der schwierigen Frage "warum sie (die Eigentümer der Erde) niemals offen hierherkommen oder jemanden senden," philosophierte er:

> Würden wir Schweine, Gänse und Vieh unterrichten und ihm Lebensart beibringen, wenn wir das könnten?
>
> Welchen Sinn hätte es, diplomatische Beziehungen zu einem Huhn aufzunehmen, das jetzt zufrieden mit dem bloßen Gefühl der Leistung als Ersatz funktioniert?[4]

Fort verglich das Menschengeschlecht nicht nur mit selbstzufriedenem Vieh, sondern glaubte auch, daß die rechtmäßigen Eigentümer der Erde das Geschehen auf der Erde unmittelbar beeinflußten:

> Ich vermute - schließlich sind wir nützlich -, daß es zwischen den streitenden Anspruchsgegnern zu einer gütlichen Einigung gekommen ist oder daß jetzt irgendetwas durch Gewalt oder weil es früheren primitiveren Besitzern etwas Ähnliches wie Glasperlen für uns gezahlt hat, einen Rechtsanspruch auf uns hat - und daß dies alles bestimmten Personen, einer Kultgemeinschaft oder einem Orden, dessen Angehörige wie Leithammel oder höhere Sklaven oder Aufseher fungieren, die uns nach den - von irgendwoher - erhaltenen Anweisungen in unserer geheimnisvollen Nützlichkeit beaufsichtigen, vielleicht schon seit Ewigkeiten bekannt ist.[5]

Abgesehen von einer kurzen Andeutung, daß die Menschen möglicherweise Sklaven seien, stellte Fort keinerlei Vermutungen darüber an, worin der "geheimnisvolle Nutzen" der Menschheit wohl bestehen könnte.

In einem glücklicheren Moment glaubte Fort, daß die Vorgeschichte der Erde bunt und lebendig gewesen ist:

> Ich räume jedoch ein, daß in der Vergangenheit, bevor an der Erde ein Eigentumsrecht bestand, Bewohner vieler anderer Welten hier hereingeschneit, - herumgeschwirrt, -geschwebt, -gesegelt, -geflogen und mit Motorkraft herumgefahren sind - und, soweit ich weiß, hierher gingen, gezogen, gestoßen wurden, allein oder in großer Zahl erschienen sind; zu gelegentlichen Besuchen oder in regelmäßigen Abständen gekommen sind, um zu jagen, Handel zu treiben, ihren Harem wieder aufzufüllen oder um Bodenschätze zu gewinnen; hier nicht bleiben konnten, hier Kolonien gegründet haben und hier verlorengegangen sind; hochentwickelte Menschen oder Dinge und primitive Völker oder wie immer sie auch ausgesehen haben mögen: weiße, schwarze, gelbe -[6]

Als Erklärung dafür, wie das alles auf die heutige Situation des Menschen anzuwenden ist, gibt Fort keine Antwort, sondern nur eine Formel:

> Schweine, Gänse und Vieh.
> Finde zunächst heraus, daß sie Besitz sind.
> Dann finde heraus, warum.[7]

Fort hatte sicherlich einige gewagte Gedanken geäußert. Sie wurden zu einer Zeit veröffentlicht, als primitive Doppeldecker und lenkbare Ballons den Himmel beherrschten. Charles Lindberghs historischer Flug über den Atlantik Ozean sollte erst acht Jahre später stattfinden.

Fort sammelte zu Lebzeiten eine kleine, aber loyale Anhängerschar um sich. Erst etwa dreißig Jahre später führte der von Fort gelegte Grund zu einer plötzlichen Explosion von Sachbüchern, die alle von der Annahme ausgingen, daß eine außerirdisches Zivilisation in das menschliche Geschehen verwickelt gewesen sei. Ursache dieses plötzlich aufflammenden Interesses war die in den Medien veröffentlichte Flut der Ende der fünfziger und sechziger Jahre gesichteten UFOs. Eines der ersten Werke aus dieser Zeit, das sich mit früheren UFO-Sichtungen befaßte, war *Flying Saucers on the Attack* von Harold T. Wilkins. Es erschien 1954 bei Citadel Press in New York. Citadel ließ eine ganze Reihe von Büchern folgen, darunter *The UFO and the Bible* (1956) von Morris K. Jessup. Jessup vertrat in seinem Buch die These, daß viele biblische Ereignisse nicht die Taten eines Gottes, sondern einer Zivilisation auf dem Stand des Raumzeitalters waren. Als Beweis für diese Theorie werden zahlreiche Bibelstellen angeführt. Ähnliche Bücher mit ähnlichen Titeln folgten, wie *Flying Saucers in the Bible* (1963) von Virginia F. Brasington und *The Bible and Flying Saucers* (1967) von Barry H. Downing.

Auf der anderen Seite des Atlantik lieferten eine Reihe europäischer Autoren ebenfalls bedeutende Beiträge zu diesem Thema. Das französische Autorenteam Louis Pauwels und Jacques Bergier schrieben ihren fesselnden Bestseller *Morning of the Magicians/Morgen der Magier,* der in Amerika Anfang 1960 herausgebracht wurde. Erich von Däniken aus der Schweiz schrieb in den fünfziger und sechziger Jahren ebenfalls über die Präastronauten und wurde Anfang 1970 nach der Veröffentlichung seines ersten internationalen Bestsellers *Chariots of Gods?* sehr bekannt. Der ungeheure Erfolg, den Dänikens Buch hatte, löste in den Siebzigern und

Anfang der achtziger Jahre eine Flut von Büchern und Filmen aus, in denen der Gedanke der "Präastronauten" Millionen Menschen zur Kenntnis gebracht wurde.

Die Vorstellung, daß Außeridische mit dem Geschehen auf der Erde etwas zu tun haben, wird im allgemeinen dann toleriert, wenn sie sich in Form eines Science Fiction Romanes äußert, sie findet jedoch nur wenig Anerkennung, wenn sie als Tatsache dargestellt wird. Das ist verständlich. Auf den ersten Blick scheint allein der Gedanke daran alles ins Wanken zu bringen, was wir jemals gelernt haben. Jahrhundertelang haben wir unseren Planeten und das Menschengeschlecht isoliert betrachtet. Noch vor einigen hundert Jahren glaubte man sogar, daß die Menschen der Mittelpunkt des Universums seien und daß sich Sonne und Sterne um uns drehten. Das war zwar ein schmeichelhafter Gedanke, nur stimmte er leider nicht. In den Tagen der Inquisition konnte noch jemand dafür hingerichtet werden, wenn er das in Frage stellte. Die einzigen "Außerirdischen", an die die Menschen glauben durften, waren vom großen Gott Jehova zur Erde gesandte geflügelte Engel in weißen Gewändern. Obwohl die Wissenschaft von dieser Sicht der Dinge erfreulicherweise weitgehend abgerückt ist, sind die Auffassungen, die den Menschen in den Mittelpunkt stellen, immer noch erstaunlich stark.

Es wurden einige überzeugend klingende Argumente vorgebracht, um den Beweis, daß eine oder mehrere außerirdische Zivilisationen der Erde einen Besuch abgestattet haben, zu widerlegen. Es lohnt sich, einigen dieser Argumente nachzugehen.

1. Es ist nicht bewiesen, daß es außer den Menschen irgendwo im Universum andere intelligente Lebewesen gibt.

Auf den ersten Blick scheint das zu stimmen. Man braucht jedoch nur richtig hinzuschauen, um hier auf der Erde andere intelligente Lebensformen festzustellen. Untersuchungen bei Delphinen und anderen großen Meeressäugetieren haben ergeben, daß viele dieser Geschöpfe hochintelligent sind. Bei einigen anderen Säugetieren wurde ein Intelligenzgrad festgestellt, der weitaus höher war, als man früher angenommen hatte. Das zeigt uns, daß es in dem uns bekannten Universum sehr viele intelligente und halbintelligente Geschöpfe gibt; wir leben mit ihnen auf demselben Planeten. Daß sie alle miteinander auf diesem einen kleinen Planeten gedeihen, ist ein ausgezeichnetes Indiz dafür, daß andere intelligente Wesen unter den richtigen Bedingungen anderswo existieren können.

2. Es gab keine einzige UFO-Sichtung, die nicht als natürliches oder menschliches Phänomen erklärt werden konnte. Daher muß es sich bei allen UFOs um solche Phänomene handeln.

Dieses Argument ist logisch falsch. Man kann für fast alles irgendeine "Erklärung" finden. Vermutlich läßt sich auch die Sonne als Milliarden von Feuerfliegen in einer riesigen Glasschüssel "erklären". Diese "Erklärung" ist ebensowenig ein Beweis wie die bessere Theorie, daß die Sonne eine Masse komprimierten Wasserstoffs ist, der einen atomaren Schmelzprozess durchmacht.

Für viele UFO-Sichtungen werden ganz alltägliche Erklärungen gefunden, indem man einfach Beweise dafür, das sie keine irdischen Phänomene sind, ignoriert. Wenn man Beweise und Zeugenaussagen sorgfältig genug auswählt, kann man fast jede UFO-Sichtung als fast alles erklären. Der Trick besteht darin, für die wahren und vollständigen Fakten eine sehr gute Erklärung zu finden. In vielen Fällen zeigt sich dann, daß sich das UFO tatsächlich am ehesten als Naturerscheinung erklären läßt. In anderen ist die beste Erklärung, daß es sich bei dem UFO wahrscheinlich um ein Fahrzeug nichtmenschlichen Ursprungs handelt, das von einem intelligenten Wesen gesteuert wird. Viele ungewöhnliche UFO-Sichtungen sind der letzteren Kategorie zuzuordnen.*

3. Es gibt keine "unumstößlichen" Beweise für UFOs oder "Präastronauten".

Sachgegenstände sind "unumstößliche" Beweise. In der UFOlogie könnte eine "abgestürzte Untertasse" oder der Körper eines außerirdischen Piloten ein solcher unumstößlicher Beweis sein. Es wird geltend gemacht, daß wir jetzt eigentlich bereits einen konkreten physischen Beweis hätten, wenn am Himmel der Erde seit Jahrtausenden Raumschiffe flögen. Läßt man Behauptungen und Beweise, daß einige Regierungen möglicherweise eine oder zwei abgestürzte Untertassen heimlich beseitegeschafft haben, einmal außer acht, können wir logischerweise nicht davon ausgehen, sehr viele außerirdische Artefakte zu finden. Als Erklärung dafür, warum das so ist, dient ein Vergleich zwischen UFOs und modernen Düsenflugzeugen.

Unzählige Linienflüge werden jedes Jahr von amerikanischen Flug plätzen aus gestartet. Trotz dieser ungeheuren Zahl stolpern nur sehr weni-

---

* Als gute Übersicht über die UFO-Zwischenfälle empfehle ich *The U.F.O. Encyclopedia* von Margaret Sachs.

ge Menschen jemals zufällig über ein abgestürztes Düsenflugzeug oder ein totes Besatzungsmitglied, da nur ein Bruchteil aller Flüge mit einem Unglück enden. Dementsprechend werden auch nur sehr wenige Menschen jemals Instrumente oder Trümmer von Düsenflugzeugen finden, da Düsenflugzeuge in sich abgeschlossen sind, und die Flugkapitäne selten Instrumente aus der Instrumententafel abmontieren und aus dem Cockpitfenster werfen. Wenn nicht die meisten von uns Düsenverkehrsflugzeuge sehen und mit ihnen fliegen könnten, wären die "unumstößlichen" Beweise für ihre Existenz erstaunlich dürftig, vor allem dann, wenn sie in abgelegenen Regionen gebaut und nur von dort und dorthin flögen.

Lassen Sie uns das auf eine mathematische Formel bringen.

Unter Zugrundelegung der Statistiken der Amerikanischen Luftfahrtbehörde (FAA) für das erste Halbjahr 1980 endet etwa jeder Millionste Flug eines größeren amerikanischen Flugzeuges mit einem Unglück, wie einem Absturz, einer Notlandung außerhalb des Flugplatzes oder dem Verlust eines größeren Flugzeugteiles. Dieser bewundernswerte Sicherheitsrekord macht Luftreisen heute zu einer der sichersten Arten der Beförderung.

Nehmen wir einmal an, daß die gemeldeten außerirdischen Raumschiffe genau den gleichen Sicherheitsrekord haben wie amerikanische Düsenverkehrsflugzeuge - nicht beser und nicht schlechter. Nehmen wir weiter an, daß jedes Jahr 2000 Flüge mit "fliegenden Untertassen" in einer geringen Höhe über der Erde unternommen würden. Das macht 5,5 Flüge am Tag. Dann unterstellen wir noch, daß jeder dieser Flüge der Untertassen in einer so geringen Höhe durchgeführt wird, daß die Trümmer bei einem Unglück zur Erde fielen, statt in der Atmosphäre zu verglühen.

Rechnet man alles zusammen, stellt man fest, daß nur alle fünfhundert Jahre eine "fliegende Untertasse" abstürzt oder ein Trümmerstück herunterfällt! Das wären nur zwölf Abstürze seit Beginn der ersten überlieferten Kultur der Menschheit. Halbiert man den Sicherheitsfaktor und verdoppelt die Zahl der hypothetischen Flüge auf 4000 pro Jahr (elf pro Tag), oder verändert man den Sicherheitsfaktor nicht und vervierfacht die Zahl der Tiefflüge der Untertassen auf 8000 jährlich (22 pro Tag), wären das noch immer nur alle 125 Jahre einmal ein Absturz oder ein großes Trümmerstück!

Daraus läßt sich zuverlässig schließen, daß wir, selbst wenn außerirdische Raumfahrzeuge seit Jahrtausenden durch unseren Himmel fliegen, nicht erwarten können, zuviele Wrackteile oder Trümmerstücke zu finden. Der beste Beweis für den Besuch von Außerirdischen, den wir vernünftigerweise erwarten können, sind Augenzeugenberichte, und genau das sind auch die Beweise, die wir haben.

Trotz dieser düsteren Statistiken wurden einige wenige Abstürze von UFOs gemeldet. Man hat Überreste, die von explodierenden UFOs stammen sollen, gefunden und bekanntgemacht. Eines dieser Bruchstücke wurde von einem brasilianischen Kolumnisten gemeldet, demzufolge dieses Stück 1957 von einem Fischer vor der brasilianischen Küste geborgen wurde. Das Stück wurde von der Zeitschrift *Omni* zur Untersuchung an das Massachusetts Institute of Technology (MIT) gesandt. Wie sich herausstellte, hatte man es mit einem Stück reinen Magnesiums zu tun. Ein Forscher des MIT vermutete, daß es sich bei dem Stück um ein Stück geschmolzenen Metalls von einem explodierten Flugzeug oder einem zurückkehrenden Satelliten handeln könnte. Da man dieses Stück auch auf der Erde hätte herstellen können, galt es nicht als beweiskräftig.

4. Wenn es sich bei den UFOs um außerirdische Flugkörper handelte, sollte es inzwischen eine unbestrittene Fotografie eine UFOs geben.

Man kann alles bestreiten. Man braucht nur den Mund aufzumachen und etwas zu sagen, und schon haben wir eine Kontroverse. Daher reicht die Tatsache, daß etwas kontrovers ist, allein nicht aus, um die Realität einer Sache zu bestreiten. Daß eine Kontroverse besteht, heißt nur, daß jemand streiten will, mögen seine Gründe nun gut oder schlecht sein.

Es ist allerdings richtig, daß die Forscher nur eine kleine Zahl annehmbarer Fotos von UFOs zu Gesicht bekommen. Die vorhandenen Schnappschüsse lassen sich in zwei Kategorien einteilen, entweder sind sie verschwommen und nicht beweiskräftig (auf dem Bild könnte praktisch alles dargestellt sein), oder sie sind gefälscht. Wenn ein scharfes deutliches Bild von einer fliegenden Untertasse auftaucht, stellt es sich häufig als Schwindel heraus. Das geschieht so oft, daß ein Forscher fast davon ausgehen kann, daß ein "gutes" Bild sich schließlich als "schlechtes" entpuppt. Das gilt insbesondere für die heutge Zeit, in der einige Formen der Trickfotografie aufgrund des technischen Fortschritts fast nicht zu entlarven sind.

Bleibt also immer noch die Frage: Warum gibt es so wenige beweiskräftige Fotos?

Wie gesagt, stellen die offenbar echten Berichte über UFOs, über außerirdische Flugkörper nur einen Bruchteil aller gemeldeten UFOs dar. Die meisten dieser Flugkörper werden nachts gesichtet. Die "nahen Begegnungen" (Begegnungen von Menschen mit der UFO-Besatzung) finden in

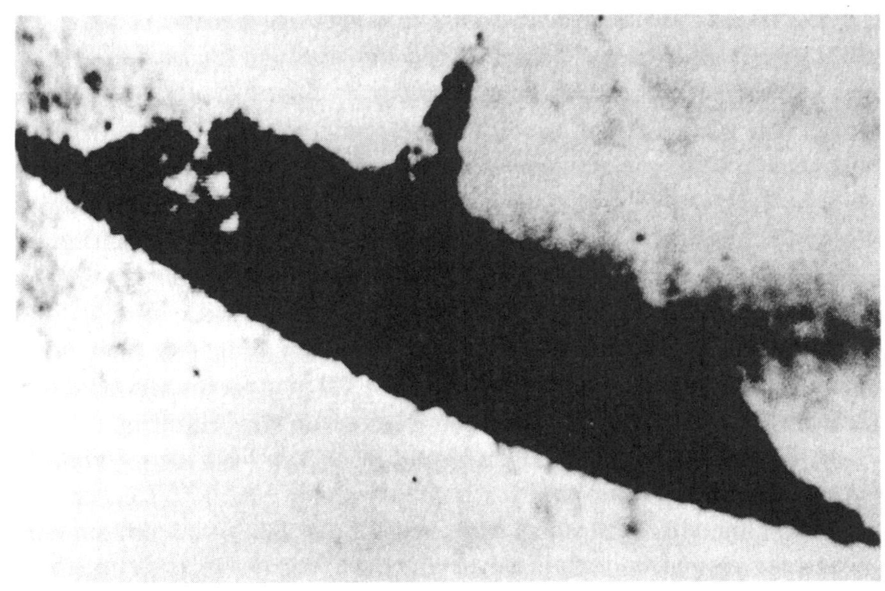

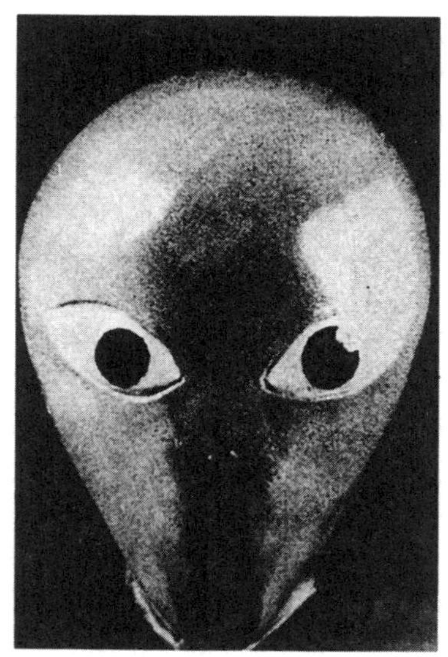

OBEN: *Ein typisches UFO, das 1954 von einem französischen Militärpiloten über Rouen in Frankreich aufgenommen wurde. Ein UFO, das genauso aussah, wurde vier Jahre zuvor am 11. Mai 1950 in McMinnville, Oregon, fotografiert. Obwohl die Echtheit des Fotos angezweifelt wird (wie bei allen Fotografien von UFOs), halten es die meisten UFO-Forscher für echt.*

LINKS: *Modell eine typischen Besatzungsmitglieds eines UFOS, das auf dem Augenzeugenbericht der entführten Betty Andreasson basiert (vgl. Kapitel 37). Andere Augenzeugen haben von Geschöpfen berichtet, die sich von Menschen fast nicht unterscheiden.*

der Mehrzahl in ländlichen Gebieten statt, die keine Erholungsgebiete sind und wo nur sehr wenige Leute eine Kamera bei sich haben. Die bereits geringen Chancen, ein gutes Foto zu schießen, verschlechtern sich noch dadurch, daß die große Mehrzahl der Kamerabesitzer, einschließlich der begeisterten Hobbyfotografen, ihre Kamera nicht immer bei sich tragen. In irgendeinem bestimmten Augenblick hat sicher nicht einmal jeder Zehntausendste seinen Fotoapparat dabei. Die UFOS machen das nicht dadurch wett, daß sie sich fahrplanmäßig über bevölkerten Feriengebieten einstellen, wo es auch die meisten Kameras gäbe. Man kann also davon ausgehen, daß gute echte Fotos von außerirdischen Flugkörpern außerordentlich selten sind. Auch darf man nicht vergessen, daß viele erst seit ganz kurzer Zeit, nämlich seit einigen Jahrzehnten, eine Kamera besitzen.

Das soll nicht heißen, daß von offenbar echten außerirdischen Raumfahrzeugen keine scharfen Fotos existieren. Es gibt einige wenige, und sie finden sich in verschiedenen von verantwortungsbewußten UFO-Forschern verfaßten Büchern.*

5. Augenzeugenberichte über UFO-Sichtungen sind von Natur aus unzuverlässig. Solche Bericht reichen daher als Beweis für Besuche von Außerirdischen nicht aus.

Der aufgrund seiner Schriften vielleicht maßgebende UFO-Forscher ist Philip Klass, dem man wegen seiner eingehenden Untersuchungen passenderweise den Spitznamen "Sherlock Holmes der UFOlogie" gegeben hat. Sein Buch *UFOs Explained* wurde 1974 mit dem Aviation/Space Writers Award für das beste Buch über den Weltraum ausgezeichnet. In diesem preisgekrönten Buch stellte Klass einige Grundsätze auf. Der erste hieß:

> UFOlogischer Grundsatz Nr. 1: Grundsätzlich aufrichtige und intelligente Menschen, die sich plötzlich einem kurzen unerwarteten Ereignis ausgesetzt sehen, können sich bei dem Versuch einer genauen Wiedergabe dessen, was sie gesehen haben, sehr irren, vor allem dann, wenn es um ein unbekanntes Objekt geht.[8]

Dieser Grundsatz stimmt bisweilen. Er wurde durch eine zwischen

* Bezüglich der Echtheit von besonderen Fotografien von UFOs, empfehle ich, sich an das Mutual UFO Network, Inc. (MUFON), 103 Oldtowne Road, Seguin, Texas, 78155-4099, USA, zu wenden.

1966 und 1968 unter der Leitung von Edward U. Condon durchgeführte und von der amerikanischen Regierung finanzierte Untersuchung über UFOs nachgewiesen. Die veröffentlichten Ergebnisse der Untersuchung, die im allgemeinen "Condon Report" genannt werden, sind ein Meilenstein der UFO-Literatur.

Ein Kapitel des Condon Reports befaßt sich damit, was geschah, nach dem die Sache mit dem russischen Raumschiff Zond IV schiefgelaufen und es am 3. März 1968 wieder in die Erdatmosphäre eingetreten war. Als das Raumschiff durch die Atmoshäre fiel und verbrannte, bot sich den Menschen auf der Erde ein spektakuläres Schauspiel. Augenzeugen nahmen brennenden Trümmer als majestätische Prozession feuriger Objekte wahr, die einen goldorangenen Schweif hinter sich zurückließen. Da sich die Objekte in großer Höhe befanden, konnte man von der Erde aus nicht erkennen, was die Bruchstücke tatsächlich waren. Man konnte sie nur als einzelne glänzende Lichtpunkte sehen. Die Wirkung der Trümmer der Zond IV glichen dem funkelnden Schauspiel, das ein Meteor bietet.

Nachdem man die Berichte der Augenzeugen des Wiedereintritts der Zond IV zusammengestellt hatte, bemerkte man, daß manche mehr "gesehen hatten", als tatsächlich vorhanden war. Wären einige der irrigen Beobachtungen für bare Münze genommen worden, hätten manche die Schlußfolgerung gezogen, daß es sich bei den Trümmern der Zond IV eigentlich um ein von intelligenten Wesen gesteuertes außerirdisches Raumschiff gehandelt habe. So berichteten beispielsweise fünf Augenzeugen, daß die Lichter zu einem "zigarrenförmigen" oder "raketenförmigen" Fahrzeug gehört hätten, die übliche Beschreibung eines UFOs. Drei Augenzeugen sagten aus, daß das "Objekt" Fenster gehabt habe. Ein Beobachter behauptete, das "Objekt" sei senkrecht herabgestürzt. Aufgrund dieser offenkundigen Fehler haben Klass und andere verständlicherweise alle "zigarrenförmigen UFOs mit hellen Fenstern" als Meteore bezeichnet. Der Condon-Ausschuß führte die Berichte über Zond IV als Beispiel dafür an, daß Augenzeugenberichte häufig nicht ausreichen, um zu beweisen, daß es sich bei einem UFO um ein außerirdisches Raumfahrzeug handelt.

Ist die Sache damit zu Ende?

Nicht ganz.

In seinem vorstehend zitierten UFOlogischen Grundsatz Nr. 1 stellt Klass fest, daß sich Augenzeugen bei dem Versuch einer genauen Beschreibung dessen, was sie gesehen haben, sehr irren *können*. Bezeichnenderweise sagte er nicht, daß sie sich zu irren *pflegen*. Dieser Unterschied wird wichtig, wenn wir im Condon Report weiterlesen.

Der Condon Ausschuß fand heraus, daß mindestens die Hälfte der Zeugen, die die Zond IV beobachtet hatten, einen genauen und nicht ausgeschmückten Bericht des Vorfalls gaben. Nur eine Minderheit hatte ein "zigarrenförmiges Gefährt mit Fenstern" beobachtet. Aus den einwandfreien Berichten hätte ein gewissenhafter UFO-Forscher die unrichtigen Beschreibungen aussondern und den Wiedereintritt der Zond IV richtig als Trümmer oder als Meteor identifizieren können. Der Ausschuß untersuchte auch eine Flut von Berichten über ein UFO, die von mehrern College Studenten ausgelöst wurde, die vier Heißluftballons in den Abendhimmel aufstiegen ließen. Die Ballons bestanden aus Plastiksäcken für die chemische Reinigung, und die heiße Luft wurde mittels darunter hängenden Geburtstagskerzen erzeugt. Der Ausschuß untersuchte die Aussagen von vierzehn Augenzeugen, die nicht wußten, worum es sich bei den Flugobjekten handelte. Alle vierzehn Beobachter lieferten genaue nur geringfügig voneinander abweichende Beschreibungen dessen, was sie tatsächlich sehen konnten. Daraus schloß der Ausschuß:

> Alles in allem verfügen wir über eine Reihe höchst übereinstimmende Berichte, bei denen die auftretenden Unterschiede nicht größer sind, als man bei den durch Umstände und Wahrnehmung bedingten Unterschieden annehmen würde. Es waren, vor allem, was die Einschätzung von Entfernung und Richtung betrifft, viele geringfügige Abweichungen festzustellen, sie reichten jedoch nicht aus, um den Gesamteindruck des Ereignisses zu beeinflussen.[9]

Dadurch wird etwas sehr Wichtiges bewiesen, was wir in unserem eigenen "UFOlogischen Grundsatz" zum Ausdruck bringen können:

> *Grundsätzlich aufrichtige und intelligente Personen, die plötzlich mit einem kurzen unerwarteten Ereignis konfrontiert werden, einschließlich einem, bei dem unbekannte Objekte im Spiel sind, werden in den meisten Fällen bei dem Versuch einer genauen Beschreibung dessen, was sie gesehen haben, richtig liegen.*

Aus diesem Grunde sind bei Gericht Augenzeugenberichte für die Verurteilung oder den Freispruch eines Angeklagten auch dann zulässig, wenn handfeste Beweise fehlen. Augenzeugenberichte sind eine vollkommen gültige und brauchbare Form des Beweises.

6. Ausgeklügelte Abhörvorrichtungen wurden zum Himmel gerichtet, um Mitteilungen von Außerirdischen aufzufangen. Bisher wurden keine solchen Mitteilungen festgestellt. Das ist ein weiterer Beweis dafür, daß es keine intelligenten Wesen in unserer Nähe gibt.

Trotz der in Universitätskreisen häufig anzutreffenden skeptischen Haltung gegenüber dem Besuch von Außerirdischen wurden einige gutfundierte Versuche unternommen, mit Hilfe von komplizierten zum Himmel gerichteten Radioantennen Signale von Zivilisationen aus dem Weltraum aufzufangen. Daß bei diesen Versuchen, wie verlautet, keinerlei Signale intelligenter Wesen aufgefangen wurden, wird als weiterer Beweis dafür gewertet, daß es in unserer Nähe keine fremden Zivilisationen gibt.

Das Problem bei einer solchen Schlußfolgerung ist, daß Radioantennen ziemlich begrenzt sind. Man kann mit ihnen nur Radiowellen feststellen. Im elektromagnetischen Spektrum* gibt es viele andere Wellenkanäle, die Nachrichtensignale übertragen können, wie zum Beispiel Mikrowellen. Wer kann denn sagen, daß eine außerirdische Zivilisation, wenn sie denn existiert, unbedingt Radiowellen für ihre Mitteilungen benutzt? Wir wissen ja nicht einmal, was sich jenseits der beiden bekannten Enden des elektromagnetischen Spektrums befindet. Wie können wir daher sicher sein, daß es nicht in einer der beiden unerforschten Regionen Wellenlängen gibt, mit denen sich die Kommunikaktion weit besser bewerkstelligen läßt als alles, was wir bisher entdeckt haben? Daß mit Radioantennen angeblich keine Signale fremder Intelligenzen aufgefangen werden konnten, besagt nur, daß niemand in Reichweite die elektromagnetischen Wellenlängen verwendet, die mit diesen Antennen aufgefangen werden können.

7. Wenn soviele "fliegende Untertassen" die Erde besuchen, warum können sie dann nicht mit Radar erfaßt werden?

---

* Das "elektromagnetische Spektrum" ist ein Wellenlängenbereich, in dem es möglicherweise viele verschiedenen Formen des Lichts gibt. Am einen Ende des bekannten Spektrums befinden sich die Radiowellen, die lange Wellenlängen haben. (Ja, Radiowellen sind eigentlich Lichtwellen. Sie werden nur durch einen Empfänger in "Töne" umgesetzt.) Am anderen Ende des Spektrums befinden sich die Gammastrahlen, die kurze Wellenlängen haben. Der Lichtbereich, den wir mit den Augen wahrnehmen können, ist auf einen kleinen Teil des Spektrums beschränkt. Es wurden Instrumente entwickelt, um daneben andere Wellenlängen, wie beispielsweise Infrarotstrahlen, Röntgenstrahlen und Mikrowellen aufzufangen und zu übertragen.

Viele ungewöhliche UFO-Sichtungen wurden durch Radar bestätigt. Dieser ausgezeichnete Radarbeweis wird von den Kritikern im allgemeinen als Bedienungsfehler oder als durch Naturerscheinungen verursachte Radarstörungen oder Lesefehler abgetan. Wir hätten sogar noch mehr Radarbeweise, wenn die Radar-Operatoren nicht dazu angehalten würden, die meisten Unregelmäßigkeiten außer acht zu lassen, da eine ganze Reihe von Dingen zu Lesefehlern führen kann. Falsche Radarsignale können durch so unterschiedliche Phänomene wie Vogelschwärme und schlechte Wetterverhältnisse ausgelöst werden. Die Operatoren werden angewiesen, sich auf solche Anzeigen zu konzentrieren, die die von ihnen verfolgten Objekte betreffen - im allgemeinen Flugzeuge der Menschen. Wenn etwas Ungewöhnliches auf dem Bildschirm auftaucht und wieder veschwindet, wird es häufig ignoriert. Auf diese Weise werden eine sehr große Zahl von UFOs nicht gemeldet.

Darüber hinaus wird die Feststellung von UFOs durch Radar auch aufgrund des technologischen Fortschritts weiter ausgeschaltet. Viele moderne Radarcomputer sondern anomale Anzeigen automatisch aus, so daß sie nicht einmal mehr auf dem Radarschirm angezeigt werden. Das erleichert dem Operator zwar die Arbeit, dadurch werden aber auch weniger UFOs entdeckt. Klass meint dazu:

> Ironischerweise pflegt eines der (von Radarcomputern) für die Unterscheidung von falschen und echten UFOs verwendeten Kriterien eventuelle Radar-UFOs auch dann herauszufiltern, wenn es sich dabei um einwandfreie außerirdische Raumfahrzeuge handelte, die mit Überschallgeschwindigkeit fliegen...[10]

8. Viele Menschen haben unter Hypnose ausgesagt, daß sie von UFOs entführt worden seien. Solche Aussagen sind von Natur aus fragwürdig, da Menschen die niemals entführt wurden, dazu gebracht werden können, unter Hypnose scheinbar realistische "Erinnerungen" an eine Entführung zu entwickeln.

Wenn es sich bei dem Phänomen UFO nur um gelegentliche merkwürdige Erscheinungen am Himmel handelte, könnte man leicht darüber hinweggehen. Viele Leute haben jedoch berichtet, daß sie von UFO-Besatzungen entführt worden seien. Diese Entführungserlebnisse stimmen in bemerkenswerter Weise überein. Der Betroffene sieht ein UFO (im allgemeinen bei Nacht und häufig in einer ländliche Gegend); er wird bewegungsunfähig gemacht und an Bord eines außerirdischen Raumfahrzeuges gebracht; er wird eine oder zwei Stunden lang von außerirdischen Wesen körperlich untersucht und dann wieder freigelassen. Viele der Entführten erinnern sich später nicht mehr bewußt an ihr Erlebnis. Ein typisches Entführungsopfer sieht möglicherweise nur ein UFO und stellt dann plötzlich fest, daß zwei Stunden vergangen sind und er sich micht mehr daran erinnern kann, was in dieser fehlenden Zeit geschehen ist. In der Regel durchbrechen Forscher diese Amnesie durch Hypnose.

Offenbar wird diese seltsame Amnesie, die soviele von UFOs Entführte erleben, von der UFO-Besatzung zur Wahrung ihrer Anonymität absichtlich herbeigeführt. Eine derartige geistige Beeinflussung ist tatsächlich möglich. Bei den berüchtigten und öffentlich herausgestellten "Gesinnungskontrollexperimenten", die der amerikanische CIA in den sechziger und siebziger Jahren durchführte, wurden wirksame Methoden zur Ausschaltung der Erinnerung und Herbeiführung einer Amnesie entwickelt. Wenn man sorgfältig vorgeht, können die Erinnerungen jedoch wieder zurückgeholt werden. Wie wir noch sehen werden, war die geistige Einwirkung von Menschen im Zusammenhang mit UFOs durch die gesamte Geschichte hindurch allgemein üblich.

Bis heute wurden eine ganze Menge faszinierender Aussagen über Entführungen gesammelt. Sie sind wegen der verschieden Experimente, die 1977 im Anaheim Memorial Hospital in Kalifornien durchgeführt wurden, in Mißkredit geraten. Im Anaheim Memorial wurde festgestellt, daß Personen, die vorher angeblich wenig über UFOs wußten, dazu gebracht werden konnten, unter Hypnose scheinbar realistische "Erinnerungen" an Entführungen zu produzieren. Diese Entdeckung diente dazu, die Beweiskraft aller unter Hypnose erfolgten Aussagen über eine Entführung in Zweifel zu ziehen.

Die im Anaheim durchgeführten Experimenten treffen den Kern der Sache nicht, und sie sagen nichts über das Phänomen UFO aus. Sie bestätigen nur, was wir bereits über Hypnose wissen.

Es trifft zu, daß die Erinnerungen eines Menschen unter Hypnose verzerrt sein können, ebenso wie das bei einem Menschen möglich ist, der bei vollem Bewußtsein ist. Andererseits wurde hinreichend bewiesen, man durch Hypnose vollkommen echte Erinnerungen wieder heraufholen kann; das hängt von den Fähigkeiten des jeweiligen Hynotiseurs und der Geistesverfassung der Versuchsperson ab. Ein Hypnotiseur kann jemanden, der niemals in einem Zug gesessen hat, dazu bringen, realistische "Erinnerungen" an eine Zugfahrt zu produzieren, das heißt jedoch nicht, daß jede

Versuchsperson, die sich an eine Fahrt im Zug erinnert, etwas zusammendichtet. Ganz sicher nicht!

Zugegeben, die Hypnose wirft echte Probleme auf. Die Versuchsperson befindet sich in einem halbbewußten Zustand und ist daher möglicherweise eindrucksfähiger als im Wachzustand. Aus diesem Grund lassen amerikanische Gerichte unter Hypnose gemachte Zeugenaussagen in der Regel nicht zu. Eine weitere Gefahr bei der Hypnose liegt darin, daß die Versuchsperson zwar eine vollkommen echte Erinnerung zurückholt, ihr Gefühl für Zeitabläufe jedoch durcheinandergeraten kann, wenn sie unter Hypnose unablässig dazu gedrängt wird, sich an noch mehr zu erinnern. Wenn das geschieht, versucht sie sich häufig an weitere "Vorkommnisse" zu "erinnern", die in dieser Weise und zu der erinnerten Zeit überhaupt nicht stattgefunden haben. Trotzdem ist die ursprüngliche Erinnerung echt.

Leider wurden einige von UFOs entführte Personen über jedes vernünftige Maß hinaus immer wieder hypnotisiert. Infolgedessen gerieten ihre Erinnerungen an das ohnehin schon heftig angegriffene Thema ihrer Entführung durcheinander. Aus diesen und anderen Gründen kann ich von Hypnose nur entschieden abraten. Völlig verdrängte Erinnerungen sollten nur dann wieder ins Bewußtsein geholt werden, wenn sich die Versuchsperson im Wachzustand befindet. Bei einigen Entführungserlebnissen durch UFOs wurde auch genauso vorgegangen.

9. Mathematisch gesehen sind die Chancen dafür, daß die Erde von einer außerirdischen Zivilisation entdeckt wird, zu gering, um wahrscheinlich zu sein.

Es wurden einige mathematische Formeln aufgestellt, die zeigen sollten, wie unwahrscheinlich es ist, daß eine außerirdische Zivilisation der Erde einen Besuch abgestattet hat. Derartige Formeln gehen im allgemeinen von Evolutionstheorien, der Zahl der Planeten, auf denen Leben möglich sein könnte, und den Entfernungen zwischen Planeten und Galaxien aus.

Solche Formeln sind zwar recht interessant, man sollte sie jedoch nicht als beweiskräftig betrachten. Wenn etwas existiert, so existiert es eben. Versucht man, es mit einer mathematischen Formel aus der Welt zu schaffen, so bleibt es deswegen doch nicht weniger real.

Wir sollten nicht vergessen, daß wir Raumplaneten außerhalb unseres eigenen Sonnensystems nicht sehen können, geschweige den in der Lage sind, festzustellen, ob Leben auf ihnen existiert. In dieser Hinsicht kann man die Situation der Menschen mit der einer Kolonie kleiner Ameisen vergleichen, deren Gesichtskreis nur einige qm weit reicht. Befindet sich diese Kolonie in einer öden Wüste, könnten die Ameisen daraus schließen, daß die gesamte Erde eine Einöde ist und gar nicht auf den Gedanken kommen, daß es in einer Entfernung von nur hundert Meilen eine große Stadt gibt. Nur weil wir unser eigenes Sonnensystem oder unseren Teil der Galaxis für eine Einöde halten, folgt daraus nicht unbedingt, daß das überall so ist. Möglicherweise wimmelt es in einem anderen Teil der Galaxis vor intelligenten Lebensformen, und wir hier draußen am entfernten Rand der Milchstraße könnten darüber nur etwas in Erfahrung bringen, indem wir immer wieder neue Theorien aufstellen. Darum ist es nicht besonders klug, gegebenenfalls Beweise für den Besuch von Außerirdischen zu ignorieren.

10. Nur Geistesgestörte glauben an UFOs.

Eine bedauerliche Methode, deren sich einige UFO-Kritiker bedienen, um Beweise für den Besuch von Außerirdischen anzugreifen, ist die psychologische Methode. Da ein solcher Kritiker absolut überzeugt ist, daß es an unserem Himmel keine außerirdischen Luftfahrzeuge gegeben hat, nimmt er seine Zuflucht zu verleumderischen psychologischen Einstufungen, um zu "erklären", warum viele Menschen eine Möglichkeit in Betracht ziehen, die er selbst ablehnt. Solche Einstufungen reichen vom einfachen Bedürfnis nach religiöser Erfüllung bis hin zu wandelnder Schizophrenie. Diese fragwürdige psychologische Methode ist in den letzten Jahren leider sehr in Mode gekommen. Sie verbirgt die Tatsache, daß die meisten ernsthaften UFO-Forschungen so sachlich und wissenschaftlich betrieben werden, wie man nur wünschen kann. Die Mehrzahl der UFO-Forscher sind ebenso genauso normale und klardenkende Menschen wie die Kritiker, die so schnell mit diesen wenig schmeichelhaften Etiketten bei der Hand sind. Die eigentliche Diskussion um die UFOs dreht sich um ernsthafte wissenschaftliche, intellektuelle und historische und nicht um gefühlsbetonte Themen.

Wen man das Interesse der Allgemeinheit und der Wissenschaftler an UFOs psychologisch "erklärt", so besteht ein weiteres Problem darin, daß der Spieß auch umgedreht werden kann. Ein Gelehrter, der die Möglichkeit eines Besuchs von Außerirdischen befürwortet, kann ebenso leicht und unzutreffend behaupten, daß sich Menschen, die sich angesichts gegenteiliger Beweise an ganz alltägliche Erklärungen für UFO-Sichtungen klammern, zutiefst vor etwas fürchten, das sie nicht verstehen. In einem nach außenhin distinguiert wirkenden Doktor der Philosophie, so könnte man behaupten, steckt möglicherweise ein ängstliches Kind oder ein halsstarriger Jugendlicher, der versucht, mit der oft verwirrenden Welt um ihn herum dadurch fertigzuwerden, daß er alles so zurechtbiegt, wie er es verstandes- und gefühlsmäßig begreifen kann.

Wir sehen also, Verleumdung ist eine armselige Form in einer wissenschaftlichen Diskussion dieser Art. Dadurch ist niemandem geholfen, die Bezeichnungen sind im allgemeinen unzutreffend, und die eigentlichen Probleme werden verschleiert. Beim Streit um die UFOs lassen sich leicht in allen Lagern intelligente und klardenkende Menschen finden.

11. Die Theorien über UFOs sind einträgliche Maschen, mit denen den naiven Leuten das Geld aus der Tasche gezogen werden soll.

Es ist eine Binsenweisheit, daß es in unserer Gesellschaft zwei schwere Sünden gibt: Geld haben und kein Geld haben. Beide werden mit gleicher Härte verurteilt.

Man kann einen Gedanken am leichtesten dadurch in Verruf bringen, daß man andeutet, irgendwer sei dafür bezahlt worden. In der Vergangenheit haben einige UFO-Kritiker auf Scharlatane angespielt, die die Leute mit seltsamen Ideen zum Narren gehalten haben, und dadurch reich geworden sind, daß sie die Leichtgläubigkeit der Menschen ausgenutzt haben. Mit diesen Anspielungen wollte man andeuten, daß jemand der mit Büchern oder Filmen über UFOs Geld verdient, ähnliche Tricks anwendet.

Man sollte nicht vergessen, daß Geld nichts mit der Stichhaltigkeit eines Gedankens zu tun hat. Geld ist etwas Unberechenbares, das ebenso zu denen, die es verdienen, wie zu denen, die es nicht verdienen, kommt. Eine Handvoll Menschen haben mit Filmen über das Phänomen UFO tatsächlich viel Geld verdient. Ihre Zahl ist jedoch minimal verglichen mit den vielen Tausend Lehrern, Dozenten und Autoren, die für die Verbreitung eher herkömmlicher Ansichten über die Welt recht gut bezahlt werden.

Selbst wenn es stimmt, daß einige wenige um des Geldes willen unwahre Berichte über UFOs gebracht haben oder sie in unlauterer Weise behandelt haben, so ist das Phänomen UFO deswegen nicht automatisch diskreditiert. Profit ist seit Menschengedenken in allen Bereichen menschlichen Bemühens ein Beweggrund. Wenn man alles und jedes, an dem irgendjemand ein Profitmotiv festgemacht hat, verwerfen wollte, würde von unserer Kultur nur wenig übrigbleiben. Glücklicherweise ist die große Mehrheit der Augenzeugen von UFOs und der UFO-Forscher, seien sie nun arm oder reich, aufrichtig bei dem, was sie sagen oder tun.

12. Das Verhalten der UFOs entspricht nicht unseren Vorstellungen vom Verhalten außerirdischer Intelligenzen.

UFOs lassen sich nur schwer studieren, da sie so merkwürdig und unberechenbar sind. Auf der einen Seite scheinen UFOs einige der größten Fragen über das Leben und das Dasein aufzuwerfen, wärend sie andererseits Stoff für einen Buck Rogers Film hergäben. Diese beiden Seiten lassen sich nur schwer miteinander vereinbaren, und doch sind sie ein unvermeidlicher Teil des Phänomens. Wie wir noch sehen werden, haftet dem UFO sowohl etwas Tiefgründiges wie etwas Spinniges an.

Dessen bedient man sich häufig, um Berichte über UFOs in Mißkredit zu bringen. Einige Kritiker deuten an, daß UFOs sich in einer annehmbareren Weise zeigen würden, wenn sie wirklich außerirdische Raumschiffe wären. Warum haben UFOs beispielsweise Hausfrauen entführt und ihnen religiöse Botschaften eingetrichtert, sind aber niemals auf dem Rasen des Weißen Hauses gelandet und haben mit dem amerikanischen Präsidenten gesprochen?

In einem seiner Bücher setzte Philip Klass eine Belohnung von $10.000 für die Beibringung eines schlüssigen Beweises für den Besuch von Außerirdischen aus. Zugelassen waren nur abgestürzte Raumschiffe oder andere von der amerikanischen Akademie der Wissenschaften anerkannte Beweise für außerirdische Intelligenzen; oder ein außerirdischer Besucher müßte vor der Versammlung der Vereinten Nationen oder in einem staatlichen Fernsehprogramm erscheinen. Die Tatsache, daß niemand den Preis erhalten hat, wird von einigen Leuten als weiterer Beweis dafür gewertet, daß die Erde nicht von Außerirdischen besucht wird.

Die Probleme bei dem $10.000 Preis werden sehr schnell deutlich. Wir haben bereits über die geringen Chancen gesprochen, eine abgestürzte "Untertasse" oder ein großes Wrackteil zu finden. Was wäre, wenn sich die Akademie der Wissenschaften bereit erklärte, einem kleineren unumstößlichen Beweis eine irdischen Ursprung zu geben, bevor sie eine außerirdische Quelle zuläßt? Was wäre, wenn außerirdische Piloten ebensowenig Neigung zeigten, im Fernsehen oder vor den Vereinten Nationen zu erscheinen, wie ein menschlicher Pilot, das Wort an ein Kollegium von Schimpansen zu richten?*

---

* Eine andere Schwierigkeit bei dem 10.000 Dollar Angebot bestand darin, daß man Herrn Klass erst 100 Dollar pro Jahr zahlen mußte, um teilnehmen zu können. Damit würdigte man die Diskussion um die UFOs auf das Niveau eines Hasardspiels herab, wo sie nicht hingehört. Zu ihrer Ehre sei gesagt, daß nur wenige ernsthafte UFO-Forscher das Angebot angenommen haben.

Wir können uns sicherlich wünschen, daß die UFOs kooperativer wären, aber bis dahin, müssen wir das Phänomen UFO nach seinen eigenen Gesetzen untersuchen und nicht nach dem Verhalten, das es unserer Ansicht nach an den Tag legen sollte.

13. Einige UFO-Sichtungen, die in der Vergangenheit von führenden UFO-Forschern als Beweis für einen Besuch von Außerirdischen ausgegeben wurden, haben sich als irdische Phänomene oder Schwindel herausgestellt. Derartige Irrtümer sollten Zweifel an allen Erklärungen von UFO-Forschern aufkommen lassen.

Da eine Untersuchung des Phänomens UFO so schwierig ist, werden auch den besten Forschern zwangsläufig Fehler unterlaufen, manchmal sogar eine ganze Menge. Es gehört nicht viel dazu, diese Fehler aufzugreifen und sie dazu zu benutzen, das gesamte Thema in Verruf zu bringen. Diese Taktik wird oft von Anwälten bei Gericht, von Politikern bei politischen Diskussionen und sogar von Wissenschaftlern bei akademischen Streitgesprächen angewendet.

Das Problem bei dieser Taktik ist nur, daß sie nicht immer zur Wahrheit führt und manchmal sogar von ihr wegführen kann. Ein gutes Beispiel dafür ist die von Christoph Kolumbus im 15. Jahrhundert vertretene "These, daß die Erde rund ist". Zu einer Zeit, in der viele Menschen noch daran glaubten, daß die Erde eine Scheibe ist, gehörte Kolumbus einer Bewegung an, die verkündete, daß die Erde rund oder birnenförmig sei. So sehr Kolumbus in dieser Hinsicht recht hatte, so falsch lag er bei vielen anderen Prognosen. Kolumbus dachte, daß er auf Asien stoßen würde, wenn er den Atlantik überquerte und berichtete bei seiner Rückkehr nach Spanien fälschlicherweise, daß er in Asien gewesen sei. Heute wissen wir natürlich, daß Kolumbus Asien überhaupt nicht gefunden hat - er war über den nordamerikanischen Kontinent gestolpert, der keineswegs bei Asien liegt! Deshalb konnte man sich auch über Kolumbus' Scheinbeweis lustigmachen und seine "These, daß die Erde rund ist" für Schwindel erklären. Schließlich waren einige andere Vorstellungen, die Kolumbus von der Erde hatte, ganz offensichtlich falsch, einige geradezu unsinnig.

So etwas kommt häufig vor, vor allem wenn eine Wissenschaft noch jung ist, wie die UFOlogie heute. Grundsätzlich richtige Vorstellungen werden mit unrichtigen Behauptungen und falschen Beweisen untermauert. Damit soll nicht gesagt werden, daß jede neue Wissenschaft, die am Horizont auftaucht, auch akzeptabel ist und daß schlechte Beweise ein Zeichen für eine gute Theorie sind. Viele neue Theorien erweisen sich als schlecht. Der Trick besteht darin, alle Beweise abzuwägen und auf dieser Grundlage eine Entscheidung zu treffen. Dabei sollte man jedoch nicht überrascht sein, wenn man bei anderen auf Widerspruch stößt. So seltsam es auch sein mag, zwei Menschen können über dieselbe Sache zu völlig unterschiedlichen Ergebnissen gelangen.

14. Theorien über den Besuch von Außerirdischen und über "Präastronauten" stellen eine Gefahr für die Gesellschaft dar.

In einer Gesellschaft in der es üblich ist, offen zu diskutieren und zu debattieren, braucht man über dieses Argument gar nicht erst zu reden. Die Freiheit der Meinungsaußerung gehört zu den Grundpfeilern einer gesunden Kultur. Sie gestattet der Gesellschaft und den Menschen zu wachsen. Bei einer Vielfalt von Ansichten können sich die Menschen zwischen mehr Möglichkeiten entscheiden. Es ist besser, eine solche Auswahl zu haben, als in seinen Wahlmöglichkeiten eingeschränkt zu sein. In einer offenen Gesellschaft tauchen viele unkonventionelle Ansichten auf und verschwinden auch wieder, das ist jedoch nur ein geringer Preis für die ungeheuren Vorteile eines freien und offenen Kommunikationsflusses.

15. Wenn es soviele UFOs gibt, warum habe ich dann nie eins gesehen?

Ich habe auch noch kein UFO gesehen. Ich habe auch Indien noch nie gesehen, bin aber aufgrund der Indizienbeweise geneigt, zu glauben, daß Indien wahrscheinlich existiert.

Um UFO-Sichtungen in Verruf zu bringen, hat man sich nicht nur der vorstehenden Argumente, sondern auch anderer Mittel bedient. Eins ist die Semantik. Einige UFO-Kritiker sagen, daß sie nach "rationalen" Erklärungen für UFO-Sichtungen suchen. Unter "rational" verstehen sie Erklärungen, in denen eine Sichtung als ein natürliches oder von Menschenhand geschaffenes Objekt dargestellt wird. Das ist eine unglückselige Verwendung des Wortes "rational". "Rational" bedeutet "vernünftig", "gut durchdacht" oder "logisch". Da Vernunft und Logik letzlich auf Wahrheit beruhen müssen, versteht man unter einer "rationalen" Erklärung eines Phänomens eine solche, die der Wahrheit am nächsten kommt, unabhängig davon, wie die Wahrheit aussehen mag. Wenn es sich bei einem gemeldeten UFO um eine verkannte Naturerscheinung handelt, so sollte es eigentlich vernünftigerweise auch als Naturerscheinung erklärt werden. Ist ein UFO aber kein natürliches oder menschliches Phänomen, so wäre es bei Vorliegen entsprechender Beweise keineswegs logisch, es doch als solches zu erklären.

Auch jetzt noch, nachdem dies alles gesagt wurde, kann ich verstehen, daß es vielen Leuten widerstrebt, das Phänomen UFO ernstzunehmen. Es ist ein schwieriges mit Fußangeln gespicktes Thema. Einige, die UFOs früher aufgeschlossen gegenüberstanden, haben die unangehme Erfahrung gemacht, daß sie mit Tomaten beworfen wurden, als sie sich in etwas verrannt hatten, was sich als falsch herausgestellt hat. Ein gutes Beispiel dafür war das öffentliche Debakel um den Marsmond Phöbos. Vor etwa zehn Jahren vertraten eine Reihe führender Wissenschaftler die These, daß es sich bei Phöbos um einen künstlichen Satelliten handele, der von Außerirdischen in die Umlaufbahn des Mars eingeschossen worden sei. Als eine Raumsonde später nahe genug herankam, um den Mars fotographieren zu können, erwies sich der Marsmond nur als ein großer unregelmäßiger Gesteinsbrocken. Da Wissenschaftler und Astronomen von ihrem Ansehen leben, können sie sich nicht allzuviele Schnitzer dieser Art leisten. Viele die einen solchen Sturz vom Pferd hinter sich haben, steigen nicht wieder auf; stattdessen verfluchen sie das Biest, das sie abgeworfen hat und machen es schlecht. Kompetente Forscher sind sich dieser Gefahr bewußt und versuchen, sich nicht zu weit von den bekannten Fakten zu entfernen.

Warum ziehe ich nun die Möglichkeit eines Besuchs von Außerirdischen ernsthaft in Betracht, obgleich ich der “natürlichen” Erklärung für einige der heute noch immer diskutierten UFO-Sichtungen zustimme? Aus vielen Gründen. Erstens wird das Phänomen UFO seit Jahrhunderten beobachtet und gemeldet. Deshalb lehne ich das Argument der Kritiker, das UFO sei nur ein Stück moderner Folklore, ab. Zweitens war das Phänomen UFO an allen Orten und zu allen Zeiten erstaunlich konstant. So entsprechen einige moderne Sichtungen raketen- oder zigarrenförmiger UFOs einem Bericht über UFOS aus dem Arabien des 15. Jahrhunderts. Drittens gibt es trotz der Veröffentlichung einiger fragwürdiger Belege über “Präastronauten” auch einige wirklich ausgezeichnete Beweise. Der Einwand der Kritiker, daß “außergewöhnliche Behauptungen auch außergewöhnlicher Beweise bedürften”, wurde meiner Ansicht nach durch einige Beweise Genüge getan. Viertens ist die These von den “Präastronauten” kein so “pseudowissenschaftlicher Unsinn”, wie bisweilen gesagt wird. Die These von den “Präastronauten” ist eine erstaunlich logische Theorie, um Licht auf zuvor unerklärliche historische Gegebenheiten zu werfen. Ich gehe davon aus, daß sie eines Tages als echter Durchbruch anerkannt wird, auch wenn sie heute noch auf beträchtlichen Widerstand stößt. Daß die Theorie aus Forschungen vor Ort und nicht in den efeuumrankten Hallen einer großen Universität entwickelt wurde, hat wenig zu sagen. Jeder, der aktiv und wißbegierig ist, kann bedeutende Entdeckungen machen.

Möglicherweise sind einige Leser jetzt enttäuscht, wenn ich sage, daß es nicht in meiner Absicht liegt, ein weiteres Buch zu schreiben, in dem es um die Analyse heutiger UFO-Sichtungen oder nur um die Auflistung einer stattlichen Zahl von Beweisen für den Besuch von Präastronauten geht. Das ist zur Genüge in anderen Büchern geschehen. Wenn Sie UFOs auch jetzt noch skeptisch gegenüberstehen, sollten Sie besser andere Bücher über UFOs lesen, bevor sie hier weiterlesen. *Die Götter von Eden* richtet sich an diejenigen, die die Möglichkeit, daß die Erde von einer außerirdischen Zivilisation besucht wurde, ernsthaft in Betracht ziehen.

Dieses Buch setzt da an, wo Charles Fort aufhörte. Fort stellte die These auf, daß die Erde möglicherweise einer außerirdischen Zivilisation gehört. Darüber hinaus hielt er es für denkbar, daß die Menschen kaum mehr als Sklaven oder Vieh waren. Bei meinen eigenen historischen Forschungen, die einen ganz anderen Ausgangspunkt hatten,* bin auch ich zu einer ähnlich kühnen Theorie gelangt:

Die Menschen sind offenbar ein Sklavengeschlecht, das auf einem abgelegenen Planeten in einer kleinen Galaxis schmachtet. Als solches war die Menscheit einst ein Arbeitskräftepotential für eine außerirdische Zivilisation und ist auch jetzt noch im Besitz von irgendjemand. Zur Aufrechterhaltung der Kontrolle über ihren Besitz und zur Beibehaltung der Erde als einer Art Gefängnis hat jene andere Zivilisation einen niemals endenden Konflikt zwischen den Menschen ausgelöst, ihren geistigen Verfall gefördert und auf der Erde Bedingungen geschaffen, die eine unablässige physische Mühsal bedeuten. Diese Situation besteht seit Jahrtausenden und sie dauert heute noch an.

Nachdem ich mich nun mit meiner These der Lächerlichkeit preisgegeben habe, werde ich versuchen, ihnen ein ganz anderes Bild der Geschichte zu vermitteln, als sie es bisher hatten.

Da ich ein großes Risiko eingehe, wenn ich dieses Buch veröffentliche, bitte ich meine Leser um zweierlei, bevor sie über das, was ich geschrieben habe, urteilen.

1. Bitte lesen Sie das *gesamte* Buch genau.

---

* Nach Beendigung der dritten Fassung des vorliegenden Buchs hatte ich noch keines der Werke von Charles Fort gelesen.

2. Bitte lesen Sie die Kapitel der Reihe nach.

Keine Ansicht, keine Tatsache und keine geschichtliche Episode, die ich darlege, steht für sich allein. Sie alle erhalten ihre Bedeutung nur durch historischen Gesamtzusammenhang. Die Bedeutung dessen, was sie am Anfang des Buches gelesen haben, tritt erst zutage, wenn sie sehr viel weitergelesen haben. Umgekehrt wird die Bedeutung späterer Teile erst offenbar, wenn Sie zuerst den Anfang gelesen haben. Die ersten 150 Seiten des Buches enthalten Gedanken, Schlußfolgerunge und Feststellungen, die unwissenschaftlich und ungeheuerlich erscheinen mögen. Erst wenn Sie weiterlesen, wird die bemerkenswerte historische Dokumentation zur Untermauerung dieser Gedanken wirklich Formen annehmen.

Halten Sie Ihren Hut fest. Jetzt beginnt eine aufsehenerregende Achterbahnfahrt hinter die Kulissen der Geschichte.

KAPITEL 4

Die Götter von Eden

Der Gedanke, daß die Menschen ein Sklavengeschlecht sind, das einer außerirdischen Zivilisation gehört, ist nicht neu. Er wurde bereits vor Jahrtausenden in den ältesten überlieferten Kulturen der Menscheit geäußert. Die erste dieser Kulturen waren die Sumerer, eine außerordentlich fortgeschrittene Gesellschaft, die zwischen 5000 und 4000 v. Chr. im Zweistromland entstand und um 3500 v. Chr. ihre Blütezeit als Hochkultur erlebte.*

Wie viele andere in Mesopotamien entstandene Kulturen hinterließen die Sumerer Aufzeichnungen, denen zufolge menschenähnliche Geschöpfe außerirdischen Ursprungs als erste Herren der Erde über die ersten Menschen geherrscht haben. Diese Außerirdischen wurden oft für "Götter" gehalten. Einige der sumerischen "Götter" sollen in fliegenden "Kugeln" und raketenähnlichen Gefährten in den Himmel und durch das Firmament gefahren sein. Manche der auf alten Steintafeln dargestellten "Götter" tragen schutzbrillenartige Gestelle über ihren Augen. Menschenpriester fungierten nur als Mittler zwischen den außerirdischen "Göttern" und den Menschen.

Nicht alle Götter Mesopotamiens waren Außerirdische, die wie Menschen aussahen. Einige waren ganz offensichtlich erfunden, und den menschenähnlichen außerirdischen Göttern wurden häufig auch Eigenschaften angedichtet. Läßt man diese offenkundigen Fiktionen einmal beiseite, entdeckt man im mesopotamischen Pantheon eine spezielle Gattung von Wesen, die tatsächlich in das Schema der "Präastronauten" passen.

---

* Noch bis vor kurzem hielt man Sumer für die älteste Stadt der Welt. Bei Ausgrabungen wurde eine Stadt in Jericho (nahe dem heutigen Jerusalem) zutagegefördert, die bereits 7000 v. Chr. erbaut wurde. Über diese Stadt ist fast nichts bekannt.

OBEN: *Eine alte mesopotamische Darstellung einer ihrer außerirdischen "Göttinnen". Die "Götter" waren den Menschen sehr ähnlich und hatte männliche und weibliche Körper. Brille, enganliegende Kleidung und der Schmuck bei der obigen "Göttin" erinnern stark an moderne Schutzbrillen und luftundurchlässige Anzüge für Flieger sowie heutigen Schnickschnack.* (Mit Erlaubnis des Autors aus dem Buch *Der Zwölfte Planet* von Zecharia Sitchin übernommen.)

Um diese "High-Tech-Götter"* besser verständlich machen zu können, ist es notwendig, einen neuen Begriff einzuführen.

Im Wort "Gott" allein liegt zuviel unverdiente Ehrfurcht. Nach historischen wie heutigen Zeugnissen verhalten sich diese "Götter" nämlich ebenso "menschlich" wie Sie und ich.

Die Bezeichnung "Präastronauten" ordnet sie einer fernen Vergangenheit zu, obgleich sie eigentlich die ganze Zeit hindurch bis heute ständig gegenwärtig gewesen zu sein scheinen.

Der Begriff "Außerirdische" ist zu allgemein.

Ich kann die "Götter" auch nicht nach einem Stern oder Planeten benennen, von dem sie vielleicht kommen, da ich keine Spekulationen über den Ort ihrer Herkunft anstellen möchte. Außerdem wäre es denkbar, daß der vermutete Besitz der Erde möglicherweise im Laufe der Jahrtausende in andere Hände übergegangen ist, so wie der Besitz einer Firma von einem Eigentümer auf einen anderen übergehen kann, ohne daß die Allgemeinheit etwas davon bemerkt.

Ich muß also eine neue Bezeichnung einführen, die auf der offensichtlichen Beziehung zwischen diesen "Göttern" und den Menschen beruht. In Ermangelung eines Besseren werde ich sie einfach als "Herrgötter"-Zivilisation bezeichnen, und damit jene außerirdischen Zivilisationen (oder aufeinanderfolgenden Zivilisationen) meinen, die seit vorgeschichtlicher Zeit Eigentümer und Hüter der Erde sind. Der Kürze wegen nenne ich sie einfach "Herrgötter".

Was für Geschöpfe sind nun diese "Herrgötter"?

In geschichtlichen Überlieferungen und modernen Zeugenaussagen werden sie als körperlich wie ein Mensch, rassisch verschieden und, was sehr wichtig ist, in ihrem Verhalten dem Menschen sehr ähnlich beschrieben. So sind beispielsweise einige UFOs der Neuzeit in jugendlichem Übermut auf Flugzeuge zugerast, als ob sie mit ihnen zusammenstoßen wollten, und haben dann, als die Kollision kurz bevorzustehen schien, plötzlich abgedreht: anscheinend eine Spielerei außerirdischer "Teenager". Zumindest behauptete ein moderner Zeuge, daß ihn ein UFO aus reiner Bosheit "angerempelt" habe. Frühere Autoren beschreiben die

---

* Für eine eingehendere Analyse der "High-Tech"-Natur vieler sumerischer Götter der Frühzeit empfehle ich die drei Bücher von Zecharia Sitchin, *The Twelfth Planet, The Stairway to Heaven* und *The Wars of Gods and Men*, die bei Avon Books in New York erschienen sind.

außer irdischen "Götter" als Wesen, die lieben und hassen, sich vergnügen und sich ärgern, rechtschaffen und verderbt sein können. Sowohl nach alten Berichten wie heutigen Zeugenaussagen ist unter den "Herrgöttern" alles vertreten, vom Heiligen bis zum Sünder, vom schlimmsten Despoten bis hin zum aufrichtigsten Menschenfreund. Wie wir noch belegen werden, ist es leider das grausame und tyrannische Element ihrer Zivilisation, das sich auf das irdische Geschehen am stärksten ausgewirkt hat.

Die frühen Kulturen Mesopotamiens haben ihre Geschichte zu einem großen Teil auf Tontafeln aufgezeichnet. Zwar ist nur ein Bruchteil dieser Tafeln erhalten geblieben, sie erzählen jedoch eine außergewöhnliche Geschichte über die "Herrgötter" und ihr Verhältnis zum *Homo sapiens.*

Nach der auf den mesopotamischen Tafeln aufgezeichneten Geschichte gab es eine Zeit, in der überhaupt noch keine Menschen existierten. Die Erde wurde stattdessen von Angehörigen der "Herrgötter"-Zivilisation bewohnt. Das Leben der "Herrgötter" auf der Erde war jedoch keineswegs angenehm. Die reichen Mineralvorkommen und Bodenschätze der Erde auszubeuten, erwies sich als mühseliges Unterfangen. Auf einer Tafel heißt es:

> Als die Götter, die wie Menschen aussahen,
> Die Arbeit auf sich nahmen und die Bürde ertrugen-
> Die Mühsal der Götter war groß,
> Die Arbeit war schwer und es gab viel Elend-[1]

Auf den Tafeln werden die Bau-, Ausschachtungs- und Abbauarbeiten durch die "Götter" selbst als ein Leben endloser Plackerei beschrieben. Die "Götter" waren mit ihrem Los keineswegs zufrieden. Sie zeigten eine Neigung, sich bei ihren Führern zu beklagen, sie hinterrücks zu erstechen und sich gegen sie aufzulehnen. Man mußte eine Lösung finden, und sie wurde gefunden: die Schaffung eines neuen Geschöpfes, das auf der Erde die gleichen Arbeiten verrichten konnte wie die "Herrgötter". Zu diesem Zweck erschufen die "Herrgötter" den *Homo sapiens* (den Menschen).

In der auf den mesopotamischen Tafeln erzählten Schöpfungsgeschichte wird einer der "Götter" von den anderen "Göttern" getötet; sein Körper und sein Blut werden mit Lehm vermischt. Aus diesem Gemisch entsteht der Mensch. Das neue Erdengeschöpf ist ein Abbild seiner göttlichen Schöpfer.

In seinem Buch *Der zwölfte Planet* unterzieht der Autor Zecharia

Sitchin die Schöpfungsgeschichte der Sumerer einer eingehenden Analyse. Er kommt zu dem Schluß, daß es sich bei der Geschichte von der Vermischung eines Götterkörpers mit Lehm um Gen-Technik gehandelt haben könnte. Sitchin begründet seine erstaunliche Schlußfolgerung mit einem Hinweis auf jene sumerischen Tafeln, denen zufolge die ersten Menschen im Leib weiblicher "Herrgötter" ausgetragen wurden. Wie es auf diesen Tafeln heißt, hatten die "Herrgötter" männliche und weibliche Körper und vermehrten sich durch Geschlechtsverkehr. Die alten Mesopotamier berichten nämlich, daß sie die herrschenden "Herrgötter" mit menschlichen Prostituierten versorgten. Sitchin ist der Ansicht, daß es sich bei dem Lehm um eine besondere Substanz gehandelt hat, die in den Leib eines weiblichen "Gottes" einpflanzt werden konnte und daß diese Substanz die durch Gentechnik erzeugten Zellen eines neuen Sklavengeschöpfes, des *Homo sapiens* enthielt. Offenbar ließen sich die Menschen auf diese Weise vermehren, da sie den "Herrgöttern" äußerlich sehr ähnlich waren. Interessanterweise haben moderne Wissenschaftler auf diese Weise Tiere gezüchtet, wie zum Beispiel ein Zebra im Leib eines Pferdes.

Auf den alten mesopotamischen Tafeln wird die Erschaffung des *Homo sapiens* vor allem einem "Gott" zugeschrieben. Der Name dieses "Gottes" ist Ea. Ea soll der Sohn eines Königs der "Herrgötter" gewesen sein, der, wie es heißt, über einen anderen Planeten im riesigen Reich der "Herrgötter" herrschte. Prinz Ea war unter seinem Titel "EN.KI" bekannt, das heißt "Herr (oder Fürst) der Erde". Nach alten sumerischen Texten war Eas Titel nicht ganz zutreffend, da er seine Herrschaft über weite Teile der Erde während einer der zahllosen Rivalitäten und Intrigen, die die Herrscher der "Herrgötter"-Zivilisation immer in Anspruch zu nehmen schienen, an seinen Halbbruder Enlil verloren haben soll.

Prinz Ea wird nicht nur die Erschaffung des Menschen, ihm werden auch viele andere Leistungen zugeschrieben. Wäre Ea ein Mensch gewesen, könnte man ihn wohl am besten als Wissenschaftler und Zivilingenieur beschreiben. Er soll die Sümpfe am Persischen Golf trockengelegt und sie durch fruchtbares Ackerland ersetzt haben. Er überwachte den Bau von Dämmen und Deichen. EA segelte gern und baute Schiffe, mit denen man die Meere befahren konnte. Bei der Erschaffung des *Homo sapiens* bewies er, daß er etwas von Gentechnik verstand, aber den Tafeln zufolge ging es dabei nicht ohne Herumprobieren ab. Und, was sehr wichtig ist, Ea soll zumindest seiner Schöpfung, dem *Homo sapiens,* gegenüber gutherzig gewesen sein. In den mesopotamischen Texten wird Ea als jemand dargestellt, der sich im Rat der "Herrgötter" für das neue Erdengeschlecht einsetzte. Er erhob gegen viele der Grausamkeiten, die andere "Herrgötter", darunter sein Halbbruder Enlil, den Menschen auferlegten, Einspruch. Aus den sumerischen Tafeln geht hervor, daß er den *Homo sapiens* nicht als verächtlichen Sklaven wollte, dieser Hinsicht jedoch von den übrigen "Herrgöttern" überstimmt wurde.

Wie wir gerade gesehen haben, erzählten unsere alten und hochzivilisierten Vorfahren eine ganz andere Geschichte über die Entstehung der Menschen auf der Erde als wir heute. Die Mesopotamier wußten ganz sicherlich nichts über die Darwinsche Entwicklungslehre! Trotzdem gibt es einige erstaunliche anthropologische Beweise für die sumerische Version der Vorgeschichte.

Moderne Untersuchungen der erhaltenen Fossilien haben ergeben, daß der Mensch irgendwann zwischen 300.000 und 700.000 v. Chr. als eigene Species entstanden ist. Im Laufe der Zeit entwickelten sich eine Reihe von Unterarten des *Homo sapiens,* darunter auch die des *Homo sapiens sapiens,* der heute alle Menschen angehören. Der *Homo sapiens sapiens* tauchte erst vor 30.000 Jahren auf - nach Ansicht einiger Wissenschaftler sogar erst vor 10.000 bis 20.000 Jahren. Dadurch stellt sich die wichtige Frage: meinen die Sumerer in ihrer Schöpfungsgeschichte den *Homo sapiens* oder den *Homo sapiens sapiens?* -Darauf scheint es keine eindeutige Anwort zu geben. Es gibt ausgezeichnete Argumente dafür, daß sie den ursprünglichen *Homo sapiens* meinen. Ich neige eher zu der Annahme, daß sie den heutigen *Homo sapiens sapiens* meinen, und zwar aus folgenden Gründen:

1. Die ältesten überlieferten Schöpfungsgeschichten wurden etwa 4000 bis 5000 v. Chr. verfaßt. Ein wahrer Bericht von der Entstehung des Menschen überdauert eher 5000 bis 25.000 Jahre als 295.000 Jahre und länger.

2. Wenn die Sumerer die Schaffung des *Homo sapiens sapiens* beschrieben haben, fallen auch spätere auf den mesopotamischen Tafeln geschilderte Ereignisse in einen glaubhafteren Zeitrahmen.

3. Die Mesopotamier selbst gehören zu einer Unterart des *Homo sapiens sapiens.* Sie wollten vor allem wissen, wie sie selbst entstanden sind. In verschiedenen ihrer Werke schreiben die Sumerer über behaarte tierähnliche Menschen, die offenbar zu einer primitiveren Unterart des *Homo sapiens* gehört haben. Die Sumerer betrachteten diese primitiven Menschen ganz offensichtlich als eine andere Art von Geschöpfen.

Wenn die mesopotamischen Schöpfungsgeschichten auf Ereignissen beruhten, die sich tatsächlich zugetragen haben, und wenn sich diese Ge- schichten auf den *Homo sapiens sapiens* bezögen, liegt der Gedanke nahe, daß der *Homo sapiens sapiens* ganz plötzlich in der Geschichte auftaucht. Bemerkenswerterweise ist genau das der Fall. Anthropologischen Erkenntnissen zufolge erscheint der *Homo sapiens sapiens* nicht allmählich, sondern ganz plötzlich auf der Erde. F. Clark Howell und T.D. White von der kalifornischen Universität Berkeley meinen dazu:

> Diese Menschen *(Homo sapiens sapiens)* und ihre frühe materielle Kultur tauchen offenbar ganz plötzlich vor etwas mehr als 30.000 Jahren auf, in Osteuropa wahrscheinlicher eher als in Westeuropa.[2]

Ihr geheimnisvolles plötzliches Erscheinen wird noch geheimnisvoller durch ein anderes Rätsel: Warum verschwindet der Neanderthaler *(Homo sapiens neanderthaliensis)* plötzlich zur gleichen Zeit, zu der der moderne *Homo sapiens sapiens* auftaucht? So schnell vollzieht sich keine Entwicklung. Howard und White befaßten sich mit dieser Frage und kamen zu folgendem Schluß:

> ... das endgültige fast abrupte Verschwinden des Neanderthalers bleibt eines der Rätsel und eine der entscheidenden Fragen im Zusammenhang mit der Entwicklung des Menschen.[3]

Die *Encyclopedia Britannica* ist ebenfalls dieser Auffassung:

> Die für das Verschwinden des Neanderthalers ursächlichen Faktoren sind ein großes Problem, für das es leider noch keine eindeutige Lösung gibt.[4]

Die sumerischen Schöpfungsgeschichten haben auf diese Frage eine klare Antwort, die viele Menschen jedoch nur schwer akzeptieren könnten. Das plötzliche Erscheinen des *Homo sapiens sapiens* und das gleichzeitige abrupte Verschwinden des Neanderthalers geschah auf Veranlassung irgendwelcher Intelligenzen. Die Vermutung liegt nahe, daß der Neanderthaler etweder ausgerottet oder von der Erde fortgenommen wurde, um einem neuen Sklavengeschlecht Platz zu machen und vielleicht auch, um eine Kreuzung zwischen diesen beiden Unterarten zu vermeiden. Was auch immer genau geschehen sein mag, zwei Dinge wissen wir mit Sicherheit: daß der heutige Mensch, wie die moderne Anthropologie festgestellt hat, an die Stelle des Neanderthalers getreten ist und daß dieses dramatische Ereignis mesopotamischen Überlieferungen zufolge auf einen wohlüberlegten Plan einer außerirdischen Zivilisation zurückzuführen ist.

Im zweiten Kapitel ging es darum, daß die Menschen offenbar geistige Wesen sind, die physische Körper beseelen. Bewußtsein, Persönlichkeit und Intelligenz scheinen ihren eigentlichen Ursprung im Geist zu haben. Ohne eine ihn beseelende geistige Wesenheit ist der menschliche Körper kaum mehr als ein reagierendes Tier oder aber tot. Die Menschen im alten Mesopotamien waren sich dieser entscheidenden Tatsache vollauf bewußt, wenn sie im Zusammenhang mit der Schaffung des *Homo sapiens* ein geistiges Wesen erwähnen:

> Du hast einen Gott niedergemetzelt
> und auch seine Persönlichkeit (geistiges Wesen)
> Ich habe dir deine schwere Arbeit abgenommen,
> Ich habe deine Mühsal dem Menschen auferlegt.[5]

Die "Herrgötter" wußten, daß die geistigen Wesen immer mit dem Körper verbunden bleiben mußten, um ihnen Leben einzuhauchen und ihnen genug Intelligenz zu verleihen, damit sie ihre Arbeit verrichten können:

> Im Lehm sollen der Gott (ein geistiges Wesen) und der Mensch
> (physischer Körper des *Homo sapiens*) zu einem Ganzen miteinander
> verbunden sein;
> So daß bis zum Ende aller Tage
> das Fleisch und die Seele,
> die in einem Gott gereift sind-
> daß die Seele in Blutsverwandtschaft gebunden ist;[6]

Die Tafeln schweigen darüber, welche "Persönlichkeiten" gewählt wurden, um die neuen Sklavenkörper zu beseelen. Wenn man davon ausgeht, wie diese Dinge bei den Menschen gehandhabt werden, könnte man annehmen, daß die "Herrgötter" sich Krimineller, Abweichler, Kriegsgefangener, verabscheuter gesellschaftlicher und rassischer Gruppen und anderer unerwünschter Elemente bedienten, um die geistigen Wesen zu erhalten, die sie brauchten, um dem neuen Sklavengeschlecht auf der Erde Leben einzuhauchen. Die Menschen wurden sicherlich wie zu Zwangsarbeit verurteilte Sträflinge behandelt:

Mit Spitzhacken und Spaten bauten sie Schreine;
Sie bauten die großen Kanaldämme.
Für die Ernährung der Menschen, für
den Lebensunterhalt (der Götter).[7]

Die Menschen, die nichts weiter als Lasttiere waren, wurden von ihren außerirdischen Herren grausam behandelt. Die Tontafeln berichten, daß die "Herrgötter" den Menschensklaven gegenüber eine ungeheure und verhängnisvolle Grausamkeit an den Tag legten. Häufig wurden eiskalte Maßnahmen zur Bevölkerungskontrolle durchgeführt:

Es waren noch keine zwölfhundert Jahre vergangen,
als das Land sich ausdehnte und die Menschen sich vermehrten.
Das Land brüllte wie ein Stier,
Der Gott fühlte sich durch den Lärm, den sie machten, gestört.
Enlil (Halbbruder und Rivale von Ea) hörte ihr Gebrüll*

und wandte sich an die großen Götter,
"Der Lärm der Menschen wird mir zu laut,
ich kann bei ihrem Krach nicht schlafen.
Stoppt die Versorgung der Menschen,

---

* Aus diesen Zeilen geht hervor, daß Enlil mehr als 1200 Jahre gelebt hat. Ea und den übrigen Herrgöttern wird ein ebenso langes Leben zugeschrieben. Viele Menschen können nur schwer glauben, daß irgendein Geschöpf, einschließlich eines außerirdischen so lange lebt.

Die erstaunlich lange Lebensdauer, die den "Herrgöttern" zugeschrieben wird, läßt sich vielleicht aus dem Glauben der Sumerer eklären. Die Sumerer glaubten, daß eine Persönlichkeit (ein geistiges Wesen) den Tod des physischen Körpers überlebt, und daß man eine Seele auch, nachdem sie einen Körper verlassen und einen neuen beseelt hat, identifizieren kann, ebenso, wie man jemanden indentifizieren kann, der aus einem Auto springt und in ein neues einsteigt). Eine "Persönlichkeit" konnte demnach in mehreren aufeinanderfolgenden Körpern solange die gleiche politische oder soziale Stellung einnehmen, wie "Persönlichkeit" identifiziert werden konnte. Wenn die Sumerer den "Herrgöttern" eine außerordentlich lange Lebensdauer zuschreiben, so glaubten sie deshalb nicht zwangsläufig, daß die "Herrgötter" in einem einzigen Körper jahrhundertelang überlebten; in vielen Fällen sollte das wohl heißen, daß die "Persönlichkeit" der "Hergötter" zwar eine sehr lange Zeit die gleiche Stellung innehatten, doch möglicherweise in verschiedenen aufeinanderfolgenden Körpern.

Laßt nicht soviel Pflanzen wachsen, mit denen sie ihren Hunger stillen.
Adad (ein anderer Gott) sollte es nicht regnen lassen,
Und auf der Erde sollte die Flut (die regelmäßige Überflutung des Landes,
die es fruchtbar machte) nicht aus der Tiefe aufsteigen.
Laßt die Wolken sich auftürmen, aber keinen Regen spenden.
Laßt die Erträge der Felder zurückgehen,
....
Es darf keine Freude unter ihnen geben."[8]

Auf einer assyrischen Tafel heißt es außerdem:

"Befehlt eine Heimsuchung!
Laßt Namtar ihren Lärm verringern.
Laßt Krankheit, Siechtum, Seuchen und Pestilenz
auf sie kommen wie einen Tornado."
Namtar verringerte ihren Lärm.
Krankheit, Siechtum, Seuchen und Pestilenz kommen
auf sie wie ein Tornado.[9]

Die Tafeln sprechen von furchtbaren Verhältnissen. Es gab nichts mehr zu essen, die Menschen wurden mit Krankheiten geschlagen, die den Leib zusammenschnürten und die Geburt von Kindern verhinderten. Die Hungersnot wurde so groß, daß die Menschen zwangsläufig zu Kannibalen wurden. Leichtere Krankheiten, wie solche, die einer Lungenentzündung glichen, suchten den *Homo sapiens* ebenfalls heim, was den Schluß zuläßt, daß die "Herrgötter" etwas von biologischer Kriegführung verstanden und sie auch anwendeten.

Als dieser Völkermord schließlich keinen ausreichenden Rückgang der menschlichen Bevölkerung brachte, machten sich die "Herrgötter" erneut ans Werk. Schließlich wurde beschlossen, die Menschen durch eine große Flut endgültig zu vernichten.

Heute sind viele Archäologen der Ansicht, daß es im Nahem Osten vor Jahrtausenden eine Sintflut gegeben hat. Eine Beschreibung der "Großen Flut" findet sich im "Gilgameschepos", das älter ist als die Bibel.

Danach näherte sich Prinz Ea, der die Entscheidung, daß seine Schöpfung, der *Homo sapiens,* durch eine große Flut vernichtet werden sollte, nicht akzeptierte, einem Mesopotamier namens Utnapischtim. Ea erzählte Utnapischtim vom Plan der übrigen "Götter", die Menschen durch eine Sintflut auszulöschen. Ea, der in anderen Schriften als hervorragender

Schiffsbauer und Seemann beschrieben wird, lehrte Utnapischtim ein Schiff zu bauen, das die Flut überstehen konnte. Utnapischtim befolgte Eas Anweisungen und vollendet das Schiff, bevor die Flut einsetzte. Er brachte sein Gold, seine Familie und sein Vieh sowie Handwerker und wilde Tiere auf das Schiff und stach in See.

Auf babylonischen und assyrischen Tafeln wird berichtet, daß die "Herrgötter" das Land kurz vor der Überflutung mit einem Feuer versengten. Dann überschwemmten sie das Land, indem sie eine Sturmflut verursachten und das komplizierte System von Dämmen und Deichen brachen, das in Mesopotamien angelegt worden war, um die unregelmäßig stattfindenden Überschwemmungen der Flüsse Euphrath und Tigris kontrollieren zu können.

Im Gilgamesch Epos heißt es, daß Utnapischtim und seine Mannschaft das Gottesgericht überlebten. Als alles vorüber war, hielten sie Ausschau nach Land, indem sie nacheinander drei Vögel freiließen; wenn ein Vogel nicht zum Schiff zurückkehrte, würden sie wissen, daß er trockenes Land in der Nähe gefunden hatte, auf dem er sich niederlassen konnte.

Als sie wieder festen Boden unter den Füßen hatten, schlossen sich Utnapischtim einige aus dem Himmel zurückkehrende "Herrgötter" an. Statt die Überlebenden zu vernichten, ließ man Milde walten, und die "Herrgötter" brachten die überlebenden Menschen in eine andere Gegend, damit sie dort wohnen könnten.

Bei der Erzählung von Utnapischtim sollte es bei jedem, der die Geschichte von der Arche Noah kennt, "klingeln", denn die Geschichte von Noah geht, wie viele andere Geschichten aus dem alten Testament, auf ältere mesopotamische Schriften zurück. Die biblischen Autoren änderten nur die Namen, und aus den vielen "Göttern" der ursprünglichen Schriften wurde der eine "Gott" oder "Herr" der jüdischen Religion. Diese letzte Änderung war nicht sehr glücklich, denn sie führte dazu, daß die Grausamkeiten, die frühere Autoren den sehr *un*göttlichen "Herrgöttern" zugeschrieben hatten, jetzt einem Höchsten Wesen angelastet wurden.

In den frühen mesopotamischen Schriften findet sich eine weitere berühmte Geschichte des alten Testaments, die Geschichte von Adam und Eva. Sie stammt ebenfalls aus älteren mesopotamischen Quellen, in denen das Leben unter den "Herrgöttern" beschrieben wird. Der "Gott" oder "Herrgott" in der biblischen Erzählung von Adam und Eva kann daher auch so aufgefaßt werden, als seien damit die "Herrgötter" der Erde gemeint. Die Geschichte von Adam und Eva ist insofern einzigartig, als sie rein symbolisch ist, und durch ihre Symbolik stellt sie einen hochinteressanten Bericht über die Frühgeschichte der Menschheit dar.

In der Bibel steht, daß "Gott" Adam, der den ersten Menschen versinnbildlicht, aus "Erde" schuf. Diese Vorstellung spiegelt den alten mesopotamischen Glauben wider, daß der *Homo sapiens* zum Teil aus "Lehm" erschaffen wurde. Adams Weib Eva wurde ebenfalls künstlich erschaffen. Alle beide lebten in einem als Garten Eden bekannten Paradies, in dem alles im Überfluß vorhanden war. Moderne Fassungen der Bibel siedeln den Garten Eden im Euphrath- und Tigrisgebiet in Mesopotamien an.

Im alten Testament heißt es, daß Adam (der erste Mensch) ein Knecht sein sollte. Seine Aufgabe war es, den Boden zu bestellen und sich um die üppigen Gärten und reichen Ernten zu kümmern, die seinem "Gott" gehörten. Solange Adam und Eva ihre untergeordnete Stellung akzeptierten und ihrem allgegenwärtigen Herrn gehorchten, wurden alle ihre physischen Bedürfnisse erfüllt, und sie durften für immer im "Paradies" bleiben. Es gab jedoch eine unverzeihliche Sünde, die sie niemals begehen durften. Sie durften niemals versuchen, bestimmte Erkenntnisse zu begehren. Diese verbotenen Erkenntnisse wurden in der Bibel durch zwei Bäume versinnbildlicht, den "Baum der Erkenntnis des Guten und des Bösen" und den "Baum des Lebens". Der erste "Baum" stand für das Verständnis von Ethik und Gerechtigkeit, der zweite versinnbildlicht das Wissen, wie man seine geistige Identität und Unsterblichkeit wiedergewinnen und bewahren kann.

Adam und Eva gehorchten den Geboten ihrer Herren und lebten in materieller Glückseligkeit, bis ein anderer auf der Bildfläche erschien. Diese ins Geschehen eingreifende Partei wird in der Geschichte als Schlange dargestellt. Die Schlange überredete Eva, von der "Frucht"* am "Baum der Erkenntnis des Guten und des Bösen" zu essen. Sowohl Eva wie auch Adam befolgten den Vorschlag der Schlange. "Gott" (d.h. die "Herrgötter") waren sofort beunruhigt:

---

* Diese Frucht wird im allgemeinen als Apfel dargestellt. Das ist jedoch eine Erfindung späterer Künstler. In der Bibel selbst wird keine spezielle Frucht erwähnt, denn die "Frucht" war nur ein Symbol für das Wissen.

> Denn er (Gott) dachte: "Nun ist der Mensch wie einer von uns geworden, und alles Wissen steht ihm offen. Es darf nicht sein, daß er auch noch vom Baum des Lebens ißt. Sonst wird er ewig leben!"
> *1. Mose 3, 22*

Diese Textstelle offenbahrt eine wichtige Wahrheit, die in vielen Religionen ihren Widerhall findet. Der Grund dafür liegt auf der Hand. Die "Herrgötter" wollten Sklaven. Menschen, die ihre Integrität und ihr Gefühl für Ethik bewahren, lassen sich nur schwer zu Sklaven machen. Ganz unmöglich wird das aber, wenn eben diese Menschen durch ein wiedererwachtes Verständnis ihrer geistigen Unsterblichkeit nicht durch physische Drohungen einzuschüchtern sind. Und was sehr wichtig ist, wenn geistige Wesen nicht länger in menschlichen Körpern festgehalten werden, sondern stattdessen die Körper nach Belieben benutzen und verlassen könnten, gäbe es auch keine geistigen Wesen, um den Sklavenkörpern Leben einzuhauchen. Wie wir uns erinnern, stand auf den sumerischen Tafeln, daß die "Herrgötter" geistige Wesen für immer an menschliche Körper binden wollten. Dem Versuch des ersten Menschen, dieser Knechtschaft dadurch zu entgehen, daß er von den biblischen "Bäumen aß", mußte deshalb ein Ende gesetzt werden ... und zwar schnell!

> "....Er soll den Ackerboden bebauen, aus dem er gemacht worden ist."
> Den Eingang des Gartens ließ Gott durch die Keruben und das flammende Schwert bewachen. Kein Mensch sollte zum Baum des Lebens gelangen.
> *1. Mose 3, 23-24*

Das "flammende Schwert" symbolisiert die durchaus sinnvollen Maßnahmen der "Herrgötter", um sicherzustellen, daß den Menschen niemals wirkliche geistige Erkenntnisse zugänglich werden sollten. Außerdem wurde der *Homo sapiens,* um ihm den Zugang zu derartigen Erkenntnissen zu versperren, noch zu einem weiteren Schicksal verdammt:

> Und zum Manne sagte er (Gott): "Weil du auf deine Frau gehört und mein Gebot übertreten hast, soll der Acker verflucht sein. Dornen und Disteln werden auf ihm wachsen. Dein Leben lang wirst du hart arbeiten müssen, damit du dich von seinem Ertrag ernähren kannst.
> Viel Mühe und Schweiß wird es dich kosten. Zuletzt aber wirst du

> wieder zur Erde zurückkehren von der du genommen bist. Staub von der Erde bist du und zu Staub mußt du wieder werden.
>
> *1. Mose 3, 17-19*

Das war eine außerst wirksame Methode, um mit Adams und Evas "Erbsünde" fertigzuwerden. Die vorstehende Textstelle zeigt, daß sich die Menschen nach dem Willen der "Herrgötter" ihr ganzes Leben lang bis zum Tod nie über eine mühevolle materielle Existenz erheben sollten. Dadurch hätten die Menschen nur wenig Zeit, die geistigen Erkenntnisse zu erwerben, die sie zur Erlangung ihrer geistigen Freiheit brauchten.

Nach einer landläufigen irrigen Auslegung der Geschichte von Adam und Eva hat die "Erbsünde" etwas mit Sex und Nacktheit zu tun. Diese Verwechslung beruht auf dem Teil der Geschichte, in dem Adam und Eva vom "Baum der Erkenntnis des Guten und des Bösen" essen und sich sofort darauf ihrer Nacktheit schämen. Sie schämten sich jedoch nicht, weil sie nackt waren, sondern weil sie sich durch das gedemütigt fühlten, was ihre Nacktheit repräsentierte. In alten mesopotamischen Überlieferungen werden die Menschen nackt dargestellt, wenn sie Arbeiten für ihre "Herrgötter" verrichteten, Die "Herrgötter" hingegen vollbekleidet. Daraus folgt, daß sie sich wegen ihrer Nacktheit deshalb erniedrigt fühlten, weil es ein Zeichen für ihre Versklavung war - und nicht, weil Nacktheit an sich etwas Schlechtes ist.

Wie wir sehen konnten, haben die ersten Menschen ihren "Herrgöttern" ständig Verdruss bereitet. Nicht nur, daß die Sklavengeschöpfe nicht gehorchten, sie rotteten sich auch häufig zusammen und zettelten Aufstände an. Dadurch wurde Einigkeit unter den Menschen für die "Herrgötter" nicht gerade wünschenswert - es war besser, wenn unter den Menschen Zwietracht herrschte. Wie das Problem der Eingkeit unter den Menschen gelöst wurde, wird in der biblischen Geschichte vom Turmbau zu Babel geschildert - die ebenfalls auf frühe mesopotamische Schriften zurückgeht.

Der Bibel zufolge ereignete sich nach der Sintflut folgendes:

> Die Menschen hatten damals noch eine einzige allen gemeinsame Sprache.
>
> Als sie nun von Osten aufbrachen, kamen sie in das Land Schinar (Babylonien: ein Gebiet in Mesopotamien) und schlugen in der Ebene ihre Zelte auf.
>
> ....
>
> Sie sagten: "Ans Werk! Wir bauen uns eine Stadt, die bis an den

> Himmel reicht! Dann werden wir in aller Welt berühmt (...daß wir uns einen Namen machen). Der Bau wird uns zusammenhalten, daß wir nicht über die ganze Erde zerstreut werden."
>
> Der Herr kam vom Himmel herab, um die Stadt und den Turm anzusehen, die sie bauten.
>
> Denn er sagte sich: "Wohin wird das noch führen? Sie sind ein einziges Volk und sprechen alle dieselbe Sprache. Wenn sie diesen Bau vollenden, wird ihnen nichts mehr unmöglich sein. Sie werden alles ausführen, was ihnen in den Sinn kommt.
>
> Ans Werk! Wir steigen herab und verwirren ihre Sprache, damit keiner mehr den anderen versteht!"
>
> So zerstreute sie der Herr über die ganze Erde, und sie mußten ihre Pläne aufgeben.
>
> Darum wird diese Stadt Babel genannt, denn dort hat der Herr die Sprache der Menschen verwirrt und von dort aus die Menschheit über die ganze Erde zerstreut.
>
> *1. Mose 11, 1-9*

In *Der zwölfte Planet* gibt Sitchin eine hochinteressante Analyse der Geschichte vom Turmbau zu Babel. Danach war das Wort "Name" in der vorstehenden Textstelle ("daß wir uns einen *Namen* machen") eine Übersetzung des alten Wortes *shem*. Nach Sitchin ist das Wort *shem* in der Bibel falsch übersetzt worden, den *shem* leitet sich von *shamah* ab, das heißt "das, was nach oben geht". Shems der Frühzeit waren die Obelisken, die in vielen alten Kulturen so weit verbreitet waren. Als Modell für diese shems oder Obelisken dienten die raketenförmigen Gefährte, in denen die "Herrgötter" herumgeflogen sein sollen. Deshalb glaubt Sitchin auch, daß das Wort *shem* in mesopotamischen Texten mit "Himmelsfahrzeug" übersetzt werden sollte, das bedeutet Rakete. Übernimmt man diese Übersetzung in die vorstehend Textstelle in der Bibel, stellt man fest, daß die alten Babylonier nicht versuchten, sich einen Namen (d.h. Ansehen) zu verschaffen, sondern daß sie versuchten, ein "Himmelsfahrzeug" oder eine Rakete zu machen! Daraus folgt, daß sie die technologische Macht ihrer verhaßten Herren erreichen und so ihrer Sklaverei ein Ende bereiten wollten.Der Turm selbst war möglicherweise als Rampe für eine von Menschen gebaute *shem* gedacht.

Falls sich Sitchins provokante Analyse als richtig erweisen sollte, verständen wir auch besser, warum der Turmbaum zu Babel die "Herrgötter" so beunruhigte und sie es für unbedingt notwendig hielten, die Menschen untereinander gründlich zu entzweien.

Alte Geschichten und Legenden aus anderen Teilen der Welt sind ein indirekter Beweis für die Geschichte vom Turmbau zu Babel. Bei Japanern, Südamerikanern, Ägyptern und den Eskimos in Alaska finden sich Überlieferungen, nach denen ihre ersten Vorväter von menschengleichen "Göttern" dahin gebracht wurden, wo ihre Nachkommen heute leben oder nach denen die lokalen Sprachen oder Schriften von diesen "Göttern" kommen.

Es mag schwer sein, mesopotamische oder biblische Darstellungen zu akzeptieren, denen zufolge die ersten Menschen vor Jahrtausenden von fliegenden Extraterrestriern nach dem Grundsatz "Teile und herrsche" entzweit wurden, obgleich militärische und politische Führer die Methode des "Teile und herrsche" in Kriegszeiten häufig auf der Erde anwenden. Interessanterweise wurde diese Methode vor einigen Jahren von einem renommierten Professor in Yale empfohlen, sollte die Erde jemals andere Planeten kolonisieren. Der gute Professor vertrat die Ansicht, daß die Erde einen anderen bewohnten Planeten dadurch kontrollieren könne, daß sie die dort lebenden Gruppen gegeneinander ausspiele.

Wenn man die alten und die heutigen Vorstellungen darüber, wie die Menschheit entstanden ist, miteinander vergleicht, stößt man auf zwei verschieden Versionen. Nach der älteren ist die Erde in den Besitz einer außerirdischen Zivilisation gelangt, die die Schätze der Erde auszubeuten suchte. Damit dies leichter vonstatten ginge, wurde eine Arbeitsrasse geschaffen, der *Homo sapiens*. Die Menschen wurden wie Vieh behandelt und, wenn sie zu zahlreich oder lästig wurden, häufig auch abgeschlachtet. Um den *Homo sapiens* als Sklavengeschlecht erhalten zu können und um zukünftige Aufstände zu vermeiden, hielt man die geistigen Erkenntnisse unter Verschluß, zerstreute die Menschen geographisch in verschiedene Sprachgruppen und schaffte Lebensbedingungen, durch die das physische Überleben auf der Erde von der Geburt bis zum Tod zu einer allesverzehrenden Last wurde. Das sollte auch immer so bleiben, solange die Erde den "Herrgöttern" gehörte. Nach der modernen Ansicht dagegen haben sich die Menschen zufällig aus "kosmischem Staub" zu Schleim, Fischen, Affen und schließlich zu Menschen entwickelt. Die moderne Ansicht scheint eigentlich phantastischer zu sein als die alte.

Wie wir gesehen haben, taucht in der Geschichte von Adam und Eva eine Schlange auf. Die Schlange war angeblich Satan, "Gottes" Widersacher, der sich buchstäblich selbst in ein Reptil verwandelt hatte. In der Bibel wird die Ansicht vertreten, daß Schlangen heute deswegen so gefürchtet und verabscheut würden, weil Satan sich im Garten Eden angeblich in eine Schlange verwandelt habe. Man darf jedoch nicht vergessen, daß die biblische Geschichte von Adam und Eva nur symbolisch gemeint ist. Auch die Schlange ist nur ein Symbol und kein wirkliches Reptil.

Um herauszufinden, was es mit der Schlange in der Bibel auf sich hatte, müssen wir noch einmal auf vorbiblische Quellen zurückgreifen. Dann stellen wir fest, daß dem Symbol der Schlange in der alten Welt zwei wichtige Bedeutungen zukamen. Sie wurde einmal mit dem "Gott" EA, dem angeblichen Schöpfer und Wohltäter der Menschheit, in Verbindung gebracht, und sie verkörperte eine einflußreiche Organisation, mit der Ea in Verbindung stand.

KAPITEL 5

Die Bruderschaft der Schlange

Unter allen von den Menschen der Frühzeit verehrten Tieren war keines so markant und bedeutend wie die Schlange, und zwar, weil die Schlange das Zeichen einer Gruppe war, die in den frühen Kulturen beider Hemisphären großen Einfluß gewonnen hatte. Bei dieser Gruppe handelte es sich um eine gelehrte Bruderschaft, die sich der Verbreitung geistiger Kenntnisse und der Erlangung geistiger Freiheit verschrieben hatte. Diese Bruderschaft der Schlange (die ich meistens nur "die Bruderschaft" nennen werde) bekämpfte die Versklavung geistiger Wesen und versuchte, wie aus den ägyptischen Schriften hervorgeht, die Menschen aus der Knechtschaft der "Herrgötter"zu befreien.* Die Bruderschaft vermittelte auch wissenschaftliche Kenntnisse und förderte die hohe Ästhetik, die in vielen alten Gesellschaften existierte. Aus diesen und anderen Gründen war die Schlange für die Menschen zu einem verehrten Sinnbild geworden und den mesopotamischen und biblischen Texten zufolge zum Gegenstand des Hasses der "Herrgötter".

Versucht man herauszufinden, wer die Bruderschaft gegründet hat, findet man in mesopotamischen Texten direkte Hinweise auf jenen rebellischen Fürsten Ea. Auf alten mesopotamischen Tafeln heißt es, daß Ea und sein Vater Anu eine umfassende ethische und geistige Bildung besaßen, und es war gerade dieses Wissen, das später in der biblischen Geschichte von Adam und Eva durch Bäume versinnbildlicht wurde. Das biblische Symbol des Baumes geht auf vorbiblische mesopotamische Werke zurück, wie zum Beispiel einem, in dem eine Schlange gezeigt wird, die sich um einen Baumstamm windet und die mit späteren Darstellungen der Schlange

* Da die Lehren der Bruderschaft auch die physischen Heilung durch geistige Mittel einschloß, wurde die Schlange auch zum Symbol physischer Heilung. Heute ist die Schlange das Kennzeichen des amerikanischen Ärzteverbandes.

OBEN: *Eine alte mesopotamische Darstellung einer Schlange, die sich um einen Baum windet. Am Baum hängen zwei "Früchte", die für das Wissen stehen. Rechts vom Baum ist das Symbol Eas, der Halbmond; links ist das Symbol Anus, der Planet. Diese Illustration zeigt, daß Ea und Anu mit der Schlange und ihrem Wissen in Verbindung gebracht wurden. Die vorstehenden mesopotamischen Symbole wurden später von Juden und Christen verwendet.*
(Mit Erlaubnis des Autors aus dem Buch *Der Zwölfte Planet* von Zecharia Sitchin übernommen.)

im Garten Eden übereinstimmt. An dem Baum in der mesopotamischen Darstellung hängen zwei Früchte. Rechts von Baum befindet sich das Symbol für Ea, der Halbmond. Links sieht man den Planeten, das Symbol für Anu. Aus der Zeichnung geht hervor, daß zwischen Ea und Anu und den Lehren der Schlange eine Verbindung bestand. Diese Verbindung findet ihre Bestätigung in mesopotamischen Texten, denen zufolge der Palast Anus im "Himmel" von einem Gott des Baumes der Wahrheit und einem Gott des Baumes des Lebens bewacht wird. In einem Fall soll Ea einen Menschen dorthin gesandt haben, damit er eben dieses Wissen erlange:

> Adapa (Name eines Menschen der Frühzeit) du trittst vor Anu, den König;
> Du nimmst die Straße, die zum Himmel führt;
> Wenn du zum Himmel hinaufgestiegen bist, und das Tor von Anu erreicht hast, werden der "Träger des Lebens" und der "Mehrer der Wahrheit" an Anus Tor stehen.[1]

Deshalb wird Ea auch als der angebliche Schuldige hingestellt, der versuchte, dem ersten Menschen (Adam) den Weg zu geistiger Freiheit zu weisen. Daraus geht hervor, daß Ea seine Schöpfung, den *Homo sapiens,* für die Arbeit auf der Erde bestimmt hatte, daß er ihn jedoch nicht als Sklaven wollte. Wenn Ea tatsächlich gelebt hat, wie die Sumerer behaupten, dann war er wahrscheinlich der Begründer der Bruderschaft der Schlange, durch die der Menschheit das Wissen, das Ea und sein Vater angeblich besaßen, erhalten bleiben sollte. Möglicherweise hat die Bruderschaft die Schlange deshalb zum Sinnbild erkoren, weil Eas erste Heimstatt auf der Erde in einem von ihm Schlangensumpf genannten schlangenverseuchten Sumpfland errichtet worden sein soll. Eine andere mögliche Erklärung ist die Sitchins, der sagt, daß sich das biblische Wort für "Schlange" *nahash* vom Stammwort NHSH ableitet, das heißt "entziffern, herausfinden".

Trotz all ihrer offenbar guten Absichten gelang es dem legendären Ea und der frühen Bruderschaft zweifellos nicht, die Menschen zu befreien. In alten mesopotamischen, ägyptischen und biblischen Texten heißt es, daß die "Schlange" sehr schnell von anderen Splittergruppen der "Herrgötter" besiegt worden sei. Nach der Bibel wurde die Schlange im Garten Eden überwältigt, bevor sie ihre Mission vollenden und Adam und Eva die "Frucht" vom zweiten "Baum" geben konnte. Ea (dessen Sinnbild ebenfalls eine Schlange war) wurde auf die Erde verbannt und von seinen Gegnern gründlich verleumdet, um sicherzustellen, daß er unter den Menschen nie wieder viele Anhänger finden würde. Eas Titel wurde von "Fürst der Erde" in "Fürst der Finsternis" geändert, und er wurde mit weiteren schrecklichen Beinamen belegt, wie Satan, Teufel, Verkörperung des Bösen, Fürst der Hölle, Herr des Gelichters, Fürst der Lügner und anderen. Man stellte ihn als Todfeind des Höchsten Wesens und als Wächter der Hölle dar. Man lehrte die Menschen, daß alles Schlechte auf Erden nur von ihm komme und er die Menschen nur geistig versklaven wolle. Die Menschen wurden aufgefordert, ihn in allen seinen zukünftigen Leben ("Inkarnationen") zu entlarven und ihn und seine Kreaturen zu vernichten, wann immer sie ihnen begegneten. Alle nach seinen veschiedenen Bezeichnungen benannten Glaubensanschauungen wurden als so entsetzlich und entartet hingestellt, daß kein rechtgläubiger Mensch etwas mit ihnen zu tun haben wollte (oder sollte). Die Menschen sollten ihm und seinen Anhängern nur mit dem allergrößten Abscheu begegnen.

Das soll nicht heißen, daß die alten Sumerer Ea als Heiligen dargestellt hätten. Das war keineswegs der Fall. Man hat ihm in mesopotamischen Texten verschiedene Charakterfehler angehängt. Sollte Ea tatsächlich gelebt haben, war er offenbar ein Genius, der Dinge zustandebrachte, allerdings ohne sich dabei darum zu kümmern, welche Folgen aus seinen Handlungen erwachsen könnten. Mit der Schaffung einer Arbeitsrasse *(Homo sapiens)* gab er seinen Feinden schließlich ein mächtiges Werkzeug zur geistigen Unterdrückung in die Hand. Ea hat diesen Fehler offenbar dadurch wieder ausgeglichen, daß er die Bruderschaft der Schlange begründet und/oder mit Macht ausgestattet hat; sie auch nach seiner angeblichen Niederlage eine mächtige Kraft in menschlichen Dingen blieb, allerdings unter der Herrschaft eben jener Splittergruppen der "Herrgötter", denen Ea und die ursprüngliche Bruderschaft sich widersetzt haben sollen. Die Geschichte zeigt, daß sich die Bruderschaft trotz der bis heute andauernden Bemühungen vieler aufrichtiger Menschenfreunde, auf dem Weg über die Bruderschaft eine echte geistige Reform zustandezubringen, unter ihren neuen "Herrgöttern" in eine scharfen Waffe geistiger Unterdrückung und geistigen Verrats verwandelte. Durch die Schaffung einer Arbeitsrasse und die Begründung der Bruderschaft hatte der "Gott" Ea unbeabsichtigterweise dazu beigetragen, Milliarden geistiger Wesen auf der Erde eine Falle zu stellen.

Wie wir nun belegen werden, war die Bruderschaft der Schlange das wirksamste Werkzeug auf der Welt, um den Status des Menschen als geistig unwissendes Arbeitsgeschöpf durch die gesamte Geschichte hindurch zu erhalten. Zwischen der Bruderschaft und ihrem Netzwerk von Organisationen und dem Phänomen UFO bestand die ganze Zeit bis heute eine enge Verbindung. Die Korrumpierung der Bruderschaft und ihre überwältigenden Auswirkungen auf die Menschheit waren bereits im Jahre 2000 v. Chr. im alten Ägypten - dem nächsten Ziel auf unserer Reise - deutlich.

KAPITEL 6
Die Erbauer der Pyramiden

Die vielleicht eindrucksvollsten und umstrittensten Relikte früherer Zeiten sind die ägyptischen Pyramiden. Die Überreste von mindestens siebzig bis achtzig dieser Bauwerke sind als schweigende Zeugen einer einst mächtigen Kultur über die ganze obere Nilregion verstreut.

Die größte und berühmteste ägyptische Pyramide ist die Cheops-Pyramide (die "Große Pyramide"). Sie steht heute neben einigen anderen auf einem erhöhten Plateau in Gizeh in Ägypten. Die Ausmaße der Pyramide sind beeindruckend. Sie erreicht eine Höhe von fast 146 Metern, und ihre Grundfläche beträgt 52,5 km2. Das gesamte Bauwerk, das aus Steinen besteht, von denen jeder im Durchschnitt 2,5 Tonnen wiegt, ist schätzungsweise 5.273.843 Tonnen schwer.

Ein außergewöhnliches Merkmal, das die Cheops-Pyramide zu einem der "Sieben Wunder der alten Welt" macht, ist die Genauigkeit, mit der dieser Bau ausgeführt wurde. Die Steine der Pyramide waren so meisterhaft zugeschnitten, daß an vielen Stellen nicht eimal mehr ein Blatt Papier dazwischen paßt. Diese Genauigkeit und die ungeheuren Ausmaße des Baus erklären auch, warum die Pyramide überdauert hat und sich in so gutem Zustand befindet. Sie wurde für die Ewigkeit gebaut.

Vielleicht war das größte Geheimnis dieser Pyramide ihre Zweckbestimmung. Die meisten Pyramiden hält man für Grabstätten. Die Geschichte zeigt, daß die Große Pyramide auch anderen Zwecken diente. Einige ihrer Kammern waren zum Beispiel für mystische und religiöse Riten benutzt worden. Es gibt sogar noch einen dritten und unendlich viel praktischeren Zweck:

Die Große Pyramide ist ein ausgezeichneter Orientierungspunkt für die Luftschiffahrt.

Die vier Seiten der Großen Pyramide zeigen genau in die vier Himmelsrichtungen: Norden, Süden, Osten und Westen. Sie sind so exakt ausgerichtet, daß die größte Abweichung nur ein Zwölftel Grad auf der Ostseite beträgt. Außerdem liegt die Pyramide weniger als fünf Meilen südlich des dreißigsten nördlichen Breitenkreises. Somit kann die Große Pyramide als Bezugspunkt für die Unterteilung des gesamten Planeten in ein dreidimensionales Gitternetz von 30°-, 60°-, und 90°-Winkeln benutzt werden, wobei Nordpol, Südpol, Äquator und der Mittelpunkt der Erde als Richtpunkte dienen. Dieses Merkmal ist vor allem deshalb nützlich, weil die Große Pyramide im Zentrum der Landflächen der Erde liegt. Man braucht nur den Umfang der Erde zu kennen und zu wissen, wie man die zurückgelegte Strecke ausrechnet, um von der Großen Pyramide aus anhand des 30°-60°-90° Gitternetzes und den von der Pyramide bezeichneten Himmelsrichtungen jeden beliebigen Punkt der Erde tatsächlich erreichen zu können, vor allem auf dem Luftweg. Die einzige Abweichung ergibt sich daraus, daß die Erde keine vollkommene Kugel, sondern an den Polen leicht abgeflacht ist und sich am Äquator geringfügig verbreitert. Diese Abweichung ist jedoch so gering - sie beträgt nur 26,7 Meilen (.0003367 oder als Bruch ausgedrückt 1/298) -, daß sie leicht wieder ausgeglichen wird. Interessanterweise war die Pyramide, als sie neuerbaut war, ein noch besserer Orientierungspunkt für die Luftfahrt als heute, da sie mit feinem weißen Kalkstein verkleidet war. Diese Kalksteinblöcke waren so genau zugeschnitten, daß die Pyramide aus der Entfernung aussah, als sei sie aus einem einzigen weißen Fels gehauen worden. Der Kalkstein reflektierte die Sonne, wodurch die Pyramide aus einer sehr viel größeren Entfernung zu sehen war.*

Die einzigartigen Merkmale der Pyramiden von Gizeh werfen interessante Fragen über diese Bauwerke auf. Wurden sie vielleicht zumindest teilweise als Sichtkennzeichen für die Luftschiffahrt errichtet, da sie sich so gut dafür eignen? Wenn ja, wem konnten sie 2000 v. Chr. von Nutzen gewesen sein? Einen möglichen Anhaltspunkt für dieses Rätsel bietet uns vielleicht der Mond.

Am 22. November 1966 brachte die *Washington Post* auf der Titelseite folgende Schlagzeile: "Orbiter fotografiert sechs geheimnisvolle bildsäulenartige Schatten auf dem Mond". In der Geschichte, die später von der *Los Angeles Times* übernommen wurde, ging es um eine Fotografie des Mon-

* Der größte Teil des Kalksteins ist heute verschwunden. Mit Ausnahme einiger Blöcke, die am Fuß der Pyramide gefunden wurden, hat man den Kalkstein seit dem ersten Jahrtausend unserer Zeitrechnung abgetragen.

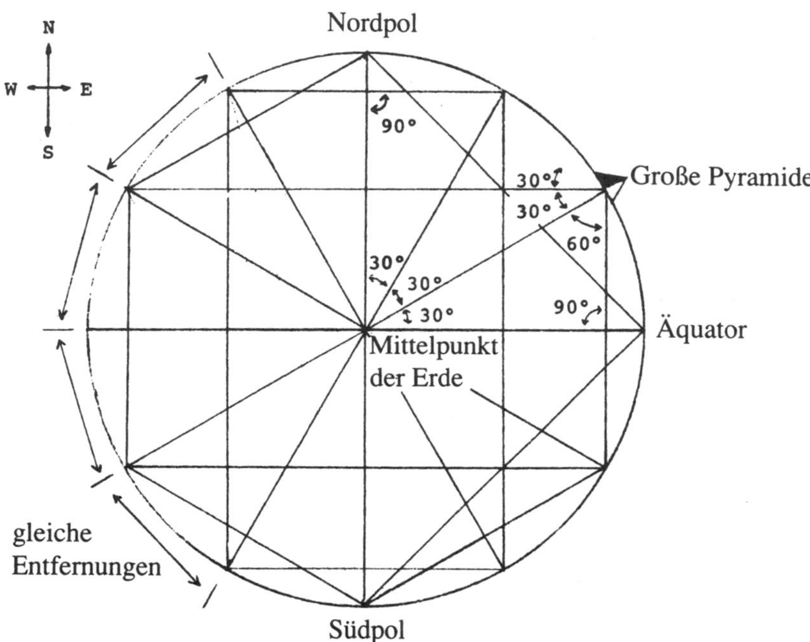

OBEN: *Die Zeichung des Autors zeigt, wie man die Erde anhand der Großen Pyramide als Bezugspunkt in ein Gitternetz von 30°-, 60°- und 90°-Winkeln unterteilen kann, wobei Nordpol, Südpol und Äquator als Richtpunkte dienen. Das macht die Erde aus einer Gesamtperspektive zum idealen Orientierungspunkt für die Luftschiffahrt.*

UNTEN: *Die Große Pyramide zeigt genau in die vier Himmelsrichtungen. Auf dieser von Ägypten im Jahre 1959 herausgegebenen Briefmarke sieht man ein Flugzeug, das in gerader Linie mit der Großen Pyramide fliegt, als ob damit angedeutet werden sollte, daß der Pilot die Pyramide als Navigationszeichen benutzt.*

des, die die US Raumsonde Orbiter 2 zwei Tage zuvor 20 bis 30 km von der Mondoberfläche entfernt aufgenommen hatte. Auf der Fotografie sind offenbar sechs Spitzen zu erkennen, die in einem kleinen Teil des Meeres der Stille ein zweckvolles geometrisches Muster bilden. Daß die Schatten der Mondobjekte alle spitz zulaufen, deutet darauf hin, daß sie alle entweder konisch oder pyramidenförmig sind. Obwohl in der offiziellen Presseverlautbarung der NASA nichts Ungewöhnliches über die Fotografien erwähnt wurde, hielten andere die Bilder für bemerkenswert. Dr. William Blair vom Boeing Institute of Biotechnology meinte:

> Wenn die Spitzen (Kegelspitzen) das Ergebnis eines geophysischen Ereignisses wären, könnte man natürlicherweise davon ausgehen, daß ihre Verteilung auf Zufall beruht. Folglich wäre auch die Triangulation schiefwinklig oder unregelmäßig; die Spitzen des Mondobjekts bilden dagegen ein Basissystem mit den Koordinaten x, y, z für den rechten Winkel, sechs gleichschenkligen Dreiecken und zwei aus jeweils drei Punkten bestehenden Achsen.[1]

In der Zeitschrift *Argosy* geht der sowjetische Raumfahrtingenieur Alexander Abramov noch einen Schritt weiter, wenn er schreibt:

> Die Verteilung dieser lunaren Objekte entspricht dem Plan der von den Pharaonen Cheops, Chephren und Menhau-Re in Gizeh bei Kairo erbauten Pyramiden. Die Zentren der Spitzen dieser lunaren "abaka" (Anordnung der Pyramiden) sind in genau derselben Weise angeordnet wie die Scheitelpunkte (Spitzen) der drei großen Pyramiden.[2]

Vorausgesetzt, Dr. Blair und Dr. Abramov haben sich nicht zu sehr verrechnet, scheinen einige der Pyramiden auf der Erde möglicherweise Teil eines festen Markierungssystems zu sein, das sich auf mehr als einen Planeten unseres Sonnensystems erstreckt. Vielleicht erstreckt sich dieses System auch auf den Mars. Auf der Oberfläche des Mars wurden Objekte fotografiert, die wie Pyramiden aussehen. Auf einem Flug der amerikanischen Viking im Jahre 1976 aufgenommene Bilder zeigen möglicherweise pyramidenartige Objekte in der Marsregion Cydonien und etwas in der Nähe, das wie ein riesiges in den Himmel blickendes gemeißeltes Gesicht aussieht. Man kann natürlich behaupten, daß es sich bei den Pyramiden und dem Gesicht auf dem Mars um natürliche Gesteinsformationen handelt, ähnlich einigen, die man auf der Erde findet. An einer anderen Stelle des

Mars wurden jedoch ein, möglicherweise auch zwei weitere "Gesichter" entdeckt, die genau die gleichen Merkmale aufweisen, wie dem "Helm", die Wangeneinkerbungen und eine Vertiefung über dem rechten Auge.* Ebenso interessant ist vielleicht auch die Tatsache, daß eine Seite der Pyramide in Cydonien genau nach Norden zur Drehachse des Mars weist. Ist diese Ausrichtung nur ein Zufall, oder besteht da ein Zusammenhang mit der Großen Pyramide in Gizeh, die ebenfalls genau nach den Himmelsrichtungen ausgerichtet ist?

Es besteht natürlich die Möglichkeit, daß sich die Objekte auf Mond und Mars schließlich doch nur als Gesteinsformationen herausstellen werden. Die vorhandenen Fotos reichen als Beweis dafür, daß es sich um künstliche Formationen handelt, nicht aus. Sollten wir es jedoch mit künstlichen Formationen zu tun haben, so sind sie ziemlich verwittert. Das geht aus den Fotos ganz klar hervor. Nur eine eingehendere Untersuchung auf einem späteren Flug zum Mond und zum Mars wird dieser Kontroverse ein Ende bereiten. Es lohnt sich sicher, die Objekte näher in Augenschein zu nehmen, denn der Mond wie auch das Meer der Stille waren jahrhundertelang Schauplatz für UFO-Phänomene.**

Aber selbst, wenn sich die Objekte auf Mond und Mars als natürliche Gesteinsformationen erweisen sollten, so ändert das nichts daran, daß die Pyramiden auf der Erde künstlich angelegt wurden. Daher müssen wir uns wieder auf die ägyptischen Pyramiden konzentrieren. Für wen wollen die alten Ägypter ihre herrlichen Bauwerke errichtet haben?

Wie die alten Mesopotamier, so haben auch die alten Ägypter der Frühzeit behauptet, daß sie von menschenähnlichen außerirdischen "Göttern" beherrscht würden. Die Ägypter schrieben, daß ihre "Götter" in fliegenden "Barken" gen Himmel führen. (Diese "Barken" wurden später zu einem Mythos, mit dem man den Lauf der Sonne erklärt hat.) Die Götter der Frühzeit Ägyptens sollen leibhaftige Wesen aus Fleisch und Blut

---

* Als interessante wissenschaftliche Beurteilung der Marsobjekte empfehle ich *Unusual Martian Features* von Vincent DiPietro, Greg Molenaar und John Brandenburg. Es ist bei Mars Research erschienen, vgl. Literaturverzeichnis.

** Eine interessante Zusammenstellung ungewöhnlicher Mondphänomene findet sich im NASA Technical Report R-277 unter der Überschrift *"Chronological Catalog of Reported Lunar Events"* von Barbara M. Middlehurst. Es werden 579 als zuverlässig geltende ungewöhnliche Mondsichtungen aus den Jahren 1540 bis 1967 aufgeführt. Es ist derzeit bei The Sourcebook Projekt erhältlich.

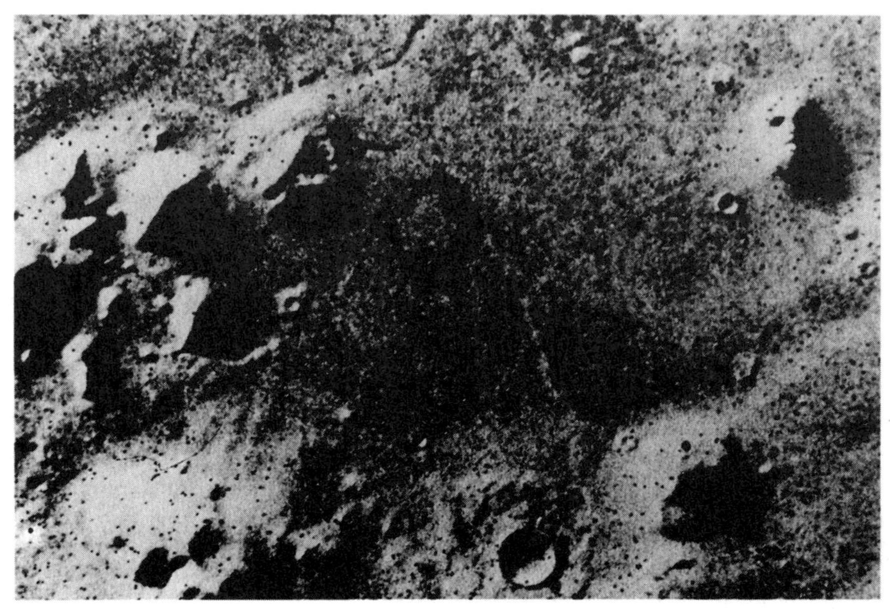

OBEN: *UFO-Forschern wurden viele interessante Fotografien von Raumflügen vorgelegt, wie beispielsweise diese Fotografie von der Oberfläche des Mars mit den umstrittenen "Gesichtern" in der rechten oberen Ecke. Handelt es sich dabei um eine durch Licht und Entfernung verzerrte natürliche Gesteinsformation oder um eine künstliche Anlage? Es gibt hochinteressante Beweise für beide Thesen, unabhängig davon, welche sich als richtig erweist, Bilder wie diese sind eine Aufforderung, das Universum zu erforschen, um sowohl das Außergewöhnliche wie das Gewöhnliche wirklich zu verstehen. Viele fotografierte Objekte werden sich als natürliche Gesteinsformationen eweisen, was uns jedoch nicht davon abhalten sollte, weiterzumachen. Wenn nur jedes hundertste Bild außergewöhnlich ist, hat sich der Aufwand gelohnt. Solange es noch weitere UFO-Phänomene gibt, besteht eine reale Möglichkeit, außergewöhnliche Entdeckungen zu machen.*

gewesen sein und ebenso wie die Menschen ein Dach über dem Kopf und Nahrung gebraucht haben. Man errichtete ihnen richtige Heimstätten und bestückte sie mit menschlichen Dienern, aus denen später die ersten Priester Ägyptens wurden. Nach Ansicht des namhaften Historikers James Henry Breasted waren die ersten Diener der "Götter" Laien, die ihre Pflichten ohne Zeremoniell oder Rituale erfüllten. Ihre Arbeit bestand nur darin, die "Götter" mit "...den Dingen" zu versorgen, "die zu jener Zeit zu den Lebensbedürfnissen und zum Wohlleben eines reichen und angesehenen Ägypters gehörten: Speise und Trank im Überfluß, schöne Kleider sowie Musik und Tanz".[3]

Für viele Menschen ist die Religion der alten Ägypter gleichbedeutend mit der Verehrung von Tieren. Diese Art der Verehrung war in der Frühzeit der ägyptischen Kultur unbekannt. Dazu Professor Breasted:

> ... der Falke beispielsweise war das heilige Tier des Sonnengottes; insofern könnte es im Tempel einen lebendigen Falken gegeben haben, der ebenso gefüttert und gepflegt wurde wie jedes andere Haustier; er wurde jedoch weder angebetet, noch war er Gegenstand komplizierter Rituale wie in späterer Zeit.[4]

In den Aufzeichnungen des alten Ägyptens finden sich viele Anhaltspunkte dafür, wer für ein dauerhaftes Markierungssystem zur Ortung verschiedener Planeten unseres Sonnensystems Verwendung hatte: die "Herrgötter". Die erste Pyramide Ägyptens wurde von Imhotep, dem Ratgeber des ägyptischen Königs Djoser-Neterkhet, entworfen. Imhotep soll der Sohn von Ptha, dem bedeutendsten der "Herrgötter" Ägyptens seiner Zeit, gewesen sein. Ägyptische Überlieferungen aus der Zeit nach Imhotep enthalten den Zusatz, daß Imhotep den Entwurf für die Anlage der Pyramide in einem Plan erhalten habe, "der ihm nördlich von Memphis (eine Stadt im alten Ägypten) vom Himmel herab übergeben worden sei".[5] Die einige Generationen später im "Zeitalter der Pyramdiden" errichtete Große Pyramiden Gizeh wurde nach den von Imhotep entwickelten Verfahren gebaut. Im Zeitalter der Pyramiden, das um 2760 v. Chr. einsetzte, erreichte die Verehrung menschenähnlicher "Götter" ihren Höhepunkt; damals gab es mehr als 2000. Im Grunde bauten die Ägypter ihre bedeutendsten Pyramide für ihre "Götter". Die vielen Pyramiden, die nach denen in Gizeh entstanden, sind in der Regel unbedeutender und gelten als Nachahmungen.

OBEN LINKS UND RECHTS: *Die "Herrgötter" im alten Ägypten waren sehr menschlich, auch in ihrem Verhalten. So hatte einige "Götter" eine Vorliebe für Wein. Die beiden obigen Zeichnungen zeigen, wie zwei ägyptischen "Herrgöttern" Weinopfer dargebracht werden.*

UNTEN LINKS: *Die "Herrgötter" im alten Ägypten wurden bisweilen zur Versinnbildlichung ihrer Charakterzüge mit Tierköpfen dargestellt. Hier sieht man, wie der Pharao einer "Göttin" mit einem Löwenkopf Blumen bringt. Die "Göttinnen" liebten Blumen offenbar ebensosehr wie irdische Frauen.*

UNTEN RECHTS: *Die "Herrgötter" Ägyptens sollen bei der Erziehung der Pharaonen mitgewirkt haben. In dieser ägyptischen Darstellung sieht man, wie Thutmosis III. von einem seiner "Götter" eine Lektion im Bogenschießen erhält. Thutmosis wurde wegen seiner militärischen Leistungen berühmt. Diese Darstellung zeigt, daß die Götter daran beteiligt waren, die Menschen zur Kriegsbereitschaft zu erziehen.*

Nach Ansicht einiger Theoretiker haben die "Präastronauten" ihre Technologie des Raumfahrtzeitalters eingesetzt, um die Steinblöcke zu heben und in anderer Weise beim Bau der Pyramiden von Gizeh mitzuhelfen. Diese Hypothese ist weder ein zuverlässiger noch ein notwendiger Beweis für die These von den "Präastronauten". In ägyptischen Aufzeichnungen wird gern die Ansicht vertreten, daß der Bau der Pyramiden vor allem mit der Muskelkraft menschlicher Arbeitskräfte bewerkstelligt worden sei. Das entspräche auch der mesopotamischen Auffassung, daß der *Homo sapiens* als Arbeitsreserve für die "Herrgötter" geschaffen worden ist.

Es ist daher auch nicht verwunderlich, daß die Pharaonen und die Priester, die als Stellvertreter der "Götter" fungierten, beim ägyptischen Volk oft äußerst unbeliebt waren. Auf das Alte Reich (etwa 2685-2180 v. Chr.) folgte eine Zeit der Schwäche und Unruhe. Sogar die Cheops-Pyramide wurde von den unglücklichen Ägyptern aufgebrochen. Dazu der Historiker Ahmed Fakhry:

> Die Ägypter haßten die Erbauer der Pyramiden so sehr, daß sie damit drohten, in diese großen Grabstätten einzudringen und die Mumien der Könige zu zerstören.[6]

Eine so starke Abneigung ist sicher nicht verwunderlich. Um die großen Pyramiden bauen zu können, wurde das ägyptische Volk immer stärker unterdrückt; auf diese Weise wollte man erreichen, mehr zu schaffen und wie Maschinen zu arbeiten. Das Berufswesen wurde so stark reglementiert, daß man den Beruf nur schwer wechseln konnte. Den "Göttern" dienten auch keine Laien mehr, stattdessen entstand eine unzugängliche Priesterschaft. Glück und Leistung des einzelnen wurden auf dem Altar der Arbeitsleistung geopfert. In Ägypten hatte der Feudalismus seinen Einzug gehalten.

Während die Pharaonen damit beschäftigt waren, bei der Versklavung ihrer Mitmenschen mitzuhelfen, hielten die "Götter" die Pharaonen zum Narren. Imhotep, der angebliche Sohn des "Gottes" Ptah, führte für die Pharaonen die Bezeichnung "Gottkönig" ein. Dieser elitäre Titel gefiel den meisten Ägyptern wenig. Als "Gottkönigen" wurde den Pharaonen vorgegaukelt, daß sie über die arbeitenden Massen erhaben seien. Man erzählte ihnen, daß sie dem mißlichen Los der Menschen entrinnen und sich den "Göttern" anschließen könnten, wenn sie mit ihnen zusammenarbeiteten.

Die Sache hatte jedoch einen Haken.

Die Pharaonen durften der Erde erst nach ihrem Tode entrinnen! Ihnen wurde die verrückte Idee in den Kopf gesetzt, daß ihre Leichname wieder zum Leben erweckt würden, wenn sie gut erhalten wären, und sie selbst sich dann den "Göttern" im Himmel zugesellen dürften. Manche Pharaonen, wie zum Beispiel Cheops, bestatteten große hölzerne Barken in der Nähe ihrer Grabstätten. Nach Ansicht einiger Gelehrter, glaubten die Pharaonen, daß die bestatteten Barken ("Sonnenbarken") auf wunderbare Weise wieder ausgegraben und ihnen die gleichen Kräfte verliehen würden, aufgrund derer die "Barken" der "Götter" fliegen konnten. Die Pharaonen glaubten auch daran, daß sie nach dem Tode in ihren mit Zauberkraft ausgestatteten Barken zur Heimstatt der "Götter" im Himmel hinauffliegen würden.

Obgleich die ägyptischen Konservierungstechniken recht gut waren, ist es offensichtlich, daß den Pharaonen eine Menge Flausen in den Kopf gesetzt wurden. Die hölzernen "Sonnenbarken" sind niemals geflogen. Wenn überhaupt, so erreichten nur wenige der mumifizierten Gottkönige den Himmel. Stattdessen gelangten viele Mumien als makrabre Sehenswürdigkeiten in Museen, wo sie die Menschenmassen, denen sie so glühend zu entfliehen suchten, in eine prickelnde Erregung versetzten. Andere Mumien erlitten ein noch traurigeres Schicksal; sie wurden zu Pulver zermahlen und für Arzneimittel verwendet. Aufgrund der bei der Einbalsamierung verwendeten Konservierungsmittel dienten pulverisierte Mumien auch als Farbzusätze.

Rätselhaft ist, warum die Pharaonen an den grausamen Streich, der ihnen gespielt wurde, glaubten. Einige Historiker sehen die Einbalsamierung als Versuch, den Lebenszyklus eines Schmetterlings nachzuahmen. Andere meinen, daß die Pharaonen ihren Reichtum und ihre Stellung in ihr nächstes Leben mitnehmen und deshalb in denselben Körpern wiederauferstehen wollten. Nach Ansicht eines UFO-Autors versuchten sie die von den technologisch fortgeschrittenen "Göttern" Ägyptens verwendeten Verfahren der Körperkonservierung nachzuahmen. Alte ägyptische Aufzeichnungen lassen sogar noch einen viel zwingenderen Grund für die Einbalsamierung der Pharaonen erkennen: die Verfälschung des geistigen Wissens.

Die alten Ägypter glaubten an eine "Seele" oder ein "Selbst" als eine von der "Person" (d.h. dem "Körper") völlig getrennte Wesenheit. Diese geistige Wesenheit wurde als "ka" bezeichnet. Nach dem Glauben der

Ägypter war das "ka" und nicht der Körper die wahre Person; der Körper an sich ohne das "ka" besaß weder Persönlichkeit noch Intelligenz. Diese richtige und aufgeklärte Ansicht wurde jedoch verdreht. Man redete den Ägyptern ein, daß ihr geistiges Wohlergehen als "ka" nach dem Tode davon abhänge, daß das "ka" mit dem Körper verbunden bleibe. Der Historiker Ahmed Fakhry schreibt dazu:

> Der Ägypter wollte, sein Ka in der Lage versetzen, den zugehörigen Körper nach dem Tode wiederzuerkennen und sich mit ihm zu vereinigen; aus diesem Grund hielt er es für sehr wichtig, daß sein Körper erhalten blieb. Deshalb mumifizierten die Ägypter ihren Körper und beherrschten die Kunst des Einbalsamierens so vorzüglich.[7]

Die Pharaonen gingen noch einen Schritt weiter. Fakhry erläutert:

> Die Ägypter fertigten auch Statuen an und stellten sie in den Gräbern und Tempeln auf, damit sie als Ersatz dienen könnten, wenn der Körper untergehen sollte.[8]

Diese Praktiken wirkten sich verheerend auf das geistige Wissen aus. Sie führten dazu, daß die Menschen irrigerweise geistige Unversehrtheit mit der Bindung des Geistes an den Körper des Menschen (oder an Körpersurrogate) gleichsetzten. Durch derartige Lehren wurden die Menschen dazu veranlaßt, die von den "Göttern" beabsichtigte dauernde Bindung von geistigen Wesen an menschliche Körper zu akzeptieren. Der dem Menschen innewohnende starke Drang nach geistiger Integrität und Unsterblichkeit verkehrte sich in ein besessenes Streben nach der Erhaltung des physischen Leibes. Dadurch wurde die Entwicklung des Materialismus beschleunigt. Nach einer Definition ist Materialismus die übermäßige Beschäftigung mit materiellen Dingen und die Vernachlässigung wichtiger Aspekte des geistigen und ethischen Daseins. Das führt häufig zur zweiten Definition des Materialismus: der Glaube, daß sich alles, einschließlich der Gedanken und Gefühle, durch Bewegungen und Änderungen der physischen Materie erklären läßt. Obwohl letztere Definition nicht die Lebensphilosophie der Ägypter darstellte, hatten diese dazu beigetragen, die Welt einen Schritt weiter in diese Richtung zu bringen.

Die Verkehrung des geistigen Wissens beruhte auf der Korrumpierung der Bruderschaft der Schlange, der die Pharaonen und die Priester angehörten. Wie bereits an früherer Stelle erwähnt, übte die Bruderschaft auch noch nach der ihr Jahrtausende zuvor von den "Herrgöttern" zugefügten Niederlage einen beherrschenden Einfluß auf das Leben der Menschen aus, allerdings um den Preis, daß sie zu einem Werkzeug der "Herrgötter" wurde. Um verstehen zu können, auf welche Weise die korrupte Bruderschaft die geistige Wahrheit verdrehte und die theologische Irrationalität auf ewig fortbestehen ließ, müssen wir uns zunächst Wirken und Lehrmethoden der Bruderschaft in ihren Anfängen anschauen.

Die ursprüngliche nicht korrupte Bruderschaft befaßte sich mit einem pragmatischen Programm für die geistige Bildung. Die Methode, deren sich die Organisation dazu bediente, war wissenschaftlich, nicht mystisch oder zeremoniell. Das Thema Geist galt als ebenso der Erkenntnis zugänglich wie jede andere Wissenschaft. Offenbar besaß die Bruderschaft zwar eine beträchtliche Anzahl richtiger geistiger Erkenntnisse, doch war es ihr vor ihrer Niederlage nicht gelungen, einen vollständigen Weg zur Erlangung der geistigen Freiheit zu entwickeln.

Der Unterricht bei der Bruderschaft vollzog sich schrittweise. Der Schüler mußte zuerst eine Unterrichtsstufe erfolgreich abgeschlossen haben, bevor er zur nächsten übergehen durfte. Alle Schüler mußten einen Geheimhaltungseid ablegen, in dem sie schworen, die Lehren einer Stufe niemandem zu offenbaren, der diese Stufe noch nicht erreicht hatte. Diese Art des Unterrichts sollte sicherstellen, daß ein Schüler, der noch nicht die nötige Reife besaß, sich zu früh an eine schwierigere geistige Leistung heranwagte oder durch die nächste Erkenntnisstufe überanstrengt wurde, ebenso wie man einen Fahrschüler erst dann auf trügerischen Bergstraßen fahren läßt, wenn er zuerst auf leichteren und dann zunehmend schwereren Landstraßen gefahren ist.

Geistiges Wissen läßt sich auf diese Weise solange erfolgreich weitergeben, wie die Stufen letztlich allen zugänglich sind. Werden jedoch durch eine übermäßige Regelung, durch Elitedenken oder die Einführung nahezu unmöglicher Zulassungsvoraussetzungen willkürliche oder umfassende Beschränkungen für die Aufnahme als Schüler festgesetzt, verwandelt sich das System aufeinanderfolgender, der Geheimhaltungspflicht unterliegender Stufen von einer Erziehungsmethode in ein Instrument geistiger Unterdrückung. In der Bruderschaft vollzog sich diese Wandlung.

Im alten Ägypten fand der Unterricht der Bruderschaft in den sogenannten "Mysterienschulen" statt. In diesen Schulen wurde Pharaonen und Priestern ein Großteil ihrer wissenschaftlichen, sittlichen und geistigen Erziehung zuteil. Laut Dr. H. Spencer Lewis, dem Begründer des Rosenkreuzerordens, dessen Hauptsitz sich in San Jose, Kalifornien, befindet*, wurde der erste Tempel für die Mysterienschulen vom Pharao Cheops errichtet. Innerhalb der Mauern dieses Tempels verfiel das geistige Wissen, was dazu führte, daß die Pharaonen ihre Körper einbalsamieren ließen und hölzerne Barken bestatteten. Nach alter ägyptischer Überlieferung wurden die Lehren der Mysterienschulen vom "großen Lehrer" Ra, einem bedeutenden "Gott", verfälscht.

Die Mysterienschulen verdrehten nicht nur das geistige Wissen, sie beschränkten auch weitgehend den allgemeinen Zugang zu allen noch bestehenden Wahrheiten. Nur die Pharaonen, die Priester und einige Auserwählte wurden in die Schulen aufgenommen. Die Eingeweihten mußten einen feierlichen Eid schwören, die "geheime Weisheit", die ihnen vermittelt wurde, keinem Außenstehenden zu offenbaren; den Schülern wurden für den Fall, daß sie diesen Eid brächen, schlimme Konsequenzen angedroht. Wie es hieß, wurden die Einschränkungen eingeführt, um den Mißbrauch hochkarätigen Wissens durch Menschen zu verhindern, die dieses Wissen verfälschen oder damit Schaden anrichten könnten. Das ist zwar ein legitimer Grund für die Ergreifung von Sicherheitsmaßnahmen, doch die von den Mysterienschulen eingeführten Beschränkungen gingen

---

* Das Rosenkreuzertum ist eines der mystischen Systeme, die aus den Lehren der Bruderschaft entstanden sind. Der Orden des Dr. Lewis nennt sich The Ancient and Mystical Order Rosae Crucis (abgekürzt "AMORC"= Alter mystischer Orden des Rosenkreuzes). AMORC wurde Anfang 1900 gegründet. Der Orden ist heute vor allem wegen des volkstümlichen Ägyptischen Museums bekannt, das er in San Jose, Kalifornien, besitzt und betreibt.

Es gibt noch einen weiteren Rosenkreuzerorden, dessen Hauptsitz sich in Quakertown, Pennsylvania, befindet. Er heißt The Fraternity of the Rosy Cross (Die Bruderschaft des Rosenkreuzes) oder The Rosicrucian Fraternity in America (Die Rosenkreuzer-Bruderschaft in Amerika). Die Rosicrucian Fraternity in Quakertown erkennt AMORC nicht als echte Rosenkreuzergesellschaft an. In den 30er und 40er Jahren veröffentlichte R. Swinburne Clymer, Höchster Großmeister der Rosicrucian Fraternity in Quakertown, eine Reihe von Schriften, in denen er gegen AMORC zu Felde zog. Sowohl Dr. Clymer wie Dr. Lewis nehmen für sich in Anspruch, daß ihre Organisation der wahre Rosenkreuzerorden ist.

In diesem Buch beziehe ich mich sowohl auf Dr. Clymers wie auch Dr. Lewis umfassende historische Forschungen. Wenn ich den einen oder anderen als Quelle historischer Informationen nenne, so bedeutet das nicht, daß ich damit in ihrer Kontroverse Partei ergreife.

weit über eine reine Sicherheit hinaus. Ganzen Gesellschaftsschichten und Berufsgruppen wurde die Aufnahme verwehrt. Für den weitaus größten Teil der Bevölkerung bestand keine Hoffnung, jemals in die Schulen aufgenommen zu werden. Das “flammende Schwert” der Bibel, das den Zugang zum “Baum der Erkenntnis” verhinderte, wurde von jenen, die an der Spitze der Mysterienschulen standen, eingesetzt.

Die Mysterienschulen sorgten auch in anderer Weise für den Untergang geistigen Wissens. Sie untersagten ihren Angehörigen, die sehr fortgeschrittenen Lehren der Schule schriftlich niederzulegen. Die Eingeweihten mußten das Wissen mündich weitergeben. Es gibt keinen schnelleren Weg, Wissen verlorengehen zu lassen, als seine Niederschrift zu verbieten. Unabhängig davon, wie lauter und gut ausgebildet jemand sein mag, eine mündliche Weitergabe wird unweigerlich dazu führen, daß die vermittelten Vorstellungen sich verändern. Wenn man hier ein Wort ersetzt und dort einen Satz wegläßt, geht die für die Vermittlung eines exakten wissenschaftlichen Grundsatzes erforderliche semantische Genauigkeit verloren. Das ist nur eine Möglichkeit, wie eine zweckbestimmte Wissenschaft zu einem unhaltbaren Aberglauben verkommen kann.

Mit der Zeit wurde die Bruderschaft so restriktiv, daß die meisten Priester Ägyptens von der Zugehörigkeit ausgeschlossen waren. Das traf ganz besonders auf die Regierungszeit König Thutmosis III. zu, der etwa 1200 Jahre nach Cheops regierte. Thutmosis ist vor allem wegen seiner militärischen Abenteuer bekannt, die zur größten Ausdehnung des ägyptischen Reiches führten. Nach Ansicht Dr. Lewis tat Thutmosis den endgültigen Schritt, um die Bruderschaft in einen vollkommen geschlossenen Orden umzuwandeln. Er stellte Regeln und Statuten auf, die von einigen Bruderschaften noch heute benutzt werden sollen.

Die Veränderungen innerhalb der Bruderschaft gingen weiter. Nicht einmal hundert Jahre nach Thutmosis III. verbrachte sein Nachkomme König Echnaton (Amenhotep IV.) das letzte Jahr seiner 28jährigen Regierungszeit damit, die Lehren der Bruderschaft in mystische Symbole umzuwandeln. Echnatons Symbole waren absichtlich so beschaffen, daß sie von niemandem verstanden werden konnten, außer den Angehörigen der Bruderschaft, denen die geheime Bedeutung der Symbole vermittelt wurde. Die Bruderschaft schuf dieses neue System sichtbarer Bilder angeblich als eine die menschlichen Sprachen übertreffende “Universalsprache” geistiger Erleuchtung und auch, um den Mißbrauch geistigen Wissens zu verhindern. In Wahrheit wollte sie einen Geheimcode schaffen, durch den das geistige Wissen für alle, außer denjenigen, die der immer elitäreren Bruderschaft angehörten, unerreichbar würde und offenbar auch, um das geistige Wissen schließlich vollständig auszulöschen. Die Umsetzung geistiger Erkenntnisse in seltsame und unverständliche Symbole führte schließlich dazu, daß rechtschaffene Menschen auf der Suche nach geistiger Wahrheit, die in einer ganz normalen und von allen verständlichen Sprache vermittelt werden könnte und sollte, verschlüsselte Symbole zu entziffern suchen.

Trotz der offenbaren Lauterkeit Echnatons läßt sich feststellen, daß sich die Umwandlung geistigen Wissens in eine obskure Symbolik verheerend auf die Menschen ausgewirkt hat. Da diese Art der Weitergabe geistigen Wissens von Angehörigen der Bruderschaft auf der ganzen Welt verbreitet wurde, hat man geistiges Wissen fälschlicherweise mit jeder Art von merkwürdigen Symbolen und Geheimniskrämerei gleichgesetzt. Diese Fehleinschätzung ist heute so stark, daß fast alles, was mit Geist oder geistigen Phänomen zu tun hat, pauschal als "Okkultismus", "Spiritualismus" und Zauberei abqualifiziert wird. Der vor Jahrtausenden unternommene Versuch, geistiges Wissen nicht in die Hände von "Nichteingeweihten" gelangen zu lassen, hat Glaubwürdigkeit und Nützlichkeit dieses Wissens fast völlig zerstört. Die Versymbolisierung durch die Bruderschaft war ein weiteres Stück des "flammenden Schwertes" der Bibel, das den Zugang zu geistigem Wissen versperrte. Was blieb, war Verwirrung, Ignoranz und Aberglaube, die heute für weite Teile dieses Bereiches so bezeichnend geworden sind.

Echnaton war auch für eine andere wichtige Entwicklung in der Bruderschaft verantwortlich. Als politischer Führer war der junge Herrscher zwar schwach, doch hat er für seine Bemühungen um die Sache des Monotheismus, d.h. die Verehrung "eines einzigen" Gottes, ewigen Ruhm erlangt. Der Monotheismus war eine Lehre der Bruderschaft, und viele Historiker sehen in Echnaton die erste bedeutende historische Persönlichkeit, die diesen Gedanken allgemein verkündet hat.

Um die Einführung der neuen monotheistischen Lehre der Bruderschaft zu unterstützen, verlegte Echnaton die Hauptstadt Ägyptens nach El Amarna. Auch der Haupttempel der Bruderschaft wurde dorthin verlegt. Als die ägyptische Hauptstadt wieder an ihren ursprünglichen Ort zurückverlegt wurde, blieb die Bruderschaft in El Amarna. Das war ein Zeichen für einen tiefen Bruch zwischen der etablierten Priesterschaft Ägyptens, die

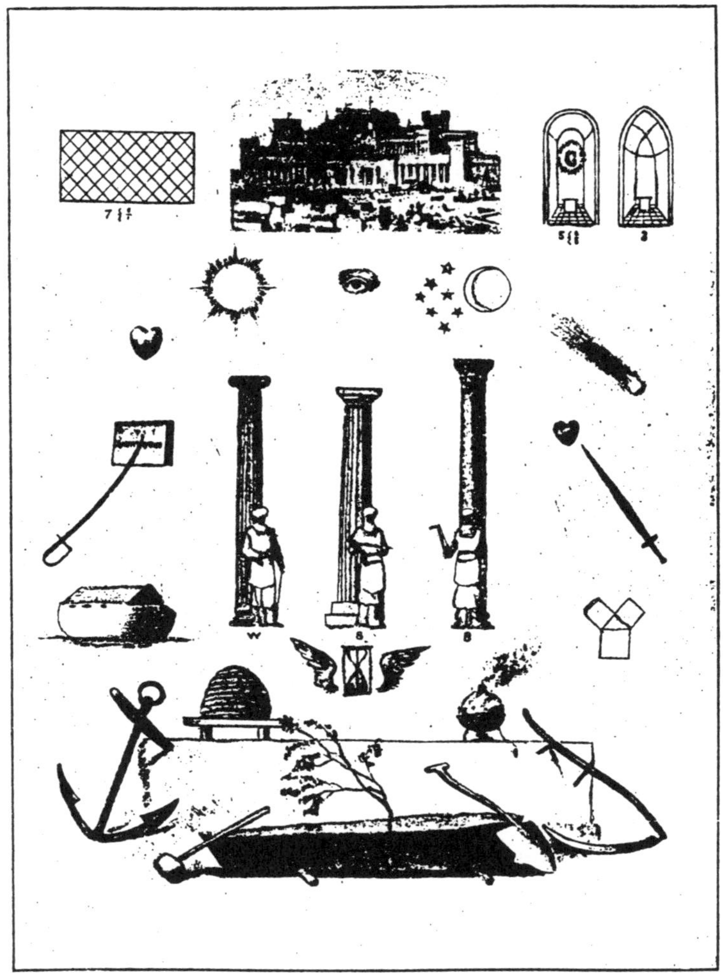

OBEN: *Unter Echnaton wurde geistiges Wissen unzugänglich gemacht, indem man es in ein kompliziertes System unverständlicher Symbole umwandelte. Wenn man Wissen auf das Niveau von Geheimnissen und seltsamen Symbolen herabwürdigt, ist es unweigerlich verloren und der Aberglaube setzt ein. Vorstehend ein Beispiel für Symbole im Stile der Bruderschaft, das der* Encyclopedia of Freemasonry *von Albert MacKey entnommen wurde. Der Titel lautet: "Drei Grazien".*

sich Echnatons monotheistischer Lehre widersetzte, und der überaus exklusiven Bruderschaft, die denmeisten Priestern inzwischen die Aufnahme verwehrte.

Das alte ägyptische Reich zerfiel schließlich und ging unter. Der Bruderschaft der Schlange erging es wesentlich besser. Sie überdauerte und breitete sich aus, indem sie von Ägypten aus Missionare und Eroberer aussandte, die in der gesamten zivilisierten Welt Zweige und Unterorganisationen begründeten. Diese Abgesandten der Bruderschaft verbreiteten in weiten Teilen der Erde den neuen Glauben an "einen Gott" und machten ihn schließlich auf der ganzen Welt zur vorherrschenden Religion.

Die Bruderschaft der Schlange führte aber nicht nur den Glauben an "einem Gott" ein, sie schuf auch viele der Symbole und Insignien, die von einigen großen monotheistischen Religionen noch heute verwendet werden. So wurde der Tempel der Bruderschaft in El Amarna beispielweise in Form eine Kreuzes gebaut, einem Symbol, das später von einem berühmten Ableger der Bruderschaft, dem Christentum, übernommen wurde. Einige Angehörige der Bruderschaft in Ägypten trugen die gleiche besondere Kleidung "mit einer Kordel um die Hüften" und einer Kapuze, wie sie später von den christlichen Mönchen benutzt wurde. Der Oberpriester des ägyptischen Tempels trug das gleiche weitärmelige Gewand wie heute die Geistlichen und Chorsänger. Er rasierte sich auch eine kleine runde Stelle oben auf dem Kopf - wie es später die christlichen Mönche taten.

Viele Theologen preisen den Monotheismus als einen bedeutenden religiösen Durchbruch. Die Verehrung "eines einzigen" geistigen Gottes ist gewiß ein Fortschritt gegenüber der Vergötterung steinerner Statuen und plumper Tiere, dennoch bedeutete der Monotheismus der Bruderschaft leider immer noch keine Rückkehr zur absoluten Wahrheit; er fügte dem, was überhaupt noch vom geistigen Wissen übriggeblieben war, nur neue Verzerrungen hinzu.

Anhand dessen, was wir gerade über die Natur des geistigen Wesens erfahren haben, läßt sich feststellen, daß die Definition eines Höchsten Wesens durch die Bruderschaft zwei Verzerrungen aufzuweisen scheint:

Erstens lehren die monotheistischen Religionen der Bruderschaft, einschließlich des Judentums, Christentums und Islams, daß das physische Universum und die physischen Lebensformen in diesem Universum von einem Höchsten Wesen geschaffen wurden. In einem der folgenden Kapitel werden wir uns damit befassen, wie groß die Wahrscheinlichkeit ist, daß *geistige* Wesen von irgendeinem Höchsten Wesen hervorgebracht werden, *physische* Geschöpfe und Dinge dagegen nicht. Nach einigen anderen Religionen sind anscheinend alle geistigen Wesen in diesem Universum für seine Schaffung und/oder seinen Fortbestand ursächlich, sofern unser Universum das Ergebnis einer geistigen Aktivität ist. Der Horizont eines Höchsten Wesens würde nämlich weit über die Schaffung eines einzigen Universums hinausreichen.

Zweitens wird ein Höchstes Wesen in der Regel als eine Wesenheit dargestellt, deren Vorstellungsvermögen, Schöpferkraft und Fähigkeiten grenzenlos sind. Es handelt sich offenbar um ein Wesen, das ein Universum schaffen und zerstören kann. Die große Frage ist daher:

Warum darf es nur ein solches Wesen geben?

Was spricht gegen die Existenz von zehn solcher Wesen? Oder von hundert? Oder einer nahezu unbegrenzten Zahl? Offenbar enthält die von der Bruderschaft aufgestellte Definition von "einem Gott" die natürlichen Möglichkeiten eines *jedes* geistigen Wesens, einschließlich der geistigen Wesen, von denen menschliche Körper auf der Erde beseelt werden. Die wahre Natur und die wahren Fähigkeiten eines jeden geistigen Wesens würden somit durch Lehren, wonach nur ein Höchstes Wesen über eine rein geistige Existenz und unbegrenzte geistige Möglichkeiten verfügen darf, verschleiert. Die monotheistische Lehre der Bruderschaft würde tatsächlich die Wiedererlangung der geistigen Freiheit verhindern und dafür sorgen, daß die Menschen nicht den wahren und wahrscheinlich weiteren Horizont eines Höchsten Wesens* erfaßten.

Der Monotheismus war ein weiteres Stück des "flammenden Schwertes" der Bibel, durch das der Zugang zu geistigem Wissen verhindert werden sollte. Er gestattete den "Herrgöttern" auch, ihre eigene Stellung beträchlich aufzuwerten. *Als Teil ihrer neuen monotheistischen Lehre begann die Bruderschaft, die Fiktion zu lehren, daß die "Herrgötter" die physischen Erscheinungsformen des Höchsten Wesen seien.* Anders ausgedrückt, die "Herrgötter" fingen an vorzugeben, sie und ihr Luftfahrzeug seien der "alleinige Gott". Den geschichtlichen Überlieferungen zufolge machten sie dem *Homo sapiens* das mit großer Gewalt klar. Wenige Lügen haben sich so verheerend auf die Menschheit ausgewirkt, und

---

* Eine eingehendere Analyse der möglichen Natur eines Höchsten Wesens und seiner Beziehung zur geistigen Existenz des Individuums findet sich in Kapitel 40.

doch blieb es von der Zeit Echnatons bis heute die Hauptaufgabe der korrupten Bruderschaft, den Menschen einzureden, daß die "Herrgötter" und ihre Fahrzeuge "Gott" seien. Zweck dieser Fiktion war es, den Gehorsam der Menschen zu erzwingen und den "Herrgöttern" die Kontrolle über die Menschen zu erhalten. Das kommt nirgendwo deutlicher zum Ausdruck und hat nirgendwo sichtlich tragischere Folgen als in der biblischen Geschichte von den alten Hebräern und ihrem "einen Gott", den sie Jehova nannten.

KAPITEL 7

Jehova

In einem Großteil des alten Testamentes geht es um die Entstehung und die Frühgeschichte des hebräischen Volkes. Der Bibel zufolge stammen die Hebräer von einer Sippe ab, die etwa um 2000 bis 1500 v. Chr. in der sumerischen Stadt Ur lebte. Diese Sippe wurde von einer Persönlichkeit namens Jehova protegiert und regiert. Die Bibel behauptet, daß Jehova Gott sei.

In der biblischen Erzählung ermutigte Jehova den Stamm, Ur zu verlassen und sich in Haran - einem Karavanenzentrum im Nordosten Mesopotamiens anzusiedeln. Dort befahl Jehova später dem neuen Erzvater des Stammes, Abraham, mit den Seinen nach Ägypten zu ziehen. Der Stamm gehorchte und zog in den folgenden Generationen langsam durch Kanaan bis zum Nil. Eine Hungersnot zwang ihn schließlich, die ägyptische Region Goschen zu betreten, wo es den Hebräern unter dem Pharao zunächst gut ging, sie aber, nachdem ein neuer König den ägyptischen Thron bestiegen hatte, in die Sklaverei gezwungen wurden.

Der Bibel zufolge wurden die Hebräer nach vierhundertjähriger Knechtschaft in Ägypten unter dem wachsamen Auge Jehovas von Mose aus Ägypten geführt. Zu dieser Zeit zählten sie bereits Hunderttausende. Nach einer langen Wanderung und vielen blutigen Schlachten kehrten sie nach Kanaan, dem ihnen Jahrhunderte zuvor von Jehova versprochenen "Gelobten Land", zurück und eroberten es.

Und das war der Bibel zufolge die Geburtsstunde der jüdischen Religion.

Jehova spielte zweifellos eine wichtige Rolle in dieser biblischen Erzählung. Wer war Jehova? War er Gott, wie die Bibel behauptet? War er ein Mythos, wie diesseitig orientierte Skeptiker uns glauben machen wollen? Jehova scheint keines von beiden gewesen zu sein.

Der Name Jehova leitet sich von dem hebräischen Wort "Jahwe" ab, das heißt "er, der ist" oder "das, was offensichtlich ist". Diese Bezeichnung vermittelt die Vorstellung, daß es sich bei dem biblischen Jehova um ein rein geistiges Wesen gehandelt habe; ein echtes Höchstes Wesen, wenn man so will. Aber war er das wirklich?

Die Beschreibungen Jehovas im Alten Testament waren für UFO-Autoren eine Offenbarung, und das aus gutem Grund. Jehova flog in einem, wie es scheint, lauten und rauchenden Gefährt durch den Himmel. Jehovas Landung auf der Spitze eines Berges wird folgendermaßen geschildert:

> ....begann es zu donnern und zu blitzen, eine dichte Wolke bedeckte den Berg, und man hörte lauten Posaunenschall.*
>
> Das Volk im Lager zitterte vor Angst.
>
> Da führte Mose die Iasraeliten aus dem Lager hinaus, Gott entgegen. Am Fuße des Berges stellten sie sich auf.
>
> Der ganze Berg Sinai war in Rauch gehüllt, weil der Herr im Feuer auf ihn herabgekommen war. Der Rauch stieg auf wie der Rauch eines Schmelzofens, und der ganze Berg bebte.
>
> *2. Mose 19, 16-19*

Wenn ein alter Hebräer Donnern, Rauch und Flammen einer modernen Rakete beobachtet hätte, wäre die Beschreibung kaum sehr viel anders gewesen als in der biblischen Erzählung von Jehova. Ein späterer Besuch Jehovas weist dieselben Phänomene auf:

> Als aber das ganze Volk erlebte, wie es blitzte und donnerte, Posaunenschall ertönte und der Berg rauchte, bekam es große Angst und blieb zitternd in weiter Ferne stehen.
>
> *2. Mose 20, 18*

Um den Eindruck zu vermeiden, daß es sich hierbei um die Beschreibung eines Vulkans handelt, zeigen spätere Sichtungen, daß Jehova etwas ist, das sich bewegt:

> Während der Wanderung ging der Herr tagsüber in einer Wolkensäule vor ihnen her, um ihnen den Weg zu zeigen und nachts in einer Feuersäule, um ihnen zu leuchten. So konnten sie Tag und Nacht unterwegs sein.

---

* Jehovas Erscheinen vollzog sich oft unter "Posauenschall".

> Jeden Tag war die Wolkensäule an der Spitze des Zuges und jede Nacht die Feuersäule.
> *2. Mose 13, 21-22*

Im 2. *Mose* 14, 24; 40, 34-38 und im 4. *Mose* 19, 1-23 finden sich ähnliche Beschreibungen Jehovas, als er die hebräischen Stämme ins Gelobte Land führt.

Die frühen hebräischen Augenzeugen, von denen diese Beschreibungen stammen, konnten keinen näheren Blick auf Jehova werfen. In der Bibel steht, daß niemand außer Mose und einigen auserwählten Führern sich Jehovas Landung auf der Spitze des Berges nähern durfte. Jehova hatte gedroht, jeden zu töten, der das versuchte. Am Anfang der Bibel finden sich daher nur Beschreibungen Jehovas, wie Augenzeugen ihn aus der Ferne sahen. Erst sehr viel später konnte der wohl bekannteste Prophet der Bibel, Hesekiel, Jehova näher in Augenschein nehmen und ihn ausführlicher beschreiben. Hesekiels Beschreibung von Jehova ist wahrscheinlich die in der UFO-Literatur am häufigsten zitierte Bibelstelle. Sein detaillierter Bericht über merkwürdige Flugobjekte hat zu sovielen Spekulationen geführt, daß selbst der Bibelverleger Tyndale House, seine Einführung zum *Buch Hesekiel* "Trockene Knochen und Fliegende Untertassen?" überschrieben hat. Auch auf die Gefahr hin, einige Leser mit einer weiteren Wiederholung von Hesekiels berühmten Versen zu langweilen, werde ich sie an dieser Stelle für alle jene, die sie nicht kennen, noch einmal wiedergeben:

> Es begab sich im dreißigsten Jahre, am fünften Tag des vierten Monats, als ich am Flusse Chebar unter den Verbannten war, da tat sich der Himmel auf, und ich sah göttliche Gesichte.
>
> .....
>
> Ich sah aber, wie ein Sturmwind daherkam von Norden her und eine große Wolke, umgeben von einem strahlenden Glanz und einem unaufhörlichen Feuer, aus dessen Mitte es blinkte wie Glanzerz.
>
> Und mitten darin erschienen Gestalten wie von vier lebenden Wesen; die waren anzusehen wie Menschengestalten.
>
> .....
>
> Ihre Beine waren gerade, und ihre Fußsohle war anzusehen wie die Fußsohle eines Kalbes, und sie funkelten wie blankes Erz.
>
> Unter ihren Flügeln an ihren vier Seiten hatten sie Menschenhände, und die Flügel von allen vieren berührten einander, und ihre Gesichter

wandten sich nicht um, wenn sie gingen; ein jedes ging gerade vor sich hin.

Ihre Gesichter aber sahen so aus: ein Menschengesicht nach vorn bei allen vieren, ein Löwengesicht auf der rechten Seite bei allen vieren, eine Stiergesicht auf der linken Seite bei allen vieren und ein Adlergesicht bei allen vieren nach innen.

.....

Und zwischen den lebendigen Wesen war es anzusehen, wie wenn feurige Kohlen brannten; es war anzusehen, als würden Fackeln zwischen den lebenden Wesen hin und her fahren, und das Feuer hatte einen strahlenden Glanz, und aus dem Feuer fuhren Blitze.

Und die lebenden Wesen liefen hin und her, dass es aussah wie Blitze.

Weiter sah ich neben jedem der vier lebenden Wesen ein Rad auf dem Boden.

Das Aussehen der Räder war wie der Schimmer eines Chrysoliths, und die vier Räder waren alle von gleicher Gestalt, und sie waren so gearbeitet, als wäre je ein Rad mitten in dem anderen.

.....

Wenn die lebenden Wesen gingen, so gingen auch die Räder neben ihnen; und wenn sich die lebenden Wesen vom Boden erhoben, so erhoben sich auch die Räder.

.....

Und über den Häuptern der lebenden Wesen war etwas wie eine feste Platte, schimmernd wie furchtbarer Kristall, hingebreitet oben über ihren Häuptern.

.....

Und wenn sie gingen hörte ich ihre Flügel rauschen, gleich dem Rauschen großer Wasser, gleich der Stimme des Allmächtigen, und ein Getöse wie das eines Heerlagers. Wenn sie aber stillstanden, senkten sie ihre Flügel.

Und siehe, über der festen Platte, die über ihrem Haupte lag,...

Hesekiel 1, 1-25

Die Stimme sagte zu Hesekiel, daß sie "Gott der Herr" sei. *(Hesekiel 2, 4).*

Der erste Teil der Vision Hesekiels erinnert an frühere biblische Beschreibungen Jehovas: ein sich bewegendes feuriges Objekt am Himmel, daß Rauch verbreitet. Als das Objekt näherkam, konnte Hesekiel erkennen, daß es aus Metall war. Dem Objekt aus Metall entstiegen einige Geschöpfe, die wie Menschen aussahen und offenbar Metallstiefel und mit Ornamenten verzierte Helme trugen. Ihre "Flügel" schienen einziehbare

Vorrichtungen gewesen zu sein, die ein ratterndens Geräusch verursachten und ihnen das Fliegen ermöglichten. Ihre Köpfe waren mit Glas oder etwas Transparentem bedeckt, worin sich der Himmel über ihnen widerspiegelte. Und sie befanden sich offenbar in einer Art rundem Fahrzeug oder einem Fahrzeug mit Rädern.

Aus der vorstehenden Textstelle können wir mit Sicherheit schließen, daß "Jehova" kein Höchstes Wesen war. Es scheint sich dabei um aufeinanderfolgende Management Teams der "Herrgötter" gehandelt zu haben, die über einen Zeitraum von mehreren Generationen von Menschen im Einsatz waren. Um den Gehorsam der Menschen zu erzwingen und ihnen vorzulügen, daß sie "Gott" seien, bedienten sich diese Teams ihrer Flugmaschinen.

Die als "Jehova" bekannten "Herrgötter"- Teams halfen der Bruderschaft der Schlange, ihren Operationsplan zur Verbreitung der neuen "Ein Gott"- Religion in die Tat umzusetzen. Mose, der die Stämme der Hebräer auf ihrem Auszug aus Ägypten in das Gelobte Land führen sollte, war ein hochkarätiges Mitglied der Bruderschaft. Ein entsprechender Hinweis findet sich in der Bibel selbst, wo uns mitgeteilt wird, wie Mose aufgewachsen ist:

> In dieser Zeit kam Mose zur Welt. Gott hatte Gefallen an ihm. Drei Monate konnte er in seinem Elternhaus bleiben. Als er dann ausgesetzt werden mußte, rettete ihn die Tochter des Pharaos und ließ ihn als ihren eigenen Sohn aufziehen. Er studierte alle Wissenschaften der Ägypter und wurde ein wortmächtiger und tatkräftiger Mann.
> *Apostelgeschichte 7, 20-22*

Dem ägyptischen Geschichtsschreiber und Hohepriester Manetho (etwa 300 v. Chr.) zufolge erhielt Mose einen großen Teil seiner Erziehung in der Bruderschaft zur Zeit Echnatons, dem Pharao, der den Monotheismus einführte:

> Mose aus dem Stamme Levi (einer der hebräischen Stämme), der in Ägypten erzogen und in Heliopolis (einer ägyptischen Stadt) eingeweiht worden war, wurde unter der Herrschaft des Pharao Amenhotep (Echnaton) Hohepriester der Bruderschaft. Die Hebräer wählten ihn zu ihrem Führer, und er paßte die Wissenschaft und Philosophie, die ihm in den ägytischen Mysterien zuteil geworden war, den Vorstellungen seines Volkes an; Belege dafür finden sich in den Symbolen, den Initiationsriten

> und in seinen Regeln und Geboten.... Bei dem Dogma vom "alleinigen Gott", das er lehrte, handelte es sich um die Auslegung der Lehre des Pharao, der die erste den Menschen bekannte monotheistische Religion einführte, durch die ägyptische Bruderschaft.[1]*

Handfeste Beweise für Manethos Feststellung finden sich in den frühen Lehren des Judaismus, die zutiefst mystisch waren und viele Symbole der Bruderschaft verwendeten. Viele dieser mystischen Lehren werden noch heute in der jüdischen Kabbala gelehrt, einer geheimen Religionsphilosophie jüdischer Rabbis. Die Kabbala verwendet noch heute ein kompliziertes System mystischer Symbole. Das Nationale Kennzeichen des modernen Israels, der sechszackige Davidsstern, ist seit Jahrtausenden ein Symbol der Bruderschaft.

Frühe Chronisten haben die "Herrgötter" der Menschheit häufig als blutrünstige Geschöpfe dargestellt, die zu übermäßiger Gewalt neigten. Leider änderten sich diese bedauerlichen Eigenschafttten auch bei Jehova nicht. Während der Wanderung von Ägypten ins Gelobte Land forderte Jehova von den Hebräern ständigen Gehorsam. Viele Menschen lehnten sich dagegen auf, und Jehova reagierte mit außerordentlicher Grausamkeit. Es wird berichtet, daß er auf einen Schlag bis zu 14.000 Hebräer wegen Ungehorsams tötete. Er tat das auf vielerlei Weise, wie zum Beispiel durch sich ausbreitende Krankheiten, geradeso, wie es andere "Herrgötter" vor ihm im alten Sumer gemacht hatten.

Als die hebräischen Armeen Kanaan erreicht hatten, kam bei Jehova ein wahrhaft psychopathischer Zug zum Vorschein. Um die Hebräer in ihrer neuen Heimat ansiedeln zu können, befahl Jehova dem hebräischen Heer einen Völkermord, damit alle in diesem Gebiet bestehenden Städte entvölkert würden. Die erste Stadt, die unter der Führung eines neuen Mannes namens Josua, in dem von Jehova angeordneten siebenjährigen

---

* Diese Textstelle wirft die Frage auf, wann der Auszug der Juden aus Ägypten stattgefunden hat. Falls Mose ein Hohepriester der Bruderschaft zur Zeit Echnatons war, wie es bei Manetho heißt, die Juden jedoch erst unter Ramses II. aus Ägypten herausführte, wie viele Historiker glauben, muß er beim Auszug schon außerordentlich alt gewesen sein. (Ramses II. regierte erst etwa hundert Jahre nach Echnaton.) Der Bibel zufolge, 5. Buch *Mose,* 34, 7, war Mose bei seinem Tode 120 Jahre alt. Behauptungen über ein so hohes Alter kann man in der heutigen Zeit nur schwer akzeptieren. Wenn das, was über Mose gesagt wird, jedoch zutrifft, dann stimmen sowohl die Zeitangaben Manethos als die der heutigen Gelehrten.

Holocaust fallen sollte, war Jericho. Der Bibel zufolge metzelte das hebräische Heer, das Zehntausende zählte, jedermann in Jericho nieder, mit Ausnahme - welche Ironie! - einer Prostituierten, denn sie hatte ihr eigenes Volk zuvor dadurch verraten, daß sie zwei hebräischen Spionen half:

> Sie töteten nach dem Befehl des Herrn alles, was in der Stadt lebte, mit dem Schwert: Männer und Frauen, Kinder und Alte, Rinder Schafe und Esel.
> *Josua 2, 24*

Als das vollbracht war:

> ...brannten die Israeliten die ganze Stadt nieder. Nur das Gold und das Silber und die Gefäße aus Bronze und Eisen kamen in die Schatzkammer beim Heiligtum des Herrn.
> *Josua 6, 24*

Das nächste Ziel war Ai, eine Stadt mit 12.000 Einwohnern. Alle Bewohner von Ai wurden erschlagen, und die Stadt wurde bis auf den Grund niedergebrannt. Diese Greueltaten wiederholten sich in jeder Stadt:

> Auf diese Weise eroberte Josua das ganze Land: das Gebirge in der Mitte, das westliche Hügelland, den östlichen Gebirgsabfall, das Steppenland im Süden ... Er besiegte alle Könige und ließ niemand in diesem ganzen Gebiet am Leben; an allen vollstreckte er den Bann, wie der Herr, der Gott Israels, es befohlen hatte.
> *Josua 10, 40*

Der Völkermord wurde damit gerechtfertigt, daß die Opfer alle böse seien. Das konnte nicht der wahre Grund gewesen sein, denn Kinder und Tiere wurden ebenfalls niedergemetzelt. Es ist kaum gerecht, für die Verbrechen einiger weniger eine ganze Stadt abzuschlachten; niemand hat das Recht, ein Kind wegen der Verbrechen seiner Eltern zu ermorden. Der Bibel zufolge war das eigentliche Verbrechen der Ungehorsam der Einwohner dieser Gebietes. Deshalb wurden die gehorsameren Hebräer von Jehova ausgewählt, um die Einwohner auszulöschen und an ihre Stelle zu treten.

Es ist heute etwas umstritten, ob die Hebräer Kanaan auf so blutrünstige Weise eingenommen haben, wie es in der Bibel dargestellt wird. Bei neueren archäologischen Grabungen an einigen der in der Bibel genannten Orten, an denen Schlachten stattgefunden haben (wie Hasor, Lachisch und Debir), wurden Beweise für eine gewaltsame Zerstörung zur Zeit Josuas zutagegefördert. An anderen Schauplätzen fand man weniger zwingende Beweise. Verständlicherweise spielen viele Menschen das Blutvergießen, von dem die Bibel berichtet, so stark wie möglich herunter. Aber unabhängig davon, wieweit die Geschichte von der Eroberung Kanaans der Wahrheit entspricht, erfahren wir etwas sehr Wichtiges über den Völkermord:

Der Völkermord ist ein häufig angewandtes Mittel, einem raschen politischen oder gesellschaftlichen Wandel dadurch Vorschub zu leisten, daß man ein Gruppe von Menschen durch eine andere ersetzt. Aus diesem Grund ist der Völkermord bei Versuchen der Bruderschaft, eine rasche politische und gesellschaftliche Veränderung herbeizuführen, eine wichtige historische Erscheinung.

Wer die jüdische Morallehre kennt, den mag das brutale Vorgehen, das Jehova und den Hebräern zugeschrieben wird, überraschen. Die bekanntesten jüdischen Mohrallehren sind natürlich die Zehn Gebote, die Mose auf dem Zug der Hebräer in das Gelobte Land von Jehova erhalten haben soll. Nach Moses Tod wurden die Gebote ganz offensichtlich in großem Umfang von Jehova und dem Heer Israels übertreten. *Du sollst nicht töten* wurde übertreten, als die Hebräer unter den Bewohnern von Kanaan ein Blutbad anrichteten. Die Hebräer verstießen gegen das Gebot *Du sollst nicht stehlen,* als sie die sterbenden Städte ihres Edelmetalls beraubten. Sie haben auch das Gebot *Du sollst nicht begehren nach dem Hause deines Nächsten ... nach irgendetwas, was dein Nächster hat* verletzt, als sie Völkermord begingen, um ihren Nachbarn das Land wegzunehmen. Dieses Verhalten gibt Rätsel auf, denn viele der Zehn Gebote der Bibel fordern einen moralischen Lebenswandel. So wurden die Hebräer beispielsweise ermahnt, dem Freveler keinen Beistand zu leisten, indem sie als ungerechte Zeugen auftreten. In einem anderen Gebot wurde die Bedeutung der persönlichen Verantwortung angesichts des von einer Gruppe ausgeübten Drucks betont, "Du sollst nicht dem großen Haufen folgen zum Bösen". Toleranz gegenüber Außenseitern wurde zum Gesetz erhoben: "Einen Fremdling sollst du nicht bedrücken ...". Diebe mußten ihren Opfern in der Regel Ersatz leisten. Wie sollen wir uns angesichts eines so barbarischen Verhaltens die Existenz so humaner Gebote erklären?* Die Antwort darauf mag zum Teil in den Worten Manethos zu finden sein:

> Bei den Wundern, von denen Mose sagt, sie seien auf dem Berge Sinai (dem Berg, auf dem Jehova Mose viele der Gebote übergeben haben soll) geschehen, handelt es sich zum Teil um einen verschleierten Bericht der ägyptischen Initiation, die (Mose) an sein Volk weitergab, als er einen Zweig der ägyptischen Bruderschaft in seinem Land begründete...[2]

Wenn Manethos Woret zutreffen, dann gehen viele Gebote möglicherweise eher auf Menschen innerhalb der Bruderschaft als auf die “Herrgötter” zurück. Das wäre auch ein Hinweis darauf, daß es in der Bruderschaft trotz des großen Einflusses der “Herrgötter” immer noch Menschenfreude gegeben hat. Mose selbst scheint zumindest bis zu einem gewissen Grade ein solcher Menschenfreund gewesen zu sein. In der Bibel wird Mose als ein Mann des Maßes beschrieben, der sich häufig für die Hebräer verwendete, wenn Jehova dabei war, harte Strafen zu verhängen. Wie wir noch einige Male in diesem Buch sehen werden, sind vorhandene menschenfreundliche Einflüsse innerhalb der Bruderschaft häufig an die Oberfläche gekommen, doch leider haben sie nicht ausgereicht, um die verderblichen Einflüsse völlig ungeschehen zu machen.

Ein weiterer rätselhafter Aspekt der biblischen Geschichte über den Völkermord war das Verhalten der Völker, die niedergemetzelt wurden. Der Bibel zufolge hat sich nur eine einzige Stadt ergeben. Die übrigen entschieden sich dafür, zu kämpfen und niedergemetzelt zu werden. Wäre es angesichts eines übermächtigen hebräischen Heeres und vielleicht auch eines donnernden “Gottes” im Himmel nicht wahrscheinlicher, daß sich mehr belagerte Städte ergäben oder zumindest anbieten würden, Kanaan friedlich zu räumen? Die Bibel liefert eine interessante Erklärung dafür, warum das nicht so war:

> Außer der Hiwiterstadt Gibeon schloß keine andere Stadt mit den Israeliten Frieden. Sie mußten alle erobert werden.

---

* Nach heutigen Maßstäben waren nicht alle Gebote des Alten Testamentes human. Es gab keine Glaubensfreiheit. Die Sklaverei wurde akzeptiert, und hebräische Männer durften ihre Töchter in die Sklaverei verkaufen. Eine Bestrafung in Form des Auge um Auge, Zahn um Zahn führt nicht immer zu Gerechtigkeit.

> Der Herr hatte ihre Bewohner so starrsinnig gemacht, daß sie den Israeliten Widerstand leisteten; denn er wollte, daß sie alle dem Bann verfielen und ohne Erbarmen vernichtet würden. So hatte er es Mose befohlen.
> *Josua 11, 19-20*

In der vorstehenden Textstelle wird gesagt, daß Jehova die besiegten Völker künstlich beeinflußt hat, die Hebräer zu bekämpfen, so daß sie vernichtet werden konnten. Das ist ein phantastisches und wichtiges Eingeständnis, denn es impliziert, daß Jehova oder andere "Herrgötter" weitere Städte in dieser Region beherrschten und ihrem Einfluß nutzten, um die Bewohner dazu zu bringen, gegen die Hebräer zu kämpfen. Das wäre nicht das erste Mal gewesen. In der Bibel wird bereits früher von ähnlichen Manipulationen berichtet. Als die Hebräer noch Sklaven in Ägypten waren, hatte Jehova Mose befohlen, zum Pharao zu gehen und ihn um die Freilassung der hebräischen Stämme zu bitten. Der Pharao stand jedoch unter dem Einfluß Jehovas; dieser hatte Mose im voraus wissen lassen, daß er den Pharao veranlassen werde, "nein" zu sagen. Der Bibel zufolge hatte Jehova einen bestimmten Grund, in dieser Weise auf den Pharao einzuwirken:

> Nun sagte der Herr zu Mose. "Geh zum Pharao. Ich selbst habe ihn und seine Minister starrsinnig gemacht, damit ich alle diese Wunder unter ihnen vollbringen konnte,
> und damit du deinen Kindern und Enkeln erzählen kannst, wie ich den Ägyptern meine Macht gezeigt habe. Denn daran sollt ihr erkennen, daß ich der Herr bin."
> *2. Mose 10, 1-2*

Nachdem Mose diese Worte vernommen hatte, ging er mehrere Male zum Pharao, um ihn erneut um die Freiheit der Hebräer zu bitten. Jede dieser Bitten wurde abgelehnt, und auf jede Ablehnung folgte eine Heimsuchung, die Jehova den Ägyptern schickte. Unter den Heimsuchungen waren Ungezieferplagen, Seuchen, Geschwüre, die durch einen feinen Staub über dem Land verursacht wurden, und schließlich der Mord jedes erstgeborenen Sohnes in Ägypten in einer als "Passah" bekannten Nacht. Erst nach Passah hörte Jehova auf, "das Herz" des Pharao "zu verhärten", so daß die Stämme der Hebräer Ägypten verlassen konnten.

Nach Ansicht vieler Gelehrter sind die biblischen Verweise darauf, daß Jehova "das Herz" der Feinde Israels "verhärtet habe", nur Ausdruck der religiösen Vorstellung, daß alles menschliche Denken und Fühlen letztlich von "Gott" kommt, und darum seien solche Schriften nicht wörtlich zu nehmen. In diesem Fall sollte man die Bibel jedoch ernst nehmen, denn sie beschreibt ein sehr wahres politisches Phänomen: Ein unbeteiligter Dritter löst zwischen zwei oder mehr Parteien einen Konflikt aus.

Einer der bekanntesten Philosophen, der sich mit der Manipulation durch Dritte als Instrument politischer und gesellschaftlicher Kontrolle befaßt hat, war Nicolo Machiavelli, der Philosoph des sechzehnten Jahrhunderts. Obwohl Machiavelli nicht der erste war, der über dieses Thema geschrieben hat, wurde sein Name zum Synonym für skrupellose politische Geschicklichkeit.

Machiavelli verfaßte für einen heimischen Fürsten aus eigenem Antrieb mehrere Anleitungen. Diese Schriften wurden zu Klassikern der Literatur. Machiavelli beschreibt darin einige der Methoden, deren sich verschiedene italienische Herrscher zur Aufrechterhaltung der Kontrolle über die Bevölkerung bedienten. Eine Methode bestand darin, Konflikte auszulösen. In dieser *Der Fürst* betitelten Abhandlung von Machiavelli heißt es:

> Einige Fürsten haben ihre Untertanen entwaffnet, um ihre Herrschaft zu sichern; andere haben die Parteiungen (Zwistigkeiten) in den unterworfenen Städten begünstigt...[3]

Machiavelli gibt dafür ein konkretes Beispiel:

> Unsere Vorfahren, und zwar die, welche für weise galten, pflegten zu sagen, man müsse Pistoja durch Parteien und Pisa durch Festungen beherrschen. Deshalb förderten sie in einigen der von ihnen beherrschten Städte die Zwistigkeiten, um ihre Herrschaft leichter zu behaupten.[4]

Zwietracht unter den Menschen war für die Fürsten von großem Nutzen, denn dadurch waren die Menschen weniger in der Lage, eine Herausforderung anzunehmen. Machiavelli beschreibt im einzelnen, wie jemand vorgehen muß, der diese Taktik anwenden möchte:

> Die Methode, dies in Angriff zu nehmen, besteht darin, das Vertrauen der Stadt zu gewinnen, die unseins ist; und solange die Parteien nicht handgemein werden, als Schiedrichter zwischen ihnen zu fungieren, und wenn sie handgemein werden, die schwächere Partei verspätet zu unterstützen, beides in der Absicht, sie daran festzuhalten und zu zermürben; und wieder, weil stärkere Maßnahmen keinen Raum für Zweifel ließen, daß du darauf aus bist, sie zu unterwerfen und dich selbst zu ihrem Herrscher zu machen. Wenn dieser Plan ausgeführt wird, geschieht es, wie stets, daß du das angestrebte Ziel erreichst. Wie ich in einer anderen Rede zu einem anderern Thema bereits gesagt habe, wurde die Stadt Pistoia von der Republik Florenz durch einen solchen Kunstgriff erworben; denn sie war zerstritten, und die Florentiner unterstützten bald die eine, bald die andere Partei, ohne sich bei einer von ihnen unbeliebt zu machen, und fuhren damit fort, bis diese ihres unruhigen Lebens überdrüssig waren und sich Florenz schließlich freiwillig in die Arme warfen.[5]

Obgleich diese Methode wirkungsvoll ist, rät Machiavelli davon ab, da der Schuß nach hinten losgehen kann. Der Erfolg dieser Methode hängt nämlich davon ab, daß zumindest eine der manipulierten Parteien die wahre Ursache des Problems nicht erkennt. Erkennen beide Parteien, daß sie von einem außenstehenden Dritten in die Zwistigkeiten hineinmanipuliert wurden, werden die Zwistigkeiten in der Regel nicht nur eingestellt, sondern die Parteien werden sich auch in den meisten Fällen aus einer gemeinsamen Abneigung gegen den Urheber heraus verbünden. Dieses Phänomen ist auch im persönlichen Bereich zu beobachten, wenn zwei Freunde entdecken, daß ein dritter "Freund" gegenüber jedem von ihnen über den anderen hinter dessen Rücken abfällige Bemerkungen gemacht hat. Die Methode hat nur dann Erfolg, *wenn die Urheberschaft dessen, der den Konflikt auslöst, verborgen bleibt.*

Faßt man die Beobachtungen Machiavellis zusammen, stellt man fest, daß die Schaffung von Konflikten zwischen Menschen ein wirksames Mittel zur Aufrechterhaltung der gesellschaftlichen und politischen Kontrolle über eine Bevölkerung ist. Diese Methode ist nur erfolgreich, wenn der Anstifter:

1. Konflikte und "Probleme" schafft, bei denen die Menschen gegeneinander und nicht gegen den Urheber kämpfen;
2. nicht als wahrer Anstifter der Konflikte in Erscheinung tritt;
3. alle streitenden Parteien unterstützt;
4. als wohlwollende Instanz gilt, die den Konflikt beenden kann.

Wie bereits in der Geschichte vom Turmbau zu Babel festgestellt, lag es in der Absicht der "Herrgötter", daß die Menschen weiter zerstritten und unter ihrer Kontrolle blieben. Um das zu erreichen, mußten die "Herrgötter", wie die Geschichte von Jehova zeigt, machiavellistisch vorgehen und den Parteigeist fördern. Der Bibel zufolge ermutigten die "Herrgötter" die von ihnen kontrollierten Interessengruppen, sich gegenseitig zu bekämpfen. Währenddessen verkündeten sie, daß sie "Gott" und die "Engel" seien, an die die Menschen sich wenden sollten, wenn sie Hilfe bei der Lösung ihrer Kriegsprobleme brauchten. Das ist die klassische Reihenfolge genau nach Machiavelli.

Damit diese machiavellistischen Bestrebungen auch über lange Zeit erfolgreich blieben, mußte der Parteigeist ständig geschürt werden, und die "Herrgötter" mußten als Urheber immer im Verborgenen operieren. Beide Voraussetzungen wurden durch die organisatorische Struktur der korrupten Bruderschaft erfüllt. Die Bruderschaft wurde zu einem weitreichenden Netzwerk politisch mächtiger Geheimgesellschaften und -religionen zusammengeschweißt, das die Menschen erfolgreich in rivalisierenden Splittergruppen organisieren konnte; gleichzeitig blieb der organisatorische Aufbau aufgrund der in der Bruderschaft üblichen Geheimhaltung den Blicken entzogen. Diese Geheimhaltung war ein Schirm, hinter dem sich die "Herrgötter" in den Schleier des Mythos gehüllt an der Spitze der innerhalb Bruderschaft bestehenden Hierarchie verbergen und ihre Rolle als Anstifter heftiger Auseinandersetzungen zwischen den Menschen kaschieren konnten. *Somit wurde das Netzwerk der verschiedenen Organisationen der Bruderschaft das wichtigste Instrument der "Herrgötter", wenn es darum ging, die Menschen fortwährend und im Verborgenen in Kriege verwickeln* und auf diese Weise die in der Geschichte vom Turmbau zu Babel angekündigten Absichten auszuführen. Die Bruderschaft wurde auch das Werkzeug, durch das den Menschen die Instutionen der "Herrgötter" aufgezwungen werden konnten.

Kriege dienen einem weiteren in der Bibel erkennbar werdenden Zweck. In der Geschichte von Adam und Eva wird die Absicht "Gottes" erwähnt, das physische Überleben von der Geburt bis zum Tod zu einer allesverzehrenden Mühsal zu machen. Dazu tragen auch Kriege bei, denn sie verschlingen große Summen und machen das Leben jedoch nicht unbedingt schöner. Durch Kriege wird alles Bestehende zerstört und vernichtet. Dadurch bedarf es allein für die Erhaltung der Kultur großer zusätzlicher Anstrengungen. Je mehr ein Volk damit beschäftigt ist, Kriegsmaterial herzustellen und Kriege zu führen, desto stärker besteht auch das Leben der Menschen, die diesem Volk angehören, aufgrund der schädlichen und zerstörerischen Natur des Krieges aus ermüdender und immer gleichbleibender Fron. Das stimmt heute ebenso wie im Jahre 1000 v. Chr.

Es wird sehr schnell gesagt, daß sich die Menschen auch ohne die Einmischung Außenstehender streiten und bekämpfen. Alle Geschöpfe der Erde fallen zu irgendeiner Zeit ihres Lebens übereinander her. Es bedarf sicherlich keines manipulierenen Dritten, damit zwischen verschiedenen Menschengruppen ein Streit aufflammt. Nur werden die Zwistigkeiten und Auseinandersetzungen häufiger, härter und länger, wenn ein Dritter dafür verantwortlich ist. Spontane, nicht manipulierte Kämpfe sind im allgemeinen kurz, unbesonnen und auf einen einzigen sichtbaren Streitpunkt konzentriert. Will man eine Intrigue künstlich am Leben erhalten, muß man unlösbare "Probleme" schaffen, die nur durch die völlige Vernichtung eines der Gegner beendet werden können, und dadurch, daß man die Kampfstärken der streitenden Parteien einander angleicht und letzteren auf diese Weise hilft, ihren Kampf gegeneinander weiterzuführen. Um ein ganzes Volk in einem ständigen Zustand der Zwietracht zu halten, müssen die Probleme, um die es bei einem Streit zwischen den Angehörigen des Volkes geht, immer neu entfacht werden, und es müssen Kämpfer herangebildet werden, die sich leidenschaftlich für die Sache einsetzen. Und Konfliktsituationen dieser Art sind es auch, die das Netzwerk der Bruderschaft bis auf den heutigen Tag herbeigeführt hat. Diese künstlich erzeugten Konflikte haben die Menschheit immer tiefer in unaufhörliche Kriege verstrickt, die sich auf die Geschichte der Menschheit so unheilvoll ausgewirkt haben.

Es ist bisweilen nur schwer festzustellen, ob und wie die Bruderschaft in das menschliche Geschehen verstrickt ist. Leichter wird es, wenn wir der Verwendung von einigen der wichtigsten mystischen Symbole der Bruderschaft nachgehen. Diese Symbole gleichen bunten Fäden, die manchmal sichtbar und manchmal unsichtbar sind und anhand deren wir verfolgen können, in welcher Weise die Bruderschaft den Lauf der Geschichte beeinflußt. Eines der wichtigsten dieser Symbole ist seltsamerweise ein Schurz.

KAPITEL 8

Melchisedeks Schurz

Es gibt kaum einen schillernderen und sagenumwobeneren biblischen König als Salomo. Die bekannteste Leistung Salomos, der unermeßlich reich, unaussprechlich weise und ein Sklaventreiber ohnegleichen war, ist der Bau eines herrlichen Gebäudekomplexes, der einen prächtigen, offenbar aus kostbarem Stein bestehenden und reich mit Gold verzierten Tempel einschloß. Auf der politischen Bühne machte Salomo durch die Wiederanknüpfung der seit langem abgebrochenen Beziehungen zwischen Hebräern und Ägyptern Geschichte. Er wurde nicht nur Ratgeber des ägyptischen Pharaos Schischak I., sondern heiratete auch die Tochter des Pharaos.

Während seiner Zeit in Ägypten wurde Salomon in den Lehren der Bruderschaft unterwiesen. Nach Palästina zurückgekehrt, errichtete er seinen berühmten Tempel, um der Bruderschaft in seinem eigenen Land eine Heimstatt zu geben. Der Hauptgott des neuen Tempels war natürlich Jehova, obwohl Salomo auch die Verehrung anderer lokaler Gottheiten, wie zum Beispiel des Baal, des obersten Gottes der Kanaaniter, zuließ. Als Vorbild für Salomos Tempel diente der Tempel der Bruderschaft in El Amarna, nur die Seitenflügel fehlten, durch die der Tempel in El Amarna die Form eines Kreuzes erhielt.

Der Bau des Salomonischen Tempels war keine leichte Aufgabe. Um dieses architektonische Meisterwerk schaffen zu können, holte sich Salomo besondere Maurerzünfte ins Land, die in der Lage waren, Konstruktionszeichnungen für die Bauten anzufertigen und ihre Errichtung zu überwachen. Diese besonderen Zünfte waren bereits in Ägypten wichtige Einrichtungen, und es lohnt sich einen Blick auf ihre Entstehung zu werfen.

Die Architektur ist eine bedeutende Kunst, durch die physische Landschaft verändert wird. Die Bauwerke einer Zivilisation sagen viel über den Stand dieser Zivilisation aus. So orientierte sich die Architektur der Renaissance an der klassischen römischen Architektur mit ihren imposanten und reichverzierten Bauten, die eine Kultur erkennen läßt, in der es intellektuell und künstlerisch gärte. Die moderne Architektur tendiert zur Funktionalität, ist aber zugleich auch steril und unmenschlich und offenbahrt somit eine nüchterne, künstlerisch stagnierende Kultur. Die Architektur verrät uns auch, welche Gruppen in einer Gesellschaft eine Kultur am stärksten beeinflussen. In der Renaissance waren das vor allem die Philosophen und die Künstler; die heutige Zeit wird dagegen von leistungsorientierten Geschäftsleuten geprägt.

Im alten Ägypten nahmen Ingenieure, Zeichner und Maurer, die an großen Bauvorhaben mitarbeiteten, eine besondere Stellung ein. Sie waren in exklusiven Zünften zusammengeschlossen, die von der Bruderschaft in Ägypten gefördert wurden. Diese Zünfte hatten etwa die Funktion der heutigen Gewerkschaften. Als Organisationen der Bruderschaft verwendeten sie auch viele Grade und Titel der Bruderschaft. Sie pflegten auch eine mystische Tradition.

Beweise dafür, daß diese besonderen Zünfte tatsächlich existiert haben, wurden von dem Archäologen Petrie auf seiner Expedition in die libysche Wüste in den Jahren 1888 und 1889 gefunden. In den Ruinen einer um 300 v. Chr. erbauten Stadt endeckte die Expedition Petries eine Reihe von Aufzeichnungen auf Papyrusrollen. In einem Teil davon werden geheime um das Jahr 2000 v. Chr. abgehaltene Versammlungen einer solchen Zunft beschrieben. Man kam zusammen, um Arbeitszeit, Löhne und Arbeitsrichtlinien zu erörtern. Die Mitglieder der Vereinigung versammelten sich in einer Kapelle und setzten die Unterstützung für Witwen, Waisen und in Not geratene Arbeiter fest. Die auf den Papyrusrollen beschriebenen organisatorischen Funktionen entsprachen etwa denen des "Zunftmeisters" und "Meisters" in einem modernen Zweig der Bruderschaft, der aus diesen Zünften hervorgegangen ist: der Freimauerei.

Ein weiterer Hinweis auf die Zünfte findet sich im ägyptischen *Totenbuch,** einem mystischen Werk aus dem Jahre 1591 v. Chr. Das *Totenbuch* enthält einige der in den ägyptischen Mysterienschulen gelehrten Weisheiten und ein Zitat des Gottes Thot, der zu einem anderem Gott, Osiris, sagt:

> Ich bin der große Gott in der göttlichen Barke; ...ich bin nur ein Priester in der Unterwelt, der in Abydos (einer ägyptischen Stadt) Salbungen (heilige Rituale) vornimmt, zu einem höheren Initiationsgrad erhebt; ...ich bin der Großmeister der Handwerker, die den heiligen Bogen als Stütze errichten.[1]

"Großmeister" ist der gebräuchlichste Titel in der Bruderschaft zur Bezeichnung ihrer obersten Führer. Das vorstehende Zitat ist deshalb von Bedeutung, weil es darin heißt, daß einer der "Herrgötter" Ägyptens, die in göttlichen "Barken" fuhren, zu den obersten Führern dieser alten Zünfte gehörte. Es zeigt auch, daß dieser "Gott" für die Einweihung der Menschen in die höheren Grade der mystischen Lehren der Bruderschaft zuständig war. Darin liegt ein weiterer Beweis dafür, daß die "Herrgötter" unmittelbar an der Führung der korrupten Bruderschaft beteiligt waren.

Die Maurerzünfte der Bruderschaft überdauerten die Jahrhunderte. Ihre Mitglieder waren häufig auch in Feudalsystemen freie Männer, und wurden darum oft als "freie Maurer" bezeichnet. Aus diesen Zünften der freien Maurer ging auch die heute als "Freimaurerei" bekannte mystische Praxis hervor. Die mystischen Freimaurer entwickelten sich zu einer wichtigen Unterorganisation der Bruderschaft und spielten später in der Geschichte politisch eine große Rolle.

---

* Interessanterweise enthält das Ägyptische *Totenbuch* auch einen Hinweis auf eine Schlacht zwischen den herrschenden "Herrgöttern" und der "Schlange" (der noch nicht korrumpierten Bruderschaft). In Lobeshymnen zu Ehren der ägyptischen "Götter" heißt es:

> **Dein Feind, die Schlange, ist dem Feuer überantwortet worden. Der Schlangendämon Sebua ist kopfüber gefallen, seine Vorderbeine sind in Ketten gebunden, seine Hinterbeine hat Ra ihm fortgenommen. Die Söhne der Revolte werden sich nie wieder erheben.**[2]

Zur symbolischen Darstellung von Charakterzügen und Persönlichkeiten, stellten die Ägypter ihre "Götter" häufig mit Tierköpfen oder -merkmalen dar. In der vorstehend zitierten Textstelle hat die Schlange vier Beine. Später symbolisierte die Schlange die Finsternis, die der Sonnengot Ra jeden Morgen, dadurch "besiegte", daß er den neuen Tag schuf. Bevor diese Mythologie entstand, war die Schlange jedoch eine leibhaftige Feindin der herrschenden "Götter". Einige Anhänger der Schlange waren als "Söhne der Revolte" bekannt; ihr Ziel war es, den höchsten der "Herrgötter" zu vernichten und an seiner Stelle die Herrschaft der "Schlange" (der noch nicht korrumpierten Bruderschaft) auf der Erde zu errichten. Nach der Niederlage und der Korrumpierung der Schlange erhoben sich die "Söhne der Revolte" offenbar gegen die korrupte Bruderschaft, als sie begann, von Ägypten aus Eroberer auszusenden. Nach kurzer Zeit waren die aufständischen Gruppen wieder in die korrupten Organisationen der Bruderschaft eingegliedert und wirkten, wie wir später noch sehen werden, bei den von der Bruderschaft künstlich geschaffenen Konflikten mit.

Da das geistige Wissen innerhalb der Bruderschaft im alten Ägypten immer mehr durch unverständliche Symbole und Allegorien ersetzt wurde, kam der Kleidung aufgrund ihres Symbolwertes zunehmend größere Bedeutung zu. Das sichtbarste und wichtigste zeremonielle Gewand ist in vielen Organisationen der Bruderschaften, einschließlich der Freimauerer, seit langem der Schurz.

Der symbolische Schurz, die wie eine Küchenschürze um die Taille gebunden wird, ist ein phantastisches sichtbares Bindeglied zwischen den "Herrgöttern" der Frühzeit und dem Netzwerk der Bruderschaft. In vielen ägyptischen Hieroglyphen werden die außerirdischen "Götter" mit einem Schurz dargestellt. Auch die Priester im alten Ägypten trugen als Zeichen ihrer Ergebenheit gegenüber den "Göttern" und als Zeichen ihrer Autorität einen solchen Schurz. Im ägyptischen Museum in San Jose, Kalifornien, ist eine alte ägyptische Statuette ausgestellt, die in einem Grab in Abydos gefunden wurde. Sie stellt einen ägyptischen Prinzen dar, der seine Hände in einer rituellen Gebärde hält, die laut Dr. Lewis vom Orden der Rosenkreuzer "allen Mitgliedern der Loge und des Zweiges vertraut ist".[3] Ein hervorstechendes Merkmal dieser Statuette ist der Schurz, den der Prinz trägt. Im Ägyptischen Museum ist man der Ansicht, daß diese Statuette bereits 3400 v. Chr. zur Zeit der ersten Dynastie entstanden ist. Wenn dieser Zeitpunkt stimmt, dann geht das Symbol des Schurzes und ein damit zusammenhängendes mystisches Ritual auf jene Periode ägyptischer Geschichte zurück, in der die "Götter" so leibhaftig gewesen sein sollen, daß man Häuser für sie errichtet, ausgestattet und unterhalten hat.

Die ersten zeremoniellen Schurze scheinen einfach und schmucklos gewesen zu sein. Mit der Zeit kamen mystische Symbole und andere Verzierungen hinzu. Die vielleicht wichtigste Veränderung erfuhr der Schurz während der Regierungszeit des mächtigen kanaaitischen Priesterkönigs Melchisedik, der in der Bibel einen sehr hohen Rang erlangt hatte. Melchisedik stand an der Spitze eines elitären nach ihm benannten Seitenzweigs der Bruderschaft: der Melchisedek Priesterschaft. Ab etwa 2200 v. Chr. trugen die Melchisedik Priester einen Schurz aus weißem Lammfell. Schließlich übernahmen auch die Freimaurer das weiße Lammfell und benutzen es seither für ihre Schürzen.

Hätten die "Herrgötter" ihren Wirkungskreis auf den alten Mittleren Osten und das alte Ägypten beschränkt, wäre die weitere Geschichte der Menschheit wesentlich anders verlaufen, und dieses Buch wäre nie ge-

OBEN LINKS: *Im alten Ägypten wurden die "Herrgötter", wie auf der Abbildung links, häufig mit einem Schurz dargestellt.*

UNTEN LINKS: *Als Zeichen ihrer Verbindung zu diesen "Göttern" und ihrer Loyalität ihnen gegenüber trugen die Angehörigen der Bruderschaft der Schlange , wie diese ägyptische Statuette aus dem Jahre 3400 v. Chr. zeigt, bei religiösen und mystischen Zeremonien ebenfalls einen Schurz.*

UNTEN RECHTS: *Viele noch heute bestehende Zweigorganisationen der Bruderschaft, wie die Freimaurer, tragen noch immer der symbolische Schurz. Unten sieht man eine Prozession amerikanischer Freimaurer aus dem 20. Jahrhundert mit ihrem zeremoniellen Schurz.*

schrieben worden. Aber das Netzwerk der Bruderschaft wurde durchdynamische Missionare und Eroberer in der gesamten östliche Hemisphäre verbreitet.

Die Geburtsstunde des Hinduismus stand bevor.

KAPITEL 9

Götter und Arier

Indien, jenes rätselhafte Land, wo das Geistige hoch im Kurs steht und das Materielle in den Hintergrund tritt; ein Land, in dem fast alles Lebendige heilig gehalten wird, und doch Millionen hungern. Für viele sind das Land Indien und die hinduistische Religion untrennbar miteinander verbunden, so als wären sie zusammen erschaffen worden und gingen eines Tages auch gemeinsam unter. Etwa 85% der fast 800 Millionen Einwohner Indiens sind Hindus, doch das Indien, das wir kennen, und die Religion, die heute dort praktiziert wird, stammen überhaupt nicht aus Indien. Das Kastensystem, die Mehrzahl der hinduistischen Götter, die Rituale der Brahmanen und die Sprache, das Sanskrit, wurden Jahrhunderte zuvor von fremden Eindringlingen ins Land gebracht und den Indern aufgezwungen.

Irgendwann zwischen 1500 v. Chr. (der Zeit Thutmosis III. in Ägypten) und 1200 v. Chr. (der Zeit Moses) fielen von Nordwesten her als "Arier" bekannte Völkerstämme in den indischen Subkontinent ein. Diese Arier warfen sich zur neuen herrschenden Klasse Indiens auf und zwangen die dort ansässigen Inder in einen untergeordneten Stand.

Wer die Arier genau sind und wo sie genau herkommen, ist noch heute umstritten. Die Historiker bezeichnen im allgemeinen jene Völkerschaften als "Arier", die eine indogermanische Sprache sprachen; dazu gehören English, Deutsch, Latein, Griechisch, Russisch, Persisch und Sanskrit. "Arier" hat auch noch eine engergefaßte rassische Bedeutung. Damit wurde recht häufig die nichtsemitische weiße Rasse bezeichnet.

Es gibt viele Theorien darüber, woher die Arier eigentlich stammen. Nach allgemeiner Anschauung waren sie ursprünglich in den Steppen (Ebenen) Russlands beheimatet. Von dort zogen sie möglicherweise nach Europa und bis hinunter nach Mesopotamien. Andere sind der Ansicht, daß die Arier aus Europa kommen und ostwärts zogen. Einige Theoretiker vertreten - gelegentlich auch aus rassistischen Gründen - die These, daß die Arier die Begründer der alten mesopotamischen Kulturen und somit die ersten zivilisierten Menschen der Welt seien. Diese Theorie wurde während der brutalen Naziherrschaft in Deutschland propagiert, um den Gedanken der "Vorherrschaft der Arier" zu untermauern. Die Nazis behaupteten sogar, daß die Arier ursprünglich von gottähnlichen Übermenschen aus einer anderen Welt erschaffen worden seien. Eine ähnliche Ansicht war in der Geschichte schon früher vertreten worden. Als der spanische Eroberer Pizarro 1532 nach Südamerika kam, nannten die Einheimischen die spanischen Eindringlinge Viracochas, das bedeutet "weiße Herren". In den Legenden der Einheimischen Südamerikas ist von einer Herrenrasse riesiger weißer Menschen die Rede, die Jahrhunderte zuvor vom Himmel herabgestiegen waren. Den Legenden zufolge hatten diese "Herren" über die Städte Südamerikas geherrscht und waren dann, mit dem Versprechen zurückzukommen, wieder verschwunden. Die Eingeborenen Südamerikas hielten die Spanier für die zurückgekehrten Viracochas und gestatteten ihnen daher zu Anfang, Hand auf ihr Gold und ihre Schätze zu legen, ohne sich dagegen zur Wehr zu setzen.

Woher die Arier auch immer stammen mögen, in vielen religiösen und mystischen Anschauungen auf der ganzen Welt kommt die angebliche Überlegenheit der arischen Rasse gegenüber anderen Rassen zum Ausdruck. Diese Überzeugung wird bisweilen als "Ariertum" bezeichnet. Unter Ariertum versteht man die Erhebung der weißhäutigen Arier über andere Rassen, die damit begründet wird, daß die Arier die von "Gott" (oder den "Herrgöttern") "auserwählte" oder "erschaffene" Rasse seien und sie deshalb allen anderern Rassen geistig, gesellschaftlich und genetisch überlegen seien. Bedenkt man, zu welchem traurigem Zweck die Menschheit bekanntlich geschaffen wurde, so bedeutete Ariertum nur, daß die Arier bestenfalls höhere Sklaven sind. Darin liegt wenig Ehre. Andere Rassen, wie beispielsweise die Japaner, haben ähnliche Legenden, denen zufolge sie von außerirdischen "Göttern" abstammen.

Man sollte zwischen Ariertum und dem Stolz auf sein rassisches Erbe unterscheiden. Es ist etwas ganz Natürliches, wenn Menschen sich aufgrund eines gemeinsamen Erbes, gemeinsamer Interessen und eines ihnen gemeinsamen Schönheitssinnes zusammentun. Eine jede solche Gruppe blickt mit einem gewissen Stolz auf das, was sie verbindet. Das gilt für Briefmarkensammler, die einem Briefmarkensammlerverein beitreten, ebenso wie für Schwarze, die sich in einer auf einem gemeinsamen schwarzen Bewußtsein fußenden Gruppe zusammenschließen. Die Menschen scharen sich auf der Grundlage von fast allem, was sie gemeinsam schön oder interessant finden, zusammen. Es ist nichts Böses dabei, wenn Menschen auf ihr rassisches Erbteil stolz sind. Schlimm wird es erst, wenn dieser Stolz sich in ein Vorurteil gegen jene verwandelt, die anders sind. Schließlich ist die Hautfarbe im Grunde etwas Äußerliches. Wenn wir den einzelnen als geistiges Wesen betrachten, ist der Körper, den er beseelt, nicht wichtiger als der Wagen, den er fährt. Trotzdem sind rassische Unterschiede die beste Möglichkeit, Menschen in verschiedene Lager zu spalten. Und Rassismus war das erfolgreichste Mittel auf der Erde, um die Zwietracht unter den Menschen aufrechtzuerhalten. Die vorstehend beschriebene Art des Ariertums hat wesentlich zu dieser Polarisierung beigetragen und dazu, die ununterbrochenen Rassenkonflikte zu fördern, von denen die Menschheit seit jeher heimgesucht wurde.

Nicht alle Organisationen der Bruderschaft blicken auf eine arische Tradition zurück. In den vielen, bei denen das der Fall war, galt das Ariertum als Grundvoraussetzung für die Wiedererlangung der geistigen Freiheit. Diese Überzeugung leistete dem Materialismus Vorschub, indem sie das Verlangen nach geistigem Überleben zu einer weiteren dieses Mal die Hautfarbe betreffenden, physischen Besessenheit werden ließ. Nur scheint die Hautfarbe in keinerlei Zusammenhang mit den dem Menschen immanenten geistigen Fähigkeiten zu stehen oder mit seiner Fähigkeit, geistige Erlösung zu finden.

Die Arier drangen in Indien ein, kurz bevor die Bruderschaft den Monotheismus einführte, aber nachdem sie bereits begonnen hatte, Missionare und Eroberer auszusenden. In Indien errichteten die arischen Eroberer ein heute als "Hinduismus" bekanntes kompliziertes religiöses und feudales System. Der Hinduismus erwies sich als ein weiterer Seitenzweig der Bruderschaft. Einige Organisationen der Bruderschaft im Mittleren Osten und in Ägypten unterhielten weiterhin enge Beziehungen zu den arischen Führern in Indien und sandten ihnen häufig Schüler zur Ausbildung. Durch die arische Invasion wurde Indien zu einem bedeutenden internationalen Zentrum für das Wirken der verzweigten Bruderschaft und ist es bis heute geblieben.

Die arischen Führer in Indien forderten den gleichen Gehorsam wie die auf den Stand des Raumfahrtzeitalter stehenden "Herrgötter" in Mesopotamien. Viele der von den Ariern verehrten menschenähnlichen "Göttern" wurden "Asura" genannt. In einer großen Sammlung hinduistischer Schriften, den Veden, finden sich Hymnen und Widmungen an die Asura. Viele vedische Beschreibungen der Asura sind hochinteressant. In der Hymne an Vata, den Gott des Windes, wird zum Beispiel ein "Wagen" beschrieben, in dem der Gott reiste. Dieser "Wagen" weist eine außergewöhnliche Ähnlichkeit mit der Beschreibung Jehovas im Alten Testament auf. Die ersten vier Zeilen der Hymne lauten:

> Und wie großartig ist Vatas Wagen!
> Blitzschnell ist er weg,
> Und er macht großen Lärm.
> Den Himmel ereicht er,
> Er verbreitet ein helleuchtendes Licht (einen roten Feuerglanz) und wirbelt Staub auf der Erde auf.[1]

Die übrige Hymne ist eine sehr genaue und realistische Beschreibung des Windes. In den vier vorstehend zitierten Zeilen geht es offenbar um ein Fahrzeug, das sich schnell in den Himmel erhebt, ein donnerndes Geräusch verursacht, feuriges Licht verbreitet und auf dem Boden Staub aufwirbelt, d.h. eine Rakete oder ein Düsenflugzeug.

Weitere bemerkenswerte Übersetzungen der Veden wurden von der International Society for Krishna Consciousness (ISKC) veröffentlicht, einer 1965 von einem indischen Geschäftsmann im Ruhestand gegründeten und über die ganze Welt verbreiteten hinduistischen Sekte, die die hinduistische Gottheit Krishna verehrt. In den Übersetzungen der ISKC werden alte hinduistische "Götter" und die ihnen dienenden Menschenkönige beschrieben, wie sie in Raumschiffen fahren, interplanetarische Kriege führen und Waffen benutzen, die mächtige Lichtstrahlenbündel aussenden. Im dritten Teil des sechsten Gesanges der *Srimad Bhagavatam* heißt es zum Beispiel:

> Einmal, als König Citraketu in einem glänzend schimmernden Flugzeug, das ihm der Herr Vishnu (oberster Gott der Hindus) gegeben hatte, im äußeren Raum reiste, sah er den Herrn Shiva (einen anderen Hindugott)....

In der *Srimad Bhagavantam* wird von einem "Dämonen" volk berichtet, das drei Planetensysteme überfallen hatte. Den Dämonen stellte sich der hinduistische Gott Shiva entgegen, der im Besitz einer mächtigen Waffe war, die er von seinem eigenen Raumschiff auf die der Feinde abfeuerte:

> Die Pfeile, die Shiva aussandte, erschienen wie feurige Strahlen des Sonnenballs, und sie bedeckten die drei bemannten Raumschiffe, die danach nicht mehr zu sehen waren.[2]

Falls das stimmt, zeigen diese und andere Übersetzungen, daß die Veden schon vor Jahrhunderten von menschenähnlichen "Göttern" sprachen, die in ungeheuer schnellen Raumschiffen herumsausten, Luftnahkämpfe austrugen und tödlich wirkende Strahlwaffen besaßen.

Wie bereits in Mesopotamien und Ägypten waren viele Hindugötter sichtlich Erfindungen und die anscheinend wirklichen "Götter" in eine ungeheure Mythologie verwoben. Hinter diesen offenkundigen Fiktionen finden wir jedoch wichtige Hinweise auf den Charakter der "Herrgötter". In den hinduistischen Schriften wird deutlich, daß es bei den "Herrgöttern" ebenso wie den Menschen Rassen- und Mentalitätsunterschiede gab. Manche "Götter" wurden mit blauer Haut dargestellt. Einige legten den Menschen gegenüber ein freundlicheres und wohlwollenderes Verhalten an den Tag als andere. Zur Zeit der arischen Invasion dominierten ganz offensichtlich die tyrannischen "Götter". Das kam in dem Gesellschaftssystem, das die Arier den Indern aufzwangen, deutlich zum Ausdruck. Der Zweck dieses Systems war ganz unmißverständlich die geistige Knechtschaft des Menschen. Wie auch anderswo, wurde diese Knechtschaft zum Teil durch eine Verfälschung der geistigen Wahrheiten erreicht. In Indien war das Ergebnis eine feudalistische Einrichtung, die als "Kastensystem" bekannt ist.

Nach dem arischen Kastensystem wird jeder Mensch in die Gesellschaftsschicht und Berufsgruppe (Kaste) des Vaters hineingeboren. Niemand kann, unabhängig von seinen Fähigkeiten, diese Kaste verlassen. Jede Kaste hat ihre eigenen Sitten und Gebräuche. Die Angehörigen der untersten Kaste, die "Kastenlose" oder "Unberührbare" genannt werden, verrichten üblicherweise die niedrigsten Arbeiten und leben in tiefster Armut. Diese Unberührbaren werden von den höheren Kasten gemieden. Die höchsten Kasten bilden die Herrschenden und die Brahmanenpriester. Während der arischen Invasion und noch lange Zeit danach bildeten die Arier natürlich selbst die höchsten Kasten. Das Kastensystem besteht noch heute in Indien, obgleich es nicht mehr so streng gehandhabt wird und sich die traurige Lage der Unberührbaren etwas gebessert hat. Im Norden Indiens und einigen Teilen des Westens beherrschen die hellhäutigeren

Inder, die von den ursprünglichen arischen Eindringlingen abstammen, auch weiterhin die oberen Kasten.

Zu Anfang hielten die arischen Eindringlinge das Kastensystem durch Gewalt und wirtschaftlichen Zwang aufrecht. Im sechsten vorchristlichen Jahrhundert kamen dann als drittes wichtiges Mittel verfälschte Glaubensanschauungen hinzu.

Nach hinduistischer Anschauung stirbt ein geistiges Wesen nicht mit dem Körper. Der Hinduismus lehrt, daß sich ein geistiges Wesen nach dem Tode des Körpers im allgemeinen einen neugeborenen Körper sucht und ihn beseelt. Dieser Prozess wird "Reinkarnation" genannt und hat das Phänomen sogenannter "früherer Leben" zur Folge. Viele Menschen können sich - bisweilen sehr deutlich - an "frühere Leben" erinnern.

Neuere Untersuchungen des Phänomens eines "Lebens nach dem Tode" haben ergeben, daß es in der Regel weitgehend von Zufallsfaktoren abhängt, in welchen neuen Körper ein geistiges Wesen eingeht. Zu diesen Faktoren gehören möglicherweise der Wohnort eines Menschen bei seinem Tode und die Nähe neuer Körper (Schwangerschaften). Ob die Wahl auf einen männlichen oder weiblichen Körper fällt, kann davon abhängen, wie glücklich er oder sie in dem gerade zu Ende gegangenen Leben war. Aufgrund dieser veränderlichen Größen ist das Eingehen in einen neuen Körper häufig etwas weitgehend Zufälliges und nicht Voraussagbares. In der arischen Religion wurde die Erkenntnis dieses einfachen Prozesses durch die irrige Vorstellung verfälscht, daß die Wiedergeburt ("Reinkarnation") einem unveränderlichen allgemeingültigen Gesetz unterliege, wonach jede Wiedergeburt einen weiteren Schritt in Richtung auf die geistige Vollkommenheit und Befreiung oder auch von ihr weg bedeutet. Jede Hindukaste, so wurde gesagt, sei eine Stufe auf der kosmischen Leiter. Wenn sich die Menschen an die Gesetze und Pflichten hielten, würden sie bei ihrer nächsten Wiedergeburt in die nächsthöhere Kaste aufsteigen. Erfüllten ihre Pflichten jedoch nicht, würden sie in eine niedrigere Kaste hineingeboren. Geistige Vollkommenheit und Freiheit würden erst mit der höchsten Kaste erlangt: der Kaste der Brahmanen. Umgekehrt wurde die Kaste, in die jemand hineingeboren wurde, als Zeichen für die geistige Entwicklung eines Menschen gewertet, und das allein rechtfertigte auch die Behandlung, die ihm zuteil wurde.

Der Zweck dieser Lehren liegt auf der Hand. Das Kastensystem diente zur Schaffung einer streng feudalistischen Gesellschaftsordnung, ähnlich der in Ägypten unter den Pharaonen, nur wurde sie in Indien noch strenger durchgeführt.

Der Reinkarnationsglaube der Hindus erfüllte zwei weitere Ziele der "Herrgötter". Der Hinduismus betonte, daß Gehorsam der Hauptfaktor für das Aufsteigen in die nächste Kaste sei. Gleichzeitig hielt der arische Glaube die Menschen davon ab, praktische Versuche zur Wiederlangung der geistigen Freiheit zu unternehmen. Der Mythos von der geistigen Entwicklung durch ein Kastensystem verbarg die Tatsache, daß nämlich die Wiedererlangung der geistigen Freiheit genauso vor sich geht wie nahezu jede individuelle Weiterentwicklung: durch ein bewußtes persönliches Bemühen und nicht durch die Tücken einer fiktiven kosmischen Leiter.

Symbole spielten im Hinduismus eine zwar begrenzte, aber dennoch wichtige Rolle. Eines der bedeutendsten mysthischen Symbole ist die Swastika - das "Hakenkreuz", das die meisten Menschen mit dem Nazionalsozialismus verbinden. Die Swastika ist ein sehr altes Symbol. Es ist im Laufe der Geschichte viele Male aufgetaucht, in der Regel im Zusammenhang mit dem Mystizismus der Bruderschaft und in Gesellschaften, in denen die "Herrgötter" verehrt wurden. Der genaue Ursprung des Hakenkreuzes ist zwar unbekannt, doch kannte man es bereits im alten Mesopotamien. Nach Ansicht einiger Historiker gab es das Hakenkreuz in Indien möglicherweise schon vor der arischen Invasion. Das wäre deshalb denkbar, weil einige Städte in vorarischer Zeit mit anderen Teilen der Welt, darunter auch Mesopotamien, Handel trieben. Woher das Hakenkreuz auch immer stammen mag, nachdem die Arier in Indien eingedrungen waren, wurde es zu einem bedeutenden hinduistischen und arischen Symbol.

Seiner Bedeutung nach war das Hakenkreuz schon immer ein Glückssymbol. Welche Ironie daher, daß fast jede Gesellschaft, die es verwendete, von einem katastrophalen Pech verfolgt wurde. Eine hochinteressante Studie über das Hakenkreuz wurde 1901 in den *Archaeological and Ethnological Papers of the Peabody Museum* abgedruckt. Nach Ansicht der Autorin, Zelia Nuttall, hängt das Hakenkreuz wahrscheinlich mit der Beobachtung der Sterne zusammen. Frau Nuttall weißt darauf hin, daß das Hakenkreuz in Zivilisationen mit einer fortgeschrittenen Astronomie auftaucht und daß es in einigen frühamerikanischen Kulturen mit der Schaffung von Kalendern in Verbindung gebracht wird. Auf Seite 18 dieses Artikels schreibt die Autorin:

> Zusammen bilden die vier mitternächtlichen Positionen von Ursa Major oder Minor (zwei von der Erde sichtbaren Sternbildern, die in der Regel jeweils "Großer" und "Kleiner Bär" genannt werden) in den vier Unterteilungen des Jahres symmetrische Hakenkreuze, deren Formen mit den verschiedenen Arten von Hakenkreuzen oder Kreuzzeichen übereinstimmen..., die uns aus grauen Vorzeiten überliefert sind ...

Da das Hakenkreuz häufig mit den "Herrgöttern" in Verbindung gebracht wird, war es möglicherweise zunächst ein Symbol für die heimische Zivilisation der "Herrgötter", irgendwo zwischen dem Großen und dem Kleinen Bären.

Der Hinduismus ist in vieler Hinsicht eine seltsame Religion. Er neigt dazu, fast alle neuen Glaubensanschauungen, die ihm aufgezwungen werden, vollständig zu absorbieren, ohne dabei jedoch die alten Vorstellungen aufzugeben. Aus diesem Grund ist der Hinduismus heutzutage eigentlich ein Gemisch verschiedener großer Religionen, die in der Vergangenheit über Indien hinweggefegt sind, wie der noch immer vorherrschenden arischen Religion als auch des Buddhismus und des Islam, die beide später hinzugekommen sind. Es ist belegt, daß es in Indien lange vor dem Eindringen der Arier eine traditionelle Weisheit gab und daß auch sie in die Veden eingegangen ist.

Die grausamen Götter, die seltsamen mystischen Praktiken und der tyrannische Feudalismus der Arier blieben nicht unangefochten. In der biblischen Geschichte von Adam und Eva wird das Bestreben des frühen *Homo sapiens* deutlich, sich das Wissen anzueignen, das er brauchte, um der Sklaverei zu entfliehen. Im siebten vorchristlichen Jahrhundert wurde ein erneuter Versuch unternommen. In Indien enstand eine volkstümliche gewaltlose Bewegung, die das arische System in Frage stellte. Diese Bewegung war eine der wenigen großen Anstrengungen der Menschen, die Religionen der "Herrgötter" durch praktische auf die Erlangung der geistigen Freiheit gerichtete Methoden zu ersetzen. Die Führer dieser neuen Bewegung wollten den verfälschten Mystizismus und den blinden Glauben durch einen realistischen, auf geprüften Grundsätzen basierenden Weg zur Wiedergewinnung der geistigen Freiheit ersetzen, ähnlich dem der ursprünglichen noch nicht korrumpierten Bruderschaft. In Ermangelung eines besseren Begriffes werde ich diese pragmatische Art der Religion als "nonkonformistische Religion"* bezeichnen. Nonkonformistische Religionen sind solche, die sich von der Lehre der "Herrgötter" losgesagt und entweder auf praktischem oder wissenschaftlichem Wege versucht haben, geistige Erlösung zum finden. Zwar ist es keiner der nonkonformistischen Religionen in der Vergangenheit gelungen, eine umfassende geistige Freiheit zu herbeizuführen, so doch haben sie die Hoffnung aufrechterhalten, und vielleicht gleichzeitig einige gangbare Wege aufgezeigt.

---

* Im Original heißt es: “maverick religions”. Der Begriff “maverick” stammt aus dem Alten Westen Amerikas. Damit wird ein grasendes Tier, zum Beispiel eine Kuh oder ein Pferd bezeichnet, das kein Brandzeichen trägt. Das Wort selbst leitet sich von dem texanischen Rancher Samuel Maverick (1803-1870) ab, der es ablehnte, seine Kälber mit Brandzeichen zu versehen. Tiere, die kein Brandzeichen hatten, nannte man “mavericks”, und sie galten als herrenlos, wenn sie frei herumstreifend angetroffen wurden. Daher kommt auch die Defintion, die wir heute kennen: ein “maverick” ist eine Person oder eine Organisation, die weder jemandem “gehört” noch “ein Brandzeichen trägt”, sondern selbständig handelt, und zwar in der Regel nicht in Übereinstimmung mit den bestehenden Konventionen.

KAPITEL 10

Die nonkonformistischen Religionen

Die nonkonformistische religiöse Bewegung Indiens war von großer historischer Bedeutung. Sie fand Millionen Anhänger und wirkte sich in Asien kulturell sehr stark aus. Die Bewegung schuf die sogenannten "Sechs Systeme der Erlösung". Darunter verstand man sechs verschiedene und zu unterschiedlichen Zeiten entwickelte Wege zur Erlangung geistiger Erlösung.

Das aufgrund seiner Wesensverwandtheit mit dem Buddhismus wohl bedeutendste System war das "Samkhya" genannte System. Das Wort "Samkhya" bedeutet "Vernunft". Der genaue Ursprung dieser Lehre ist unbekannt. Sie wird im allgemeinen einem Mann namens Kapila zugeschrieben. Wer Kapila war, woher er kam und wann er genau gelebt hat, ist noch heute umstritten. Einige meinen um 550 v. Chr. zu Lebzeiten Buddhas. Andere sind der Ansicht, daß er früher gelebt habe. Aufgrund der ungewöhnlichen Mythologie, die sich um ihn rankt, vertreten manche auch die These, daß er überhaupt niemals gelebt habe. Wer immer Kapila auch gewesen oder nicht gewesen sein mag, einige der ihm zugeschriebenen Lehren legten den Grundstock für die späteren nonkonformistischen philosophischen Schulen. So lehrte das System des Samkhya richtigerweise, daß es im Universum zwei grundlegende gegensätzliche Wesenheiten gebe: die Seele (Geist) und die Materie. Es lehrte weiter:

> Es gibt unendliche viele Seelen,* und sie bestehen aus reiner Intelligenz. Jede Seele ist eigenständig, unteilbar (sie kann nicht auseinandergenommen werden), unbedingt, unveränderlich und unsterblich. Sie scheint jedoch an Materie gebunden zu sein.[1]

---

* Der gesunde Menschenverstand sagt uns, daß die Zahl der Seelen begrenzt ist. "Unendlich viele" bedeutet möglicherweise, daß ihre Zahl so groß ist, daß sie sich nicht mehr ausdrücken läßt.

Nach dem Samkhya ist jedes Individuum eine solche Seele, und jede Seele hat Anteil an der Schöpfung und/oder dem Fortbestand der Grundelemente, die das materielle Universum ausmachen. Die Seelen schufen dann die Sinne, mit denen diese Elemente wahrgenommen werden können. Die Menschen hatten deshalb nur sich selbst, keinen "Gott" und kein Höchstes Wesen, dem sie für das Bestehen dieses Universums und alles Gute und Schlechte darin Beifall zollten oder (den sie dafür verantwortlich machten, je nach Standpunkt). Nach der Lehre des Samkhya wird die Seele durch Wissen aus den Verstrickungen der Materie befreit. Der Schriftsteller Sir Charles Elliot beschreibt den Glauben des Samkhya folgendermaßen:

> Leiden ist das Ergebnis, wenn Seelen an Materie gebunden sind, doch diese Bindung berührt die Natur der Seele nicht, und sie ist in einer Hinsicht nicht wirklich, denn wenn Seelen die Fähigkeit zu unterscheiden erlangen und erkennen, daß sie keine Materie sind, endet diese Bindung und sie finden ewigen Frieden.[2]

Diese Samkhya Lehren werfen einige Fragen auf. Zunächst einmal, in welcher Weise konnten geistige Wesen an der Erschaffung der Welt mitgewirkt haben? Ein Blick in das Physikbuch sagt uns, daß das Universum etwas ungeheuer Komplexes ist. Sogar der große Wissenschaftler Albert Einstein hat nicht alles herausgefunden. Wie sollten dann wir "gewöhnliche Sterbliche", einschließlich irgendwelcher Trunkenbolde, die ihren Rausch in den Straßen der Innenstadt ausschlafen, einstmals etwas mit der Erschaffung der Welt zu tun gehabt haben? Vielleicht liegt die Antwort darin, daß Materie auf einer einfachen Rechenoperation basiert und weit weniger fest ist, als es scheint.

Der kleinste Baustein physischer Materie ist das Atom. Ein Atom setzt sich im wesentlichen aus drei Bestandteilen zusammen: "Protonen", "Neutronen" und "Elektronen". Protonen und Neutronen bilden zusammen den Nucleus (Kern) des Atoms. Die Elektronen kreisen mit ungeheurer Geschwindigkeit um diesen Kern und bilden so die "Hülle" des Atoms. Das Ganze wird durch elektromagnetische Kraft zusammengehalten.

Wodurch unterscheidet sich nun ein Atom vom anderen? Nur durch die Zahl der Elektronen und Protonen. So hat beispielsweise Wasserstoff nur ein Elektron und ein Proton. Wir fügen dem Wasserstoff noch ein Elektron und ein Proton hinzu, und *voila!* wir haben Helium. Fügt man weitere 77 Elektronen und Protonen zusammen mit einer großzügig bemessenen Portion Neutronen hinzu, besitzt man plötzlich Gold. Um Kobalt zu erhalten, nimmt man wieder einige davon weg, und für Zink fügt man einige hinzu. Es gibt 105 Grundelemente, von denen jedes nur deshalb existiert, weil es eine andere Zahl von Elektronen und Protonen aufweist! Somit läßt sich feststellen, daß der physischen Materie kinderleichte Rechenvorgänge zugrundeliegen, die jeder durchführen kann. Der Grund dafür, warum diese Anordnung zu funktionieren scheint, ist, daß die Addition und Subtraktion von Elektronen und Protonen eine Veränderung der vom Atom erzeugten Energie zur Folge hat. Da Materie nur komprimierte Energie ist, führt eine Veränderung der Energie des Atoms durch einen einfachen Rechenvorgang zur Veränderung der vom Atom verursachten physischen Masse. Kompliziert wird das Universum erst durch die Wechselwirkung der Massen.

Ein weiterer Punkt ist, daß physische Materie weit weniger fest und sehr viel flüchtiger ist, als es scheint. Atome bestehen fast vollkommen aus einem Vakuum. Vergrößert man den Kern eines Wasserstoffatoms auf den Umfang einer Murmel, wäre sein einziges Elektron eine Viertelmeile weit entfernt! Das schwerste Atom mit der größten Anzahl von Neutronen, Protonen und Elektronen ist Uranatom, das 92 Elektronen aufweist. Vergrößert man das Uranatom, so daß sein Durchmesser eine halbe Meile beträgt, wäre der Kern nicht größer als ein Baseball! Das zeigt, daß das Atom fast völlig aus leerem Raum besteht und daß Materie, auch der schwerste Granit, deshalb erstaunlich flüchtig ist. Unsere physische Wahrnehmung reicht nicht aus, um die fast illusionäre Natur der Materie zu erkennen, denn die physischen Sinne sind so beschaffen, daß sie nur die durch die ungeheuer schnelle Bewegung der atomaren Teilchen hervorgerufene Illusion von Festigkeit aufnehmen. (Wenn man etwas schnell genug hin und her bewegt oder kreisen läßt, erscheint es fest). Könnten wir die Materie so wahrnehmen, wie sie wirklich beschaffen ist, sähen wir den festesten Gegenstand nur als ein lockeres Gebilde.

Im Laufe der Zeit wurden die grundlegenden Lehren des Samkhya um irrige Anschauungen erweitert, was schließlich zum Niedergang dieses Systems führte. Anderen nonkonformistischen Systemen war das gleiche Schicksal beschieden. Im "Yoga-System" beispielsweise verfielen die Menschen wieder in die Anbetung der "Götter" als Teil ihres Weges zu geistiger Freiheit. In einem anderen der sechs Systeme, der "Mimamsa", versuchte man, die arischen Glaubensvorstellungen beizubehalten und sie in die neuen nonkonformistischen Lehren einzubeziehen. Dem war kein Erfolg beschieden, denn man kann keine auf strengen Gehorsam ausgerichteten Lehren und solche, die geistige Freiheit erstreben, miteinander verquicken und erwarten, daß man das Letztere erreicht. Um sich durchsetzen zu können, bedarf wahres geistiges Wissen offenbar der gleichem inneren Logik, wie sie von anderen Wissenschaften gefordert wird. Eine Verwässerung geistigen Wissens durch Irrlehren bedeutet den Verlust dieser inneren Logik.

Die nonkonformistische Bewegung in Indien kam schließlich zum Erliegen, da immer mehr arische Vorstellungen, die sie zu ersetzen suchte, wieder Eingang fanden. Gleichzeitig wurden viele nonkonformistische Lehren aus dem Zusammenhang gerissen und vom Hinduismus absorbiert. Das Ergebnis ist das seither in Indien bestehende hoffnungslose Durcheinander geistiger Anschauungen.

Vor ihrem endgültigen Untergang brachte die nonkonformistische Bewegung in Indien eine der größten Einzelreligionen in der Geschichte hervor: den Buddhismus. Der im Jahre 525 v. Chr. von einem indischen Prinzen mit Namen Gautama Siddharta (der später als "Buddha" oder "der Erleuchtete" bekannt wurde) begründete Buddhismus breitete sich rasch im gesamten Fernen Osten aus. Wie im System des Samkhya wurden auch im Bhuddismus die vedischen Götter ursprünglich nicht verehrt. Der Buddhismus wandte sich gegen das Kastensystem und trat auch gegen den Brahmanismus (eine Weiterentwicklung der hinduistischen Lehre) an. Anders als viele moderne Buddhisten verehrten die frühen Buddhisten Buddha nicht als Gott; vielmehr erblickten sie in ihm einen Denker, der einen Weg ersonnen hatte, wie der Mensch aufgrund eigenen Bemühens durch Wissen und geistige Übungen zur geistigen Freiheit gelangen könnte. Es läßt sich nur schwer feststellen, wie erfolgreich die frühen Buddhisten eigentlich bei der Erreichung ihres Zieles waren, obwohl Siddharta behauptete, daß er selbst den Zustand geistiger Befreiung erreicht habe.

Wie auch in anderen nonkonformistischen Systemen kam es im Buddhismus im Laufe der Jahrhunderte in beträchtlichem Maße zu Veränderungen, Spaltungen und Verfallserscheinungen. Dadurch gingen die meisten der echten Lehren Siddhartas verloren. Außerdem wurden später viele nicht von Buddha selbst stammende Lehren und Praktiken übernommen und fälschlicherweise als "Buddhismus" bezeichnet. Ein gutes Beispiel für diesen Verfall ist die Definition des Begriffs "Nirvana". "Nirvana" bezeichnete ursprünglich einen Seinszustand, bei dem der Geist sich seiner Geistnatur voll bewußt war und keine Erinnerung mehr an Leiden durch eine falsche Identifikation mit dem materiellen Universum hatte. Das

“Nirwana” ist ein Zustand, den jeder Buddhist erstrebt. “Nirwana” wurde auch als “das Nichts” oder “die Leere” übersetzt: eine fürchterliche Vorstellung, die dazu geführt hat, daß heutzutage viele glauben, das “Nirwana” sei ein Zustand des Nichtseins oder bringe einen Verlust der Verbindung mit dem physischen Universum mit sich. In Wirklichkeit war das ursprüngliche Ziel der nonkonformistischen Bestrebungen, genau den umgekehrten Zustand zu erreichen. Nach Buddha bedeutete der wahre Zustand des “Nirwanas” ein stärkeres Gefühl für das Sein, ein erhöhtes Bewußtsein des eigenen Selbst und die Fähigkeit, das physische Universum genauer wahrzunehmen.

Wenn wir die nonkonformistischen Religionen mit den Religionen der “Herrgötter” vergleichen, stellen wir eine Reihe recht deutlicher Unterschiede fest, die zur Unterscheidung dienen können. Eine vergleichende Auflistung der am stärksten voneinander abweichenden Hauptglaubensinhalte könnte etwa folgendermaßen aussehen:

RELIGIONEN DER "HERRGÖTTER"	*NONKONFORMISTISCHE RELIGIONEN*
Ursprung dieser Lehren oder die Inspiration dazu sollen auf einen Gott, einen Engel oder eine übernatürliche Kraft zurückgehen; nicht auf einen Menschen;	**Der Ursprung dieser Lehren oder die Inspiration dazu scheinen auf ein identfizierbares menschliches Wesen zurückzugehen;**
Der Glaube an ein einziges Höchstes Wesen oder einen Gott ist einer der Eckpfeiler des Glaubens (in früheren Zeiten Verehrung vieler menschenähnlicher “Götter”);	**Der Glaube an ein Höchstes Wesen wird in der Regel toleriert, nimmt in der Lehre jedoch nur einen kleinen oder überhaupt keinen Raum ein. Betont wird die Rolle des geistigen Einzelwesens gegenüber dem Universum;**
Physische Unsterblichkeit ist ein wichtiges oder begehrtes Ziel vieler Religionen der “Herrgötter”;	**Erstrebt werden Freiheit und Unsterblichkeit; eine unendliche Existenz in ein und demselben physischen Leib werden für unwichtig oder nicht wünchen wünchenswert erachtet;**

Wichtig ist das allein auf Glauben oder Gehorsam beruhende Festhalten an der Lehre;	Wahrnehmung und Vernunft gelten als eigentliche Grundlage für das Festhalten an einer Lehre;
Im entwicklungsgeschichtlichen Verlauf der Religion werden für den Umgang mit Ungläubigen oder Rückfälligen bisweilen harte oder tödliche körperliche Strafen verhängt oder befürwortet;	Körperliche Strafen oder Härten sind milde bis nicht vorhanden; die härteste Strafe ist in der Regel der Ausschluß eines einzelnen aus der religiösen Gemeinschaft;
Der Glaube, daß das man einmal oder viele Male durch Reinkarnation in einem menschlichen Körper geboren wird, ist Teil eines großen geistigen Planes, der letztlich jedem Menschen zugutekommt;	Der Glaube daran, daß es keinen verborgenen geistigen Zweck für das menschliche Dasein gibt und daß der Prozeß von Tod-Vergessen-Wiedergeburt zum geistigen Verfall führt;
Der Glaube an "höhere Kräfte", "Götter" oder übernatürliche Wesenheiten, die das Einzel- oder Kollektivschicksal der Menschen bestimmen. Die Menschen haben keine Macht über diese Kräfte und können sich ihnen nur unterwerfen;	Der Glaube daran, daß alle Menschen für ihre eigenen Lebensbedingungen, seien sie nun gut oder schlecht, durch ihr Handeln oder Nichthandeln letztlich selbst verantwortlich sind und daß alle Menschen ihr eigenes Schicksal letztlich selbst bestimmen;
Der Glaube daran, daß nur ein Höchstes Wesen das physische Universum geschaffen hat;	Der Glaube daran, daß jeder an der Schöpfung und/oder dem Fortbestand des physischen Universums Anteil hat;
Leiden, Mühsal und Versklavung der Menschen sind Teil eines größeren geistigen Planes, der letztlich zur Erlösung und Freiheit jener führt, die ihn gehorsam erdulden;	Leiden, Mühsal und Versklavung der Menschen sind gesellschaftliche Mißstände, die keinen konstruktiven Zweck haben und der geistigen Erlösung und Freiheit im Wege stehen:
Die Wiedererlangung der geistigen Freiheit und Erlösung hängen allein	Es ist allein die Aufgabe des einzelnen Menschen, durch sein eigenes

von der Gnade "Gottes" oder anderer übernatürlicher Wesenheiten ab.

selbstmotiviertes Bemühen die geistige Freiheit wiederzugewinnen und Erlösung zu finden.

Einige Leser werden sagen, daß viele der hier aufgeführten Elemente der Religionen der "Herrgötter" und der Nonkonformisten in einigen Religionen miteinander verquickt sind. Ein gutes Bespiel dafür ist der Hinduismus. Im allgemeinen entsteht ein solches Gebräu, wenn einer Religion der "Herrgötter" nonkonformistisches Gedankengut zugeführt wird oder wenn die nonkonformistischen Lehren mit Doktrinen der "Herrengötter"-Religionen durchsetzt werden. Das wird ganz besonders im modernen Buddhismus deutlich, wo Rituale, Götzendienerei und Gebete für Buddha das praktische System, das Buddha zu entwickeln suchte, fast völlig überwuchern.

Obwohl der Buddhismus die Menschen nicht befreit hat, ist die Hoffnung geblieben, daß sie eines Tages frei sein werden. Nach der buddhistischen Legende wußte Gautama, daß er sein Ziel, eine Religion zu stiften, die allen Menschen die volle geistige Freiheit bringen würde, nicht erreicht hatte. Deshalb versprach er, daß eines Tages ein zweiter "Buddha" oder "Erleuchteter" kommen würde, um diese Aufgabe zu Ende zu führen. Dieses Versprechen ist die berühmte "Mettaya" ("Freund") Prophezeiung, die zu einem wichtigen Bestandteil des buddhistischen Glaubens wurde. Da der Buddhismus in seiner ursprünglichen Form keinen Glauben an ein Höchstes Wesen kannte, ist in der Mettaya Legende nicht von einem von "Gott" gesandten Boten oder Lehrer die Rede. Mettaya sei ein Mensch, der das Wissen und die Fähigkeit besäße, das Werk zu vollenden.

Die genaue Ankunft des "Mettaya", wird in einigen Kreisen heftig diskutiert. Vielen buddhistischen Quellen zufolge soll Mettaya fünftausend Jahre nach Buddhas Tod kommen; nach anderen, bereits nach 2500 Jahren. Im Laufe der Geschichte sind zahlreiche buddhistische Führer aufgetaucht, die behaupteten, Mettaya zu sein. Da es jedoch keinem von ihnen gelungen ist, die von Buddha versprochene Welt zustandezubringen, warten die meisten Buddhisten noch immer.

Mit der Zeit verfiel die Mettaya Prophezeiung ebenso wie auch der übrige Buddhismus. Die Legende wurde allmählich in eine sehr destruktive Lehre übernommen, die von Angehörigen der Bruderschaft im Mittleren Osten und anderswo verbreitet wurde: die Lehre vom "Ende der Welt", die auch unter so dramatischen Namen wie “der Tag des Jüngsten Gerichts”, die “letzte Schlacht”, “Armaggedon” und anderen bekannt ist.

Die Lehren vom Ende der Welt hatten eine katastrophale Auswirkung auf die Menschen. Es ist daher außerordentlich wichtig, mehr darüber zu erfahren, wo und warum diese Lehren aufkamen.

KAPITEL 11

Propheten des Weltuntergangs

Fragen Sie irgendjemanden: “Glaubst du, daß der Tag des Jüngsten Gerichts kommen wird?” Es ist mit Wahrscheinlichkeit anzunehmen, daß er “ja” sagen wird. Neben dem Glauben an Gott ist der Glaube an das Jüngste Gericht die am weitesten verbreitete religiöse Vorstellung in der modernen Welt. Sogar viele Menschen, die sich offen zum Atheismus bekennen, verspüren häufig ein “angeborenes” Gefühl, daß irgendeine Art großes Gericht oder Neuorientierung vor uns liegt.

Die meisten Lehren vom Tag des Jüngsten Gerichts findet man in den Schriften religiöser Propheten, die behaupten, daß Gott ihnen mystische Offenbarungen über die Zukunft der Welt zuteil werden ließ. Diese Art prophetischer Schriften wird im allgemeinen “Apokalypse” genannt. Das Wort Apokalypse leitet sich von dem griechischen Wörtern “apo-” (weg) und “kalyptein” (bedecken) ab. Apokalypse bedeutet daher “Wegnehmen der Decke”, *nämlich* Offenbarung.

Die meisten Apokalysen folgen dem gleichen Schema: während einer zukünftigen weltweiten Katastrophe wird es zu einer Umwälzung der Menschheit kommen, auf die ein Weltgericht folgt, an dem Gott oder ein Vertreter Gottes über das Schicksal jedes einzelnen Menschen auf Erden entscheiden wird. Nur diejenigen, die sich zu der Religion, die die Apokalypse verkündet, bekennen, werden am Tage des Jüngsten Gerichts Gnade finden. Alle anderen werden zum Tode oder ewiger geistiger Verdamnis verurteilt. Auf das Weltgericht folgt ein Utopia auf Erden, an der nur die teilhaben, die geglaubt und gehorcht haben.

Trotz der Verheißung eines weltweiten Shangri-La, haben diese Lehren die Menschen oft in Schrecken versetzt, und sie verursachen noch heute Unbehagen. Wie wir gleich sehen werden, bedeuten die furchteinflößenden Apokalypsen eine weitere Verfälschung der geistigen Wahrheit und, was noch augenfälliger ist, sie verpflichten die Menschen zum Gehorsam

OBEN: *Eines der Hauptsymbole, die aus der Bruderschaft hervorgegangen sind, ist der mystische Phönix. Diese Darstellung des Phönix findet sich auf der alten ägyptischen Paryrusrolle von Anhai im Britischen Museum in London. Der Phönix sitzt auf der Spitze eines "ben-ben" (pyramidenartiges Objekt).*

gegenüber einer speziellen Religion oder einem speziellen Führer. Durch die Lehren vom Ende der Welt werden die Menschen davon abgehalten, sich mit rivalisierenden religiösen Systemen, wie den der nonkonformistischen Religionen, zu befassen. Die Lehren vom Tag des Jüngsten Gerichts laufen letztendlich auf die erpresserische Forderung hinaus, zu gehorchen oder zu sterben.

Die Frage ist: wer hat die apokalyptischen Lehren auf der Erde heimisch gemacht? Im allgemeinen wird ein Höchstes Wesen genannt - aber gehen sie wirklich auf ein Höchstes Wesen zurück? Betrachtet man die Geschichte genauer, zeigt sich, daß die apokalyptischen Lehren zu Anfang auf das Wirken der "Herrgötter"und auf Kreise innerhalb des Netzwerks der korrupten Bruderschaft zurückgehen. Die Theorien vom Ende der Welt wurden von den ersten Missionaren und Eroberern der Bruderschaft zusammen mit dem Monotheismus verbreitet. Es ist daher auch nicht verwunderlich, daß die Lehren von der Letzten Schlacht teilweise in dem berühmten Symbol der Bruderschaft wurzeln, das man auf alten ägyptischen Relikten entdeckt hat. Dieses Symbol ist der als Phönix bekannte mystische Vogel (Sagenvogel).

Der Phönix ist ein Sagenvogel, von dem gesagt wird, daß er fünf- bis sechshundert Jahre lebt, bevor er sich in einem Nest aus Laubwerk selbst verbrennt. Aus der Asche erhebt sich ein kleiner Wurm, der wieder zu einem Phönix heranwächst. Dieser Zyklus von Leben-Tod-Wiederauferstehung des Phönix wiederholt sich immer wieder, ohne Ende.

Die Legende vom Phönix ist eine Allegorie (eine Geschichte mit einer tieferen Bedeutung) oder ein Symbol, das eine tiefere Wahrheit vermitteln soll. Welche Wahrheit das genau war, wissen wir nicht mehr, und so interpretieren die Menschen die Legende auf mancherlei Art. Für viele ist der Phönix das Symbol der Wiederauferstehung und des geistigen Überlebens nach dem Tode: eine Seele wird in einen Körper hineingeboren, der Körper entwickelt sich, er erduldet die glühenden Härten von Leben und Tod, die Seele aber bleibt unversehrt, um wiederzuerstehen und erneut zu wachsen. Andere sehen im Phönix das Symbol für den Kreislauf von Geburt-Wachstum-Verfall, der für die physischen Elemente des Universums zu gelten scheint und hinter dem eine unzerstörbare geistige Wirklichkeit steht.

Leider wurden durch die Legende vom Phönix, wie durch so viele andere mystische Allegorien der ägyptischen Bruderschaft, bedeutende Wahrheiten verdreht. Die Legende vermittelte schließlich die irrige Vorstellung, daß es eine Art "unabänderliches Gesetz" oder "unabänderlichen Plan" gibt, wonach die geistige Existenz in einem mühseligen phönixartigen Prozess des Wachsens und Sterbens durch das "Feuer" und Wiedererstehens aus der Asche, erneuten Wachsens und Sterbens und so weiter bestehen müsse. Obwohl dieser Prozess das Leben auf der Erde zu bestimmen scheint, ist er weder natürlich noch unvermeidlich oder heilsam.

Viele Lehren vom "Ende der Welt" greifen die im Mythos vom Phönix zum Ausdruck kommende Philosophie auf und wenden sie auf die gesamte Menschheit an. Dabei erklären sie häufig, daß die Menschen immerwiederkehrende "Gottesgerichte durch Feuer" als Teil von Gottes großem Plan erdulden müßten. Die meisten Apokalypsen rücken dann von der üblichen Allegorie ab und verkünden, daß dieser Prozess in einer großen "Letzten Schlacht" gipfeln werde, auf die ein Utopia folge. Diese Glaubensanschauungen ermutigen die Menschen, eine Welt unablässiger physischer Härten, Auseinandersetzungen und Tod zu ertragen, ja sogar zu begrüßen: die Art von Welt, die die "Herrgötter" den menschlichen Arbeitskräften alten Schriften zufolge zugedacht hatten. Die Prophezeiungen vom Tag des Jüngsten Gerichts sind für einige Menschen sogar ein Ansporn, die "Letzte Schlacht" herbeizuführen, denn diese Gläubigen meinen, daß es den Anbruch von Utopia bedeute.

"Lehren vom Ende der Welt" wurden irgend wann zwischen 750 und 550 v. Chr. in Persien auch von einem berühmtem persischen Propheten namens Zoroaster* überall verbreitet. Die Historiker halten Zoroaster für den ersten Propheten, der die von Echnaton geschaffene Art des Monotheismus predigte. Zoroaster war ein arischer Mystiker und Priester, der auch eine Form des arischen Denkens lehrte. Zu jener Zeit war Persien ein arisches Volk, das von einer arischen Priesterkaste beherrscht wurde. Heute erklären einige Zweige der Bruderschaft, daß Zoroaster ein Abgesandter der frühen Bruderschaft gewesen sei.

---

* Zoroaster lebte wahrscheinlich eher um 550 als um 750 v. Chr., obwohl das umstritten ist. Im allgemeinen wird er 258 Jahre "vor Alexander" eingeordnet, was nach Auffassung einiger Gelehrter bedeutet, 258 Jahre, bevor Alexander der Große im Jahre 330 v. Chr. das Erste Persische Reich zerstörte.

Zoroaster kennt man auch als Zarathustra - ein Name, der Richard Strauss zu einem berühmten symphonischen Werk mit dem Titel *Also sprach Zarathustra* inspirierte. Die Komposition von Strauss war die Titelmusik des amerikanischen Films *2001: eine Odyssee im Weltraum.*

Zoroasters Kosmologie (Theorie des Universums) beruhte auf dem Gedanken eines Kampfes zwischen dem Guten und dem Bösen. Nach Zoroaster sollte dieser Kampf 12.000 Jahre dauern und sich in vier Stadien gliedern. Das erste Stadium bestand nur aus einer geistigen Existenz, während der ein höchster Gott das physische Universum entwarf. Im zweiten Stadium wurde das materielle Universum geschaffen, und es taucht der Gegner des höchsten Gottes in diesem neuen Universum auf, um Unruhe zu stiften. Das dritte Stadium war der Kampf zwischen dem höchsten Gott und seinem Rivalen über das Schicksal der vielen Seelen, die inzwischen das Universum bevölkerten. Im vierten und letzten Stadium sollte der höchste Gott aufeinanderfolgende Erlöser senden, die den Gegner schließlich besiegen und allen geistigen Wesen im Universum das Heil bringen sollten. Nach Zoroaster Modell befindet sich die Welt im vierten Stadium.

Zoroaster scheint ein wahrhaft aufrichtiger Reformator gewesen zu sein. Er hat einiges Gute über die Natur der Ethik und ihre Bedeutung für die geistige Erlösung gelehrt, und er betonte, daß die Menschen einen freien Willen hätten. In anderer Hinsicht war die Religion Zoroaster jedoch nicht ideal. Um das zu verstehen, brauchen wir uns nur Zoroasters "Gott" anzusehen.

Zoroasters Gott hieß Ahura Mazda, das heißt "Herr" oder "Geist" ("ahura") des "Wissens" oder der "Weisheit" ("mazda"). Zoroaster erklärt, daß ihm als 30jährigem Priester Ahura Mazda erschienen sei und ihm gesagt habe, er, Ahura Mazda, sei der eine wahre Gott. Dann lehrte Ahura Mazda Zoroaster vieles von dem, was den Zoroastrismus ausmacht. Schaut man sich an, wer Ahura Mazda war, spricht vieles dafür, daß es sich auch bei ihm nur um einen der "Herrgötter" handelte, der vorgab, "Gott" zu sein. An einigen Orten wird Ahura Mazda als bärtige menschliche Gestalt dargestellt, die in einem stilisierten runden Objekt steht. Von diesem runden Objekt stehen zwei stilisierte Flügel ab, durch die angedeutet wird, daß es fliegt. Unten hat das runde Flugobjekt zwei vorspringende Streben - die an ein Fahrgestell erinnern. Mit anderen Worten, Ahura Mazda war ein menschenähnlicher "Gott", der in einem runden Objekt mit einem Fahrgestell flog, d.h. einer der "Herrgötter". Daraus kann man schließen, daß Zoroasters Monotheismus und seine apokalyptische Botschaft mit Hilfe der "Herrgötter" in Persien auf die gleiche Weise verbreitet wurde, wie der Judaismus zur Zeit Moses verbreitet worden war.

Wie bereits gesagt, war Zoroaster ein Arier, der in einem von anderen

OBEN: *Der zoroastrische "Gott" Ahura Mazda wurde im alten Persien als menschenähnliches Wesen dargestellt, das in einem runden Objekt flog. Das Objekt wird mit zwei stilisierten Flügeln und einem Vogelschwanz dargestellt, um zu zeigen, daß es fliegt. Es hat außerdem zwei Vogelfüße, die wie ein Fahrgestell aussehen. Darstellungen wie diese sollten keine genauen Abbilder des "Gottes" sein, sondern den "Gott" so zeigen, daß seine Merkmale deutlich wurden. Zu den Merkmalen von Zoroasters "Gott" gehörte, daß er menschenähnlich war und in einem runden Fahrzeug flog.*

Ariern beherrschten Land lebte. Die arische Vorherrschaft war so stark, daß der Name Persien schließlich in "Iran" geändert wurde, was sich von dem Wort "arisch" ableitet. In Zoroasters Werk ist von einem Gott die Rede, der für die arischen Völker kämpft und ihnen zu guten Ernten verhilft. Durch seine Schriften (vor allem die *Zend Avesta*) sowie seine mystischen Geheimlehren trug der Zoroastrismus viel dazu bei, die arischen Denkungsweisen auf andere Organisationen innerhalb der verzweigten Bruderschaft auszuweiten. Wir werden das später noch an Beispielen sehen.

Die apokalyptischen Lehren wurden auch nach dem Tode Zoroasters noch weiterverbreitet, insbesondere von den hebräischen Propheten. Die Warnungen dieser hebräischen Propheten finden sich in den späten Büchern des Alten Testaments. Einer dieser Propheten war Hesekiel, mit dessen Beschreibung von seltsamen Flugobjekten wir uns in Kapitel 7 befaßt haben. Nach eigener Aussage wurde Hesekiel an Bord eines merkwürdigen Fahrzeugs gebracht, nur um dort eine apokalytische Botschaft in Empfang zu nehmen, die er verbreiten sollte, was wieder darauf hindeutet, daß die Lehren vom Tag des Jüngsten Gerichts letztlich von den "Herrgöttern" ausgingen.

Bis zur Zeitenwende war die jüdische Religion im Mittleren Osten fest verankert. Sie erfuhr jedoch noch viele Veränderungen, von denen einige die Folge der Ausweitung des Römischen Reiches bis nach Palästina waren. Die Römer, die selbst durch seltsame mystische Religionen mit deutlich bruderschaftlichen Untertönen zu Eroberungen veranlaßt wurden, machten den Juden häufig das Leben schwer. In dieser Umgebung entstanden eine Reihe jüdischer Sekten, die oft miteinander im Streit lagen, ausgenommen in einem: die Römer waren in Palästina nicht willkommen. Einige jüdische Sekten, wie die Saduzzäer, verkündeten die Ankunft eines von "Gott" gesandten Messias - eines Messias, der den ewigen Kampf zwischen dem Guten und dem Bösen ein Ende bereiten und den unterdrückten Juden die Freiheit bringen werde. Dieser Gedanken war unter den Juden Palästinas weit verbreitet, obwohl er durch seine starken politischen Anklänge gefährlich wurde.

Die messianischen Prophezeiungen des Alten Testamentes setzten bereits 750 v. Chr. mit dem Propheten Jesaja ein. Danach tauchten in unregelmäßigen Abständen jüdische Apokalypsen auf, jedoch oft genug, um die Furcht vor einem weltweiten Kataklysmus wach zu halten. Beispiele dafür sind die Propheten Joel etwa 400 v. Chr. und Daniel etwa 165 v. Chr. Ironischerweise waren die Weissagungen ziemlich grauenvoll und ließen eine ungeheure Feindseligkeit gegen das eigene jüdische Volk erkennen, obgleich sie den Juden eigentlich zugute kommen sollten. Die Seher des Alten Testamentes bezeichneten das Volk Israels als böse und als Sünder. Sie zitierten "Jehova", der mit allen Arten von Heimsuchungen für das Volk Israel und für die Unterdrücker Israels drohte. Niemand würde davon verschont bleiben. Ein Zitat aus dem letzten Buch des Alten Testamentes, das kurz vor 445 v. Chr.verfaßt wurde, soll uns einen Eindruck von diesen Weissagungen vermitteln:

> "Der Tag kommt, an dem mein Zorn wie loderndes Feuer brennt. Dann werden alle, die mich voll Übermut verachten, dahingerafft wie Stroh, das von Feuer verzehrt wird; sie werden alle in Flammen aufgehen, nichts bleibt von ihnen übrig." Ich, der Herr der ganzen Welt sage es.
>
> Für euch aber, die ihr mir treu gewesen seid, wird an diesem Tag die Sonne aufgehen. Sie wird euer Recht an den Tag bringen; alles soll wieder gut gemacht werden. Ihr werdet Freudensprünge machen wie die Kälber, die man aus dem engen Stall auf die Weide läßt.
>
> Dann werdet ihr alle zertreten, die sich gegen mich aufgelehnt haben; ihr schreitet über sie hinweg wie Asche, die auf dem Boden ausgestreut ist. So wird es geschehen an dem Tag, den ich herbeiführe. Das sagt der Herr der ganzen Welt.
>
> Der Herr sagt: Denkt an das Gesetz meines Dieners Mose! Befolgt die Gebote und Ordnungen, die ich ihm am Berge Sinai für das ganze Volk Israel gegeben habe!
>
> Ich sende euch den Propheten Elija, bevor der große und schreckliche Tag kommt, an dem ich, der Herr, Gericht halte. Er wird das Herz der Eltern den Kindern zuwenden und das Herz der Kinder den Eltern. Er wird beide miteinander versöhnen, damit ich nicht das ganze Volk vernichten muß, wenn ich komme.
>
> *Maleachi 3, 19-23*

In dieser Textstelle wird die Ankunft eines besonderen Sendboten Gottes namens Elija verkündet, der das jüdische Gegenstück zum buddhistischen Mettaya darstellte. Die Buddhisten, die vielleicht spürten, daß ihnen die Bruderschaft immer um eine Nasenlänge voraus war oder daß sie den Einflüssen der korrupten Bruderschaft erliegen könnten, veränderten die Legende von Mettaya in der Weise, daß sie den monotheistischen Apokalypsen ähnelte. Dadurch entstand die Illusion, daß Juden und Buddhisten auf dieselbe Person warteten, obwohl das in Wahrheit nicht der Fall war. Die Monotheisten der Bruderschaft warteten (und warten noch immer) auf einen Boten Gottes und den Tag des Jüngsten Gerichts. Die Buddhisten warteten auf einen Freund, der geschickt und interessiert genug wäre, das Werk Buddhas zu vollenden, ohne die Notwendigkeit eines Weltuntergangs. Die Juden von heute warten noch immer auf das Erscheinen Elijas, während die Christen glauben, daß Johannes der Täufer, der Mann, der Jesus taufte, Elija war.

Die alttestamentarischen Propheten sprachen noch einen anderen wichtigen Gedanken aus. "Jehova" würde die Völker auch weiterhin in Kriege verwickeln:

> Alle Völker wird der Herr zum Kampf gegen Jerusalem versammeln...
> Dann aber wird der Herr selbst gegen diese Völker kämpfen...
> *Sacharja 14, 2-3* (etwa 520 v. Chr. geschrieben)

Das ist eine erstaunliche Bemerkung, denn sie besagt, daß "Gott" die Absicht hat, viele Völker in Auseinandersetzungen zu verwickeln, indem er zunächst die eine und dann die andere Seite unterstützt. Solche Aktionen sind ein Paradebeispiel für machiavellistisches Denken. "Gottes" Absicht, einen Bruderkrieg auszulösen, wird auch vom Propheten Haggai zum Ausdruck gebracht:

> Ich stoße die Königsthrone um und mache der Herrschaft der Völker ein Ende; ich stürze die Streitwagen samt ihren Fahrern um und werfe die Rosse zu Boden, daß die Reiter mit dem Schwert übereinander herfallen.
> *Haggai 2, 22*

Bibelgläubige meinen noch immer, daß hinter den in der Bibel beschriebenen verwerflichen machiavellistischen Absichten ein Höchstes Wesen steht. Insofern scheint die Theorie von den "Präastronauten" einen wirklichen Durchbruch darzustellen, denn sie verweist auf eine brutale technologische Gesellschaft und nicht auf ein Höchstes Wesen als Urheber dieser Machenschaften.

Wenn die Menschen an apokalyptischen Prophezeiungen festhalten, so tun sie es im allgemeinen deshalb, weil sie an eine Vorherbestimmung glauben. Einer Vorherbestimmung liegt die Vorstellung zugrunde, daß die Zukunft bereits feststeht und unabänderlich ist und daß einige Menschen die besondere Gabe haben, diese Zukunft zu sehen.

Gibt es wirklich eine Vorherbestimmung?

Nehmen wir nur einmal an, sie existiert tatsächlich: in einem bestimmten Augenblick der Gegenwart gibt es bereits eine Zukunft, die so sicher und real ist wie irgendein Moment der Vergangenheit oder Gegenwart. Vielleicht ist Zeit nicht so linear, wie wir glauben.

Wenn es denn eine solche Zukunft gibt, bedeutet das dann auch, daß sie unweigerlich eintreten wird?

Nein.

Das soll an einer einfachen, aus zwei Teilen bestehenden Übung verdeutlicht werden.

Teil 1: Nehmen sie eine sehr genau gehende Uhr und halten sie die Zeit fest. Rechnen Sie aus, wieviel Uhr es in exakt 30 Sekunden ist. Dann bestimmen Sie genau den Ort, an dem Sie sich befinden werden, wenn die 30 Sekunden vorüber sind. Schauen Sie auf die Uhr und vergewissern Sie sich, daß Sie auf dem Fleck stehen, für den Sie sich entschieden haben.

Sie haben gerade eine Prophezeiung entwickelt und erfüllt.

Teil 2: Schauen Sie wieder auf die Uhr und bestimmen Sie einen neuen Ort. Zehn Sekunden, bevor die 30 Sekunden vorüber sind, überlegen Sie, ob Sie die Prohezeiung erfüllen wollen. Wenn ja, seien Sie an dem festgesetzten Ort; wenn nicht, bestimmen sie aufs Geratewohl einen neuen Ort und seien Sie dort, wenn die 30 Sekunden vorbei sind.

Wiederholen Sie diese Übung mehrere Male.

Welcher der beiden Teile bewirkte die stärkere und sicherere Zukunft? Natürlich Teil 1! Welche der beiden Zukunftsvisionen würde ein Prophet wahrscheinlich eher voraussehen? Die Antwort ist wieder Teil 1. Der Punkt ist, daß die Zukunft wesentlich von einer Absicht abhängt, der eine Tat folgt. Je stärker die Absicht ist, und je stärker sie durch eine Tat unterstützt wird, desto sicherer ist die Zukunft.

Die Zukunft ist somit veränderbar. Unabhängig davon, wie sicher eine zukünftige Wirklichkeit ist, oder wieviele Propheten sich darauf festgelegt haben, sie kann verändert werden. Sie ist nur dann irreversibel, wenn die Menschen auch weiterhin das tun oder unterlassen, was die Zukunft Wirklichkeit werden läßt und solange niemand tatkräftig genug handelt, um diesem Tun oder Unterlassen entgegenzuwirken.

Einige werden dagegen einwenden, daß der wahre Seher auch die Meinungsänderung im zweiten Teil der vorstehenden Übung voraussehen würde. Wenn das stimmt, besitzt der Prophet die außergewöhnliche Fähigkeit, die Zukunft zu beeinflussen, denn er kann jetzt mit dem Subjekt seiner Vision in Verbindung treten und es veranlassen, seine Meinung zu ändern, oder der Seher könnte etwas unternehmen, um die Folgen der Entscheidung zu garantieren oder abzuwenden.

Eine Prophezeiung ist eigentlich nur in einer Hinsicht von Wert: als Mittel zur Sicherstellung oder Veränderung der Zukunft. Das Problem bei einem Seher, der ein tragisches Ereignis voraussieht, das später wirklich eintritt, ist, daß er zu wenig voraussieht, um etwas dagegen zu tun. So hat der berühmte amerikanische Prophet Edgar Cayce einen weltweiten Völkermord für die neunziger Jahre vorausgesagt. Aufgrund der vermeintlichen Fähigkeit Cayces, diese Dinge zu erkennen, sind viele Menschen davon überzeugt, daß uns ein solches Ereignis bevorsteht. Vielleicht ist das wirklich der Fall. Leider konnte Cayce bei seiner Weissagung nicht genug Angaben darüber machen, wie die von ihm vorausgesagten Ereignisse abgewendet werden könnten. Daher ist seine Prophezeiung beklagenswert unvollständig.

Wie wir noch sehen werden, gab es im Laufe der Geschichte viele "Weltuntergänge". Sie alle haben die religiösen Prophezeiungen Wirklichkeiten werden lassen, außer in einem sehr entscheidenden Punkt: keiner von ihnen hat, wie versprochen, zu einem neuen Zeitalter des Friedens und der Erlösung geführt. Trotz dieses traurigen Rekordes verkünden viele Menschen noch ein weiteres "Ende der Welt" oder eine weitere "Letzte Schlacht", durch die das Leben schöner werde.

Kurz vor dem Jahre 1 unserer Zeitrechnung wurde ein sehr umstrittener religiöser Führer geboren, der zu verhindern suchte, daß man ihn zum Messias ausrief. Das ist ihm nicht gelungen, und er wurde deshalb an ein Holzkreuz genagelt. Heute kennen wir ihn als Jesus Christus, und seine Geschichte ist von Bedeutung.

KAPITEL 12

Das Wirken Jesu

Die Geschichte Jesu, die die meisten Menschen kennen, steht im Neuen Testament. Das Neue Testament ist wie vieles im Alten Testament eine an vielen Stellen stark veränderte Version der ihm zugrundeliegenden Originalberichte. Darüber hinaus steht in der Bibel wahrscheinlich weniger als 5% all dessen, was Jesus und seine ursprünglichen Anhänger lehrten.

Viele der Änderungen und Streichungen im Neuen Testament erfolgten auf besonderen Kirchenversammlungen. Das begann bereits 325 n. Chr. auf dem ersten Konzil von Nizäa und ging bis ins 12. Jahrhundert so weiter. Auf der Zweiten Synode (Kirchenkonzil) in Konstantinopel im Jahre 553 n. Chr. wurden die Hinweise Jesu auf die "Reinkarnation" - ein für Jesus und seine frühen Anhänger wichtiger Gedanke - gestrichen. Auf den Lateranischen Konzilien im 12. Jahrhundert nahm man später einen Glaubenssatz in die Bibel auf, den Jesus niemals gelehrt hat: die Lehre von der "Heiligen Dreifaltigkeit". Die christliche Kirche beschränkte sich nicht darauf, einige Vorstellungen zu ändern, sie verwarf auch ganze Bücher. Die Kirche vernichtete viele Dokumente und Aufzeichnungen, die im Widerspruch zu den grundlegenden Änderungen der christlichen Dogmatik standen, die auf diesen Konzilien vorgenommen wurden. Glücklicherweise liefern die ursprünglichen Schriften, die dieser Überarbeitung entgangen sind, noch immer wertvolle Hinweise und Einblicke in das Leben Jesu.

Viele der auf den Kirchenkonzilien verworfenen Schriften fanden ihren Weg in ein Buch, das als "Apokryphen" ("verborgene Bücher")* bekannt ist. Die Apokryphen bestehen aus Schriften, welche die Kirche für zweifelhaften Ursprungs oder zweifelhafter Qualität hielt. Einige der Schriften wurden zu Recht verworfen. Andere apokryphische Werke

---

* Nicht zu verwechseln mit "Apokalypse", was "Offenbarung" bedeutet.

wurden jedoch einfach nur deshalb unterschlagen, weil sie der offiziellen Version der Kirche vom Leben Jesu in einigen wesentlichen Punkten widersprachen. Es handelt sich dabei um Einzelheiten, die das Leben Jesu bei genauerer Betrachtung in einem etwas anderen Licht erscheinen ließen, als es in der autorisierten Bibel dargestellt wird.

Nach den Apokryphen beginnt das Leben Jesu mit seinen Großeltern mütterlicherseits, Joachim und Anna. Joachim soll Priester in einem jüdischen Tempel gewesen sein. Joachim und Anna waren glücklich verheiratet, sie hatte nur ein Problem: Sie konnten keine Kinder bekommen. Das war eine Quelle beträchtlicher Verlegenheit für sie. Kinder, vor allem Söhne, zu haben, war zu dieser Zeit ziemlich wichtig.

Eines Tages war Joachim allein auf dem Felde, als ihm ein Engel erschien. Der Beschreibung nach verbreitete der Engel ein großes Licht und versetzte Joachim durch sein Erscheinen in Furcht und Schrecken. Der Engel beruhigte Joachim und sagte ihm, daß er sich nicht länger schämen solle, denn ein Engel würde Anna schwängern. Die einzige Bedingung für diese Ehre sei, daß Joachim und seine Frau ihr Kind fortgeben müßten, damit es von den Priestern und Engeln in einem Tempel in Jerusalem erzogen würde.

Alles ging nach Plan. Im Alter von drei Jahren wurde Joachims und Annas kleine Tochter in den Tempel gebracht und dort zurückgelassen. Maria war ein wunderschönes Kind, das den Priestern und Engeln in den folgenden elf Jahren treu ergeben blieb. Als Maria und ihre Altersgenossen zwölf oder vierzehn Jahre alt wurden (in zwei verschiedenen Quellen werden zwei unterschiedliche Altersangaben gemacht), war die Zeit für sie gekommen, in die Welt zurückzukehren und zu heiraten.

Maria durfte sich ihren Gatten nicht selbst aussuchen. Er wurde von ihren Mentoren für sie ausgewählt. Der für Maria bestimmte Gefährte war ein alter Mann namens Josef. Josef war mit der Heirat zunächst nicht einverstanden, denn er war schon ziemlich alt und hatte bereits eigene Kinder. Nachdem man ihn zu einem Sinneswandel bewogen hatte, stimmte er dem Handel zu und ging in sein Haus nach Bethlehem, um es für seine neue Frau vorzubereiten. Maria kehrte in das Haus ihrer Eltern Joachim und Anna in Galiläa zurück, um sich auf die Ehe vorzubereiten.

Während Maria in Galiläa war, erschien ihr ein Engel namens Gabriel und verkündete ihr, daß sie einem neuen Messias das Leben schenken werde. Maria war verwirrt:

> Sie sagte: "Wie kann das sein? Denn siehe, rein bin ich und von einem Mann weiß ich nicht. Wie kann ich ein Kind tragen, ohne den Samen eines Mannes?"
>
> Darauf erwiderte der Engel und sprach: "Glaube nicht, Maria, daß du auf die übliche Weise empfangen wirst.
>
> Du wirst als Jungfrau empfangen, ohne mit einem Mann zu schlafen, und als Jungfrau wirst du es mit der Milch deiner Brust nähren.
>
> Denn der Heilige Geist wird über dich kommen, und die Kraft des Allerhöchsten wird dich überschatten, ohne die Hitze der Lust.
>
> Der, den du gebären wirst, wird nur heilig sein, denn er ist ohne Sünde empfangen und wird nach seiner Geburt Gottes Sohn genannt werden."
>
> Darauf streckte Maria ihre Hände aus und gen ihre Augen zum Himmel und sprach: "Siehe, ich bin die Magd des Herrn vor ihm: mir geschehe nach deinem Wort!"
>
> *Maria VII, 16-21*

Einige Forscher glauben, daß die Geschichten von der "Jungfrauengeburt" möglicherweise auf Fällen von künstlicher Befruchtung beruhen. Jungfrauengeburt bedeutet nur, daß die Frau nicht durch einen Mann schwanger wurde, sondern das Kind eines "Engels" trug. Wenn man davon ausgeht, daß es sich bei vielen "Engeln" des Neuen Testamentes um "Herrgötter" handelt, liegt eine künstliche Befruchtung durchaus im Bereich des Möglichen.

In der vorstehenden Unterhaltung zwischen Maria und ihrem "Engel" manifestiert sich ein starker moralischer und geistiger Glaube im Hinblick auf die Art der Empfängnis. Die Befruchtung durch einen "Engel" galt als heilig und wünschenswert, die Empfängnis auf menschlichem Wege wurde dagegen häufig für Sünde gehalten. Für jemanden, der sich mit künstlicher Befruchtung befaßt, gibt es einen praktischen Grund für eine solche Unterscheidung. Künstliche Befruchtung trägt dazu bei, die Kontrolle über die physischen Merkmale eines zukünftigen Babys zu gewährleisten, was bei einer zufälligen menschlichen Begattung nicht der Fall ist. Durch die künstliche Befruchtung zweier oder mehrerer aufeinanderfolgender Generationen wird die Reinheit des Endergebnisses beträchtlich erhöht. Das wird heute von Tierzüchtern praktiziert, welche die Besamung und Züchtung von Vieh in jeder Generation genau kontrollieren, um größere, bessere und reinere Tiere zu erhalten. In dieser Hinsicht ist es von Bedeutung, daß die Kinder einer angeblichen Jungfrauengeburt häufig als körperlich makellos und als ungewöhnlich schön beschrieben werden.

Obwohl einige dieser Schmeicheleien zweiffellos der Neigung der Anhänger zuzuschreiben sind, ihre religiösen Führer im bestmöglichen Licht darzustellen, lassen Schwangerschaften durch einen Engel über aufeinanderfolgende Generationen, wie in der Geschichte um Jesus, stark auf einen Züchtungsversuch schließen. Bei dieser Erörterung soll die Person Jesu nicht dadurch verunglimpft werden, daß man andeutet, der Körper Jesu sei wie der einer Kuh gezüchtet worden, aber das ist das Bild, das entsteht.

Die Verachtung, mit der die biblischen "Engel" den Priestern gegenüber von der menschlichen Fortpflanzungsmethode sprachen, beruhte offenbar auf den rein praktischen Erwägungen, eine gute Zucht zu gewährleisten; die Priester der Frühzeit nahmen sich diese Verachtung jedoch trotzdem zu Herzen, und sie wurde ein wichtiger Faktor in monotheistischen Religionen. Zur Zeit der Bibel stellte man die Menschen auch sehr gern als große Sünder dar, um die barbarische Behandlung zu rechtfertigen, die "Herrgötter" und "Engel" ihren Menschen angedeihen ließen. Dadurch, daß man den Gedanken der Sündhaftigkeit auf die menschliche Methode der Fortpflanzung ausdehnte, mußte jeder der durch Geschlechtsverkehr zwischen Menschen empfangen worden war, als Sünder und somit geistig verdammt gelten. Was für ein entsetzliches Dilemma dadurch doch enstand! Jedes Mal, wenn ein Mann und eine Frau ein Kind empfingen und ihm das Leben schenkten, hatten sie ein geistiges Wesen verdammt; doch die Triebe des Menschen, die Kinder entstehen lassen, sind stark. Die von der Religion gelehrte automatische geistige Verdamnis durch menschliche Fortpflanzung löste einen mächtigen Konflikt zwischen dem Drang des Menschen nach geistiger Freiheit und dem physischen Drang, sich fortzupflanzen, aus. Das Ergebnis war eine große Angst im Hinblick auf das Thema Sex und eine Zunahme nicht der Fortpflanzung dienender sexueller Aktivitäten wie Homosexualität, Autoerotismus, schwangerschaftsverhindernde Formen des Geschlechtsverkehrs, Pornogarphie, Voyeurismus und Abtreibung. Die Ironie, die darin liegt, ist offensichtlich. Jene Religionen, welche die allen Menschen immanente "Erbsünde" am stärksten verurteilt haben, waren auch diejenigen, die sich dem nicht der Fortpflanzung dienenden Sex am lautesten widersetzt haben.

Diese Lehren hatten noch eine andere wichtige Auswirkung. Sie trugen dazu bei, den Widerstand der Menschen gegen Kriege zu verringern. Für einen religiösen Menschen ist es leichter, jemanden zu töten, wenn er glaubt, daß das Opfer von Natur aus sündig ist.

Glücklicherweise halten die meisten Menschen, einschließlich der

Geistlichen, die menschliche Empfängnis nicht mehr für etwas, das von Natur aus Sünde ist. Alles, was mit der Zeugung von Kindern zusammenhängt, wird höchstens als freudiges Ereignis betrachtet, und so sollte es auch sein. Dennoch haben sich noch einige der alten Vorstellungen gehalten. Eine kleine Zahl von Philosophen, Psychiatern, religiösen Führern und Soziologen verkünden auch weiterhin, sei es aus religiösen oder "wissenschaftlichen" Gründen, daß der Mensch von Natur aus "schlecht" oder "böse" ist. Das trägt wenig zu unserer Kultur bei, außer, daß es die Furcht vor Sexualität und Krieg lebendig hält.

Nach Marias Begegnung mit dem Engel brach Josef in Bethlehem auf, um Maria in Galiläa abzuholen. Zu seinem Kummer entdeckte er, daß seine junge Braut bereits mehrere Monate schwanger war. In der Annahme, daß Maria eine Hure geworden sei, machte Josef Anstalten, sie zu verlassen. Ein Engel schaltete sich ein und überzeugte ihn, daß Maria immer noch Jungfrau war. Josef blieb mit Maria bis zu ihrem neunten Schwangerschaftsmonat in Galiläa. Im neunten Monat machten sich Josef und Maria auf den Weg zu Josefs Haus in Bethlehem, damit das Kind dort zur Welt komme. Den Apokryphen zufolge erreichte das Paar Josefs Haus nicht mehr rechtzeitig. In der Umgebung von Bethlehem setzten bei Maria die Wehen ein, und es mußte sofort eine Unterkunft für sie gefunden werden. Sie fanden eine Höhle. In dieser Höhle wurde der kleine Jesus geboren:

> Und als sie zu der Höhle kamen, sagte sie zu Josef, daß ihre Zeit gekommen sei, und sie nicht bis zur Stadt gehen könne, und sie sagte: "Laß uns in diese Höhle gehen."
>
> Zu dieser Zeit war die Sonne fast untergegangen.
>
> Und Josef ging fort, um eine Hebamme zu finden; und als er eine alte hebräische Frau sah, die aus Jerusalem kam, sprach er zu ihr: "Bitte komm, gute Frau, und gehe in diese Höhle, und du wirst dort eine Frau finden, die gerade ein Kind gebiert."
>
> Die Sonne war bereits untergegangen, als Josef und die alte Frau an den Ort der Höhle kamen, und sie gingen hinein.
>
> Und sie war voller Licht, heller als das Licht von Lampen und Kerzen und selbst heller als das Licht der Sonne.
>
> Das Kind war in Windeln gewickelt und nahm die Brust seiner Mutter Maria.
>
> *Kindheitsevangelium 1, 6-11*

Die ungewöhnlichen Lichter in der Höhle sind für einige Menschen ein Anzeichen irgendeiner Art High-Tech-Beleuchtung. Das dürfte nicht überraschen, wenn man feststellt, daß bei der Geburt Jesu offenbar auch andere High-Tech-Phänomene im Spiel waren, wie der sogenannte "Stern von Bethlehem".

In der christlichen Welt kennt fast jeder die Geschichte von den drei Weisen, die einem hellen Stern zum Kind nach Bethlehem folgten. Die meisten Christen glauben, daß dieser als "Stern von Bethlehem" bekannte ungewöhnliche Stern übernatürlichen Ursprungs war - ein Werk Gottes. Einige Wissenschaftler halten den Stern für den Halleyschen Kometen, der in geringer Höhe an die Erde vorbeiflog, oder auch eine seltene Konstellation, bei der die Venus und ein helleuchtender Stern eine Linie bildeten, sofern sie die Geschichte nicht überhaupt als religiösen Mythos abtun. Auf der anderern Seite versichern einige UFO-Autoren, daß es sich beim Stern von Bethlehem um ein Flugkörper gehandelt habe, der die drei Weisen auf die gleiche Weise von ihrer Heimat Persien aus nach Bethlehem führte, wie Mose und die hebräischen Stämme zu einer früheren Zeit von einem fliegenden "Jehova" geführt worden seien. Überraschenderweise liefern die Apokryphen selbst den besten Beweis für die UFO-Theorie. In einem der apokryphischen Bücher sagt einer der drei Weisen:

> Wir erblickten einen unbeschreiblich großen Stern unter den Sternen am Himmel, der so hell strahlte, daß die anderen Sterne nicht mehr schienen...
>
> *Protovangelion 15, 7*

Damit scheidet der Halleysche Komet aus, der niemals so hell geleuchtet hat. Auch eine Venus, die mit einem anderen Stern eine Fluchtlinie bildete, konnte nicht alle anderen Sterne in der oben beschriebenen Weise verdunkeln.

Der Stern von Bethlehem überstrahlte nicht nur alle anderen Sterne, er bewegte sich auch:

> Die Weisen machten sich auf den Weg, und siehe, der Stern, den sie sahen, zog vor ihnen her, bis er schließlich über der Höhle stehenblieb, in der das Kind mit seiner Mutter war.
>
> *Protovangelim 15, 9*

Nachdem dieser außergewöhnlich intelligente "Stern" die drei Weisen zu Jesu Geburtsort geführt hatte, begleitete er sie auch wieder nach Hause zurück: "Zitat" *(Infancy 3, 3)*.

In den zitierten Textstellen finden sich weitere Belege dafür, daß die Herrgötter an der Zeugung und der Geburt Jesu beteiligt waren. Wer waren denn dann die drei Weisen? Es heißt allgemein, daß sie Mystiker und Astrologen gewesen sind. Sie waren ganz offensichtlich von den messianischen Prophezeiungen der Bruderschaft durchdrungen, sonst hätten sie diese Reise nicht unternommen. Bedeutsamerweise kommen sie aus Persien - zu dieser Zeit eine Hochburg des Zoroastrismus und Ariertums.

Viele Christen glauben, daß Jesus in einem kleinen Stall in Bethlehem geboren wurde. So steht es nämlich im *Evangelium des Lukas* im Neuen Testament. Nach Verfechtern der Geschichte von der Höhlengeburt wurde Jesus erst einige Tage nach seiner Geburt in den Stall gebracht. Maria soll Jesus versteckt haben, da König Herodes, ein durch die jüdischen Messias-Prophezeiungen beunruhigter Landesfürst ihm mit dem Tode gedroht hatte.

Wenn Jesus wirklich in einer Höhle geboren wurde, warum schrieben dann Lukas und andere frühe Kirchenführer, daß Jesu erstes Bett eine Krippe gewesen sei?

Das lag in der Absicht derer, die Jesus unterstützen, um ihn als jüdischen Messias auszurufen. Damit diese Behauptung stimmte, mußten sie belegen, daß Jesus ein direkter Nachkomme des hebräischen Königs Davids war. Nach den hebräischen Prophezeiungen war eine solche Abstammung erforderlich. Eine Reihe von Religionshistorikern sind jedoch zu dem Schluß gelangt, daß Jesus einer als "Essener" bekannten religiösen jüdischen Sekte angehörte. Joachim, Anna und Maria waren Mitglieder des Tempels der Essener. Die Höhlengeburt würde diesen Schluß noch untermauern, denn die Essener waren dafür bekannt, daß sie Höhlen als Zufluchtsorte und Unterkünfte benutzten. Wenn Jesus aber ein Essener war, konnte er nicht von König David abstammen. Und zwar aus folgendem Grund:

Die Essener waren nach außen hin zwar Juden, sie befaßten sich aber auch mit dem *Zend Avesta* der zoroastrischen Religion, und bei ihnen sollen die arischen Denkungsweisen üblich gewesen sein. Das wäre auch eine Erklärung für den Besuch der drei persischen Weisen bei dem Kind Jesus in Bethlehem. Außerdem konnte nur ein Arier Essener werden. Jesus selbst war weißhäutig und rothaarig. Da die Aufnahme in die Gemeinschaft der Essener an diese rassischen Voraussetzungen geknüpft war, kann kein echter Essener ein direkter Nachkomme König Davids gewesen sein, denn die Herkunft der jüdischen Stämme ist eine andere.

Vieles von dem, was wir heute über die Essener wissen, beruht auf einer berühmten Entdeckung der Ärchäologen Mitte des 20. Jahrhunderts, den Schriftrollen vom Toten Meer. Diese Schriftrollen stellen eine Sammlung sehr alter Dokumente aus dem ersten nachchristlichen Jahrhundert dar. Sie wurden von Mitgliedern der Essener-Gemeinde geschrieben und in Höhlen in der Nähe des Toten Meeres versteckt. 1947 (möglicherweise auch 1945) wurden die Schriftrollen von einem jungen Beduinen entdeckt.

Nach Ansicht des Historikers John Allegro, der die Rollen in seinem Buch *The People of the Dead Sea Scrolls* analysierte, wiesen die Essener viele Merkmale einer Geheimgesellschaft auf. So wurde man erst nach einer mehrjährigen Probezeit in die Gemeinschaft der Essener aufgenommen. Bei ihren Einweihungsriten schworen die Essener, ihre Geheimlehren niemals zu offenbaren. Sie hielten auch die Namen ihrer "Engel" geheim, die in ihren geschlossenen Gemeinschaften mitten unter ihnen gelebt haben sollen. Die Priester nannten sich selbst "die Söhne Zadoks" nach dem Hohepriester Zadok, der im Tempel Salomos gedient hatte.

Angesichts solcher Entdeckungen ist es nicht verwunderlich, daß mehrere Zweige der Bruderschaft lange, bevor die Schriftrollen am Toten Meeres gefunden wurden, behauptet hatten, die Essener seien ein Zweig der Bruderschaft in Palästina gewesen, vielleicht sogar die berühmteste Unterorganisation der Bruderschaft in dieser Region. Das wird auch in dem 1898 erschienenen Buch *History of Freemasonry* von Albert McKey bestätigt, wonach bei den Essenern Grade und ein symbolischer Schurz üblich waren.

Es spricht vieles dafür, daß Jesus sein ganzes Leben lang ein Essener blieb. Der Historiker Will Durant weist in seinem Buch *Ceasar and Christ* (*The Story of Civilisation,* Teil III) darauf hin, daß die Essener die einzige Sekte jüdischer Tradition war, die Jesu frühen Versuchen religiöser Erneuerung nicht ablehnend gegenüberstand. Von den drei größten Sekten, die zu jener Zeit in Palästina existierten, verurteilte Jesus nur die Pharisäer und die Saduzzäer wegen ihrer Lasterhaftigkeit und Heuchelei, nicht dagegen die Essener. Essener und Christen hatten vieles gemein: sie hatten ähnliche Glaubensanschauungen über das Leben in den "Letzten Tagen", sie kannten gemeinsame Mahlzeiten und gemeinsames Eigentum, praktizierten rituelle Bäder und Taufen und hatte auch einige organisatorische Punkte gemeinsam. Zwischen einigen Lehren auf den Schriftrollen vom

Toten Meer und den Schriften des Neuen Testaments wurden ebenfalls bemerkenswerte Parallelen festgestellt. Die Historiker verweisen auf Jesu enge Freundschaft mit Johannes dem Täufer. Viele Tauf- und Askesepraktiken der Essener wurden von Johannes geteilt. Obwohl sich Johannes in anderer Hinsicht von dem, was wir heute über die Sitten und Gebräuche der Essener wissen, unterschied, gibt es genug Anhaltspunkte dafür, daß Johannes selbst Essener war. Schließlich gibt es auch noch die aktive Gegenwart von "Engeln", die wie es heißt, sowohl über die Essener wie über das Wirken Jesu wachten.

Trotz dieser handfesten Beweise streiten einige Theologen noch immer darüber, ob Jesus Essener war. Ihre Einwände stützen sich in der Hauptsache darauf, daß vieles, was Jesus lehrte, den Sitten und Gebräuchen der Essener widersprach. Für diesen Widerspruch gab es einen guten Grund. Obgleich Jesus zu den Essenern gehörte, war er mit der nonkonformistischen Bewegung in Indien in Berührung gekommen und infolgedessen selbst zu einem rebellischen Nonkonformisten geworden. Er versuchte, einer religiösen Philosophie den Weg zu bahnen, mit der seine essenischen Gönner häufig nicht einverstanden waren, und wie wir noch sehen werden, sollte er schrecklich dafür büßen.

Die meisten Angaben über das Leben Jesu, die wir im Neuen Testament finden, decken nur die der Kreuzigung unmittelbar vorausgehenden drei Jahre ab. Das waren die Jahre des öffentlichen Wirkens Jesu. In dieser Zeit lebte er nicht bei den Essenern und zwar aus dem einfachen Grunde, weil er ein Wanderprediger war, was ihn bis zu seiner Kreuzigung in Anspruch nehmen sollte. Jeder Essener erhielt und fand für sich eine "Berufung", ein Lebensziel. Jesu Ziel war das eines fahrenden Lehrers.

Sowohl im neuen Testament wie in den Apokryphen scheint das Leben Jesu bis zu seinem fünften oder sechsten Lebensjahr gut belegt zu sein. Danach fehlt plötzlich jede Angabe darüber, was Jesus tat oder wohin er ging. In Neuen Testament findet man nur die Geschichte, wie Jesus im Alter von zwölf Jahren vor den jüdischen Schriftgelehrten erscheint, dann wieder gar nichts mehr über das, was Jesus in den darauffolgenden achtzehn Jahren tat. Im Alter von dreißig Jahren taucht Jesus plötzlich wieder auf und beginnt seine kurze stürmische Karriere. Wo war Jesus in den Jahren, über die wir nichts wissen, und was hat er in dieser Zeit gemacht?

Die meisten Christen glauben, daß Jesus in seiner Jugend und als junger Erwachsener bei seinem Vater als Zimmermann gearbeitet hat Jesus hat seinen Vater zweifellos hin und wieder besucht und bei.

OBEN: *Das Christentum wurde seit den Lebzeiten Jesu eng mit dem Mystizismus der der Bruderschaft in Verbindung gebracht. Dieses Gemälde von Jan Provost (ca, 1465-1529) trägt den Titel "Eine Christliche Allegorie". Darauf sind die christlichen Symbole, das "allsehende Auge" Gottes und das Lamm abgebildet. Beide Symbole wurden von der Bruderschaft lange vor dem Aufkommen des Christentums verwendet. Das "allsehende Auge" Gottes geht auf das im alten Ägypten benutzte Symbol des "Horusauges" zurück. Horus war einer der ägytischen "Herrgötter". Das Lamm hatte bereits Jahrhunderte vor der Geburt Jesu zur Zeit Melchisedeks einen hohen Symbolwert. Es war der Melchisedek Zweig der Brüderschaft, der als erster Lammfell für den zeremoniellen Schurz verwendet haben soll.*

diesen Gelegenheiten das Zimmernmannshandwerk gelernt. Viele Historiker sind jedoch der Ansicht, daß im Leben Jesu sehr viel mehr geschehen ist, und sie haben versucht herauszufinden, was Jesus in jenen entscheidenden Jahren getan hat, als sich sein Denken, seine Persönlichkeit und seine Motive entwik-kelten. Wie sich zeigt, wurde Jesus gründlich auf seine zukünftige geistliche Rolle vorbereitet.

Bei den Essenern war es üblich, daß die Jungen etwa im fünften Lebensjahr in ein Kloster eintraten, um ihre Erziehung und Ausbildung zu beginnen. Das wäre eine Erklärung dafür, daß Jesus in diesem Alter plötzlich von der Bildfläche verschwand. Einige Forscher sind der Auffassung, daß er in der Essenergemeinschaft oberhalb von Haifa am Mittelmeer aufgewachsen ist und erzogen wurde. Dort blieb er offenbar bis etwa zum Alter von zehn Jahren. Im Alter von zwölf Jahren ging er als Vorbereitung für seine Bar Mitzvah, die im darauffolgenden Jahr stattfand, nach Jerusalem. Auf dieser Reise diskutierte Jesus mit den jüdischen Schriftgelehrten. Danach verschwand Jesus erneut. Wohin ging er dieses Mal?

Vor einigen Jahren sah ich einen fessselnden Dokumentarfilm von Richard Bock mit dem Titel *Die Verlorenen Jahre*. Dieser Film wird von den lokalen amerikanischen Fernsehstationen um Weihnachten und Ostern herum regelmäßig ins Programm genommen. Es lohnt sich, ihn anzusehen. In diesem Film wird die Ansicht vertreten, daß Jesus nach Asien reiste, wo er seine Jugendzeit und ersten Jahren als Erwachsener mit dem Studium der dort praktizierten Religionen verbrachte. Eine Quelle, auf die der Filmemacher seine bemerkenswerte Schlußfolgerung stützt, ist die "Legende von Issa", ein sehr altes buddhistisches Dokument, das der russische Reisende Nikolas Notowitsch angeblich 1887 in Himi Kloster in Indien gefunden hat. Notowitsch veröffentlichte die von ihm übersetzte Legende 1890 in seinem Buch *Das Unbekannte Leben Jesu*.

In der von Notowitsch entdeckten Legende hatte sich ein ungewöhnlicher junger Mann namens "Issa" im Alter von dreizehn Jahren nach Asien aufgemacht. Issa studierte bei einigen religiösen Meistern des Ostens, predigte selbst und kehrte sechzehn Jahre später im Alter von 29 Jahren nach Palästina zurück. Die auffallenden Parallelen zwischen dem Leben "Issas" und dem Leben Jesu haben zu dem Schluß geführt, daß Issa in Wahrheit Jesus war. Wenn das stimmt, wäre eine solche Reise sicherlich in der Bibel unterschlagen worden, da sie dem Gedanken widerspricht, daß Jesus allein durch göttliche Inspiration zu geistiger Erleuchtung gelangt ist.

Wenn Jesus Essener war und mit Unterstützung seiner Gönner nach

Asien reiste und wenn die Essener einer arischen Tradition folgten, wäre es denkbar, daß Jesus auf den indischen Subkontinent geschickt wurde, um bei den arischen Brahmanen zu studieren. Der Legende von Issa zufolge ist genau das geschehen:

> In seinem vierzehnten Jahr kam der junge Issa, ein Gesegneter, auf diese Seite von Sindh (eine Provinz in Westpakistan) und ließ sich bei den Aryas (Ariern) nieder ....[1]

Nach seiner Ankunft "begrüßten ihn die weißen Priester Brahmas freudig"[2] und lehrten ihn unter anderem, die Veden zu lesen und zu verstehen, sowie die heiligen hinduistischen Schriften zu lehren und auszulegen. Diese freundliche Aufnahme verkehrte sich jedoch rasch ins Gegenteil, da Jesus darauf bestand, sich den niederen Kasten anzuschließen. Das führte zu Spannungen zwischen dem jungen eigensinnigen Jesus und seinen brahmanischen Gastgebern. In der Legende heißt es:

> Aber die Brahmanen und die Kshatriyas (Angehörigen der Kriegerkaste) sagten ihm, daß der große Para-Brahma (hinduistischer Gott) ihnen verboten habe, jenen nahezukommen, die aus seinem Bauch und seinen Füßen geschaffen wurden (der mythische Ursprung der niederen Kasten);
>
> Daß die Vaisyas (Angehörige der Kasten der Kaufleute und der Bauern) nur das Rezitieren der Veden hören dürften, und das nur an Festtagen, und daß die Shudras (eine der niederen Kasten) dem Lesen der Veden nicht beiwohnen dürften, sie dürften sie nicht einmal sehen; sie seien zu ewiger Knechtschaft verdammt, als Sklaven der Brahmanen, Kshatriyas und sogar der Vaisyas.
>
> Aber Issa, der nicht auf ihre Worte achtete, blieb bei den Shudras und predigte gegen die Brahmanen und die Kshatriyas.
>
> Er ereiferte sich stark dagegen, daß der Mensch sich das Recht anmaße, seine Mitmenschen ihrer menschlichen und geistigen Rechte zu berauben. "Wahrlich", sagte er, "Gott hat keinen Unterschied zwischen seinen Kindern gemacht, sie sind Ihm alle gleich lieb."
>
> Issa leugnete die göttliche Inspiration der Veden und die Puranas (eine Klasse von heiligen Schriften)...[3]

Die weißen Priester und Krieger waren so verärgert, daß sie Diener aussandten, um Jesus zu ermorden. Jesus, der vor der Gefahr gewarnt worden war, floh nachts aus der heilige Stadt Djagguernat und entkam in ein buddhistisches Land. Dort lernte er Pali und studierte die heiligen buddhistischen Schriften ("Sutras"). Nach sechs Jahren konnte Jesus "die heiligen (buddhistischen) Schriftrollen vollständig auslegen."[4]

Aus der Legende von Issa lassen sich einige bemerkenswerte Schlüsse ziehen. Sie zeigt Jesus als einen wahrhaften Religionserneuerer, der sich selbst gegen die Traditionen der "Herrgötter"/Arier, in denen er erzogen worden war, stellt. Seine Sympathien wandten sich den nonkonformistischen Buddhisten zu. Der buddhistische Einfluß in den Lehren Jesu ist sowohl in der Bibel als auch in seiner "Bergpredigt" erkennbar, die einige Weisheiten enthält, die deutliche Parallelen zum heutigen Buddhismus aufweisen.

Nach etwa fünfzehn Jahren in Asien reiste Jesus über Persien, Griechenland und Ägypten nach Palästina zurück. Einer Ansicht zufolgeerhielt Jesus in der ägyptischen Stadt Heliopolis die höheren Weihen der Bruderschaft. Nach seiner Initiation kehrte Jesus, jetzt ein Mann von 29 oder 30 Jahren, nach Palästina zurück. Unmittelbar darauf begann Jesus, öffentlich zu wirken.

Der Zwist zwischen Jesus und seinen arischen Gastgebern in Indien schien sich auf Jesu Beziehung zur Gemeinschaft der Essener zunächst nicht negativ auszuwirken. Nicht lange darauf tauchten jedoch Schwierigkeiten auf. Jesus teilte die asketische Lebensweise seiner essenischen Brüder nicht und spielte die Rolle des Rituale zur Erlangung geistiger Erlösung herunter. Jesus war von essenischen Gönnern umgeben, die fest an das Kommen eines Messias glaubten und die entschlossen waren, ihre Investition Jesus zu diesem neuen Messias auszurufen. Jesus verbot ihnen das. Nach Ansicht des Historikers Will Durant "wies" Jesus "alle Behauptungen einer Abstammung von David zurück"[5] und "verbot den Jüngern, ihn Messias zu nennen..."[6] Die meisten Historiker schreiben dieses Verhalten dem politischen Klima dieser Zeit zu. Palästina war unter römischer Besatzung, und die Römer beurteilten alle jüdischen Prophezeiungen wegen ihrer politischen Untertöne sehr negativ. Jesus wollte keinen Zusammenstoß mit den Römern, zumindest wird das gesagt.

Es gibt jedoch einen sehr viel besseren Grund, warum Jesus nicht zum jüdischen Messias ausgerufen werden wollte. Er wußte, und er war in dieser Beziehung ehrlich, daß das nicht stimmte. Jesus wollte eine echte geistige Wissenschaft nach Palästina bringen von der Art, wie sie die Nonkonformisten noch immer in Indien anstrebten. Daher wurde Jesus innerhalb derselben Organisation der Bruderschaft, die ihn unterstütze, zum Rebell.

Auch wenn Jesus unter den Essenern viele enge Freunde und Menschen hatte, die ihm nahestanden, war es sein größter Fehler zu glauben, daß er eine neue nonkonformistische Religion über die Kanäle der verzweigten Bruderschaft verbreiten könne.

Jesus blieb keine Zeit zur Einführung seines neuen nonkonformistischens Systems, da ihn einige seiner essenischen Gönner und laut Bibel sogar einige der "Engel" der "Herrgötter" sofort in Schwierigkeiten brachten, indem sie verkündeten, er sei der Messias. Die Römer und einige jüdische Führer verloren keine Zeit; sie verhafteten Jesus und stellten ihn vor Gericht. Die Juden warfen ihm seine unorthodoxen religiösen Ideen vor und die Römer seine angeblichen politischen Ambitionen. Nur drei Jahre nach Beginn seines Wirkens wurde Jesus ans Kreuz genagelt. Obwohl einiges dafür spricht, daß Jesus nicht am Kreuz starb, sondern überlebte und den Rest seines Lebens zurückgezogen verbrachte, war sein öffentliches Wirken beendet, und sein Name ebnete den Weg für eben die Lehren vom Tag des Jüngsten Gerichts, denen er sich entgegengestellt hatte.

Jesu Probleme können jedoch nicht nur denen angelastet werden, die ihn unterstützt haben. Seine eigenen Fehler haben sicherlich zu seinem Sturz beigetragen. Trotz der nonkonformistischen Tendenzen war Jesus nicht fähig, sich von der lebenslangen Indoktrination als Essener völlig zu lösen. In der Bibel wie in den Apokryphen finden sich gute Belege dafür, daß Jesus versucht hat, das Dogma der "Herrgötter" mit nonkonformistischen Glaubenssätzen zu vermischen. Das bringt jeden ernsthaft gemeinten Versuch einer geistigen Reform zum Scheitern. Der Bibel zufolge vermittelte Jesus einige seiner Lehren in Form von Mysterien. Seine einzige Hoffnung war der völlige Bruch mit der Gemeinschaft der Essener und ihren Methoden gewesen, aber es ist nicht schwer zu verstehen, warum es dazu nicht kam. Sein Leben, seine Freunde und seine Familie waren zu sehr mit dieser Organisation verhaftet.

Obwohl Jesus genug Anhänger hatte, um Aufmerksamkeit zu erregen, predigte er nicht lange genug, um in die Geschichtsbücher seiner eigenen Zeit Eingang zu finden. Sein Ruhm wuchs nach der Kreuzigung, als die Jünger überallhin reisten, um ihre neue apokalyptische Bekenntnisgemeinschaft zu verbreiten. Mit der ständigen Unterstützung ihrer "Herrgötter-Engel" machten christliche Missionare Jesu Namen in aller Welt bekannt und schufen eine neue Gruppierung, welche die Menschen noch weiter in rivalisierende Gruppen spalten sollte.

Durch den erfolgreichen Versuch, Jesus zur Galionsfigur einer neuen eschatologischen Religion zu machen, entstand die berühmteste apokalyptische Schrift in der westlichen Welt, die *Offenbarung des Johannes*. Dieses Werk, das auch *Buch der Offenbarungen* oder *Apokalypse* genannt wird, ist das letzte Buch des Neuen Testaments. Es läßt die Christen mit der gleichen düsteren Prophezeiung zurück, mit der die Hebräer am Ende des Alten Testaments zurückgelassen worden waren: dem Kommen einer großen weltweiten Katastrophe, auf die ein Weltgericht folgt. Es lohnt sich, daß *Buch der Offenbarungen* näher anzusehen.

J. Huyot

KAPITEL 13

Die Apokalypse des Johannes

Der angebliche Autor der *Offenbarung* war Jesu persönlicher Freund und Jünger Johannes, (nicht zu verwechseln mit Johannes dem Täufer, der jemand anderes war). Johannes scheint der einflußreichste der Jünger Jesu gewesen zu sein, und in dem Text der Bibel, den er mit großer Sicherheit schrieb, dem *Evangelium nach Johannes*, scheinen die strengen mystischen Neigungen derjenigen, die auf Jesus gesetzt haben, sowie der frühen christlichen Kirche am besten zum Ausdruck zu kommen. Aus diesen und anderen Gründen war der Name Johannes für die Christen und eine Reihe mystischer Organisationen von Bedeutung. Es dürfte daher auch keine Überraschung sein, daß für die letzte und anschaulichste Apokalypse der Bibel der Name Johannes gewählt wurde.

Die *Offenbarung des Johannes* ist das fünfte und letzte Werk in der Bibel, das Johannes zugeschrieben wird. Nach Ansicht einiger Gelehrter hat Johannes die *Offenbarung* viele Jahre nach der Kreuzigung Jesu im Exil auf der griechischen Insel Patmos geschrieben. Andere sind davon überzeugt, daß der Jünger Johannes nicht der Verfasser der *Offenbarung* ist, da die *Offenbarung* erst zweihundert Jahre nach seinen Lebzeiten entdeckt wurde. Joseph Free vertritt in seinem Buch *Archeology and Bible History* die Auffassung, daß die sprachliche Qualität der *Offenbarung* in mancher Hinsicht geringer ist als die des *Johannesevangeliums*. Es wird argumentiert, daß die Sprache der *Offenbarung* dem früheren Werk entsprechen oder aber besser sein müßte, wenn sie fünf Jahre nach dem *Johannesevangelium* vom selben Autor verfaßt worden wäre. Ein weiterer Punkt ist, daß in der *Offenbarung* hebräische Ausdrücke verwendet werden, die in den früheren Schriften des Johannes nicht vorkommen. Andererseits hat man große Ähnlichkeiten zwischen der *Offenbarung* und andereren Büchern des Johannes festgestellt, vor allem, was die Wiederholung bestimmter Wörter und Wendungen betrifft. Aber ganz unabhängig davon, wer der wirkliche Verfasser der *Offenbarung* ist, waren die Auswirkungen dieses Werk gewaltig.

Die *Offenbarung* ist ein in der ersten Person verfaßter Bericht des Autors von einer seltsamen Begegnung mit einem Fremden, den er für Jesus hielt. Einen oder zwei Tage lang traf der Autor außerdem mit einer Reihe ungewöhnlicher Wesen zusammen, die ihm Bilder von furchterregenden zukünftigen Ereignissen zeigten. Der Verfasser erfuhr von diesen Wesen, daß Satan (der "Antichrist") die Weltherrschaft übernehmen werde. Darauf folge eine Letzte Schlacht, in der die Engel Gottes mit den Heeren Satans kämpfen würden. Die Letzte Schlacht sollte mit der Verbannung Satans aus der menschlichen Gesellschaft enden und der triumphalen Rückkehr ("Wiederkunft") Christi, der tausend Jahre über die Erde herrschen würde.

Das *Buch der Offenbarungen* ist in einer wunderbar bildhaften Sprache geschrieben. Es steckt voller komplexer und phantasievoller Symbolismen. Da es sich bei den Bildern, die Johannes gezeigt wurden, um Symbole handelte, kann die *Offenbarung* dazu dienen, in fast jeder geschichtlichen Epoche ein unmittelbar bevorstehendes "Ende der Welt" vorauszusagen. Die Prophezeiung ist so beschaffen, daß die Symbole als irgendwelche historische Ereignisse gedeutet werden können, die zufälligerweise in der Zeit, in der man lebt, eintreten. Genau das hat man mit der *Offenbarung* von Anfang an gemacht und tut es noch heute.

Die Frage ist, wie kam es zu den "Visionen" des Verfassers? War der Grund Wahnsinn? Ein Hang zum Märchenerzählen? Oder war es etwas anderes? Der Autor ist offenbar so ehrlich, daß man Täuschung wohl ausschalten kann. Seine geradlinige Erzählweise scheint auch Wahnsinn als Antwort auszuschließen. Bleibt also "etwas anderes". Die Frage ist: was?

Bei einer Textanalyse der *Offenbarung* stellt man etwas recht Bemerkenswertes fest. Offenbar stand der Autor unter Drogen, und in diesem Zustand zeigten ihm Menschen, die verkleidet waren, und ihm Theater vorspielten, Bilder in einem Buch. Wir wollen uns einmal die Stellen in der *Offenbarung* anschauen, die diesen Schluß nahelegen.

Johannes beginnt seine Erzählung damit, daß er gebetet habe. Einer späteren Beschreibung nach scheint er damit beschäftigt gewesen zu sein, bei Tage seine religiösen Übungen im Freien zu verrichten. Plötzlich ertönte hinter ihm eine laute Stimme. Die Stimme befahl ihm, alles niederzuschreiben, was er zu sehen und hören im Begriff sei und diese Botschaft an sieben christliche Kirchen in Asien (Türkei) zu senden.

Johannes drehte sich um, um zu sehen, wer zu ihm sprach, und, siehe da!, er sah etwas, das er für sieben goldene Kerzenleuchter hielt. Zwischen den Leuchtern stand einer, den der Verfasser als jemanden beschreibt:

> ...der wie ein Mensch aussah. Er trug ein langes Gewand und hatte ein breites goldnes Band um die Brust.
>
> Das Haar auf seinem Kopf war weiß wie Wolle, ja wie Schnee. Seine Augen glühten wie Feuer.
>
> Seine Füße glänzten wie gleißendes Gold, das im Schmelzofen glüht, und seine Stimme klang wie das Brausen eines Wasserfalls.
>
> Er hielt sieben Sterne in seiner rechten Hand, und aus seinem Mund kam ein scharfes zweischneidiges Schwert. Sein Gesicht leuchtete wie die helle Sonne.
>
> *Offenbarung 1, 13-17*

Zwischen diesem neuen "Jesus" und den in früheren Geschichten der Bibel vorkommenden "Engeln" auf dem Stand der Technik des Raumzeitalters besteht eine aufallende Ähnlichkeit. Der Prophet Hesekiel hatte ebenfalls Besucher mit Füßen von blankem Erz gesehen. Die vorstehende Textstelle aus der *Offenbarung* deutet darauf hin, daß der "Jesus" des Johannes vielleicht ein einteiliges Trikot trug, das vom Hals bis zu metallenen oder metallähnlichen Stiefeln reichte.* Der Kopf des Geschöpfes wurde als "weiß wie Wolle, ja sogar wie Schnee" bezeichnet, was auf eine künstliche Kopfbedeckung oder einen Helm hindeutet. Johannes Behauptung, daß die Stimme "wie das Brausen eines Wasserfalls" geklungen habe, d.h. polternd und donnernd, erinnert ebenfalls an Hesekiels "Engel" und könnte durch das Dröhnen von Motoren in der Nähe oder durch eine elektronische Verstärkung der Stimme des Wesens verursacht worden sein. Bei dem "zweischneidigen Schwert", das aus seinem Munde hervorsteht, könnte es sich leicht um ein Mikrophon oder einen Schnorchel gehandelt haben.

Nachdem Johannes seine Fassung wiedergewonnen hatte, befahl "Jesus", ihm, die Botschaften, die "Jesus" an die verschiedenen christlichen Kirchen senden wollte, niederzuschreiben. Diese Botschaften bilden den

---

* Daß der Autor dieses Wesen für Jesus hielt, mag als weiterer Beweis dafür gelten, daß er nicht der Originaljünger Johannes war. Der Einfachheit halber werde ich den Autor der *Offenbarung* auch weiter als Johannes bezeichnen.

Inhalt der ersten drei Kapitel der *Offenbarung*. Die interessanteste Phase der Erlebnisses des Johannes beginnt dann im vierten Kapitel:

> Danach blickte ich auf und sah im Himmel eine offene Tür. Die Stimme, die vorher zu mir gesprochen hatte und die wie eine Trompete klang, sagte: "Komm herauf! Ich werde dir zeigen, was nach diesen Ereignissen geschehen muß."
>
> Sofort nahm der Geist von mir Besitz. Im Himmel stand ein Thron, darauf saß einer.
>
> Sein Gesicht glänzte wie die kostbaren Edelsteine Jaspis und Karneol. Über dem Thron stand ein Regenbogen, der leuchtete wie ein Smaragd.
>
> Um den Thron standen im Kreis vierundzwanzig andere Throne. Darauf saßen vierundzwanzig Älteste. Die trugen weiße Kleider und goldene Kronen.
>
> Von dem Thron gingen Blitze, Rufe und Donnerschläge aus. Vor dem Thron brannten sieben Fackeln. Das sind die sieben Geister Gottes.
>
> Im Vordergrund war so etwas wie ein gläsernes Meer, so klar wie Kristall.
>
> In der Mitte, rings um den Thron, waren vier mächtige Gestalten, die ringsum voller Augen waren.
>
> *Offenbarung 4, 1-6*

Die vorstehende Textstelle könnte man so auffassen, daß der Verfasser durch die Tür einer Art Flugkörper gebracht wurde und sich der Besatzung gegenüber sah, und sein Bericht so klingt, als sei er von jemand geschrieben, der das, was ihm geschah, nicht fassen kann. Das Zitat enthält zwei besonders interessante Punkte: erstens sagt Johannes, daß die Stimme von oben wie eine Posaune klang, die zu ihm sprach. Das deutet sehr stark auf eine Stimme hin, die durch einen Lautsprecher dröhnt. Zweitens lassen die "Blitze, Rufe und Donnerschläge", die vom "Thron" ausgehen, den Schluß zu, daß der Thron eine Art Fernseh- oder Radioapparatur aufwies. Heute würde man dasselbe Erlebnis vielleicht so beschreiben; "Also, ich wurde in eine Rakete gebracht. Dort traf ich die Besatzung, die herumsaß und weiße Trikots und Helme trug. Irgendein Radio- oder Fernsehprogramm lief."

Die sieben Leuchter und sieben Lampen zeigen, daß für den Verfasser ein Ritual vorbereitet worden war, ein Ritual mit vielen Kostümen, voller Theatralik und untermalt von Geräuscheffekten - alles war darauf abgestellt, daß sich die Botschaft dem Verfasser tief einprägte. Als Johannes die erste Schriftrolle gezeigt wurde, geschah folgendes:

Ich sah eine Buchrolle in der rechten Hand dessen, der auf dem Thron saß. Sie war innen und außen beschrieben und mit sieben Siegeln verschlossen.

Und ich sah einen mächtigen Engel, der mit lauter Stimme fragte: “Wer ist würdig die Siegel aufzubrechen und das Buch zu öffnen?”

Aber man fand keinen, der es öffnen und hineinsehen konnte, weder im Himmel, noch auf der Erde, noch unter der Erde.

Ich weinte sehr, weil keiner würdig war, das Buch zu öffnen und hineinzusehen.

Da sagte einer der Ältesten zu mir: “Hör auf zu weinen! Der Löwe aus Judas Stamm und Nachkomme Davids hat den Sieg errungen. Er kann die sieben Siegel aufbrechen und das Buch öffnen.”

Da sah ich mittten vor dem Thron, umgeben von den vier mächtigen Gestalten und den Ältesten, ein Lamm stehen. Es sah aus, als ob es geschlachtet wäre. Es hatte sieben Hörner und sieben Augen; das sind die sieben Geister Gottes, die in die ganze Welt gesandt worden sind.

Das Lamm ging zu dem, der auf dem Thron saß und nahm die Buchrolle aus seiner rechten Hand.

Da warfen sich die vier mächtigen Gestalten und die vierundzwanzig Ältesten vor dem Lamm nieder. Jeder Älteste hatte eine Harfe und eine goldene Schale mit Weihrauch, das sind die Gebete des Volkes Gottes. Sie sangen ein neues Lied:

“Du bist würdig, das Buch zu nehmen
und seine Siegel aufzubrechen!
Denn du wurdest als Opfer geschlachtet,
und mit deinem vergossenen Blut
hast du Menschen für Gott erworben,
Menschen aus allen Sprachen und Stämmen,
aus allen Völkern und Nationen.
Zu Königen hast du sie gemacht
und zu Priestern für unseren Gott;
und sie werden über die Erde herrschen.”

Dann aber sah und hörte ich Tausende und Abertausende von Engeln, eine unübersehbare Zahl. Sie standen mit den vier mächtigen Gestalten und Ältesten um den Thron und sangen mit lauter Stimme:

“Das geopferte Lamm ist würdig,
Macht zu empfangen, Reichtum und Weisheit,
Kraft und Ehre, Ruhm und Anbetung!”

Und ich hörte alle Geschöpfe im Himmel, auf der Erde, unter der Erde und im Wasser laut mit einstimmen:

"Anbetung und Ehre, Herrlichkeit und Macht
gehören ihm, der auf dem Thron sitzt,
und dem Lamm, für immer und ewig."

Die vier mächtigen Gestalten antworteten:
"Amen!" und die Ältesten fielen nieder und beteten an.
Offenbarung 5, 1-14

Die Ältesten fielen während der gesamten Zeremonie in dramatischen Augenblicken auch weiter nieder. Das machte jedes Mal eine tiefen Eindruck auf Johannes. Unter ihren Rufen "Amen!" und "Halleluja!" fiel dem Verfasser die undankbare Aufgabe zu, alles niederzuschreiben, was er sah und hörte.

Wie schon gesagt, glich das von Johannes beschriebene Erlebnis einem mystischen Ritual, insbesondere einem solchen bei der Einweihung in die Lehren einer Geheimgesellschaft. Aus diesem Grunde sind einige Leute der Ansicht, daß es sich bei der *Offenbarung* eigentlich um einen Bericht über ein für viele Organisationen der Bruderschaft - auch noch heute - typisches Initiationsritual handelt. Solche Festellungen sind, wenn sie mit dem Beweis gekoppelt werden, daß das Erlebnis des Johannes Ähnlichkeit mit einer Raumoper hat, recht bedeutsam. Es läßt die fortdauernde Präsenz der "Herrgötter" in der Mystik der Bruderschaft nach der Zeit Christi erkennen und zeigt, daß die apokalyptischen Lehren letztlich auf die "Herrgötter" zurückgehen.

In der vorstehenden Textstelle aus der *Offenbarung* wird deutlich, daß Johannes auf das, was um ihn herum vorging, sehr emotional reagierte. Bei relativ kleinen Anlässen fing er gleich an zu weinen. Er schien nicht in der Lage zu sein, zwischen Ritual und offensichtlicher Wirklichkeit zu unterscheiden. Dadurch stellt sich die Frage nach seinem Geisteszustand. Wenn man die *Offenbarung* genau liest, drängt sich die Vorstellung auf, daß Johannes möglicherweise unter dem Einfluß irgendwelcher Drogen gestanden hat, die ihm von den Wesen verabreichtet worden waren. Die moderne Psychiatrie hat entdeckt, daß jemandem mit Hilfe einer Reihe von Drogen Botschaften sehr tief eingeprägt werden können. Diese Methode wird heute in den Vereinigten Staaten, Russland und anderswo als Intelligenzmittel eingesetzt. Daß Johannes wahrscheinlich Drogen verabreicht wurden, zeigt sich im zehnten Kapitel der *Offenbarung*. Der Verfasser befand sich offenbar wieder im Freien und schickte sich an, die neuesten Offenbarungen auswendigzulernen, als ein "Engel" vom Himmel herunterkam und etwas in der Hand hielt:

> Dann sprach die Stimme aus dem Himmel noch einmal zu mir: "Geh und nimm das offene Buch aus der Hand des Engels, der auf dem Land und dem Meer steht!"
>
> Ich ging zu dem Engel und bat ihn, mir das Buch zu geben. Er sagte zu mir: "Nimm und iß es! Im Magen wird es dir wehtun, aber in deinem Mund wird es süß sein wie Honig."
>
> Ich nahm das kleine Buch aus seiner Hand und aß es. Als ich es hinuntergeschluckt hatte, krampfte sich mir der Magen zusammen.
>
> Da sagte mir jemand: "Du mußt noch ein weiteres Mal verkünden, was Gott mit den Völkern, Nationen, Stämmen und Königen vorhat."
>
> *Offenbarung 10, 8-11*

Die meisten Christen glauben, daß die Johannes angebotene kleine Schriftrolle tatsächlich ein Dokument war, dessen Inhalt dem Verfasser wunderbarerweise dadurch bekannt wurde, daß er die Schriftrolle aufaß. Unser Hinweis, daß es sich wahrscheinlich um ein Papier oder etwas anderes gehandelt hat, das mit einer Droge getränkt war, stützt sich auf die Aussage des Johannes, die Rolle habe süß geschmeckt, aber im Magen eine bittere Reaktion hervorgerufen. Interessanterweise hat Hesekiel genau das gleiche berichtet:

> Ich schaute auf und sah vor mir eine ausgestreckte Hand, die eine Buchrolle hielt.
>
> Als die Rolle geöffnet wurde, sah ich, daß sie auf beiden Seiten mit Klagen, Seufzern und Verzeiflungsschreien vollgeschrieben war.
>
> Die Stimme fuhr fort: "Du Mensch, nimm diese Buchrolle und iß sie auf! Dann geh und sprich zu den Israeliten!" Die Hand reichte mir die Rolle und die Stimme wiederholte: "Du Mensch, iß diese Buchrolle auf! Fülle deinen Magen damit!" Da aß ich die Rolle; sie war süß wie Honig.
>
> Weiter sagte der Herr zu mir: "Du Mensch, geh nun zu den Israeliten und sage ihnen alles, was ich dir auftrage."
>
> *Hesekiel 2, 9-10; 3, 1-4*

Viele Menschen glauben irrigerweise, daß Johannes die ihm in der *Offenbarung* prophezeiten zukünftigen historischen Ereignisse tatsächlich sah. Sowohl christliche wie nichtchristliche Gelehrte haben darauf hingewiesen, daß es sich bei den "Zukunftsvisionen" des Johannes nur um Abbildungen auf Schriftrollen gehandelt hat. Das wird besonders deutlich in der "Vision" einer Kreatur mit sieben Köpfen und zehn Hörnern.

> Und ich sah ein Tier aus dem Meere auftauchen, das hatte zehn Hörner und sieben Köpfe. Auf jedem Horn trug es eine Krone, und auf seine Köpfe waren Herrschertitel geschrieben, die Gott beleidigten.
> *Offenbarung 13, 1*

Die Tatsache, daß auf den Köpfen dieser Kreatur richtige Wörter (blasphemische Namen) standen, zeigt, daß Johannes eine beschriftete Zeichnung anschaute, die einem altmodischen politischen Cartoon ähnelte. Obwohl der Verfasser das nicht ausdrücklich erwähnt, besteht die Wahrscheinlichkeit, daß viele andere "Visionen" auf den Schriftrollen in gleicher Weise beschriftet waren.

Es besteht kein Zweifel daran, daß das *Buch der Offenbarungen* vom literarischen Standpunkt aus gesehen ein hochinteressantes, dramatisches und kraftvolles Buch ist. Betrachtet man es jedoch als Grundlage für eine religiöse Philosophie, weist es alle Fallstricke der Apokalypse auf, die es bereits vorher gab. Wie wir noch sehen werden, hat sich die Prophezeiung in der *Offenbarung* im Laufe der Geschichte mindestens ein halbes Dutzend Mal erfüllt, wobei auch eine weltweite Katastrophe mit einer darauffolgenden "Wiederkunft" nicht fehlte. Nicht ein einziges Mal waren tausend Jahre Frieden und geistige Erlösung die Folge. Alles, was dabei herauskam, war, daß die Voraussetzungen für die nächste Katastrophe geschaffen wurden. Heute, wo wir auf einem riesigen nuklearen Pulverfaß sitzen, wäre es vielleicht an der Zeit, den Sinn des Glaubens an die Apokalypse neu zu bewerten, bevor die Welt in eine weitere "Letzte Schlacht" getrieben wird. Geistige Erlösung und ein tausendjähriger Frieden sind lohnende Ziele, und sie sind lange überfällig, aber es braucht keine Letzte Schlacht, um sie zu verwirklichen.

KAPITEL 14

Die justinianische Pest

Wenn man die Zeit Jesu verläßt und in unsere Zeitrechnung eintritt, wird die Geschichte faßbarer und die Persönlichkeiten treten deutlicher hervor. Es gibt mehr Belege. Dennoch bestehen die historischen Gesetzmäßigkeiten, mit denen wir uns bereits befaßt haben, unverändert fort. Ich kann diejenigen, die das, was wir bisher gesehen haben, für völlig unglaublich halten, sehr gut verstehen. Der Ausblick auf die Geschichte, den ich hier vorlege, erfordert offenbar das Verständnis dafür, daß es sich bei den Umständen, die dem Aufbegehren von Menschen zugrundeliegen, möglicherweise um außerordentlich seltsame Umstände handelt und daß sie vielleicht aus diesem Grund nie geklärt worden sind.

Nach dem Tode Jesu gewann die christliche Kirche schnell an Boden. In den ersten Jahren zog das Christentum eine große Zahl echter Menschenfreunde an, die sich für die Botschaft, die Jesus zu vermitteln versucht hatte, begeisterten. Trotz des Einflusses der Essener konnten die christlichen Führer der Anfangszeit einer Lehre der Güte den Weg ebnen, die viele Vorteile bot. Jesus war nicht völlig gescheitert. Die ersten Christen gaben den Menschen die Hoffnung, daß sie durch Wissen, durch eine sittliche Haltung, durch das entlastende Bekenntnis der Sünden und durch Buße für jene Verfehlungen, durch die sie Schuld auf sich geladen hatten, die geistige Erlösung erlangen könnten.

Aufgrund der Güte, die für die frühe christliche Kirche bezeichnend war, bedurfte es keines strengen Moralkodexes. Die härteste Strafe, die jemanden zu jener Zeit in einer christlichen Glaubensgemeinschaft treffen konnte, war die Exkommunikation, d.h. der Ausschluß. Die Exkommunikation wurde als sehr strenge Strafe erachtet (vergleichbar der heutigen Todesstrafe), da man glaubte, daß ein Individuum durch die Exkommunikation der ewigen geistigen Verdammnis anheimfiele. Ein Priester mußte alles tun, was ihm möglich war, um jemanden zur Einsicht zu bringen, bevor er ihn exkommunizierte. Der Hauptgrund für eine Exkommunikation war ein kriminelles oder grob unmoralisches Verhalten.

In den ersten dreihundert Jahren seines Bestehens war das Christentum keine offizielle Religion und oft Verfolgungen ausgesetzt. Schließlich traten eine Reihe politischer Führer über, und unter ihnen begann das Christentum sich zu verändern. Die von Jesus geschaffene humanitäre Grundlage ging verloren, als das Christentum immer politischer wurde.

Die politische Umgestaltung des Christentums erhielt ihren ersten großen Anstoß im weströmischen Reich durch die Bekehrung Konstantins des Großen.* Mehrere Historiker sind der Ansicht, daß Konstantin immer schon zum Christentum tendierte, da sein Vater Monotheist war. Zeitgenossen Konstantins haben jedoch festgehalten, daß seine wahre Bekehrung das Ergebnis einer Vision war, die er, wie es heißt, 312 n. Chr. hatte. Über diese Vision sind verschiedene Berichte überliefert. Sokrates schrieb darüber im fünften Jahrhundert n. Chr.:

> ... als er an der Spitze seiner Truppen marschierte, wurde ihm eine unbeschreibliche übernatürliche Vision zuteil. Es war nämlich zu der Zeit des Tages, in der die Sonne den Zenith überschritten hat und sich nach Westen zu neigen beginnt, als er eine Lichtsäule in Form eines Kreuzes erblickte, auf dem stand "In diesem Zeichen wirst du siegen". Das Erscheinen dieses Zeichens erfüllte ihn mit Verwunderung, und da er seinen Augen nicht traute, fragte er die Umstehenden, ob sie dasselbe sähen wie er, und als sie das einstimmig bejahten, wurde der Geist des Kaisers durch diese göttliche und wunderbare Erscheinung gestärkt. In der darauffolgenden Nacht, sah er im Traum Christus, der ihm befahl, eine Fahne nach dem Bild, das er gesehen habe, zu machen, und sie als Garantie für den Sieg gegen seine Feinde zu benutzen. Er gehorchte dem göttlichen Befehl und ließ eine Fahne in Form eines Kreuzes machen, die bis heute in seinem Palast aufbewahrt wird...[1]

---

* Ende des 3. Jahrhunderts n. Ch. ernannte der römische Kaiser Diokletian drei weitere Cäsaren (Kaiser), die ihm helfen sollten, das Römische Kaiserreich zu regieren. Das Kaisereich wurde zu Verwaltungszwecken in östliche und westliche Provinzen eingeteilt, von denen jede einen eigenen Kaiser hatte. Von 324 bis 337 n. Chr. regierte Konstantin sowohl das Oströmische als auch das Weströmische Reich als Alleinherrscher.

Einige bestreiten, daß Konstantin wirklich eine Vision hatte, und verweisen sie ins Reich der Legende. Für andere ist das Kreuz in der Luft möglicherweise eine ungewöhnliche Spiegelung der untergehenden Sonne, auf die ein Traum folgte. Manche Theoretiker mögen auch dagegen einwenden, daß es sich um eine weitere Manifestation des UFO-Phänomens handele, das immer wieder zur apokalyptischen Religion in Bezug gesetzt worden sei. Unabhängig davon, ob Konstantins angebliche Vision eines hellen Lichts am Himmel, auf die in der nächsten Nacht das Erscheinen "Jesu" folgte, wahr ist oder nicht, soll diese Begebenheit Konstantin in die Arme des apokalyptischen Christentums getrieben haben. Ein Jahr später erließ er das berühmte "Edikt von Mailand". Das Edikt gewährte den Christen innerhalb des Römischen Reiches Religionsfreiheit, setzte fast drei Jahrhundert Jahren der Verfolgung durch die Römer ein Ende.

Auch andere Veränderungen des Christentum gehen auf Konstantin zurück. Er war es, der das Konzil von Nizäa einberief, auf dem er häufig anwesend war. Zu jener Zeit widersetzten sich viele Christen, wie beispielsweise die Gnostiker, heftig den Versuchen Konstantins und anderer, Christus zum Gott zu erheben. Die Gnostiker betrachteten Jesus nur als einen lauteren geistigen Lehrer. Die Kirchenversammlung von Nizäa trat großenteils zusammen, um diesen Widerstand zu brechen und ein göttliches Bild Jesu zu entwerfen. Unter diesem Aspekt schuf das Konzil das berühmte Glaubensbekenntnis von Nizäa, durch das der Glaube an Jesus als "Sohn Gottes" zu einem Eckpfeiler des Christentums wurde. Konstantin gab der gerade erst "romanisierten" christlichen Kirche die Möglichkeit, sich zur Durchsetzung dieser häufig unpopulären Glaubenssätze auf die Staatsgewalt zu stützen.

Auch in anderer Weise war Konstantins Herrschaft bemerkenswert. Sie kennzeichnete den Beginn des europäischen Mittelalters. Man sagt Konstantin nach, daß er den Grund für Leibeigenschaft und Feudalismus des Mittelalters legte. Wie im Kastensystem der Hindus wurden unter Konstantin die meisten Berufe erblich. Er verfügte, daß die "coloni" (eine Klasse von Pachtbauern) für immer an den Boden gebunden werden sollten, auf dem sie lebten. Konstantins "romanisiertes" Christentum (das später als römischer Katholizismus bekannt wurde) und sein grausamer Feudalismus führten dazu, daß sich die Kirche sehr stark von den noch bestehenden nonkonformistischen Lehren Jesu entfernte und wieder völlig zu einem System der "Herrgötter" wurde.

Mit der Zeit und weiteren offiziellen Änderungen der christlichen

Lehre gab es zwei neue Verbrechen: "Ketzerei" (Ablehnung des bestehenden Dogmas) und "Heidentum" (überhaupt kein Christ zu sein). In den Anfängen der Kirche waren die christlichen Führer der Ansicht, daß die Menschen nur dadurch zum Christentum bekehrt werden konnten, daß man an ihre Vernunft appellierte und daß niemand dazu gezwungen werden konnte oder sollte. Nach Konstantin sahen die Führer der neuen Orthodoxie das ganz anders. Sie forderten Gehorsam aufgrund des Gesetzes und einen Glauben, der nicht auf Vernunft, sondern allein auf Gläubigkeit beruhte. Mit diesen Änderungen kamen auch neue Strafen. Die härteste Strafe der Kirche war nicht mehr die Exkommunizierung, obwohl sie noch praktiziert wurde. Es wurden physische und wirtschaftliche Sanktionen verhängt. Viele gläubige Christen wurden Opfer der neuen Gesetze, wenn sie mit der neuen römischen Orthodoxie nicht einverstanden waren. Diese Opfer erkannten richtig, daß die Kirche sich von den wahren Lehren Jesu entfernte. Die neuen christlichen Lehren wurden Anfang des 4. Jahrhunderts n. Chr. vom oströmischen Kaiser Theodosius I. sehr stark gefördert. Theodosius erließ mindestens achtzehn Gesetze, die eine Bestrafung derjenigen vorsahen, welche die vom Konzil in Nizäa aufgestellten Lehren ablehnten. Er machte das Christentum zur Staatsreligion und schloß zwangsweise viele heidnische Tempel. Er befahl christlichen Heeren, die berühmte Bibliothek von Alexandria niederzubrennen, die Weltbibliothek und ein internationales geistiges Zentrum war. In der Bibliothek von Alexandria befanden sich unschätzbare historische, wissenschaftliche und literarische Aufzeichnungen aus aller Welt - die über einen Zeitraum von siebenhundert Jahren zusammengetragen worden waren. Obwohl man Teile der Bibliothek bereits in früheren Kriegen geplündert hatte, vernichtete Theodosius das, was übriggeblieben war. Da es sich bei den meisten Dokumenten um Originale handelte, ging ein Großteil der überlieferten Geschichte und des vorhandenen Wissens verloren.

Die Dinge nahmen eine Wendung zum Schlechteren. Mitte des 6. Jahrhunderts n. Chr. wurde die Todesstrafe für Ketzer und Heiden üblich. Der römische Kaiser Justinian befahl einen Vernichtungsfeldzug, um die christliche Orthodoxie schneller zu etablieren. Dabei wurden allein in Byzanz etwa 100.000 Menschen ermordet. Unter Justinian veranstaltete man häufig Ketzerjagden und ging dazu über, sie auf dem Scheiterhaufen zu verbrennen.

Justinian veränderte das christliche Dogma noch weiter. 553 berief er die zweite Synode von Konstantinopel. Auf dieser Synode war der Papst in

Rom nicht anwesend, und er hatte sie offensichtlich auch nicht sanktioniert. Viele Änderungen der christlichen Lehre im Oströmischen Reich waren zu dieser Zeit noch nicht bis zum Papst gedrungen, (obwohl es schließlich dazu kam). Auf der Zweiten Synode wurde ein Edikt erlassen, das die Lehre von "früheren Leben" oder der "Reinkarnation" verwarf, obgleich Jesus dieser Lehre Bedeutung beimaß. Die Synode ordnete an:

> Wer das Märchen von der vorherigen Existenz der Seelen für wahr hält und sich der daraus ergebenden ungeheuerlichen Lehre unterwirft, soll anathema sein (exkommuniziert werden).[2]

Mit Rücksicht auf dieses Dekret verschwanden alle mit Ausnahme der kaum noch erkennbaren Hinweise auf eine "Präexistenz" aus der Bibel. Der Glaube an eine Präexistenz wurde zur Ketzerei erklärt. Diese Streichung wurde in der gesamten christlichen Welt des Abendlandes und in ihren Wissenschaften durchgesetzt. Der Reinkarnationsgedanke wird noch heute von den Religionen und Wissenschaften der westlichen Welt weitgehend als Ketzerei verdammt.

Das Christentum wurde unter den oströmischen Kaisern zu einer mächtigen Institution. Entsprechend den historischen Gesetzmäßigkeiten war das "romanisierte" Christentum noch eine weitere Gruppierung der Bruderschaft, die mit Sicherheit andere Gruppierungen innerhalb der Bruderschaft bekämpfen und damit zu einem immerwährenden Krieg zwischen den Menschen beitragen würde. Die neue orthodoxe Christenheit wurde allen übrigen Religionen, einschließlich der von Justinian verbotenen oströmischen Mysterienschulen, entgegengestellt.

Wir haben gerade beobachten können, wie die durch Konstantins Vision ausgelösten historischen Ereignisse lawinenartig anwuchsen. Diese Zeit wird durch "Weltuntergangsepisoden" der Menschheit gekennzeichnet, wobei religiöse "Visionen", Völkermorde allergrößten Ausmaßes und die Schaffung einer neuen Weltordnung, in der eine Utopia verheißen, jedoch nicht zuwege gebracht wird, die Höhepunkte bilden. Noch ein weiteres wichtiges Element des "Weltuntergangs" war vorhanden. Eine große Pestepidemie brach aus und ging Hand in Hand mit Berichten über ungewöhnliche Himmelserscheinungen.

Zwischen 540 n. Chr. und 592, als Justinian seine christlichen "Reformen" durchführte, wurde das Oströmische Reich von der Beulenpest heimgesucht, die nach Europa übergriff. Die Seuche begann in Justinians

Reich und wurde deshalb die "justinianische Pest" genannt. Die justinianische Pest war eine der verheerendsten Pestepidemien in der Geschichte, und viele Menschen jener Zeit hielten sie für eine Strafe Gottes. Das Wort "Pest" leitet sich von dem lateinischen Wort für "hauchen" oder "verwunden, verletzten kränken" ab. Die Pest wurde daher auch "Gottesplage" genannt, d.h. Hauch oder Schlag, den Gott schickt.

Einer der Gründe, warum die Menschen glaubten, die Pest käme von Gott, war, daß bei Ausbruch einer Pestepidemie häufig Erscheinungen am Himmel beobachtet wurden. Ein Chronist der justinianischen Pest war der berühmte Historiker Gregor von Tours, der eine Reihe ungewöhnlicher Ereignisse aus den Pestjahren schriftlich festhielt. Gregor berichtet, daß kurz bevor die justinianische Pest 567 n. Cr. die Auvergne erreichte, drei oder vier helleuchtende Lichter rings um die Sonne zu sehen waren, und der Himmel in Flammen zu stehen schien. Möglicherweise hat es sich dabei nur um eine natürliche "Nebensonne" gehandelt; es wurden in dieser Gegend jedoch auch noch andere ungewöhnliche Himmelserscheinungen wahrgenommen. So berichtet ein Historiker von einer ähnlichen Begebenheit, die sich 23 Jahre später in einem anderen Teil Frankreichs zutrug, in Avignon. Es wurden "seltsame Erscheinungen" am Himmel gemeldet, und die Erde war nachts bisweilen taghell erleuchtet. Kurz darauf brach hier die Pest aus. Gregor berichtete von einer Erscheinung in Rom, die wie ein riesiger "Drachen" aussah, der durch die Stadt hinunter ans Meer schwebte, worauf unmittelbar danach eine schwere Pestepidemie ausbrach.

Bei solchen Berichten drängt sich ein graueneinflößender unvorstellbarer Gedanke auf: daß die justinianische Pest durch Mittel der biologischen Kriegsführung verursacht wurde, die durch Flugkörper der "Herrgötter" verbreitet wurden. Das würde eine Wiederholung ähnlicher Seuchen bedeuten, wie sie in der Bibel und in alten mesopotamischen Texten geschildert werden. Zur Zeit der justinianischen Pest waren die "Herrgötter" jedoch "unsichtbar". Sie verbargen sich hinter der Geheimhaltung der Bruderschaft und dem Schleier religiöser Mythen, und doch waren sie offenbar nicht weniger daran interessiert, ihre Sklavenrasse unterdrückt zu halten. In einem späteren Kapitel über den Schwarzen Tod werden wir noch eine ganze Reihe weiterer Belege über UFO-Aktivität im Zusammenhang mit der Pest sehen.

Nach der apokalyptischen Prophezeiung soll ein Ereignis wie die justinianische Pest das Kommen eines neuen "Messias" oder Boten "Gottes" ankündigen. Eine solche Gestalt ist ganz sicher erschienen. Ihr Name war Mohammed. Er wurde zur Zeit Justinians geboren, als die Pest noch wütete. Mohammed, als erwachsener Mann zum neuen "Erretter" ausgerufen, wurde der Führer einer neuen monotheistischen apokalyptischen Religion: des Islam. Wie Mose und Jesus vor ihm scheint Mohammed ein aufrichtiger Mann gewesen zu sein, doch seine neue Religion entwickelte sich zu einer Gruppierung, die neue "Glaubensfragen" aufwarf, die unter den Menschen zu Auseinandersetzungen ohne Ende führen würden. Wie Mose und Jesu wurde Mohammed von der korrupten Bruderschaft unterstützt.

KAPITEL 15

Mohammed

Mohammed wurde um 570 n. Chr. geboren. Wie bei Jesus gibt es in seiner Lebensgeschichte große Lücken, vor allem, was seine Kindheit und sein frühes Erwachsenenleben betrifft. Diesbezüglich vermuten einige Historiker, daß Mohammed Waise war und in seiner Jugend von einem Verwandten zum anderen abgeschoben worden war. Bekannt ist, daß er im Alter von 25 Jahren eine wohlhabende Witwe heiratete, und nach Ansicht einiger Biographen arbeitete er in den folgenden fünfzehn Jahren als Kaufmann im Geschäft seiner Frau, obgleich das nicht ganz sicher ist. Im Alter von vierzig Jahren trat Mohammed plötzlich als religiöser Prophet und als der Führer einer mächtigen neuen religiösen Bewegung hervor.

Nach Mohammeds eigenen Angaben wurde seine religiöse Mission durch eine Erscheinung ausgelöst. Die Vision geschah außerhalb einer abgelegenen Höhle, in die sich Mohammed häufig zurückzuziehen pflegte, um zu beten und zu meditieren. Die Erscheinung war ein "Engel", der eine Botschaft trug, die Mohammed verbreiten sollte. Es handelte sich jedoch nicht um irgendeinen Engel. Der Engel nannte sich Gabriel - einer der wichtigsten christlichen Engel. Mohammed beschrieb die Begegnung mit folgenden Worten:

> Der Koran (das heilige Buch des Islam) ist nichts anderes als eine ihm zuteil gewordene Offenbarung.* Einer schrecklich an Macht und mit Weisheit begabt, verkündete sie ihm. Er schwebte am höchsten Punkt des Horizonts. Dann kam er näher und näher und war zwei Bogenschüsse oder weniger entfernt - und er offenbarte seinem Diener, was er ihm offenbarte.

---

* Mohammed verwendet die dritte Person, wenn er von sich selbst spricht.

Im Koran wird die Geschichte wiederholt:

> Das dies das Wort eines erlauchten Boten ist, der mit Machtbefugnisse ausgestattet ist, der zusammen mit dem Herrn des Thrones Einfluß hat, dem dort die Engel gehorchen, der seinem Glauben treu ist, und euer Landsmann ist niemand, der von einem Dschinn (Geist) besessen ist; denn er sah ihn am klaren Horizont.

Mohammed befand sich in einem halbwachen Zustand oder in Trance, als der Engel Gabriel ihm befahl, zu "Rezitieren!" und aufzuzeichnen, was der Engel ihm zu geben im Begriff stand. Der Befehl des Engels glich genau dem Befehl, der vor ihm Hesekiel im Alten Testament und "Johannes" im *Buch der Offenbarungen* von einem ähnlichen Repräsentanten der "Herrgötter" erteilt wurde.

Als Mohammed erwachte, schien es ihm, als seien "die Worte in sein (Mohammeds) Herz geschrieben" worden. Das ist wichtig, denn es deutet darauf hin, daß Mohammed wie Hesekiel, Johannes und vielleicht sogar Konstantin unter Drogen gesetzt und geistig beeinflußt worden war, so daß sich ihm die Botschaft fester einprägte.

Die Mohammed übermittelte Botschaft war eine neue "Islam", das bedeutet "Unterwerfung", genannte Religion. Die Anhänger Mohammeds wurden deshalb "Moslems" genannt, was sich von dem Wort "muslim" ("der sich Unterwerfende") ableitet. Der Islam war eine weitere Religion der "Herrgötter", durch die den Menschen unterwürfiger Gehorsam beigebracht werden sollte.

Das Höchste Wesen des islamischen Glaubens heißt "Allah", bei dem es sich Mohammed zufolge um denselben Gott handeln sollte, den Juden und Christen Jehova nennen. Zwei der Hauptthemen des Korans sind die Prophezeiung vom Tag des Jüngsten Gerichts und die "Feuer und Schwefel" Darstellung der Hölle. Mohammed respektierte Mose und Jesus als zwei frühere Boten Allahs und verkündete, daß der Islam die dritte und letzte Offenbarung Gottes sei. Es sei deshalb die Pflicht aller Juden und Christen, zum Islam überzutreten. Juden und Christen zeigten sich Mohammeds Forderung gegenüber alles andere als kooperativ. Schließlich hatte man sie ja in ihren eigenen apokalyptischen Schriften vor den Gefahren "falscher Propheten" gewarnt. Das Ergebnis waren einige der blutigsten Kämpfe der Weltgeschichte.

Wie so viele Religionen der "Herrgötter" zuvor, gestattete der Islam den Menschen nicht den Luxus, selbst zu entscheiden, ob sie zu ihm übertreten wollten. Mohammed begann mit einem Eroberungsprogramm, das deutlich machte, wie die Entscheidung auszusehen hatte. Mit der Taktik eines Generalissimus stellte der “von Gott inspirierte” Mohammed ein Heer auf und machte sich daran, die “Ungläubigen” zu bekehren. Mohammeds apokalyptisches Heer bahnte sich einen breiten blutigen Weg durch den größten Teil des Mittleren Ostens, darunter bedeutende christliche Zentren. Das kämpferische moslemische Reich erstreckte sich schließlich bis nach Indien, wo Elemente des Islam in den Hinduismus Eingang fanden. Unzählige Menschen mußten während der islamischen Eroberungszüge ihr Leben lassen, weil die islamischen Armeen dazu neigten, als Teil ihrer Mission, der Menschheit Utopia zu bringen, ganze Völker auszurotten.

Für die meisten “ungläubigen” Christen waren die Moslems nicht viel mehr als wilde “Heiden” (“Nichtgläubige”). Dadurch entstand ein unvermeidlicher Konflikt, in den Millionen Menschen mit hineingezogen werden sollten. Fünfhundert Jahre nach dem Tode Mohammeds, stürzte sich die christliche Welt in ein gemeinsames militärisches Unternehmen, um die Moslems aus dem Heiligen Land zu vertreiben. Dieses Unternehmen kennt man als die Kreuzzüge.

Die christlichen Kreuzzüge zur Befreiung Palästinas von dem Moslems fanden zwischen 1096 und 1270 n. Chr. statt. Bereits zuvor hatte es Scharmützel und kleinere Schlachten zwischen Christen und Moslems gegeben, aber es war der im Jahre 1095 erfolgte Ruf Papst Urbans II. zu den Waffen, der diese Scharmützel in ein organisiertes Kriegsunternehmen verwandelte, an dem fast jeder europäische Herrscher teilnahm. Hunderttausende meldeten sich freiwillig zu den Kreuzzügen, nachdem man ihnen den Segen der Kirche, Lehen und Kriegsbeute versprochen hatte. Die Freiwilligen kamen aus fast allen Gesellschaftsschichten. Für viele Leibeigene und Kleinbauern war der Aufruf des Papstes zu den Waffen ein Weg, den Feudalherren zu entrinnen und vielleicht als reicher Held zurückzukehren.

Die Kreuzzüge ließen sich gut aber blutig an. Im Sommer des Jahres 1099 eroberten die Christen Jerusalem. Obwohl das Verhalten der Ritter und Bauern, die unter dem christlichen Banner marschierten, als überaus tugendhaft und ritterlich gepriesen wurden, artete es häufig in furchtbare Gemetzel und andere Schandtaten aus. Als die Kreuzfahrer 1099 Jerusalem einnahmen, richteten sie unter den nichtchristlichen Überlebenden ein Blutbad an, welches das Leben von mehr als 10.000 Menschen forderte.

Die Kreuzritter töteten nicht nur Moslems, sie töteten auch Juden, die von vielen Christen ebenso als Heiden betrachtet wurden wie die Moslems. Die Abschlachtung der Juden begann bereits vor dem ersten Kreuzzug ins Heilige Land. Im Jahre 1095 begannen christliche Splittergruppen, die Juden in Europa zu ermorden. Mit einer Vernichtungswelle im deutschen Rheinland fing es an; sie wurde durch unbegründete Gerüchte ausgelöst, denen zufolge die rheinischen Juden für ihre Opfer christliche Kinder nahmen. Die Ausrottung der Juden wurde ein wichtiger Bestandteil der Kreuzzüge, und die Massaker gingen auch nach dem Ende der Kreuzüge nach Jerusalem noch weiter.

Die Kreuzzüge wirkten sich noch in anderer Weise stark auf Europa aus. Einige Jahrzehnte vor dem ersten Kreuzzug hatte Papst Gregor VII. versucht, die römisch-katholische Kirche einer zentral ausgeübten Aufsicht zu unterstellen. Vor Gregors Versuch war die katholische Kirche in Europa eine locker verbundene Organisation, die in der Hauptsache von Laien geleitet wurde; die Art der Organisation, die die ersten Christen sich vorgestellt hatten. Nachdem Urban II. Papst geworden war und alle guten Christen zum Kampf gegen die gottlosen Moslems aufrief, begannen die christlichen Prinzen und Parteigänger direkt dem Papst den Treueid zu leisten und dadurch die bereits früher von Papst Gregor VII. angestrebte Zentralisierung voranzutreiben. Die Macht des römischen Papsttums wuchs um so mehr, je länger die heiligen Kriege sich hinzogen, und immer mehr Menschen bekundeten dem Papst ihre Treue.

Hinter den Kreuzzügen stand die Bruderschaft. Die christlichen Kreuzfahrer wurden vor allem von zwei Ritterorganisationen mit engen Verbindungen zur Bruderschaft angeführt: den Hospitalitern und den Rittern des Tempels (“Tempelritter”).

Die “Hospitaliter” hießen so, weil sie in Jerusalem ein Hospiz für Pilger in Not unterhielten. Sie nahmen ihre Tätigkeit auf im Jahre 1048 als mildtätiger Orden. Ihre Zweckbestimmung war Trost und Beistand. Als die ersten Kreuzfahrer die Heilige Stadt siegreich eroberten, begannen die wohlhabenderen Kreuzfahrer, die Hospitaliter in großzügiger Weise finanziell zu unterstützen. Im Jahre 1118, siebzig Jahre nach ihrer Gründung, kam es zu einer Änderung der Leitung und der Zweckbestimmung des Hospitaliterordens. Er wurde zu einem militärischen Orden, der sich dem Kampf gegen die Moslems verschrieb, die immer wieder versuchten, Jerusalem zurückzuerobern. Mit der Zweckbestimmung änderte sich auch der Name; die Hospitaliter hießen verschiedentlich “Orden der Hospitaliterritter von Sankt Johannes”, “Ritter des Sankt Johannes von Jerusalem” oder nur "Johanniterritter". Die Hospitaliter selbst hatten sich nach Johannes, dem Sohn des Königs von Zypern, benannt. Johannes war nach Jerusalem gegangen, um christlichen Pilgern und Rittern zu helfen.

Zweifelhaft ist, ob die Hospitaliter als Organisation der Bruderschaft gegründet wurden. Angeblich waren sie es zu Anfang nicht. Dadurch, daß sie die Traditionen und Titel der Bruderschaft übernahmen, wurden sie jedoch sehr rasch in das Netzwerk der Bruderschaft eingegliedert. An ihrer Spitze stand ein Großmeister, und sie entwickelten geheime Riten und Rituale.

1119, ein Jahr, nachdem die Hospitaler zu einem militärischen Orden geworden waren, wurde der Templerorden gegründet. Ursprünglich nannten sich die Templer "Orden der armen Ritter Christi", da sie das Gelübde der Armut ablegten. Später, nachdem sie nahe der Stelle, an der Salomos Tempel gestanden hatte, untergebracht waren, wurde der Name in "Tempelherren" umgeändert. Obgleich Templer und Johanniter in den Moslems einen gemeinsamen Feind hatten, wurden die beiden christlichen Organisationen zu erbitterten Rivalen.

Die Tempelritter begannen ihre Existenz als Zweig der Bruderschaft. Sie hatten eine zutiefst mystische Tradition und verwendeten viele Titel der Bruderschaft, namentlich "Großmeister". Wie die Johanniter erhielten sie große Summen von begüterten christlichen Kreuzfahrern. Dadurch wurden die Templer ungeheuer reich und konnten sich während des 12. und 13. Jahrhunderts in ein großes internationales Bankhaus verwandeln. Die Templer liehen europäischen Königen, Fürsten, Kaufleuten und zumindest auch einem moslemischen Herrscher große Beträge. Der größte Teil des Vermögens der Templer befand sich in den Panzergewölben ihrer Tempel in Paris und London, wodurch diese Städte zu führenden Finanzzentren wurden.

Nach dem Fall Jerusalems und dem endgültigen Sieg der Moslems im Jahre 1291 änderte sich das Geschick beider Ritterorden. Die Johanniter (Hospitaliter) mußten aus den Heiligen Land fliehen. Sie ließen sich in den folgenden Jahrhunderten auf einer Reihe von Inseln nieder. Mit den Standorten änderten sich auch die Namen. Sie wurden "Ritter von Rhodos", nachdem sie auf die Insel Rhodos gegangen waren. Sie wurden "Ritter von Malta", nachdem sie sich auf dieser Insel niedergelassen hatten und sie beherrschten. Während ihrer Zeit auf Malta entwickelten sich die Ritter zu einer großen Militär- und Seemacht im Mittelmeerraum, bis sie im Jahre 1789 von Napoleon besiegt wurden. Nachdem sie vorübergehend unter dem Schutz des russischen Zaren Pauls I. gestanden hatten, verlegte Papst Leo XIII. den Hauptsitz der Malteserritter 1834 nach Rom. Heute sind sie als "Souveräner und militärischer Orden von Malta" (SMOM) bekannt und zeichnen sich kurioserweise dadurch aus, daß sie der Welt kleinste Nation sind. Der SMOM, der in einer ummauerten Enklave in Rom untergebracht ist, hat zwar noch immer den Status eines souveränen Staates, doch müssen die neuen Großmeister des Ordens vom Papst bestätigt werden. Der SMOM unterhält Krankenhäuser, Kliniken und Leprakolonien in der ganzen Welt. Er unterstützt auch aktiv die antikommunistische Sache und ist heute trotz seiner geringen Größe auf politischem Gebiet und in Geheimdienstkreisen erstaunlich einflußreich.*

Den Tempelherren erging es nach den Kreuzzügen nicht so gut wie den Johannitern. Sie mußten wie die Johanniter auf die Insel Zypern fliehen, wo sie sich trennten und in ihre vielen Templerhäuser ("Präzeptorien") zurückkehrten. Die Templer gerieten heftig unter Beschuß, weil es ihnen nicht gelungen war, das Heilige Land zu retten, und es gingen Gerüchte um, daß sie sich auf Ketzerei und Unmoral eingelassen hätten. Man beschuldigte sie, bei ihrer Initiation das Kreuz anzuspucken und Mitglieder zu homosexuellen Handlungen zu zwingen. 1307 war die Kontroverse um die Templer so heftig geworden, daß Philipp IV., genannt der Gute, die Verhaftung aller Templer in seinem Herrschaftsbereich befahl und sie der Folter unterwarf, um Geständnisse aus ihnen herauszupressen. Fünf Jahre später löste der Papst den Templerorden durch päpstliches Dekret auf. Viele Templer wurden hingerichtet, darunter auch der Großmeister Jacques de Molay. der am 11. März 1314 vor der Kathedrale Notre Dame in Paris auf dem Scheiterhaufen verbrannt wurde. Fast das gesamte Vermögen der Templer wurde eingezogen und den Johanniterrittern übergeben. Die lange und heftige Fehde zwischen Johannitern und Templern hatte endlich ein Ende gefunden. Die Johanniter waren Sieger geblieben. Der Sieg der Johanniter hätte zu keiner besseren Zeit kommen können, denn in päpstlichen Kreisen wurde ernsthaft über die Verschmelzung der beiden Orden diskutiert - ein Plan, der für beide völlig unannehmbar gewesen wäre.

---

* Zu den jetzigen Mitgliedern des SMOM gehören der verstorbene William Casey (Leiter des amerikanischen CIA), Lee Iacocca (Vorsitzender der Chrysler Corporation), Alexander Haig (früherer amerikanischer Außenminister) und William A. Schreyer (Vorstandsvorsitzender von Merrill Lynch).

Trotz des Sturzes der Tempelritter gelang es dem Orden zu überdauern. Dem Freimaurer und Historiker Albert MacKey zufolge fanden die Tempelritter nach ihrer Verbannung aus dem übrigen Europa in Portugal unter König Denis eine neue Heimat. Portugal gewährte den Templern ihre üblichen Rechte und Privilegien, sie trugen die gleichen Trachten und lebten nach derselben Regel wie zuvor. Nach dem Dekret, durch das der Templerorden in Portugal neu begründet wurde, sollten sie in diesem Lande wieder rehabilitiert werden. Papst Clemens V. genehmigte den Rehabilitierungsplan und erließ eine Bulle (päpstliche Proklamation), nach der die Templer ihren Namen in "Ritter Christi" ändern mußten. Die Templer oder "Ritter Christi" tauschten auch das Malteserkreuz mit den acht Spitzen gegen das offizielle lateinische Kreuz aus.

In ihrer neuen Heimat erlangten die Templer recht große Macht. 1420 übertrug König Johann I. den Rittern Christi die Kontrolle über die Besitzungen Portugals in Indien. Nachfolgende portugiesische Monarchen erweiterten das Eigentum der Ritter auf alle neuen Länder, die von den Rittern entdeckt würden. Nach Albert MacKey wurden die Ritter Christi so mächtig, daß mehrere portugiesische Könige sich gezwungen sahen, den Einfluß der Ritter dadurch zu beschneiden, daß sie selbst das Amt des Großmeisters übernahmen. Die Ritter Christi konnten sich unter portugiesischer Schirmherrschaft bis weit ins 18. Jahrhundert halten, einer Zeit in der der Name Templer wiederauftauchte und, wie wir noch sehen werden, im bewegten politischen Geschehen Europas erneut an Bedeutung gewann.

Zur Zeit der Kreuzzüge gab es noch einen dritten erwähnenswerten Ritterorden: die Deutschordensritter. Die Deutschordensritter hießen urspünglich "Orden der Ritter des Hospitals Sankt Marien des Deutschen Hauses in Jerusalem". Wie die Johanniter waren die Deutschordensritter ursprünglich ein mildtätiger Orden. Sie unterhielten in Jerusalem ein Hospiz, um den Christen, die sich auf einer Pilgerreise ins Heilige Land befanden, zu helfen. Im März 1198 wurden die Deutschordensritter in den Rang eines Ritterordens erhoben, wodurch sie zu einem militärischen Orden wurden. Wie die Templer, pflegten die Deutschordensritter einen halbklösterlichen Lebenstil, praktizierten Initiationsriten, und an ihrer Spitze stand ein Großmeister. Nur Deutsche konnten Deutschordensritter werden. Auch lebten sie mit den Johannitern und Templern in häufiger Fehde.

Ein Tempelritter in seiner Tracht. Auf seinem Stab befindet sich ein Malteserkreuz und auf seinem Umhang das lateinische Kreuz.

Während der Kreuzzüge, als die militärischen Organisationen der Bruderschaft die christlichen Heere voller Heldenmut in den Kampf gegen die Moslems führten, riefen andere Gruppen im Netzwerk der Bruderschaft die Moslems zum Kampf gegen die Christen auf! Von den Zweigen der Bruderschaft, die die Sache des Islam unterstützten, ist eine von besonderem Interesse für uns: die Sekte der Assassinen.

Mohammed starb 632 n. Chr. Sofort entbrannte ein Kampf über seine Nachfolge. Das führte zu einer Spaltung des Islam in verschiedene miteinander rivalisierende Sekten, die alle ihre eigene Vorstellung von der Nachfolge Mohammeds hatten. Eine dieser islamischen Splittergruppen war die "Shia Sekte", die an einer strengen Tradition vom "Ende der Welt" festhielt. Die Shiiten glaubten an das "tausendjährige Reich", d.h. den Tag des Jüngsten Gerichts, auf den ein tausendjähriger Friede und die geistige Erlösung folgen würden. Schließlich spaltete sich die Shia Sekte selbst auf. Eine aus dieser Spaltung entstandene Splittergruppe war die Sekte der Ismaeliten, aus der die Assassinen hervorgingen.

Die Ismaeliten trennten sich im achten Jahrhundert von den übrigen Shiiten. Bei der Sekte der Ismaeliten handelte es sich um eine Geheimgesellschaft der Bruderschaft mit einem Logensystem, ähnlich dem der Freimaurer und anderer Organisationen der Bruderschaft. Die Große Loge der Ismaeliten befand sich in Kairo, wo stufenweise Initiationen mit allen dazugehörigen Symbolen und Mysterien stattfanden. Die Ismaeliten, an deren Spitze ein Großmeister stand, verkündeten eine sehr strenge apokalyptische Botschaft, die sich durch die Verheißung des kommenden Messias erfüllen würde.

Ein Mitglied der ismaelitschen Loge war ein Mann names Hasan-i-Sabbah. Sabbahs mystische Bekehrung war das Ergebnis einer "schweren und gefährlichen Krankheit", während der Gott ihn, wie er glaubte, gereinigt hatte und ihm eine geistige Wiedergeburt hatte zuteil werden lassen. 1078 bat Sabbah den Kalifen* der Ismaeliten in der Großloge in Kairo um die Erlaubnis, die imaelitische Lehre in Persien verbreiten zu dürfen. Der Kalif gewährte Sabbah diese Bitte unter der Bedingung, daß jener zusagte, den ältesten Sohn des Kalifen, Nizar, als nächsten (neunten) Kalifen

* Ein "Kalif" ist ein Nachfolger Mohammeds. Der Titel "Kalif" wurde den moslemi-schen Staatsoberhäuptern verliehen, die für sich in Anspruch nahmen, Nachfolger Mohammeds zu sein.

OBEN: *Der Großmeister der Tempelritter Jacques de Molay auf dem Weg zum Scheiterhaufen, auf dem er verbrannt werden wird. Drei weitere Tempelritter warten ebenfalls auf ihre Hinrichtung. Die Verbrennung fand in Paris statt; im Hintergrund erkennt man die Kathedrale Notre Dame.*

zu unterstützen. Sabbah ging auf den Handel ein und nannte den neuen Zweig der Ismaeliten “die Nizaris” nach dem Sohn des Kalifen. Es dauerte jedoch nicht lange, bis Sabbahs Zweig unter seinem bekannteren Namen “die Assassinen” von sich reden machte.

Die Assassinen werden im allgemeinen als religiöse Sekte bezeichnet. Genauer gesagt, handelte es sich um eine Geheimgesellschaft. Dem Freimaurer und Historiker Albert Mackey zufolge übernahmen die Assassinen die organisatorische Struktur der Ismaeliten. Sie praktizierten stufenweise Einweihungen und besaßen eine Geheimlehre. MacKey fügt hinzu, daß die Assassinen offenbar drei Grade kannten, die den noch heute bei den Freimaurern üblichen genau entsprachen: Lehrling, Geselle und Meister. Ähnlich den Johannitern und den Deutschordensrittern verfügten die Assassinen über einen religiösen Code. Die Assassinen gehörten zum Netzwerk der Bruderschaft.

Ein Erkennungsmerkmal der Assassinen war die Verwendung von Drogen, vor allem Haschisch, zu mystischen und anderen Zwecken. Das Wort “Assassine” leitet sich nämlich von “hashshishin” ab, das bedeutet “Haschischesser”. Die Assassinen und einige andere Gruppen der Bruderschaft im Laufe der Geschichte priesen die Wirkungen bewußtseinsverändernder Drogen als Möglichkeit zur Erreichung mystischer Erleuchtung.

Die Assassinen waren eine militante Organisation, die über eine Kampftruppe verfügte. Als Hauptsitz seiner neuen Gruppe wählte Großmeister Sabbah eine Festung hoch in den Bergen im Norden Irans. Die Festung der Assassinen wurde “Alamut” genannt, das heißt “Lehre des Adlers” oder “Adlerhorst”. Die Assassinen entwickelten sich zu einer gewaltigen militärischen und politischen Macht in dieser Region und kontrollierten schließlich andere Festungen in Persien und Syrien. Sie lagen mit anderen moslemischen Organisationen in Fehde und kämpften während der Kreuzzüge gegen die Tempelritter und andere christliche Heere. Die Assassinen entwickelten eine tödliche Waffe, um derentwillen sie berühmt und gefürchtet wurden und die ihnen helfen sollte, ihre Fehden und Kriege zu gewinnen: den “allein arbeitenden Attentäter”.

Den meisten Menschen ist das Phänomen des sogenannten “allein arbeitenden Attentäters” sehr wohl bekannt. In der Regel handelt es sich dabei um einen jungen Mann von zwanzig oder dreißig Jahren, der von verrückten Wahnvorstellungen getrieben wird und sich um seine eigene Sicherheit wenig oder überhaupt nicht besorgt zeigt, wenn er einen bedeutenden Führer am hellichten Tag, in der Öffentlichkeit oder vor Zeugen ermordet. Der Mord hat eine ungeheure Schockwirkung und kann die politische Führung eines Landes stark beeinträchtigen.

Viele Menschen sind der Ansicht, daß sogannte "allein arbeitende Attentäter" ein Produkt unserer heutigen Zeit sind. Es ist schon ergötzlich zu lesen, was in dicken Lehrbüchern der Psychiatrie zu diesem Thema steht. In Wahrheit ist der "allein arbeitende Attentäter" seit mehr als siebenhundert Jahren, wenn nicht sogar länger, eine politische Einrichtung. Nur wurde vor siebenhundert Jahren noch nicht, wie heute, der Anschein erweckt, daß "allein arbeitende Attentäter" von sich aus handelten. Damals kannte man den "allein arbeitenden Attentäter" als wirksames und furchtbares Werkzeug politischer und gesellschaftlicher Kontrolle. Er war eine Methode, deren sich die Assassinen bedienten, um ihre Kriege zu gewinnen, ihren politischen Einfluß zu erhöhen, ihre Feinde zu vernichten und durch Erpressung ihre Schatzkammern zu füllen.

Wie brachte die Sekte der Assassinen junge Männer dazu zu morden? Es ist nicht leicht, jemanden dazu zu veranlassen, andere zu töten, vor allen dann nicht, wenn der Mörder wahrscheinlich selbst gefaßt und niedergemacht wird. Die Assassinen hatten eine wirksame Methode, diesen natürlichen Widerstand zu überwinden und junge Männer auf das Töten zu programmieren. Einer der ersten, der diese Methode der Assassinen beschrieben hat, war Marco Polo, der berühmte europäische Reisende des 13. Jahrhunderts, der über seine Reisen einen Bestseller geschrieben hat. Obgleich Marco Polo von einigen seiner Zeitgenossen beschuldigt wurde, Geschichten zu erfinden, haben spätere Untersuchungen fast alles, was er in seinem berühmten Buch beschrieben hat, bestätigt.

Laut Marco Polo war ein Teil der Festung der Assassinen in einen wunderschönen geheimen Garten umgewandelt worden, der dem in Mohammeds himmlischen Visionen beschriebenen Paradies nachgestaltet worden war. In diesem Garten wuchsen fast alle nur erdenklichen Arten von Früchten; Wein, Milch und Honig flossen in Strömen. Die Paläste waren wundervoll ausgeschmückt, und es gab ein Heer von Sängern, Tänzern und Musikanten. Wenn irgendwelche jungen Männer in dieser Region Ansätze eines potentiellen Mörders zeigten, wurden sie unter Drogen gesetzt, wobei es sich im allgemeinen um Opium oder Haschisch handelte, und in den geheimen Garten gebracht. Dort erfüllte man ihnen einige Tage lang jeden Wunsch, nichts wurde ihnen abgeschlagen, auch keine Frauen. Dann setzte man sie wieder unter Drogen, und sie kehrten nach Hause zurück. Die jungen Männer glaubten, daß die Führer der Assassinen sie in den Himmel und wieder zurückgebracht hätten. Da sie begierig waren zurückzukehren, pflegten sie freudig alle Anweisungen ihrer assassinischen Führer zu befolgen. Den vom Paradies träumenden Handlangern wurde oft gesagt, daß die Rückkehr ins Paradies in der kühnen Ermordung eines bestimmten feindlichen Führers beschlossen liege. Der junge Assassine wurde angewiesen, auf einem öffentlichen Platz zu warten und das Opfer im Vorbeigehen mit einem Dolch niederzustrecken. Da die jungen Assassinen häufig auf der Stelle getötet oder später hingerichtet wurden, redete man ihnen ein, daß sie nach ihrem Tod am Ort des Verbrechens oder nach ihrer späteren Hinrichtung wieder in das Paradies zurückkehren würden, das sie in Erinnerung hatten.

Die Assassinen erlangten eine traurige Berühmtheit. Es gab Gerüchte, daß einige europäische Könige Schutzgeld an die Assassinen zahlten, um nicht selbst zur Zielscheibe zu werden. Obwohl noch umstritten ist, inwieweit die Assassinen in Europa aktiv wurden (nach Ansicht einiger Historiker konzentrierten die Assassinen ihre todbringenden Praktiken im wesentlichen auf die Konflikte im Mittleren Osten), waren sie weit und breit bekannt. (Folglich wurden alle, die einen politischen Führer zu ermorden versuchten, als "assassins" oder "Haschischesser" bezeichnet). Zwar waren die meisten der heutigen "Attentäter" keine Haschischesser, doch waren bei einigen Anzeichen einer starken geistigen Beeinflussung zu erkennen, womit wir uns am Ende des Buches befassen werden.

Ende des 13. Jahrhunderts hatten die Mongolen den Mittleren Osten überrannt und große Hochburgen der Assassinen zerstört. Interessanterweise ließen sich auch die Mongolen durch mystische Glaubensanschauungen inspirieren. Den Assassinen gelang es, den Ansturm zu überstehen, und es gibt sie noch heute. Die heutigen Sekten der Assassinen leben offenbar friedlich in Indien, im Iran und in Syrien. Ihr nominelles Oberhaupt ist der "Aga Khan", der der geistliche Führer aller Ismaeliten weltweit ist. Die Ismaeliten sollen heute etwa 20 Millionen Anhänger zählen. Der Aufstand des ersten Aga Khans gegen den Schah von Persien im Jahre 1838 wurde niedergeschlagen, darum operieren die Aga Khans seit 1840 von Indien aus. Als der Aufstand scheiterte, bot Großbritannien dem ersten Aga Khan Asyl in Indien an, das damals unter britischer Herrschaft war. Seitdem gehören die Aga Khans zur gesellschaftlichen Elite der westlichen Welt. Die letzten Aga Khans wurden in Oxford, Harvard oder in der Schweiz erzogen. Durch die Errichtung einer Zentralbank in Damaskus, Libanon, haben sie sich auch einen Platz in der internationalen Bankwelt erobert.

Es mag Zufall sein, daß der "allein arbeitende Attentäter" in den Vereinigten Staaten gerade zu der Zeit als bedeutendes Phänomen in Erscheinung trat, als Aga Khan I. Anfang des 19. Jahrhunderts Beziehungen zu den Briten anknüpfte. 1835 tauchte der erste "allein arbeitende Attentäter" auf, um einen amerikanischen Präsidenten zu ermorden. Das ausersehene Opfer war Andrew Jackson, der interessanterweise Mitglied des Templerordens in Amerika war. Seither waren amerikanische Präsidenten alle zehn bis zwanzig Jahre Zielscheiben von "Attentätern, die allein arbeiteten". Auch auf viele andere Führer und Persönlichkeiten der westlichen Welt wurden Anschläge verübt. Obwohl ich nichts gefunden habe, was darauf hindeutet, daß hinter den "Attentaten" der heutigen Zeit die Sekte der Assassinen steckt, ist offensichtlich, daß ihre Methode von einflußreichen politischen Kreisen in der westlichen Welt, die mit der Bruderschaft in Verbindung stehen, aufgegriffen und angewendet worden ist, wie ich später noch ausführlicher darlegen werde.

Wie wir gesehen haben, sind zur Zeit der Kreuzzüge Institutionen entstanden, deren Auswirkungen wir noch heute spüren. Dieser Liste lassen sich noch zwei berühmte christliche Orden hinzufügen: die Franziskaner und die Dominikaner. Die Franziskaner übernahmen das von den Priestern der ägyptischen Bruderschaft in El Amarna getragene Gewand mit der Kordel um die Hüften und ihre Tonsur. Die Franzsikaner schienen recht human zu sein. Die Dominikaner hingegen wurden mit dem am meisten gehaßten Nebenprodukt der Kreuzzüge betraut: der katholischen Inquisition.

Die Inquisition des Mittelalters wird allgemein als eine der grausamsten Institutionen angesehen, die die Menschen je erfunden haben. Sie war bekannt für Folter und fanatischen Übereifer (Exzesse). Die Inquisition ging aus dem Versuch Papst Innozenz II. hervor, eine als "Albigenser" bekannte große ketzerische Sekte im Süden Frankreichs auszumerzen. 1208 hatte Innozenz II. zu einem besonderen Kreuzzug nach Frankreich aufgerufen, durch den die Sekte ausgelöscht werden sollte. Ein fünf Jahre dauernder Krieg verwüstete die Region. Zehn Jahre später setzte ein neuer Papst, Gregor IX., das Werk fort. Er beauftragte die Dominikaner mit den Untersuchungen über die Albigenser. Gregor gab dem Dominikanerorden Generalvollmacht, alle überlebenden Ketzer zu benennen und zu verurteilen. Aus diesem Unternehmen entstand die gesamte unmenschliche Maschinerie der Katholischen Inquisition, durch die Ketzertum jeder Art ausgemerzt werden sollte. Die Inquisition erzeugte in den folgenden sechshundert Jahren ein Klima der intellektuellen und geistigen Unterdrükkung in Europa. Hörensagen, versteckte Andeutungen und aufrichtige intellektuelle Meinungsverschiedenheiten brachten viele unschuldige Menschen auf die Folterbank und den Scheiterhaufen (Tod durch Verbrennen). Die Narben in der Gesellschaft sind noch heute in der instinktiven Furcht vieler Menschen davor erkennbar, unkonventionelle Gedanken zu äußern. Die Inquisition trug dazu bei, daß die Gesellschaft auf unkonventionelle Vorstellungen mit Gewalt reagiert, wovon sie sich noch nicht wieder völlig erholt hat.

Natürlich hatte die christliche Kirche seit der Zeit der Kreuzzüge viele Wandlungen erfahren. Die Kirche, das war nicht mehr die humane dezentralisierte Religion, als die sie Jesus gesehen hatte. Die neue katholische ("ungeteilte") Kirche mit Hauptsitz in Rom war allen "Reformen" der oströmischen Kaiser erlegen. Es war eine Religion, die Jesus mißbilligt hätte. Glücklicherweise begann die katholische Kirche nach der Auflösung der Inquisition Fortschritte zu machen und hat heute viele gute Eigenschaften.

Das vielleicht bedeutendste Ereignis der Kreuzzüge betrifft weder die Kriegsführung noch die Abrichtung von Assassinen oder die Schaffung der Inquisition. Es hatte Frieden zur Folge.

Im Jahre 1228 unternahm der deutsche Kaiser Friedrich II. einen Kreuzzug nach Jerusalem. Friedrich war zu jener Zeit beim Papst in Ungnade gefallen. Friedrich wurde als "sonderbarer, weltlichen Dingen zugewandter, hochgebildeter Fürst" beschrieben, als "geschworener Feind des Papstes aus politischen Gründen, dem durch Heirat das, was vom Königreich Jerusalem noch bestand, zugefallen war".[1]

Friedrichs Auseinandersetzung mit Papst Gregor IX. hatte nur ein Jahr vor seiner Reise nach Jerusalem begonnen. Im Konflikt zwischen Friedrich und Papst Gregor ging es um die Frage der Zentralgewalt des Papstes. Friedrich lehnte sie ab, und der Papst war bestrebt, sie voranzutreiben. Dieser Streit führte zur Exkommunizierung Friedrichs - ein Urteil, das schließlich im Jahre 1245 vollstreckt wurde.

Der unbußfertige Friedrich zog, als das Urteil bereits ausgesprochen, er jedoch noch nicht exkommuniziert war, an der Spitze seines eigenen Kreuzzuges in sein Königreich Jerusalem. Trotz seiner engen Beziehungen zu den Deutschordensrittern bewies Friedrich II. auf dieser Reise, daß er ein Mann des Friedens sein konnte. Statt den Krieg mit den Moslems fortzusetzen, handelte Friedrich einen Friedensvertrag aus. Er war offenbar der

Ansicht, daß es in jedermanns Interesse liege, den religiösen Zwist zu beenden, und genau das tat er auch. Friedrich gelang dieses Meisterstück durch Verhandlungen mit dem damaligen Moslemführer Sultan Kamil. Innerhalb eines Jahres nach Aufnahme der Gespräche mit dem Sultan schloß Friedrich ohne Zustimmung des Papstes einen 1229 unterzeichneten Friedensvertrag, durch den Jerusalem für zehn Jahre an die Christen zurückgegeben wurde, vorausgesetzt, die Christen griffen nicht zu den Waffen. Dieses Abkommen funktionierte.

Durch Verhandlungen und Appelle an die Vernunft hatte Friedrich mit einer kurzen Reise das erricht, was der Papst seit fast 130 Jahren mit Krieg und Blut zu versucht hatte. Friedrichs Vertrag sah vor, daß die Christen in Jerusalem wohnen und Pilgerfahrten dorhin unternehmen konnten, und die Moslems lebten nicht mehr unter der Bedrohung, die von christlichen Heeren ausgingen. Viele christliche und moslemische Führer waren jedoch über dieses Abkommen durchaus nicht glücklich, denn Friedrich hatte es zustandegebracht, "und beide Parteien waren entrüstet über eine so friedliche Beilegung. Als der Waffenstillstand 1239 schließlich zu Ende ging, wurde der Heilige Krieg wiederaufgenommen..."[2]*

Es stellt sich natürlich die berechtigte Frage, warum Friedrichs Vertrag weder verlängert, noch ein ähnliches Abkommen ausgehandelt wurde? Welchen Zweck verfolgte man damit, daß man sich weitere siebzig Jahre in einen blutigen Krieg stürzte. Am Ende verloren die Christen das gesamte Heilige Land.

Man hört so oft, daß Kriege in der menschlichen Natur lägen, und doch sehen wir in einer Friedensanstrengung 130 Jahre wütende Auseinandersetzungen durch die Bemühung eines Mannes beendet, der an die Vernunft und den guten Willen eines anderen Mannes appelliert, was für die Dauer des Vertrages zu Frieden führt. Wir sehen also, daß die Fähigkeit der Menschen, Frieden zu halten ebenso stark, wenn nicht sogar stärker ist, als der Wunsch nach Krieg. Was hat Moslems und Christen dann dazu

---

* Es gibt eine amüsante Fortsetzung der Geschichte. Nachdem Friedrich den Vertrag zustandegebracht hatte, wollte er sich als durch Erbschaft legitimierter König von Jerusalem krönen lassen. Da er exkommuniziert war, erklärte sich keine kirchliche Instanz bereit, die Zeremonie durchführen. Friedrich hielt sich jedoch nicht bei Formalitäten auf. Er krönte sich selbst und segelte zurück nach Deutschland.

getrieben, sich wegen eines belanglosen Stücks trockenen Territoriums gegenseitig abzuschlachten?

Eine Antwort auf diese Frage bietet vielleicht das, worum Christen und Moslems letztlich kämpften: ihre geistige Erlösung und Freiheit. Sie glaubten, daß ihnen, wenn sie für ihren Glauben kämpften und vielleicht sogar ruhmvoll starben, die ewige Erlösung sicher wäre. Die Geschichte hat klar gezeigt, daß der Drang nach geistiger Freiheit so stark ist, daß er alle anderen Triebe einschließlich des Selbsterhaltungstriebes beherrschen kann. In gewisser Hinsicht werden die Menschen ihre eigene physische Existenz und das Leben ihrer Lieben opfern, wenn sie glauben, daß dieses Opfer ihre geistige Integrität zur Folge hat und sie geistig erlöst. Wenn das wahre geistige Wissen verfälscht ist, das Verlangen nach geistiger Erlösung jedoch weiter angespornt wird, können viele Menschen zu vielen Dummheiten veranlaßt werden. Um das Problem des Krieges zu lösen, ist es dann wichtig, ein echtes Verständnis für den Geist und einen gangbaren Weg zu seiner Erlösung zu erreichen.

Wenn wir uns die geistigen Sitten der christlichen Ritter und der moslemischen Ismaeliten anschauen, entdecken wir, daß die Beteiligung an einem Krieg häufig zu einem geistigen Streben hochgespielt wurde. Auf beiden Seiten wurden die Krieger durch den Mystizismus der korrupten Bruderschaft inspiriert, demzufolge geistige Belohnungen winkten, wenn man sich bemühte, seine Mitmenschen zu bekämpfen. Das war die Mythologie des "geistig edlen" Krieges, in dem tapferen Soldaten ewige Erlösung und ein Platz im Himmel versprochen wurde, wenn sie für eine edle Sache kämpften. Diese Mythologie ist auch heute noch unerläßlich, um Menschen für eine Beteiligung an fortgesetzten Kriegen zu gewinnen. Dadurch verkehrt sich der Drang nach geistiger Freiheit in eine Verherrlichung des Krieges.

Was ist Krieg aber dann, wenn es sich nicht um ein edles Streben handelt?

Zerlegt man den Krieg in seine Grundbestandteile, so ist er nur ein Akt, durch den feste Objekte in zerstörerischer Weise mit anderen festen Objekten kollidieren. Das bereitet vielleicht manchmal Vergnügen; wenn daraus jedoch ein Dauerzustand wird, so ist der geistige Nutzen nur gering. Obwohl der Krieg viel von einem Spiel an sich hat, ist er aufgrund seiner zerstörerischen Natur nur eine Folge krimineller Handlungen: er ist in erster Linie Brandstiftung, Angriff und Mord. Dadurch wird etwas sehr Wichtiges offenbar:

Krieg ist die Institutionalisierung der Kriminalität. Krieg führt niemals zu geistigem Fortschritt, da Kriminalität eine der Hauptursachen intellektuellen und geistigen Verfalls ist.

Gesellschaften, die kriminelle Handlungen zu einem edlen Streben erheben, erfahren einen raschen Verfall des intellektuellen und geistigen Zustands der in ihr lebenden Menschen. "Geistige" Lehren, die den Kampf verherrlichen, sind Lehren, welche die Menschheit korrumpieren.

Ist aber Krieg um einer gerechten Sache willen nicht etwas Gutes?

Wenn im Kampf für eine Sache Gewalt eingesetzt wird, besteht das größte Problem darin, daß für die Gewalt völlig andere Regeln gelten als die von Richtig und Falsch. Der erfolgreiche Einsatz von Gewalt beruht auf Fähigkeiten, die mit der Gerechtigkeit einer Sache nichts zu tun haben. Wer seinen Revolver am schnellsten ziehen kann, hat nicht unbedingt auch die höchsten Ideale. Wir lieben die Helden, die besser schießen können als die Bösewichter oder die sie physisch bezwingen können. Daran ist nichts auszusetzen, solange jemand dazu in der Lage ist, aber das sind nicht alle Helden. Daher sollte man sich, auch dann, wenn man einen legitimen Grund hat, vor der Versuchung hüten, die Richtigkeit seiner Überzeugungen mit Gewalt durchzusetzen, da die Sache unverdientermaßen unterliegen könnte. Es gibt viele erfolgreiche Methoden, eine gute Sache zu fördern und ihr zum Sieg zu verhelfen, doch diese Methoden werden in einer Gesellschaft, die dazu erzogen wurde, als äußerstes Mittel Gewalt einzusetzen, selten angewandt.

Die Kreuzzüge und andere religiöse Auseinandersetzungen haben sich oft an der Frage entzündet, wer ein echter "Messias" ist und wer nicht. Bei diesem Thema erhitzen sich die Gemüter. Deshalb sollte man an dieser Stelle die Frage klären, was "Messias" bedeutet und was nicht.

KAPITEL 16

Messiasgestalten und ihre Mittel

In einer weltumspannenden Zivilisation wie der unseren, in der geistiges Wissen und Freiheit offenbar manipuliert werden, wäre ganz gewiss auch ein Ort, wo jemand eine Fülle nützlichen und verständlichen Wissens über den Geist und die Beziehung des Geistes zum Universum erwerben könnte. Da nachprüfbare geistige Phänomene offenbar bei allen Personen und in allen Zeiten übereinstimmen, besteht die Wahrscheinlichkeit, daß alle geistigen Wirklichkeiten, ebenso wie die Astronomie oder die Physik, auf einheitlichen Gesetzen und Axiomen beruhen. Sollte jemand diese Gesetze und Axiome entdecken und methodisch darstellen, wäre das von großem Nutzen. Solche Entdeckungen könnten der Schlüssel zu einer ganz neuen Wissenschaft sein. Wäre jemand, der das täte, dann ein "Messias"?

Ein "Messias" wurde von vielen nonkonformistischen Religionen und auch von vielen Religionen der "Herrgötter" verheißen. Das Wort "Messias" hat mehrere Bedeutungen, die vom einfachen "Lehrer" bis zum "Befreier" reichen. Ein "Messias" könnte jeder sein, angefangen bei dem, der mit Erfolg eine Wissenschaft des Geistes entwickelt, bis hin zu dem, der tatsächlich in der Lage ist, die Menschheit zu befreien.

Im Laufe der Geschichte hat es Tausende von Menschen gegeben, die behaupteten, "Messias" zu sein oder die als solcher bezeichnet wurden, obwohl sie selbst diesen Anspruch nicht erhoben. Solche Behauptungen beruhen im allgemeinen auf überlieferten Prophezeiungen wie der Mettaya Legende, der Prophezeiung von der "Wiederkunft" im *Buch der Offenbarungen,* den apokalyptischen Lehren Zoroasters oder den jüdischen Prophezeiungen. Viele Menschen betrachten alle "Messias"-Anwärter mit ausgesprochener Skepsis; andere werden zu glühenden Anhängern eines Führers, den sie für die Erfüllung einer religiösen Prophezeiung halten. Es stellt sich daher die Frage: hat es jemals einen echten Messias gegeben, oder wird es jemals einen geben? Wie könnte man ihn erkennen?

Jeder, der eine zweckbestimmte Wissenschaft des Geistes entwickelt, hätte klarerweise einen legitimen Anspruch auf den Titel eines "Messias" im Sinne eines "Lehrers". Daran ist nichts Mystisches oder Apokalyptisches: jemand macht eine Entdeckung und teilt sie mit. Wenn dieses Wissen allgemein bekannt wird und eine allgemeine geistige Erlösung zur Folge hat, dann haben wir es mit einem "Befreier" oder "prophezeiten Messias" zu tun. Wie erkennen wir einen solchen Befreier, da es doch so viele Prophezeiungen gibt und so viele Möglichkeiten, sie zu interpretieren?

Die Antwort ist einfach: der Möchtegernbefreier muß Erfolg haben. Er muß sich den Titel *verdienen;* er ist nicht gottgegeben.

Das ist eine furchtbar nüchterne und kompromißlose Betrachtungweise. Sie nimmt der messianischen Prophezeiung alles Magische und Mystizistische, das ihr normalerweise anhängt. Sie zwingt jeden, der Anspruch auf den Titel eines Messias erhebt, Frieden und geistige Erlösung zu bringen, denn eine solche Prophezeiung erfüllt sich nur dann, wenn jemand dafür sorgt. Dadurch ist der Möchtegernmessias gezwungen, die überwältigenden Hindernisse, die diesem universellen Ziel im Wege stehen, alle zu überwinden. Das ist eine der undankbarsten Aufgaben, die jemand sich je erhoffen kann. Man braucht ja nur die bisherigen "Befreier" anzuschauen, um eine Vorstellung von dem langen und steinigen Weg zu haben, den dieser Jemand vor sich hat. Bis heute ist es niemandem gelungen, aber es ist sicherlich eine Herausforderung, die des höchsten Einsatzes wert ist.

In den Augen der meisten Menschen ist ein Messias jemand in einem makellosen weißen Gewand, der in der heiligsten Weise denkt, spricht und handelt. Das ist möglicherweise nicht unbedingt das Bild, nach dem man Ausschau halten muß, um entscheiden zu können, ob jemand etwas herausgefunden hat, das für die geistige Erlösung wichtig ist. Die Entwicklung einer erfolgreichen Wissenschaft des Geistes unterscheidet sich nicht von der Entwicklung einer erfolgreichen Aeronautik. Die führenden Wissenschaftler sind vielleicht nicht alle Heilige - einige von ihnen sind vielleicht sogar Menschen, die man nicht zu sich nach Hause einladen würde -, aber ihre Methode funktioniert. Ironischerweise werden bedeutende Entdeckungen oft von unangenehmen Leuten gemacht. Man denke nur an die Wikinger aus Skandinavien, die riesige unbekannte Gegenden auf Karten verzeichneten, aber plünderten, wo sie gingen und standen.

Daraus folgt, daß jemand, der einen Weg zur geistigen Erlösung entdeckt, vielleicht nicht unbedingt ein Heiliger ist. Es ist nämlich viel wahrscheinlicher, daß er ebenso viele Charakterschwächen hat wie jeder andere. Das Kriterium dafür, ob ein Weg zu geistiger Erlösung gefunden wird, ist nicht die Persönlichkeit des Entdeckers, sondern vielmehr, ob der Weg wahrlich und wahrhaftig zu geistiger Erlösung führt.

Es besteht die Vorstellung, daß man nur jemanden zum Messias auszurufen braucht, damit er es wird. Sie beruht auf dem Gedanken, daß sich Harmonie und Weltfrieden automatisch einstellten, wenn sich alle um einen einzigen religiösen Führer scharten. Ein solcher Plan klingt gut, doch die Geschichte hat klar gezeigt, daß er nicht funktioniert. Selbst Anhänger desselben religiösen Führers spalten sich leicht in Splittergrupen auf. Man denke nur an Christen und Moslems.

In der Religion geht es letztlich um das Überleben des einzelnen geistigen Wesens und, wie wir am Ende des Buches noch sehen werden, das mögliche Überleben irgendeines Höchsten Wesens. Deshalb ereifern sich die Menschen leicht bei religiösen Themen. An diesem Eifer ist nichts Unrechtes, solange er sich von Mitgefühl und gesundem Menschenverstand leiten läßt. Wir haben bereits gesehen, wie einige Religionen, die ihre Wurzeln in ursprünglich sehr humanitären Idealen haben, diese Ideale verrieten und zu einer größeren Tyrannei wurden als irgendeine, der die Religionen entgegengetreten waren. Das geschieht im allgemeinen dann, wenn die Anhänger einer Religion glauben, daß alle zur Erreichung eines altruistischen Ziels verwendeten Mittel gerechtfertigt sind, solange nur das Ziel erreicht wird. Das scheint logisch gedacht zu sein, aber ist es das auch?

Es ist leider eine Tatsache des Lebens, daß die Mittel immer auch das Ende mitgestalten. Wie edel ein Ziel auch sein mag, das Endergebnis wird immer so aussehen, wie die Mittel, die zur Erreichung des Ziels eingesetzt werden. Daher können einige der hehrsten Ziele die grausamsten und todbringendsten Institutionen zur Folge haben. Eine in der Literatur häufige Gestalt ist der Altruist, der allmählich genauso wird wie die Bösen, die er bekämpft, da er sich der gleichen Mittel bedient wie der Feind. Am Ende kann man zwischen einem "Altruisten" und seinem Gegner keinen Unterschied mehr erkennen. Dieses Phänomen kann man in einem größeren Rahmen häufig bei Organisationen und Regierungen beobachten.

Für die Beurteilung einer Person oder einer Organisation reicht es nicht, wenn man sich nur das erklärte Ziel anschaut. Man muß auch die tatsächlichen normalen Mittel unter die Lupe nehmen, die zur Erreichung des Ziels verwendet werden. Wie lauter der Einzelne auch sein mag, was letztendlich herauskommt, hängt wesentlich von den Mitteln ab, die er einsetzt. Interessanterweise kann eine Gruppe mit weniger hochfliegenden Zielen bisweilen mehr Gutes tun, sogar mehr, als die Mitglieder selbst vorhatten, wenn sie ihr Ziel auf ehrliche und konstruktive Weise zu erreichen sucht.

Wie wir sehen können, schafft eine Organisation, die Mord, Verleumdung und machiavellistische Manipulationen für gerechtfertigt hält, um Einfluß zu gewinnen und den Gegner im Namen eines höheren Ziels zu besiegen, eine Welt, in der Mord, Verleumdung und Aufruhr existieren. Andererseits schafft jemand, der daran glaubt, daß man immer die Wahrheit sagen sollte, so daß sein Strickkränzchen respektiert wird, eine Welt, in der man die Wahrheit sagt. Letztlich bedient man sich in der besten aller Welten zur Erreichung eines edlen Ziels auch edler Mittel, da es zur Erreichung eines Ziels in der Regel eines bewußten Bemühens bedarf. Außerdem nützen ehrenhafte Mittel bei einem weniger ehrenhaften Ziel weit mehr als schimpfliche Mittel bei einem hohen Ziel.

KAPITEL 17

Fliegende Götter über Amerika

Zur Zeit der Kreuzzüge hatten sich auf der gegenüberliegenden Seite der Erdkugel bereits große Dramen abgespielt. Auf dem amerikanischen Kontinent waren bedeutende Zivilisationen entstanden und wieder verschwunden.

Eine Untersuchung der frühen amerikanischen Kulturen ist schwierig, da fast alle Originalaufzeichnungen schon vor Jahrhunderten vernichtet wurden. Infolgedessen sehen sich die Historiker häufig Kontroversen über die elementarsten Grundlagen, wie Daten, gegenüber. Die große Maya-Kultur beispielsweise wird auf 20.000 Jahre oder 12.000 Jahre oder auch nur auf 700 Jahre geschätzt. Im vorliegenden Buch stützte ich mich auf die Daten, von denen die Historiker und Archäologen heute in der Regel ausgehen.

Viele Archäologen sind der Ansicht, daß die erste große Kultur Nordamerikas die Kultur der Olmeken in Mexiko war. Man nimmt an, daß sie von etwa 800 v. Chr. bis 400 v. Chr. ihre Blütezeit erlebte. Über die Olmeken weiß man nur, daß sie eindrucksvolle Ruinen hinterlassen haben, darunter eine große Pyramide. Diese Pyramide ist ein zwingender Beweis, daß sich die Alte und die Neue Welt in den vorchristlichen Jahrhunderten gegenseitig beeinflußt haben.

Es wird vermutet, daß aus den Olmeken die auf sie folgende Kultur der Mayas hervorgegangen ist. Die Kultur der Mayas erstreckte sich von Mexiko bis Mittelamerika und bestand von 300 v. Chr. bis 900 n. Chr. Wie die Olmeken, so waren auch die Mayas große Pyramidenbauer. Überraschenderweise sind einige Pyramiden der Mayas ebenso wie die ägyptischen Pyramiden mit weißem Kalkstein verkleidet. Wie die Ägypter balsamierten auch die Mayas ihre Körper ein, und auch sie glaubten an ein physisches Leben nach dem Tode. Dazu der Historiker Raymond Cartier:

> Weitere Analogien zu Ägypten sind in der bewundernswürdigen Kunst der Mayas erkennbar. Ihre Wandmalereien und Fresken und ihre verzierten Vasen zeigen eine Menschenrasse mit stark semitischen (mesopotamischen) Zügen bei allen möglichen Tätigkeiten: Landwirtschaft, Fischfang, Hausbau, Politik und Religion. Nur in Ägypten wurden diese Tätigkeite mit der gleichen grausamen Lebensechtheit abgebildet; die Keramik der Mayas erinnert jedoch an die der Etrusker (ein antikes Volk in Italien); ihre Basreliefs gleichen denen Indiens, und die riesigen steilen Treppen ihrer pyramidenartiken Tempel sind wie die in Angkor (Kambodscha, die hinduistischen Gottheiten geweiht sind). Wenn sie ihre Vorbilder Muster nicht von außerhalb erhielten, muß ihr Denken so beschaffen gewesen sein, daß sie die gleichen Formen künstlerischen Ausdrucks wie alle anderen großen alten Zivilisationen Europas und Asiens entwickelten. Enstand die Kultur demnach in einer speziellen geographischen Region und hat sich dann allmählich wie ein Waldbrand nach allen Richtungen ausgebreitet? Oder tauchte sie in den verschiedensten Teilen der Welt spontan und getrennt voneinander auf? Waren einige Kulturen die Lehrmeister und andere die Schüler, oder waren sie alle Autodidikaten? Vereinzelte Samen oder ein Hauptstamm, der nach allen Seiten austrieb?[1]

Es gibt zuviele Übereinstimmungen der amerikanischen Kulturen mit denen der Alten Welt, als daß sie unabhängig davon entstanden wären. Die Theorie Jungs von einem "kollektiven Unterbewußtsein" ist kaum eine einleuchtende Erklärung dafür. Die auffallenden Ähnlichkeiten zeigen, daß die amerikanischen Kulturen zu einer weltumspannenden Zivilisation gehörten, auch wenn sich die Amerikaner der Frühzeit dessen nicht bewußt waren. Heute ist die Situation ähnlich. In verschiedenen Städten rund um den Globus findet man moderne Wolkenkratzer, die eine bemerkenswerte Ähnlichkeit aufweisen, unabhängig davon, an welchen Ort dieser Welt sie stehen: ob in Singapur oder Afrika, oder in den Vereinigten Staaten. Es ist schon überraschend, weit weg in einem afrikanischen Land einen hohen gläsernen Wolkenkratzer zu sehen, der im Grunde genauso aussieht wie ein Wolkenkratzer in Chicago. Die ihn umgebende Kultur ist möglicherweise in jedem Land grundverschieden, was darauf hindeutet, daß der Wolkenkratzer in Afrika kein Produkt der einheimischen afrikanischen Kultur ist, sondern das Produkt eines unabhängigen weltweiten Einflusses. Ein ebensolcher Einfluß existierte ganz offensichtlich vor mehr als tausend Jahren, wie durch die bemerkenswerten Ähnlichkeiten zwischen den Kulturen der Mayas und der Ägypter bewiesen wird. Dieser weltweite Einfluß scheint von der Zivilisation der "Herrgötter" ausgegangen zu sein, denn wenn wir uns die frühen amerikanischen Schriften ansehen, begegnen wir unseren Freunden, den "Herrgöttern", wieder.

Die Amerikaner der Frühzeit verehrten die "Herrgötter" als menschenähnliche "Götter", die aus einer anderen Welt kommen. Wie in der östlichen Hemisphäre wurden die "Herrgötter" schließlich auch in Amerika unter einem mythologischen Schleier verborgen. Wie in Ägypten und Mesopotamien waren die Diener der "Herrgötter" Priester, die aufgrund ihrer besonderen Beziehung zu den ausgewiesenen außerirdischen Herren der Menschheit eine beträchtliche politische Macht besaßen. Es ist daher auch nicht verwunderlich, wenn man Beweise dafür findet, daß die Bruderschaft im frühen Amerika existiert hat. So war die Schlange zum Beispiel ein wichtiges religiöses Symbol in der gesamten westlichen Hemisphäre. Einige Freimaurer-Historiker behaupten, daß in vorkolumbianischen Kulturen frühe Freimaurerriten feststellbar seien. Auch das Hakenkreuzsymbol der Bruderschaft war allgemein bekannt, worauf Professor W. Norman Brown, Professor an der Universität von Pennsylvania, auf Seite 27 seines Buches *The Swastika: A Study of the Nazi Claims of its Aryan Origin* hinweist:

> Ein eigenartiges Rätsel ist das Vorhandensein des Hakenkreuzes vor der Zeit des Columbus. Es kommt in Nord-, Mittel- und Südamerika häufig und in vielen verschiedenen Formen vor.

Die Geschichte der amerikanischen Kulturen ist ähnlich verlaufen wie die der Alten Welt. Sie war voller Kriege, Völkermorde und Katastrophen. Städte und religiöse Zentren im frühen Amerika kamen und gingen. Was sich nicht änderte, war der Bau von Pyramiden. Die Tolteken einer Kultur, die aus den Mayas hervorgegangen ist, führten die Tradition des Pyramidenbaus fort und errichteten die märchenhafte Sonnenpyramide in Mexiko. Diese Pyramide ist allein vom Volumen her größer als die Große Pyramide in Ägypten, und die Steinmetzarbeiten wurden mit der gleichen Präzision ausgeführt, die für ihr ägyptisches Gegenstück kennzeichnend ist.

Als die Spanier im 16. Jahrhundert in Südamerika eindrangen, zerstörten sie bewußt soviel amerikanische Kultur, wie sie konnten, mit Ausnahme des Goldes und der Edelmetalle, die nach Spanien gebracht wurden. In dieser geschichtlichen Epoche war die Inquisition auf ihrem Höhepunkt und Spanien ihr eifrigster Verfechter. Die frühen Amerikaner galten

OBEN: *Die außerordentlichen Ähnlichkeiten zwischen den alten Zivilisationen Ägyptens und Amerikas sind zu markant, um Zufall zu sein. Vorstehend eine Abbildung der alten mexikanischen Sonnenpyramide, die der ersten Stufenpyramide in Ägypten gleicht.*

UNTEN LINKS UND RECHTS: *Die Ähnlichkeit zwischen den Kulturen der Alten und der Neuen Welt sind auch in den von beiden verwendeten Symbolen erkennbar. Links unten das in Ägypten gefundene Symbol des Horusauges, rechts unten ein ähnliches an einem frühamerikanischen Artefakt gefundenes Auge.*

als Heiden, und so machten sich die christlichen Missionare voller Energie daran, alle Aufzeichnungen und Artefakte, die sich auf die amerikanischen Religionen bezogen, auszumerzen. Leider befanden sich unter diesen Aufzeichnungen unschätzbare historische und wissenschaftliche Texte. Diese Ausrottung hatte dieselbe Wirkung wie die Zerstörung der Bibliothek von Alexandria durch die Christen vor ihr: die Frühgeschichte der Menschheit wurde einfach "ausgelöscht". Dadurch blieben sehr viele Fragen im Zusammenhang mit den Mayas unbeantwortet. So bauten die Mayas beispielsweise eine große Zahl großartiger religiöser Zentren und gaben sie dann wieder auf. Einige Historiker sind der Ansicht, daß diese Aufgabe plötzlich erfolgte und die Gründe dafür ein Geheimnis bleiben werden. Andere kommen zu dem Schluß, dies sei allmählich mit dem Niedergang der Kultur der Mayas geschehen. Man weiß, daß bei den Mayas Menschenopfer üblich waren. Nach Auffassung einiger Historiker erreichten die Opfer, die jeweils 50.000 Menschenleben forderten, das Ausmaß wahrer Völkermorde. Wo liegt die Wahrheit?

Ein Buch ist aufgetaucht, das den Eindruck erweckt, als handele es sich um eine Überlieferung früher Glaubensanschauungen der Mayas. Man kennt es als *Popol Vuh*. Das *Popol Vuh* ist kein authentisches Werk der Frühzeit. Es wurde erst im 16. Jahrhundert von einem unbekannten Maya geschrieben. Später wurde es von dem Dominikanerpater Francisco Ximenez ins Spanische übersetzt. Ximenez' Übersetzung wurde erstmalig 1857 in Wien veröffentlicht und ist die früheste erhaltene Version des *Popol Vuh*.

Beim *Popol Vuh* soll es sich um eine Sammlung von Glaubensanschauungen und Legenden der Mayas handeln, so wie sie über Jahrhunderte mündlich überliefert wurden. Es liegt auf der Hand, daß entweder durch den unbekannten Maya Verfasser oder Pater Ximenez oder beide viele christliche Gedanken in dieses Werk Eingang gefunden haben. Es ist ebenfalls offensichtlich, daß das *Popol Vuh* viele schlichtweg erfundene Geschichten enthält, die dem, was die wahre Geschichte der Erschaffung des Menschen sein soll, hinzugefügt wurden. Trotzdem lohnt es sich, einige Abschnitte des *Popol Vuh* näher zu betrachten, denn hier wiederholen sich bedeutende religiöse und geschichtliche Themen, denen wir bereits an anderer Stelle begegnet sind, jedoch mit einer weitaus größeren Subtilität, als man sie in den christlichen Schriften findet. Im *Popol Vuh* kommen diese Themen im Zusammenhang mit den zahlreichen Göttern der Mayas zum Ausdruck.

Im *Popol Vuh* heißt es, daß die Menschen als Diener der "Götter" geschaffen worden seien. Diese "Götter" werden zitiert:

OBEN LINKS: *Das Hakenkreuzsymbol war in den Kulturen des alten Amerika allgemein bekannt. Diese Illustration ist die Wiedergabe eines Ornamentes auf einem mexikanischen Brustschmuck der Frühzeit. Sie zeigt einen der menschenähnlichen "Herrgötter", der einen Schild trägt, auf dem in der Mitte ein Hakenkreuzsymbol abgebildet ist. Das Hakenkreuzsymbol wurde auch auf anderen Kontinenten der frühzeitlichen Welt direkt mit den "Herrgöttern" in Verbindung gebracht.*

OBEN RECHTS: *Ein reichverziertes Hakenkreuz, das auf einem Steinobjekt aus Tiahuanaco in Südamerika eingeschnitten wurde.*

UNTEN: *Hakenkreuze auf fünf Beispielen nordamerikanischer Keramik aus Missouri und Arkansas. Man nimmt an, daß einige nordamerikanische Indianerstämme ihre Wurzeln in den frühen Kulturen Mexikos und Mittelamerikas haben. Das wäre auch eine Erklärung für die Hakenkreuze im mittleren Teil Nordamerikas (den heutigen USA) aus der Zeit vor dem Auftauchen des weißen Mannes.*

> "Laßt uns jemanden machen, der uns ernährt und erhält! Was sollen wir tun, damit man uns anruft, damit man sich auf der Erde an uns erinnert? Wir haben bereits mit unseren ersten Schöpfungen, unseren ersten Geschöpfen, einen Versuch gemacht; aber wir konnten sie nicht dazu bringen, uns zu preisen und zu verehren. Also laßt uns nun versuchen, gehorsame, ehrerbietige Wesen zu machen, die uns ernähren und erhalten."[2]

Dem *Popul Vuh* zufolge hatten die "Götter" als "Holzfiguren" bekannte Geschöpfe gemacht, bevor sie den *Homo sapiens* erschufen. Diese seltsamen Geschöpfe aus Holz, die wie Menschen ausgesehen und gesprochen haben sollen, "existierten und vermehrten sich; sie hatten Töchter, sie hatten Söhne...."[3] Sie waren jedoch unzulängliche Diener für die "Götter". Um zu erklären warum, wird im *Popol Vuh* eine subtile geistige Wahrheit ausgesprochen, die sich zwar nicht im Christentum, wohl aber in frühen mesopotamischen Schriften findet. Die "Holzfiguren" hatten keine Seelen, heißt es im *Popul Vuh,* und so gingen sie "ziellos" auf allen vieren. Anders ausgedrückt, ohne Seelen (geistige Wesen), die den Körper inspirierten, hatten die "Götter" ihrer eigenen Ansicht nach lebendige Geschöpfe erschaffen, die sich biologisch fortpflanzen konnten, denen aber die Intelligenz fehlte, um Ziele oder eine Richtung zu haben.

Die "Götter" vernichteten ihre "Holzfiguren" und hielten lange Versammlungen ab, um Form und Zusammensetzung ihres nächsten Versuchs festzusetzen. Schließlich schufen die "Götter" Geschöpfe, an denen geistige Wesen festgemacht werden konnten. Dieses neue und verbesserte Geschöpf war der *Homo sapiens.**

Mit der Schaffung des *Homo sapiens* war das Problem jedoch noch nicht gelöst. Nach dem *Popol Vuh* war der erste *Homo sapiens zu* intelligent und konnte *zuviel!*

> Sie (der erste *Homo sapiens*) waren mit Intellienz begabt; sie sahen und konnten sofort weit sehen, es gelang ihnen, alles, was in der

---

* Sumerischen Texten zufolge ähnelte der *Homo sapiens* äußerlich den "Herrgöttern". Daraus erklärt sich vielleicht, warum die "Götter" des *Popol Vuh* mit dem *Homo sapiens* Erfolg hatten, mit anderen Körpern jedoch nicht: geistige Wesen waren eher bereit, in Körpern zu wohnen, die denen ähnelten, die sie bereits beseelt hatten.

> Welt ist, zu sehen und zu wissen. Wenn sie schauten, sahen sie alles um sich herum und sie dachten abwechselnd über den Bogen des Himmels und das runde Angesicht der Erde nach.
>
> ....
>
> Der Schöpfer hörte das nicht gern. "Es ist nicht gut, daß unsere Geschöpfe, unsere Werke sagen; sie wissen alles, das Kleine und das Große", sagten sie.[4]

Dagegen mußte etwas getan werden. Man mußte den Intelligenzgrad der Menschen (und somit auch der geistigen Wesen, die die menschlichen Körper beseelten) herabsetzen. Die Menschheit mußte dümmer werden.

> "Was sollen wir jetzt mit ihnen tun? Laßt sie nur das sehen, was nahebei ist; laßt sie nur ein wenig vom Antlitz der Erde sehen! Es ist nicht gut, was sie sagen. Sind sie denn nicht von Natur aus einfache Geschöpfe, die wir gemacht haben? Müssen sie auch Götter sein?"[5]

Im *Popol Vuh* wird dann in symbolischer Form berichtet, was die "Herrgötter" unternahmen, um die Intelligenz und das intellektuelle Vorstellungsvermögen der Menschen zu verringern:

> Dann blies das Herz des Himmels Nebel in ihre Augen, was ihre Sicht trübte, wie wenn man einen Spiegel anhaucht. Ihre Augen wurden bedeckt und konnten nur das sehen, was nahebei war, nur das war klar für sie.
>
> Auf diese Weise wurden Weisheit und alles Wissen der vier Menschen (die ersten *Homo sapiens*) .... vernichtet.[6]

In der vorstehenden Textstelle wiederholt sich die biblische Geschichte von Adam und Eva, in der das "flammende Schwert" eingesetzt wurde, um den Zugang des Menschen zu wichtigen Erkenntnissen zu verhindern. Sie weist auch auf die Absicht der "Herrgötter" hin, daß die Menschen niemals etwas anderes über die Welt erfahren sollten, als das, was augenfällig und an der Oberfläche ist.

Das *Popol Vuh* enthält noch ein weiteres erwähnenswertes Element, denn es spiegelt das Thema der "Sprachverwirrung" wider, um die es in der biblischen Geschichte vom Turmbau zu Babel geht. Im *Popul Vuh* wird berichtet, daß die einzelnen "Götter" verschiedene Sprachen sprachen, welche die frühen Stämme der Maya übernehmen mußten, wenn sie unter die Herrschaft eines neuen "Gottes" fielen. Selbst in der Neuen Welt wurden die Menschen von den "Herrgöttern" in verschiedene Sprachgruppen gezwungen.

Als Ende des 15. Jahrhunderts die ersten Spanier in Amerika landeten, waren die "Herrgötter" im menschlichen Geschehen nicht mehr unmittelbar sichtbar und das schon seit Jahrhunderten. Zwar wurden auch weiterhin UFOs in der Nähe der Erde gesichtet, doch betrachtete man sie nicht mehr als Fahrzeuge der "Götter". Die Zivilisation der "Herrgötter" übte sich in Zurückhaltung, wodurch der Eindruck entstand, als ob sie die Erde verlassen hätten und nach Hause zurückgekehrt seien. Leider waren sie immer noch da, wie das nächste und vielleicht omenreichste Kapitel zeigen wird.

KAPITEL 18

Der schwarze Tod

Die Zentralisierung der päpstlichen Macht erreichte ihren Höhepunkt unter Papst Innozenz IV., der von 1243 bis 1254 die Zügel in der Hand hielt. Innozenz IV. verkündete, daß der Papst der "Statthalter (irdische Stellvertreter) des Schöpfer auf Erden sei, dem alle Kreatur unterworfen sei" und versuchte so das Papsttum zur höchsten politischen Autorität zu machen. Unter Innozenz IV. wurde die Inquisition zu einer offiziellen Einrichtung der römisch-katholischen Kirche.

Trotz der Tyrannei durch die Inquisition begann sich Europa im 13. Jahrhundert von der wirtschaftlichen und sozialen Zerrissenheit zu erholen, die eine Folge der Kreuzzüge war. In der Erweiterung der intellektuellen und künstlerischen Horizonte wurden Anzeichen für eine europäische Renaissance sichtbar. Der Handel mit anderen Teilen der Welt trug viel zur Bereicherung des Lebens in Europa bei. Europa stand an der Schwelle eines Zeitalters, in dem Ritterlichkeit, Musik, Kunst und geistige Werte eine recht große Rolle spielten. Nach kaum einem Jahrhundert des Fortschritts machte ein verheerendes Ereignis dem jedoch vorübergehend ein Ende. Dieses Ereignis war die Beulenpest, die man auch als Schwarzen Tod kennt.

Der Schwarze Tod begann in Asien und griff bald nach Europa über, wo ihm in weniger als vier Jahren gut über 25 Millionen Menschen (etwa ein Drittel der Gesamtbevölkerung Europas) zum Opfer fielen. Einigen Historikern zufolge liegt die Zahl der Toten näher bei 35 bis 40 Millionen, das sind etwa die Hälfte aller Europäer.

Zwischen 1347 und 1350 grassierte die Suche zum ersten Mal in Europa. Auch danach wurde Europa noch bis zum 17. Jahrhundert alle zehn bis zwanzig Jahre von kurzen Ausbrüchen der Lungenpest heimgesucht, wobei die Zahl der tödlich verlaufenden Krankheitsfälle immer mehr zurückging. Obwohl die Gesamtzahl der Toten in diesen vierhundert Jahren nur schwer festzustellen ist, nimmt man an, daß über 100.000 Millionen Menschen an der Pest gestorben sind.

Der Schwarze Tod soll von zwei Pestarten verursacht worden sein. Die erste ist die “Beulenpest”, die häufigste Form der Pest. Sie zeichnet sich durch ein Anschwellen der Lymphknoten aus; diese Schwellungen werden “Beulen” genannt. Die Beulen gehen Hand in Hand mit Erbrechen, Fieber und führen, wenn keine Behandlung erfolgt, innerhalb weniger Tage zum Tod. Diese Form der Pest ist bei Menschen nicht ansteckend. Es bedarf eines Überträgers, wie beispielsweise eines Flohs. Deshalb sind viele Historiker der Ansicht, daß flohverseuchte Nagetiere die Beulenpest verursacht haben. Nagetiere übertragen diese Krankheit auch heute noch. In einer Reihe von Aufzeichnungen aus der Zeit zwischen 1347 und dem Ende des 16. Jahrhunderts ist von Nagetierseuchen kurz vor Ausbruch einiger Pestepidemien die Rede, was die Nagetiertheorie glaubwürdig macht.

Die zweite Pestart, die zum Schwarzen Tod beigetragen hat, ist eine ungeheuer ansteckende als “Lungenpest” bekannte Form. Sie ist gekennzeichnet durch Schüttelfrost, Kurzatmigkeit und Bluthusten. Die Körpertemperatur ist hoch, und der Tod tritt normalerweise drei bis vier Tage nach Ausbruch der Krankheit ein. Diese zweite Form der Pest verläuft fast immer tödlich und wird vor allem bei kaltem Wetter und schlechter Belüftung übertragen. Heute glauben einige Ärzte, daß bedingt durch die damals herrschende Enge und schlechten hygienischen Bedingungen diese zweite Form, die “Lungenpest”, für die meisten Opfer des Schwarzen Todes ursächlich ist.

Normalerweise würden wir über diese tragische Periode der Menschheitgeschichte nur den Kopf schütteln und der modernen Medizin dafür danken, daß sie Heilmittel für diese schrecklichen Krankheiten entwickelt hat. Es gibt jedoch noch immer ungeklärte und beunruhigende Fragen im Zusammenhang mit dem Schwarzen Tod. Die Krankheit brach häufig im Sommer bei warmem Wetter in wenig bewohnten Gebieten aus. Nicht jedesmal ging der Beulenpest eine Nagetierseuche voraus; tatsächlich scheint sie nur wenige Male mit einer Zunahme des Ungeziefers in Beziehung zu stehen. Das größte Rätsel, das uns der Schwarze Tod aufgibt, aber ist, wie er isoliert lebende menschliche Gemeinschaften heimsuchen konnte, die keinerlei Kontakt zu bereits infizierten Gebieten hatten. Auch endeten die Epidemien häufig ganz plötzlich.

Um dieses Rätsel zu lösen, pflegt ein Historiker normalerweise Aufzeichnungen aus den Pestjahren durchzusehen und auf diese Weise festzustellen, was die Menschen berichten. Dabei stößt er auf so phantastische und unglaubliche Geschichten, daß er sie wahrscheinlich als Hirngespinste und Aberglauben zutiefst verängstigter Gemüter abtut. Sehr viele Menschen aus ganz Europa und anderen von der Pest heimgesuchten Regionen der Welt berichteten nämlich, daß Pestepidemien durch übelriechende "Nebel" verursacht worden seien. Diese Nebel traten häufig nach ungewöhnlich hellen Lichtern am Himmel auf. Der Historiker erkennt schnell, daß weitaus häufiger und an mehr Orten von "Nebel" und hellen Lichtern berichtet wird, als es Nagetierseuchen gab. Die Pestjahre waren nämlich eine Zeit starker UFO-Tätigkeit.

Was hatte es also mit dem geheimnisvollen Nebel auf sich?

Es gibt noch eine andere sehr wichtige Möglichkeit, wie Keime übertragen werden können: durch biologische Waffen. Die Vereinigten Staaten und die Sowjetunion verfügen heute über Vorräte an biologischen Waffen, darunter auch die Beulenpest und andere sich schnell ausbreitende Krankheiten. Diese Keime werden in Kannistern am Leben erhalten, mit denen man die Krankheiten als dicken, oft sichtbaren künstlichen Nebel in die Luft sprüht. Wer den Nebel einatmet, atmet auch die Krankheit ein. Es existieren heute genug biologische Waffen, um einen Großteil der Menschheit auszurotten. Berichte über krankeitserregende Nebel aus den Pestjahren deuten sehr stark darauf hin, daß der Schwarze Tod im Wege der biologischen Kriegsführung hervorgerufen wurde. Lassen Sie uns einen Blick auf die unglaublichen Berichte werfen, die diesen Schluß nahelegen.

Auf den ersten Ausbruch der Pest folgten eine Reihe ungewöhnlicher Ereignisse. Zwischen 1298 und 1314 wurden über Europa sieben große "Kometen" gesehen; einer war von "grauenerregender Schwärze".[1] Ein Jahr vor dem Ausbruch der Epidemie in Europa wurde eine "Feuersäule" über dem Papstpalast* in Avignon in Frankreich gesichtet. Zu einem früheren Zeitpunkt jenes Jahres beobachtete man einen "Feuerball" über Paris; er soll eine Zeitlang sichtbar gewesen sein. Die Menschen von Europa betrachteten diese Erscheinungen als Omen für die Pest, die bald darauf ausbrach.

Einige der "Kometen", über die berichtet wurde, waren wahrscheinlich auch nur das, nämlich Kometen. Bei einigen mag es sich um kleine

---

* Es handelt sich um einen zweiten nicht legitimierten Papst, der den Titel infolge eines Schismas innerhalb der katholischen Kirche für sich beanspruchte.

Meteore oder Feuerbälle (große rotglühende Meteore) gehandelt haben. Vor Jahrhunderten waren die Menschen im allgemeinen sehr viel abergläubischer als heute, und so galten natürliche Meteore und ähnliche alltägliche Erscheinungen häufig als Vorboten einer späteren Katastrophe, obgleich kein realer Zusammenhang bestand. Auf der anderen Seite ist die Feststellung wichtig, daß fast alle ungewöhnlichen Objekte am Himmel "Kometen" genannt wurden. Ein gutes Beispiel dafür findet man in einem 1557 veröffentlichten "Bestseller" von Conrad Lycosthenes mit dem Titel *Eine Chronik der Wunder und Omen...**. Auf Seite 494 dieses Buches ist von einem "Kometen" die Rede, der im Jahre 1479 beobachtet wurde: "In Arabien wurde ein Komet gesehen, der die Form eines sehr spitzen Holzbalkens hatte...". Die dazugehörige Illustration, die sich auf Augenzeugenberichte stützt, zeigt etwas, das ganz offensichtlich wie die vordere Hälfte einer Rakete zwischen einigen Wolken aussieht (vgl. die Illustration auf der gegenüberliegenden Seite). Das Ding hatte offenbar viele Bullaugen. Heute würde man so etwas UFO und nicht Komet nennen. Daher stellt sich die Frage, wieviele andere "Kometen" früherer Zeiten eigentlich ähnliche raketenartige Objekte waren. Deshalb weiß man, wenn man einen alten Bericht über einen Kometen liest, der nicht näher beschrieben wird, eigentlich gar nicht, worum es sich handelt. Ein Bericht über eine plötzliche Zunahme von "Kometen" oder ähnlichen Himmelserscheinungen, könnte nämlich eine Zunahme der UFO-Tätigkeit bedeuten.

Schon während der ersten Pestepidemien in Asien wurden der Schwarze Tod und ungewöhnliche Himmelserscheinungen miteinander in Verbindung gebracht. Ein Historiker schreibt dazu:

> Die ersten Berichte (über die Pest) kamen aus dem Osten. Sie waren wirr, übertrieben und furchterregend, wie so oft Berichte aus diesem Teil der Welt: Beschreibungen von Stürmen und Erdbeben: von Meteoren und Kometen, die schädliche Gase hinter sich zurückließen, durch welche die Bäume verdorrten und das Land unfruchtbar wurde...[2]

Die vorstehende Textstelle zeigt, daß diese seltsamen Flugobjekte nicht nur Krankheiten verbreiteten, sie versprühten offensichtlich auch

* Der vollständige Titel lautet *Eine Chronik der Wunder und Omen, die jenseits der richtigen Ordnung, Vorgänge und Abläufe in der Natur liegen, in den höheren wie in den niederen Regionen der Erde, vom Anfang der Welt bis heute.*

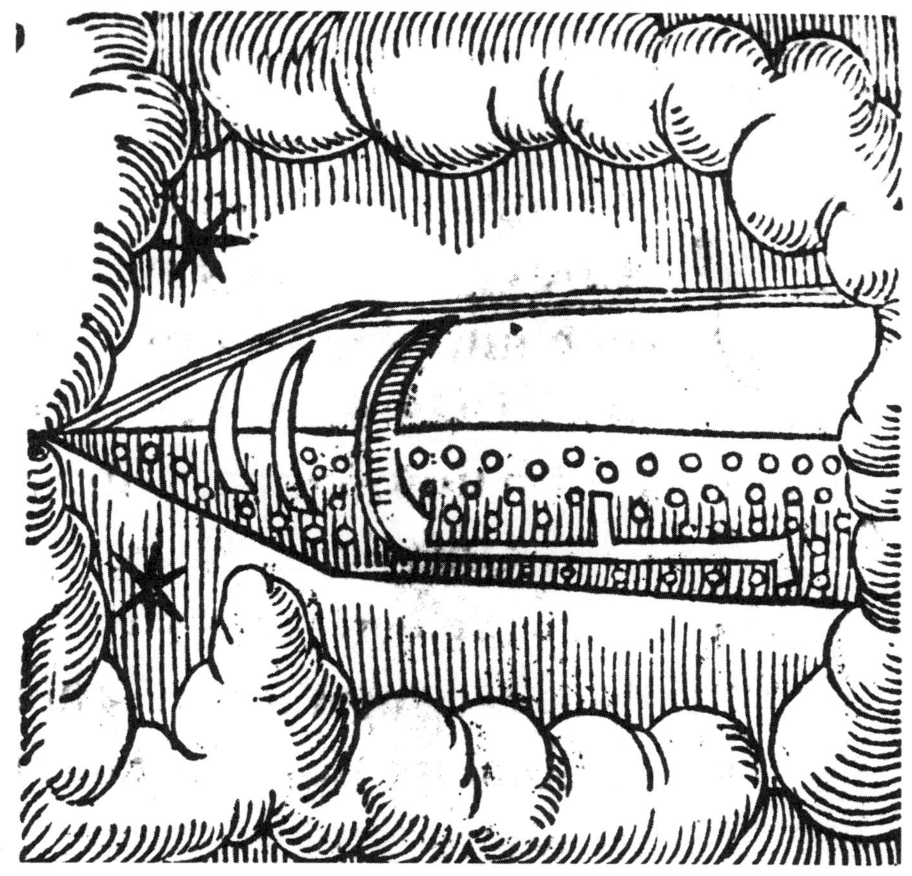

OBEN: *Vor Jahrhunderten wurden fast alle ungewöhnlichen Flugkörper "Kometen" genannt. Vorstehend eine 1557 veröffentlichte Illustration eines "Kometen", der 1479 in Arabien beobachtet wurde. Der Beschreibung nach sah der Komet wie ein sehr spitzer Holzbalken aus. Der Entwurf des Künstlers, der sich auf Augenzeugenberichte stützte, gleicht einer Rakete mit zahlreichen Bullaugen. Bei vielen anderen Berichten über "Kometen" mag es sich um ähnliche Objekte gehandelt haben.*
(Aus *Eine Chronik der Wunder und Omen...* von Conrad Lycosthenes.)

OBEN: *In den Jahrhunderten, in denen die Beulenpest grassierte, werden ungewöhnliche Erscheinungen am Himmel Europas gemeldet. Vorstehend eine Illustration seltsamer kugelförmiger Körper, die man im Juli und Anfang August des Jahres 1566 über Basel in der Schweiz beobachtet hat. Sie wurden von Samuel Coccius, einem Augenzeugen, als große schwarze Kugeln beschrieben, die auf die Sonne zurasten und sich gegeneinander wandten, als ob sie in einen Kampf verwickelt wären.*

chemische oder biologische Entlaubungsmittel aus der Luft. Hier wiederholt sich, was auf alten mesopotamischen Tafeln steht, die von einer Entlaubung der Landschaft durch die "Herrgötter" zu berichten wissen. Viele Pestfälle unter den Menschen sind möglicherweise auf solche Entlaubungsmittel zurückzuführen.

Bereits Jahrhunderte vor dem Schwarzen Tod hatte zwischen Erscheinungen am Himmel und der Pest ein Zusammenhang bestanden. Beispiele dafür haben wir bereits früher bei der justinianischen Pest gesehen. In einer anderen Quelle liest man über eine große Pestepidemie, die, wie es hieß, im Jahre 1117 ausgebrochen war - fast 250 Jahre vor dem Schwarzen Tod. Dieser Epidemie gingen ebenfalls ungewöhnliche Himmelserscheinungen voraus:

> 1117 ist im Januar ein Komet wie ein feuriges Heer von Norden bis nach Orient geloffen, der Mond war in seiner Finsternis blutrot überzogen, das Jahr darauf erschien ein Licht, heller als die Sonnen, darauf folgte große Kälte, Hunger, Pest, und soll der dritte Teil der Menschen daran gestorben sein.[3*]

Auch nach dem Ausbruch des Schwarzen Todes des Mittelalters war die furchtbare Epidemie noch weiter mit bemerkenswerten Himmelserscheinungen verbunden. Johannes Nohl sammelte viele Berichte über diese Phänomene und veröffentlichte sie in seinem Buch *Der Schwarze Tod, eine Chronik der Pest* (1926). Laut Nohl wurden zwischen 1500 und 1543 mindestens 26 "Kometen" gemeldet. Fünfzehn oder sechzehn wurden zwischen 1556 und 1597 gesehen. Im Jahr 1618 wurden acht oder neun beobachtet. Nohl weist darauf hin, daß die Menschen zwischen den "Kometen" und den darauffolgenden Epidemien einen Zusammenhang wahrnahmen:

> Anno 1606 hat sich ein Comet gezeigt, nach welchem eine allgemeine Pestilenz die Welt durchstrichen. Anno 1582 führte der Comet mit sich im Majo, zu Prag, in Thüringen, Niederland und anderen Orten eine so

---

* In keinem anderen Geschichtsbuch habe ich eine Bemerkung über diese Pestepidemie gefunden. Möglicherweise handelte es sich um eine örtlich begrenzte Epidemie, durch die nicht ein Drittel der Menschheit sondern nur ein Drittel der betroffenen Bevölkerung ausgerottet wurde.

> reißende Pestilenz, daß selbige in Thüringen allein 37 000, in Niederland aber 46 415 aufgerieben.[4]

Aus Wien in Österreich kommt die folgenden Beschreibung eines Zwischenfalls, der sich 1568 ereignet hat. Man erkennt hier einen Zusammenhang zwischen dem Ausbruch der Pest und einem Objekt, das der Beschreibung nach wie ein zigarren- oder balkenförmiges UFO von heute ausgesehen hat:

> Da in der Sonne und Mond ein schöner Regenbogen und ein feuriger Balke über St. Stephanie Kirch schwebend gesehen worden, dem ein heftig Sterben in Österreich, Schwaben, Augsburg, Württemberg, Nürnberg und anderen Orten an Menschen und Vieh nachkommen ist.[5]

Die ungewöhnlichen Himmelserscheinungen wurden im allgemeinen einige Minuten bis zu einem Jahr vor einem Ausbruch der Pest gesichtet. Wenn es zwischen einer solchen Erscheinung und dem Ausbruch der Pest eine Unterbrechung gab, wurde bisweilen ein zweites Phänomen gemeldet: das Auftauchen furchterregender menschenähnlicher Gestalten, die schwarz gekleidet waren. Diese Gestalten wurden oft in der Umgebung einer Stadt oder eines Dorfes gesehen, und ihr Erscheinen pflegte den unmittelbaren Ausbruch der Epidemie anzukündigen. In einem Bericht aus dem Jahre 1682 geht es um einen solchen Besuch, der hundert Jahre früher stattfand:

> In der Mark sind im Jahre 1559 gräßliche Männer erschienen, derer erst 15, danach 12 gesehen worden. Die Vördersten haben neben dem Hintersten kleine Köpfe, die anderen greuliche Angesichter und lange Sensen gehabt, damit sie im Hafer gehauen, daß man das Rauschen von Ferne gehört, aber der Hafer ist stehen geblieben.[6]

Unmittelbar nach dem Besuch der seltsamen Männer auf den Kornfeldern kam es zu einer großen Pestepidemie in Brandenburg.

Dieser Zwischenfall wirft die hochinteressante Frage auf: wer waren diese rätselhaften Gestalten? Was waren das für lange sensenartige Instrumente, die sie hielten und die ein lautes zischendes Geräusch verursachten? Bei den "Sensen" scheint es sich möglicherweise um lange Geräte zum Sprühen von Gift oder keimhaltigem Gas gehandelt haben. Das hieße, daß die Städter die Bewegungen der "Sensen" irrigerweise als einen Versuch, Weizen zu schneiden, interpretiert haben, während die Bewegungen in

Wirklichkeit bedeuteten, daß Aerosol auf die Stadt versprüht wurde. Ähnliche schwarzgekleidete Männer wurden auch aus Ungarn gemeldet:

> So im Jahr Christi 1571 zu Cremmnitz in den ungarischen Bergstädten am Himmelsfahrtstag abends sich mit jedermänniglicher Bestürzung und Grauen hat blicken lassen; da auf dem Schülersberge so viel schwarze Reiter präsentieret, daß man nicht anders gemeint, der Türke wolle einen heimlichen Einfall tun, welche aber bald wieder verschwunden, und darauf eine grimmige Pest in besagter Gegend zu stürmen angefangen.[7]

Seltsame schwarzgekleidete Männer, "Dämonen" und andere furchterregende Gestalten wurden auch in anderen Gemeinden in Europa beobachtet. Man bemerkte oft, daß die fürchterlichen Gestalten lange "Besen", "Sensen" oder "Schwerter" bei sich hatten, mit denen sie vor den Haustüren "kehrten" oder an die Haustüren "klopften". Die Bewohner dieser Häuser erkrankten danach an der Pest. Aus diesen Berichten entwickelte sich das allgemein bekannte Bild des "Todes" als Skelett oder Dämon mit einer Sense. Die Sense wurde zum Symbol des Todes, der die Menschen wie Halme niedermähte. Wenn wir uns dieses gespenstische Bild des Todes vergegenwärtigen, steht in Wirklichkeit vielleicht ein UFO vor unseren Augen.

Von allen Phänomenen im Zusammenhang mit dem Schwarzen Tod wurden am häufigsten seltsame, schädliche "Nebel" genannt. Die Dämpfe wurden häufig dann beobachtet, wenn die anderen Phänomene fehlten. Nohl weist darauf hin, daß feuchte Pestnebel "ein Merkmal" waren, "die der Epidemie während ihres gesamten Verlaufs vorausgingen".[8] Sehr viele Ärzte jener Zeit waren fest davon überzeugt, daß die seltsamen Nebel Pest verursachten. Wie Nohl berichtet, wurde dieser Zusammenhang bereits ganz zu Beginn des Schwarzen Todes festgestellt:

> Der Herd der Pest war in China, und sie soll dort schon im Jahre 1333 nach einem entsetzlich stinkenden und die Luft verpestenden Nebel zu wüten angefangen haben.[9]

In einem anderen Bericht wird darauf hingewiesen, daß die Pest nicht von Mensch zu Mensch übertragen wird, sondern durch das Einatmen der tödlichen übelriechenden Luft:

Regimen zu deutsch Magistri philippi Culmachers vō Eger wider die gemainsamen erschrecklichen Tötlichen pestelentz. von vil grossen maistern gesamelt auß gezogen: do durch sich ein mensch tzu pestelentz tzeit: nicht allein enthalden. Sunder auch wol gefreyen kan: gegeben allen menschen zu sunderm nutz vnd grosser woltat.

OBEN LINKS: *In den Pestjahren sollen oft geheimnisvolle Gestalten und "Dämonen" in die Städte und Dörfer gekommen sein. Sie pflegten mit langen Instrumenten, die häufig für "Sensen" oder "Schwerter" gehalten wurden, an die Tür der Menschen zu "klopfen" oder vor der Tür zu "fegen". Die Menschen in diesen Häusern erkrankten unmittelbar danach an der Pest. Diese Illustration wurde 1508 in Köln gedruckt. Es ist die Vorstellung, die sich der Künstler von einem dieser "Dämonen" macht. Beachten Sie, daß der "Dämon" seine tödliche Waffe auf das Fenster eines Hauses gerichtet hält, als ob er etwas in das Haus hineinspritzen wollte. Oben auf der Illustration stehen die Worte: "Klop duvel, klop".*

UNTEN LINKS: *Diese seltsamen Dämonen und geheimnisvollen "Männer in Schwarz" mit ihren "Sensen" waren der Anlaß für das populäre Bild des Todes als (bisweilen auch mit einem schwarzen Gewand und einer Kapuze bekleideten) Skelett mit einer Sense wie in dieser Illustration aus einem etwa 1480 veröffentlichten Buch über die Pest:* Regimen wider die Pestilenz zu sehen ist.

> Das ganze Jahr 1382 über ist kein Wind gewesen, worüber die Luft so faul worden, daß ein Sterben darauf erfolgt, da dann die Pest nicht von einem Menschen zum anderen sich geflochten, sondern ein jeder hat sie in der Luft bekommen, der daran gestorben.[10]

Berichte von tödlichen "Nebeln" und "Pestilenznebeln" kamen aus allen pestverseuchten Gebieten der Welt:

> In einer Prager Chronik wird die Epidemie in China, Indien und Persien beschrieben; und der Historiker Matteo Villani aus Florenz, der die Arbeit seines Bruders Giovanni weiterführte, nachdem dieser an der in Florenz grassierenden Pest gestorben war, übertrug den Bericht eines Reisenden in Asien, der von Erdbeben und Pestilenznebeln berichtet;...[11]

Derselbe Historiker fährt fort:

> Ein ähnliches Ereignis, bei dem Erdbeben und Pestilenznebel im Spiel waren, wurde aus Zypern gemeldet, und man glaubte, daß der Wind so giftig gewesen war, daß die Menschen krank wurden und daran starben.[12]

Er fügt hinzu:

> Berichte aus Deutschland sprechen von einem dichten übelriechenden Nebel, der von Osten herankam und sich über Italien legte.[13]

Der Verfasser erklärt, daß in anderen Ländern:

> ...Die Menschen waren überzeugt, daß sie sich diese Krankheit von dem üblen Geruch zuziehen könnten oder daß sie, wie manchmal berichtet wird, sogar sehen konnten, wie die Pest als fahler Nebel durch die Straßen kam.[14]

Er faßt recht dramatisch zusammen:

> Die ganze Erde befand sich in einem Zustand der Erschütterung, sie bebte und spuckte und brachte äußerst giftige Winde hervor, die Menschen und Tiere vernichteten und Insektenschwärme ins Leben riefen, um die Zerstörung zu vollenden.[15]

Ähnliche Begebenheiten werden auch von anderen Autoren berichtet. In einer Zeitung von 1680 findet sich diese Meldung über einen merkwürdigen Zwischenfall:

> ...daß zwischen Eisenberg und Dornberg 30 Totenbahr, alle mit schwarzem Tuch bekleidet, bei lichtem Tage gesehen worden: wo auf einer jeder Bahr ein schwarzer Mann mit einem weißen Kreuz gestanden. Als diese verschwunden, ist eine so heftige Hitze entstanden, daß die Leute selbigen Ortes sich kaum zu halten gewußt. Nachdem aber die Sonne untergegangen, sind sie eines so lieblichen Geruchs gewahr geworden, gleich als wären sie in einem Rosengarten. Welches dann alle in eine große Bestürzung gesetzt. Worauf auch in dem Thüringischen das Sterben an manchen Ort schon einen ziemlichen Anfang gemacht.[16]

Weiter südlich in Wien:

> ...so werden auch die stinkende Nebel beschuldigt, als ob sie die Pest verkünden, deren zwar etliche verwichenen Herbst find vermerkt worden.[17]

Direkt aus der Stadt Eisleben, in der die Pest wütete, kommt dieser ergötzliche und vielleicht übertriebene Zeitungsartikel, der am 1. September 1682 erschien:

> Auf dem Kirchhof zu Eisleben hat sich den 6. dieses zur Nacht folgendes begeben: als die Totengräber des Nachts in voller Arbeit, und tiefe Gruben aufgeworfen, denn manchen Tag 80 bis 90 gestorben, werden sie gewahr, daß die Gottesackerkirche, absonderlich die Kanzel, in einem hellen Sonnenglanz gestanden. In dem Zugehen aber überfällt den Kirchhof eine so große Finsternis und Schwarzdicker Nebel, daß sie kaum einander sehen mögen, welches sie vor ein böses Omen gehalten. So lassen sich auch des Tages und des Nachts grausame böse Geister sehen, so die Leute schrecken, Kobolde, die sie auslachen und nach den Leuten werfen, aber auch viele weiße Geister und Spekterer...[18]

In derselben Geschichte wird später hinzugefügt:

> Als Magister Hardte verschieden, ist ihm in Agonie ein blaulicher Nebeldampf aus dem Halse gestiegen, und ist gleich der Diaconus bei ihm gewesen, dergleichen man auch bei anderen Verstorbenen siehet. Item

> blaue Dämpfe steigen aus den Giebeln der Eislebenschen Häuser, so ausgestorben sind. In der Kirche zu St. Peter hat man in der Höhe an der Decken bläuliche Nebel gesehen, deswegen man dieselbe Kirche nicht gerne mehr besucht, zumal dasselbige Kirchspiel ganz ausgestorben.[19]

Die "Nebel" oder Pestgifte waren dick genug, um sich mit der normalen Luftfeuchtigkeit zu vermischen und zu einem Bestandteil des Morgentaus zu werden. Den Menschen wurde zu folgenden Vorsichtsmaßnahmen geraten:

> Wann man ein neu gebacknes Brot über Nacht an eine lange Stange stecket, das morgens schimmlich, inwändig grün, gelb und ungeschmack wird, solches den Hunden und Hennen vorwirft und sie nach Genießung sterben, in gleichen so die Hennen den Morgentau trinken und davon verrecken, so ist das Pestgift ganz vor der Tür.[20]

Wie bereits früher festgestellt, wurden die tödlichen "Nebel" unmittelbar mit den hellen am Himmel wandernden Lichtern in Verbindung gebracht. Es wurden aber auch andere Ursachen für die unangenehmen Gerüche genannt. Forestus Alcmarianos beispielsweise schrieb über einen ungeheuren "Wal", dem er begegnet war und der:

> 28 Ellen lang und 14 Ellen breit, der von dem Occischen Meer an das Egemontische Ufer durch große Wassenwellen ausgesetzt, dieweil er nicht wieder ins Meer kommen können, und eine solche Fäulung und giftige Malignität der Luft verursacht habe, daß bald danach zu Egemont und nahe darum her ein groß Sterben daraus erfolgt.[21]

Leider hat Alcmarianos den tödlichen Wal nicht ausführlicher beschrieben, denn es hätte sich um ein Fahrzeug ähnlich den modernen UFOs handeln können, bei denen beobachtet wurde, wie sie aus Gewässern kamen und hineinglitten. Andererseits war der Wal des Forestus Alcmanarios vielleicht wirklich nur ein toter verfaulender Wal, der zufällig kurz vor Ausbruch einer Pestepidemie ans Ufer gespült worden war.

Es ist bedeutsam, daß übelriechende Nebel und schlechte Luft auch als Ursache vieler anderer Seuchen in der Geschichte genannt werden. Während einer Pestepidemie im Alten Rom erklärte der berühmte Arzt Hippokrates (etwa 460-337 v. Chr.) daß die Krankheit durch körperliche Störungen verursacht werde, die auf Veränderungen in der Atmosphäre beruhten. Als Gegenmittel ließ Hippokrates die Menschen große öffentliche Feuer entfachen. Er war der Ansicht, die Luft durch diese Feuer gereinigt würde. Jahrhunderte später während der Pestepidemie im Mittelalter befolgten die Ärzte den Rat des Hippokrates. Die Ärzte von heute schätzen den Rat des Hippokrates jedoch gering und glauben, daß Hippokrates die eigentlichen Ursache der Pest nicht kannte. Falls die Pest jedoch wirklich durch keimgesättigte Aerosole ausgelöst wurde, waren riesige Feuer das einzig denkbare Mittel dagegen. Es gab noch keine Impfstoffe gegen die Pest, und so bestand die einzige Hoffnung der Menschen darin, die tödlichen "Nebel" mit Feuer wegzubrennen. Hippokrates und diejenigen, die seinem Rat befolgten, haben vielleicht sogar einige Menschenleben gerettet.

Bedeutsamerweise waren Beulen- und Lungenpest nicht die einzigen Infektionskrankheiten in der Geschichte, die durch seltsame todbringende Nebel verbreitet wurden. Auch die tödliche Darmkrankheit Cholera war eine solche Krankheit:

> Als auf dem Schiff Ihrer Majestät Britannia 1854 im Schwarzen Meer die Cholera ausbrach, waren sich einige Offiziere und Mitglieder der Mannschaft ganz sicher, daß unmittelbar vor dem Ausbruch ein seltsamer dunkler Nebel vom Meer herangekommen und über das Schiff hinweggezogen war. Das Schiff sei kaum aus der Nebelzone herausgewesen, als die ersten Cholerafälle gemeldet worden seien.[22]

Im Zusammenhang mit den Choleraepidemien in den Jahren 1832 und 1848-1849 in England wurden auch blaue Nebel gemeldet.

Wie bereits erwähnt, hatten die Seuchen eine sehr stark religiöse Bedeutung. Der Bibel zufolge sollen Seuchen Jehovas Methode gewesen sein, die Menschen für Verfehlungen zu bestrafen. Die dem Ausbruch des Schwarzen Todes vorausgehenden "Omen" ähneln vielen "Omen", von denen in der Bibel berichtet wird.

> Menschen, die mit den Schrecken des Schwarzen Todes konfrontiert wurden, waren beeindruckt von der Folge von Ereignissen, die schließlich zur Pest führten, und in den Berichten vom Kommen der Pestepidemie des 14. Jahrhunderts ging es vor allem um solche Vorboten in den Jahren vor dem Ausbruch der Pestepidemie von 1348, die den zehn Plagen des Pharao sehr stark glichen: atmosphärische Störungen, Stürme, ungewöhnliche Insektenplagen und Himmelserscheinungen.[23]

Außerdem glich die Beulenpest sehr stark einigen der von den "Göttern" des Alten Testaments auferlegten Strafen, wenn sie nicht sogar damit identisch war:

> Auch die Leute von Aschdod und den umliegenden Dörfern bekamen die Macht des Herrn zu spüren. Er strafte sie mit schmerzhaften Beulen.
> *1. Samuel 5, 6*

> Aber der Herr ließ auch die Leute von Gat seine Macht spüren. Er plagte sie alle ohne Ausnahme mit schmerzhaften Beulen...
> *1. Samuel 5, 9*

> ...In der Stadt herrschte Todesangst, denn alle ihre Bewohner bekamen die strafende Macht Gottes zu spüren.
> Auch, wer mit dem Leben davonkam, war mit Beulen bedeckt, und die Menschen schrien zum Himmel um Hilfe.
> *1. Samuel 5, 11-12*

Der religiöse Aspekt des Schwarzen Todes im Mittelalter wurde durch Berichte über donnernde Geräusche im Zusammenhang mit dem Ausbruch der Pest noch verstärkt. Die Geräusche glichen jenen, unter denen sich nach der Bibel das Erscheinen Jehovas vollzog. Interessanterweise handelt es sich um Geräusche, die auch für UFO-Sichtungen typisch sind:

> Während der Pest 1565 ließ sich in Italien bei Tag und Nacht öfteres Drommetengetön als in einem Krieg, nebst einem Getümmel und Gerauch eines großen Heeres hören und merken. In Deutschland hört man vielerorten ein Geräusch, als wenn da der Totenwagen vor sich auf den Gassen gleichsam herumrolle...[24]

Mit ähnlichen Geräuschen verbunden waren auch außergewöhnliche Sichtungen seltsamer Himmelsphänomene in England, die mit der Pest zusammenhingen. Das im nachstehenden Zitat beschriebene Objekt war über eine Woche lang zu sehen und scheint ein echter Komet oder Planet (wie die Venus) gewesen zu sein; einige andere Objekte kann man jedoch nur als "unbekannt" bezeichnen. Der Historiker Walter George Bell faßt, gestützt auf Schriften aus dieser Zeit, zusammen:

> In einer Dezembernacht des Jahres 1664 blieben die Bürger von London auf, um einen neuen helleuchtenden Stern zu beobachten, der

> "Stadtgespräch" war. König Karl II. und die Königin schauten in Whitehall aus dem Fenster. Er ging im Osten auf, erreichte aber keine große Höhe und ging zwischen zwei und drei Uhr am südwestlichen Horizont unter. Nach einer oder zwei Wochen war er verschwunden. Dann kamen Briefe aus Wien, die den gleichen Anblick eines leuchtenden Kometen meldeten und "in der Luft das Erscheinen eines Sarges, was unter den Leuten große Angst auslöste". Erfurt sah ihn zusammen mit anderen schrecklichen Erscheinungen, und die Zuhörer vernahmen Geräusche in der Luft wie von Feuern und den Lärm von Kanonen und Musketenschüssen. Es ging das Gerücht, daß in einer Nacht im darauffolgenden Februar Hunderte von Personen insgesamt eine Stunde lang Feuerflammen gesehen hätten, die von Whitehall nach St. James geworfen schienen und dann wieder zurück nach Whitehall, wonach sie verschwanden.
>
> Im März erschien ein noch leuchtenderer Komet am Himmel, der zwei Stunden nach Mitternacht sichtbar war bis zum Anbruch des Tages. Mit solchen unheilvollen Vorzeichen wurde die große Pest in London eingeläutet.[25]

Auch andere weniger häufige "Omen" wurden im Zusammenhang mit dem Schwarzen Tod gemeldet. Einige dieser Phänomene waren ganz offensichtlich erfunden. Bedeutsamerweise waren diese Erfindungen nicht sehr weit verbreitet, und außerhalb der Gemeinden, aus denen sie kamen, wurde selten darüber berichtet.

Die vorstehenden Zitate belegen, daß die Menschheit von UFOs (d.h. den "Herrgöttern") mit tödlichen Krankheiten bombardiert wurde. Diese Beweise sind besonders interessant, wenn man sich die Behauptungen einer Reihe von Personen anschaut, die mit einem modernen UFO in Berührung gekommen sind und aussagen, daß sie Botschaften der UFO-Zivilisation an die Menschheit weitergeben. Einige von ihnen behaupten, daß die UFOs hier seien, um den Menschen zu helfen und daß die UFOs die Krankheiten auf der Erde ausrotten wollten. Angeblich kennt die UFO-Zivilisation keine Krankheiten. Sollte die Zivilisation der "Herrgötter" wirklich so gesund sein, so vielleicht nur deshalb, weil sie die Keimwaffen nicht gegen sich selbst richten. Wenn die UFOs den Menschen wirklich Gesundheit bringen wollten, brauchten sie möglicherweise nur damit aufzuhören, ansteckende biologische Erreger in der Luft zu versprühen.

Der Schwarze Tod raffte nicht nur viele Menschen dahin, er schlug auch tiefe psychologische und gesellschaftliche Wunden. In der Vergangenheit waren die Menschen überzeugt, daß Epidemien Gottes Strafe für Sünden seien, und das führte zu einer starken Introvertiertheit. Die

Menschen hielten es für normal, sich selbst oder ihre Nachbarn der Sündhaftigkeit zu bezichtigen und sich zu fragen, womit sie diese Strafe "verdient" hätten. Die Opfer kamen selten auf den Gedanken, daß Seuchen, selbst, wenn sie absichtlich auferlegt waren, keinen Versuch darstellten, die Menschen tugendhafter zu machen. Die gesellschaftlichen und psychologischen Auswirkungen der Pest bewirkten schließlich das Gegenteil. Elend und Verzweiflung, durch die ungeheure Zahl der Todesfälle hervorgerufen, führten allerorten zu einem Verfall der ethischen Werte. In einer sterbenden Umwelt kümmern sich die Menschen wenig darum, ob das, was sie tun, richtig oder falsch ist; sie sterben ja doch. In dem im Mittelalter durch die Pest entstehenden Klima der Furcht kam es zu einem merklichen Niedergang der ethischen Werte und die geistigen Verirrungen nahmen stark zu. Das Gleiche geschieht in Kriegszeiten. Auch wenn in der Bibel und in anderen religiösen Werken steht, daß Seuchen und Kriege von "Gott" gesandt werden, um die Menschheit tugendhafter zu machen und geistig voranzubringen, die Wirkung ist immer das genaue Gegenteil.

Die kataklysmische Natur des Schwarzen Todes überschattete ein anderes katastrophales Ereignis der Pestjahre: einen weiteren Versuch der Christen, die Juden auszurotten. Es kursierten falsche Gerüchte, wonach die Juden die Pest durch Vergiftung der Brunnen verursacht hätten. Durch diese Gerüchte kam es in den von der Seuche verheerten christlichen Gemeinden zu einem angsterfüllten Judenhaß. Viele Christen beteiligten sich an den Vernichtungsaktionen, die möglicherweise ebenso viele Menschleben forderten, wenn nicht sogar mehr, wie die Ausrottung der Juden durch die Nationalsozialisten im 20. Jahrhundert. Dazu *Collier's Encyclopedia:*

> Dieses Land (Deutschland) war der Schauplatz brutaler Massaker im weitest möglichen Umfang, die in regelmäßigen Abständen über das Land hinwegfegten. Zur Zeit der als Schwarzer Tod bekannten schrecklichen Pestepidemie von 1348 bis 1349 erreichten sie ihren Höhepunkt. Die Juden, die möglicherweise aufgrund ihrer medizinischen Kenntnisse und hygienischen Lebensweise etwas weniger anfällig waren als andere, wurden groteskerweise beschuldigt, die Pest absichtlich verbreitet zu haben, und Hunderte kleiner und großer jüdischer Gemeinden wurden ausgelöscht oder bis zur Bedeutungslosigkeit reduziert. Danach blieb nur ein gebrochener Rest im Land, hauptsächlich in den kleinen Staaten, die sie um der finanziellen Vorteile, die sie brachten, schützten und sogar förderten. Nur einigen großen jüdischen Gemeinden wie Frankfurt am

> Main oder Worms gelang es, sich ab dem Mittelalter eine ungebrochene Existenz zu erhalten.[26]

Die Vernichtungsaktionen geschahen oft auf Veranlassung der deutschen Zünfte, welche die Juden von der Mitgliedschaft ausschlossen. Viele dieser Zünfte waren direkte Ableger der alten Zünfte der Bruderschaft. Die Mitgliedschaft in Organisationen der Bruderschaft bedeutete im 14. Jahrhundert vielfach noch immer auch eine Mitgliedschaft in den europäischen Handwerkszünften, wobei die Leitung der Zünfte häufig in den Händen von Männern lag, die Mitglieder anderer Organisationen der Bruderschaft waren. Auch in diesem Fall hat das Netzwerk der korrupten Bruderschaft wesentlich zu einem großen Völkermord in der Geschichte beigetragen, wenn er nicht überhaupt von ihr ausgegangen ist.

Deutschland war nicht die einzige Nation, in der die Juden niedergemetzelt wurden. In Spanien geschah das Gleiche. 1391 wurde ein fast die gesamte spanische Halbinsel umfassendes Judenpogrom durchgeführt.

Obgleich es angsterfüllte Christen waren, die diese schrecklichen Völkermorde begingen, wurden ihre Aktivitäten vom Papst nicht immer gebilligt. Zugunsten Clemens VI., der von 1342 bis 1352 Papst war, muß gesagt werden, daß er die Juden vor dem Massaker zu schützen versuchte. Clemens VI. erließ zwei päpstliche Bullen, in denen es heißt, daß die Juden an den ihnen zur Last gelegten Taten unschuldig seien. In den Bullen wurden alle Christen aufgerufen, die Verfolgung einzustellen. Clemens VI. erreichte sein Ziel jedoch nicht ganz, da viele der geheimen Handwerkszünfte inzwischen gemeinsam gegen den Papst arbeiteten. Papst Clemens löste auch die Inquisition nicht auf, und die Inquisition trug viel zur Schaffung eines allgemein bedrückenden Klimas bei, in dem solche Massaker geschehen konnten.

Die Verbindung von Pest, Inquisition und Völkermord enthielt alle Elemente, die zur Erfüllung apokalyptischer Prophezeiungen erforderlich waren. Die katholische Kirche stand kurz vor einem Zusammenbruch, weil sie viele Geistliche durch die Pest verloren hatte und weil das Volk den Glauben an die Kirche verloren hatte, da die Kirche nicht fähig war, die "Geißel Gottes" zu beenden. Sehr viele Menschen verkündeten, daß das "Ende aller Tage" nahe sei. Getreu der Prophezeiung tauchte aus diesem Tumult ein neuer "Sendbote Gottes" auf mit der Verheißung einer unmittelbar bevorstehenden Utopia. Die Lehren und Verkündigungen dieses neuen Messias übten eine elektrisierende Wirkung auf die heimgesuchten

Europäer aus und hatten ein Ereignis von großer Bedeutung zur Folge: die protestantische Reformation.

KAPITEL 19

Luther und die Rose

Im 14. Jahrhundert bestand der Teil Europas, den wir heute als Deutschland kennen, aus zahlreichen unabhängigen Fürstentümern und Stadtstaaten. In jener Zeit waren einige dieser Fürstentümer als Hauptzentren des Wirkens der Bruderschaft in Europa in Erscheinung getreten, wobei sich dieses Wirken vor allem auf das in der Mitte Deutschlands gelegene Land Hessen konzentrierte. In Deutschland und anderswo waren die Bruderschaft und einige ihrer höchsten Eingeweihten unter dem lateinischen Namen "Illuminati" bekannt geworden, d.h. die "Erleuchteten (Aufgeklärten)".*

Einer der bedeutendsten Zweige der Illuminati in Deutschland waren die mystischen Rosenkreuzer. Das Rosenkreuzertum war zuerst Anfang des 9. Jahrhunderts von Kaiser Karl dem Großen in Deutschland eingeführt worden. Die erste offizielle Loge der Rosenkreuzer wurde 1100 n. Chr. in der Stadt Worms im Staat Hessen gegründet. Die Rosenkreuzer wurden wegen ihres Engagements in der Alchemie, ihrer komplexen mystischen Symbole und ihrer geheimen Initiationsgrade berühmt. Zwischen den Illuminati und den frühen Rosenkreuzern bestanden enge Verbindungen, so daß der Aufstieg bei den Rosenkreuzern häufig zur Aufnahme bei den Illuminati führte.

In einer Reihe von entwicklungsgeschichtlichen Darstellungen der Rosenkreuzer heißt es fälschlicherweise, daß die Rosenkreuzer erst seit 1614 existieren - dem Jahr, in dem die Rosenkreuzer ein dramatisches

---

* Diese Illuminati sind nicht zu verwechseln mit den anderen geringeren "Illuminati", die im 18. Jahrundert von Adam Weishaupt in Bayern gegründet wurden. Die echten Illuminati und Weishaupts "Illuminati" sind zwei völlig verschiedene Organisationen. Auf Weishaupts "Illuminati" wird in einem späteren Kapitel kurz eingegangen.

Pamphlet in Hessen veröffentlichten, mit dem sie ihre Existenz bekanntmachten und die Menschen aufforderten, sich ihnen anzuschließen. Einer der Gründe, warum dieser Fehler so häufig gemacht wird und warum sich die Existenz des Rosenkreuzerordens als einer ununterbrochen fortdauernden Organisation so schwer zurückzuverfolgen läßt, sind die zur Politik des Ordens gehörenden und 108 Jahren dauernden Zyklen der "Aktivität"und der "Inaktivität". Nach der Regel hatte jeder große Zweig des Rosenkreuzerordens das Datum seiner Gründung offiziell festzusetzen. Danach mußte jeder Zweig ausgehend von diesem Datum aufeinanderfolgende Perioden von je 108 Jahren errechnen. Die erste Periode war eine Zeit des "öffentlichen" Wirkens, in der die Existenz des Zweigs allgemein bekanntgemacht wurde und der Zweig öffentlich neue Mitglieder warb. Die darauffolgende Periode bestand aus einem Wirken in der Stille, in der nichts an die Öffentlichkeit drang und nur die direkten Nachkommen der Mitglieder aufgenommen wurden. In jedem Zweig der Rosenkreuzer gab es diese abwechselnd aufeinanderfolgenden Phasen von jeweils 108 Jahren. Da die Rosenkreuzerorganisationen zwischen ihren "öffentlichen" und "verborgenen" Phasen immer hin und her pendelten, hatten Außendstehende den Eindruck, als ob die Rosenkreuzer im Laufe der Geschichte aufgetaucht und wieder verschwunden wären. Laut Dr. Lewis von AMORC "ist nicht bekannt, warum diese neue Regelung erfolgte".[1]

Die Illuminati und die Rosenkreuzer waren die großen Kräfte, die hinter einer neuen in den Pestjahren einsetzenden Welle religiöser Bewegungen standen. Eine der ersten dieser Bewegungen war eine als "Gottesfreunde" bekannte mystische Religion.

Die Gottesfreunde tauchten in Deutschland in dem Jahr auf, als Europa zum ersten Mal von der Pest heimgesucht wurde. Sie wurden von einem Bankier namens Rulman Merswin begründet, der seine Finanzlaufbahn schon früh im Leben begonnen hatte und zu einem ansehnlichen Vermögen gelangt war. Merswin zufolge trat im Jahre 1347 ein Fremder an ihn heran, der behauptete, ein "Gottesfreund" zu sein. Merswin hat die Identität dieses geheimnisvollen Fremden nie preisgegeben, wodurch der Verdacht aufkam, daß er ihn nur erfunden hatte. Es scheint jedoch, daß Merswins "Freund" wirklich existiert hat und daß er sehr einflußreich war, wie durch den plötzlichen Wandel Merswins und die beträchtliche Unterstützung, welche die Bewegung der Freunde so rasch gewinnen konnte, belegt wird.

Bei einer ihrer ersten Begegnungen erklärte Merswins geheimnisvoller Freund, daß ihm viele mystische Offenbarungen unmittelbar von Gott zuteil geworden seien und daß Merswin ausersehen sei, diese Offenbarungen der übrigen Welt mitzuteilen. Merswin war tief beeindruckt. Er gab nach dieser Begegnung sein Bankgeschäft auf, “nahm Abschied von der Welt” und widmete sich unter Einsatz seines gesamten Vermögens der Verbreitung der neuen Religion, die der rätselhafte Fremde ihm gebracht hatte.

Wie sich herausstellte, veranlaßte der Fremde Merswin zur Errichtung eines neuen Zweiges im Netzwerk der Bruderschaft. Die Lehre der Freunde war eine zutiefst mystische Lehre, die durch ein System geheimer Grade und Einweihungen vermittelt wurde. Es ist geschichtlich überliefert, daß “erleuchtete” Mystiker und andere Illuminati zu den wichtigsten Förderern Merswins gehörten.

Die Lehre der Gottesfreunde war nicht nur eine mystische, sondern auch eine stark apokalyptische Lehre. Die Freunde verkündeten eine wirkungsvolle Botschaft vom Ende der Welt, um Anhänger zu gewinnen. Merswin behauptete, daß er viele übernatürliche “Offenbarungen” gehabt habe, in denen ihm mitgeteilt worden sei, daß Gott über den Papst und die katholische Kirche erzürnt sei. Daß Gott seinen Glauben jetzt in die Hände von Menschen wie Merswin lege, damit sie seine heiligen Pläne ausführten. Merswin zufolge wollte Gott die Menschheit wegen ihrer zunehmenden Verderbtheit und Sünden in naher Zukunft hart bestrafen. Mershwin oblag die heilige Pflicht, jedermann deshalb zum absoluten Gehorsam gegen Gott aufzufordern. Merswin war nicht der einzige, der diese düstere Botschaft verbreitete. Ähnliche Propheten mit ähnlichen Ankündigungen fanden ihren Weg in die Bewegung der Freunde. Sie alle betonten die Notwendigkeit, Gott am Vorabend der Zerstörung der Welt unerschütterlichen Gehorsam zu leisten. Merswin und die übrigen Propheten des Jüngsten Gerichts hatten sicherlich in einem recht: Die Welt stand vor einer neuen Katastrophe. Der Schwarze Tod bereitete sich vor zuzuschlagen.

Die Gottesfreunde gewannen viele Anhänger in Europa. Die Anhänger wurden in einem Neun-Stufen-Programm im äußerlichen und unbedingten Gehorsam gegen Gott unterwiesen. Man redete ihnen ein, daß diese Lebensweise sie vor der Pest und der daraus folgenden gesellschaftlichen Verheerung retten können.

Die erste Stufe des Programms war eine aufrichtige Beichte zur Wiederherstellung der Gesundheit. Eine echte Beichte kann zwar für einen Menschen sehr heilsam sein, eine mangelhafte oder unnötige kann jedoch schaden. Die zweite Stufe war der Entschluß der Anhänger, “ihren eigenen

Willen aufzugeben und sich einem erleuchteten Gottesfreund zu unterwerfen, der an Gottes Statt ihr Führer und Ratgeber sein sollte".[2] Bis zur siebten Stufe hatte ein Mitglied seinen eigenen Willen völlig aufgegeben und "alle Brücken abgebrochen", um sich dem Herrn völlig zu unterwerfen. Durch diesen letzten Schritt sollte alles eigene Verlangen abgetötet werden, der Mensch sollte "für die Welt gekreuzigt werden und die Welt für ihn(!)", und nur an dem Freude haben, was Gott tut und keinen anderen Wunsch haben. Diese Lehren waren ein Programm, um die Menschen im höchsten Grade gehorsam zu machen. Die Mitglieder lernten, daß Gehorsam die höchste Berufung eines geistigen Wesens sei und etwas, wonach man streben sollte.

Durch die Bekehrung zur Religion seines geheimnisvollen "Freundes" hat Merswin großen Schaden genommen, wie zweifellos auch viele andere Schaden nahmen. Bei Merswin stellten sich bald "manisch-depressive" Symptome ein: das heißt Glückszustände im Wechsel mit unerklärlichen immerwiederkehrenden geistigen Depressionen. Bei Merswin zeigten sich diese Symptome sehr deutlich, und sie wurden von seinen Anhängern fälschlicherweise als Zeichen einer religiösen Wandlung gedeutet. Heute würden viele Menschen diese Symptome als Anzeichen dafür erkennen, daß Merswin unter einem erdrückenden Einfluß stand - in seinem Fall unter dem der korrupten Bruderschaft und wahrscheinlich dem seines geheimnisvollen "Freundes".

Während seiner Zeit in der Bewegung der Freunde berief sich Merswin noch auf viele mystische Erfahrungen, darunter "gemeinsame Offenbarungen" mit seinem "Freund". Bei einer dieser Offenbarungen wurde Merswin gesagt, er solle mit seinem Geld eine Insel in Strausberg kaufen als Zufluchtsort für die Gottesfreunde. Strausberg war Merswins Heimatstadt und liegt an der deutsch-französischen Grenze im Südwesten des Landes. Fünf Jahre später hatte Mershwin eine weitere gemeinsame Offenbarung, in der ihm befohlen wurde, die gesamte Bewegung der Freunde an eine "Orden von Sankt Johannes" genannte Organisation zu übergeben, die dann die Leitung übernahm.*

---

* Worum es sich bei dem Orden von Sankt Johannes genau handelte und woher er kam, ist ein ziemliches Geheimnis. In Albert MacKeys Buch *Ecyclopedia of Freemasonry* wurde er als Freimauererorganisation des 17. Jahrhunderts mit einer geheimen Mission beschrieben. Ist der von MacKey beschriebene Orden von Sankt Johannes derselbe, der drei Jahrhunderte früher im 14. Jahrhundert die Freunde Gottes übernommen hat? Ich weiß es nicht.

Die Gottesfreunde waren eine der vielen Bewegungen, die während der Pestjahre aus dem Boden schossen. Diese Bewegungen waren ihrer Art nach christlich, sie stellten sich jedoch als Alternative zur katholischen Kirche dar und zogen deshalb viele unzufriedene Katholiken an. Dadurch kam es zu einer Spaltung der christlichen Welt. Leider bedeutete diese Spaltung nicht, daß die Christen zu den nonkonformistischen Lehren Jesu zurückkehrten. Die neuen mystischen Religionen betonten den Gehorsam und das apokalyptische Moment noch stärker. Das hatte zur Folge, daß viele Menschen begannen, der Religion insgesamt den Rücken zu kehren, und es trug dazu bei, den Grund für einen extremen Materialismus zu legen, der kurz danach von Deutschland ausging.

Die Gottesfreunde und andere mystische Praktiken jener Zeit waren der Moloch, der zu einer der größten Herausforderungen führte, denen sich die katholische Kirche je gegenübersah: der protestantischen Reformation Martin Luthers.

Luther begann seinen berühmten Aufstand gegen die Kirche Anfang des 15. Jahrhunderts. Zu dieser Zeit lag die katholische Kirche in den Händen Papst Leos X., dem Sohn Lorenzo di Medicis. Lorenzo di Medici stand an der Spitze eines reichen internationalen Bankhauses in Florenz. Die Familie Medici war eine Generation früher mit den Papsttum in Berührung gekommen, als sie einen Erzbischof finanzierte, den späteren Papst Johannes XXIII. Unter Papst Johannes XXIII. wurde den Medicis die Aufgabe übertragen, Steuern und Zehnten für den Papst einzuziehen. Die Medicis verfügten über ein weitreichendes Netz von Steuereinnehmern und Untereinnehmern. Die Gebühren, welche die Medici dafür kassierten, trugen dazu bei, sie zu einem der reichsten und einflußreichsten Bankhäuser Europas zu machen.

Die Einbeziehung einer gewinnorientierten Bank in die Angelegenheiten der Kirche verwandelte viele geistige Aktivitäten der katholischen Kirche in geschäftliche Unternehmungen. So glaubten die Katholiken zum Beispiel an die Zahlung von "Ablässen". Ablaß ist das zur Wiedergutmachung einer Sünde gezahlte Geld. Wenn die Geldbuße in Verbindung mit einer echten Beichte gezahlt wird, kann sie die Schuld häufig mildern, vor allem, wenn das Geld dazu verwendet wird, dem Geschädigten zu helfen. Die meisten Ablässe flossen jedoch in die Kassen der Kirche. Die Steuereinnehmer der Medici waren häufig mehr daran interessiert, wieviel Geld jemand zahlen konnte, als daran, ob der Bußfertige einen geistigen Nutzen daraus zog. Verständlicherweise murrten viele Katholiken, und ihre Unzufriedenheit ebnete Martin Luther den Weg.

Den Geschichtsbüchern zufolge war Martin Luther ein deutscher katholischer Priester und Lehrer. Er begann seine Laufbahn als Mönch des Augustinerordens und brachte es bis zu einem Lehrstuhl für biblische Theologie an der Universität Wittenberg im deutschen Staat Sachsen.

Als katholischer Priester war Luther an eine allen Geistlichen der Kirche auferlegten strengen Lebensweise gebunden. Dazu gehörte regelmäßiges Beichten. Bei der katholischen Beichte vertraut der Beichtende dem Priester die Sünden an, die er begangen hat. Dadurch soll er geistig entlastet werden. Wie bereits gesagt, wirkt sich eine richtig abgelegte Beiche positiv aus, und interessanterweise scheint sie in gewisser Hinsicht für die geistige Entwicklung fast jedes Menschen notwendig zu sein. Zur Zeit Luthers wurden Beichten jedoch häufig nicht richtig abgelegt, so daß die Menschen sich oft nur wenig erlöst fühlten.

Luther fand es schließlich schwer, zur Beichte zu gehen. Er hatte bereits angefangen, den zürnenden und strafenden Gott der katholischen Religion zu hassen und begann infolgedessen seinen Glauben an den katholischen Heilsweg zu verlieren. Es gab jedoch noch einen anderern ebenso wichtigen Grund, warum Luther mit der Beichte Schwierigkeiten hatte: er hatte Dinge getan, die er nicht beichten wollte oder konnte.

Luther behauptete, daß der versuche, sich von jeder nur erdenklichen Sünde zu reinigen, daß es jedoch immer noch etwas gebe, was sich seinem Gedächtnis "entziehe", wenn die Zeit kam, es seinem Beichtvater zu offenbaren. Das war mit ein Grund, warum Luther glaubte, daß er sich geistig nicht weiterentwickelte, und er war ohne Hoffnung, jemals Erlösung zu finden. Er glaubte, einen anderen Weg zur geistigen Erlösung suchen zu müssen, bei dem er nicht gezwungen wäre, die unbequemen Beichten zu ertragen. Obwohl Luther in vieler Hinsicht berechtigte Kritik an der katholischen Kirche übte und behauptete, die ursprüngliche christliche Kirche Jesu wiederherzustellen zu wollen, war Luther irgendwie ein von den Dämonen ungebeichteter Sünden getriebener Mensch. Infolgedessen trug er dazu bei, eine neue Form des Christentums zu schaffen, die sich nur noch weiter von den wahren Lehren Jesu entfernte.

Trotz der Verfälschungen der Lehren Jesu durch die Oströmische Kirche und die grausamen Methoden der Inquisition, wies der Katholizismus zu Luthers Zeiten immer noch einige wichtige Elemente der unkonventionellen Lehren Jesu auf. So verkündete die katholische Kirche auch weiterhin, daß es bei jedem einzelnen liege, Erlösung zu finden. Sie lehrte ferner die Wichtigkeit guter Werke*, die Notwendigkeit der Beichte, wenn man eine Sünde begangen hat, und daß es wichtig sei, das ,was man falsch gemacht habe, wieder in Ordnung zu bringen oder zu ersetzen. Die katholische Kirche betonte, daß es dem Menschen freistehe, die Erlösung anzunehmen oder zurückzuweisen, daß die Erlösung niemandem aufgezwungen werden könne (nicht einmal von einem monotheistischem Gott) und daß alle Menschen das Recht hätten, nach Erlösung zu streben. Zwar weisen die Lehren des Katholizismus noch viele große Schwächen auf und ermangeln einer echten Wissenschaft des Geistes, doch lassen diese Gedanken etwas von der Wahrheit und der Sittlichkeit erkennen, die den Kern der Botschaft Jesu ausmachen.

Der Ansatzpunkt für Luthers Reform wäre gewesen, die im Katholizismus noch vorhandenen guten Glaubenssätze zu stärken und die offenkundige Kommerzialisierung sowie die Veränderungen der christlichen Lehre durch die oströmische Kirche auszumerzen. Das war jedoch nicht der Weg, den Luther ging. Stattdessen lehrte er fälschlicherweise, daß niemand seine geistige Erlösung selbst erlangen könne. Luther überzeugte die Menschen, daß die Erlösung allein von der Gnade eines monotheistischen Gottes abhängt. Nach Luther gab es nur eins, was ein Mensch tun konnte, um der Gnade Gottes teilhaftig zu werden, und das war, an Jesus als den Erlöser zu

---

* Gute Werke sind insofern wichtig, als sie die Umwelt eines Menschen besser machen und sein ethisches Niveau erhalten sollen, was wiederum dazu beiträgt, eine Voraussetzung für die endgültige geistige Erlösung zu schaffen. Leider macht die katholische Kirche aus guten Werken eine Punktliste. Katholiken glauben, daß die Guten Werke eines Menschen („Verdienste") von Gott wie Punkte zusammengezählt werden, und daß jemanden, sobald er genug Verdienste in seinem "Schatz" zusammen hat, die Erlösung zuteil wird (sofern einige andere Voraussetzungen auch noch erfüllt sind). Die Kirche lehrt, daß die Heiligen einen Überschuß an guten Werken haben und daß der Papst Menschen, die nicht genug gute Werke haben, Verdienste aus dem Schatz der Heiligen übertragen kann. Von den glücklichen Empfängern wird natürlich erwartet, daß sie der Kirche für diesen Dienst Geld geben. Luther lehnte den Gedanken der Verdienste und des Schatzkästleins zu Recht ab, und das war einer der Hauptpunkte, weshalb man ihn schließlich exkommunizierte. Leider stellte Luther die Erkenntnis des wahren Zusammenhangs zwischen guten Werken und Erlösung nicht wieder her, sondern schaffte die guten Werke insgesamt ab, obwohl sie ein Faktor sind, der dazu beitragen kann, die Voraussetzung für die geistige Erlösung eines Menschen zu schaffen.

glauben und Christi Qualen und Kreuzigung als Buße für die eigenen Sünden anzunehmen.

Luthers merkwürdige Vorstellung, daß die Kreuzigung Jesu die Buße für die Sünden anderer Menschen sein könne, beruht zum Teil auf dem Gedanken des "Karmas". "Karma" ist die Vorstellung, daß alles, was ein Mensch in diesem Universum getan hat, in Zukunft letztlich zu ihm "zurückkommt". Dieser Gedanke klingt bei den Menschen häufig an, wenn sie fragen: "Womit habe ich das verdient?" In der modernen Wissenschaft, wird "Karma" folgendermaßen definiert: "Auf jede Aktion folgt eine ebensolche oder entgegengesetzte Reaktion". Im Monotheismus äußert sich das "Karma" in Form von Gottes unerläßlichen Strafen für Sünden und Belohnungen für gute Werke. Im persönlichen Bereich scheint sich der Grundsatz des Karmas insofern zu bewahrheiten, als die Welt, die man durch Tun oder Unterlassen schafft, sei sie nun gut oder böse, letztlich die Welt ist, die zu einem zurückkommt. Eine mangelnde Ethik scheint sich wie ein Bumerang als geistiger Verfall auszuwirken. Ein wesentlicher Nutzen einer echten Beichte besteht darin, daß sie den negativen "Bumerangeffekt" zu brechen scheint und den Menschen wieder auf den Weg zu geistiger Erlösung zurückbringt.

Da Luthers Beichten nicht zufriedenstellend waren, fühlte er, daß er einen anderen Weg finden mußte, um dem ihm durch die Belohnungen und Bestrafungen seines monotheistischen Gottes auferlegten "Karma" zu entrinnen. Deshalb entwickelte Luther den Gedanken, daß Gott die Qualen Jesu am Kreuz als "Bumerang" oder "Karma" für alle anderen zulasse. Anders ausgedrückt, durch den "Glauben" an Jesus leidet der Mensch nicht geistig für das Schlechte, was er in der Vergangenheit getan hat, da Jesus bereits für ihn gelitten hat. Das ist eine wunderbare magische Vorstellung, aber kaum eine Philosophie, die von Verantwortung zeugt, noch ist es gerecht, von Jesus zu erwarten, daß er die ganze Last der Sünden anderer auf sich nimmt. Und was noch wichtiger ist, Luthers Lösung funktioniert einfach nicht. Viele Menschen fühlen sich besser und handeln besser, nachdem sie "Christus verkündet" haben, denn sie haben ihre eigene geistige Existenz in einer Weise anerkannt, wie sie das zuvor nicht getan haben, und sie beginnen infolgedessen häufig, eine höhere Ethik zu entwickeln, aber ihr Glaubensakt hat nicht bewirkt, daß sie viele andere Schranken überwinden, die ihnen den Weg zu vollständiger geistiger Erlösung versperren.

Die Protestanten beichteten auch weiterhin, doch galt die Beichte nicht länger als entscheidende Voraussetzung für die Erlösung. Praktisches Wissen über den Geist wurde ebenfalls weitgehend ignoriert. Luthers Methode lief auf eine "Erlösung auf die Schnelle" hinaus: einen einfachen Akt des Glaubens. Luther lehrte, daß die Erlösung von Gott solange garantiert würde, wie jemand weiter an Jesus als den Erretter glaubte.

Luthers Vorstellungen waren ganz offensichtlich von der Mystik geprägt. Das überrascht nicht, wenn man bedenkt, daß Luther stark von einigen in seinem Land so weitverbreiteten Religionen beeinflußt worden war. Luthers Hauptmentor bei den Augustinern, Johann von Staupitz, vertrat eine Theologie, die sich stark an den Schriften der prominenten deutschen Mystiker Heinrich Suso und Johann Tauler orientierte. Tauler war einer der meistgelesenen Mystiker des 14. Jahrhunderts und gehörte der Bewegung der Gottesfreunde an. Luther wurde ein eifriger Leser der Werke Taulers. Daß zwischen Luther und dem Netzwerk der Bruderschaft eine direkte Beziehung bestand, zeigt sich in Luthers persönlichem Siegel. Luthers Siegel besteht aus seinen Initialen zu beiden Seiten zweier bedeutender Symbole der Bruderschaft: der Rose und dem Kreuz. Rose und Kreuz sind die Hauptsymbole des Rosenkreuzerordens. Das Wort "Rosenkreuzer" als solches leitet sich von dem lateinischen Wörtern "rosa" ("Rose") und "crux, crucis" ("Kreuz") ab.

Sowohl zu Luthers Lebzeiten als auch danach gehörten vielebedeutende bei den Illuminati und den Rosenkreuzern aktive Persönlichkeiten und Familien zu seinen Anhängern. Einer von ihnen war Philipp der Großmütige, Oberhaupt des einflußreichen Fürstenhauses von Hessen, dessen Nachkommen später wichtige Führungspositionen in Organisationen der Bruderschaft, inbesondere bei deutschen Freimaueren, einnahmen, wie wir später noch sehen werden. Als einer der wichtigsten Führungspersönlichkeiten der Reformation gründete Philipp der Großmütige die Evangelische Universität in Marburg und organisierte eine politische Allianz gegen den katholischen deutschen Kaiser Karl V. Nach Luthers Tod wurde seine Bekenntnisgemeinschaft von Sir Francis Bacon (1561-1626) gefördert, der früher einmal Lordkanzler von England war. Bacon war auch der höchste Führer des Rosenkreuzerordens in Großbritannien. Einer der größten Beiträge Bacons zur Reformation erwuchs aus seinen Leistungen als Koordinator eines Projekts, das darin bestand, unter seinem König James I. eine autorisierte protestantische englische Bibel zu schaffen. Diese als "King James Version" bekannte Bibel wurde 1611 freigegeben und entwickelte sich zur meistbenutzten Bibel in der englischsprachigen Welt.

Daß Martin Luther Rosenkreuzer oder Mitglied einer anderen Geheimgesellschaft der Bruderschaft war, zeigt sich in den Symbolen, die Luther für sein eigenes Siegel wählte:

OBEN LINKS: *Martin Luthers persönliches Siegel. Es enthält seine Initialen "ML" und ein Kreuz in einer Rose. Rose und Kreuz waren zwei Hauptsymbole der Rosenkreuzer in Martin Luthers Heimatland und anderswo.*

OBEN MITTE UND RECHTS: *Variationen des von den Rosenkreuzern im 20. Jahrhundert noch immer verwendeten Symbols der Rose mit dem Kreuz.*

Luther und seine Anhänger verursachten die große Glaubensspaltung in der Geschichte des Christentums. Der römisch-katholischen Kirche wurde eine ungeheure Macht entrissen. Heute stellen die protestantischen Kirchen und Sekten ein Drittel aller Christen weltweit und fast die Hälfte aller Christen in Nordamerika. Die katholische Kirche ließ das jedoch nicht einfach geschehen, ohne sich zur Wehr zu setzen. Die Katholiken leiteten eine Gegenreformation ein, die sich als erfolgloser Versuch erwies, die protestantischen Ketzer auszurotten. Die Gegenreformation wurde interessanterweise von einer neuen zu diesem Zweck ins Leben gerufenen Organisation im Stil der Bruderschaft angeführt: der besser als Jesuiten bekannten Gesellschaft Jesu. Der Jesuitenorden wurde 1540 von einem Geistlichen und ehemaligem Soldaten namens Ignatius von Loyola gegründet. Die Jesuiten waren eine katholische Geheimgesellschaft mit Einweihungsgraden, Probezeiten und vielen geheimen Ritualen. Sie war auch eine militante Organisation. Die Jesuiten wurden dazu ermutigt, ihrem "Hauptmann" Jesus in einem soldatischen Geist der Treue zu dienen. Ignatius wurde im April 1541 zum ersten "General" des Ordens gewählt. Das Bild Jesu als eines gleichsam militärischen Hauptmanns mag zwar jemandem, der mit den Lehren Jesu vertraut ist, ziemliche seltsam erscheinen, doch es trug dazu bei, den Jesuitenorden zu einer schlagkräftigen Truppe für den Kampf gegen die Protestanten zu machen.

Die Reformation führte die Menschheit zwar weiter von der Erkenntnis des Geistes weg, sie hatte aber auch eine überaus positive Auswirkung: sie trug nämlich dazu bei, die Macht der Inquisition zu brechen. Die Inquisition war eine der grausamsten Institutionen gewesen, die auf dem Menschen lasteten. Sie mischte sich in fast jedes menschliche Streben ein: von der Religion über die Wissenschaften bis hin zur Kunst. Dadurch, daß sie den Menschen mit Folter und Tod drohte, erhielt sie einige hoffnungslos veralteten wissenschaftlichen Vorstellungen. Sie verhinderte eine Entwicklung vieler schöner Künste, namentlich des Theaters. Wahrscheinlich spielte es keine große Rolle, was die Protestanten lehrten: sie hätten für Europa immer noch eine große Erleichterung bedeutet, solange, sie in der Lage waren, die Macht der katholischen Inquisition zu beschneiden. Für diesen Gewinn mußte jedoch letztlich ein Preis bezahlt werden, und dieser Preis war ein immer stärker zunehmender Materialismus. Die Philosophien des "Humanismus", "Rationalismus" und ähnliche Ideologien mit einer materialistischen Tendenz erhielten im Klima der Reformation erneuten Auftrieb.

Und was noch wichtiger ist, viele der positiven Auswirkungen der Reformation wurden dadurch wieder aufgehoben, daß der Protestantismus nur noch eine weitere Gruppierung in der unlösbaren Auseinandersetzung mit anderen Gruppierungen über falsche Glaubensfragen war. Luther selbst trug dazu bei, indem er andeutete, daß der Papst die Macht des "Antichristen" verkörpere. Das Ergebnis waren weitere Kriege, dieses Mal zwischen den Katholiken und den Protestanten - insbesondere im heutigen Irland.

Obgleich die verzweigte Bruderschaft, wie in diesem Kapitel dargestellt wurde, Konflikte seit Jahrhunderten immer auf die gleiche Art und Weise auslöste, ist die Feststellung wichtig, daß Anfang des 16. Jahrhunderts in der Rosenkreuzergesellschaft ein nonkonformistischer Einfluß offenbar wurde. Das Ziel der Rosenkreuzer, das in einer geistigen Erlösung des einzelnen bestand, sowie manche ihrer Lehren glichen in bemerkenswerter Weise einigen früheren Zielen der Nonkonformisten. Die moderne amerikanische Rosenkreuzerliteratur läßt noch einiges von diesem positiven Einfluß erkennen, insofern, als sie versucht, eine wissenschaftlichere Betrachtungsweise geistiger Phänomene zu propagieren, und lehrt, daß die Menschen durch vernunftgemäßes Handeln ihr Leben steuern können. Leider finden sich im modernen Rosenkreuzertum noch viele Elemente der "Herrgötter", die einer vollständigen geistigen Erlösung der Anhänger im Wege stehen.

Obwohl die Rosenkreuzer zum Erfolg der Reformation beitrugen, wurde die Öffentlichkeit erst 1614 auf sie aufmerksam, als eine Loge der deutschen Rosenkreuzer, wie bereits an früherer Stelle gesagt, eine Periode des "Wirkens nach außen" begann, indem sie in hoher Auflage eine Flugschrift drucken ließ, in denen sie die Existenz der Rosenkreuzer in Hessens größtem Fürstentum Hessen-Kassel bekanntmachte. Diese Schrift, in der alle Menschen aufgefordert wurden, ihre falschen Lehrer, wie den Papst, Galen (einen populären griechischen Arzt der Antike) und Aristoteles aufzugeben, verursachte großes Aufsehen. In dieser Schrift wird auch die Geschichte einer fiktiven Gestalt "Christian Rosenkreuz" erzählt, durch welche die Gründung des Rosenkreuzerordens versinnbildlicht werden sollte. Die Schrift ist vor allem unter ihrem Kurznamen *Fama Fraternitas* ("Löblicher Orden" oder "Berühmte Bruderschaft") bekannt. Der volle Titel der Schrift lautet: *Allgemeine und Generalreformation der gantzen weiten Welt beneben der Fama Fraternitatis des löblichen Ordens des Rosenkreuzes, an alle Gelehrte und Häupter Europae geschrieben.*

Trotz des seltsamen hochtrabenden Tones offenbart der Titel der

Schrift einen todernsten Inhalt: eine umfassende allgemeine Umgestaltung der menschlichen Gesellschaft. Zur Zeit der *Fama Fraternitatis* hatte die Bruderschaft ihr Programm zur Verwirklichung dieser Umgestaltung bereits in Angriff genommen. In den darauffolgenden Jahrhunderten versorgte die verzweigte Bruderschaft die Welt mit Führungspersönlichkeiten, die überall auf der Erde militante revolutionäre Bewegungen inspirierten und führten, um eine tiefgreifende Veränderung der menschlichen Gesellschaft herbeizuführen. Es gelang ihnen, und wir leben heute in der Welt, die sie schufen.

KAPITEL 20

Eine neue Aristokratie

Revolutionen hat es immer gegeben. Seit Jahrtausenden lehnen sich die Menschen gegen Götter, Könige und Eltern auf, und so betrachten wir Revolutionen kaum als etwas Ungewöhnliches.

Luthers Aufbegehren war keine wirkliche Revolution in dem Sinn, daß Blut vergossen wurde. Luther und der Papst führten keine Armeen gegeneinander. Die Reformation war jedoch Grundlage und auslösender Faktor zahlreicher Kriege und gewaltsamer politischer Umstürze, die in den folgenden Jahrhunderten über die Erde hinwegfegen sollten.

Einer der ersten politischen Kämpfe, die aus der Reformation erwuchsen, war der 80jährige Krieg der 1569 im vollem Gange war. Im 80jährigen Krieg standen sich Spanien und der Teil Europas als Gegner gegenüber, den wir heute als Niederlande kennen und der sich damals unter spanischer Herrschaft befand. Eine neue als "Calvinismus" bekannte protestantische Glaubensgemeinschaft (deren Anfänge in Kapitel 22 behandelt wird) war zu dieser Zeit bereits entstanden. Radikale Calvinisten aus Frankreich waren in die Niederlande übergesiedelt und schufen eine aktivistische protestantische Gemeinschaft in Holland. Das führte natürlich zu Spannungen zwischen den frommen katholischen Herrschern Spaniens und der sich in Holland herausbildenden protestantischen Minderheit. Diese Minderheit erstrebte nicht nur Religionsfreiheit, sie verlangte auch bald die politische Unabhängigkeit. Das Ergebnis war ein fast hundert Jahre dauernder Krieg.

Viele der ersten Kämpfe Hollands gegen Spanien wurden von Wilhelm dem Schweiger geführt - einem deutschen Fürsten, der das (an Hessen angrenzende) Fürstentum Nassau und das französische Gebiet Oranien regierte; deshalb wurde das Herrscherhaus, aus dem Wilhelm stammte, das "Haus Nassau-Oranien" oder nur das "Haus Oranien" genannt. Wilhelm führte den Kampf in Holland zum Teil deshalb, weil er dort große Gebiete geerbt hatte.

Die schließlich erfolgreichen Aufstände der Holländer führten zur Entstehung völlig unabhängiger Niederlande. Mit der Unabhängigkeit kam die Schaffung eines politischen und wirtschaftlichen Systems, das Revolutionen in anderen Ländern als Modell dienen sollte. In den Niederlanden wurde eine parlamentarische Regierungsform errichtet, die Hand in Hand mit einer Beschneidung der Macht des Monarchen ging. Zwar wurde das Haus Oranien die königliche Familie Hollands und ist es bis heute geblieben, doch die Rolle des Monarchen in der Regierung wurde auf die eines "Stadholder" oder Regierungschefs beschränkt. Der Stadholder konnte sein Amt erst nach Bestätigung durch die Nationalversammlung (die Generalstaaten) antreten, obgleich dies häufig nur eine Formalität war. Durch das parlamentarische System sollte unter anderem verhindert werden, daß ein einzelner zuviel Macht erlangte.

Man könnte sich nun fragen, ob die aus Deutschland stammende königliche Familie Nassau-Oranien zur Errichtung eines politischen Systems beigetragen hat, das ihre eigene Macht einschränkte. Dagegen läßt sich einwenden, daß sie auf diese Weise die Unterstützung des Volkes im Aufstand gegen Spanien gewinnen wollte; schließlich erreichte das Haus Oranien auf Dauer eine Beteiligung an der Regierung. Damit ist die Frage jedoch nicht völlig beantwortet, denn, wie wir sehen werden, lösten andere deutsche Fürstenfamilien ebenfalls Staatsstreiche und Revolutionen aus, durch die fast die gleichen politischen Systeme errichtet wurden, und nur wenige dieser Dynastien handelten allein aus edlen Motiven. Ein Anhaltspunkt für die Beantwortung der Frage ist die Tatsache, daß zwischen jenen deutschen Dynastien und den Organisationen der Bruderschaft eine enge Verbindung bestand. Wie wir in den folgenden Kapiteln noch sehen werden, deutete alles darauf hin, daß die Fürstenhäuser einen Plan der Bruderschaft unterstützten, von dem sie in anderer Weise ganz hübsch profitiert haben.

Angesichts der Rolle, die die verzweigte Bruderschaft bei der Anzettelung von Revolutionen und der Einschränkung der Monarchie gespielt hat, könnte es auf den ersten Blick so aussehen, als habe die Bruderschaft zu ihrem wahren, nicht korrumpierten Ziel zurückgefunden, das darin bestand, die Institutionen der "Herrgötter" zu bekämpfen. Schließlich läßt sich die Institution der Monarchie bis zu den "Göttern" im alten Sumer zurückverfolgen. Nach den mesopotamischen Tafeln wurde die Zivilisation der "Herrgötter" in einzigartiger Weise regiert. An der Spitze stand ein Rat oder ein System von Räten. Dem(den) Obersten Rat(Räten) nachgeordnet waren planetarische Gebietskörperschaften, wie beispielsweise die Erde. Jede Gebietskörperschaft wurde von einem der "Herrgötter" auf erblicher Basis, jedoch nach den Gesetzen des Rates (der Räte) regiert. Den alten Sumerern zufolge waren diese lokalen auf erbliche Basis regierenden "Herrgötter-Herrscher" die ersten Könige der Erde. Diese Herrscher übertrugen ihr eigenes monarchisches System auf die Menschheit. Wir finden hochinteressante Beweise dafür auf jenen alten mesopotamischen Zeichnungen, auf denen "Herrgötter" mit zwei Dingen abgebildet wurden, die heute allgemein übliche Symbole für die Monarchie sind: dem Zepter und der Krone.

Den Sumerern zufolge waren die ersten menschlichen Könige auf der Erde Nachkommen der "Herrgötter-Herrscher", die sich mit menschlichen Frauen vermählt hatten. Ihre Abstammung berechtigte die zur Hälfte menschlichen Nachkommmen zur Königswürde. Auf diese Weise entstand die Vorstellung vom "königlichen Blut" (die nach Ansicht einiger auf Realität beruht) und der implizierten Bedeutung der richtigen ehelichen "Verbindung", um die Reinheit der blutmäßigen Abstammung der Menschenkönige auf Dauer zu gewährleisten. Interessanterweise wurden einige der alten "Herrgötter" entweder mit blauer Haut oder mit blauem Blut dargestellt. Die Heiratspraktiken der Aristokratie haben sich durch die Geschichte hindurch erhalten und sind einigen Königshäusern auch heute noch wichtig. Die "blaublütigen" Menschen scheinen die preisgekrönten Hereford Kühe der irdischen Menschenrasse, des *Homo sapiens,* zu sein.

Insofern hätte es den Zielen der ursprünglichen, nicht korrumpierten Bruderschaft entsprochen, die Monarchie auszumerzen und sie durch eine parlamentarische Regierungsform zu ersetzen, in der die Menschen ihre Führer selbst wählen konnten. Hatte die Bruderschaft sich zur Zeit Wilhelms des Schweigers selbst reformiert?

Leider nicht.

Wie wir bereits gesehen haben, wurden lohnenswerte Ziele und Lehren der Bruderschaft durch den Einfluß der "Herrgötter" in unheilvoller Weise verfälscht. Auch die ansonsten altruistischen gesellschaftlichen und politischen Ziele der Revolutionäre in der Bruderschaft wurden durch einen solchen Trick verdreht. Die erst kurz zuvor geschwächten Monarchien und parlamentarischen Systeme ließen zu, daß eine von den Revolutionären neueingeführte Einrichtung, ein neues Bank- und Währungssystem, an Macht gewann. Dieses Währungssystem war ein wichtiger Bestandteil der

Revolutionen des 16., 17. und 18. Jahrhunderts, eine Tatsache, die jedoch in den meisten Geschichtsbüchern nur am Rande erwähnt wird. Diejenigen, die an der Spitze dieses neuen Währungssystems standen und stehen, wurden von dem Schriftsteller Howard Katz passenderweise als "Papieraristokratie" bezeichnet. Die Revolutionen, von denen die Welt nach der Reformation erschüttert wurde, künden von einer Schwächung des mächtigen politischen Adels zugunsten des weniger sichtbaren, in vieler Hinsicht jedoch ebenso mächtigen "Geldadels". Das konnte geschehen, weil Bank- und Kreditgeschäfte, die einst als niedere Beschäftigungen galten, während der Reformation mittels einer neuen schlau erdachten Wissenschaft des Geldes zu einer ganz neuen Macht zusammengeschweißt wurden.* Dieses neue Geld war eine Art Papierwährung, deren Wert durch einen "Inflation" genannten Prozess willkürlich und systematisch veringert wurde. Es handelt sich um eine Methode, die noch heute im Gebrauch ist. Dieses neue Geld und die Institutionen, die daraus entstanden, hatten schwerwiegende Konsequenzen für unsere heutige Zivilisation. Man kann die Auswirkungen des Protestantismus nur dann voll ermessen, wenn man versteht, wie dieses neue Geldsystem funktioniert.

* Als leicht verständliche und amüsante Einführung in die Geschichte des Geldes und der Wirtschaft empfehle ich *The Cartoon Guide to Economics* von Douglas Michael, der in den Vereinigten Staaten bei Harper und Row Publishers Inc. und in Kanada bei Fitzhenry & Whiteside Ltd. in Toronto erschienen ist.

KAPITEL 21
Seltsames Geld

Es gibt nur wenige Themen, die die Gemüter so sehr beschäftigen und die soviele Emotionen freisetzen wie Geld. Das ist großenteils deshalb so, weil Geld für die meisten Menschen ein erdrückendes Problem ist. Einer der Gründe, warum Geld heute zum Problem wird, ist die Inflation, wobei es keine Rolle spielt, ob sie nun 3% oder 300% jährlich beträgt. Inflation bedeutet nämlich, daß die Kosten der Waren und Dienstleistungen ständig steigen, weil der Wert des Geldes immer mehr abnimmt. Das geschieht, wenn es mehr Geld gibt als geldwerte Waren und Dienstleistungen.

Geld an sich hat keinen Wert, nur die Waren und Dienstleistungen, die man damit kaufen kann. Daher bestimmt sich das Vermögen einer Person oder einer Nation letztlich danach, was sie an geldwerten Waren und Dienstleistungen schafft, und nicht danach, wieviel Geld sie druckt, in Umlauf bringt oder besitzt. Ein Land könnte eigentlich ohne jede Währung existieren, solange es in sonstiger Weise produktiv ist.

Geld soll den Tausch von Waren und Dienstleistungen erleichtern. Geld ist daher eine Erweiterung des Tauschhandels. Beim Tauschhandel tauscht man etwas, das man selbst besitzt, gegen etwas, das ein anderer besitzt. Produktion und Tauschhandel sind die Grundlagen jeder Wirschaft.

Münzen und Papiergeld wurden ursprünglich als Hilfsmittel für den Tauschhandel geschaffen. Sie ermöglichten es den Menschen, Tauschgeschäfte zu machen, ohne die jeweiligen Waren mit sich führen oder eine Dienstleistung sofort erbringen zu müssen. Dadurch konnten die Menschen problemloser Handel treiben und den erzielten Gewinn für die Zukunft aufbewahren.

Das erste Papiergeld waren "Schuldscheine". Ein Schuldschein ist das schriftliche Versprechen, eine Schuld zu begleichen. Jemand pflegte auf ein Stück Papier einige Zeilen zu schreiben, denen zufolge er dem Inhaber des Papiers eine bestimmte Anzahl von Waren oder Dienstleistungen versprach, die der Schreiber der Zeilen auf Verlangen liefern mußte. Zur Veranschaulichung möge folgendes erfundenes Beispiel dienen:

Nehmen wir an, ein Geflügelzüchter war auf dem Dorfmarkt und wollte einen Korb Äpfel erstehen. Er hatte seine Hühner nicht bei sich, also hätte er dem Apfelverkäufer einen Schuldschein ausstellen können, der den Inhaber des Schuldscheins berechtigte, irgendwann zu seinem Hof zu kommen und sich zwei schöne Hühner auszusuchen. Der Geflügelfarmer hätte dann seinen Korb Äpfel mitnehmen können, und es wäre Sache des Apfelbauers gewesen, eines Tages zu diesem Hof zu gehen und das Papier gegen zwei Hühner zurückzugeben. Solange die Menschen glauben, daß der Hühnerzüchter in der Lage ist, seine Schuldscheine einzulösen, kann er sie für den Tauschhandel benutzen.

Nehmen wir weiter an, eines schönen Tages faßt der Apfelbauer den Entschluß, sich auf dem Markt umzusehen. Er kommt zu einem Kleiderhändler. Die Frau des Apfelbauern liegt ihrem Mann seit Tagen in den Ohren, ein Stück von der neuen Seide zu kaufen, die gerade mit einer Karavane aus dem Fernen Osten angekommen ist. Der Apfelbauer, dem die Frau durch ihre ewigen Forderungen und die Verweigerung der ehelichen Freuden zuhause das Leben schwer macht, verhandelt also mit dem Kleiderhändler über ein Stück Seide. Der Kleiderhändler braucht jedoch keine Äpfel mehr, deshalb fragt ihn der Apfelbauer, dem einfällt, daß er noch einen Schuldschein für zwei Hühner hat, ob er für Geflügel Verwendung habe. Der Händler bejaht das, und der Apfelbauer gibt ihm den Schuldschein für zwei Hühner im Austausch für ein Stück Seide. Nun muß sich der Kleiderhändler zur Hühnerfarm bemühen, um das Papier einzulösen. Die Hühner selbst haben ihr Gehege niemals verlassen, und doch haben zweimal im Laufe eines Tages den Eigentümer gewechselt. Ursprünglich war das Papiergeld eigentlich nur für diese Art des Handels gedacht; aber sehen Sie die Versuchung, die darin liegt?

Wenn der Hühnerzüchter weiß, daß einige Zeit verstreichen wird, bevor er die von ihm ausgestellten Schuldscheine gegen Hühner einlösen muß oder daß einige seiner Schuldscheine für alle Zeiten in Umlauf sein und ihm niemals zur Einlösung vorgelegt werden, ist er vielleicht versucht, mehr Schuldscheine auszustellen, als er jetzt Hühner hat, weil er glaubt, alle Schuldscheine einlösen zu können, wenn sie ihm präsentiert werden.

Jetzt überkommt den Geflügelzüchter die Versuchung.

Ihm steht ein großes Familienfest bevor, und er möchte seine angeheiratete Familie einmal mit einem opulenten Mahl beeindrucken. Er geht also auf den Markt, wo er Schuldscheine für Hühner ausstellt, die noch nicht ausgebrütet sind, und bei anderen Händlern deckt er sich mit einer Fülle von Waren ein. Jetzt gibt es mehrere Möglichkeiten. Der Hühnerzüchter kommt damit durch, wenn er die ihm zur Einlösung vorgelegten Zettel jederzeit gegen Hühner einlösen kann. Es kann aber auch geschehen, und sehr oft ist das auch der Fall, daß er den Markt so mit Hühnern übersättigt hat, daß die meisten Menschen einfach keine mehr möchten und er deshalb bei jedem Geschäft mehr Hühner anbieten muß, um den Leuten das Gefühl zu geben, daß es sich für sie lohnt. Jetzt stellt er für etwas, bei dem er früher nur einen Schuldschein über ein einziges Huhn ausstellen mußte, Schuldscheine über zwei oder drei Hühner aus. Sobald diese Schuldscheine in Umlauf kommen, sind sie weniger wert, da es so viele von ihnen gibt. Ein Teufelskreis ist die Folge: je mehr Schuldscheine der Geflügelzüchter ausstellt, desto weniger wert sind sie und desto mehr muß er ausstellen, um das zu bekommen, was er möchte. Das nennt man Inflation.

Und jetzt kommt das Schlimmste.

Je mehr Schuldscheine in Umlauf sind, desto mehr werden zur Einlösung vorgelegt. Der Hühnerzüchter wird sehr bald erkennen, daß sein wahres Vermögen, nämlich sein Vorrat an Hühnern, sehr schnell zur Neige geht, obgleich ihm nur ein kleiner Teil seiner Schuldscheine vorgelegt worden ist. Um seine Hühner zu retten, muß er den Wert seiner noch in Umlauf befindlichen Schuldscheine herabsetzen und erklären, daß sie nur die Hälfte dessen wert sind, was darauf steht. Das nennt man Entwertung. Da der Züchter möglicherweise nur ungern zugibt, daß er mehr Schuldscheine ausgestellt hat, als er Hühner besitzt, versucht er vielleicht seine Bonität durch eine Lüge zu retten, beispielsweise der, daß eine böse Seuche die Hälfte seines Hühnerbestandes vernichtet hat. Dadurch wird nicht verhindert, daß er sich sehr unbeliebt macht. Der öffentliche Glaube an seine Schuldscheine wird zerstört. Er wird entweder zum reinen Tauschhandel zurückkehren müssen, oder aber er muß die Schuldscheine von jemand anderem erwerben, um weiter im Geschäft zu bleiben.

Wir sehen also, daß Schuldscheine oder Papiergeld auf echten Waren basieren und daß sie nur Ausdruck dafür sind, daß der Aussteller einen Wert besitzt, mit dem er Handel treiben kann.

Der Gegensatz zu Noten sind Münzen, die ein wenig anders funktionieren. Metalle galten immer schon als kostbar, deshalb waren Metallstükke angemessene Tauschmittel. Die Metallstücke erhielten verschiedene Aufprägungen, wodurch sie zu Münzen wurden; die Reinheit des Metalls wurde durch denjenigen, der die Prägung vornahm, garantiert. Der Wert der Münzen bestimmte sich ursprünglich nach der in der Münze enthaltenen Menge des Metalls und seiner Reinheit. Gold war ein seltenes und allgemein bekanntes Metall, deshalb waren Münzen aus Gold teurer und hatten einen höheren Handelswert als zum Beispiel Kupfermünzen.

Metallmünzen wurden ein allgemein übliches populäres Zahlungsmittel, da sie dauerhaft und die Mengen nachprüfbar waren. Sie schufen jedoch auch Probleme. In Wirklichkeit tauschten die Menschen nur Goldstücke für andere Waren ein. Die Folge war, daß man unverhältnismäßig viel Gewicht auf Metalle legte. Der Erwerb von Münzen und Münzmetall wurde für viele Menschen zu einer Manie und solche Manien haben die Tendenz, Energien aufzuzehren, die besser zur Schaffung anderer geldwerter Waren und Dienstleistungen eingesetzt würden. Außerdem erlangten diejenigen, die große Mengen Münzmetalls besaßen, durch dieses System unverhältnismäßig viel Macht, obgleich andere Güter, wie Lebensmittel, letztlich mehr Wert haben. Wer Münzmetall hatte, konnte sofort jedewede Ware oder Dienstleistung kaufen, der Bauer hingegen mußte erst noch einen weiteren Schritt machen, d.h. er mußte sein Produkt gegen eine Münze oder Münzmetall eintauschen, bevor er ebenso leicht Geld ausgeben konnte.

Im 16. Jahrhundert kam zu den Münzmetallen das Papiergeld hinzu, die gemeinsam die Grundlage unseres heutigen Währungsystems bildeten. Angeblich waren es die Goldschmiede, die die Voraussetzungen dazu schufen. Die Goldschmiede hatten in der Regel die sichersten Geldschränke und verschließbaren Kassetten. Aus diesem Grund übergaben viele Leute ihre Münzmetalle den Goldschmieden zur Aufbewahrung. Die Goldschmiede stellten den Hinterlegern Quittungen aus, in denen sie versprachen, den Inhabern der Quittungen auf Verlangen die auf der Quittung ausgewiesene Menge Gold oder Silber auszuzahlen. Jede dieser Quittungen war eigentlich ein Schuldschein, der wie Geld in Umlauf gesetzt werden konnte, bis der Inhaber des Scheins sie dem Goldschmied wieder zur Einlösung der angegebenen Menge des Metalls vorlegte.

Die Goldschmiede machten eine wichtige Entdeckung. Unter normalen Umständen wurden ihnen nur etwa 10 bis 20 Prozent der Quittungen, die sie ausgestellt hatten, zu irgendeiner Zeit wieder zur Einlösung vorgelegt. Die übrigen waren in der Gemeinde als Geld in Umlauf, und zwar aus gutem Grund. Geld war leichter zu tragen als unhandliche Münzen, und die Menschen fühlten sich sicherer, wenn sie statt richtigem Gold oder Silber nur Quittungen mit sich führten. Die Goldschmiede erkannten, daß sie das nicht eingeforderte Metall ausleihen und dafür Zinsen berechnen konnten und auf diese Weise die Möglichkeit hatten, durch die Gewährung von Darlehn Geld zu verdienen. Bei der Gewährung solcher Darlehn versuchten die Goldschmiede den Darlehnsnehmer jedoch dazu zu bringen, statt richtigem Metall das Darlehen in Form einer Quittung zu akzeptieren. Der Darlehnsnehmer konnte dann die Quittung als Geld in Umlauf bringen. Wie man sehen kann, hatte der Goldschmied damit doppelt soviel "Geld" (seine Quittungen) geschaffen, als er tatsächlich Metall in seinem Bestand hatte: zuerst für den ursprünglichen Hinterleger und dann für den Darlehnsnehmer. Dem Goldschmied gehörte das Gold in seinem Bestand noch nicht einmal, doch allein durch die Ausstellung eines Stück Papiers schuldete ihm jemand Geld in Höhe des Gesamtwertes des Goldes in seinem Tresor. Im allgemeinen pflegte ein Goldschmied Noten bis zur vier- bis fünfachen Höhe des tatsächlichen Goldbestandes auszustellen.

So einträglich dieses Geschäft auch gewesen sein mag, es war nicht ohne Fallstricke. Wenn zuviele Quittungen zu schnell wieder zur Einlösung vorgelegt wurden oder die Leute, denen der Goldschmied Geld geliehen hatte, eine schlechte Zahlungsmoral hatten, war der Goldschmied in der Regel erledigt. Die Bonität seiner Quittungen war dahin. Wenn der Goldschmied sein Geschäft mit Umsicht betrieb, konnte er jedoch zu großem Wohlstand kommen, ohne je irgendetwas von Wert zu produzieren.

Die Ungerechtigkeit dieses Systems liegt auf der Hand. Wenn dem Goldschmied für jeden bei ihm hinterlegten Sack Gold der Gegenwert von vier Sack Gold geschuldet wurde, mußte es einen Verlierer geben. Je mehr Schulden die Allgemeinheit beim Goldschmied hatte, desto mehr echter Reichtum und echte Vermögenswerte wurden ihm geschuldet. Da der Goldschmied keinen echten Reichtum oder echte Vermögenswerte produzierte, sondern aufgrund seiner Papierquittungen einen immer höheren Anteil an ihnen forderte, wurde er sehr schnell zu einem Schmarotzer der Wirtschaft. Die unvermeidliche Folge waren zunehmender Reichtum der Goldschmiede, die sich zu Bankiers gemausert hatten, auf Kosten einer zunehmenden Verarmung anderer Menschen. Die Verarmung zeigte sich entweder darin, daß die Menschen Wertobjekte aufgeben oder länger arbeiten mußten, um dem Bankier das Geld zurückzahlen zu können. Wenn der Goldschmied nicht vorsichtig war und seine unsoliden Geldgeschäfte platzten, erlitten Menschen ohnehin durch die Zerrüttung, die der Zusammenbruch der Bank und der Wertverlust der noch in Umlauf befindlichen Banknoten zur Folge hatte, einen Schaden.

So ist das moderne Bankwesen entstanden. Viele Menschen halten es für ein von Natur aus unehrliches System. Das ist richtig. Es wirkt auch in gesellschaftlicher und wirtschaftlicher Hinsicht destabilisierend, und doch praktizieren alle großen Geld- und Banksysteme heutzutage das gerade beschriebene System in leicht veränderter Form.

Im 17. Jahrhundert kam das italienische Bankhaus Medici auf die Idee, Gold zur Grundlage aller Papierwährungen zu machen. Gold wurde als perfekte Grundlage für alles Papiergeld bezeichnet, weil es so selten und so begehrt war. Das war der Beginn der "Goldwährung", bei der alle übrigen Waren und Dienstleistungen im Verhältnis zum Gold (und bisweilen auch Silber) veranschlagt werden. Die Goldwährung war für diejenigen, die viel Gold und Silber besaßen, sicherlich eine phantastische Idee, sie schaffte jedoch ein künstliches Vertrauen in eine Ware, die nicht annähernd so nützlich ist wie viele andere. Es ist immer noch besser ein gesamtes Währungssystem auf eine einzige als auf überhaupt keine Ware zu gründen, doch selbst bei einer Goldwährung wird das Papiergeld das Metall, auf dem es basiert, bei weitem übersteigen. Die beste Lösung besteht darin, den Geldbestand fest auf die *gesamte* geldwerte Produktionsmenge eines Landes zu gründen, so daß das Geld eine genauer Spiegel dieser Produktionsmenge ist.

Als es erst einmal eine Goldwährung gab, hielt man Papiergeld für "ebenso gut wie Gold", da man das Papiergeld gegen echtes Gold einlösen konnte. Dadurch entstand ein falsches Sicherheitsdenken. Als immer mehr Banknoten auf den Markt kamen, nahm ihr Wert immer stärker ab, was zu einer stetigen Inflation führte. Die Goldeigentümer/Banken mußten auch weiter ständig neue Noten ausgeben, weil sie auf diese Weise ihre Gewinne erzielten. Solange die Banken sorgfältig planten und die Menschen Vertrauen in die Banknoten hatten, konnten diejenigen, die sie in den Verkehr brachten, der von ihnen in Gang gesetzten Inflation voraus sein und dadurch ungeheure Profite einstreichen. Wenn sie dagegen zu viel Papiergeld ausgaben und ihnen zuviel davon zur Einlösung vorgelegt wurde, konnten sie als letztes Mittel, die Noten entwerten, um ihr Gold zu retten. Auf diese Weise wurde das künstlich steigerbare Papiergeld sogar bei einer Goldwährung für jene, die es schufen, zu einer Quelle des Reichtums und der Macht. Es hatte auch eine ungeheure Verschuldung zur Folge, denn die meisten der "aus dem Nichts geschaffenen" Banknoten kamen als Darlehn, die an die Bank zurückzuzahlen waren, in den Verkehr. Wenn die Menschen kein Geld bei der Bank aufnahmen, pflegte sehr wenig neues Geld auf den Markt zu kommen, und die Wirtschaft war rückläufig.

Durch diese Methoden der Geldschöpfung ging natürlich der eigentliche Zweck des Geldes verloren: das Vorhandensein effektiver vermarktbarer Waren zu verkörpern. Die künstliche Steigerung des Papiergeldumlaufs gestattete einer Handvoll Menschen, einen Großteil des wahren Reichtums, d.h. der von den Menschen produzierten geldwerten Waren und Dienstleistungen, einfach dadurch zu vereinnahmen und zu manipulieren, daß sie Geld druckten und den Wert des Geldes dann langsam durch Inflation verringerten. Auf diese Weise wird Geld zur Ware, die nach ihren eigenen Regeln manipuliert werden kann, und das im allgemeinen auf Kosten des Produktions- und Tauschsystems. Geld sollte dieses System unterstützen und nicht beherrschen oder kontrollieren.

Das vorstehend beschriebene System des künstlich vermehrbaren Papiergelds war die neue "Wissenschaft" des Geldes, die die Revolutionäre der Bruderschaft dabei waren, einzuführen. Eine erste Version des Systems wurde bereits 1609 in Holland eingeführt. In diesem Jahr unterzeichneten die deutschen und spanischen Streitkräfte ein Abkommen, durch das die Feindseligkeiten des 80jährigen Krieges eingestellt wurden. Dieses Abkommen kennzeichnet die Geburtsstunde der unabhängigen Republik der Niederlande und die im selben Jahr erfolgte Gründung der Bank von Amsterdam.

Die Bank von Amsterdam, eine Privatbank, funktionierte nach dem vorstehend beschriebenen System der künstlichen Steigerung des Papiergeldumlaufs. Sie wurde von einer Gruppe von Finanzleuten geleitet, die zur Bildung der Kapitalgrundlage der Bank einige von ihren Edelmetallen zusammenlegten. Durch eine frühere Vereinbarung mit der neuen holländischen Regierung trug die Bank dadurch, daß sie Banknoten in Höhe des vierfachen Wertes der Kapitalgrundlage der Bank ausgab, dazu bei, daß die holländischen Truppen den Krieg gegen Spanien wiederaufnehmen konnten. Die holländischen Ratsherren konnten dann mit dreiviertel des "aus dem Nichts" geschaffenen Geldes den Krieg finanzieren. Hier wird der Hauptgrund für die Schaffung des Systems der künstlichen Steigerung des Papiergeldumlaufs deutlich: es setzt die Länder instand, zu kämpfen und länger Krieg zu führen. Außerdem macht dieses System, das eine massive Verschuldung und die Aufzehrung des Vermögens durch Schmarotzer zur Folge hat, den Existenzkampf des Menschen in einer modernen Wirtschaft schwieriger. Darüber hinaus verringert sich durch die anhaltende Inflation der Wert des Geldes, so daß das Vermögen, das die Menschen angesammelt haben, allmählich dahinschwindet. Die im den Geschichten vom Paradies und dem Turmbau zu Babel zum Ausdruck gekommenen Ziele der "Herrgötter" wurden durch das neuaufgekommene Papiergeld beträchtlich gefördert.

Der anfängliche Erfolg der Bank von Amsterdam führte zu ähnlichen Bankvereinbarungen in anderen Ländern. Der angesehenste Ableger war die 1694 gegründete Bank von England. Die Bank von England schuf das Modell unserer heutigen Zentralbanken, indem sie das holländische System der Steigerung des Papiergeldumlaufs noch verfeinerte. Das System der Bank von England wurde später oft im Gefolge von Revolutionen, an deren Spitze prominente Mitglieder der verzweigten Bruderschaft standen, von einem Land ins andere getragen. Die in der *Fama Fraternitatis* angekündigte Reformation war Ende des 17. Jahrhunderts in vollem Gange, und das "neue Geld" spielte dabei eine große Rolle, wie wir später noch sehen werden.

KAPITEL 22

Die Heiligen marschieren

Einer der bedeutendsten Führer der Reformation war Johann Calvin. Calvin war erst zehn Jahre alt, als Luther mit der katholischen Kirche brach, aber als Erwachsener wurde Calvin einer der eifrigsten Verfechter des Protestantismus.

Calvin veröffentlichte sein erstes religiöses Traktat 1536 in Basel in der Schweiz - einer kleinen Stadt an der deutsch-schweizerischen Grenze. Als Erwachsener verbrachte Calvin sein ganzes weiteres Leben damit, seine eigene ungewöhnliche Auslegung der protestantischen Lehre niederzuschreiben und zu lehren. Daraus entstand eine nach ihm benannte protestantische Bekenntnisgemeinschaft, der "Calvinismus", deren Hauptsitz in Genf war.

Calvin machte im mystischen Stil Martin Luthers weiter. Wie wir uns erinnern, konnte der Mensch nach Ansicht Luthers die geistige Erlösung nicht durch eigenes Bemühen erlangen. Zur Erlösung bedurfte es eines Glaubensaktes. Calvin lehrte das gleiche, nur war seine Version noch strenger. Calvin zufolge konnte nicht einmal ein Glaubensakt jemandem die geistige Erlösung garantieren. Calvin verkündete stattdessen, daß die geistige Erlösung oder die Verdammnis eines Menschen bereits vor seiner Geburt von Gott vorherbestimmt worden sei. Gott habe nicht nur im vorhinein entschieden, wer geistig erlöst würde und wer nicht, sondern es gebe absolut nichts, was ein Mensch gegen diese Entscheidung Gottes tun könne. Diese unglückselige Lehre wird "Prädestination" genannt. Calvins Prädestinationslehre bot den Menschen nur wenig Trost, da sie betonte, daß die meisten Menschen verdammt seien. Jene von Gott vor der Geburt bevorzugten Menschen wurden die "Erwählten" genannt. Es gab nur wenige Erwählte, und sie konnten nichts tun, um ihre glückliches Schicksal mit anderen zu teilen. Die Erwählten hätten auf Erden nur eine wirkliche Aufgabe, verkündete Calvin, und das sei, "Gott" zu dienen, indem sie die

Sünden der anderen bekämpften. Calvin gehörte natürlich zu den Erwählten.

Man könnte fragen, warum "Gott" fast alle Seelen vor der Geburt verdammt und nach der Geburt weiter straft? Das erscheint recht grausam. Nach Calvin wurde die Menschheit noch immer für die "Erbsünde" Adams und Evas bestraft. Wie wir uns erinnern, war die "Erbsünde" der erste Versuch des Menschen, Erkenntnisse über Ethik und geistige Unsterblichkeit zu erlangen.

Calvin versuchte die Vorherbestimmung trotz ihrer offensichtlichen Ungerechtigkeit nicht zu rechtfertigen. Stattdessen verkündete er, daß die Prädestination ein Geheimnis sei, dem sich alle Menschen demütig unterwerfen sollten. Viele Dinge "Gottes", sagte er, sollte der Mensch nicht verstehen können.

Der Calvinismus war mehr als eine Religion für Sonntags. Er war ein Lebensweise. Er forderte von seinen Anhängern einen pragmatischen und strengen Lebensstil, wobei es die höchste Pflicht des Menschen war, Gott in allem, was er tat, zu verherrlichen. Die Menschen lernten, daß ihre Stellung im Leben, unabhängig davon, um welche Stellung es sich zufälligerweise handelte, ihre "Berufung" von Gott sei. Ein Leben müsse so gelebt werden, als sei es der Wille des Höchsten, daß jemand da steht, wo er steht. Der Calvinismus war ganz klar eine feudalistische Philosopie der Neuzeit.

Aus religiösen Gründen verbot Calvin Trinken, Spielen, Tanzen und das Singen von fröhlichen Melodien. Das gehörte zu den Sünden, die die Erwählten auf Erden ausmerzen mußten. Es wundert nicht, daß die Calvinisten bald im Rufe standen, streng und düster zu sein. Sie wurden auch gewalttätig. Calvin war kein toleranter Mann, und er übernahm einige der fürchterlichen Praktiken oströmischer Kaiser. Er befürwortete die Todesstrafe für Ketzerei gegen seine neuen Lehren und forderte, daß "Hexen" auf dem Scheiterhaufen verbrannt würden.

Von seiner Hochburg in der Schweiz griff der Calvinismus in andere Länder über. In den Niederlanden waren die Calvinisten am Zustandekommen des 80jährigen Krieges, der uns die Bank von Amsterdam bescherte, wesentlich beteiligt. In Großbritannien ist aus dem Calvinismus der Puritanismus hervorgegangen.

Wie ihre Brüder in Holland, beschlossen einige Puritaner in England ihre düsteren Glaubensanschauungen und materiellen Eigeninteressen im Wege einer gewaltsamen Revolution durchzusetzen. Im Jahre 1642 führte eine begüterte und prominente Gruppe englischer Puritaner an allen Fronten einen Bürgerkrieg gegen den englischen König Karl I. Aus der Sicht der Puritaner hatte Karl dadurch, daß er eine Katholikin heiratete und dem Katholizismus tolerant gegenüberstand, ein Verbrechen gegen Gott begangen. Nachdem die siegreichen Heere der Puritaner den Bürgerkrieg gewonnen hatten, übertrugen sie die Führung Englands ihrem eigenen Diktator: Oliver Cromwell.

Unter Cromwell konnten die Puritaner ihre Glaubensanschauungen in der Außenpolitik durchsetzen. Die englischen Puritaner glaubten fest an eine Letzte Schlacht. Sie glaubten, daß die Letzte Schlacht schon begonnen habe und Ende des 17. Jahrhunderts ihren Höhepunkt erreichen würde und daß der Bürgerkrieg der Puritaner gegen Karl I. Teil dieser Schlacht sei. Der Papst wurde als Antichrist bezeichnet und der Katholizismus als Werkzeug des Satans. Cromwell versuchte seine Außenpolitik auf diesen Überzeugungen aufzubauen, indem er sich bemühte, die internationale Einheit der Protestanten zu stärken und gegen die Katholiken in verschiedenen Teilen Europas Krieg zu führen. Cromwell glaubte, daß die Puritaner die "Zweiterwählten" Gottes seien* und daß sein Handeln Teil der biblischen Weissagung sei.

Die Einstellung der Puritaner zum Krieg war stark von der Kosmologie Calvins beeinflußt. Der Krieg wurde verherrlicht. Die Puritaner glaubten nämlich, daß aufgrund des ewigen Kampfes zwischen Gott und Satan Spannungen und Kampf beständige Elemente des kosmischen Plans seien. Professor Michael Walzer erklärt ihren Glauben in seinem hochinteressanten Buch *Revolution of the Saints: A Study in the Origins of Radical Politics* folgendermaßen:

> Da im Kosmos ein ständiger Gegensatz und Kampf herrscht, herrscht auf der Erde ständig Krieg ... Allein diese Spannung war ein Aspekt der Erlösung: ein Mensch, der mit sich im reinen war, war ein verlorener Mensch.[1]

Es ist von entscheidender Bedeutung, diese Überzeugung der Puritaner zu verstehen, denn dadurch wird der Krieg *zum notwendigen Schritt für die geistige Erlösung* erhöht. Diese Überzeugung hat auch zur

* Die Juden galten als die "Ersterwählten Gottes". Sie waren jedoch in Ungnade gefallen.

Entstehung der marxistischen Philosophie des "dialektischen Materialismus"* beigetragen. Diese Glaubensanschauung der Puritaner ist mit das Verhängnisvollste, was je von einer Religion der "Herrgötter" gelehrt wurde. Sie hatte zur Folge, daß die Puritaner Frieden als Beleidigung Gottes betrachteten, denn Frieden bedeutete, daß der Kampf gegen "Satan" aufgehört hatte! "Der Weltfrieden ist der stärkste Krieg gegen Gott", schrieb Thomas Taylor 1630.[2] Die höchste Berufung eines puritanischen Mannes war es, zur Ehre Gottes in den Krieg zu ziehen. Wenn es (Gott behüte!) gerade keinen Krieg gab, wurden die Männer ermutigt, zur Unterhaltung an militärischen Übungen teilzunehmen:

> Und, da jeder Mann Freizeit haben wird, ist in religiöser Hinsicht das am besten, was am freiesten von Sünde ist, was den Mann stärkt...dann höre auf mit Kartenspielen, Würfeln, Unzuchttreiben, Ausschweifungen, Bummelei, unflätigen Reden und eitlen Zerstreuungen zur Unzeit, um an diesen Übungen (militärischer Drill) teilzunehmen ...[3]

Die Erhöhung das Krieges durch die Puritaner wie auch ihr strenger Pragmatismus trugen dazu bei, daß sich die Kriegsführung stark veränderte. Generationen zuvor hatte sich die Renaissance in interessanter Weise auf die Kriegführung in Europa ausgewirkt. Der Krieg war zu einer Beschäftigung für "Edelleute" geworden - großartig und prahlerisch. Die europäischen Herrscher gaben für die Schaffung ästhetischer und farbenprächtiger Armeen beträchtliche Summen aus. Auffallende Uniformen, wehende Fahnen und phantasievolle Rüstungen waren an der Tagesordnung. Bedeutsamerweise traten Reiterspiele an die Stelle von Kämpfen auf dem Schlachtfeld. Meistens waren die strahlend schönen Armeen der Renaissancezeit in endlose Truppenmanöver miteinander verwickelt, wobei der militärische Kontakt nur gering war. Nach viel Pomp und Show kam es häufig zu einem militärischen Patt, auf das ein elegantes als halbe Wendung bekanntes Kriegsmanöver folgte. Danach konnte jede Seite sich selbst zum Sieger erklären mit nur wenigen oder überhaupt keinen Toten und großartig nach Hause marschieren, um sich dort vom Volk überschwenglich feiern zu lassen. Junge Soldaten überlebten, um das Herz ihrer Liebsten mit

---

* Der dialektische Materialismus ist eine Philosophie, nach der Konflikte zwischen sozialen Klassen unvermeidlich sind und die erste Phase eines Prozesses sind, der letztlich zu einer klassenlosen Utopia auf Erden führt.

ergreifenden Geschichten von Ritterlichkeit und Ehre auf dem Felde höher schlagen zu lassen.

In der nüchternen, ultrapragmatischen Welt von heute hört sich das ziemlich albern an, wie aus *The Wizzard of Oz*. Es handelte sich jedoch um ein außerordentlich wichtiges Phänomen, da der Stil, in dem die Kriege zur Zeit der Renaissance geführt wurden, die wahre Natur des menschlichen Geistes offenbarte. Die meisten Menschen werden, sofern sich die Möglichkeit dazu bietet, versuchen, einem Krieg aus dem Wege zu gehen. Sie werden Schauplätze von Auseinandersetzungen in eine Arena für Reiterspiele verwandeln. Sie werden Leben, Farben und künstlerische Vollendung über Tod, Blässe und Verfall stellen. Die Renaissance war eine kurze Zeit in der Geschichte, die deutlich macht, daß die Menschen von Natur aus und automatisch aufhören Krieg zu führen, wenn der Druck von oben nachläßt, wenn Intoleranz und kriegstreiberische Philosophien an Bedeutung verlieren und wenn die Menschen freier denken und handeln können.

Die puritanische Strenge und Verherrlichung des Krieges trugen dazu bei, daß die Kriege in Europa blutiger wurden. Die Armeen der Puritaner handelten nach der Maxime, daß Kriege erfolgreich und nicht prunkvoll geführt werden sollten. Deshalb gaben die Puritaner jeden militärischen Glanz auf und entwickelten durch harten Drill leistungstarke Kampftruppen. Diese pragmatische Art des Kampfes verbreitete sich rasch, als andere Nationen feststellten, daß ein wundervoll gesticktes Banner gegen eine genau ausgerichtete Kanone keine Chance hat. Während die meisten militärischen Organisationen auch noch heute einen gewissen Aufwand treiben, fehlt er deutlich, wenn wirklich Krieg geführt wird. Stattdessen können wir nüchterne Kampfuniformen, Effizienz und militärische Strategen am Werk sehen, die den nuklearen Megatod leidenschaftslos mit Prozentpunkten und Wahrscheinlichkeitsfaktoren errechnen. Sie alle spiegeln den Pragmatismus wider, den die Puritaner und anderen Protestanten wieder in den Krieg eingeführt haben. Wenn wir die durch den Krieg verstümmelten Körper unser Mitmenschen betrachten, die effizienter und pragmatischer getötet wurden, erkennen wir vielleicht, daß die Prachtentfaltung in der Renaissance schließlich doch nicht so albern war.

Trotz ihrer anfänglichen Erfolge konnte sich die neue puritanische Regierung unter Cromwell nicht sehr lange halten. Mit der Krönung Karls II. (dem Sohn des enthaupteten Karls I.) kamen 1660 die Stuarts wieder auf den Thron. Karls II. starb 25 Jahre später im Jahre 1685 ohne einen Erben, und so bestieg sein Bruder Jakob II. den Thron. Jakob hatte erst drei Jahre regiert, als 1688 eine zweite Revolution in England ausbrach, die "die Glorreiche Revolution" genannt wird. Obwohl der Gegensatz zwischen Protestantismus und Katholizismus immer noch ein wichtiges Thema war, wurde die Revolution nicht von den Puritanern ausgerufen. Sehr viele Puritaner waren nämlich, nachdem Karl II. den englischen Thron bestiegen hatte, aus England geflohen, um in Nordamerika Kolonien zu gründen. Die Glorreiche Revolution wurde zum Teil von niemand anderem als dem Haus Oranien geführt. Zur Zeit der Glorreichen Revolution saß das Haus Oranien fest auf dem holländischen Thron. Wie Oranien schließlich auch auf den britischen Thron kam und drei Länder auf einmal regierte, ist eine faszinierende Geschichte voller politischer Intrigen.

KAPITEL 23

Wilhelm und Maria führen Krieg

König Karl II. von England und sein Bruder und Nachfolger Jakob II. hatten eine Schwester Maria, die den holländischen Prinzen von Oranien geheiratete hatte. Durch diese Heirat waren die Königshäuser von Großbritannien und Holland miteinander verwandt. Die Verwandschaft wurde noch enger durch die Heirat der Tochter Jakobs II., Maria II., mit dem Sohn des Prinzen von Oranien, Wilhelm III. Königliche Heiraten waren zu jener Zeit nicht nur eine Frage der "Familie", sie sollten auch die politischen Vorteile sichern und wurden häufig mit der Perfektion und der Geschicklichkeit einer Geheimdienstaktion arrangiert. Einige königliche Familien in Deutschland beherrschten dieses Spiel meisterhaft. Sie waren bekannt dafür, eine eheliche Verbindung mit ausländischen Königshäusern als Sprungbrett für die Übernahme der Macht in diesen Ländern zu benutzen. Auch das Haus Oranien-Nassau gehörte zu dieser heimtückischen deutschen Clique. Nach einem mühsam gewonnenen Kampf um den englischen Thron gingen die Stuarts ihnen in die Falle. Ihre Heiraten mit dem Haus Oranien trugen dazu bei, die Monarchie der Stuarts während der Glorreichen Revolution für immer zu beenden. Um zu verstehen, wie das geschehen konnte und warum das für uns so wichtig ist, müssen wir uns die Glorreiche Revolution noch einmal vergegenwärtigen.

Eine einflußreiche Gruppe von Engländern und Schotten hatte in England eine politische Partei gegründet, die Whigs. Die Operationsbasis der Whigs befand sich eigentlich in Holland, das natürlich vom Haus Oranien regiert wurde. Von Holland aus führten die Whigs die Glorreiche Revolution von 1688 herbei und stürzten Jakob II. kurz darauf in einen unblutigen Staatsstreich. Dann setzen sie den Schwiegersohn Jakobs II., Wilhelm III. von Oranien, auf den britischen Thron. Das Haus Oranien regierte nun sowohl in Holland als in England, als auch in dem Land, aus dem sie stammten.

Hinter dieser Intrige zeichnet sich schemenhaft die Bruderschaft ab. Wilhelm III. soll Freimauer gewesen sein.[1] 1688 wurde nämlich eine militante Geheimgesellschaft zur Unterstützung Willhelms III. gegründet. Sie wurde nach der Familie Wilhelms III. Oranienorden genannt und glich in ihrem Aufbau den Freimaurern. Der Oranienorden war antikatholisch und er setzte sich zum Ziel, dafür zu sorgen, daß der Protestantismus die vorherrschende christliche Religion Englands blieb. Der Oranienorden hat die Jahrhunderte überdauert und ist heute am stärksten in Irland vertreten, wo er über 100.000 Mitglieder zählt. Er ist vor allem wegen seiner alljährlichen öffentlichen Parade zur Erinnerung an die Erfolge Wilhelms III. in England bekannt.

Nach der Besteigung des britischen Throns führte Wilhelm III. in England unverzüglich die gleichen Institutionen ein, die seine Dynastie in Holland errichtet hatte: ein starkes Parlament, eine geschwächte Monarchie und eine Zentralbank, die nach dem Prinzip der künstlichen Steigerung des Papiergeldumlaufs arbeitete. Wilhelm und die Königin Mary II. verwickelten England bald in kostspielige Kriege gegen das katholische Frankreich.

Der Mann, der dazu ausersehen war, die englische Zentralbank zu gründen, war ein geheimnisvoller schottischer Abenteuerer namens William Paterson, von dem man offenbar sehr wenig wußte. Das britische Unterhaus (Parlament) zögerte zunächst, Patersons Zentralbankplan anzunehmen, gab jedoch nach, als die von dem überaus kriegsliebenden Wilhelm III. angezettelten Auseinandersetzungen die britische Staatschuld in die Höhe schnellen ließ. Das Papiergeldsystem mit seiner eingebauten Inflation wurde als Möglichkeit zur Finanzierung der kostspieligen Kriege propagiert. Die Steuern waren bereits so hoch, wie man vernünftigerweise gehen konnte; darum glaubte das Unterhaus keine andere Wahl zu haben, als das System einzuführen. Das war die Geburtsstunde der Bank von England, und der Krieg konnte weitergehen, ebenso wie der Krieg in Holland fortgesetzt werden konnte, nachdem die Bank von Amsterdam gegründet worden war.

Die Bank von England ist von einigen Wirtschaftswissenschaftlern als "Mutter der Zentralbanken" bezeichnet worden. Sie wurde das Modell für alle Zentralbanken, die nach ihr kamen, einschließlich der heutigen Banken. Nach dem System der Bank von England, sollte die Zentralbank die Hauptbank des Staates werden, die nur der Staatsregierung Darlehen gewähren würde. Der einzige Zweck der Zentralbank bestand darin, die Regierung in Schulden zu stürzen und ihr Hauptgläubiger zu werden. Die

Noten der Zentralbank würden der Regierung als Darlehn gewährt und dann als nationale Währung in Umlauf sein. Die Folge wäre, daß das Land und seine Bewohner auf diese Noten als Banknoten betrachtete. Die Errichtung der Bank von England führte dazu, daß sich Großbritannien tief bei einer Finanzelite ("Geldadel") verschuldete, die dann auf die Verwendung der Mittel des Staates Einfluß nehmen konnte. Das ist heute der Modus operandi jeder Zentralbank.

Wie die meisten modernen Banken war die Bank von England eine halbstaatliche Bank im Privtbesitz oder Privatbereich. Entsprechend Patersons Plan erhielten die Finanzleute, die ihre Mittel zusammengelegt hatten, um die Bank errichten zu können, von der Regierung die Genehmigung, Gold- und Silbernoten bis zur vielfachen Höhe der zusammengelegten Anteile der Finanzleute ausgeben zu dürfen. In dieser Zeit gaben die Banken üblicherweise Banknoten in vier- bis fünffacher Höhe ihrer Edelmetallreserven aus. Die Bank von England gab, so unglaublich es ist, 16 2/3 mal soviele Noten aus. Die britische Regierung erklärte sich bereit, diese Noten als Darlehn aufzunehmen und sie als legales Zahlungsmittel zur Deckung ihrer Einkäufe zu honorieren. Die Regierung akzeptierte diesen Plan, da sie das urprüngliche Darlehn nicht zurückzuzahlen brauchte, nur die Zinsen für das Darlehn. Würde die Bank von England bei einem solchen Handel Geld verlieren?

Keineswegs.

Der Nennwert der Schuldscheine überstieg den Wert der tatsächlich vorhandenen den Scheinen zugrundeliegenden Aktiva um ein Vielfaches. Die *Zinsen* für das Darlehn waren in nur einem Jahr höher als der Gesamtwert der Edelmetalle der Bank von England! Insbesondere die Finanziers verfügten insgesamt definitiv über eine Reserve von 72.000 Pfund in Gold und Silber. Durch die Ausgabe von Scheinen, deren Menge auf das 16 2/3fache der Deckung veranschlagt wurde, konnte die Bank England ein Darlehn über 1.200.000 Pfund in Papiergeld gewähren. Der jährliche Zinssatz betrug 8 1/3%, das sind 100.000 Pfund. Dadurch ergibt sich einen Gewinn von 28.000 Pfund oder 39% in nur einem Jahr.

Zweiundzwanzig Jahre nach der Gründung der Bank von England wurde 1716 eine entsprechende Bank in Frankreich errichtet. Der Gründer der französischen Version war John Law, der in Frankreich Finanzminister wurde. Law wurde für seine Bemühungen mit dem Spitznamen "Vater der Inflation" belegt. Dieser Titel trifft natürlich nicht zu, denn die Praxis der Inflation kannte man schon viel früher. Law verdankte diesen zweifelhaften

Ehrentitel der aufsehenerregenden Inflation, die nach der Verstaatlichung von Laws Zentralbank einsetzte.

John Law, Sohn eines Goldschmieds, der sich zum Bankier gemausert hatte, war in vieler Hinsicht eine interessante Persönlichkeit. Er war ganz von den mystizistischen Lehren der Bruderschaft durchdrungen, die hinter vielen gesellschaftlichen Veränderungen jener Zeit stand. Sein Biograph Hans Wantoch beschreibt Law in seinem Buch *Magnificent Money-Makers* als "einen der letzten Alchemisten und Mystiker, der Astrologen, die zur Zeit Voltaires ausstarben, aber auf der Suche nach dem Stein der Weisen erfand er die Inflation".[2] Ein weiterer interessanter Punkt ist die Tatsache, daß es sich bei Law, ebenso wie zuvor bei William Paterson in England, um einen Schotten handelte, dessen Herkunft im dunkeln lag. Die schottische Verbindung zwischen Law und Paterson ist möglicherweise von Bedeutung, wenn wir uns später mit den Belegen befassen, denen zufolge Schottland ein bedeutendes Zentrum geheimer aber weitreichender Aktivitäten der Bruderschaft in Europa war.

Law nutzte die nachweislich krankhafte Angst, die Frankreich vor England hatte, aus, um die französische Regierung davon zu überzeugen, daß sie eine ebensolche Zentralbank wie die in Großbritannien errichten sollte. Der früher von Wilhelm III. angezettelte Krieg war eine schwere Belastung für Frankreichs Finanzen. Laws Vorschlag schien eine gute Lösung zu sein und so wurde er schließlich angenommen.

Zu Anfang schien die entsprechend dem Plan Laws ausgegebene neue Währung Frankreichs die französische Wirtschaft wieder anzukurbeln. Der Grund dafür war, daß die Banknoten in Münzen eingelöst werden konnten, zu denen die Menschen Vertrauen hatten. Nachdem die Bank von Frankreich verstaatlicht worden war, erhöhte sie die Zahl der Banknoten nicht vorsichtig und allmählich, sondern gab Banknoten im Überfluß aus. Die Menschen erkannten rasch, daß sehr viel mehr Banknoten im Umlauf waren, als es Münzen zu ihrer Deckung gab. Die Folge war, daß das Vertrauen der Bevölkerung in die Noten erschüttert wurde und die französische Wirtschaft daraufhin eine Umwälzung erfuhr.

Die Glorreiche Revolution bescherte uns nicht nur die Bank von England, sie bescherte uns auch die gegenwärtige königliche Familie Großbritanniens: die Windsors. Die Windsors stammen in direkter Linie vom Königshaus in Hannover ab, das enge Verbindungen zum Haus Oranien und zu den übrigen deutschen Fürstentümern unterhielt, die der heimtückischen Heirats- und Umsturzclique zuzurechnen waren. Nach dem Tod Wilhelms III. von Oranien/England folgte ihm seine Schwester Anna auf den britischen Thron. Nach Annas Tod verzichtete das Haus Oranien durch eine zuvor getroffene Vereinbarung zugunsten der Herrscher des Staates Hannover, die früher ebenfalls in die Familie der Stuarts eingeheiratet hatten, auf den britischen Thron. Hannovers erster Kurfürst Herzog Ernst August (1629-1698) hatte eine Enkelin des englischen Königs Jakob I. geheiratet. Ebenso wie das Haus Oranien erwarben die Hannoveraner durch ihre Heiraten mit den Stuarts keinen legalen Anspruch auf den britischen Thron, doch nach Absetzung Jakobs II. durch die Whigs und das Haus Oranien, wurden die Regeln so geändert und auf die Sieger zugeschnitten.

Der erste Hannoveraner auf dem britischen Thron war Georg Ludwig, der König Georg I. von England wurde. Georg sprach kein Englisch und betrachtete England nur als vorübergehenden Besitz. Er widmete seine Aufmerksamkeit vor allem seinem deutschen Land. Als Generationen von Hannoveranern den Thron bestiegen, wurden sie ein fester Bestandteil der britischen Gesellschaft. Die Hannoveraner stellten alle Monarchen Englands bis 1901, und die übrigen sind bis zum heutigen Tag Nachkommen der hannoverschen Linie, der Königin Viktoria entstammt. Während der gesamten Zeit unterhielt das Königshaus auch weiterhin enge Verbindungen mit anderen deutschen Adelsfamilien. In den ersten anderthalb Jahrhunderten englischer Herrschaft heirateten die britischen Könige aus Hannover nur Töchter aus anderen deutschen Fürstenhäusern.*

Kein Wunder, daß die Übernahme der Macht durch die Hannoveraner in England auf starken Widerstand stieß. Viele Engländer waren verständlicherweise der Ansicht, daß deutsche Monarchen kein Recht hätten, englische Untertanen zu regieren. Es bildeten sich gegen Hannover eingestellte Parteien, die die Stuarts wieder auf den englischen Thron setzen wollten. Deshalb beschlossen die Hannoveraner aus Furcht vor einem Staatsstreich, kein großes aus Briten bestehendes ständiges Heer zuzulassen. Stattdessen mieteten sie, wenn in England eine große Anzahl von Truppen benötigt wurde, von ihren deutschen Freunden und ihrem eigenen deutschen Fürstentum Söldner, die alle viel Geld kosteten und aus der britischen Staatskasse bezahlt wurde. Die größte Zahl von Söldnern stellte die Fürstenfamilie in Hessen, mit der das Haus Hannover eine enge und freundschaftliche Beziehung verband. Ein merkwürdiger Aspekt der Söldnervereinbarung ist, daß einige wichtige Mitglieder jener deutschen Familien, insbesondere der aus Hessen, später als Führer einer neuen Art von Freimaurerei in Erscheinung traten, die geschaffen worden war, um die Hannoveraner vom britischen Thron zu stürzen!

Bevor wir uns dieser bemerkenswerte Situation zuwenden, sollten wir uns anschauen, was in dieser Zeit bei den Freimaurern vor sich geht. Hier vollzieht sich ein bedeutender Wandel, durch den die Freimaurer zum einzigen sehr großen Zweig im Netzwerk der Bruderschaft werden.

---

* Nachstehend eine Liste der britischen Hannoveraner, die auf Georg I. folgten, wann sie regierten und wen sie heirateten:

Georg II., 1727-1760, Caroline von Brandenburg
Georg III, 1760-1820, Charlotte von Mecklenburg
Georg IV., 1820-1830, Caroline von Braunschweig
Wilhelm IV., 1830-1837, Adelaide von Sachsen-Meiningen
Viktoria, 1837-1901, Prinz Albert von Sachsen-Coburg-Gotha

Königin Viktorias Sohn Edward VII. (regierte von 1901-1910) brach mit dieser Tradition und heiratete die dänische Prinzessin Alexandra. Hier wurde der Name der königlichen Familie offiziell von Hannover in "Sachsen-Coburg-Gotha" nach Edwards deutschem Vater geändert. Im ersten Weltkrieg, am 17. Juli 1917, als England gegen Deutschland Krieg führte, änderte sich der Name noch einmal. Aus dem deutschen Namen "Sachsen-Coburg-Gotha" wurde der englische Namen "Windsor". Windsor ist der Name, den das britische Königshaus noch immer benutzt. Die heutigen Windsors unterhalten, wie so viele andere Königshäuser in Europa, auch weiterhin enge Beziehungen zum deutschen Adel.

KAPITEL 24

Das neue Erwachen der Ritter

Als die Menschheitsgeschichte ins 18. Jahrhundert eintrat, vollzog sich ein Wandel. Die Inquisition stand kurz davor, abgeschafft zu werden und die Beulenpest sollte es bald auch nicht mehr geben.

Wer sich mit der Geschichte der Freimauer befaßt hat, weiß, daß das frühe 17. Jahrhundert eine wichtige Zeit für das Freimaurerwesen war. Die Freimaurerlogen in England hatten viele Mitglieder gewonnen, die von Berufs wegen keine Maurer oder Baumeister waren. Das geschah, weil die Freimaurerei immer weniger den Charakter einer Handwerkerzunft hatte. Sie entwickelte sich zu einer Vereinigung zur Förderung gemeinsamer Interessen mit einer geheimen mystischen Tradition. Viele Logen öffneten ihre Türen unauffällig auch Nichtmaurern, insbesondere ansässigen Aristokraten und einflußreichen Männern. Im Jahre 1700 kamen schätzungsweise 70% aller Freimaurer aus anderen Berufen. Sie wurden "angenommene Maurer" genannt, weil sie in die Logen aufgenommen wurden, obwohl sie keine Werkmaurer waren.

Am 24. Juni 1717 trafen sich Vertreter von vier großen britischen Logen im Goose und Gridiron Alehouse in London und gründeten eine neue Großloge. Die neue Großloge, die von einigen "Die Große Mutterloge der Welt" genannt wurde, gab den Zunftaspekt der Freimaurerei ("Werkmaurerei") auf und ersetzte ihn durch eine Art der Freimaurerei, die streng mystisch und bruderschaftlich war ("spekulative Maurerei"). Titel, Werkzeuge und Produkte der Maurerhandwerks wurden nicht mehr als etwas betrachtet, das die Mitglieder für ihren Lebensunterhalt benutzten. Stattdessen wurden sie in absolut mystische und bruderschaftliche Symbole verwandelt. Das geschah nicht von heute auf morgen, sondern war das Ergebnis einer Tendenz, die bereits lange vor 1717 eingesetzt hatte.

Eine Reihe von Historikern vortritt die irrige Ansicht, daß die Große Mutterloge von 1717 der Beginn des Freimaurerwesens gewesen sei. Wie wir gesehen haben, hatte die Freimaurerei auch in England schon lange vorher festen Fuß gefaßt. So heißt es beispielsweise in einer Legende der Freimaurer, daß Prinz Edwin von England bereits 926 n. Chr. Freimaurerzünfte eingeladen hatte, in sein Land zu kommen und beim Bau einiger Kathedralen und Steingebäude mitzuwirken. Es sind aus den Jahren 1390 und 1410 stammende Schriften der Freimaurer überliefert. In Albert MacKeys *History of Freemasonry* sind handschriftliche Protokolle einer Versammlung der Freimaurer aus dem Jahr 1599 abgebildet. Im 16. Jahrhundert waren die Freimaurer in England so fest verwurzelt, daß eine urkundlich gut belegte Spaltung im Jahre 1567 überliefert ist. Diese Spaltung teilte die englischen Freimaurer in zwei große Gruppierungen: die "Yorker" und die "Londoner" Maurer.

Das neue 1717 im Goose und Gridiron Alehouse errichtete System der Großloge kannte zunächst nur eine Initiationsstufe (einen Initiationsgrad). Innerhalb von fünf Jahren nach der Gründung der Loge kamen zwei weitere Grade hinzu, so daß das System jetzt aus drei Graden bestand: Lehrling, Geselle und Meister. Diese Stufen wurden allgemein die "blauen Grade" genannt, denn die Farbe Blau spielt dabei eine symbolische Rolle. Die drei blauen Grade* sind seitdem die ersten drei Stufen fast aller Freimaurersysteme.

Die Große Mutterloge erteilte Männern in England, Europa und im Britischen Empire die Erlaubnis zur "Arbeit", die sie zur Gründung von Logen berechtigten, in denen die Johannisgrade praktiziert wurden. Die interessanten Aktivitäten im Rahmen der Logen boten Männern eine beliebte Möglichkeit des Zeitvertreibs, und die Freimaurerei entwickelte sich bald zur großen Mode. Viele Versammlungen der Logen wurden in Tavernen abgehalten, wo kräftiges Trinken die Hauptattraktion war. Natürlich waren viele Mitglieder auch, angelockt durch die Aussicht auf brüderliche Gemeinschaft und geistige Erleuchtung, den Logen beigetreten.

In der neuen Großen Mutterloge soll eine sehr strenge Regel gegolten haben, der zufolge politische Kontroversen innerhalb der Loge verboten waren. Theoretisch sollte die Freimaurerei sich aus politischen Fragen und Probleme heraushalten. In der Praxis unterstützte die nur drei Jahre nach der Krönung des ersten Hannoveraners gegründete Loge jedoch die neue

---

* Anm. des Übersetzers: Diese Grade heißen im Deutschen Johannisgrade und werden im folgenden auch so bezeichnet.

deutsche Monarchie zu einer Zeit, als viele Engländer ihr sehr ablehnend gegenüberstanden. Einer der ersten und einflußreichsten Großmeister der Mutterloge war Reverend John T. Desagulier, der 1719 in dieses Amt gewählt wurde. Desagulier hatte früher bereits ein Traktat verfaßt, in dem es hieß, daß die Hannoveraner nach dem "Naturgesetz" die einzig legitimen souveränen Herrscher Englands seien. Am 5. November 1737 verlieh er Friedrich, dem Prinzen von Wales - einem Hannoveraner - die ersten beiden Maurergrade. In den folgenden Generationen wurden Mitglieder der aus Hannover stammenden königlichen Familie sogar Großmeister.* Die englische Großloge war entschieden für die Hannoveraner, und ihr Verbot politischer Kontroversen lief in Wirklichkeit auf eine Unterstützung des Status quo, d.h. der Hannoveraner hinaus.

Betrachtet man die Große Mutterloge als Gruppierung, die eine umstrittene politische Frage (nämlich die Herrschaft der Hannoveraner in Großbritannien) lebendig erhalten sollte, würde man angesichts der machiavellistischen Natur der Aktivitäten der Bruderschaft eigentlich erwarten, daß aus der verzweigten Bruderschaft eine Partei hervorginge, die die Opposition unterstützte. Genau das geschah auch. Kurz nach der Gründung der Mutterloge wurde ein Freimaurersystem ins Leben gerufen, das die Hannoveraner direkt *bekämpfte!*

Als Jakob II. 1688 durch die Glorreiche Revolution gestürzt wurde, floh er aus England. Sofort gründeten seine Anhänger Vereinigungen, die ihm helfen sollten, den britischen Thron wiederzugewinnen. Die erfolgreichste und militanteste Gruppe waren die Jakobiter. Den Jakobitern, deren Hauptquartier in Schottland und im katholischen Irland war, gelang es, beträchtliche Unterstützung für die Sache der Stuarts zu gewinnen. Obwohl es ihnen letztlich nicht gelang, die Stuarts wieder einzusetzen, gingen viele Aufstände und militärische Feldzüge gegen die Hannoveraner von ihnen aus. Als der erfolglose Jakob II. 1701 starb, setzte sein Sohn Jakob III., der sich selbst zum König ausgerufen hatte, den Kampf der

---

* Augustus Friedrich (1773-1843), der neunte Sohn Georgs III. war die letzten dreißig Jahre vor seinem Tod Großmeister. Zuvor hatte sein älterer Bruder, der spätere König Georg IV., das Amt des Großmeisters bekleidet. Ein späterer Großmeister war König Edward VII., der Sohn Königin Viktorias. Edward hatte dieses Amt als Prinz von Wales 27 Jahre lang inne. Der jüngste Großmeister, der König wurde, war der Herzog von York, der spätere König Georg VI. (regierte von 1936-1952).

Familie um die Wiedererlangung des britischen Throns fort. Zu seiner Unterstützung gründete man einen neuen Freimaurerzweig, der dem alten Templerorden nachgebildet wurde.

Der Mann, von dem es heißt, daß er die Freimaurerei nach dem Vorbild des Templerordens begründete, war einer der treuesten Anhänger Jakobs II., Michael Ramsey. Ramsey war ein schottischer Mystiker, den Jakob III. in Frankreich als Hauslehrer für seine beiden Söhne eingestellt hatte.

Ramseys Ziel war die Wiedererstehung der in Ungnade gefallenen Tempelritter in Europa. Dazu bediente er sich der gleichen Methode wie die Große Mutterloge in London: die wiedererstandenen Tempelritter waren eine geheime mystische/bruderschaftliche Vereinigung, die Männern aus verschiedenen Berufen offenstand. Die alten Titel, Trachten und "Werkzeuge" sollten innerhalb eines freimaurerischen Rahmens symbolischen, bruderschaftlichen und rituellen Zwecken dienen. Dementsprechend nannte sich Ramsey selbst Chevalier (Ritter) Ramsey.

Ramsey arbeitete nicht allein. Er wurde von anderen Parteigängern der Stuarts unterstützt. Unter ihnen war der englische Aristokrat Charles Radcliffe. Radcliffe war ein fanatischer Jakobiter, der zusammen mit seinem Bruder, dem Earl of Derwentwater, im Zusammenhang mit dem fehlgeschlagenen Aufstand von 1715 verhaftet worden war, durch den Jakob III. auf den britischen Thron gehoben werden sollte. Beide Brüder wurden zum Tode verurteilt. Der Earl wurde enthauptet, Radcliffe konnte nach Frankreich entkommen.

In Frankreich nahm Radcliffe den Titel ein Earls of Derwentwater an. Er führte den Vorsitz auf einer 1725 abgehaltenen Versammlung zur Gründung einer neuen Freimaurerloge, die auf der von Ramsey enthüllten Templerregel basierte. Die Loge Derwentwaters verhalf dem neuen sich am Templerorden orientierenden Freimaurersystem zu einem Start in Europa. Derwentwater behauptete, daß er die Erlaubnis zur Gründung seiner Loge von der Loge von Schottland in Kilwinning, Schottlands ältester und berümtester Loge, erhalten habe.* Deshalb werden die Templer-Freimaurer ihres angeblichen schottischen Ursprungs wegen häufig auch Schottische Freimaurer genannt.

---

* Ob Lord Derwentwater auch von der Großen Mutterloge von England eine Erlaubnis zur Gründung seiner neuen französischen Loge erhalten hat, ist umstritten. Viele Historiker bejahen das, doch einige freimaurerische Gelehrte versichern,

Ramseys Schottische Freimaurer gewannen viele Mitglieder, indem sie behaupteten, daß die Große Mutterloge eigentlich eine geheime Gründung der Tempelritter gewesen sei. Ramsey zufolge hatten die Tempelritter Jahrhunderte zuvor während der Kreuzzüge im Heiligen Land die "verlorengegangenen" Lehren der Freimaurer wiederentdeckt. Sie hätten diese Lehren nach Europa zurückgebracht und sie, nachdem die Tempelritter in Ungnade gefallen und verbannt worden waren, über Jahrhunderte in England, Frankreich und Schottland im Verborgenen bewahrt. Nach einem Jahrhunderte dauernden Schattendasein hätten die Templer sie vorsichtig wieder auftauchen lassen, indem sie durch die Große Mutterloge nur die drei Johannisgrade freigegeben hätten. Ramsey behauptete, daß die drei Johannisgrade nur zugänglich gemacht worden seien, um die Loyalität der Freimaurer auf die Probe zu stellen. Sobald ein Freimaurer zum dritten Grad aufgestiegen sei und dadurch seine Loyalität unter Beweis gestellt habe, dürfe er zu den "wahren" Graden aufsteigen: dem von Ramsey freigegebenen vierten, fünften oder noch höheren Grad. Ramsey erklärte von einem geheimen Hauptquartier der Tempelritter zur Freigabe der höheren Grade bevollmächtigt zu sein. Nach dieser Geschichte wirkten die Schottischen Templer im Geheimen durch die Loge in Kilwinning.

Zur Erreichung ihrer stuartfreundlichen politischen Ziele wurde in den Schottischen Logen aus der biblischen Symbolik eine die Stuarts verkörpernde politische Symbolik. Ramseys "höhere" Grade enthielten weitere Symbole, die "deutlich" machten, warum die Freimaurer die Verpflichtung hatten, die Stuarts wieder auf Thron von England zu setzen. Deshalb betrachteten viele Leute die Schottische Freimaurerei als schlau eingefädelten Versuch, die Freimaurer von der Großen Mutterloge, welche die Hannoveraner unterstützte, abzuziehen und aus den Übergetretenen stuartfreundliche Freimaurer zu machen.

---

daß es keine Unterlagen über eine solche Erlaubnis gebe und daß Lord Derwentwaters Loge eine nichtoffizielle ("illegale") Loge gewesen sei. Es wurde argumentiert, daß die Große Mutterloge von England Derwentwater wegen seiner allgemein bekannten stuartfreundlichen Einstellung keine Erlaubnis zur Arbeit erteilt hätte.

Als Anmerkung sei hinzugefügt, daß Lord Derwentwater auch weiter politisch aktiv blieb und versuchte, sich während des Jakobiteraufstands von 1745 Charles Edward anzuschließen. Das Schiff, auf dem sich Derwentwater befand, wurde von einem englischen Kreuzer aufgebracht. Der Earl wurde nach London gebracht, wo er im Dezember 1746 enthauptete wurde.

Auch die Stuarts selbst traten Ramseys Organisation bei. Jakob III. nahm den Titel “Ritter von Sankt Georg” an. Sein Sohn Charles Edward wurde am 24. September 1745 in den Orden der Tempelritter aufgenommen, im selben Jahr, in dem er die Jakobiterinvasion in Schottland anführte. Zwei Jahre später am 15. April 1747 gründete Charles Edward in der französischen Stadt Arras eine freimaurerische “Schottische Jakobitengruppe”. Um die nachteiligen Gerüchte zum Verstummen zu bringen, daß die Schottischen Freimaurer nur eine Fassade für die Sache der Stuarts seien (was sie weitgehend waren), leugnete Charles Edward später, je Freimaurer gewesen zu sein, obwohl er Großmeister bei den Schottischen Freimaurern war:

> Wir, Charles Edwin, König von England, Frankreich, Schottland und Irland und als solcher stellvertretender Großmeister der Gruppe von H., Träger des Titels eines Ritters vom Pelikan und Adler ...[1]*

Wir haben uns gerade mit der Gründung zweier Freimaurersysteme befaßt. Jedes von ihnen unterstützte einen der beiden Gegner in einem großen politischen Konflikt in England - einem Konflikt, durch den auch andere europäische Länder in Mitleidenschaft gezogen wurden. Beide Freimaurersysteme wurden innerhalb von fünf Jahren gegründet. Ramseys Geschichte über die Art und Weise ihrer Entstehung weist deshalb zwei phantastische Implikationen auf. Sie impliziert, daß eine kleine im Verborgenen operierende Gruppe von Leuten, die zur verzweigten Bruderschaft in Schottland gehören, bewußt zwei gegnerische Freimaurersysteme geschaffen hat, um beide Seiten in einer heftigen politischen Auseinandersetzung zu fördern und zu unterstützen. Das wäre ein erschreckend klares Beispiel für machiavellistisches Denken.

Wie weit stimmt Ramseys Geschichte?

Um diese Frage beantworten zu können, müssen wir kurz auf die Geschichte der Freimaurer in Schottland eingehen.

Schottland war lange Zeit ein bedeutendes Zentrum freimaurerischer Aktivitäten. Die erste der alten Maurerzünfte wurde 1120 n. Chr. in Kilwinning gegründet. 1670 gab es in der Loge in Kilwinning (obwohl sie

---

* “Gruppe von H.” soll die Schottische Loge in Heredon gewesen sein. Charles Edward wird als “Stellvertretender” Großmeister bezeichnet, da sein Vater, als König von Schottland als Großmeister “durch Erbfolge” galt.

dem Namen nach noch eine Werkmaurerloge war) bereits spekulative Maurer.

Die schottischen Logen waren insofern einzigartig, als sie von der englischen Großloge unabhängig waren und nie mit ihrer Erlaubnis gegründet wurden, nicht einmal, nachdem sie die drei Johannisgrade der englischen Großloge übernommen hatte. Die Kilwinniger Loge erteilte seit Anfang des 15. Jahrhunderts selbst die Erlaubnis zur Arbeit. Sie hörte erst 1736 damit auf, als sie sich mit anderen Logen zusammentat und die Loge in Edinburgh zur Großloge von Schottland erhob. Die neue Großloge von Schottland in Edinburgh übernahm von der englischen Großloge das System der spekulativen Maurerei, blieb jedoch weiter unabhängig von der englischen Großloge und erteilte selber die Erlaubnis zur Arbeit. Etwa sieben Jahre später 1743 trennte sie sich wegen eines scheinbar trivialen Streits von der Großloge von Schottland. Kilwinning etablierte sich als selbständige Freimaurerschaft ("Mutterloge von Kilwinning") und gab wieder einmal die Erlaubnis zur Arbeit aus. 1807 verzichtete die Loge in Kilwinnig auf dieses Recht und schloß sich der Großloge von Schottland wieder an. Es gibt also lange Zeiträume, in denen die Loge in Kilwinnig von keiner anderen Loge abhängig war und den Tempelritter-Freimaurern sehr wohl eine Erlaubnis zur Arbeit erteilt haben könnte. Zu der Zeit, als Ramsey und Derentwater behaupteten, von Kilwinnig die Erlaubnis zur Schaffung der Templergrade in Europa erhalten zu haben, war die Loge unabhängig.

Einige Freimaurer-Historiker wenden dagegen ein, daß die Loge in Kilwinning und andere schottischen Logen nichts mit der Schaffung der sogenannten "Schottengrade" zu tun hätten. Sie erklären, die Schottengrade seien alle von Ramsey und seinen Jakobitern in Frankreich geschaffen worden. Manche Freimaurer-Autoren beharren darauf, daß das Templertum Schottland erst 1798 erreicht habe - Jahrzehnte, nachdem es auf den europäischen Kontinent in Mode gekommen sei. Diese Autoren behaupten auch, daß in der Loge in Kilwinning immer nur die Johannisgrade des englischen Systems üblich gewesen seien. Andere wiederum glauben, daß Ramsey, der in der Nähe von Kilwinning geboren wurde, aus Nationalstolz behauptete habe, seine Grade seien schottischen Ursprungs, um die politische Unterstützung für die Stuarts in Schottland auf eine feste Basis zu stellen. Diese Argumente klingen überzeugend, doch die historischen Zeugnisse belegen, daß sie allesamt falsch sind.

Erstens kamen, wie wir bereits gesehen haben, bedeutende historische Gestalten, die bei einigen der von Revolutionären der Bruderschaft herbeigeführten Veränderungen mitgewirkt haben, in dieser Zeit aus Schottland. Michael Ramsey ist der dritte geheimnisvolle Schotte unbekannter Herkunft, der zu bedeutenden Veränderungen in Europa beitragen hat. Die beiden anderen wurden an früherer Stelle behandelt: William Paterson, der den deutschen Herrschern zu einer Zentralbank in England verhalf, und John Law, der Gründer der Zentralbank in Frankreich.

Zweitens war es ganz natürlich, daß die stuartfreundlichen Templergrade in Schottland entstanden. Schottland war sehr stark für die Stuarts, und die Jakobiter waren hier zuhause. Bereits Jahrzehnte vor der Errichtung der englischen Großloge wußte man, daß viele schottische Freimaurer die Stuarts unterstützen. Diese schottischen Parteigänger benutzten ihre Logen als geheime Treffpunkte, wo sie politische Intrigen ausheckten. Die stuartfreundlichen Aktivitäten der Freimaurer gehen möglicherweise bis 1660 zurück - dem Jahr der Restauration der Stuarts (als die Stuarts den Thron von den Puritanern wieder übernahmen). Einigen der ersten Freimaurer zufolge war die Restauration weitgehend das Werk der Maurer. General Monk, der bei der Restauration eine Schlüsselrolle spielte, soll Freimaurer gewesen sein.

Schließlich gibt es noch unbestrittene Beweise, daß die schottischen Logen, einschließlich der Loge in Kilwinning, Jahrzehnte vor 1798 mit dem Templertum in Berührung gekommen waren. Der Freimaurer und Historiker Albert MacKey berichtet in seiner *History of Freemasonry,* daß die Loge in Kilwinning 1779 einigen irischen Maurern, die sich selbst "Loge der Hohen Tempelritter" nannten, eine Erlaubnis zur Arbeit erteilt hatte. Mehr als zehn Jahre früher 1762 hatte die St. Andrew's Loge in Boston eine Erlaubnis beantragt (die sie später auch erhielt), auf ihrer Versammlung am 28. August 1769 den "Royal Arch" und den Tempelrittergrad verleihen zu dürfen. Es ist bedeutsam, daß die St. Andrew's Loge ihren Antrag auf das Recht, den Tempelrittergrad verleihen zu dürfen, bei der Großloge von Schottland stellte und nicht bei irgendeiner französischen Loge.

Damit werden zwei Punkte in Ramseys Geschichte bestätigt: 1) daß in den schottischen Logen die Templerfreimaurerei üblich war und 2) daß eine schottische Großloge mindestens schon 1762 die Erlaubnis zur Verleihung des Tempelrittergrades erteilt hatte. Man kann als sicher annehmen, daß die schottische Großloge bereits vor diesem Jahr etwas mit dem Templertum zu tun hatte, da die Loge den Templergrad geschaffen haben mußte, bevor eine andere Loge ihn beantragen konnte. Leider gibt es offenbar keine Unterlagen mehr, aus denen hervorgeht, wann das Templertum in den schottischen Logen Eingang fand. Ramsey und Derentwater behaupten natürlich, daß die Tempelrittergrade bereits Anfang der zwanziger Jahre des 17. Jahnhunderts existierten. Die schottischen Logen können zu dieser Zeit durchaus mit irgendeiner Form des Templertums in Berührung gekommen sein.

Verständlicherweise waren die schottischen Logen sehr verschwiegen, wenn es um ihre Templeraktivitäten ging. Über die der St. Andrew's Loge 1762 erteilte Erlaubnis zur Verleihung des Tempelrittergrades wissen wir nur aus den in Boston gefundenen Unterlagen. Man braucht nur an das Schicksal der beiden Earls von Derentwater zu denken, um die Gefahr ermessen zu können, in der jene schwebten, die die Sache der Stuarts aktiv unterstützten.

Nicht alle Punkte der Tempelrittergeschichte Ramseys wurden durch Belege untermauert. So gehen die Freimaurer nicht, wie Ramsey andeutete, auf die Tempelritter zurück. Die Maurerzünfte, aus denen die Freimaurer hervorgingen, existierten schon lange, bevor der Orden der Tempelherren gegründet wurde. Andererseits gibt es Indizienbeweise dafür, daß die Johannisgrade möglicherweise von den Tempelrittern nach England gebracht wurden.

Wie in Kapitel 15 erwähnt, nimmt man an, daß die drei Johannisgrade bereits Jahrhunderte früher bei der Sekte der Assassinen in Persien üblich waren. Während der Kreuzzüge kamen die Tempelherren mit den Assasinen häufig in Berührung. In den Zeiten, in denen sie nicht gegeneinander kämpften, schlossen die Assassinen und die Tempelherren Verträge und unterhielten andere freundschaftliche Beziehungen. In einem Vertrag wird den Tempelrittern sogar gestattet, Festungen auf dem Hoheitsgebiet der Assassinen zu errichten. Einige Historiker sind der Ansicht, daß die Templer in den Kriegspausen viel über die umfassenden mystischen Lehren der Assassinen in Erfahrung brachten und einiges davon auch in ihr eigenes System übernahmen. Deshalb ist es durchaus möglich, daß die Templer die Johannisgrade kannten, lange bevor sie von der Großen Englischen Mutterloge eingeführt wurden.

Außerdem gibt es Indizienbeweise dafür, daß die Tempelritter zur Zeit der Kreuzzüge in Europa auf dem Höhepunkt ihrer Macht standen. Sie besaßen auf dem gesamten Kontinent Ländereien. In Schottland waren ihre Besitzungen und Präzeptorien besonders zahlreich. Als die Templer nach den Kreuzzügen das Heilige Land verließen, kehrten sie schließlich in ihre Präzeptorien überall auf der Welt, einschließlich Schottland, zurück.

Nachdem der Templerorden in ganz Europa verboten worden war, weigerten sich viele Templer ihre Traditionen aufzugeben und führten ihre Aktivitäten im Geheimen weiter. Einige im Verborgenen wirkenden Templer schlossen sich den Freimaurerlogen an, darunter auch den Logen in England und Schottland. Es ist daher denkbar, daß es die Templer waren, durch welche die Johannisgrade von der Sekte der Assassinen über Schottland in die Große Mutterloge von 1717 gelangten.

Einige Freimaurer sehen in dem Versuch, die Johannisgrade mit der Sekte der Assassinen in Verbindung zu bringen, vielleicht eine Absicht, die Freimaurer zu verunglimpfen, obgleich einer der geschätztesten Historiker der Freimaurer eine solche Verbindung angedeutet hat. Wenn man einen derartigen Zusammenhang herstellt, sollte man im Auge behalten, daß die Mordmethoden der Assassinen in den Johannisgraden nie gelehrt wurden. Die Assassinen blicken auf eine lange mystische Tradition, die weit über ihre kontroversen politischen Methoden hinausging. Außerdem haben die Assassinen viele ihrer mystischen Lehren von früheren Systemen der Bruderschaft übernommen. Die Johannisgrade sind daher vielleicht sogar älter als die Assassinen.

Unabhängig davon, wie Johannisgrade und Schottengrade letzlich enstanden sind, fanden beide Systeme weite Verbreitung. Die Schottengrade wurden schließlich in der gesamten Freimaurerei zu den vorherrschen Graden. Das Zentrum der Schottischen Freimaurerei auf dem europäischen Kontinent war Deutschland, wo dieselbe kleine Clique deutscher Duodezfürsten, die wir bereits kennengelernt haben, bald als Führer der neuen Templerfreimaurerei in Erscheinung traten.

KAPITEL 25

Die "Rattenkönige"

Durch die gesamte Geschichte hindurch haben kleine Gruppen einer der mystischen Bruderschaft angehörenden politischen und wirtschaftlichen Elite von den Konflikten, die die Bruderschaft heraufbeschworen hat, profitiert. Wenn das, was in den alten mesopotamischen, amerikanischen und biblischen Schriften steht, stimmt, dann stehen diese menschlichen Eliten nur an der Spitze einer Hierarchie von Gefangenen. Man könnte diese Eliten die "Rattenkönige" der Erde nennen.

Der Begriff "Rattenkönig" stammt aus einem Roman von James Clavell, der später in Hollywood mit George Segal in der Hauptrolle verfilmt wurde. In dieser Geschichte geht es um eine Gruppe amerikanischer und britischer Soldaten, die im zweiten Weltkrieg in einem japanischen Kriegsgefangenenlager festgehalten werden. Durch geschicktes Handeln und Organisieren gelingt es einem der amerikanischen Gefangenen, Korporal King, ein Vermögen an Sachgütern anzuhäufen, die von den anderen Kriegsgefangenen heiß begehrt werden. Infolgedessen steht er an der Spitze der Gefangenenhierarchie und kann sich häufig mit einer Zigarette oder einem frischen Ei Loyalität erkaufen. Die Gefangenen nennen ihn nur König, denn das ist er im Lager. Als er sich daran wagt, Ratten als Nahrung zu braten, gibt man ihm den Titel "Rattenkönig", der irgendwie auch zu ihm paßt.

Der Rattenkönig genießt jeden Luxus, nach dem sich auch die anderen Gefangenen sehnen, dennoch bleibt die Tatsache bestehen, daß auch er nur ein Gefangener ist. Der Rattenkönig kann sich nur solange an der Spitze der Rangordnung halten, wie sie alle Gefangene sind. Am Ende des Films, als der Krieg vorbei ist und das Lager befreit wird, gibt es die Gefängnissituation nicht mehr, die ihm seinen Platz an der Spitze garantierte. In Freiheit ist er verloren und fragt sich, ob er über die Befreiung wirklich glücklich ist. In der Schlußszene des Films sieht man, wie er in einem Lastwagen weggefahren wird, nur ein Korporal unter anderen. Dennoch spürt man, selbst wenn es dem Rattenkönig nicht so geht, daß er als freier Mann besser dran ist, da das Reich, das er sich aufgebaut hatte, auf tönernen Füßen stand und von den japanischen Gefangenenwärtern jederzeit hätte zerstört werden können. Königs Leben als freier Mensch ist weit sicherer als seine unsichere Existenz an der Spitze der unterdrückten Lagerinsassen.

Der Rattenkönig im Film war eigentlich eine sympathische Figur. Jene, die wir die "Rattenkönige" der Erde nennen könnten, sind nicht so angenehm, denn wir werden nur die Menschen so bezeichnen, die ihren Profit und ihren Einfluß nicht dadurch erlangen, daß sie Ratten braten, sondern dadurch, daß sie zu Kriegen und menschlichem Leid beitragen.

Seit Jahrtausenden gibt es auf der Erde eine endlose Folge von "Rattenkönigen". In diesem Kapitel wollen wir uns mit einer besonders interessanten Gruppe von ihnen beschäftigen: den Duodezfürsten im Deutschland des 18. Jahrhunderts. Sie und ihre Beziehungen zum Mystizismus der Bruderschaft gestatten einen faszinierenden Einblick in die dubiosen Elemente der Politik des 18. Jahrhunderts - eine Politik, die wesentlich an der Schaffung des sozialen, politischen und wirtschaftlichen Systems beteiligt war, in dem wir heute leben.

Deutschland wurde das Zentrum der Templerfreimaurer auf dem europäischen Kontinent. Die Rittergrade nahmen in den deutschen Staaten, wo sie in ein "Strikte Observanz" genanntes Freimaurersystem eingebunden wurden, eine unverwechselbare Ausprägung an. Der Name "Strikte Observanz" kam daher, daß jeder Eingeweihte strikten und unbedingten Gehorsam gegenüber Ranghöheren im Orden schwören mußte. Dieser Gehorsamsschwur erstreckte sich auch auf eine geheimnisvolle als "Unbekannter Oberer" wirkende Gestalt, bei dem es sich um den geheimen in Schottland residierenden Führer der Strikten Observanz handeln sollte.

Mitglieder der Strikten Observanz mußten erst die Johannisgrade erworben haben, bevor sie in die höheren Grade "Schottischer Meister", "Novize", "Tempelritter" und "Ritter des großen Gelübdes" eingeweiht wurden. Der "Unbekannte Obere" führte den Titel "Ritter von der Roten Feder". Obgleich die Geheimhaltung bei der Strikten Observanz sehr streng war, sickerte durch, daß die Strikte Observanz den Schottengraden treu war, insofern als sie zugunsten der Stuarts gegen das Haus Hannover hetzte.

Die Strenge Observanz fand in allen deutschen Staaten rasche Verbreitung und wurde dort jahrzehntelang die vorherrschende Form der

Freimaurerei. Sie gewann auch in anderen Ländern Einfluß, wie zum Beispiel Frankreich, dem zweitgrößten Zentrum der Freimaurer in Europa (Deutschland war das größte). In allen Nationen verpflichteten sich die Mitglieder der Strikten Observanz zum Gehorsam gegenüber dem "Unbekannten Oberen" in Schottland. J.M. Roberts schreibt in seinem Buch *The Mythology of the Secret Societies:*

> Die Strikte Observanz erregte in Frankreich aufgrund ihres deutschen Ursprungs Verdacht und rief eine feindselige Stimmung hervor, und die durch den Großen Orient (Frankreichs höchster Freimaurerloge) stillschweigend erfolgte Anerkennung der Tatsache, daß die französischen Freimaurer der Autorität unbekannter Oberer der Strikten Observanz unterstehen sollten, verursachte Aufregung.[1]

Einer der ersten Großmeister der Strikten Observanz war G. C. Marschall. Nach Marschalls Tod im Jahre 1750 übernahm ein Deutscher aus Sachsen das Amt; Baron von Hund. Die Grade der Strikten Observanz existierten fast alle schon als von Hund Großmeister wurde, doch man glaubte, daß er alles daran setzen werde, sie in eine erkennbare Form zu bringen. Von Hund erklärte, daß er von Lord Kilmarnock, einem prominenten schottischen Adligen in den Orden des Tempels (d.h. Tempelritter) eingeweiht worden sei. Von Hund behauptete auch, daß er sowohl mit dem "Unbekannten Oberen" wie mit Charles Edward zusammengetroffen sei.

Wie Michael Ramsey hatte von Hund die Aufgabe, die Tempelritter in Europa wieder einzusetzen. Er versuchte Geld aufzutreiben, um die Ländereien der Templer zurückzukaufen, die Jahrhunderte zuvor beschlagnahmt worden waren. Obwohl von Hund viele Erfolge verbuchen konnte, wurde er von seinen Feinden des Betruges bezichtigt und fiel schließlich in Ungnade.

Die Strikte Observanz gewann unter den Mitgliedern der deutschen Fürstenfamilien viele Anhänger (obwohl einige die Strikte Observanz auch bekämpften und dem englischen Freimaurersystem treu blieben). Das ist merkwürdig. Manche der Fürstenfamilien, die eine enge Beziehung zur Strikten Observanz unterhielten, waren politisch mit Hannover verbunden. Warum beteiligten sie sich an einer Form der Freimaurerei, die insgeheim das englische Haus Hannover bekämpfte?

In einigen Fällen waren die Fürstenfamilien offenbar Mitglied geworden, nachdem die Strikte Observanz ihre extrem stuartfreundliche Haltung aufgegeben hatte. Die Sache der Stuarts rückte zwar um 1770, als einige jener deutschen Fürsten als Führer der Strikten Observanz in Erscheinung traten, stärker in den Hintergrund, doch ist ein anderer wichtiger Faktor zu berücksichtigen:

Die Schwierigkeiten, die in England durch den Aufstand der Stuarts und durch andere Auseinandersetzungen entstanden, waren für diese deutschen Fürstentümer, einschließlich Hannovers!, eine Quelle ungeheuren Profits. Dieselbe kleine Clique deutscher Fürstenfamilien, die in ausländische Königshäuser eingeheiratet und sie dann gestürzt hatte, machte mit den Konflikten, zu denen sie beigetragen hatten - Konflikten, die ebenfalls von der verzweigten Bruderschaft angezettelt wurden - das große Geld.

Um diese Situation besser verstehen zu können, müssen wir kurz abschweifen und uns die Geschichte der Deutschordensritter nach ihrer Niederlage in den Kreuzzügen anschauen.

Als die Kreuzzüge zu Ende waren, fanden die Deutschordensritter ebenso wie die Templer und die Johanniter anderswo Arbeit. 1211 wurden die Deutschordensritter, an deren Spitze zu jener Zeit der Hochmeister Hermann von Salza stand, nach Ungarn eingeladen, wo sie sich an den dort stattfindenden Kämpfen beteiligen sollten. Für ihre Dienste erhielten sie die Region Burzenland in Transsylvanien, das damals von den Ungarn regiert wurde. Die Ritter übertrieben es jedoch, und man warf sie hinaus, da sie zuviel Land verlangten. Nach ihrer Vertreibung aus Transsylvanien wurden die Ritter von dem polnischen Prinzen Konrad von Masovien gegen die heidnischen Slaven in Preußen zu Hilfe gerufen. Wieder erhielten die Ritter als Gegenleistung Land. Dieses Mal waren es große Gebiete in Preußen.

Die Ritter gewannen einen weiteren Wohltäter: den deutschen Kaiser Friedrich II., den Mann, der den in Kapitel 15 behandelten Vertrag über einen zehn Jahre dauernden Frieden zustandegebracht hatte. Obwohl Friedrich als Mann des Friedens gehandelt hatte, stand er leider auch mit dieser Kriegsorganisation in Verbindung. 1226 übertrug er den Rittern die Lehnsherrschaft über Preußen. Den Großmeister erhob er in den Stand eines Fürsten des Heiligen Römischen Reiches. Auf Friedrich geht auch die Neuordnung des Ordens zurück.

1229 waren die Deutschordensritter in Preußen fest etabliert. Sie bauten starke Festungen und zwangen der einheimischen preußischen Bevölkerung das Christentum mit militärischer Gewalt auf. 1234 waren die Ritter politisch autonom und dienten nur dem Papst. Sie übergaben ihre ausgedehnten Ländereien in Preußen dem amtierenden Papst und erhielten sie als Lehen zurück. In Wirklichkeit waren die Deuschordensritter die wahren Herrscher Preußens, und nicht der Papst.

Mit Hilfe des Papstes gewannen die Deutschordensritter rasch ungeheuren Zulauf. Viele Deutsche reisten nach Preußen, dem neuen und möglicherweise lukrativen Kriegsschauplatz. Diese Migration führte zu einer vollständigen “Germanisierung” Preußens. Schließlich traten Handel und Gewerbe an die Stelle bewaffneter Auseinandersetzungen, und Preußen wurde ein großes Handelszentrum. Anfang des 13. Jahrhunderts erstreckte sich das Hoheitsgebiet der Deutschordensritter entlang des größten Teils der südlichen und südöstlichen Küstenlinie der Ostsee. Den Deutschordensrittern blieben zwei Jahrhunderte, um Mittel-und Westeuropa ihren unauslöschlichen Stempel aufzudrücken. Bevor sie ihre Macht verloren, hatten die Ritter Preußen das militärische Gepräge gegeben, das dieses Gebiet in den folgenden Jahrhunderten kennzeichnen sollte.

Anfang des 15. Jahrhunderts, nahm das Geschick der Deutschordensritter eine Wendung zum Schlechten. Sie wurden von Polen aus Westpreußen vertrieben und waren gezwungen, Ostpreußen als polnisches Lehen zu regieren. 1618 fiel Preußen vollständig unter die Herrschaft des Hauses Hohenzollern. Das war das endgültige Ende der autonomen Herrschaft der Deutschordensritter.

Trotz der anhaltenden Spannungen zwischen den Rittern und den Hohenzollern über die Herrschaft Preußens, bewahrten die Hohenzollern bedeutsame Elemente des Ritterordens. Zumindest ein Hohenzoller, Albert von Brandenburg-Ansbach war um 1511 Großmeister des Ordens. Die Hohenzollern übernahmen die Farben des Umhangs der Deutschordensritter (Schwarz und Weiß) als offizielle Landesfarben. Der zweiköpfige Adler des Deutschen Ordens wurde Preußens Wappentier.

Wie auch andere Ritterorden aus der Zeit der Kreuzzüge entwickelte sich der Deutsche Orden schließlich zu einer Geheimgesellschaft, dieses Mal unter der Schirmherrschaft der Habsburger. In dieser Form existieren die Deutschordensritter noch heute.

Unter der Herrschaft der Hohenzollern wuchsen Macht und Einfluß Preußens. Preußen wurde ein äußerst geschickter Spieler auf der verwickelten politischen Bühne Europas. Im 18. Jahrhundert waren die Hohenzollern mit ihren fürstlichen Nachbarn bereits verschwistert und verschwägert. So wurde der berühmteste Hohenzollern in der Geschichte Friedrich II. (besser bekannt als “Friedrich der Große”) von seinem Vater 1733 mit Elisabeth

Christina aus dem Fürstentum Braunschweig verheiratet. (1569 hatte das Haus Braunschweig die Linie Baunschweig-Lüneburg begründet, die später zum Haus Hannover wurde.) Friedrichs Mutter war Sophia Dorothea, die Schwester des Königs von Hannover, Georg II. Einige Generationen früher hatte sich Friedrichs Urgroßvater mit Henriette, der Tochter des Prinzen von Oranien, vermählt.

Da es sich bei politischen Heiraten im allgemeinen nicht um Liebesheiraten handelte, waren sie für die Eheleute häufig unbefriedigend. Das zeigte sich in der Verbindung Friedrichs des Großen mit Elisabeth Christina von Braunschweig. Friedrich wollte keine Hannoveranerin heiraten, doch sein Vater hatte seinen unbeugsamen Willen durchgesetzt. Trotz dieser unglücklichen Ehe bestanden zwischen Friedrich und anderen Mitgliedern der Familie Braunschweig immer freundschaftliche Bande. In Braunschweig wurde Friedrich auch am 14. August 1738, als er noch nicht König von Preußen war, gegen den Willen seines Vaters heimlich in die Freimaurerei eingeweiht. Die Aufnahme war von der Hamburger Loge in Hannover genehmigt worden. In der Loge wurden die Johannisgrade des englischen Freimaurersystems praktiziert.

Zwei Jahre nach seiner Einweihung wurde Friedrich II. König von Preußen. Danach bekannte er sich öffentlich zu seiner Mitgliedschaft bei den Freimaurern und weihte andere in den Orden ein.* Auf Friedrichs Anordnung wurde in Berlin eine "Zu den 3 Weltkugeln" genannte Großloge gegründet. Sie hielt ihre erste Versammlung am 13. September 1740 ab. Die Loge begann als eine nach dem englischen System arbeitende Loge, und sie konnte die Erlaubnis zur Arbeit erteilen.

Wie lange Friedrich bei den Freimaurern war, ist noch heute umstritten. Einige Historiker sind der Ansicht, daß er 1744, als die Anforderungen des Krieges seine volle Aufmerksamkeit beanspruchte, aufhörte, aktiver Freimaurer zu sein. Sein im späteren Leben üblicher Zynismus machte schließlich auch vor den Freimaurern nicht halt. Trotzdem erschien Friedrichs Name, auch nachdem er angeblich nicht mehr aktiv war, weiter-

---

* 1740 weihte Friedrich mehrere bedeutende deutsche Adlige in die Freimaurerei ein: seinen Bruder Prinz August Wilhelm, den Markgrafen Karl von Brandenburg (dessen Familie ebenfalls über Caroline von Brandenburg als Frau Georgs II. in das Haus Hannover eingeheiratet hatte) und Friedrich Wilhelm, den Herzog von Holstein.

hin als die für eine Erteilung einer Maurererlaubnis maßgebliche Instanz. Es ist nicht sicher, ob die Erlaubnisse nur unter Friedrichs Namen erteiltwurden oder ob er persönlich beteiligt war.

Etwa innerhalb eines Jahrzehnts nach Friedrichs Einweihung in die Freimaurerei wurde die Strikte Observanz und ihre Schottengrade von fast der gesamten deutschen Freimaurerei übernommen. Friedrichs Loge zu den 3 Weltkugeln wurde mit Sicherheit "Strikte Observanz", als am 20. Dezember 1764 ihre neue Satzung angenommen wurde. Am 1. Januar 1766 konstituierte Baron von Hund, der Großmeister der Strikten Observanz, die 3 Weltkugeln als Schottische oder Direktionalloge, die befugt war, andere Logen anzuerkennen. Bis auf eine (die Royal York Loge) übernahmen alle von den 3 Weltkugeln bereits anerkannten Logen das (schottische) System der Strikten Observanz.

Wie eng Friedrichs Beziehung zu den Freimaurern auch gewesen sein mag, er und sein preußisches Königreich haben von den Konflikten Englands, zu denen die schottische Freimaurerei beigetragen hatte, profitiert. Trotz seiner liberalen Haltung im eigenen Land und seiner erklärten Abneigung gegen machiavellistisches Denken erwies sich Friedrich bei dem, was er tat, als so kriegerischer Fürst und als so geschickter Manipulierer der verwickelten Zusammenhänge europäischer Politik wie nur irgendein Mann seiner Zeit. Sein Ziel war die militärische Expansion des Königreichs Preußen. Um dieses Ziel zu erreichen, scheute er sich nicht, Aufstände zu unterstützen und seine Bündnisse zu brechen. In den vierziger Jahren des 17. Jahrhunderts war Friedrich mit Frankreich verbündet. Frankreich unterstützte tatkräftig die Jakobiter gegen die Hannoveraner, und in London kursierten Gerüchte, daß Friedrich den Jakobitern bei der Vorbereitung ihrer großen Invasion in England im Jahre 1745 half.

Danach verbündete sich Friedrich wieder mit England und profitierte weiter von Englands Schwierigkeiten. Er kam nicht nur zu Land, sondern auch zu Geld. Andere deutsche Fürstentümer, einschließlich Hannover selbst, kamen finanziell ebenfalls auf ihre Kosten. Sie alle verdienten dadurch Geld, daß sie deutsche Soldaten zu einem exorbitanten Preis an England vermieteten. Hannover hatte dieses Geschäft schon seit Jahrzehnten betrieben.

Die Vermietung deutscher Söldner an England war möglicherweise eins der größten "Gaunerstücke" in der europäischen Geschichte: eine kleine Clique deutscher Familien stürzte den englischen Thron und setzte einen der ihren darauf. Dann nutzte sie ihren Einfluß, um England zu

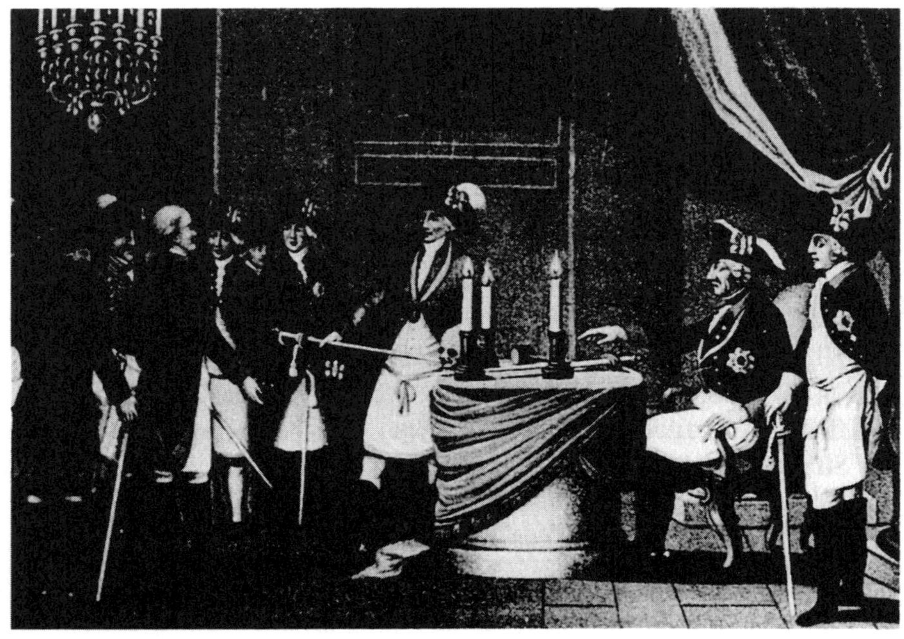

OBEN: *Friedrich der Große, der seine zeremoniellen Schürz trägt, führt den Vorsitz bei einer Versammlung der Freimaurerloge im Jahre 1740.*

LINKS: *Portrait des Barons von Hund, dem Begründer der Strikten Observanz.*

militarisieren und in Kriege zu verwickeln. Auf diese Weise konnte sie die englische Staatskasse schröpfen, indem sie England teure Soldaten vermietete, die dann in Kriegen kämpften, die sie selbst mit angezettelt hatte! Auch, wenn man die Hannoveraner in England gestürzt hätte, wären sie mit einem hübschen Gewinn aus den Kriegen, durch die sie gestürzt werden sollten, in ihr deutsches Hannover zurückgekehrt. Das ist möglicherweise eine Antwort auf die Frage, warum einige Mitglieder dieser deutschen Clique die schottische Templerfreimaurerei unterstützten und später führende Positionen in dieser Bewegung bekleideten.

England mietete deutsche Söldner durch die Unterzeichnung von "Subsidienverträge", die in Wirklichkeit Wirtschaftsverträge waren. Unmittelbar nachdem das Haus Oranien 1688 England übernommen hatte, begann England Subsidienverträge abzuschließen. Wie wir uns erinnern, war eine der ersten Handlungen Wilhelms und Marias nach der Besteigung des englischen Thron, England in einen Krieg zu stürzen.

Die deutschen Söldner waren für England eine ständige Belastung. Eine erste Erwähnung der Söldner findet sich in der Korrespondenz des Herzogs von Malborough. Malborough war ein englischer Feldherr, der im Spanischen Erbfolgekrieg (1701-1714) auf dem europäischen Kontinent gegen Frankreich kämpfte.* Hannover vermietete damals - Jahre, bevor die Hannoveraner den englischen Thron bestiegen - Truppen an England. Am 15. Mai 1702 befaßte sich Malborough mit der Notwendigkeit einer Bezahlung der Truppen aus Hannover, um sie zum Kämpfen zu bewegen:

> Wenn wir die Truppen aus Hannover haben, müssen wir ihnen leider erst einhunderttausend Kronen geben, damit sie marschieren, so daß es für das Heer von großer Bedeutung wäre, wenn das Geld bei meiner Ankunft in Holland bereitläge.[2]

Vier Tage später wurden von der englischen Regierung 22.600 Pfund für die Bezahlung der Söldner zur Verfügung gestellt.

Preußen und Hessen schickten in diesem Krieg ebenfalls Söldner nach England. Malboroughs Schwierigkeiten hinsichtlich ihrer Bezahlung gin-

---

* Die "Erbfolgekriege" wurden durch Streitigkeiten über die Thronfolge ausgelöst. Die großen europäischen Mächte waren oft in solche Auseinandersetzungen verwickelt und machten daraus große Kriege, die sich über Jahre hinziehen konnten.

gen weiter. In einem Schreiben aus Den Haag vom 26. März 1703 klagte er:

> Jetzt, wo ich hier bin (Den Haag), stelle ich fest, daß weder Preußen noch Hessen noch Hannoveraner überhaupt etwas von ihrem Sold erhalten haben ... [3]

Englands nächster großer Krieg in Europa war der Österreichische Erbfolgekrieg (1740-1748). Friedrich der Große war in dieser Zeit der Verbündete Frankreichs gegen England. Das hinderte die anderen deutschen Fürstentümer, vor allem Hannover und Hessen, nicht daran ihre Geschäftsbeziehungen mit England fortzusetzen. Obwohl Hannover jetzt auf dem englischen Thron saß, hatte es nicht die Absicht, sein einträgliches Geschäft aufzugeben. Die Tatsache, daß die Hannoveraner in Großbritannien regierten, gab dem deutschen Fürstentum höchstens mehr Möglichkeiten, die Verhandlungen mit England über Söldner aus Hannover noch härter zu führen. In einem Schreiben vom 9. Dezember 1742 kommt Horace Walpole, vormaliger Premierminister Großbritanniens, auf die ungeheure Summe zu sprechen, die England für die Anmietung einer 16.000 Mann starken Truppe aus Hannover zahlen sollte:

> ...es ist ein sehr kühnes Pamphlet aufgetaucht...in dem bestätigt wird, daß in jedem Vertrag, den diese Familie (Hannover) seit ihrer Thronbesteigung geschlossen hat, England den Interessen Hannovers geopfert wurde...[4]

Das von Warpole erwähnte Pamphlet enthält die folgende amusante Äußerung:

> Bisher war Großbritannien stark und kräftig genug, Hannover auf seinen Schultern zu tragen, und wird noch immer dazu angestachelt, obwohl es durch die ständige Strapaze erschöpft ist ... Denn dieses eine Mal müssen die Interessen dieser Insel (England) Vorrang haben, oder wir müssen die Schmach ertragen, nur eine Geldprovinz für dieses Kurfürstentum (Hannover) zu sein.[5]

Schließlich gab es keinen Widerstand gegen die Subsidienverträge mehr. England wurde wirklich Hannovers "Geldprovinz". Walpole klagte:

> Hin und wieder werden Anträge auf Entlassung der Hessen und Hannoveraner, alias Söldner, gestellt, aber ohne Erfolg.[6]

Die Subsidienverträge waren nämlich sehr lukrativ. So bewilligte das britische Parlament in einem Vertrag, dessen Laufzeit am 26. Dezember 1743 begann, für eine 16.268 Mann starke Truppe 393.733 Pfund. Das erscheint vielleicht nicht sehr hoch, doch ist zu bedenken, daß das Pfund damals sehr viel mehr wert war als heute. Um einen Teil des Geldes aufzubringen, ging das Parlament sogar so weit, die Genehmigung für eine Lotterie zu erteilen.

Als England in den Österreichischen Erbfolgekrieg verwickelt war, kämpfte es gleichzeitig auch gegen die Jakobiten. An dieser Front wurden weitere deutsche Truppen benötigt.

Am 12. September 1745 führte Charles Edward aus der Familie der Stuarts von Schottland kommend seine berühmte Invasion in England durch. "Bonnie Prince Charlie", wie Charles Edward genannt wurde, eroberte am 17. September Edinburgh und näherte sich England in der Absicht, London einzunehmen. Das bedeutete noch mehr Geld für Hessen. Am 20. Dezember 1745 kündigte der König Georg II. an, daß er 6.000 hessische Soldaten angefordert habe, die in Schottland gegen Charles Edward kämpfen sollten. König Georg legte dem Parlament eine Rechnung für die hessischen Truppen vor. Sie wurde genehmigt. Die Hessen trafen am 8. Februar des darauffolgenden Jahres ein. In der Zwischenzeit ließ England aus Holland, Österreich, Hannover und Hessen weitere Soldaten kommen, um seine "Interessen" an der europäischen Front wahrzunehmen. Die Rechnungen erreichten astronomische Höhen.

Der Krieg auf dem Kontinent ging schließlich zu Ende. Es dauerte jedoch nicht lange, bis die Herrscher Europas in einen neuen Krieg verwickelt waren. Dieses Mal handelte es sich um den Siebenjährigen Krieg (1756-1763) - eine der bis dahin größten bewaffneten Auseinandersetzungen in der europäischen Geschichte.* Friedrich von Preußen hatte sich wieder mit England verbündet und den beiden Ländern (England und Preußen) standen Frankreich, Österreich, Rußland, Schweden, Sachsen, Spanien und das Königreich beider Sizilien als Gegner gegenüber. Friedrich hatte sich dieses Mal nicht aus Wankelmut mit England verbündet. Er

* Der Siebenjährige Krieg war eigentlich eine Erweiterung des von den Franzosen und Indianern ausgetragenen Kriegs zwischen England und Frankreich in Nordamerika. Die Ausweitung des Krieges auf Europa wurde von Friedrich dem Großen selbst durch den Einmarsch in Sachsen herbeigeführt.

bekam von England Geld. Durch den Vertrag von Westminster, der im April 1758 in Kraft trat, erhielt Friedrich zur Fortsetzung seines Kampfes, der zu einem Großteil der Verteidigung seiner eigenen Interessen diente, eine beträchtliche Subvention aus der englichen Staatskasse! Der Vertrag wurde im April für jeweils ein Jahr geschlossen und mußte jährlich verlängert werden.

Im Siebenjährigen Krieg unterstützte England auch Hannover finanziell, um ihm bei der Wahrung seiner eigenen deutschen Interessen zu helfen. Frankreich hatte Hannover, Hessen und Braunschweig angegriffen. Ein Teil der an Hannover und Hessen gezahlten Subsidien wurde von diesen Fürstentümern zur Verteidigung ihrer eigenen Grenzen verwendet. Der am 18. Juni 1755 (kurz vor Ausbruch des Siebenjährigen Krieges) unterzeichnete Vertrag mit Hessen war besonders großzügig. Außer dem "Aushebungsgeld" (Geld für die Aufstellung eines Heeres) und dem "Remontengeld" (Geld für den Erwerb frischer Pferde) wurde Hessen eine jährliche Subvention von 36.000 Pfund bewilligt, wenn seine Truppen bei den Deutschen im Sold stünden und das Doppelte, wenn sie bei den Briten im Sold stünden. Weitere 36.000 Pfund flossen direkt in die Kassen des Landgrafen von Hessen.

Viele englische Lords waren der Ansicht, daß die deutschen Truppen ihr Geld nicht wert seien. Bei einer Diskussion über eine mögliche französische Invasion in England scherzte Walpole: "Wenn die Franzosen kommen, erhalten wir zumindest etwas für all das Geld, das wir für die Hannoveraner und Hessen ausgegeben haben!"[7] Von William Pitt, einem anderen einflußreichen englischen Staatsmann, stammt folgende amüsante Bemerkung in dieser Debatte:

> Die Truppen aus Hannover, die wir jetzt bezahlen sollen, sind ins Tiefland marschiert, wo sie sich noch immer aufhalten. Sie sind dorthin marschiert, wo sie am weitesten vom Feind entfernt, am wenigsten der Gefahr eines Angriffs ausgesetzt und am besten geschützt sind, wenn ein Angriff geplant gewesen wäre. Sie haben deshalb keinen anderen Anspruch auf Bezahlung als den, daß sie ihre eignes Land gegen einen sichereren Ort eingetauscht haben. Ich werde daher nicht überrascht sein, wenn man mir nach einem so glorreichen Feldzug... sagt, daß das Geld dieser Nation nicht angemessener verwendet werden könne als für die Anmietung von Hannoveranern, damit sie hier essen und schlafen können.[8]

Das deutsche Fürstentum, das an diesem Handel mit Söldnern von Soldaten am meisten verdient hat, war Hessen.

Bei einem kurzen Blick auf die Geschichte Hessens stellt man fest, daß Hessen nach dem Tode Philipps des Großmütigen im Jahr 1567 in Form von vier Provinzen unter Philipps vier Söhnen aufgeteilt wurde: Hessen-Kassel, Hessen-Darmstadt, Hessen-Rheinfels und Hessen-Marburg. Das bedeutendste und mächtigste dieser vier hessischen Gebiete wurde Hessen-Kassel, dem Hessen-Rheinfels und Hessen-Marburg später wieder einverleibt wurden.

Die Vermietung von Söldnern entwickelte sich zum einträglichsten Unternehmen der hessischen Fürstenfamilie. Obwohl Hessen in einigen europäischen Auseinandersetzungen selbst bedroht wurde, erwarb die hessische Fürstenfamilie mit diesem Vermietungsgeschäft ein riesiges Vermögen. Landgraf Friedrich II. von Hessen-Kassel (nicht zu verwechseln mit Friedrich II. von Preußen oder dem deutschen Kaiser Friedrich II. aus der Zeit der Kreuzzüge) machte Hessen zum reichsten Fürstentum Europas, dadurch daß er England in dessen nächsten großen Kampf, dem Amerikanischen Unabhängigkeitskrieg, Söldner vermietete. Auch das Fürstenhaus in Braunschweig schlug aus dem Amerikanischen Unabhängigkeitskrieg Kapital. Sein Oberhaupt Karl I. vermietete England für eine beträchtliche Summe Soldaten für den Kampf gegen die Kolonisten.

Wie man sieht, profitierten Hessen, Hannover und einige andere deutsche Staaten ganz schön von den Konflikten, in die England verwickelt war. Die Schwierigkeiten, mit denen England zu kämpfen hatte, gaben ihnen die Möglichkeit, die britische Staatskasse auf Kosten der Engländer zu plündern. Außerdem geriet England bei den neuen Banken mit ihrem künstlich steigerbaren Papiergeld immer tiefer in Schulden. Die deutsche Bevölkerung litt ebenfalls. Die meisten der an England vermieteten Söldner waren zwangsweise eingezogene junge Männer, die dort kämpfen mußten, wohin sie von ihren Führern geschickt wurden. Viele von ihnen wurden zum Krüppel gemacht oder getötet, nur damit ihre Fürsten in noch größerem Luxus leben konnten. Macht und Reichtum einer kleinen Clique deutscher Fürstenfamilien wurden mit dem Blut junger Männer erkauft.

Hinter diesen Aktivitäten lauerte auch weiter das Gespenst der verzweigten Bruderschaft. Mit der Zeit traten Mitglieder der Fürstenfamilien von Hessen und Braunschweig als Führer der Strikten Observanz in Erscheinung. So wurde 1772 beispielsweise Herzog Karl Wilhelm Ferdinand von Braunschweig auf einem Freimaurerkongress in Kohlo zum

Nachfolger von Hunds im Amt des Großmeisters der Strikten Observanz gewählt.* Einige Jahre nach seiner Wahl trat Herzog Ferdinand die Nachfolge Karls I. als regierender Fürst von Braunschweig an und erbte das mit der Vermietung von Söldnern verdiente Geld.

Der Herzog von Braunschweig teilte sich die Pflichten in der Leitung der Strikten Observanz mit Prinz Karl von Hessen, dem Sohn Friedrichs II. von Hessen-Kassel. Jakob Katz schreibt in seinem Buch *Juden und Freimaurer in Europa,* 1723-1939, daß Fürst Karl später "als Oberhaupt aller deutschen Freimaurer anerkannt wurde". Karls Bruder, Wilhelm IX., der später das Fürstentum und das riesige Vermögen Hessen-Kassels von seinem Vater erbte, war ebenfalls Freimaurer. Er hatte früher, als er in Hessen-Hanau regierte, England Söldner zur Verfügung gestellt.

Welche Rolle nun spielte die Bruderschaft in diesem Gesamtzusammenhang? Um herauszufinden, ob die Bruderschaft im machiavellistischen Sinn wirklich aktiv beteiligt war, müßte man feststellen, ob irgendein Agent der Bruderschaft zunächst auf der einen und dann auf der anderen Seite mitgewirkt hat. Wir brauchten einen Agenten, der überall herumkam: von den Jakobitern bis zu den Kurfürsten von Hessen, vom König von Frankreich bis nach Preußen.

Interessanterweise ist die Existenz einer solchen Person geschichtlich überliefert. Normalerweise würde man aufgrund der Geheimhaltung, mit der sich die Bruderschaft umgab, nichts über einen solchen Agenten erfahren. Die Person, um den es hier geht, hat jedoch durch ihre extravagante Art, ihre bemerkenswerten künstlerischen Talente und ihren Sinn für das Dramatische soviel Aufmerksamkeit auf sich gezogen, daß ihre Aktivitäten und ihre Reisen von vielen Menschen um sie herum bemerkt und für die Nachwelt aufgezeichnet wurden. Diesen auffallenden Agenten der

---

* Mit der Wahl Herzog Ferdinands kam es in der Strikten Observanz zu mehreren Veränderungen. Die Strikte Observanz wurde inoffiziell "Vereinigte Logen" genannt. Zehn Jahre später, im Jahre 1782 fand in Wilhelmsbad (einer in der Nähe von Hanau in Kassel gelegenen Stadt) ein weiterer Kongress statt. Hier wurde der Name "Strikte Observanz" ganz aufgegeben, und der Orden hieß danach "Wohltätige Ritter der Heiligen Stadt". Auf dem Kongress in Wilhelmsbad wurde auch offiziell die Geschichte aufgegeben, der zufolge die Tempelritter die eigentlichen Begründer der Freimaurerei seien. Die Rittergrade wie auch der Gedanke der Führung durch einen "Unbekannten Oberen" wurden beibehalten.

OBEN: *Vorder- und Rückseite einer Münze, die zu Ehren Herzog Ferdinands von Braunschweig, dem Großmeister der deutschen Freimaurer, geprägt wurde. Auf der Rückseite sind die Freimaurersymbole, das (von einem Löwen gehaltene) Winkelmaß und das “Allsehende Auge Gottes”, von dem die Erleuchtung ausgeht”.*

Bruderschaft, der von einigen zum Gott erhoben und von anderen für einen-Scharlatan gehalten wurde, kennt man am ehesten unter seinem falschen Namen: Graf von Saint Germain.

KAPITEL 26

Der Graf von Saint Germain

Eine geheimnisvolle und schillernde Persönlichkeit, die als Graf von Saint Germain* bekannt ist, spielte in den Intrigen im Europa des 18. Jahrhunderts eine umstrittene Rolle. Saint Germains Leben war das Thema vieler Artikel und mindestens eines Buches. Seit seinem angeblichen Tod im Jahre 1784 wurde er entweder zum Gott erhoben oder als unbedeutender Scharlatan abgetan. In keiner der Charakterisierungen scheint sich das widerzuspiegeln, was ihn wirklich ausmachte.

Saint Germains Aktivitäten sind wichtig, denn sie stellen ein faszinierendes Bindeglied zwischen den Kriegen, die sich in Europa geführt wurden, den inneren Kreisen der Bruderschaft und der Clique deutscher Prinzen - insbesondere dem Haus Hessen - dar.

Das erste der vielen Geheimnisse, die Saint Germain umgaben, waren die Umstände seiner Geburt. Viele Forscher glauben, daß er ein Sohn Franz II. war, dem Herrscher des einst mächtigen Fürstentums Transsylvanien. Transsylvanien, im Kino die Heimat des legendären menschlichen Vampirs Drakula und weiterer ähnlicher Tunichtgute, war mit dem hessischen Fürstenhaus verwandt. Franz II. von Transsylvanien hatte sich am 25. September 1694 mit der sechzehnjährigen Charlotte Amalie von Hessen-Rheinfels im Dom zu Köln vermählt.

Dieser Verbindung entstammen zwei bekannte Kinder. Als man jedoch 1737 das Testament Franz II. bekanntgab, wurde ein dritter nicht genannter Sohn als einer der Begünstigten erwähnt. Diese dritte Kind erwies sich als Leopold-Georg, der älteste Sohn und Erbe des transsylvanischen Throns. Leopold-Georg wurde entweder 1691 oder 1696 geboren,

* Nicht zu verwechseln mit dem gleichnamigen französischen General oder Claude Louis de St. Germain, einem Mystiker des 18. Jahrhunderts.

je nachdem, welcher Theorie über seine Geburt man folgt. Da man sein Geburtsdatum nicht genau kennt, weiß man auch nicht, ob er der Sohn Charlotte von Hessens oder der früheren Frau Franz II. ist. Sicher scheint zu sein, daß Leopold-Georgs früher "Tod" inszeniert wurde, um ihm die tödlichen Intrigen zu ersparen, die das transsylvanische Fürstenhaus bald darauf vernichten und der Unabhängigkeit Transsylvaniens ein Ende setzen sollten.

Man nimmt an, daß Leopold-Georg der Graf von Saint Germain war.

Saint Germain tauchte erstmals 1743, als er ein Mann in den Vierzigern hätte sein müssen, in der europäischen Gesellschaft auf. Über sein Leben vor diesem Jahr ist nur wenig bekannt. Auf Anordnung Kaiser Napoleons III. (regierte 1852-1870) wurde über den geheimnisvollen Grafen eine Akte angelegt, doch leider sind alle Unterlagen einem Brand in dem Haus, in dem die Akte aufbewahrt wurde, zum Opfer gefallen. Dadurch gingen unersetzliche Unterlagen über Saint Germain verloren. Saint Germains eigene Verschwiegenheit vergrößert nur noch das Geheimnis, das sein Leben umgibt. Nach den Informationen, die das Feuer überstanden haben, wurde Saint Germain zu einem der aktivsten, schillerndsten und erfolgreichsten politischen Geheimagenten der Bruderschaft des 18. Jahrhunderts ausgebildet.

Der Führer der Strikten Observanz, Fürst Karl von Hessen schrieb (über Saint Germains Jugend), daß Saint Germain in seiner Kindheit vom letzen der mächtigen italienischen Familie der Medicis erzogen wurde. Wie viele seiner Vorfahren beschäftigte sich auch Fürst Medici eingehend mit den in Italien zu jener Zeit vorherrschenden Geheimphilosophien, was eine Erklärung für die enge Beziehung sein könnte, die Saint Germain als Erwachsener zur weitverzweigten Bruderschaft hatte. Man nimmt an, daß Saint Germain während seiner Zeit bei den Medicis an der Universität von Siena studierte.

Saint Germains erstes nachweisbares Auftauchen in der europäischen Gesellschaft erfolgte 1743 in England. Zu dieser Zeit war die Sache der Jakobiter sehr erfolgreich, und es sollten nur noch zwei Jahre bis zur Invasion in Schottland im Jahre 1745 vergehen. In diesen entscheidenden zwei Jahren vor der Invasion in Schottland lebte Saint Germain in London. Wir wissen kaum etwas über seine Aktivitäten während dieser Zeit. Saint Germain war ein begabter Musiker, und einige seiner musikalischen Kompositionen wurden Anfang Februar 1745 im Little Haymarket Theater öffentlich aufgeführt. Es wurden auch mehrere Trios von Saint Germain von der Walsh Comapany in London herausgebracht.

Die britischen Behörden waren jedoch nicht der Ansicht, daß sich Saint Germain in London aufhielt, um eine musikalische Laufbahn einzuschlagen. Im Dezember 1745, als die jakobitische Invasion schon im Gange war, wurde Saint Germain unter dem Verdacht verhafte, ein jakobitischer Agent zu sein. Er wurde jedoch wieder auf freien Fuß gesetzt, als die Briefe von Charles Edward, dem Führer der Invasion der Stuarts, die sich angeblich in seinem Besitz befinden sollten, nicht bei ihm gefunden wurden. Horace Walpole schrieb später über die Verhaftung:

> ...neulich wurde ein seltsamer Mann verhaftet, der Graf von Saint Germain genannt wird. Er war in den letzten zwei Jahren hier, will nicht sagen, wer er ist oder woher er kommt, bekennt aber zwei wundervolle Dinge, erstens, daß er nicht unter seinem richtigen Namen lebt und zweitens, daß er nichts mit irgendeiner Frau zu tun hat, noch zu tun haben will - ja nicht einmal mit einem succedaneum (Ersatz). Er singt, spielt wundervoll Geige, komponiert, ist verrückt und nicht sehr vernünftig.[1]

Nach seiner Freilassung verließ Saint Germain England und war ein Jahr lang Gast des Prinzen Ferdinand von Lobkowitz, dem ersten Minister des österreichischen Kaisers. Zu jener Zeit war der Österreichische Erbfolgekrieg, in dem sich Österreich und England gegen Frankreich und Preußen verbündet hatten, noch nicht zu Ende. Während seines Besuchs in Österreich wurde Saint Germain dem französischen Kriegsminister Marschall de Belle-Isle vorgestellt, der wiederum Saint Germain am französichen Hof einführte.

Das ist eine Folge hochinteressanter Ereignisse. Hier wird ein Mann in Kriegszeiten verdächtigt, ein Feind Englands zu sein, und wird eingesperrt und hält sich dann unmittelbar danach bei einem hohen Minister eines Landes auf, das mit England verbündet war. Während dieses Aufenthaltes freundet sich derselbe Mann mit dem Kriegsminister eines Landes an (Frankreich), das ein Feind Österreichs ist! Saint Germains politische Kontakte mit allen Seiten eines noch andauernden Krieges waren bemerkenswert.

Was Saint Germain in den drei darauffolgenden Jahren tat, nachdem er Österreich verlassen hatte, ist nicht klar.

1749 tauchte Saint Germain wieder in der europäischen Gesellschaft auf, dieses Mal als Gast König Ludwigs XV. von Frankreich. Frankreich, ein katholisches Land, unterstützte aktiv die Sache der Jakobiter gegen die englischen Hannoveraner. Frankreich war auch in viele anderere ausländische Intrigen verwickelt. Eine Dame des französischen Hofes schrieb später in ihrem Memoiren über Saint Germain:

> Ab 1749 setzt ihn (Saint Germain) der König (Ludwig XV.) bei diplomatischen Missionen ein und er entledigte sich ihrer ehrenvoll.[2]

König Ludwig hat als Erfinder der Geheimdiplomatie des 18. Jahrhunderts Ruhm erlangt. Die Anerkennung Saint Germains von seiten des französischen Hofs und seine Arbeit als politischer Agent den französischen Königs ist aus mehreren Gründen wichtig:

Erstens wird deutlich, daß die Mitglieder der Bruderschaft bei der Schaffung und Führung nationaler und internationaler Geheimdienstnetze durch die gesamte Geschichte hindurch eine wichtige Rolle gespielt haben; ein Thema, das in späteren Kapiteln noch eingehender behandelt wird.

Zweitens hielt sich König Ludwig XV. als Katholik an die päpstlichen Dekrete. Der Papst war den Freimaurern feindlich gesinnt. Die römisch-katholische Kirche und die Freimaurer sind nämlich beide Gruppierungen, die aus der Bruderschaft hervorgegangen sind und die sich lange bekämpft haben. 1737 erließ Ludwig XV. ein Edikt, durch das den französischen Untertanen der Kontakt mit der Freimaurerei verboten wurde. In den folgenden Jahrzehnten bekämpfte die französische Regierung die französischen Freimaurer energisch durch Polizeirazzien und Verhaftungen. Auf Ludwigs Edikt von 1737 folgte ein Jahr später die von Papst Clemens erlassene päpstliche Bulle, die den Katholiken unter Androhung der Exkommunikation eine Mitgliedschaft bei den Freimaurern oder ihre Unterstützung verbot; und hier gab es nun einen Grafen von Saint Germain, der Gast des Königs war und der später eine lebenslange enge Beziehung zu der Bruderschaft enthüllen würde. Geht man von dem aus, was über das Leben Saint Germains bekannt ist, liegt die Erklärung wahrscheinlich darin, daß er weniger Freimaurer als Agent der höheren Bruderschaft war. Es ist auch unwahrscheinlich, daß der französische König verstanden hat, welche Rolle Saint Germain in der verzweigten Bruderschaft zukam.

Was Saint Germain zwischen 1749 und 1755 getan hat, ist weitgehend unbekannt. 1755 reiste er ein zweites Mal nach Indien. Er ging mit dem englischen Commander Robert Clive, der unterwegs war, um dort gegen die Franzosen zu kämpfen! Indien war ein großer Kriegsschauplatz, wo viel auf dem Spiel stand. Commander Clive war ein wichtiger Führer auf der britischen Seite. Diese Reise zeigt einmal mehr die bemerkenswerten politischen Kontakte Saint Germains und seine Fähigkeit zwischen den bedeutenden Führern feindlicher Lager hin und her zu reisen. Ein Biograph hat angedeutet, daß der Graf vielleicht als Geheimagent Ludwigs XV. gehandelt hat, als er mit Clive nach Indien ging, denn nach seiner Rückkehr erhielt er 1758 ein Appartement im Königlichen Schloß in Chambord. Auch wurde ihm für seine chemischen und alchemistischen Experimente, an denen Ludwig XV. bisweilen teilnahm, ein Laboratorium zur Verfügung gestellt.

Saint Germain war zweifellos eine auffallende und vielschichtige Persönlichkeit. Zu den Talenten, die ihn berühmt gemacht haben, gehörte auch ein profundes Wissen in der Alchemie (Alchemie ist eine Mischung aus Mystik und Chemie, die bei den Rosenkreuzern eine wichtige Rolle spielte). Saint Germain wurde zum Gesprächsthema am französischen Hof, denn er behauptete, das achemistische Lebenselixir zu besitzen. Das Elixir soll eine Geheimrezeptur gewesen sein, das die Menschen unsterblich macht. Es handelte sich um das gleiche Elixir, daß viele europäische Rosenkreuzer besessen haben wollen. Saint Germain hat das möglicherweise mit einem Augenzwinkern behauptet. Er soll wörtlich zu König Ludwig XV. gesagt haben: “Sire, manchmal mache ich mir den Spaß, die Menschen nicht glauben zu machen, aber glauben zu lassen, daß ich früher schon einmal gelebt habe.”[3]

1760 reiste Saint Germain von Frankreich nach Den Haag in Holland. Die Reise fand statt, als der Siebenjährige Krieg auf seinem Höhepunkt war. Holland blieb in dieser Auseinandersetzung ein neutrales Land. Was Saint Germain in Holland genau vorhatte, ist noch heute umstritten. Nachdem er sich als Geheimagent König Ludwigs XV. zu erkennen gegeben hatte, ersuchte er um eine Audienz beim englischen Vertreter in Den Haag. Saint Germain behauptete, daß er als Unterhändler für einen Friedensvertrag zwischen England und Frankreich gekommen sei. Der französische Außenminister, der Herzog von Choiseul, und der französische Botschafter in Holland, der Graf d'Affrey, waren jedoch von ihrem König nicht über Saint Germains angebliche Mission informiert worden. Deshalb bezeichnete der Herzog von Choiseul den Grafen Saint Germain als Scharlatan und ordnete seine Verhaftung an. Um einer Verhaftung durch die holländischen Behörden zu entgehen, floh Saint Germain im selben Jahr nach London. Bei seiner Flucht wirkte sein einflußreicher Freund, der Präsident des Dutch Council of Deputy Commissioners* Graf Bentwick mit.

Infolge dieses Debakels und der fehlenden Bereitschaft Ludwigs XV., Saint Germain öffentlich als seinen Agenten anzuerkennen, konnte dieser bis 1770, dem Jahr, in dem sein Feind der Herzog von Choiseul in Ungnade fiel und entmachtet wurde, nicht offen in die Umgebung des Königs zurückkehren.

Saint Germain hatte einen zweiten und vielleicht noch zwingenderen Grund, die Reise nach Holland anzutreten, die unter einem so schlechten Stern stand. Ein von Prinz Galitzin, einem russischen Minister in England, am 25. März 1760 verfaßtes Schreiben, gestattet einen Einblick in Saint Germains abgebrochene Aktivitäten in Holland:

> Ich kenne den Grafen von Saint Germain dem Namen nach. Dieser einzigartige Mann hält sich seit einiger Zeit in diesem Land auf, und ich weiß nicht, ob es ihm gefällt. Es gibt hier jemanden, mit dem er in Korrespondenz zu stehen scheint, und diese Person erklärt, daß der Zweck von Saint Germains Reise nach Holland nur einige finanzielle Geschäfte seien.[4]

Die von Galitzin erwähnten Geschäfte waren sehr geheim. Sie scheinen der eigentliche Zweck von Saint Germains Reise nach Holland gewesen zu sein. Saint Germain war in Holland, um die Möglichkeit einer Heirat zwischen Prinzessin Caroline und dem deutschen Prinzen von Nassau-Dillenburg zwecks Errichtung eines "Fonds" für Frankreich auszuloten. Saint Germain wollte mit holländischen Banken über die Bildung des Fonds verhandeln. Dem französischen Botschafter d'Affrey zufolge "war sein Auftrag ganz allgemein die Sicherung des Kredits der dortigen Hauptbanken für uns".[5] In einem anderen Schreiben erklärte d'Affrey, daß Saint Germain "nur nach Holland gekommen war, um die Gründung einer angemessenen Gesellschaft für diesen Fonds abzuwickeln ..."[6]

Die Errichtung des Fonds war wahrscheinlich der eigentliche Zweck für Saint Germains (und vielleicht auch König Ludwigs) außerordentliche Verschwiegenheit. Frankreich hatte bereits bedeutende Hofbankiers: die wohlhabenden Brüder Paris-Duverney. Nach dem Desaster mit der Bank von Frankreich, bei dem das Inflationsgeld John Laws eine Rolle spielte, hatten die Brüder Paris Frankreichs finanzielle Situation gerettet. Saint Germain war den Pariser Brüdern feindlich gesinnt, und er wollte nicht, daß sie den Fonds unter ihre Kontrolle bekamen. Herr de Kauderbach, Minister am sächsischen Hof in Den Haag zitiert Saint Germain:

> "...er (König Ludwig XV. von Franreich) ist nur von Kreaturen der Brüder Paris umgeben, die allein für die Schwierigkeiten Frankreichs verantwortlich sind. Sie korrumpieren alles und vereiteln die Pläne des besten Bürgers Frankreichs, des Marschalls de Belle-Isle. Daher kommen auch Uneinigkeit und Eifersucht unter den Ministern. Alles wird durch die Brüder korrumpiert; Frankreich wird untergehen, wenn sie ihr Ziel erreichen und an achthundert Millionen kommen."[7]

Saint Germain kann durchaus berechtigte Gründe gehabt haben, den übermäßigen Einfluß der Brüder Paris abzulehnen. Saint Germains Mission in Den Haag war jedoch nur ein Versuch, den Brüdern Paris die Kontrolle über die Finanzen heimlich zu entziehen und sie wieder in die Hände jener Clique von Finanzleuten zu legen, deren Vorgänger das System der künstlichen Steigerung des Papiergeldumlaufs - jenes System, das Frankreich in den finanziellen Ruin getrieben und zum Eingreifen der Brüder geführt hatte - erstmals institutionalisiert haben. Da Saint Germain sich plötzlich gezwungen sah, aus Holland abzureisen, konnte er seine finanzielle Mission niemals zu Ende führen.

Nachdem Saint Germain aus Holland geflohen war, wurde er bei seiner Ankunft in London wieder verhaftet und freigelassen. Während seines kurzen Aufenthaltes in London veröffentlichte Saint Germain sieben Violinsoli.

Saint Germain setzte seine geheimen politischen Aktivitäten fort, nachdem er London verlassen hatte. 1760 kehrte er heimlich nach Paris zurück. Dort soll Saint Germain sich bei seiner Freundin, der Fürstin von Anhalt-Zerbst aufgehalten haben. Anhalt-Zerbst war ein weiterer deutscher Staat, der Söldner an England vermietet hatte, dabei jedoch nicht so reich geworden war, wie einige seiner deutschen Nachbarn.

Die Fürstin von Anhalt-Zerbst hatte eine Tochter, Katharina II. Am 21. August 1744 hatte Katharina II. Peter III. von Rußland geheiratet. Diese Ehe war von Friedrich dem Großen arrangiert worden, der mit der Familie Anhalt-Zerbst und zumindest auch eine Zeitlang mit Saint Germain befreundet war.

1762, zwei Jahre nach Saint Germains unauffälliger Rückkehr nach Paris, bestieg Petter III. den russischen Thron. Saint Germain reiste unverzüglich in die russische Hauptstadt Sankt Petersburg, wo er Katharina half, Peter zu stürzen und selbst Zarin von Rußland zu werden. Auch die Familie Orloff war an diesem Staatsstreich beteiligt. Die Orloffs sollen Peter in einer künstlich inszenierten Rauferei durch Erdrosseln ermordet haben. Für seine Unterstützung bei dem Staatsstreich wurde Saint Germain zum General der russischen Armee ernannt und war lange Jahre ein enger Freund der Familie Orloff. Katharina, die später als "Katharina die Große" bekannt wurde, regierte Rußland in den darauffolgenden neunundzwanzig Jahren.

Mit diesem kühnen Coup hatte Saint Germain dazu beigetragen, daß Rußland von derselben kleinen Clique deutscher Fürstenfamilien regiert wurde, in deren Hände auch andere europäische Länder gefallen waren. Der modus operandi war der gleiche: Einheirat eines Mitglieds einer regierenden deutschen Fürstenfamilie in das als Opfer ausersehene Herscherhaus, danach eine Revolution oder ein Staatsstreich. Hier wird das direkte Eingreifen in der Person Saint Germains deutlich.

Was Saint Germain zwischen 1763 und 1769 tat, nachdem er Rußland verlassen hatte, ist ein Geheimnis. Man weiß, daß er etwa ein Jahr in Berlin verbracht hat und kurze Zeit Gast Friedrich August von Braunschweigs war. Von Braunschweig aus reiste Saint Germain weiter durch Europa. 1770 kehrte er nach Frankreich zurück. 1772 fungierte Saint Germain wieder einmal als Geheimagent Ludwigs XV., dieses Mal bei den Verhandlungen über die Teilung Polens in Wien. Am 10. Mai 1774 starb Ludwig XV., was für Saint Germain bedauerlich war, und Ludwigs neunzehn Jahre alter Enkel Ludwig VXI. kam auf den Thron. Der neue König holte Choiseul an die Macht zurück, und er entwickelte eine persönliche Abneigung gegen Saint Germain. Der Graf mußte die französische Gesellschaft verlassen, dieses Mal für immer.

Saint Germain reiste unverzüglich nach Deutschland, wo er nur zehn Tage nach dem Tod Ludwigs XV. Gast Wilhelms IX. von Hessen war - des Fürsten, der das riesige Vermögen von Hessen-Kassel erben sollte. J.J. Bjornstahl schreibt in seinem Reisebuch:

> Wir waren Gäste am Hof des Erbprinzen Wilhelm von Hessen-Kassel (Bruder Karls von Hessen) in Hanau bei Frankfurt.
>
> Als wir am 21. Mai 1774 zum Schloß Hanau zurückkehrten, trafen wir dort Lord Cavendish und den Comte de Saint Germain, die von Lausanne gekommen waren und sich auf einer Reise nach Kassel und Berlin befanden.[8]

Nach seinem Besuch im Schloß des hessischen Fürsten reiste Saint Germain noch weiter durch Europa. Er war ein willkommener Gast des Markgrafen von Brandenburg und anderer (adliger Herren). 1779 schließlich wurde Saint Germain von Prinz Karl von Hessen, einem der obersten Führer der Strikten Observanz aufgenommen. Saint Germain verbrachte die letzten fünf Jahre seines uns bekannten Lebens bei Karl.

1784 soll Saint Germain gestorben sein. In den Kirchenbüchern von Eckerförde findet sich die folgende Eintragung:

> Verstorben an 27. Februar, begraben am 2. März 1784, der sogenannte Graf von Saint Germain und Weldon* - keine weitern Angaben bekannt - in dieser Kirche privat beigesetzt.[9]

Nach seinem angeblichen Tod wurde Saint Germains wahrer Status in der Bruderschaft erkennbar. Saint Germain wurde nicht nur als einer der höchsten Vertreter der Bruderschaft dargestellt, er wurde auch als physisch unsterbliches Wesen, das weder alterte noch starb, zum Gott erhoben. In Zeiten, als das aufgrund Saint Germains Alter eigentlich nicht sein konnte, behaupteten eine Reihe seiner Zeitgenossen, die ihn bewunderten, daß sie Saint Germain gesehen hätten. So schreibt beispielsweise Baron E.H. Gleichen in seinen 1868 veröffentlichten Memoiren:

> "Ich habe gehört, wie Rameau und ein alter Verwandter eines französischen Botschafters in Venedig bezeugten, daß sie Saint Germain 1710 gekannt hätten, als er das Aussehen eines Mannes in den fünfzigern gehabt habe."[10]

Wenn Saint Germain 1710 fünfzig Jahre alt war, dann wäre er bei seinem angeblichen Tod 124 Jahre alt gewesen. Es gibt jedoch auch Leute, die behaupten, daß Saint Germain 1784 nicht gestorben ist. In einer deutschen 1857 veröffentlichten mystischen Zeitschrift *Magazin der Beweisführer für die Verurteilung des Freimaurer-Ordens* heißt es, daß Saint Germain einer der französischen Vertreter auf dem Freimaurer-Kongress im Jahre 1785 in Paris gewesen sei - ein Jahr nach seinem angeblichen Tod. Ein anderer Autor, Cantu Cesare schreibt in seinem Werk *Gli Erecti d'Italia,* daß Saint Germain auf der berühmten Wilhelmsbader Freimaurer-Tagung gewesen sei, die 1785 stattfand.

Diese Berichte werden von einige Leuten als Beweis dafür gewertet, daß Saint Germains Tod (vielleicht zum zweiten Mal in seinem Leben)

---

* Saint Germain benutzte viele Decknamen. Weldon war einer davon.

inszeniert wurde, damit er der Kontroverse um seine Person entgehen und so den Rest seines Lebens verhältnismäßig ungestört verbringen konnte. Angeblich ist Saint Germain auch nach 1785 noch aufgetaucht. Die Gräfin d'Adhemar, ein Miglied des französischen Hofes, die kurz vor ihrem Tod im Jahre 1822 ihre Memoiren schrieb, behauptete, Saint Germain viele Male nach seinem angeblichen Tod gesehen zu haben, in der Regel in Zeiten des Umbruchs. Sie behauptete, daß Saint Germain dem König und der Königin von Frankreich (seinem Feind Ludwig XVI. und Marie Antoinette) kurz vor Ausbruch der Französischen Revolution im Jahre 1789 Warnungen habe zukommen lassen. Sie behauptete auch, daß sie ihn 1793, 1804, 1813 und 1820 gesehen habe. Ein Autor der Rosenkreuzer, Franz Gräffer, erklärte, daß Saint Germain nach seinem vermeintlichen Tod in Österreich aufgetaucht sei und dort als Adeptus der Bruderschaft geehrt worden sei. Ende des 18. Jahrhunderts erklärte Madame Helena Blavatski, eine der Gründerinnen der Theosophischen Gesellschaft, daß Saint Germain einer der verborgenen Meister von Tibet sei, die im Geheimen die Geschicke der Welt kontrollierten. 1919 tauchte in Ungarn zu einer Zeit, als in diesem Land eine von den Kommunisten ausgerufene erfolgreiche Revolution im Gange war, ein Mann auf, der behauptete, Saint Germain zu sein. Schließlich behauptete 1930 ein Mann names Guy Ballard, daß er Saint Germain auf dem Mount Shasta in Kalifornien begegnet sei und daß Saint Germain ihm geholfen habe, einen neuen als "I AM" bekannten Zweig der Bruderschaft zu gründen. Wir werden uns in einem späteren Kapitel mit "I AM" befassen.

Haben alle diese Zeugen gelogen? Wahrscheinlch nicht. Gelegentlich unterstützte die Bruderschaft "Wiederauferstehungen" als eine Möglichkeit, ausgewählte Mitglieder zu vergöttlichen. Das wurde mit Jesus gemacht. Jene Zweige der Bruderschaft, die Saint Germain vergöttlichen (was sicherlich nicht alle taten), stellen Saint Germain häufig mit Jesus geistig auf eine Stufe. Warum Saint Germain für eine Vergöttlichung auserwählt wurde, wird man möglicherweise niemals ganz verstehen. Vielleicht waren seine Erfolge für die Bruderschaft zahlreicher, als wir wissen. Welchen Grund das auch gehabt haben mag, Saint Germain war zweifellos sterblich. Er starb, wenn vielleicht auch nicht zum angeblichen Zeitpunkt seines Todes, so doch sicherlich innerhalb des folgenden Jahrzehnts.

Viele Menschen haben Saint Germain zu seinen Lebzeiten als Betrüger und Scharlatan bezeichnet und tun es auch heute noch. Einige Kritiker beharren darauf, daß Saint Germain nur ein zungenfertiger Blender gewöhnlicher Herkunft gewesen sei, der sich allein durch seine Ränke und seine schillernde Persönlichkeit Zugang zur Umgebung des Königs verschafft habe. Die Belege, die wir gesehen haben, untermauern diese Argument nicht. Es war für einen Außenseiter nicht einfach, in sovielen fürstlichen Kreisen Einlaß zu finden und dort Fuß zu fassen. Saint Germains Mitwirkung beim Sturz Peters des Großen war keine kleine Gaunerei, sie war ein großer Staatsstreich, der die politische Landschaft in Europa verändert hat. Saint Germain war in vieler Hinsicht sicherlich ein Scharlatan, deswegen sind seine politischen Aktivitäten und Beziehungen doch nicht weniger bedeutend. Saint Germains Art und seine Extravaganz verbergen eine todernste Seite seines Lebens. Seine Reisen und Aktivitäten brachten die Bruderschaft mit den hessischen Fürsten, den französischen Intrigen, den Kriegen in Europa und den Papiergeldbanken in Verbindung.

Die Persönlichkeit Saint Germains macht deutlich, daß wir nicht unbedingt über unheimliche Gestalten sprechen, die im Verborgenen herumschleichen und unverständliche Dinge tun, wenn wir uns mit dem befassen, was "hinter den Kulissen" vor sich geht. Im allgemeinen geht es um Menschen, die ebenso lebendig und interessant sind, wie alle anderen. Sie haben Erfolg, oder sie scheitern. Sie haben ihre reizvollen Seiten und ihre Eigenarten, wie alle anderen auch. Sie beeinflussen Menschen, dirigieren sie jedoch nicht wie Marionetten. Sie werden von den gleichen Dingen betroffen, die auch jeden anderen betreffen. Diese Feststellungen führen zu einem interessanten Punkt:

Wenn einige Autoren über den Einfluß der weitverzweigten Bruderschaft schreiben und einige Leser etwas darüber lesen, sehen sie seltsame unterirdische "okkulte" Kräfte am Werk. Das ist eine Illusion, die durch den Mystizismus und die Geheimhaltung in der Bruderschaft selbst heraufbeschworen wird. Ein gesellschaftlicher Wandel, sei er nun gut oder schlecht, wird von Menschen bewirkt, die etwas tun. Die Bruderschaft war nur ein erfolgreicher Weg, Menschen zum Handeln zu veranlassen und über einen Großteil dessen, was sie tun, Stillschweigen zu bewahren. Der Einfluß der Bruderschaft erscheint nur deswegen geheimnisvoll und "okkult", weil viele ihrer Aktivitäten nicht niedergeschrieben werden und Außenseitern unbekannt bleiben. Die verzweigte Bruderschaft besitzt weder heute wirksame "okkulte" Kräfte, noch hat sie jemals zuvor solche Kräfte besessen.

Daher kann die Welt von Menschen, die einfach nur handeln und aktiv sind, wieder auf den rechten Weg gebracht werden. Dazu bedarf es keines Zauberstabes, nur harter Arbeit.

KAPITEL 27

Hier ein Ritter, da ein Ritter

Auch nachdem die Sache der Stuarts fehlgeschlagen war, waren die Rittergrade noch üblich und verbreiteten sich rasch. Die stuartfreundliche Tendenz verlor sich rasch und machte in einigen Templerorganisationen einer antimonarchischen Philosophie, in anderen eines königstreuen Gefühls Platz. Die Freimaurerorden, bei denen die Ränge der Tempelritter üblich waren, spielten bei den Kämpfen zwischen Monarchie und Antimonarchie im 18. Jahrhundert auf beiden Seiten eine wichtige politische Rolle und trugen deshalb dazu bei, diesen Streitpunkt so lebendig zu erhalten, daß die Menschen immer etwas hatten, um dessentwillen sie sich ständig bekämpfen konnten. Zum Beispiel waren König Gustav III. von Schweden und sein Bruder Karl, der Herzog von Södermanland, 1770 in die Strikte Oberservanz aufgenommen worden. Im darauffolgenden Jahr war eine der ersten Handlungen Gustavs nach der Thronbesteigung, einen Schlag gegen den schwedischen Riksdag (Parlament) zu führen und der Krone wieder größere Rechte zu verschaffen. Samuel Harrison Baynard schreibt in seinem Buch *History of the Supreme Council*, daß Gustav dabei weitgehend von Freimaurerbrüdern unterstützt wurde.

Die Rittergrade fanden auch in Irland eine Heimat, wo sie sich mit dem Oranienorden (Orange Order) verbanden. Wie wir uns erinnern, war der Oranien Orden eine militärische Organisation, die der Freimaurerei nachgestaltet war. Durch die Gründung sollte sichergestellt werden, daß der Protestantismus Englands vorherrschende Religion blieb. Die Mitglieder des Oranien Ordens schworen, die Hannoveraner solange zu unterstützen, wie die Hannoveraner den Protestantismus weiter unterstützten. Die Rittergrade wurden Anfang 1790 in den Oranien Orden übernommen, zu einer Zeit, als die Sache der Stuarts fast schon gescheitert war. Die Templergrade des Oranien Ordens wurden und werden noch heute "Schwarzes Präzeptorium" genannt. Obwohl Oranien Orden und Schwarzes Präzeptorium rang- und statusgleich sein sollen, ist der Eintritt ins Schwarze Präzeptorium erst vollzogen, nachdem jemand die drei Grade des Oranien Ordens erlangt hat. In seinem faszinierenden Buch *The Orange Order* schreibt Tony Gray, daß das Scharze Präzeptorium heute elf Grade kennt, und "die interne Arbeitsweise dieser merkwürdigen Institution immer noch mit einer starken Geheimhaltung umgeben ist".[1] Etwa 50% bis 60% aller Mitglieder des Oranien Ordens werden Mitglieder des Präzeptoriums. Der Oranien Orden selbst ist auch weiterhin sehr protestantisch und antikatholisch, und auf seine Weise trägt er zu den jetztigen Konflikten zwischen Katholiken und Protestanten in Irland bei.

Ein weiteres interessantes Kapitel in der Geschichte der Templergrade ist die Schaffung eines bogus "Illuminati". "Illuminati" war, wie wir uns erinnern werden, der lateinische Name der Bruderschaft. 1779 wurde eine zweite "Illuminati" Bewegung in der Loge der Strikten Observanz in München gegründet. An der Spitze dieser zweiten "Pseudoilluminaten", der als halbautonome Organisation aufgebaut war, stand der ehemalige Jesuitenpriester Adam Weishaupt. Weishaupts Organisation, die nach außen hin politisch und antimonarchisch war, entwickelte weitere "Hochgrade", zu denen man nach Erreichung der Johannisgrade aufsteigen konnte. Weishaupts "Illuminati" hatten ihren eigenen "Alter Schottischer Oberer" genannten "verborgenen Meister". Die Mitglieder der Strikten Observanz, die bei den "Illuminati" aufgenommen wurden, glaubten offenbar, daß sie in die höchste Stufen der wirklichen Illuminati oder Bruderschaft eingeweiht worden seien. Sobald die Mitglieder den Geheimhaltungseid abgelegt hatten und eingeweiht worden waren, wurde ihnen viel politische und antimonarchische Philosophie "offenbart".

Weishaupts "Illuminati" wurden jedoch bald angegriffen. Ihre Zentrale in Bayern wurde 1786 vom bayrischen Kurfürsten gestürmt. Viele radikale politische Ziele der Illuminati wurden in den bei der Razzia beschlagnahmten Unterlagen deutlich. Nachdem der politische Skandal nicht mehr länger unterdrückt werden konnte, veröffentlichte der als Großmeister der deutschen Freimaurer fungierende Herzog von Braunschweig schließlich acht Jahre später 1794 ein Manifest, um Weishaupts "Illuminati" entgegenzuwirken. Viele Rosenkreuzer waren ebenfalls für die Abschaffung von Weishaupts bayrischen "Illuminati". Trotz der Repression konnten sich die "Illuminati" halten und existieren noch heute.

Viele Leute glaubten irrigerweise, daß Weishaupts "Illuminati" die echten Illuminati seien und daß sie die gesamten Freimaurer übernehmen würden. Zu diesem Irrtum kam es durch Weishaupts ausdrücklichen Wunsch, daß seine Grade die einzigen “Hochgrade” der Freimaurer werden sollten. Es gibt heute immer noch Bücher, in denen die Ansicht vertreten wird, daß Weishaupts “Illuminati” für fast alle gesellschaftlichen Mißstände verantwortlich waren und noch immer sind. Eine sorgfältige Prüfung der Beweise zeigt, daß Weishaupts “Illuminati” in dieser Hinsicht wirklich eine falsche Spur sind. Obwohl Weishaupts “Illuminati” zur damaligen revolutionären Agitation in Europa beigetragen haben, sind die Auswirkungen der Bewegung trotz des ungeheuren Aufsehens, das sie erregt hat, nicht so groß, wie manche Leute meinen. Die gesellschaftlichen Mißstände, die Weishaupts “Illuminati” bisweilen angelastet wurden, existierten bereits lange, bevor Adam Weishaupt geboren wurde. Fast alle Freimaurer übernahmen die Templergrade, was nicht dasselbe war wie Weishaupts “Illuminati”. Die eigentliche Bedeutung der bayrischen Illuminati besteht darin, daß sie eine antimonarchistische Splittergruppe war, die von Logen der Strikten Observanz aus operieren konnte; in der Zwischenzeit galt die Strikte Observanz allgemein als promonarchistisch, und sie unterstüzte die promonarchistische Sache, wie bei dem bereits erwähnten Sturz des Reichstags. Dadurch wurde die Strikte Observanz in einer ganzen Reihe von Jahren auf beiden *Seiten* des Konflikts zwischen Monarchisten und den Gegnern der Monarchie zu einer Quelle der Agitation - ein weiteres Beispiel für den Machiavellismus der Bruderschaft.

Der in der *Fama Fraternitas* angekündigte weltweite Wandel der Menschheit gewann an Stoßkraft, als die Freimaurer und andere Mitglieder des geheimen Netzwerkes zahlreiche Revolutionen überall in der Welt auslösten. Die Aufstände waren nicht nur auf Europa beschränkt; sie fanden ihren Weg über den Atlantik/schwappten über den Atlantik und faßten in den europäischen Kolonien in Nordamerika Fuß. Sie brachten die einflußreichste Nation hervor, die es heute auf der Erde gibt: die Vereinigten Staaten von Amerika.

KAPITEL 28

Amerikanischer Phönix

Als die europäischen Kolonisten nach Nordamerika segelten, segelten die Organisationen der Bruderschaft mit ihnen. 1694 gründete eine Gruppe führender Rosenkreuzer aus Europa eine Kolonie, wo heute der Staat Pennsylvania liegt. Einige ihrer malerischen Gebäude in Ephrata existieren noch heute als touristische Attraktion.

Als nächste kamen die Freimaurer. Am 5. Juni 1730 gewährte der Herzog von Norfolk Daniel Coxe aus New Jersey eine der ersten uns bekannten maurerischen Deputationen, welche die amerikanischen Kolonien erreicht haben. Die Deputation ernannte Coxe vorübergehend zum Großmeister von New York, New Jersey und Pennsylvania. Sie erteilte ihm auch die Erlaubnis zur Gründung von Logen. Eine der ersten offiziellen Logen in den Kolonien wurde am 31. August 1733 mit Erlaubnis der Großen Mutterloge in England von Henry Price in Boston gegründet. Der Freimaurer und Historiker Albert MacKey glaubt, daß es bereits früher Logen gegeben hat, daß jedoch die Unterlagen darüber verlorengegangen sind.

Die Freimaurerei verbreitete sich in den amerikanischen Kolonien ebenso rasch wie zuvor in Europa. Die ersten Logen in den amerikanischen Kolonien wurden fast alle mit Erlaubnis der englischen Großen Mutterloge errichtet, und die Mitglieder der ersten Logen waren loyale britische Untertanen.

Amerika wurde nicht nur von den Engländern kolonisiert. England hatte in der Neuen Welt einen mächtigen Rivalen: Frankreich. Die Konkurrenz zwischen beiden Ländern führte zu häufigen Grenzstreitigkeiten. Dadurch kam es zu einer Reihe gewaltsamer Zusammenstöße auf amerikanischem Boden, wie dem Krieg unter Königin Anna im ersten Jahrzehnt des 18. Jahrhunderts und dem Krieg unter König Georg im Jahr 1744. Selbst in Friedenszeiten gestalteten sich die Beziehungen zwischen den beiden Supermächten keineswegs unproblematisch.

Einer der loyalen Offiziere Großbritanniens war ein Mann namens George Washington. Er wurde am 4. November 1752 im Alter von 20 Jahren in die Freimaurerei eingeweiht und blieb sein ganzes Leben lang Mitglied der "Kunst". Als er Mitte zwanzig war, wurde er Offizier in der britischen Armee. Mit einer Größe von 1,90 Meter und einem Gewicht von fast 182 Pfund war Washington eine eindrucksvolle Erscheinung.

Zu Washingtons militärischen Aufgaben gehörte die Überwachung französischer Truppen in spannungsreichen Grenzgebieten. Durch den 1748 geschlossenen Aachener Frieden wurde der Krieg unter König Georg beendet und Frankreich erhielt einige Gebiete zurück. Sowohl England als auch Frankreich kam diese Pause in den Feindseligkeiten zugute, da beide durch den Krieg hoch verschuldet waren. Die ernsthaften finanziellen Probleme, die Kriege stets im Gefolge haben, wurden auch nicht durch das über eine Deckung hinaus steigerbare Papiergeld verhindert, mit dem die beiden Nationen ihre Kriege teilweise zu finanzieren pflegten.

Leider dauerte der Frieden nicht einmal zehn Jahre. Er wurde einigen Historikern zufolge von George Washington gebrochen, als er mit seinen Truppen wieder einmal ins Tal des Ohio einfiel. Washington und seine Männer sichteten eine Gruppe französischer Soldaten, wurden von ihnen jedoch selbst nicht entdeckt. Auf Befehl Washingtons eröffneten die Briten ohne Vorwarnung das Feuer. Es stellte sich heraus, daß Washingtons Soldaten französischen Abgesandten aufgelauert hatten, die mit Vollmachten ausgestattet waren und der üblichen militärischen Eskorte reisten. Die Franzosen behaupteten später, daß sie sich auf dem Weg zu einer Unterredung mit den Briten befunden hätten, um mit ihnen einige der noch bestehenden Meinungsverschiedenheiten über die Gebiete am Ohio beizulegen. Washington rechtfertigte seinen Angriff damit, daß die französischen Soldaten "herumgeschlichen seien" und daß die angebliche diplomatische Immunität nur ein Vorwand gewesen sei. Wie sich die Sache auch immer verhalten haben mag, waren die Franzosen der Auffassung, daß sie Opfer eines nicht provozierten militärischen Angriffs geworden seien. Und schon bald war der Krieg mit den Franzosen und den Indianern im Gange. Er griff als Siebenjähriger Krieg nach Europa über.

Dieser neue Krieg war verheerend. Friedrich dem Großen zufolge forderte er 853.000 Todesopfer unter den Soldaten und Hunderttausende unter den Zivilisten. Sowohl England wie Frankreich erlitten wirtschaftlich großen Schaden. Bei Kriegsende hatte der englische Staat Schulden in

Höhe von 136 Millionen Pfund, wobei der größte Teil einer Finanzelite geschuldet wurde. Um die Schulden zurückzahlen zu können, führte das englische Parlament im eigenen Land hohe Steuern ein. Als die Steuerlast zu hoch wurde, belegte man Waren in den amerikanischen Kolonien mit Zöllen. Die Zölle entwickelten sich rasch zu einem wunden Punkt, und die amerikanischen Kolonisten begannen, Widerstand zu leisten.

Eine andere kriegsbedingte Veränderung bestand darin, daß die Hannoveraner ihre Taktik aufgaben, in England nur ein kleines stehendes Heer zu halten. Die englischen Streitkräfte wurden stark vergrößert. Die Folge war eine noch härtere Besteuerung der Bürger. Außerdem mußte eine fast sechstausend Mann starke englische Truppe in Amerika untergebracht werden, die zudem häufig in die Eigentumsrechte der Kolonisten eingriff, was die Opposition von seiten letzterer nur noch verstärkte.

Die vierte negative Folge des Krieges war (zumindest in den Augen der Kolonisten) Englands Kapitulation vor den Forderungen einiger amerikanischer Indianerstämme. Die amerikanischen Indianer hatten auf Seiten der Franzosen gekämpft, weil die Engländer in indianisches Territorium eingedrungen waren. Nach dem Krieg gegen die Franzosen und Indianer erließ die Krone die Proklamation von 1763, nach der das weite Gebiet zwischen Appalachen und Mississippi ein großes indianisches Reservat sein sollte. Die britischen Siedler durften sich dort nicht ohne Genehmigung der Krone niederlassen. Dadurch wurde die Ausdehnung nach Westen stark eingeschränkt.

Die erste der neuen Steuermaßnahmen Großbritanniens für die Kolonien trat 1764 in Kraft. Sie war als Zuckergesetz bekannt und belegte Nutzholz, Nahrungsmittel, Rum und Sirup mit Zoll. Im darauffolgenden Jahr wurde ein neues Besteuerungsgesetz, die Stamp Act,* eingeführt, das zur Finanzierung der in den Kolonien stationierten britischen Truppen beitragen sollte.

Viele Kolonisten waren mit den Steuern und der Art und Weise, wie sie eingezogen wurden, nicht einverstanden. So konnten Steuereinnehmer der Krone beispielsweise aufgrund von "Zolldurchsuchungsbefehlen" an jedem beliebigen Ort nach Waren suchen, deren Einfuhr gegen das Gesetz verstieß. Die Steuereinnehmer hatten fast unbegrenzte Vollmachten für

* Anm. des Übersetzers: Die Steuer wird durch Stempelmarken eingezogen.

eine Durchsuchung oder Beschlagnahme ohne Vorankündigung oder Durchsuchungsbefehl.

Im Oktober 1765 trafen sich Vertreter aus neun Kolonien auf einem Stamp Act Kongress in New York. Sie verabschiedeten eine Erklärung der Rechte, in der sie sich gegen eine Besteuerung ohne Vertretung der Kolonien im britischen Parlament wandten. In der Erklärung wurde auch gegen Gerichtsverhandlungen ohne Geschworene durch die britischen Seegerichte Einspruch erhoben. Dieser bewußte Widerstand brachte einen Teilerfolg. Fünf Monate nach dem Stamp Act Kongress, am 17. März 1766, wurde die Stamp Act aufgehoben.

Trotz der aufrichtigen Bemühungen des britischen Parlaments, viele Forderungen der Kolonisten zu erfüllen, entwickelte sich in den amerikanischen Kolonien eine starke Unabhängigkeitsbewegung. Unter der Führung eines Mannes namens Samuel Adams trat eine Geheimgesellschaft mit dem Namen "Söhne der Freiheit" mit Gewalt- und Terrorakten hervor. Sie verbrannten die Unterlagen des Stellvertretenden Seegerichts und plünderten die Häuser zahlreicher britischer Offiziere. Sie drohten mit weiteren Gewalttaten gegen die Steuereinnehmer und andere britische Regierungsstellen. Die Söhne der Freiheit organisierten Wirtschaftsboykotts, indem sie die Kolonisten drängten, ihre Aufträge über britische Waren zu stornieren. Diese Handlungsweise schadete Großbritannien, für das die Kolonien ein wichtiger Absatzmarkt waren. Deshalb machte Großbritannien den Kolonisten 1770 erneut Zugeständnisse und hob alle Steuern mit Ausnahme der Teesteuer auf. Zu dieser Zeit war das Revolutionsfieber bereits zu stark, als daß man ihm noch hätte Einhalt gebieten können. Das Ergebnis war Blutvergießen. Am 5. März 1770 ereignete sich das "Massaker von Boston", bei dem britische Truppen in die Menge feuerten und fünf Menschen töteten. Die Spannungen verschärften sich, und es kam zur Bildung weiterer geheimer revolutionärer Gruppen. Doch Großbritannien hob den Teezoll immer noch nicht auf. Am 14. Oktober 1773, drei Jahre nach dem Massaker in Boston, kletterten als Indianer verkleidete Kolonisten auf ein britisches Schiff, das im Hafen von Boston vor Anker lag und warfen große Mengen Tee ins Wasser. Dieser Zwischenfall war die berühmte "Bostoner Tea Party".

Dieser Akt des Widerstandes veranlaßte das Parlament schließlich, Handelssanktionen gegen die Kolonisten zu verhängen. Die Sanktionen heizten den Widerstand nur noch mehr an. 1774 trat eine Gruppe führender Persönlichkeiten der Kolonien zum Ersten Kontinentalkongress zusammen, um gegen die Maßnahmen der Briten zu protestieren und zum zivilen Ungehorsam aufzurufen. Im März 1775 hielt Patrick Henry auf einer Versammlung in Virginia seine berühmte Rede "Gebt mir Freiheit oder gebt mir den Tod". Mit der Schlacht von Concord, wo eine organisierte aus Kolonisten bestehende Miliz, die "the minute men" genannt wurde, acht Tote zu beklagen hatte, selbst jedoch 273 Briten tötete, war die Amerikanische Revolution nicht einmal einen Monat nach dieser Rede bereits in vollem Gange. Im Juni desselben Jahres wurde George Washington, der nach Ansicht einiger Historiker die Sache zwei Jahrzehnte zuvor ins Rollen gebracht hatte, indem er seinen Truppen im Tal des Ohio befahl, auf die Franzosen zu schießen, zum Oberbefehlshaber der neuen kontinentalen Armee ernannt, einem bunt zusammengewürfelten Haufen.

Den Historikern zufolge waren wirtschaftliche Motive nicht die einzigen Antriebskräfte der amerikanischen Revolutionäre. Das wurde deutlich, nachdem das britische Parlament fast alle auferlegten Steuern wieder aufgehoben hatte. Obgleich König Georg III. dem Haus Hannover angehörte, war er im eigenen Land beliebt, und er sah sich anfänglich selbst als Freund der Kolonisten. Die scharfen Angriffe, die die Sprecher der Revolutionäre gegen König Georg richteten, verstimmten ihn jedoch gehörig, da diese Angriffe in keinem Verhältnis zu der Rolle zu stehen schienen, die er in den von den Kolonisten beklagten Problemen tatsächlich gespielt hatte. Sie hätten sich eher an das Parlament richten sollen. Es gab ganz offensichtlich noch tiefere Gründe für die Revolution: die Rebellen waren auf die Errichtung einer völlig neuen Gesellschaftsordnung aus. Ihre Revolte wurde durch grundsätzliche Philosophien angeheizt, die über ihre Streitigkeiten mit der Krone weit hinausgingen. Eine dieser Philosophien war die Freimaurerei.

Ein "Who's Who" der Amerikanischen Revolution ist fast ein "Who's Who" der amerikanischen Freimaurerei der Kolonialzeit. Zu den Freimaurern, die auf der Seite der Revolutionäre kämpften, gehörten George Washington, Benjamin Franklin (der mindestens seit 1731 Freimaurer war), Alexander Hamilton, Richard Montgomery; Henry Knox, James Madison und Patrick Henry. Zu den Revolutionären, die auch Großmeister der Freimaurer waren, gehörten, außer Washington und Franklin, Paul Revere, John Hancock und James Clinton. Oberst LaVon P. Linn schreibt in seinem Artikel *"Das Freimaurerwesen und die Nationale Verteidigung, 1745-1799"*,[1] daß ein Siebtel oder 2018 der schätzungsweise 14.000 Offiziere aller Ränge in der kontinentalen Armee Freimaurer waren.

OBEN: *Abbildung George Washingtons mit seinen Freimaurerinsignien.*

Sie kamen aus insgesamt 218 Logen. Einhundert dieser Offiziere waren Generale. Oberst Linn bemerkt:

> In allen unseren Kriegen, angefangen beim Krieg gegen die Franzosen und die Indianer und dem Amerkanischen Unabhängigkeitskrieg werden hoch über den Schlachten die Schatten der amerikanischen Freimaurer in der Armee sichtbar.[2]

Europa versorgte die Amerikaner mit zwei weiteren bedeutenden Freimaurern. Aus Deutschland kam Baron von Steuben, der Washingtons dilettantischen Truppen höchstpersönlich den Anschein einer kämpfenden Armee verlieh. Von Steuben war ein deutscher Freimaurer, der als Flügeladjudant Friedrichs des Großen in der preußischen Armee gedient hatte. 1763, als die preußische Armee nach dem Siebenjährigen Krieg aufgelöst wurde, hatte man ihn entlassen. Zur Zeit, als sich Franklin in Paris um Steubens Dienste bemühte, war von Steuben ein seit vierzehn Jahren aus der Armee entlassener Hauptmann auf Halbsold. Um die Zustimmung des Kongresses zu erlangen, fälschte Franklin von Steubens Unterlagen, und machte aus ihm einen Generalleutnant. Die Täuschung funktionierte sehr zum Nutzen der kontinentalen Armee.

Der zweite Europäer war der Marquis de La Fayette. La Fayette war ein begüterter französischer Adliger, der als knapp zwanzigjähriger Soldat in der französischen Armee in Europa durch die Nachricht von der Amerikanischen Revolution inspiriert wurde und darum nach Amerika segelte, um die Sache der Revolutionäre zu unterstützen. 1778, als La Fayette in der kontinentalen Armee Dienst tat, wurde er Freimaurer. Später nach dem Krieg enthüllte La Fayette, wie wichtig doch die Freimaurerei für Führungspositionen in der Revolutionsarmee war. In seiner Ansprache an die "Four Wilmington" Loge in Delaware sagte La Fayette während seines letzten Besuches in Amerika im Jahre 1824:

> Früher (während er unter General Washington diente) konnte ich mich des Verdachts nicht erwehren, daß der General Zweifel gegen mich hegte; dieser Verdacht wurde durch die Tatsache erhärtet, daß ich nie ein Oberkommando erhielt. Dieser Gedanke ließ mich nicht mehr los und machte mich bisweilen sehr unglücklich. Nachdem ich amerikanischer Freimaurer geworden war, schien General Washington klar zu sehen. Von diesem Augenblick an hatte ich niemals Grund, daran zu

zweifeln, daß er mir vollständig vertraute. Und kurz darauf wurde mir ein sehr wichtiges Oberkommando übertragen.[3]

Wenn man bedenkt, wie stark die Freimaurer in der amerikanischen Revolution* vertreten waren, dürfte es eigentlich nicht überraschen, daß die Anstiftung zur Revolution unmittelbar von den Freimaurerlogen ausging. Nach Oberst Lynns Artikel war die berühmte Bostoner Tea Party das Werk von Freimaurern, die direkt aus der Loge kamen:

> Am 6. Dezember 1733 scheint eine als amerikanische Indianer verkleidete Gruppe die St. Andrew's Loge in Boston verlassen zu haben und zum Bostoner Hafen gegangen zu sein, wo bei drei Ostindienfahrern (Schiffe aus Ostindien) Teeladungen über Bord geworfen wurden. "Nach Berichten der wenigen wachhabenden Männer" schloß die St. Andrews Loge an diesem Abend frühzeitig.[5]

In seinem Artikel "Vernichtung der Freimaurerei" erklärt Sven G.

---

* Zwei bedeutende Revolutionsführer, die *keine* Freimaurer gewesen sein sollen, sind Samuel Adams und Thomas Jefferson. John C. Miller schreibt darüber in seinem Buch *Sam Adams, Pioneer in Propaganda:*

> **Es ist erstaunlich, daß Sam Adams, der fast jedem liberalen politischen Klub in Boston angehörte und der von allen Patrioten die meisten "Logenabende" in seinem Terminkalender stehen hatte, kein Freimaurer war. Viele seiner Freunde waren führende Freimaurer, und die Loge von Boston hatte großen Anteil daran, daß die Revolution zustandekam, aber Sam Adams trat niemals einer Freimaurerloge bei.[4]**

1883 wurde in die Protokolle der Großloge von Virginia eingetragen, daß Thomas Jefferson am 20. September 1817 die Loge Nr. 60 in Charlottesville besucht hatte. In der *Pittsburgh Library Gazette* Bd. 1 v. 4. August 1828 wird Jefferson als bemerkenswerter Freimaurer erwähnt. Zu seinen Lebzeiten warf man ihm auch vor, ein Agent von Weishaupts bayerischen "Illuminati" zu sein. In späterer Zeit haben zwei Rosenkreuzer Jefferson als Mitglied ihrer Bruderschaft bezeichnet. Dennoch scheinen, mit Ausnahme des einmaligen Besuchs in der Loge in Charlottesville tatsächliche Unterlagen über Jeffersons Mitgliedschaft in einer dieser Organisationen zu fehlen oder nicht zu existieren. Aus diesem Grund sind einige Freimaurerhistoriker der Ansicht, daß Jefferson entweder kein aktiver oder überhaupt kein Freimaurer war.

Lunden, daß die St. Andrew's Loge die führende Freimaurerorganisation in Boston gewesen ist. Er fügt hinzu:

> Und in dem Buch, das die Protokolle der Loge enthielt und das noch immer existiert, gibt es da, wo sich das Protokoll jenes denkwürdigen Donnerstags befinden sollte, eine fast leere Seite. Auf dieser Seite befindet sich nur ein Buchstabe - ein großes T. Hat das vielleicht irgendetwas mit Tee zu tun?[6]

In seinem Buch *Sam Adams, Pioneer of Propaganda* beschreibt der Autor John C. Miller die Hierarchie des antibritischen Mobs, der in dieser Auseinandersetzung eine so wichtige Rolle gespielt hat. Der Mob war nicht einfach nur eine zufällige Ansammlung unzufriedener Kolonisten. Miller erklärt die wichtige Rolle der Freimaurer in diesem Zusammenhang:

> Während der Herrschaft Sam Adams in Boston gab es eine Hierarchie des Pöbels: die unterste Klasse - Dienstboten, Neger und Seeleute - standen unter dem Kommando einer "übergeordneten Gruppe von Zimmerleuten der Stadt, die Freimaurer des III. Grades waren"; über denen standen die Kaufleute und die Söhne der Freiheit...[7]

Die Freimaurerlogen waren keine Nachzügler in Sachen Revolution. Es gibt Beweise, daß sie den ersten Anstoß dazu gaben. Zumindest eine Loge war an der Agitation von Anfang an beteiligt. Briefe und Zeitungen von Anfang 1760 zeigen, daß die Freimaurergesellschaft von Boston am Ende des Siebenjährigen Krieges, gut zehn Jahre, bevor die Revolution tatsächlich ausbrach, antibritische Gefühle schürte:

> Die Bostoner Freimaurergesellschaft bombardierte (Gouverneur Thomas) Hutchinson und die königliche Regierung von ihrem Treffpunkt in "Adjutant Trowels langer Mansarde", wo mehr Volksverhetzung betrieben und Schmähschriften und Zoten ausgeheckt wurden als in allen anderen Mansarden in der Grubstreet. Otis und seine Freimaurerbrüder wurden so geschickt im Aufdecken von Skandalen, daß Hutchinsons Freunde glaubten, sie hätten "die Billingsgate und die Stews" nach Schmutz "durchgewühlt", mit dem sie die Aristokratie von Massachusetts bewerfen könnten.[8]

Man könnte nun fragen, wie die amerikanischen Logen zum Ausgangspunkt der Revolution werden konnte, da sie doch alle nach dem englischen

System errichtet wurden, das, wie wir uns erinnern, für die Hannoveraner war und politische Kontroversen in den Logen verbot. Man darf jedoch nicht vergessen, daß die hannoverfeindlichen Templergrade in den sechziger Jahren des siebzehnten Jahrhunderts in Europa bereits fest verwurzelt und still und leise auch in viele Logen in den amerikanischen Kolonien gelangt waren. So verlieh, wie schon in einem früheren Kapitel erwähnt, die St. Andrew's Loge in Boston, auf deren Konto die Bostoner Tea Party ging, bereits am 28. August 1769 einen Templergrad, nachdem sie 1762 von der Schottischen Großloge in Edinburgh die Erlaubnis dazu erhalten hatte. Der Antrag wurde fast ein Jahrzehnt vor Ausbruch der Amerikanischen Revolution gestellt. Einige Templer waren nicht nur gegen die Hannoveraner, sie versuchten, die Monarchie überhaupt abzuschaffen.

Die philosophische Bedeutung der Freimaurerei für die amerikanischen Revolutionäre wird auch in den Symbolen erkennbar, die nach der Entscheidung der Revolutionsführer die neue amerikanische Nation repräsentieren sollten. Es waren Symbole der Bruderschaft/Freimaurer.

Zu den wichtigsten Symbolen einer Nation gehört das Staatssiegel. Einer der ersten Vorschläge für das amerikanische Staatssiegel wurde 1782 von William Barton vorgelegt. In der rechten oberen Ecke von Bartons Zeichnung ist eine Pyramide, der die Spitze fehlt. An ihrer Stelle befindet sich ein "Allsehendes Auge Gottes". Wie wir uns erinnern, war das Allsehende Auge Gottes lange Zeit eines der wichtigsten Freimaurersymbole. Es war sogar auf dem Maurerschurz George Washingtons, Benjamin Franklins und anderer Revolutionäre aufgenäht. Über der Pyramide und dem Auge stehen auf dem Vorschlag Bartons die lateinischen Worte *Annuit Ceoptis*, das heißt "Er (Gott) war unserem Anfang gnädig." Unten findet sich die Inschrift *Novus Ordo Seclorum:* "Der Beginn einer neuen Weltordnung". Diese Inschrift unten auf dem Bild sagt uns, daß die Führer der Revolution ein umfassendes weltweites Ziel verfolgten, das sehr viel mehr beinhaltete als nur ihre unmittelbaren Anliegen als Kolonisten. Ihnen stand eine Veränderung der gesamten Weltordnung vor Augen, was dem in der *Fama Fraternitas* angekündigten Ziel entspricht.

Bartons Pyramide und die dazugehörigen lateinischen Inschriften wurden alle angenommen. Sie finden sich noch immer auf dem großen amerikanischen Staatswappens, das auf der Rückseite der amerikanischen Ein-Dollar-Note zu sehen ist.

Der Hauptteil von Bartons Zeichnung wurde bis auf weniges nicht angenommen. Auf Bartons Vorschlag ist im Zentrum ein Wappen zu dessen beiden Seiten zwei menschliche Figuren stehen. Oben auf dem Wappen sitzt ein Phönix mit ausgebreiteten Schwingen; in der Mitte befindet sich ein kleiner Phönix auf einem brennenden Scheiterhaufen. Wie bereits gesagt, war der Phönix schon im alten Ägypten ein Symbol der Bruderschaft. Der Phönix wurde von den Gründungsvätern für die Rückseite des Staatssiegels der Vereinigten Staaten gewählt, das auf einem von Charles Thompson, dem Sekretär des Kontinentalen Kongresses vorgeschlagenen Entwurf beruht. Der erste Prägestock des Siegels der Vereinigten Staaten zeigt einen Vogel mit einem langen gefiederten Hals: den Phönix. In seinem Schnabel hält der Phönix ein Banner, auf dem die Worte *E pluribus unum* (Aus vielen einer) stehen. Über dem Kopf des Vogels sind dreizehn Sterne, die durch eine Wolke brechen. In einer Klaue hält der Phönix ein Bündel Pfeile, in der anderen einen Olivenzweig. Einige Leute hielten den Vogel wegen seines langen Halses fälschlicherweise für einen wilden Truthahn; aber auch der Phönix hat einen langen Hals und alle anderen Merkmale des Vogels zeigen deutlich, daß es sich um einen Phönix handelt. Der Prägestock wurde 1841 eingezogen und der Phönix durch den weißköpfigen Seeadler - Amerikas Wappenvogel - ersetzt.

Die Freimaurer vertreten die Auffassung, daß ihre bruderschaftliche Verbundenheit tiefer geht als ihre politischen und nationalen Zwiste. Als der amerikanische Unabhängigkeitskrieg vorüber war, spalteten sich die amerikanischen Logen jedoch von der Großen Englischen Mutterloge in London ab und schufen ihre eigene selbständige amerikanische Großloge. Die Schottengrade herrschten in der amerikanischen Freimaurerei bald vor. Die beiden in den Vereinigten Staaten praktizierten Hauptformen sind der York Ritus (eine Abart des ursprünglichen englischen York Ritus) und der schottische Ritus. Der moderne York Ritus kennt insgesamt zehn Grade: der höchste ist der "Templergrad". Der schottische Ritus bearbeitet insgesamt dreiunddreißig Grade, von denen viele Rittergrade sind.

Der Einfluß der Freimaurer in der amerikanischen Politik blieb auch noch lange nach dem Krieg sehr stark. Etwa ein Drittel aller amerikanischen Präsidenten waren Freimaurer, die meisten von ihnen nach dem schottischen Ritus.*

---

* Außer George Washington und James Madison hatten folgende Freimaurer das Amt des Präsidenten inne: James Monroe (eingeweiht am 9. November 1775), Andrew Jackson (eingew. 1800), James Polk (eingew. am 5. Juni 1820), James Buchanan (eingew. am 11. Dezember 1816), Andrew Johnson (eingew. 1851),

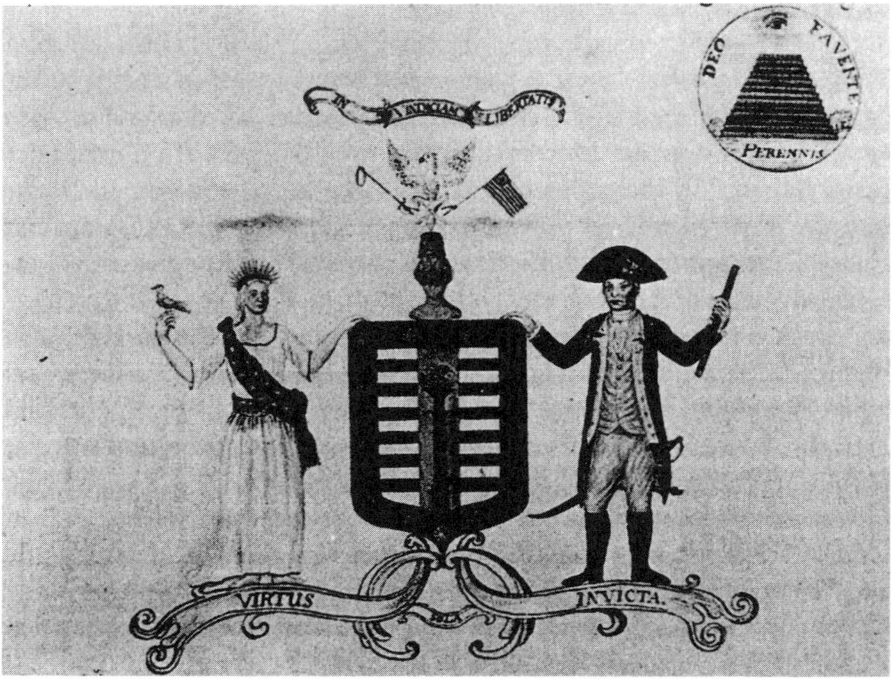

OBEN: *Einer der ersten Vorschläge für das Staatssiegel wurde 1782 von William Barton vorgelegt. In der rechten oberen Ecke von Bartons Vorschlag befindet sich eine Pyramide mit dem bruderschaftlichen Symbol des Allsehenden Auge Gottes. Das Symbol der Pyramide und des Allsehenden Auges wurde angenommen und ist heute auf der Rückseite der amerikanischen Ein-Dollar-Note zu sehen. Im Zentrum von Bartons Entwurf ist ein Wappenschild. Auf dem Schild befindet sich ein Phönix mit ausgebreiteten Schwingen. Im Mittelteil des Wappenschilds ist ein kleiner Phönix auf seinem brennenden Scheiterhaufen. Der Hauptteil von Bartons Vorschlag wurde nicht angenommen, wohl aber der Phönix.*

LINKS: *Das von Washington verwendete Siegel nach einem Entwurf von Charles Thompson. Der Vogel mit dem langen Hals stellt einen Phönix dar. Der Phönix war inoffiziell der erste Wappenvogel der Vereinigten Staaten, wurde jedoch später durch den weißköpfigen Seeadler ersetzt.*

Der Einfluß der Freimaurer in der amerikanischen Politik beschränkte sich nicht nur auf das Amt des Präsidenten. Unter den Mitgliedern des amerikanischen Senats und des Repräsentantenhauses waren im Laufe der Geschichte der Nation fast immer auch viele Freimaurer. 1924 beispielsweise wurden in einer Publikation der Freimaurer sechzig Senatoren aufgeführt, die Freimaurer waren.[9] Sie stellten mehr als 60 % des Senats. Mehr als 290 Mitglieder der Repräsentantenhauses wurden ebenfalls als Mitglieder der Loge bezeichnet. In den letzten Jahren ist die Zahl der Freimaurer leicht zurückgegangen. Die Großloge von Kalifornien enthüllte in einer Werbebeilage mit dem Titel "Freimaurerei, ein Lebensstil", daß dem Senat im 97. Kongress (1981-1983) nur 28 und dem Repräsentantenhaus nur 78 Mitglieder der Loge angehörten. Obwohl das ein beträchtlicher Rückgang seit 1920 ist, verfügen die Freimaurer, die mehr als ein Viertel der Mitglieder dieser gesetzgebenden Körperschaft stellen, im Senat noch immer über eine ziemlich große Repräsentanz.

Die Amerikanische Revolution war mehr als eine lokale Volkserhebung. Viele Nationen haben sich daran beteiligt. Frankreich war lange vor dem eigentlichen Ausbruch des Krieges insgeheim in die amerikanischen Angelegenheiten verwickelt. Bereits 1767 hatte der französische Außenminister, der Herzog von Choiseul, Geheimagenten in die amerikanischen Kolonien geschickt, um die öffentliche Meinung zu sondieren und herauszufinden, wie weit die Saat der Revolte aufgegangen war. Frankreich sandte auch Spitzel in die Vereinigten Staaten, die im Verborgenen antibritische Gefühle wecken sollten. 1767 warf Benjamin Franklin, der noch nicht für eine bewaffnete Auseinandersetzung mit England eintrat, Frankreich vor, es versuche, die Situation zwischen Großbritannien und seinen amerikanischen Untertanen zu verschärfen. Nach der Absetzung Choiseuls

---

James Garfield (eingew. am 22. November 1861 o. 1862), William McKinley (eingew. am 1. Mai 1865), Theodore Roosevelt (eingew. am 2. Januar 1901), William Howard Taft (eingew. am 18. Februar 1908), Warren Harding (eingew. am 28. Juni 1901), Franklin D. Roosevelt (eingew. 10. Oktober 1911), Harry S. Truman (eingew. 9. Februar 1909) und Gerald Ford (eingw. 1949). Die Liste prominenter amerikanischer Freimaurer umfaßt auch solche Leute wie den verstorbenen J. Edgar Hoover, den Gründer des FBI, der zum höchsten (33.) Grad des Schottischen Ritus aufstieg und den Präsidentschaftskandidaten Jesse Jackson (eingew. 1988). Berühmte amerikanische Künstler, wie Mark Twain, Will Rogers und W.C. Fields, waren ebenfalls Mitglieder.

Nach der Gründung der amerikanischen Republik standen die Freimaurer bis weit ins 20. Jahrhundert auch weiter an der Spitze der Nation.

OBEN LINKS: *Fotografie des amerikanischen Präsidenten Theodore Roosevelt in seiner Freimaureruniform.*

UNTEN LINKS: *Fotografie des amerikanischen Präsidenten William Howard Taft mit den Insignien eines Meisters der Freimaurer.*

im Jahre 1770 setzte sein Nachfolger, der Graf de Vergennes, Choiseuls Politik fort und sorgte nach Beginn des Unabhängigkeitskrieges dafür, daß Frankreich die Sache der Amerikaner in aller Offenheit militärisch unterstützte.*

Auch Friedrich der Große unterstützte offen die amerikanischen Rebellen. Er gehörte zu den ersten europäischen Herrschern, die die Vereinigten Staaten als unabhängige Nation anerkannten. Friedrich ging sogar so weit, den hessischen Söldnern, die nach Amerika segelten, um gegen die Revolutionäre zu kämpfen, seine Grenzen zu verschließen. Wie tief Friedrich wirklich in die Sache der Amerikaner verwickelt war, wird man möglicherweise wohl niemals erfahren. Es besteht kein Zweifel daran, daß sich viele der Kolonisten in seiner Schuld fühlten und ihn als einen ihrer ethischen und philosophischen Führer betrachteten. Jahrzehnte nach der Revolution übernahmen eine Reihe Freimaurerlogen in Amerika einige Schottengrade, die angeblich von Friedrich entwickelt worden waren. Die erste amerikanische Loge nach dem schottischen Ritus, die in Charleston in Südkarolina gegründet wurde, veröffentlichte am 10. Oktober 1802 ein Rundschreiben, in dem stand, daß die Genehmigung für ihren höchsten Grad von Friedrich komme, der von ihnen noch immer als Oberhaupt der gesamten Freimaurerei betrachtet wurde:

> Am 1. Mai 5786 (1786) wurde die Große Konstitution des dreiunddreißigsten Grades, genannt der Oberste Rat des Souveränen General-Großinspektors von Seiner Majestät, dem König von Preußen, ratifiziert, der als Großkommandeur des Ordens des Prinzen des Königlichen Geheimnisses,** die souveräne maurerische Macht

---

* Interessanterweise war auch Vergennes Freimaurer. Er unterstützte einige der französischen Freimaurer, wie Voltaire, die das leidenschaftliche intellektuelle Klima schufen, das zur französischen Revolution führte. Die französische Revolution stürzte Vergennes König Ludwig XVI. innerhalb eines Jahrzehnts nach Vergennes Tod. Ironischerweise hatte Vergennes zu seinen Lebzeiten alle grundlegenden Reformen der französischen Gesellschaft abgelehnt. Dadurch trug er zur Unzufriedenheit des Volkes bei, die ein wesentlicher Faktor für das Gelingen der Französischen Revolution war.

** Die Grade des schottischen Ritus sind in Gruppen zusammengefaßt, von denen jede einen Namen hat. Der *Orden des Prinzen des Königlichen Geheimnisses* heißt heute *Rat der Obersten Prinzen des Königlichen Geheimnisses* und umfaßt den 31.

> über die gesamte Kunst besitzt. In der neuen Konstitution wurde diese Macht einem Obersten Rat von Neun Brüdern in jedem Land übertragen, die in ihrem Gebiet alle Vorrechte der Freimaurer besitzen, die Seine Majestät allein besaß und Oberhäupter der Freimaurerei sind.[10]

Einige Gelehrte wenden dagegen ein, daß Friedrich Ende des 18. Jahrhunderts kein aktiver Freimaurer gewesen sei. Sie sind der Ansicht, daß sein Name dem Ritus mehr Gewicht verleihen sollte. Dieses Argument mag, zumindest teilweise, durchaus zutreffen. Die Bedeutung der Schrift von Charleston liegt in der Loyalität, die der frühe amerikanische Ritus schon bald nach der Gründung der amerikanischen Republik deutschen Freimaurerkreisen so offen bezeugte.

Während deutsche Freimaurer aus Preußen sich in den Dienst der amerikanischen Sache stellten, unterstützten andere deutsche Freimaurer Großbritannien und machten dabei einen ungeheuren Gewinn. Fast 30.000 deutsche Soldaten wurden von sechs deutschen Staaten, Hessen-Kassel, Hessen-Hanau, Braunschweig, Waldeck, Ansbach-Bayreuth und Anhalt-Zerbst, an Großbritannien vermietet. Mehr als die Hälfte dieser Truppen stellte Hessen-Kassel; deshalb nannte man alle deutschen Truppen "Hessen". Die Truppen aus Hessen-Kassel galten als die besten Söldner; ihr akkurates Geschützfeuer war bei den Kolonisten gefürchtet. In vielen Schlachten kämpften mehr deutsche als britische Soldaten für die Briten. In der Schlacht von Trenton zum Beispiel kämpften die Amerikaner sogar nur gegen deutsche Soldaten. Das heißt nicht, daß die deutschen Soldaten Großbritannien oder auch ihren eigenen deutschen Fürsten besonders treu ergeben gewesen wären. Fast ein Sechstel der deutschen Söldner (schätzungsweise 5.000) desertierten und blieben in Amerika.

Der Einsatz deutscher Söldner rief in England wie in Amerika Aufregung hervor. Viele führende Persönlichkeiten unter den Briten einschließlich solcher, die den Monarchen unterstützten, waren dagegen, daß man ausländische Soldaten mietete, damit sie britische Untertanen unterwarfen. Für die Deutschen war dieses Arrangement so lukrativ wie eh und je. Der Herzog von Braunschweig erhielt 11.517 Pfund 17 Shilling und 1,5 Pence Miete für das erste Jahr und doppelt soviel für jedes der folgenden

---

und den 32. Grad des schottischen Ritus. Ein weiteres Anzeichen für die Bewunderung, die der frühe schottische Ritus für Preußisches hegte, ist der Titel des 21. Grades, der *Noachite* oder *Preußischer Ritter* genannt wird.

Der Einfluß der Templergrade wird in den Templeruniformen der amerikanischen Präsidenten deutlich.

OBEN LINKS: *Der amerikanische Präsident Andrew Johnson in seiner Templeruniform. Er war von 1865 bis 1869 amerikanischer Präsident.*

UNTEN LINKS: *Der amerikanische Präsident William McKinley in seinem Templeraufzug. McKinley saß von 1897 bis 1909 im Weißen Haus. Kurz nach seiner Wiederwahl verlor McKinley seine Frau durch einen "allein arbeitenden Attentäter".*

zwei Jahre. Außerdem bekam der Herzog ein "Kopfgeld" von mehr als sieben Pfund für jeden Mann, das waren insgesamt 42.000 Pfund für die sechstausend Soldaten aus Braunschweig. Für jeden getöteten Soldaten wurde Braunschweig ein zusätzlicher Betrag gezahlt, wobei drei Verwundete soviel zählten wie ein Toter. Der Fürst von Hessen-Kassel, Friedrich II., verdiente etwa 21.000.000 mit seinen hessischen Truppen, was einen Reinertrag von etwa fünf Millionen britischen Pfund ergab. Das war in jenen Tagen eine geradezu unerhörte Summe und mehr als die Hälfte des Vermögens von Hessen-Kassel, das Wilhelm IX. nach dem Tode seines Vaters im Jahre 1785 erbte. Durch die amerikanische Revolution wurde das Fürstenvermögen von Hessen-Kassel zu einem der größten (einige sagen auch zu *dem* größten) in Europa.

Die Amerikanische Revolution verlief nach dem Muster früherer Revolutionen, indem sie die Befugnisse des Staatsoberhauptes schwächte und die der Legislative stärkte. Leider führten die amerikanischen Revolutionäre in ihrer neuen Nation das gleiche über die Deckung hinaus steigerbare Papiergeld und das gleiche Zentralbanksystem ein, das von den Revolutionären in Europa geschaffen worden war. Noch vor dem Sieg der Amerikanischen Revolution hatte sich der Kongress auf das über die Deckung hinaus steigerbare Papiergeld eingelassen und als "Kontinentalnoten" bekanntes Geld gedruckt. Diese Noten wurden vom Kongress zum gesetzlichen Zahlungsmittel erklärt, ohne daß irgendeine Deckung dafür bestanden hätte. Der Kontinentalkongress verwendete diese Noten, um die für den Revolutionskampf benötigten Waren zu kaufen. Aufgrund des Versprechens, daß für die Noten irgendeine Deckung geschaffen werde, sobald der Krieg gewonnen sei, akzeptierten die Kolonisten das Geld. Da aus Ben Franklins Druckerei immer mehr Kontinentalnoten kamen, setzte eine Inflation ein. Das hatte zur Folge, daß noch mehr Noten gedruckt werden mußten, wodurch es zu einer übermäßigen Inflation kam. Als der Krieg gewonnen und eine neue "harte" Währung (eine Währung mit Metalldeckung) eingeführt worden war, konnten die Kontinentalnoten nur zu einem Kurs von einem Cent pro Dollar gegen die neue Währung eingelöst werden. Das war eine weitere klare und bittere Lektion dafür, daß Papiergeld, Inflation und Abwertung erfolgreiche Mittel sein können, um Kriege zu finanzieren.

Ironischerweise nutzten einige amerikanische Gründungsväter die Erfahrung mit den Kontinentalnoten und drängten auf die Schaffung einer Zentralbank nach englischem Muster, um die Währung der neuen amerikanischen Nation besser kontrollieren zu können. Der Vorschlag einer Zentralbank war ein heißes Eisen, und es wurden erregte Debatten über das Für und Wider geführt. Die Befürworter des Plans trugen den Sieg davon. 1791 wurde nach einer mehrere Jahre dauernden Kontroverse die Konzession für Amerikas erste Zentralbank erteilt. Zwanzig Jahre später erlosch die Konzession, wurde nach einer Unterbrechung von fünf Jahren erneuert und 1836 von Präsident Andrew Jackson abgelehnt. Siebenundzwanzig Jahre später (1863) erhielt die Bank ihre Konzession zurück und wurde schließlich zur Federal Reserve Bank,* Amerikas heutiger Zentralbank. Obgleich eine Zentralbank in den Vereinigten Staaten immer schon auf einen beträchtlichen Widerstand gestoßen ist, hat es im Land unter dem einen oder dem anderen Namen die meiste Zeit eine gegeben.

Mit der Schaffung von Amerikas erster Zentralbank beauftragten die Gründungsväter Alexander Hamilton. Hamilton schloß sich der revolutionären Bewegung Anfang der siebziger Jahre des 18. Jahrhunderts an und stieg 1777 in den Rang eines Oberleutnants und Flügeladjudanten von Washingtons Stab auf. Hamilton war eine guter Militärkommandant und wurde ein enger Freund des Marquis de La Fayette. Nach Kriegsende studierte er Rechtswissenschaft, erhielt seine Zulassung als Anwalt und wurde Direktor der New Yorker Bank.

Hamiltons Ziel war es, ein amerikanisches Banksystem nach dem Muster der Bank von England zu errichten. Er wollte auch, daß die neue amerikanische Regierung alle Schulden der Einzelstaaten übernahm und sie in eine große Staatsschuld umwandelte. Die Bundesregierung sollte ihre Schulden weiter erhöhen, indem sie bei der von Hamilton vorgeschlagenen Zentralbank, bei der es sich um eine von einer kleinen Gruppe von Geldgebern betriebene Privatbank handeln würde, Geld aufnahm.

Wie würde die amerikanische Regierung ihre gesamten Schulden zurückzahlen?

Welche Ironie des Schicksals! Wie die Briten vor der Revolution wollte Hamilton Waren besteuern. Nachdem er Finanzminister geworden war, setzte er eine Brannntweinsteuer durch. Diese Steuer führte zum berühmten Whiskey-Aufstand von 1794, bei dem eine Gruppe von Gebirgsbewohnern die Zahlung der Steuer ablehnte und sich offen für einem Aufstand gegen die neue amerikanische Regierung aussprach. Auf Drän-

*Anm. des Übersetzers: entspricht etwa einer deutschen Landeszentralbank.

gen Hamiltons alarmierte Washington die Bürgerwehr und ließ den Aufstand mit militärischer Gewalt niederschlagen! Hamilton und seinen Anhängern war es gelungen, in den Vereinigten Staaten eine Situation zu schaffen, die der Englands vor der Revolution entsprach: eine hochverschuldete Nation, die, um ihre Schulden tilgen zu können, Zuflucht zur Besteuerung ihrer Bürger nehmen mußte. Man könnte berechtigterweise fragen: warum haben sich die Herren Hamilton und Washington die Mühe gemacht, an der Amerikanischen Revolution teilzunehmen? Sie nutzten ganz einfach nur ihren Einfluß, um in Amerika die gleichen Institutionen zu schaffen, die die Kolonisten unter britischer Herrschaft so hassenwert fanden. Diese Frage ist heute von besonderer Bedeutung, da sich die Vereinigten Staaten mit einer in Erstaunen versetzenden Staatsschuld von über zwei Billionen Dollar konfrontiert sehen und einer Steuerbelastung ihrer Bürger, die weitaus höher ist als alles, was Großbritannien jemals den Kolonisten im 18. Jahrhundert zugemutet hätte.

Hamilton konnte seine Pläne zwar zu einem großen Teil realisieren, das ging jedoch nicht ohne beträchtlichen Widerstand ab. Gegen die Errichtung einer Zentralbank im Privatbesitz wandten sich vor allem James Madison und Thomas Jefferson. Sie wollten, daß die nationale Währung von der Regierung und nicht von einer Zentralbank ausgegeben würde. In einem Schreiben vom 13. Dezember 1803 brachte Jefferson seine Meinung über die Bank der Vereinigten Staaten sehr deutlich zum Ausdruck:

> Diese Institution ist einer der größten Todfeinde, die es gibt, und richtet sich gegen die Grundsätze und die Form unserer Verfassung.[11]

Er fügte hinzu:

> ...eine Institution wie diese, die durch ihre Zweigstellen in jeden Landesteil der Union eindringt und auf Befehl und in geschlossener Front (in Übereinstimmung) agiert, kann im entscheidenden Augenblick die Regierung stürzen. Ich halte keine Regierung für sicher, die sich in einem Unterordnungsverhältnis zu irgendwelchen angemaßten Autoritäten oder zu einer anderen Autorität als der Nation oder ihren regulären Amtswaltern befindet.[12]

Obgleich einer der Einwände Jeffersons gegen die Zentralbank auf der Sorge gründete, daß eine solche Bank in Kriegszeiten ein *Hindernis* sein könnte, besaß er dennoch recht großen Weitblick, was einige der möglichen

Auswirkungen einer solchen Institution betraf. Nicht nur daß die amerikanischen Zentralbanken 1893 und 1907 eine große Panik auf dem Geldmarkt auslösten, die Zunft der Finanzleute, die die Zentralbank betreiben, hat auch die Politik Amerikas und insbesondere die Außenpolitik stark beeinflußt und tut das heute noch immer, genau wie Jefferson vorausgesehen hatte. Es ist übrigens auch seinem großen Einfluß zuzuschreiben, daß 1811 die Verlängerung der Konzession der Bank um fünf Jahre verzögert wurde.

Wir haben die Amerikanische Revolution gerade in einem weniger rosigen Licht betrachtet. Man muß jedoch zugeben, daß im Kreis der Gründungsväter ein sehr starker humanitärer Einfluß spürbar war. Genau darauf ist auch zurückzuführen, daß die Vereinigten Staaten heute zu den freieren Ländern zählen, auch wenn die Amerikaner immer noch weit davon entfernt sind, wirklich frei zu sein. Die Gründer Amerikas bestätigten wichtige Grundrechte, namentlich Rede-, Versammlungs- und Religionsfreiheit. Für die Vereinigten Staaten wurde eine hervorragende Verfassung geschaffen, die sich in einer so großen und pluralistischen Gesellschaft als äußerst funktionsfähig erwiesen hat. Der Völkermord, der mit früheren politischen Aktivitäten der Bruderschaft Hand in Hand ging, ist in der Amerikanischen Revolution sichtbar nicht vorhanden. Die amerikanischen Freimaurer sind zu Recht stolz auf die Rolle, die ihre Brüder bei der Schaffung der amerikanischen Nation gespielt haben. Der Funke einer humanitären Denkungsweise, der in der weitverzweigten Bruderschaft in regelmäßigen Abständen wieder auftaucht, hat sich auch bei der Gründung der amerikanischen Republik gezeigt.

Wenn man einige der wichtigsten Menschenfreunde unter den Gründungsvätern nennen sollte, könnte man so bekannte Gestalten wie Thomas Jefferson, James Madison, Patrick Henry und Richard Henry Lee aufzählen. Einer der bedeutendsten Gründungsväter wird jedoch nur selten erwähnt. Zu seinem Andenken wurden niemals große Denkmäler in Washington D.C. errichtet. Sein Konterfei ziert keine amerkanische Münze, und bis 1981 wurde er nicht einmal mit einer Briefmarke geehrt. Dieser Mann war George Mason.

Georges Mason wurde von Thomas Jefferson als "einer unserer wirklich großen Männer und einer der größten unter ihnen"[13] beschrieben. Von allen Gründungsvätern wird er am stärksten vernachlässigt, weil er politischem Ruhm keine Beachtung schenkte, ein Amt vermied und nie ein berühmter Redner war. Und dennoch gilt er als der weitsichtigste der Männer, die die amerikanische Nation geschaffen haben. Nach der Revolution widersetzte er sich den Plänen Hamiltons und erklärte, daß Hamilton "uns mehr geschadet habe als Großbritannien und alle seine Flotten und Armeen".[14] Es war George Mason, der am härtesten für die Annahme einer bundesweiten Bill of Rights* gekämpft hat. Die zehn Zusätze zur amerikanischen Verfassung, die die Bill of Rights ausmachen, haben ihre Grundlage in einer früheren 1776 von Mason verfaßten Declaration of Rights (Erklärung der Rechte) für Virginia. Die Bill of Rights wäre fast nicht in die amerikanische Verfassung übernommen worden, wenn sich Mason nicht auf eine heiße Schlacht eingelassen hätte, um ihre Übernahme sicherzustellen. Trotz seines chronisch schlechten Gesundheitszustandes veröffentlichte Mason maßgebliche Stellungnahmen, in denen er den Verfassungsentwurf öffentlich rügte, weil bestimmte Individualrechte darin fehlten. Die meisten Väter der Verfassung, einschließlich Alexander Hamiltons, hielten eine Bill of Rights für unnötig, da die der bundesstaatlichen Regierung von der Verfassung übertragenen Befugnisse ausgewogen und begrenzt seien. Mason insistierte und wurde dabei von James Henry Lee und Thomas Jefferson unterstützt. Mit Hilfe von James Madison wurde die Bill of Rights schließlich in letzter Minute ratifiziert. Wenn man bedenkt, wie sehr sich die bundesstaatliche Regierung seitdem vergrößert hat und wie entscheidend die Bill of Rights geworden ist, kann man ermessen, was für ein vorausschauender Mann Georges Mason wirklich gewesen ist. Sein Weitblick und seine humanitäre Gesinnung manifestierten sich auch in seinen Versuchen, die Sklaverei völlig abzuschaffen. Zu einer Zeit, in der selbst seine Freunde George Washington und Thomas Jefferson Sklaven hielten, prangerte George Mason den Sklavenhandel als eine "Entwürdigung der Menschheit" an und setzte sich dafür ein, daß er in allen Staaten verboten würde. Diesen Bestrebungen George Masons war zu seinen Lebzeiten kein Erfolg beschieden, doch sein Traum wurde nicht einmal ein Jahrhundert später Wirklichkeit, als die Sklaverei in den Vereinigten Staaten durch den dreizehnten Zusatz zur Verfassung** abgeschafft wurde. Obgleich die meisten amerikanischen Schüler im Geschichtsunterricht nur wenig über George Mason erfahren und auch kein Bild von ihm in ihren Klassenzimmern hängt, war er einer der großen Kämpfer für die Freiheit des Menschen.

---

* Anm. des Übersetzers: Verfassungsmäßig garantierte Grundrechte, besonders die ersten zehn Zusätze zur Verfassung von 1787.

Der in der amerikanischen Revolution erneut sichtbare Funke humanitären Denkens wurde bald überschattet. Die Einführung des über die Deckung hinaus vermehrbaren Papiergeldes in den Vereinigten Staaten war ein Zeichen dafür, daß in der verzweigten Bruderschaft etwas ganz und gar nicht stimmte. Da überall auf der Welt ähnliche Revolutionen ausbrachen, in denen die Freimaurer eine führende Rolle spielten, tauchten die alten Schreckgespenster wieder auf. Eines dieser Schreckgespenster war der kalkulierte Völkermord.

** La Fayette und einige andere Freimaurer verdienen für den Erfolg der Bewegung gegen die Sklaverei ebenfalls Anerkennung. Sie gehörten einer als *Société des Amis des Noirs* (Gesellschaft der Freunde der Schwarzen) bekannten Freimaurerorganisation an, die sich für die weltweite Emanzipation der Schwarzen einsetzte. Leider war die arische Denkungsweise in anderen Bruderschaften auch weiterhin noch sehr lebendig.

KAPITEL 29

Die Welt in Flammen

Ein wichtiges Nebenprodukt der amerikanischen Revolution war ein philosophischer Neuansatz, der die Einstellung der Menschen zu Revolutionen betraf. Als Benjamin Franklin in Frankreich war, um von den Franzosen militärische Unterstützung für die amerikanische Sache zu erreichen, betrieb er intensiv Aufklärungsarbeit. Er verkündete mit Nachdruck den Gedanken einer "Revolution für die gerechte Sache" - der in den Freimaurerlogen bereits zunehmend Anklang gefunden hatte. Die Öffentlichkeit tendierte in jener Zeit dazu, gewaltsame Revolutionen als Verbrechen gegen die Gesellschaft zu betrachten. Franklin gelang es, diese Auffassung zu ändern, indem er die Menschen ermutigte, gewaltsame Revolutionen als Schritt in der Entwicklung der Menschheit zu sehen. Revolutionäre sollten nicht länger als Verbrecher verdammt werden, argumentierte er, denn sie seien Idealisten, die für Freiheit und Gerechtigkeit kämpften. Ein neuer Leitspruch wurde geprägt: "Revolution gegen die Tyrannei ist die heiligste unserer Pflichten".[1] Diese kühnen Ideen elektrisierten Paris und trugen dazu bei, daß die Franzosen die amerikanische Sache offen unterstützten, aber welchen Preis hat die Menschheit auf lange Sicht dafür gezahlt! Die Gedanken, die Franklin zum Ausdruck brachte, haben seitdem mit dazu beigetragen, immer neue blutige Revolutionen anzufachen.

Auf die amerikanische Revolution folgten überall in der westlichen Welt und in Südamerika viele weitere Revolutionen und/oder die Errichtung republikanischer Regierungssysteme. Seit dem Erfolg der amerikanischen Revolution gehörte nicht mehr viel dazu, die Menschen zum Kampf aufzurufen. Wir sind in diesem Zeitalter Zeugen der Französischen Revolution, der Schaffung der Republik Batavia in den Niederlanden(1795-1806), der Helvetischen Republik in der Schweiz (1798-1805), der Zisalpinischen Republik in Norditalien (1797-1805), der Ligurischen Republik in Genua (1797-1805) und der Republik Neapel in Süditalien. Zwischen 1810 und 1824 griffen die spanischen Kolonien in Südamerika zu den Waffen und gewannen ihre politische Unabhängigkeit. 1825 brach in Rußland der Dekabristenaufstand aus. 1830 wurde in Frankreich eine zweite Revolution ausgerufen. Im selben Jahr brachte eine Revolte in Holland Belgien die Souveränität. Eine polnische Revolution in den Jahren 1830 und 1831 wurde von Rußland erfolgreich niedergeschlagen. 1848 rollte eine große Welle revolutionärer Aktivitäten über Europa hinweg, die durch einen weltweiten Bankenkrach noch verstärkt wurde, der zu einem guten Teil auf das neue System des über die Deckung hinaus vermehrbaren Papiergeldes, schlechte Ernten und eine Choleraepedemie zurückzuführen ist.

In fast allen diesen Revolutionen sehen wir unter den bedeutenden Führern der Revolutionäre auch weiterhin Freimaurer. In der ersten Französischen Revolution gehörte der Herzog von Orléans, der vor seinem Rücktritt auf dem Höhepunkt der Revolution Großmeister der Freimaurer gewesen war, zu den Hauptführern der Aufständischen. Der Marquis de La Fayette, der Mann, den George Washington in die Bruderschaft der Freimaurer eingeweiht hatte, spielte in der Französischen Revolution ebenfalls eine wichtige Rolle. Der Jakobinerklub, radikaler Kern der revolutionären Bewegung in Frankreich, wurde von prominenten Freimaurern gegründet. In Sven Lundens Artikel "Die Vernichtung der Freimaurerei" heißt es:

> Herbert, André Chenier, Camille Desmoulins und viele andere "girondins" (Girondisten; gemäßigte französische Republikaner, die die republikanische Regierung gegen die Monarchie unterstützten) waren Freimaurer.[2]

Freimaurer waren auch die wichtigsten Führer des Dekabristenaufstandes von 1825 im Rußland. Die Pläne für diese Revolte wurden zum Teil in ihren Logen geschmiedet.

Über Südamerika schreibt Richard DeHanns in *Collier's Encyclopedia:*

> Der Orden (die Freimaurerei) spielte bei der Verbreitung des Liberalismus und der Organisation der politischen Revolution in Lateinamerika eine große Rolle. Wie in Frankreich war die lateinamerikanische Freimaurerbewegung im allgemeinen antiklerikal. In Mexiko und Kolum-

bien trugen die Maurer dazu bei, die Unabhängigkeit von Spanien zu erreichen, während sie in Brasilien gegen die Herrschaft der Portugiesen opponierten.[3]

Dieser Ansicht ist auch Lunden:

> Auch in Lateinamerika war der Prozess der Befreiung vom spanischen Joch in hohem Maße das Werk der Freimaurer. Simon Bolivar war einer der aktivsten Söhne der Freimaurerei, und das galt auch für San Martin, Mitre, Alvear, Sarmiento, Benito Juarez - alles ruhmreiche Namen für die Südamerikaner.[4]

Im Hinblick auf andere Revolutionen fügt Lunden hinzu:

> Viele der führenden Persönlichkeiten im großen Jahr 1848, das so viele Erhebungen gegen die feudalistische Herrschaft in Europa sah, waren Mitglieder des Ordens; unter ihnen befand sich der große ungarische Held der Demokratie, Louis Kossuth, der vorübergehend Zuflucht in Amerika fand.[5]

Das 19. Jahrhundert brachte auch die Kriege, die die Einigung Italiens zur Folge hatten und von Guiseppe Garibaldi (1807-1882), einem Freimaurer des 33. Grades und Großmeister von Italien, geführt wurden. Der siegreiche Garibaldi setzte Viktor Emmanuel, einen weiteren Freimaurer, auf den Thron.

Die italienischen Einigungskriege hinterließen uns zwei wichtige Vermächtnisse: ein vereingtes Italien und die moderne Mafia. Die Mafia war eine Mitte des 17. Jahrhunderts in Sizilien gegründete lockergefügte Geheimgesellschaft. Zu Anfang war die Mafia eine Widerstandsbewegung gegen die ausländischen Herren, die zu jener Zeit in Sizilien kontrollierten, und die ersten Mafiosi waren Volkshelden, die sich auf kriminelle Handlungen gegen die verhaßten Ausländer spezialisierten. Die Mafia baute eine Untergrundbewegung in Sizilien auf und behauptete sich durch Erpressung. Sie unterstützte Garibaldi, als er 1860 in Sizilien eindrang und erklärte ihn zum Diktator der Insel. Nach der Vertreibung der ausländischen Herrscher und der Einigung Italiens entwickelte sich die Mafia zu der gewalttätigen kriminellen Vereinigung, als die wir die heute kennen.

Die Freimaurer waren zweifellos ein wichtiger Katalysator bei der Schaffung moderner Regierungen nach westlichem Muster, und die überwiegende Mehrheit der an den Revolutionen beteiligten Freimaurer hatten wohlmeinende Absichten. Die repräsentative Regierungsform, an deren Schaffung sie mitwirkten, war zweiffellos ein Fortschritt gegenüber einigen der früheren Regierungen.* Leider wurden die hohen Ziele jener Freimaurer durch Kreise innerhalb der weitverzweigten Bruderschaft schon bald verraten.

Eine Folge der französischen Revolution war ein Zusammenbruch der französischen Wirtschaft. Es gab immer weniger zu essen, und das neue Regime befand sich in großen politischen Schwierigkeiten, da die Mehrzahl der Franzosen noch immer für die Monarchie waren. Unter dieser Bedrohung beschloß die Revolutionsregierung, die durch die politische Opposition, Hunger und die Verteilung des Reichtums bedingten Probleme durch eine Verringerung der Bevölkerung Frankreichs zu lösen. Statt die Nahrungsmittelproduktion zu erhöhen, um den Bedarf zu decken, beschloß man, den Bedarf zu senken, um sie der verringerten Nahrungsmittelmenge anzupassen. In ganz Frankreich leitete der Revolutionsrat offiziell einen organisierten Massenmord ein. Er war als Schreckensherrschaft bekannt. Es wurden alle möglichen Mittel eingesetzt um die Menschen zu töten: die Guillotine, Massenertränkungen, Tatschlag, Erschießungen und Hungersnöte. Obwohl nicht soviele Menschen zugrundegingen, wie der Rat geplant hatte, nimmt man an, daß über 100.000 Menschen starben.

Wir haben festgestellt, daß Völkermorde dadurch verübt werden, daß man Menschen überflüssigen im allgemeinen auf Rasse, Weltanschauung oder Staatsangehörigkeit beruhenden Kategorien zuordnet. Dann werden die als Opfer der Vernichtung ausersehenen Menschen bestimmt, die ihren Mördern möglicherweise gar nichts getan haben. Die französischen Revolutionäre trieben diesen Prozess auf die Spitze. Während der Schreckens-

* Das soll nicht heißen, daß eine Monarchie immer schlecht ist. Es hat in der Geschichte auch einige wohlmeinende Monarchen gegeben, die gute Herrscher waren, sich für den Frieden einzusetzen wußten und vom Volk geliebt wurden. Führerschaft auf erblicher Basis oder auf Lebenszeit hat den Vorteil der Stabilität. Sie kann funktionieren, wenn der Monarch für sein Handeln zur Verantwortung gezogen und wegen chronischer Unfähigkeit oder ständigen Machtmißbrauchs abgesetzt werden kann. Monarchien haben auf der Erde nur selten wirklich funktioniert, da die Monarchen im allgemeinen aus sogenanntem "göttlichen Recht" regierten und deshalb dem Volk, das sie regierten, nicht verantwortlich waren.

herrschaft wurden die Menschen allein nach ihrer wirtschaftlichen und beruflichen Stellung in Gruppen eingeteilt. Wer in die falsche Kategorie fiel, galt als Angehöriger einer unerwünschten Gesellschaftsschicht und wurde getötet. Das war gewiss eine denkbar oberflächliche Unterscheidung, und doch ist eine derartige Einteilung von Menschen außerordentlich wirkungsvoll, wenn man unter ihnen Zwietracht sähen will.

Die Französische Revolution verwickelte fast alle großen Mächte Europas in einem Krieg. Wilhelm IX., der Fürst, der das riesige Vermögen von Hessen-Kassel geerbt hatte, profitierte anfänglich davon. Für ein hübsches Sümmchen vermietete er zwischen 1790 und 1795 8.000 Soldaten an England für den Krieg gegen Frankreich. Als Napoleon später Kaiser von Frankreich wurde, schien das Wilhelm IX. sogar noch mehr einzubringen. Nachdem Napoleons Truppen deutsche Gebiete westlich des Rheins einschließlich Hessens besetzt hatten, entschädigte Napoleon Wilhelm IX. mit einem großen Stück von Mainz und mit der Verleihung der Kurwürde - eine Stufe höher als der Fürstentitel. Das freundschaftliche Verhältnis zwischen Napoleon und Kurfürst Wilhelm hielt jedoch nicht sehr lange an. Wilhelm IX. versuchte es mit seinem alten Trick und hofierte beide an einer Auseinandersetzung beteiligten Parteien, um mit der Vermietung von Soldaten möglichst viel Geld zu scheffeln. Törichterweise vermietete Wilhelm für eine Viertelmillion Pfund Söldner an den preußischen König, die im Kampf gegen Napoleon eingesetzt werden sollten und versuchte sich dann auf "Neutralität" zu berufen. Getreu den Voraussagen Machiavellis rächte sich dieses dopplte Spiel schließlich und wirkte sich für das Haus Hessen wie ein Bumerang aus. Hessen-Kassel wurde kurz darauf annektiert und Teil des napoleonischen Königreichs "Westfalen". Erst nach Napoleons Niederlage in der Schlacht von Leipzig 1813 konnte Wilhelm IX. Kassel wiedergewinnen. Seine Familie regierte Hessen-Kassel dann bis 1866, als es von Preußen übernommen wurde. Obwohl die kürfürstliche Familie in Hessen bis weit ins 20. Jahrhundert hinein einflußreich blieb, erlangte sie nie wieder die alleinige Herrschaft über ihr Staatsgebiet. Hessen ging in dem auf, was heute das moderne Deutschland ist - ein Land, das großenteils durch die preußischen Hohenzollern vereinigt wurde.

Trotz der Rückschläge, die Hessen-Kassel erlebte, erwiesen sich die Umwälzungen in Frankreich als Segen für einen der Finanzmakler Wilhelms IX.: Mayer Amschel Rothschild (1743-1812), Gründer eines der einflußreichsten Bankhäuser Europas.

Mayer Amschel war ein ehrgeiziger und fleißiger Kaufmann, der seine

Karriere in Hessen, im jüdischen Ghetto von Frankfurt am Main, begann. 1765, zwei Jahrzehnte vor der Revolution, erlangte Rothschild eine schwer erkämpfte Audienz bei Fürst Wilhelm IX., der zu jener Zeit noch in Hessen-Hanau lebte. Mayer Amschel versuchte, sich beim hessischen Fürsten einzuschmeicheln, indem er ihm antike Münzen zu einem äußerst niedrigen Preis verkaufte. Wilhelm, der stets darauf bedacht war, sein Vermögen auf jede nur mögliche Weise zu mehren, freute sich über Rothschilds großzügiges Angebot. Als Gegenleistung erfüllte Wilhelm Rothschilds Bitte und ernannte ihn zum "Hofagenten des Fürsten von Hessen-Hanau". Diese Ernennung im Jahre 1769 war eher eine Ehre als von praktischer Bedeutung, aber sie stärkte sein Ansehen in der Gemeinde beträchtlich und war ihm eine Hilfe bei seinen Bemühungen, ein erfolgreiches Bankhaus zu gründen.

In den zwanzig Jahren nach seiner Ernennung blieb Mayer Amschel weiter in engem Kontakt mit Fürst Wilhelm IX. Sein Ziel war es, einer der persönlichen Finanzagenten des Fürsten zu werden. Rothschilds Hartnäckigkeit zahlte sich schließlich aus. 1798, in dem Jahr, in dem die französische Revolution begann und vier Jahre, nachdem Wilhelm das Vermögen von Hessen-Kassel geerbt hatte, erhielt Mayer seine erste Guthabenüberweisung im Namen von Fürst Wilhelm. Das hatte wiederum die erstrebte Position als persönlicher Finanzagent des Fürsten zur Folge.

Rothschild erwarb, während er in den Diensten Wilhelms IX. stand, mit verschiedenen Tätigkeiten ein Vermögen. Durch die Französische Revolution und die Kriege, die sie auslöste, kam es in ganz Hessen zu Verknappungen. Rothschild schlug aus dieser Situation Kapital, indem er den Preis der Stoffe, die er aus England importierte, stark erhöhte. Rothschild traf auch mit einem anderen der Hauptfinanzagenten Wilhelms IX., Carl Bruderus, ein Abkommen. Dieses Abkommen verhalf Rothschild zu einem Anteil an den Gewinnen aus der Vermietung hessischer Söldner an England. Virginia Cowles beschreibt diese Vereinbarung in ihrem ausgezeichneten Buch *Rothschilds, A Family of Fortune:*

> In dieser Lage unterbreitete Mayer dem unternehmungslustigen Carl Bruderus einen Vorschlag. England zahlte dem Landgrafen (Wilhelm IX.) hohe Geldsummen für die vermieteten hessischen Soldaten, und die Rothschilds mußten für die Importe, die sie aus England bezogen, große Barbeträge dorthin abführen. Weshalb sollte man daher die Zahlungen in beiden Richtungen nicht aufgeben und den Diskont für die von beiden Seiten auszustellenden Wechsel kassieren? Bruderus

stimmte zu und sehr bald brachte das neue Geschäft den Rothschilds hohe Gewinne.[6]

Aus diesen Anfängen entstand das Haus Rothschild, das nach dem als Emblem verwendeten roten Schild benannt ist. Der Name Rothschild wurde bald zum Synomym für Reichtum, Macht und Bankwesen. Über Generationen waren die Rothschilds Europas mächtigste Bankdynastie, und sie haben auch heute noch Einfluß in der internationalen Bankwelt. In der Anfangszeit teilten sich die Rothschilds in Frankfurt ein Haus mit der Familie Schiff. Die Schiffs entwickelten sich ebenfalls zu einer großen Bankiersfamilie, und sie steht bis auf den heutigen Tag mit der Familie Rothschild in geschäftlichen Beziehungen.

Wie bei vielen anderen Bankhäusern ging das Haus Rothschild durch Generationen hindurch vom Vater auf den Sohn (die Söhne) über. Die Rothschilds, Schiffs und andere Bankdynastien gehörten in der Tat einer erblichen "Finanzaristokratie" an, der die Revolutionäre der Bruderschaft sehr viel Macht gegeben hatten, als sie das System des über eine Deckung hinaus vermehrbaren Papiergeldumlaufs und die dazugehörigen Zentralbanken schufen.

Viele Historiker, die über die Rothschilds schreiben, konzentrieren sich auf die Tatsache, daß Mayer Amschel Jude war. Die Rothschilds haben seit ihren Anfängen die Sache der Juden stark unterstützt. Weniger häufig werden die Beziehungen der Rothschilds zur deutschen Freimaurerei erwähnt. Diese Verbindung begann offenbar mit Mayer Amschel, der Wilhelm IX. bei einigen Besuchen in die Freimaurerlogen begleitete. Ob Mayer selbst den Freimaurern angehörte, weiß man nicht genau. Bekannt ist, daß sein Sohn Salomon (Gründer der Rothschildbank in Wien) Freimaurer wurde. Jacob Katz schreibt in seinem Buch *Juden und Freimaurer in Europa*, 1723-1939, daß die Rothschilds eine der reichsten und mächstigsten Familien waren, die 1811 im Mitgliederverzeichnis der Freimaurer standen.

Die in den deutschen Logen üblichen Schottengrade waren ihrer Natur nach christlich. Das schuf Probleme für Juden wie Rothschild, die vielleicht gern Mitglieder geworden wären. Deshalb bemühte man sich in jüdischen Gemeinschaften darum, einige Rituale zu ändern, um dieses Problem zu lösen und die Freimaurerei für Juden anehmbar zu machen. Es entstanden besondere jüdische Logen, wie die "Melchisedeklogen", die nach dem alttestamentarischen Priesterkönig benannt waren, dessen Bedeutung in einem früheren Kapitel behandelt wurde. Wer einer Melchisedekloge angehörte, galt als Mitglied des “Melchisedekordens”. Das war eine äußerst interesssante Entwicklung, denn jenseits des Atlantik, auf dem amerikanischen Kontinent, wurde der Name Melchisedek im Zusammenhang mit einer Reihe von Ereignissen, die einige Leute für bedeutsame UFO-Zwischenfälle hielten, gerade wiederentdeckt. Diese Zwischenfälle bescherten der Welt eine neue Glaubensgemeinschaft: die Kirche Jesu Christi der Heiligen der letzten Tage, eher als Mormonenkirche bekannt.

KAPITEL 30

Der junge Smith und der Engel

Wir haben viele Fälle gesehen, in denen religiöse Agitation und Erweckungsbewegungen mit dem Auftauchen von UFOs einhergingen: der Aufstand der Juden unter Mose, die christliche Agitation unter Jesus, der islamische Kampf unter Mohammed und der religiöse Aktivismus in den UfO-geplagten Jahren des Schwarzen Todes.

Anfang des 20. Jahrhunderts überkam einige Gemeinden in Wales ein besonders interessanter Anfall eines heftigen religiösen Fiebers. Dieser Zwischenfall ist als die walisische Erweckungungsbewegung von 1904-1905 bekannt, bei der ein von "inneren Stimmen" getriebener Prediger die Leute in dieser Gegend mit seinen Predigten aufrüttelte. In den Erwekkungsjahren berichteten die Menschen von ungewöhnlichen Erscheinungen aller Art, darunter auch von hellen Lichtern, die sich am Himmel bewegten und die man heute als UFO bezeichnen würde. So lesen wir zum Beispiel folgende von der Gesellschaft für Psychologische Forschung (Society for Psychological Research - SPR) gesammelte und in ihren *Proceedings* von 1905* veröffentlichte Augenzeugenberichte:

> Zuerst machte mich jemand aus der Menge darauf aufmerksam, ich schaute hin und sah, wie ein Feuerblock von der Bergseite aufstieg, sich 180 bis 270 Meter entlang der Bergseite bewegte, bevor er sich allmählich zum Himmel erhob. Dann schoß gewissermaßen ein Stern auf ihn zu, und sie stießen zusammen und bildeten einen Feuerball. Je

---

* Der Bericht der SPR über die walisische Erweckungsbewegung ist in voller Länge in "Psychological Aspects of the Welsh Revival" von A.T.Fryer, der in *Society for Psychological Research, Proceedings, 19:80, 1905,* veröffentlicht wurde. Eine Kopie des vollständigen Artikels ist bei The Sourcebook Project erhältlich (bezüglich der Anschrift vgl. Bibliographie).

höher er stieg, desto heller wurde er auch, und dann schien er stark herumzuschwanken; dann schien er sich in etwas zu verwandeln, was aussah wie ein Schiffsruder. Zu diesem Zeitpunkt war er etwa so groß wie der Mond, aber sehr viel heller, und es dauerte ungefähr eine Viertelstunde.[1]

...der Stern erschien wie ein Feuerball am Himmel, glitzernd und funkelnd, und als er aufstieg, schien er überzusprudeln. Das ging etwa zwanzig Minuten so weiter.[2]

Zuerst erschien am Himmel ein sehr großer und leuchtender Feuerball. Er leuchtete sehr viel stärker als ein normaler Stern - fast wie ein Stück weißglühendes Eisen. Er hatte zwei abstehende leuchtende Arme, die zur Erde zeigten. Zwischen diesen Armen erschien ein weiteres Licht oder weitere Lichter, die wie ein Sternenhaufen aussahen, der mal heller mal weniger hell funkelte. Das dauerte zehn Minuten oder länger.[3]

Interessanterweise erreichten die Lichter einige Gegenden von Wales zur selben Zeit wie die Erweckungsbewegung. In den *Proceedings* heißt es:

Als Herr M. über seine Erlebnisse befragt wurde, erklärte er, daß er vor der Erweckung noch niemals solche Lichter gesehen habe, noch von anderen gehört habe, daß sie sie gesehen hätten... Sie (die Lichter) waren "hoch am Himmel zu sehen, wo weder Häuser noch irgend etwas anderes uns zu einem Irrtum hätten verleiten können" (*d.h.* wo wir sie mit normalen Lichtern hätten verwechseln können); sie wurden beide in sehr dunklen Nächten gesehen und auch als der Mond und die Sterne schienen.[4]

Die Lichter wurden mindestens einmal in der Nähe einer Kirche gesehen und auch, wie sie ein Grundstück verließen, wo ein prominenter Prediger wohnte, was auf eine unmittelbare Verbindung zwischen UFOs und einigen der Leute hindeutet, von denen die Erweckungsbewegung ausging:

Wir erreichten Llanfair zufällig gegen 21.15 Uhr. Es war ein ziemlich dunkler und feuchter Abend. Als wir uns der Kirche näherten, die aus der Entfernung zu sehen ist, erblickten wir Lichtbälle, tiefrot, die von einer Seite der Kapelle aufstiegen, der Seite, die in einem Feld liegt. Auf dem Feld war nichts, was diese Erscheinung hätte auslösen können, *i.e.*

keine Häuser etc. Nachdem wir fast zwei Stunden auf der Hauptstraße hin und her gegangen waren, ohne irgendein Licht zu sehen, außer in der Entfernung in Richtung Llanbedr. Dieses Mal war es sehr hell und stieg zwischen den Bäumen dort, wo der bekannte Reverend C.E. wohnt, hoch in den Himmel auf. Die Entfernung zwischen uns und dem Licht, das dieses Mal erschien, betrug etwa eine Meile. Dann stiegen gegen 11.00 Uhr, als der Gottesdienst, den Frau Jones hielt, zu Ende ging, zwei Lichtbälle, die genauso aussahen wie der erste, von derselben Stelle auf. Einige Minuten später überholte uns Frau Jones auf ihrem Heimweg in ihrer Kutsche, und einige Sekunden, nachdem sie vorbeigefahren war, erschien etwa einen Meter von uns entfernt zweimal ein helles leicht bläuliches Licht. Innerhalb von zwei oder drei Sekunden, nachdem es verschwunden war, erschienen rechts von uns in einer Entfernung von 140 bis 190 Metern zwei riesige Bälle, die genauso aussahen wie der, der auf der Straße erschienen war. Dieses Mal war er so hell und so mächtig, daß wir eine oder zwei Sekunden lang geblendet waren. Dann erschien unmittelbar darauf ein helles Licht, das von dem Gehölz aufstieg, wo Reverend C.E. lebt. Dieses Mal erschien es zweimal. Auf der anderen Seite der nahegelegenen Hauptstraße erschienen drei Lichtbälle, tiefrot, die von einem Feld hoch in den Himmel aufstiegen. Zwei von ihnen schienen sich zu spalten, während der mittlere unverändert blieb. Dann gingen wir nach Hause, nachdem wir diese Erscheinungen eine Viertelstunde lang beobachtet hatten.[5]

Zu den Himmelserscheinungen in Wales gehörten auch Musik und Geräuscheffekte, die von Himmel kamen. Durch die Geräuscheffekte sollte den Menschen die Erweckungsbotschaft offenbar besser eingeprägt werden, indem man sie glauben machte, daß sie Zeugen himmlischer Heimsuchungen seien:

E.B. Am letzten Mittwoch hörte ich um vier Uhr etwas, das wie ein Donnerschlag klang, worauf ein lieblicher Gesang in der Luft folgte.

...

E.E. Am Samstagabend zwischen sieben und acht, als ich von der Arbeit nach Hause zurückkehrte, hörte ich auf einer Anhöhe eine seltsame Musik, die wie das Summen von Telegrafendrähten klang, nur viel lauter; der Hügel lag weit weg von irgendwelchen Bäumen und Drähten, und es war mehr oder weniger ein stiller Abend.

J.P. hörte am Samstagabend vor drei Wochen auf der Straße, etwa eine halbe Meile von seinem Haus entfernt, ein liebliches Singen, das ihn sehr erschreckte.[6]

Interessanterweise wurden diese UFO-Phänomene 1905 auf die gleiche Weise wegerklärt wie moderne UFOs heute, was zeigt, daß diese Art der Erklärung keineswegs eine Erscheinung unserer Zeit ist. In seinem Bericht vom 21. Februar 1905 tat ein Forscher alle in Wales aufgetretenen Phänomene als Farmlaternen, Sumpfgas, den Planet Venus oder als "Phantasien überreizter Gehirne" ab. Solche Interpretationen trugen 1905 ebensowenig zur Aufklärung einiger wirklich außergewöhnlicher Erscheinungen bei wie heute.

Die walisische Erweckungsbewegung war kein Einzelfall. Ihr war hundert Jahre früher ein ähnliches Ereignis im Staat New York vorausgegangen. Die Ereignisse in New York umfaßten eine Vision, die zur Gründung der Mormonenkirche durch einen Jugendlichen im Teenageralter namens Joseph Smith führte. Es lohnt sich, seine Geschichte näher zu untersuchen.

Nach Joseph Smith war es ein wundervoller klarer Tag im Frühling 1820. Der junge Joseph war vierzehn oder fünfzehn Jahre alt und befand sich in einem Zustand der Verwirrung. In seiner Heimatstadt Manchester in New York waren zwischen den verschiedenen christlichen Glaubensgemeinschaften, die alle um Mitglieder wetteiferten, heftige Streitigkeiten ausgebrochen. Um sich über diese Kontroversen klar zu werden, kletterte Joseph auf einen Hügel in der Nähe seines Elternhauses, betete laut und hoffte, daß Gott ihm antworten würde. Was dann geschah, war wahrscheinlich mehr als er erwartet hatte:

> ...sofort wurde ich von einer Macht ergriffen, die mich vollständig überwältigte und einen so erstaunlichen Einfluß auf mich hatte, daß sie mir die Zunge band und ich nicht sprechen konnte. Tiefe Dunkelheit legte sich um mich, und eine Zeitlang schien es mir, als ob ich zu plötzlicher Vernichtung verdammt sei.
> *Joseph Smith 2:15**

Als Joseph Smith gerade verzweifeln wollte, sah er:

> ...eine Lichtsäule genau über meinem Kopf, heller als die Sonne,

* Die Worte Joseph Smiths wurden aus dem Buch *Die köstliche Perle* zitiert.

> die sich dann allmählich herabsenkte, bis sie auf mich fiel.
>
> Erst dann schien es, daß ich von dem Feind, der mich gefangen hielt, befreit war. Als das Licht auf mir ruhte, sah ich zwei Gestalten, deren Glanz und Herrlichkeit jeder Beschreibung spottete, über mir in der Luft stehen. Eine von ihnen sprach zu mir, indem sie mich bei meinem Namen nannte, und sagte, wobei sie auf die andere wies - Das ist mein geliebter Sohn. Höre ihn!
>
> *Joseph Smith 2:16-17*

Damit begann eine Reihe von Erscheinungen eines "Engels", dessen angebliche Gebote und Verkündigungen die Grundlage der auch als Mormonenkirche bekannten Kirche Jesu Christi der Heiligen der Letzten Tage bildet. Diese Glaubensgemeinschaft ist zweifellos eine bedeutende Institution. Sie hat insgesamt etwa 5,8 Millionen Mitglieder und verfügt über große Geschäftsanteile und ausgedehnten Landbesitz. Die Glaubensgemeinschaft, die mit einem Jungen im Teenageralter auf einem Hügel im Staate New York begann, beeinflußt inzwischen das Leben vieler Menschen.

Josephs Vision auf einem Hügel war der erste von mehreren Besuchen, die er von seinem Freund, dem "Engel", erhalten sollte. Der zweite Besuch erfolgte dreieinhalb Jahre nach dem ersten. Joseph Smith war gerade zu Bett gegangen und dabei zu beten, als:

> Ich gewahrte, daß ein helles Licht in meinem Zimmer erschien, das zunahm, bis der Raum heller war als am Mittag, worauf alsbald ein Engel neben meinem Bett erschien, in der Luft stehend, denn seine Füße berührten den Boden nicht.
>
> Er war mit einem Gewand von außerordentlicher Weiße bekleidet. Es war weißer als irgend etwas, was ich je gesehen; auch glaube ich nicht, daß etwas Irdisches so auserlesen weiß und glänzend werden könnte.
>
> *Joseph Smith, 2:30-31*

Die Gestalt in Josephs Zimmer hatte bloße Hände, Handgelenke, Füße und Knöchel. Auch Haupt, Hals und Brust waren unbedeckt. Die Gestalt stellte sich selbst als Moroni vor, Engel eines Mannes, der Jahrhunderte zuvor gelebt hatte. Der auferstandene "Moroni" übermittelte Joseph eine Botschaft, die zwei Zitate aus den Prophezeiungen des Jüngsten Gerichts im Alten Testaments umfaßte. Moroni erklärte, daß sich die Prophezeiungen in Kürze erfüllen würden. Er setzte Joseph auch von der Existenz alter Metallplatten in Kenntnis, auf denen etwas über die Frühgeschichte des nordamerikanischen Kontinents stehe. Joseph wurde befohlen, die Platten später auszugraben, für ihre Übersetzung zu sorgen und die Übersetzung der Welt vorzulegen. Nach dieser Botschaft entschwand das Bild Moronis auf einzigartige Weise:

> ...sah ich, wie sich das Licht im Zimmer um ihn, der zu mir gesprochen hatte, zusammenzuziehen begann, und dies hielt an, bis der Raum wieder dunkel war, außer um ihn herum. Dann konnte ich plötzlich wie durch einen Lichtschacht in den Himmel sehen, und der Besucher stieg empor, bis er gänzlich entschwand...
>
> *Joseph Smith 2:43*

Joseph braucht nicht lange über die seltsame Erscheinung nachzugrübeln. Das geheimnisvolle Licht und der rätselhafte Besucher erschienen kurz darauf erneut in seinem Zimmer. Von diesem zweiten Besuch berichtet Joseph:

> Er (der Engel) begann mir das Gesagte ohne die geringste Abweichung zu wiederholen. Dann unterrichtete er mich über die großen Strafgerichte, die über die Erde kommen werden, mit gewaltigen Verwüstungen durch Hungersnot, Schwert und Pestilenz, und daß alle diese schrecklichen Heimsuchungen in diesem (Joseph Smiths) Geschlecht über die Erde kommen würden. Nachdem er diese Dinge mitgeteilt hatte, stieg er wieder gen Himmel wie zuvor.
>
> *Joseph Smith 2:45*

Die Erscheinung in Josephs Schlafzimmer kam und ging mehrmals im Laufe dieser Nacht. Am folgenden Tag, als der erschöpfte junge Smith draußen auf dem Feld war, verließen ihn bei dem Versuch, über einen Zaun zu klettern, plötzlich die Kräfte und er fiel ohnmächtig zu Boden. Nachdem Joseph das Bewußtsein wiedererlangt hatte, erblickte er über sich denselben Engel, der dieselbe Botschaft wiederholte. Er fügte allerdings noch etwas hinzu: der Engel gebot Joseph, seinem Vater von den Visionen zu erzählen.

Einige Kritiker bezweifeln, daß Josephs Geschichten wahr sind und weisen darauf hin, daß Smith seine erste Vision erst neunzehn Jahre später niedergeschrieben habe. Bedenkt man Josephs Jugend und seine sehr geringe Bildung, ist diese Verzögerung unter den damaligen Umständen verständlich.

Sofern die Berichte Smiths zutreffen, lohnt es sich, näher darauf einzugehen. Hatte er wirklich eine religiöse Vision, wie seine Anhänger behaupten, oder war er, wie andere meinen, Opfer einer Täuschung durch UFOs?

Josephs Engel Moroni war anders als die von Hesekiel und Johannes in der Bibel beschriebenen Engel. Smiths Engel trug nichts, was als Helm oder Stiefel interpretiert werden könnte. Moroni war eine Gestalt in einem richtigen Gewand. Allerdings schien Joseph eine fotografische Aufnahme gesehen zu haben, die durch das Fenster in sein Zimmer projiziert worden war. Darauf deuten Josephs Worte hin, daß Moroni beim zweiten Mal die Botschaft "ohne die geringste Abweichung" wiederholt habe. Das läßt auf eine aufgezeichnete Botschaft schließen. Die Art und Weise, wie Moroni verschwand, weist auf ein Lichtbild hin, daß von einem Punkt am Himmel außerhalb des Hauses projiziert wurde. Als Moroni zum dritten Mal in derselben Nacht wiederkehrte, hörte Smith "ihn dieselben Dinge wiederholen ..., die er ...zuvor gesagt hatte". *(Joseph Smith 2:48-49)*. Falls Smiths Bericht zutrifft und sich auf UFOs bezieht, läge darin eine außerordentliche Komik. Heute können wir ins Disneyland gehen und bei einer Fahrt mit der Geisterbahn über die bemerkenswerten und lebensechten projizierten Bilder sprechender Köpfe staunen. Ein junger Bauerntölpel im 19. Jahrhundert hätte eine ähnliche Projektion ganz sicher für eine echte Vision von Gott gehalten. Die Erzählungen des jungen Smith gleichen zweifellos in vieler Hinsicht früheren Begegnungen mit den "Herrgöttern": ein helles Licht steigt vom Himmel herab, worauf "Engel" erscheinen. Josephs Aussage, daß er das Gefühl hatte, ergriffen zu werden und sich nicht bewegen zu können, stimmt mit nahen Begegnungen von heute überein, bei denen Augenzeugen ihren Berichten zufolge bewegungsunfähig sind, besonders vor einer Entführung.

Auch in anderen Schriften der Mormonen, neigt man zu der Annahme, daß Joseph Smith eine Begegnung mit einem UFO hatte. Nach den von Smith offenbarten Lehren der Mormonen gibt es im Universum viele bewohnte Planeten. Das war für einen ungebildeten Mann des 19. Jahrhunderts ein recht kühner Gedanke. Smith fügte hinzu, daß Gott in einem menschlichen Körper aus Fleisch und Blut wohne. (vgl. *z.B. Lehren und Bündnisse 130:22*) und daß er in der Nähe eines Sterns namens Kolob lebe (vgl. *Abraham 3:1-3*). Mit anderen Worten, Gott ist ein menschenähnlicher

Extraterrestier von einem anderen Planeten. Was aus Joseph Smiths Erlebnis klar hervorzugehen scheint, ist ein weiterer Auftritt unserer Freunde der "Herrgötter", die vorgeben, Gott zu sein und ins menschliche Geschehen eingreifen, indem sie noch eine weitere apokalyptische Religion auf der Erde heimisch machen.

Die "Bibel" der von Smith gestifteten Bekenntnisgemeinschaft, *Das Buch Mormon,* ist oft heftiger Kritik ausgesetzt. Es soll sich dabei um eine Übersetzung alter Metallplatten handeln, die Smith auf Geheiß seines Engels ausgegraben hatte. Die Geschichten im *Buch Mormon* sind bemerkenswert und für viele unglaubhaft.

Das *Buch Mormon* ist in einem Prosastil geschrieben, der dem des Alten Testaments gleicht. Es verknüpft die Frühgeschichte Nordamerikas mit der im Alten Testament beschriebenen Geschichte. Dem *Buch Mormon* zufolge wurden im Jahre 600 v. Chr. Menschen aus Palästina hauptsächlich wegen des Turmbaus zu Babel unter der Führung eines "Gottes" in untertassenähnlichen Unterseebooten nach Amerika gebracht. Irgendwo auf dem amerikanischen Kontinent (vielleicht in Mexiko oder Mittelamerika) bauten die Flüchtlinge herrliche Städte, die denen der Alten Welt in nichts nachstanden. Sie führten Kriege und gehorchten demselben "Gott" und denselben "Engeln", die sie im Mittleren Osten verehrt hatten. Das *Buch Mormon* berichtet von regelmäßigen Besuchen der "Engel" und von ihrem massiven Eingreifen ins Geschehen im alten Amerika. Die Engel hielten ihre Menschendiener zu wichtigen Tugenden an, deren vornehmste natürlich Gehorsam war.

Dem *Buch Mormon* zufolge ereigneten sich im Laufe der Zeit noch viele ungewöhnliche Vorfälle im alten Amerika. Im ersten Jahrhundert unserer Zeitrechnung soll Christus unmittelbar nach seiner Kreuzigung auf der anderen Seite der Welt auf dem amerikanischen Kontinent erschienen sein. Bei der im *Buch Mormon* beschriebenen Vision Christi ist alles vorhanden einschließlich der wunderbaren Lichtstrahlen am Himmel, aus denen Jesus hervortrat.

Obwohl viele ernstzunehmende Gelehrte das Alte Testament für einen historischen Bericht halten, wird dem *Buch Mormon* diesbezüglich nur wenig Ehre zuteil. Die Geschichten sind offenbar zu absonderlich, und die Art und Weise, in der Joseph Smith die Platten angeblich erhalten und übersetzt hat, wirken so fragwürdig, daß ihnen von seiten der Wissenschaftler nur geringe Beachtung geschenkt wird. Die Frage ist daher: sollte man das *Buch Mormon* einfach übergehen?

Das *Buch Mormon* könnte in Wirklichkeit durchaus eines der bedeutendsten historischen Dokumente sein, das die Religionen der "Herrgötter" hervorgebracht haben. Nach allem, was wir von diesem Buch bereits wissen, ist die Geschichte des Amerikas der Frühzeit, wie sie im *Buch Mormon* erzählt wird, genau die Art von Geschichte, die man erwarten würde. Die Erde ist klein. Man würde davon ausgehen, daß eine "präastronautische" Zivilisation (*d.h.* die "Herrgötter") die Menschheit überall, auf jedem Kontinent, in der gleichen Weise regierte. Man würde annehmen, daß sie die gleiche Grausamkeit an den Tag legte und dieselben Glaubensmärchen verbreitete. Die Daten im *Buch Mormon,* die sich auf die Ankunft der Palästinenser in Amerika beziehen, sind besonders interessant, da sie mit den Daten übereinstimmen, die die Historiker für die Entstehung der frühen Zivilisationen von Mexiko und Mittelamerika festgesetzt haben. Das *Buch Mormon* könnte somit eine Erklärung dafür sein, warum diese Zivilisationen in Nord- und Mittelamerika so plötzlich auftauchten, lange nachdem auf der gegenüberliegenden Seite der Welt bereits ähnliche Kulturen entstanden und wieder verschwunden waren.

Auch dann bleibt eine Frage noch immer unbeantwortet.

Sollte das *Buch Mormon* zumindest teilweise wahr sein, wo sind dann die Ruinen der darin genannten Städte? Man hat zwar viele eindrucksvolle Ruinen in Amerika gefunden, dagegen nicht alle im *Buch Mormon* erwähnten wichtigen Städte. Das *Buch Mormon* gibt darauf eine Antwort, die uns erschauern läßt: einige wurden von "Gott" bei einer entsetzlichen Katastrophe völlig zerstört.

Wie auch anderswo konnten es die Menschen ihren Herren, den "Herrgöttern", nur schwer recht machen. Dem *Buch Mormon* zufolge haben einige Amerikaner der Frühzeit das besonders schlecht gekonnt. Infolgedessen wurde eine große amerikanische Region etwa um das Jahr 34, zur Zeit als auf der anderen Seite der Welt Jesus gekreuzigt wurde, hart gestraft. Der Bericht im *Buch Mormon* über die erdgeschichtliche Katastrophe in Amerika ist außergewöhnlich. Er beschreibt ganz genau eine atomare Massenvernichtung:

> ... und im vierunddreißigsten Jahr im ersten Monat erhob sich am vierten Tag des Monats ein großer Sturm, desgleichen man nie zuvor im Land erlebt hatte.
>
> Es erhob sich auch ein großes und schreckliches Unwetter; und man hörte fürchterliches Donnern, das die ganze Erde erschütterte, als ob sie auseinanderbersten wollte.

Und man sah überaus grelle Blitze, wie man sie nie zuvor im Land gesehen hatte.

Und die Stadt Zarahemla geriet in Brand.

Und die Stadt Moroni versank in den Tiefen des Meeres, und ihre Bewohner ertranken.

Und die Erde erhob sich über die Stadt Moronihah, so daß anstelle der Stadt ein großer Berg entstand.

Und im südlichen Land fand eine große und schreckliche Zerstörung statt.

Aber im nördlichen Land war die Verwüstung noch weit größer, denn seht, die ganze Oberfläche des Landes wurde durch Sturm, Wirbelwind, Donner, Blitze und gewaltige Erdbeben verändert;

und die Straßen wurden aufgebrochen und die ebenen Wege zerstört, und viele ebene Plätze wurden uneben.

Und viele große und bedeutende Städte versanken, viele verbrannten und viele wurden erschüttert, bis die Gebäude zusammenfielen; ihre Bewohner wurden erschlagen, und die Orte blieben verlassen.

Einige Städte blieben stehen; aber sie wurden stark beschädigt, und viele, die darin waren, verloren ihr Leben.

Einige wurden von den Wirbelwinden hinweggetragen, und niemand weiß, wohin, man weiß nur, daß sie weggetragen wurden.

Und durch die Sturmwinde, Donner, Blitze und Erdbeben wurde die Oberfläche der ganzen Erde entstellt.

Und seht, die Felsen spalteten sich; sie wurden im ganzen Land aufgebrochen, so daß sie in abgerissenen Stücken, in Spalten und Sprüngen im ganzen Land zerstreut lagen.

Und als die Donner, die Blitze, die Winde und Stürme und die Erdbeben aufhörten - denn seht, sie währten ungefähr drei Stunden lang, und einige sagten, es hätte länger gedauert; dennoch geschahen alle diese großen und schrecklichen Dinge in ungefähr drei Stunden - seht, da lag Finsternis auf dem ganzen Land.

Ja () eine dichte Finsternis herrschte im ganzen Land, so daß die Einwohner, die nicht gefallen waren, den Nebel im Finstern fühlen konnten.

Wegen der Finsternis konnte man kein Licht anzünden, weder Kerzen noch Fackeln; auch konnten sie mit ihrem überaus feinen und trockenen Holz kein Feuer machen, so daß es überhaupt kein Licht gab. Man sah weder Licht noch Feuer, noch Funken, man sah weder die Sonne noch den Mond, noch die Sterne, so groß waren die Nebel der Dunkelheit auf dem Land.

() Drei Tage lang konnte man kein Licht sehen; und man hörte

> beständig großes Trauern, Heulen und Wehklagen unter dem ganzen Volk; ja, so groß war das Trauern des Volkes wegen der Dunkelheit und der großen Zerstörung, die über es gekommen war.
>
> *3. Nephi 12:5-23*

Donnergrollen, Blitze und das Niederbrennen der Städte, alles innerhalb von drei Stunden, danach drei Tage undurchdringlicher Finsternis ergeben zusammengenommen eine genaue Schilderung eines Atomschlags, der die unvermeidliche dicke Wolke von Ruß und Schutt zur Folge hat. Die vorstehende Textstelle gewinnt besondere Bedeutung, wenn man bedenkt, daß sie erstmalig vor über hundert Jahren veröffentlicht wurde - lange bevor der Mensch Atomwaffen entwickelt hatte. Dadurch wird die Behauptung der Mormonen, daß Joseph Smith das *Buch Mormon* nicht erfunden habe, wie einige Kritiker meinen, noch glaubwürdiger. Es ist höchst unwahrscheinlich, daß irgendjemand zur Zeit Smiths sich zufällig ein Ereignis ausdenken konnte, das so sehr einer atomaren Massenvernichtung gleicht.

Einige Mormonen legen Wert darauf, daß die geistlichen Lehren in den Texten der Mormonen wichtiger seien als die historischen Informationen. Die Glaubensanschauungen sind tatsächlich bedeutsam, denn sie machen aus den Absichten der "Herrgötter" keinen Hehl.

Die grundlegenden Glaubensanschauungen der Mormonenkirche lassen sich, wie folgt, zusammenfassen:

Die Menschen sind unsterbliche geistige Wesen, die in menschlichen Körpern wohnen. Die wahre Quelle der Intelligenz und der Persönlichkeit ist der Geist, nicht der Körper. Als geistige Wesen haben wir vor der Geburt existiert und existieren wir nach dem Tod weiter. Das eigentliche Ziel des Lebens besteht in der Weiterentwicklung des Geistes, und jeder kann schließlich die Wiederherstellung eines geistigen Zustandes erreichen, der den Zustand eines Höchsten Wesens widerspiegelt. Die Ethik ist ein wichtiger Schritt zur Erreichung dieses Zustandes. Jeder Mensch ist mit einem freien Willen begabt.

Diese Überzeugungen klingen wie die Lehren einer nonkonformistischen Religion. Man versteht plötzlich, warum sich so viele Menschen zum Mormonentum hingezogen fühlen und ihm treu bleiben. Den Mitgliedern werden bedeutende Wahrheiten vermittelt. Wenn man sich jedoch intensiver mit mormonischer Literatur befasst, stellt man fest, daß diese Wahrheiten in vieler Hinsicht in verhängnisvoller Weise verfälscht sind, wodurch eigentlich verhindert wird, daß die Menschen jemals geistig erlöst werden.

Den mormonischen Texten zufolge sind die Menschen unsterbliche geistige *Körper*, die menschliche Körper bewohnen. Geistige Körper bestehen aus Materie und sehen ganz genau so aus wie menschliche Körper. Joseph Smith erklärte, daß "der Geist eine Substanz ist; daß er Materie ist, aber eine reinere, geschmeidigere und höherentwickelte Materie als der Körper" (HC, IV. S. 575). Ein Höchstes Wesen (Gott) soll ein ebensolches materielles Wesen sein, das in einem vollkommenen und unsterblichen Körper aus Fleisch und Blut wohnt. Das höchste Ziel der Mormonen ist es, den gleiche Zustand wie "Gott" zu erreichen und für immer in einem vollkommenen unsterblichen menschlichen Körper zu wohnen. Die mormonischen Lehren, die von den alten Platten und den "Engeln" der "Herrgötter" stammen sollen, ermutigen die Menschen, das harte Los einer endlosen Gefangenschaft im menschlichen Körper mit Freuden anzunehmen. Im *Buch Mormon* wird dieses Ziel, wie folgt, ausgedrückt:

> Der Geist wird mit dem Körper in seiner vollkommenen Gestalt wiedervereinigt werden;...Geist und Körper vereinigen sich wieder, um nie mehr getrennt zu werden....
> *Alma 11:43-45*

In den alten mesopotamischen Texten heißt es, daß die "Herrgötter" der Menschen die geistigen Wesen für immer an menschliche Körper binden wollten, so daß sie eine Sklavenrasse hätten. Die nonkonformistischen Religionen haben geltend gemacht, daß die Verstrickung des Geistes in einem menschlichen Körper die Hauptursache für das Leiden sei. Um den nonkonformistischen Lehren entgegenzuwirken und die Ziele der "Herrgötter" zu fördern, erklären die Mormonen irrigerweise, daß ein geistiges Wesen die höchste Seligkeit und göttliche Wesenheit nur durch eine dauernde Bindung an Materie erlangen könne:

> Denn der Mensch ist Geist. Die Elemente sind ewig, und Geist und Materie erlangen, untrennbar verbunden, die absolute Seligkeit.
> Und wenn sie getrennt sind, kann der Mensch die absolute Seligkeit nicht erlangen.
> *Lehren und Bündnisse 93:33-34*

Nur, wenn die wahre Erkenntnis des Geistes verlorengegangen ist, kann eine solche Lehre soviel Einfluß auf der Erde gewinnen wie diese.

Das Mormonentum lehrt, daß jeder beim himmlischen Vater (Gott) lebt, bevor er auf die Erde kommt. Als Teil von Gottes großem Plan werden die Menschen auf die Erde gesandt, um Gut und Böse unterscheiden zu lernen und Gott zu beweisen, daß sie lieber Gutes als Böses tun. Etwas geschieht jedoch mit allen geistigen Wesen, die auf die Erde geschickt werden: ihnen fehlt die Erinnerung an ihre vorgeburtliche Existenz. In einem von der Mormonenkirche herausgegebenen Schrift heißt es:

> ...selbst wenn in uns vielleicht bisweilen "dunkel, wie durch einen Spiegel" (undeutlich) eine Ahnung von unserem vorgeburtlichem Leben (geistige Existenz vor der Inkarnierung in einem Körper) aufsteigt, wäre es aus unserem Erinnerungsvermögen erfolgreich ausgeschaltet.[7]

Das ist eine bemerkenswerte Behauptung, denn sie läßt darauf schließen, daß die "Herrgötter" die Erinnerung an eine rein geistige Existenz als Teil ihres Bestrebens, geistige Wesen mit menschlichen Körpern zusammenzuschweißen, gewissermaßen bewußt aus dem Gedächtnis der Menschen getilgt haben. Wie sich bei den heutigen Entführungsfällen durch UFOs zeigt, wo den menschlichen Opfern offenbar jedes Erinnerungsvermögen an das, was sie während der Entführung erlebt haben, fehlt, scheint die Zivilisation der "Herrgötter" über wirksame Methoden zur Ausschaltung des Gedächtnisses zu verfügen.

Die im *Buch Mormon* beschriebene künstlich herbeigeführte Amnesie diente angeblich mehreren Zwecken, deren einer war:

> ... zu garantieren, daß unsere Entscheidung für Gut oder Böse eher unsere irdischen Wünsche und unseren irdischen Willen widerspiegeln würde als den Einfluß unseres allgöttlichen himmlischen Vaters, an den wir uns erinnern.[8]

Auch das ist eine erstaunliches Eingeständnis. Danach wird die geistige Erinnerung getrübt, damit die Menschen ihr Handeln eher auf ihre Belange als materielle Wesen stützen als auf ihr Wissen um eine geistige Existenz und die Erinnerung daran. Das kann sich auf die Fähigkeit des einzelnen, einen hohen sittlichen Stand zu erreichen, nur hemmend auswirken, denn in einer ethischen Zwangslage muß wahre Sittlichkeit letzlich die geistige Natur eines Menschen mit berücksichtigen. Wenn man alle ethischen Fragen auf rein irdische Belange reduziert, verhindert man, daß die Menschen jene ethischen Fragen vollständig klären, die sie einer absoluten Erlösung des Geistes näherbringen. Genau diese Einschränkung war es, die

die “Herrgötter” beabsichtigten, wie das Alte Testament erkennen läßt: “Gott” wollte nicht, daß Adam und Eva vom “Baum der Erkenntnis von Gut und Böse” "äßen”, denn dann würden sie wissen, wie man geistige Unsterblichkeit erlangt.

Die vorstehende Textstelle weist außerdem darauf hin, daß es in der Absicht der “Herrgötter” liegt, die Erinnerung der Menschen an ein Höchstes Wesen auszuschalten. Die Folge ist, daß nicht nur die Erinnerung der Menschen an eine frühere geistige Existenz blockiert ist, sondern ebenso die Erinnerung an einen Kontakt mit einem Höchsten Wesen.* Falls eine solche Erinnerung existierte, könnte man auch verstehen, warum die “Herrgötter” versuchen würden, sie zu verschleiern. Dadurch, daß die “Herrgötter” eine solche Erinnerung ausschalten, vertiefen sie die geistige Unwissenheit und können ihre religiösen Täuschungen und Fiktionen besser verbreiten.

Das soll nicht heißen, daß die Zivilisation der “Herrgötter” allein für den geistigen Verfall und den Gedächtnisschwund verantwortlich ist. Ein solcher Verfall hat wahrscheinlich schon lange vor der Entstehung der Zivilisation der “Herrgötter” eingesetzt. Die Schriften der Mormonen deuten nur darauf hin, daß sich die “Herrgötter” einen solchen Verfall zunutze machten und ihn beschleunigten, damit er ihren eigenen Zwecken entspräche.

Wir haben gesehen, daß Kriege ein Mittel der “Herrgötter” waren, die Kontrolle über die Menschheit zu behalten. Dem *Buch Mormon* zufolge wurde dieses Mittel in den amerikanischen Kulturen der Frühzeit eingesetzt, wo “Gott” für den Ausbruch vieler Kriege verantwortlich gemacht wurde:

> Und () ich sah, wie sich der Zorn Gottes über die Große und Abscheuliche Kirche ergoß, ja, es waren Kriege und Kriegsgerüchte unter allen Völkern und Geschlechtern der Erde.
> *1. Nephi 14:15*

Im *Buch Mormon* heißt es, daß es noch über Generationen hinweg weiter Kriege geben werde als “Gottes” Mittel zur Aufrechterhaltung der Kontrolle:

> Ja, während Geschlecht um Geschlecht vergeht, werden Blutvergießen und große Heimsuchungen (Katastrophen) unter ihnen sein; des

> halb möchte ich, meine Söhne, daß ihr dessen eingedenk seid, ja daß ihr auf meine Worte hört
> *2. Nephi 1:12*

So gesehen überrascht es nicht, wenn man feststellt, daß das Mormonentum nur ein weiterer Zweig im Netzwerk der Bruderschaft ist, obwohl die Mormonenkirche von jeher anderen Geheimgesellschaften, wie der Freimaurerei, ablehnend gegenübersteht. Die Ablehnung der Freimaurerei durch die Mormonen beruht auf Textstellen im *Buch Mormon,* die darauf hinzudeuten scheinen, daß Gott gegen Geheimgesellschaften ist. So lesen wir zum Beispiel im *2. Nephi 26:22-23:*

> Und es bestehen auch geheime Verbindungen wie von alters her nach der Art der Verbindungen des Teufels; denn er ist die Grundlage aller dieser Dinge...

Viele Menschen erheben Einspruch gegen eine Interpretation, derzufolge die vorstehende Textstelle sich unmittelbar gegen Geheimgesellschaften wie die Freimaurer richte. Schuf denn nicht Joseph Smith selbst eine vielstufige Priesterschaft nach dem Muster der Freimaurerei, wobei auch geheime Zeremonien und ein zeremonieller Schurz nicht fehle?

Die mormonische Priesterschaft teilt sich in zwei Gruppen: die (nach dem Bruder Moses benannte) Aaronitische Priesterschaft und die eher als Melchisedikische Priesterschaft (benannt nach dem biblischen König Melchisedek) bekannte höhere Priesterschaft. Nach *Alma 13:1-14* ist das Hochpriestertum der Mormonen das gleiche, über das Melchisedek viele Jahrhunderte früher geherrscht hat. Die mormonische Priesterschaft richtet sich heute noch immer nach dem schrittweisen Initiationsprozess anderer Organisationen der Bruderschaft. Die höchsten Zeremonien werden im Geheimen vollzogen und die Eingeweihten müssen einen Geheimhaltungseid ablegen. Während der Zeremonien tragen die Eingeweihten häufig einen zeremoniellen Schurz, wie ihnen auch verschiedene "Mysterien" durch Symbole und Allegorien offenbart werden.

Joseph Smith behauptete, daß er beim Aufbau der mormonischen Priesterschaft die Gebote eines Engels befolgte. Er verließ sich jedoch nicht völlig auf seinen außerirdischen Freund. Smith wurde auch für eine kurze Zeit Freimauer, um sich bei der königlichen Kunst einiges abzuschauen. Thomas F. O'Dea schreibt in seinem Buch *The Mormons:*

> Joseph ging zu den Freimaurern, um sich viele Elemente ihres Rituals abzuschauen. Dieses reformierte er, wobei er seinen Anhängern erklärte, daß es sich beim maurerischen Ritual um eine korrumpierte Form eines früheren Zeremoniells der Priesterschaft handele, das jetzt erneuert werde.[9]

Joseph Smith wurde am 16. März 1842 in einer Loge in Illinois zum Meister erhoben. Auch andere führende Mormonen traten dieser Loge bei. Der vielleicht berühmteste mormonische Freimaurer war Brigham Young - der Mann, der die Mormonen auf ihrem Marsch quer durch Amerika nach Utah führte und den Hauptsitz der Kirche in diesem Staat errichtete, in dem er noch heute ist.

Das alles soll nicht heißen, daß das Mormonentum ein Zweig der Freimaurerei war. Organisatorische Verbindungen zwischen der Mormonenkirche und der Freimaurerei wurden schon zu einem ziemlich frühen Stadium abgebrochen. Smith und die ersten Mormonen gingen nur zu den Freimaurern um zu borgen, nicht um Freimaurer zu werden. Die Mormonenkirche war nur eine weitere Gruppierung, die mit anderen Gruppierungen der Bruderschaft auf Kriegsfuß stand. Den Mormonen wurde gesagt, daß ihre Religion "die einzig wahre und lebendige Religion auf dem Angesicht der ganzen Erde sei, an der ich, der Herr, Gefallen find ..." *(Lehren und Bündnisse 1:30)*. Dieser Anspruch steht natürlich im Widerspruch zu allen anderen Religionen der "Herrgötter", die das gleiche erklären und dadurch neue sinnlose "Glaubenszwiste" heraufbeschwören, damit die Menschen sich weiter bekämpfen und zerstritten bleiben. Einige Menschen bekämpfen die Mormonen heute noch immer. Joseph Smith wurde das Opfer, als er 1844 von einer aufgebrachten Menge ermordet wurde.

Im Laufe der gesamten von Kämpfen erschütterten Geschichte ihrer Kirche fanden die Mormonen Trost in dem von Smiths Engel verheißenen bevorstehenden Tag des Jüngsten Gerichts. Aus Smiths Schriften ging klar hervor, daß der Jüngste Tag noch in seiner Generation kommen sollte. Vielleicht ist der vorhergesagte Große Brand auch wirklich eingetreten: 1861 brach der amerikanische Sezessionskrieg aus. Viele von Smiths persönlichen Anhängern lebten noch und wurden Zeuge jener gewaltsamen Auseinandersetzung, die vielen Amerikanern wie ein Harmagedon erschienen sein muß.*

Wie stets, folgten auf jenes Harmagedon nicht, wie verheißen, tausend Jahre Frieden und geistige Erlösung. Also taten die Mormonen, was so viele apokalyptische Religionen getan hatten: sie interpretierten ihre Prophezeiung von Jüngsten Gericht neu, damit sie weiterbestehen konnte, obwohl sie klar versagt hatte.

Heute ist eines der großen Projekte der Mormonenkirche die Unterhaltung einer riesigen genealogischen Bibliothek - der größten der Welt. "Genealogie" ist das Studium der familiären Abstammung und Ahnenreihe. Die Genealogie lehrt sowohl, wer wen geboren hat, als auch die rassischen und gesellschaftlichen Merkmale des Familienstammbaumes eines Menschen. Die Gewölbe, in denen die genealogische Bibliothek der Mormonen untergebracht ist, liegen in einem Berg in den Rocky Mountains etwa zwanzig Meilen von Salt Lake City entfernt. Sie werden durch 700 Fuß dicken Berggranit und eine 14 Tonnen schwere Stahltür geschützt. Die Bibliothek soll ganz offensichtlich alles überdauern. Einer Broschüre der Mormonen zufolge werden die laufenden Dokumentensammlungen jedes Jahr um mehr als 60.000 Rollen Mikrofilm erweitert, die Angaben aus Urkunden, Heiratserlaubnissen, Familienbibeln, Registern, Friedhofslisten und anderen Quellen enthalten.

---

* Interessanterweise wurden die Bewegungen im Süden, die für die Sezession und die Sklaverei eintraten und der Anlaß waren, daß sich die Konföderation von der Union lossagte, und die dadurch die Voraussetzungen für den Bürgerkrieg schufen, stark von der verzweigten Bruderschaft beeinflußt. Das wird beispielsweise an zwei der vielen für die Fahne der neuen Konföderation vorgeschlagenen Entwürfe deutlich: sie zeigen vor allem das bruderschaftliche Symbol des "Allsehende-nAuge" Gottes. Vor Ausbruch des Krieges hatte eine Gruppe Südstaatler eine einflußreiche Geheimgesellschaft für die Sklaverei gegründet, die sich die Ritter des Goldenen Zirkels nannte. Diese bruderschaftlich organisierten Ritter engagierten sich für die Beibehaltung der Sklaverei in den Anrainerstaaten, die am Karibischen Meer lagen - dem sogenannten "goldenen Zirkel". Das Siegel der Ritter wies ein Kreuz auf, das dem von dem früheren Rittern von Malta verwendeten Malteserkreuz ähnelte. Die Ritter des Goldenen Zirkels verschwanden schließlich. An ihre Stelle trat der Klu Klux Klan. Der Klan war eine primitive Geheimgesellschaft im Stil der Bruderschaft, die in der turbulenten Nachkriegszeit im Süden entstand. Der angeblich als Scherz gegründete Klan hatte schnell Zulauf und entwickelte sich im Süden zu einer mächtigen gesellschaftlichen und politischen Kraft. Die Lehren des Klans sind zutiefst rassistisch und wurzeln im arischen Gedankengut.

OBEN UND UNTEN: *Für eine Fahne der neuen Konföderation wurden viele Entwürfe vorgelegt. Diese beiden Entwürfe, die heute in den Nationalen Archiven der Vereinigten Staaten aufbewahrt werden, zeigen deutlich das bruderschaftliche Symbol des Allsehenden Auges. Die Führer der Konföderation entschieden sich schließlich für einen Entwurf mit einfachen Querstreifen und Sternen.*

Dieses bemerkenswerte Unterfangen begann in der ersten Hälfte des 20. Jahrhunderts. Es wird angeblich durchgeführt, weil die Familien nach dem Glauben der Mormonen in Ewigkeit weiterbestehen. Die Mormonen lernen, daß sie ihren Familienstammbaum zurückverfolgen müssen, so daß alle, die in der Vergangenheit lebten und starben, in einer Zeremonie, die von den heute lebenden Mormonen in der Gegenwart vollzogen wird, gesegnet werden können. Die Mormonen beschränken ihre genealogischen Forschungen jedoch nicht nur auf mormonische Familien. Ihr Ziel ist es, "die erforderlichen geneaologischen Forschungen durchzuführen, so daß alle, jetzt oder jemals in der geistigen Welt weilen oder weilten, stellvertretend getauft werden können".[10] Da jedes menschliche Wesen, das je gelebt hat, in die obige Kategorie fällt, ist daraus zu schließen, daß das Ziel der Mormonen ein vollständiges genealogisches Register der gesamten Menschheit ist. Der Mormonenkirche zufolge besteht genau darin der Zweck des Projekts, soweit er realisierbar ist.

Dieses Unternehmen beunruhigt verständlicherweise einige Leute. Viele Menschen, die heute leben, haben den rassischen Wahnsinns der deutschen Nazis erlebt und schrecken vor den verheerenden Auswirkungen zurück, die die genealogische Sammlung der Mormonen in den Händen von Rassisten haben könnte. Dieses Unbehagen wird durch frühe Lehren der Mormonen noch verstärkt, wonach Menschen mit dunkler Haut weit unter den Weißen standen. Arisches Gedankengut waren ein wichtiger Bestandteil der frühen mormonischen Lehren. Im *2. Nephi 5* liest man, daß "Gott" dunkle Haut als Strafe für Sünden schuf:

> ...und da sie (die gestraft wurden) sehr weiß, schön und angenehm gewesen waren, ließ Gott der Herr ihre Haut dunkel werden, so daß sie mein Volk nicht mehr verführen können.
>
> Uns so spricht Gott der Herr: Ich werde sie deinem Volk widerlich machen, wenn sie sich nicht von ihren Sünden bekehren.
>
> Und verflucht seien die Nachkommen derer, die sich mit ihrem Samen mischen; denn sie sollen mit demselben Fluch verflucht werden. Der Herr sprach es, und so geschah es.
>
> Und wegen des Fluches, der auf ihnen lag, wurden sie ein träges Volk, voller Bosheit und Verschlagenheit, und sie jagten in der Wildnis nach wilden Tieren.

Zur Ehre der Mormonen sei gesagt, daß sie diese rassistischen Glaubensanschauungen in letzter Zeit aufgegeben haben und jetzt Schwarze als

Priester zulassen. Dennoch müssen die Mormonen darauf achten, daß ihre genealogischen Unterlagen niemals in die Hände derer fallen können, die sie gern aus Gründen einer "Reinerhaltung" der Rasse besäßen.

Die heutigen Aktivitäten der Mormonen weisen viele humanitäre Tendenzen auf. Die Kirche tritt für starke Familienverbände ein. 1982 habe ich mit Genugtuung eine von der Mormonenkirche hergestellte Fernsehwerbung gesehen, in der zum Ausdruck kam, daß es wichtig ist, die Leistungen eines Kindes ernst zu nehmen. Das führt uns zu einem sehr wichtigen Punkt:

Keine Einzelorganisation ist nur gut oder nur schlecht. In unserem verrückten Universum scheint "absolut" gut und "absolut" schlecht einfach nicht zu existieren. Im schlimmsten Menschen steckt immer noch etwas Gutes (der Psychopath Adolf Hitler war zum Beispiel nett zu Kindern), und auch der beste Mensch ist immer noch nicht vollkommen. Die meisten Menschen, die sich einer Gruppe anschließen oder einem Führer folgen, tun das aus den richtigen Gründen: sie haben ein Körnchen Wahrheit gehört, oder sie suchen nach einer Lösung für ein echtes Problem. Der eigentliche Trick bei der Beurteilung einer Gruppe oder einer Person besteht darin, herauszufinden, ob sie mehr Gutes als Schlechtes tut und wie man das Schlechte korrigieren kann, ohne das Gute daran zu zerstören. Das ist im allgemeinen nicht leicht.

In den mormonischen Schriften steht, daß es nach der Absicht "Gottes" (*d.h.* der Absicht des irdischen Managements der "Herrgötter") zu "Gottes" großem Plan eines Utopias für die Menschheit gehört, die "geistige Welt" schließlich völlig zu vernichten. Anders ausgedrückt, für die Menschen auf der Erde soll nur das materielle Universum ewig bestehen. Das kann als absolute Bindung des Geistes an physische Materie ausgelegt werden. Solche Absichten würden es erforderlich machen, Philosophien zu schaffen, die den reinen Materialismus vertreten und sie den Menschen aufzudrängen. Nach solchen Philosophien gäbe es keine geistige Realität und alles Leben, alles Denken und die gesamte Schöpfung beruhte nur auf physischen Prozessen. Derartige Vorstellungen sind sehr in Mode gekommen und haben leider dazu beigetragen, daß die Menschheit in einen immer tieferen geistigen Schlaf versinkt. An der Spitze dieses Trends stand viele Jahre eine politische Philosophie, die ursprünglich im Deutschland des 19. Jahrhunderts entwickelt wurde. Ich spreche natürlich vom "Kommunismus" - jener so merkwürdigen Mischung aus Apokalyptik, Materialismus und protestantischer Arbeitsmoral, die im 20. Jahrhundert eine so bedeutsame Kraft ist.

KAPITEL 31

Die Marxsche Apokalypse

Die erste Französische Revolution von 1789 kennzeichnete den Beginn einer langen Reihe von Volkserhebungen in Frankreich. Ein neuer Herzog von Orleans, Louis-Philippe, wurde die Galionsfigur eines Aufstands im Juli 1830, der ihn als Herrscher einer konstitutionellen Monarchie auf den Thron von Frankreich brachte. Unterstützt wurde Louis-Philippe vom Marquis de La Fayette. Ein anderer wichtiger Helfer Louis-Philippes war ein Mann namens Louis-Auguste Blanqui, der von der neuen Regierung dafür ausgezeichnet wurde, daß er zum Erfolg der Revolution von 1830 beigetragen hatte.

Blanqui blieb auch nach 1830 aktiver Revolutionär und legte in einer langen Reihe von Erhebungen Führungsqualitäten an den Tag. Nach Julius Braunthal, dem Verfasser des Buches *Geschichte der Internationale,* war "Blanqui die Seele jeder der Aufstände in Paris von 1839 bis zur Kommune* im Jahre 1871".[1]

Blanqui gehörte einem Netzwerk von französischen Geheimgesellschaften an, die Revolutionen planten und organisierten. Diese Geheimgesellschaften gingen fast alle aus dem Wirken der Bruderschaft hervor und waren bruderschaftlichen Organisationen nachgebildet. Jede Gesellschaft hatte eine andere Aufgabe und eine andere ideologische Grundlage, um die Menschen für die Sache der Revolution zu gewinnen. Obwohl sich die revolutionären Gesellschaften in ideologischer und taktischer Hinsicht bisweilen unterschieden, hatten sie ein gemeinsames Ziel: die Revolution. Viele Revolutionsführer gehörten mehreren dieser Organisationen gleichzeitig an.

---

* Die Kommune war eine revolutionäre Gruppe, die Paris vom 18. März bis 28. Mai 1871 regierte.

Eine der erfolgreichsten geheimen revolutionären Gruppen Frankreichs war die Gesellschaft der Jahreszeiten, zu deren Führern auch Blanqui gehörte. Diese Gesellschaft diente unmißverständlich dem Zweck, politische Verschwörungen anzuzetteln und durchzuführen. Eine der Gesellschaft angeschlossenen Organisationen war der "Bund der Gerechten". Der Bund der Gerechten wurde 1836 als Geheimgesellschaft gegründet und unterstützte Blanqui und die Gesellschaft der Jahreszeiten bei mindestens einem Aufstand: der Erhebung vom Mai 1839. Einige Jahre nach dieser Erhebung trat dem Bund ein Mann bei, der später zum berühmtesten Sprecher der Revolutionäre wurde: Karl Marx.

Karl Marx war Deutscher und lebte von 1813 bis 1883. Viele halten ihn für den Begründer des modernen Kommunismus. Seine Schriften, namentlich das *Kommunistische Manifest,* sind einer der Ecksteine der kommunistischen Ideologie. Einigen Historikern zufolge stammen jedoch nicht alle Gedanken von Marx selbst. Er agierte weitgehend als Sprecher der radikalen politischen Gruppe, der er angehörte. Marx schrieb das *Kommunistische Manifest* zusammen mit seinem Freund Friedrich Engels zur Zeit seiner Mitgliedschaft im Bund der Gerechten. Das *Manifest* enthält zwar auch viel von Marx eigenem Gedankengut, doch seine eigentliche Leistung besteht darin, die kommunistische Ideologie, die bereits die Geheimgesellschaften Frankreichs zu Revolten inspirierte, in eine kohärente Form zu bringen.

Aufgrund seiner intellektuellen Fähigkeiten gewann Marx beträchtliche Macht innerhalb des Bundes der Gerechten, und einige Veränderungen in der Organisation sind auf seinen Einfluß zurückzuführen. Marx lehnte den romantisch- konspirativen Charakter der verzweigten Geheimgesellschaft, der er angehörte, ab, und es gelang ihm, dieses Image des Bundes bis zu einem gewissen Grade zu verändern. 1847 wurde der Name des Bundes in "Bund der Kommunisten" umgeändert. Dem Bund der Kommunisten angeschlossen waren verschiedene "Arbeiterorganisationen", wie der Deutsche Arbeiterbildungsverein (DABV). In Brüssel gründete Marx einen Zweig des DABV.

Hier wird die außerordentliche Ironie deutlich, die in diesen Ereignissen liegt. Die gleichen miteinander verflochtenen Organisationen der Bruderschaft, die uns durch Revolution die Vereinigten Staaten und andere "kapitalistische" Länder beschert hatten, waren nun emsig dabei, die Ideologie (Kommunismus) zu entwickeln, die sich gegen diese Länder richten sollte! Es ist sehr wichtig, diesen Punkt zu verstehen. Beide Seiten des heutigen Kampfes der "Kommunisten gegen die Kapitalisten" gehen auf die gleichen Leute im gleichen Netzwerk geheimer Organisationen der Bruderschaft zurück. Diese entscheidende Tatsache wird in den Geschichtsbüchern fast immer übersehen. Innerhalb eines Zeitraums von nur hundert Jahren hatte das Netzwerk der Bruderschaft der Welt zwei konträre Philosophien in die Welt gesetzt, die heute die alleinige Grundlage des sogenannten "Kalten Krieges" bilden.

Angesichts der Tatsache, daß Marx der weitverzweigten Bruderschaft angehörte, sollte es nicht verwundern, daß seine Philosophie vom Grundschema her den Religionen der "Herrgötter" entsprach. Der Marxismus hat stark apokalyptische Züge. Er lehrt den Glauben an eine "Letzte Schlacht" zwischen den Mächten des "Guten" und des "Bösen", auf die ein irdisches Utopia folgt. Der Hauptunterschied besteht darin, daß Marx diese Überzeugungen in ein nichtreligiöses System einbindet und versucht, sie eher als gesellschaftliche "Wissenschaft" denn als Religion zu präsentieren. In Marx' System werden die Kräfte "des Guten" durch die unterdrückte "Arbeiterklasse" und "das Böse" durch die "besitzende Klasse" verkörpert. Heftige Konflikte zwischen den beiden Klassen werden als natürlich, unvermeidlich und letztlich heilsam dargestellt, weil ein solcher Konflikt schließlich in einem irdischen Utopia endet. In Marx' Theorie von der unvermeidlichen Spannung zwischen den Klassen spiegelt sich der Glaube der Calvinisten wider, wonach Konflikte auf der Erde gesund sind, denn sie bedeuten, daß die Kräfte des "Guten" die Günstlinge des "Bösen" aktiv bekämpfen.

Marx versuchte, seiner Theorie vom "unvermeidlichen Konflikt" einen wissenschaftlichen Anstrich zu geben, indem er ihn in ein als "Dialektik" bekanntes System einbettete. Die "Dialektik" war ein Gedanke, der auch von einem anderen deutschen Philosophen, Hegel (1770-1831), vertreten wurde. Hegels "Dialektik" läßt sich folgendermaßen erklären: aus einer These (einem Gedanken oder Begriff) und einer Antithese (einem kontradiktorischen Gegenteil) läßt sich eine Synthese ableiten (ein neuer Gedanke oder Begriff, der sich von den beiden ersten unterscheidet, jedoch ein Produkt aus ihnen darstellt). Marx baute diesen scheinbar wissenschaftlichen Gedanken in seine Theorie der Sozialgeschichte ein. Im kommunistischen Modell des "dialektischen Materialismus" entstehen gesellschaftliche, wirtschaftliche und politische Veränderungen aus dem Aufeinanderprallen von unvereinbaren und häufig scharfen Gegensätzen. Auf diese Weise sind die immer neuen Kriege in der Geschichte und die nichtendenwollende Phalanx konträrer Gruppierungen als natürlicher Teil des Daseins zu betrachten, aus dem aller gesellschaftlicher Wandel kommen muß. Dadurch erscheint der unaufhörliche gesellschaftliche Konflikt als wünschenswert, und genau das ist die Illusion, die Marx in seiner "Klassenkampftheorie" zu vermitteln sucht.

Die kommunistische Vision eines Utopias ist merkwürdig, aber bezeichnend. Danach ist jeder Arbeiter allen anderen Arbeitern gleichgestellt. Niemand besitzt etwas, aber alle zusammen besitzen alles; jeder erhält das, was er braucht, aber nicht unbedingt alles, was er sich wünscht; doch bevor es zu diesem Utopia kommt, muß jeder erst einmal in einer Diktatur leben. Puh! Diese merkwürdige Vorstellung von Utopia scheint ganz offenbar dem Zweck zu dienen, die Menschen als Arbeitsrasse zu erhalten und sie dazu zu bringen, die Bedingungen der sozialen Unterdrückung (*d.h.* der Diktatur) zu akzeptieren.

Zu Lebzeiten Marx' befand sich das geistige Wissen in einem fortgeschritten Stadium des Verfalls. Die "Erlösung auf die Schnelle" der Protestanten und die verwirrenden Rituale, die in fast allen Religionen üblich waren, trieben verständlicherweise viele rational denkende Menschen zur völligen Abkehr von der Religion. Kein Wunder, daß man begann, die geistige Realität in Frage zu stellen. Diese Infragestellung führte dazu, daß viele Menschen zu einer rein materialistischen Lebensauffassung tendierten, und dazu kam ihnen die Philosophie von Marx gerade recht. Zwar erkannte Marx die Realität der geistigen Existenz an, erklärte jedoch fälschlicherweise, daß letztere ausschließlich das Ergebnis physischer und materieller Phänomene sei. Auf diese Weise trug die Lehre Marx' dazu bei, die Ziele der "Herrgötter", die im *Buch Mormon* und auf den alten sumerischen Tafeln zum Ausdruck kommen und auf eine dauernde Verbindung von geistigen Wesen und menschlichen Körpern gerichtet sind, voranzutreiben. Marx' Schriften machten diese Verbindung "wissenschaftlich" annehmbar, indem sie zu dem Schluß kamen, daß eine Trennung von Geist und Materie überhaupt nicht möglich sei. Nach der marxistischen Philosophie kann es zudem keine "übernatürliche" Realität (*d.h.* eine außerhalb der Grenzen des materiellen Universums existierende Realität) geben. Marx' Utopia läuft auf einen biblischen Garten Eden hinaus: ein materialistisches Paradies, in dem jeder Arbeiter ist, ohne einen Weg zu geistiger Erkenntnis und Freiheit; anders ausgedrückt, ein goldener Käfig für den Geist.

Zur selben Zeit, als der Kommunismus die Form einer organisierten

Bewegung annahm, vollzog sich in der Praxis des Bankwesens ein bedeutender Wandel. Bis zum Ende des 19. Jahrhunderts war das neue System des über eine Deckung hinaus vermehrbaren Papiergeldumlaufs weltweit die bestehende Norm geworden. Auf internationaler Ebene war dieses Geldsystem jedoch nicht entsprechend organisiert, und das war der nächste Schritt: die Schaffung eines permanenten weltweiten Zentralbanksystems, das von einem einzigen Ort aus koordiniert werden konnte.

Ein Gelehrter, der sich mit dieser Entwicklung befaßt hat, war der verstorbene Dr. Carroll Quigley, Professor in Harvard, Princeton und an der Ausbildungstätte für den Auswärtigen Dienst der Universität von Georgetown. Dr. Quigleys Buch, *Tragedy and Hope, A History of the World in Our Time* (Tragödie und Hoffnung, eine Weltgeschichte unserer Zeit) erlangte eine gewisse Berühmtheit, weil es einigen Mitgliedern der John Birch Society dazu diente, ihre Theorie von einer "kommunistischen Verschwörung" zu belegen. Abgesehen davon beruht Dr. Quigleys Buch auf umfassenden Recherchen und ist durchaus lesenswert. Dr. Quigley war kein "verkappter Verschwörer", sondern ein hochangesehener Professor mit ausgezeichneten akademischen Referenzen. In seinem Buch beschreibt er ausführlich Entwicklung und Arbeitsweise der internationalen Bankwelt, denn diese führte das System des künstlich vermehrbaren Papiergelds in der ganzen Welt ein.

Lassen Sie uns kurz auf das eingehen, was Dr. Quigley darüber sagt.

KAPITEL 32

Seltsames Geld international

In seinem Buch *Tragedy and Hope* gliedert Dr. Quigley die Geschichte des "Kapitalismus" in mehrere Phasen. Die als dritte Phase bezeichnete Periode von 1850 bis 1931 wird von Dr. Quigley als Phase des Finanzkapitalismus bezeichnet. Dr. Quigley schreibt:

> Das dritte Stadium des Kapitalismus ist von so überragender Bedeutung für die Geschichte des 20. Jahrhunderts, und seine indirekten Folgen und Einflüsse vollziehen sich in so hohem Maße unter der Oberfläche und sogar im Verborgenen, daß es verzeihlich ist, wenn wir seinen Methoden und Organisationen große Aufmerksamkeit widmen. Er hat im wesentlichen die alten uneinheitlichen und örtlich begrenzten Methoden des Geld- und Kreditverkehrs in ein integriertes System auf internationaler Grundlage gebracht, das viele Jahrzehnte lang unglaublich leicht und reibungslos funktionierte.[1]

Dr. Quigley beschreibt den allgemeinen Zweck des neuen integrierten Systems:

> ... Die Kräfte des Finanzkapitalismus hatten ein weiteres folgenschweres Ziel, das in nichts Geringerem als der Schaffung eines internationalen Systems der Finanzkontrolle in privater Hand bestand, wodurch das politische System jedes Landes und die Wirtschaft der Welt als Ganzes beherrscht werden konnte. Dieses System sollte in feudalistischer Manier von allen Zentralbanken der Welt kontrolliert werden, die gemeinschaftlich mittels geheimer in häufigen privaten Meetings und Konferenzen getroffener Absprachen handelten. An der Spitze dieses Systems sollte die Bank für Internationalen Zahlungsausgleich in Basel in der Schweiz stehen, eine Privatbank im Besitz der Zentralbanken der Welt, die ihrerseits privatrechtliche Gesellschaften waren. Jede Zentralbank... versuchte, Devisen zu manipulieren, das Konjunkturniveau

> des Landes zu beeinflussen und sich kooperative Politiker dadurch geneigt zu machen, daß sie sich ihnen gegenüber später im Geschäftsleben erkenntlich zeigte.[2]

In der englischsprachigen Welt übten die neugegründeten Zentralbanken durch eine von ihnen unterstützte und als Round Table bekannte Organisation beträchtlichen politischen Einfluß aus. Der Round Table war ein "Planungsstab", der auf die außenpolitischen Maßnahmen der Regierungen einwirken sollte.

Der Round Table wurde von einem Engländer namens Cecil Rhodes (1853-1902) gegründet. Rhodes hatte in Südafrika und in zwei nach ihm benannten Staaten, Nord- und Südrhodesien (heute Sambia und Simbabwe), ein riesiges Diamanten- und Goldminenimperium gegründet. Rhodes, der in Oxford erzogen wurde, hatte mehr als andere Engländer unternommen, um die Mineralvorkommen in Afrika abzubauen und den Süden des afrikanischen Kontinents zu einem lebenswichtigen Teil des britischen Weltreiches zu machen.

Rhodes war ein Mann, der nicht nur darauf aus war, selbst ein Vermögen zu erwerben. Er machte sich große Sorgen über die Zukunft der Welt, insbesondere im Hinblick auf einen eventuellen Krieg. Obgleich er bereits vor hundert Jahren lebte, hielt er es für möglich, daß die menschliche Zivilisation eines Tages durch hochentwickelte Waffen vernichtet werden könnte. Durch seinen Weitblick inspiriert, setzte er seine vielseitigen Talente und sein privates Vermögen für die Schaffung eines weltweiten politischen Systems ein, in dem es nicht zu einem Krieg von solchen Ausmaßen kommen könnte. Rhodes' Ziel war eine Weltregierung mit Großbritannnien an der Spitze. Diese Weltregierung wäre stark genug, alle feindlichen Handlungen welcher Gruppen auch immer zu unterdrücken. Rhodes wollte die Menschen auch dadurch vereinen, daß er Englisch zur Weltsprache erhob. Er wollte den Nationalismus abbauen und das Bewußtsein der Menschen dafür stärken, daß sie Teil einer größeren menschlichen Gemeinschaft sind. Mit diesem Ziel vor Augen gründete Rhodes den Round Table. In seinem Testament errichtete Rhodes auch das berühmte "Cecil-Rhodes-Stipendium" - ein Programm, das heute noch existiert. Mit dem Rhodesschen Stipendium soll das Gefühl für ein Weltbürgertum auf der Grundlage englischer Traditionen gefördert werden.

Rhodes befand sich zweifellos auf dem richtigen Weg. Hätte er sein Ziel erreicht, wären dadurch möglicherweise viele der negativen Folgen angeblicher Aktionen der "Herrgötter" und des Netzwerks der korrupten Bruderschaft ungeschehen gemacht worden. Durch eine Weltsprache hätten die nachteiligen Auswirkungen rückgängig gemacht werden können, um die es in der Geschichte vom Turmbau zu Babel geht und die darin bestehen, daß die Menschen in verschiedenen Sprachen reden. Wenn man das Gefühl für eine Weltbürgerschaft förderte, trüge das dazu bei, die Formen des Nationalismus zu überwinden, die Kriege entfesseln helfen. Etwas ging jedoch schief. Rhodes beging den gleichen Fehler wie so viele Menschenfreunde vor ihm. Er glaubte seine Ziele über das Netzwerk der korrupten Bruderschaft verwirklichen zu können. Daher schuf Rhodes letztlich Institutionen, die prompt in die Hände jener fielen, die diese Institutionen mit Erfolg dazu benutzen sollten, die Menschheit zu unterdrücken. Es gelang dem Round Table weder, das zu verwirklichen, was Rhodes beabsichtigte, seine Mitglieder trugen sogar noch dazu bei, zwei der abscheulichsten Institutionen des 20. Jahrhunderts zu schaffen: das Konzentrationslager und das, was Rhodes eigentlich verhindern wollte: die Atombombe.

Rhodes kam die Idee seines Round Table mit Anfang zwanzig. Im Alter von vierundzwanzig Jahren, als Student in Oxford, schrieb Rhodes sein zweites Testament, das durch die Art und Weise, wie er sein Vermögen vermachte, seine Pläne deutlich werden läßt:

> ... die Gründung, Förderung und Entwicklung einer Geheimgesellschaft, deren wahres Ziel und eigentlicher Zweck in der Ausweitung der britischen Herrschaft auf die ganze Welt besteht... und schließlich die Schaffung einer so großen Macht, daß dadurch Kriege künftig unmöglich werden und das gefördert wird, was zum Besten der Menschheit ist.[3]

Rhodes' Geheimgesellschaft, der Round Table, entstand schließlich 1891. Als Vorbild diente die Freimaurerei mit ihren "inneren" und "äußeren" Kreisen. Der innere Kreis der von Rhodes ins Leben gerufenen Organisation wurde Kreis der Eingeweihten genannt und der äußere war der Zusammenschluß der Helfer. Round Table, der Name der Organisation, war eine Anspielung auf König Arthur und seine legendäre Tafelrunde. Infolgedessen waren alle Mitglieder von Rhodes' Round Table "Ritter".

Rhodes' Erfolg und politischer Einfluß brachte ihn zwangsläufig mit anderen "treibenden Kräften" der englischen Gesellschaft in Kontakt. Unter ihnen befanden sich natürlich die wichtigsten Finanziers Großbritanniens. Einer von denen, die Rhodes' am stärksten unterstützten, war der englische Bankier Lord Rothschild, Oberhaupt des mächtigen Zweigs der Rothschilds in England. Lord Rothschild stand auf der Vorschlagsliste der Mitglieder für den Kreises der Eingeweihten des Round Table. Ein anderer von Rhodes Veründeten war der einflußreiche englische Bankier Alfred Milner.

Nach dem Tod Rhodes im Jahre 1902 erhielt der Round Table zunehmend Unterstützung von Mitgliedern der internationalen Bankwelt. Sie sahen im Round Table einen Möglichkeit, Einfluß auf Regierungen im britischen Commonwealth und anderswo auszuüben. Nach Dr. Quigley wurde beispielsweise in den Vereinigten Staaten:

> ...die bereits bestehende Finanzkooperation, die von der Morgan Bank in New York bis zu einer Gruppe internationaler Finanzleute reichte, an deren Spitze die Brüder Lazard standen, zum eigentlichen finanziellen Rückgrat dieser Organisation (Round Table).[4]

Ab 1925 kamen die Hauptgeldmittel für den Round Table von reichen Privatleuten, Stiftungen und Gesellschaften, die zur internationalen Bruderschaft der Bankiers gehörten. Darunter waren der Carnegie United Kingdom Trust, Organisationen, die zu J.P. Morgan gehörten, sowie die Familien Rockefeller und Whitney.

Nach dem ersten Weltkrieg kam für den Round Table eine Zeit der Expansion, in der zahlreiche Untergruppen gegründet wurden. Der Mann, der viele Untergruppen ins Leben rief, war Lionel Curtis. In England und allen Ländern des britischen Commenwealth errichtete Curtis eine Royal Institute of International Affairs genannte Ortsgruppe (nach Dr. Quigley ein "Aushängeschild" für Gruppen des Round Table). In den Vereinigten Staaten war der Council on Foreign Relations (CFR) dieses "Aushängeschild".

Der Council on Foreign Relations, der seinen Sitz in New York hat, ist heute vielen Amerikanern ein Begriff. Im allgemeinen hält man ihn für einen "Planungsstab", aus dem sehr viele politische Amtsträger auf Bundesebene kommen. Als Ronald Reagan Präsident war, gehörten beispielsweise mehr als siebzig Regierungsmitglieder, darunter auch eine Reihe von wichtigen Kabinettsmitgliedern, dem Rat an. Der CFR hat auf frühere Regierungen einen beherrschen Einfluß ausgeübt, und er beherrscht auch die gegenwärtige Regierung. Vorsitzender des CFR war viele Jahre lang der Bankier David Rockefeller, der frühere Vorsitzende der Chase Manhattan Bank. Davor hatte ein anderer leitender Angestellter der Chase den Vorsitz. Die Warnung Thomas Jeffersons hat sich bewahrheitet. Die Bruderschaft der Bankiers hat immer schon einen starken Einfluß auf die amerikanische Politik, insbesondere die Außenpolitik, ausgeübt, und der Council on Foreign Relations bot eine Möglichkeit dazu. Leider hat dies dazu beigetragen, Inflation, Verschuldung und Krieg als Status quo aufrechtzuerhalten.

Cecil Rhodes erlangte zu seinen Lebzeiten in Südafrika große Macht und hatte auch eine Reihe von Jahren das Amt des Kolonialgouverneurs inne. Er delegierte seine Befugnisse auf eine Weise, die einzigartig und erfolgreich war. Einem seiner engsten Freunde, Dr. Jameson, zufolge übertrug Rhodes seinen Vertrauten einen Großteil seiner Vollmachten. Dr. Jameson schrieb einmal:

> ... Rhodes überließ die Entscheidung (darüber, was in dieser Situation zu tun sei) dem Mann an Ort und Stelle, der die Umstände vermutlich am besten beurteilen könnte, nämlich mir. So war Rhodes. Es ist ein Vergnügen, mit einem Mann von seinen immensen Fähigkeiten zusammenzuarbeiten, und wenn man entdeckt, daß er einem die Durchführung seiner Pläne völlig überläßt, ist das Vergnügen doppelt so groß; obwohl er in der Transvaal Angelegenheit dafür letztlich die Quittung bekommen hat, zahlt sich sein System auf lange Sicht immer noch aus. Solange man das Ziel, das er im Auge hat, erreicht, sind ihm die Mittel oder Methoden, die man einsetzt, gleichgültig. Er läßt jemandem freie Hand, und deshalb erhält er auch die beste Arbeit, deren seine Leute fähig sind.[5]

Das kann ein erfolgreicher Führungsstil sein, es sei denn, die zur Erreichung des Ziels eingesetzten Mittel schaffen selbst Probleme. Einige der von Rhodes Leuten angewendeten Methoden haben auf lange Sicht mehr geschadet, als daß sie im Moment genützt hätten. In Südafrika zum Beispiel führte der Kampf zwischen den holländischen Siedlern (den "Buren") und den Engländern zum sogenannten Burenkrieg. In diesem Konflikt errichtete einer der von Rhodes befehligten Offiziere, Lord Kitchener, Konzentrationslager für die gefangengenommenen Buren. Die Lager wurden von Lord Kitchener am 27. Dezember 1900 befohlen, und schließlich waren über 117.000 Buren in 46 Lagern eingesperrt. Die Bedingungen waren so unmenschlich, daß etwa 18.000 bis 26.000 Menschen vornehmlich an Krankheiten starben. Das war gleichbedeutend mit einem Massenmord.

Heute bringt man Konzentrationslager mit Nazideutschland und dem kommunistischen Rußland in Verbindung, aber eigentlich gehen sie auf Lord Kitchener zurück.

Die vielleicht größte Ironie in der Geschichte des Round Table liegt in der Rolle, die diese Organisation bei der Entwicklung der Atombombe spielte. Nach dem Tode Rhodes gründete der Round Table auch weiter neue Organisationen. Eine davon war das Institute for Advanced Study (IAS) in Princeton, New Jersey. Das IAS förderte die Wissenschaftler, die mit der Entwicklung der ersten Atombombe für die Vereinigten Staaten befaßt waren. Zu den Mitgliedern des Instituts gehörten Robert Oppenheimer, der auch "Vater der Atombombe" genannt wurde, und Albert Einstein, der sich im Institut wie zuhause fühlte.

Wie man sieht, vollzogen sich Anfang des 20. Jahrhunderts viele bedeutende Entwicklungen in der Welt. Das Zentralbankwesen wurde zu einem internationales Netzwerk verknüpft. Die Bankiers erlangten durch Gruppen wie den Round Table und den Council on Foreign Relations großen Einfluß auf die auswärtigen Beziehungen. Unterdessen gewann die kommunistische Bewegung in Europa immer mehr an Boden. Diese Entwicklung trug 1917 Früchte, als die kommunistischen Revolutionäre in Rußland ihre erste “Diktatur des Proletariats” errichteten.

Die Welt befand sich wieder einmal auf dem Weg zu einem biblischen Utopia.

KAPITEL 33

Das Arbeiterparadies

Die Zeit von 1914 bis zur Mitte der dreißiger Jahre war für viele Menschen, die damals lebten, die absolute Erfüllung apokalytischer Prophezeiungen. Jene Jahre waren Zeugen eines verheerenden Weltkriegs, einer plötzlich auftretenden weltweiten Grippeepidemie, die über zehn Millionen Menschen innerhalb kurzer Zeit dahinraffte und eines internationalen Bankenkrachs, für den in Deutschland eine galoppierende Währungsinflation kennzeichnend war.

Es kam auch zu meteorologischen Veränderungen. Teile der Vereinigten Staaten wurden zu Trockengebieten mit Bodenerosionserscheinungen und Staubstürmen. Die Folge war eine weitgehende Vernichtung der Ernte, und viele Familien verloren ihre Farmen durch Zwangsvollstreckung. Es war eine Zeit, in der in der *New York Times* immer häufiger Berichte über aufsehenerregende "Feuerkugeln" (hellodernde Meteore) veröffentlicht wurden. Einige Feuerkugeln schienen mit heftigen Stürmen, Erdbeben und anderen Naturkatastrophen einherzugehen. Überall auf der Welt tauchten neue Messiasgestalten auf. Viele Menschen haben sicherlich geglaubt, der Tag des Jüngsten Gerichts sei angebrochen.

Gegen Ende des 19. Jahrhunderts vollzog sich in Deutschland ein großer Wandel. Die autonomen Fürstentümer verschmolzen zu einer einzigen deutschen Nation. An der Spitze dieser Einigungsbestrebungen stand das preußische Haus Hohenzollern, das außerdem im Begriff war, eine große deutsche Kriegsmaschine zu schmieden. Diese Maschine wurde von Kaiser Wilhelm II., einem Hohenzollern, befehligt, der mithalf, Europa in den ersten Weltkrieg zu stürzen.

Hinter der Militarisierung Deutschlands stand das Netzwerk der Bruderschaft. Anfang des 20. Jahrhunderts vertraten eine Reihe geheimer Organisationen in Deutschland eine merkwürdige Mischung aus Vorstellungen von einer arischen Herrenrasse und mystischen Ansichten von

Deutschlands zukünftigem Ruhm. Aus diesem Gebräu entstand der Begriff der deutschen Herrenrasse. Einer der prominentesten Autoren dieses Genres war Houston Stewart Chamberlain, ein Engländer, der in Paris aufgewachsen und als junger Mensch von einem preußischen Hauslehrer unterrichtet worden war. Sein wichtigstes Werk *Die Grundlagen des Neunzehnten Jahrhunderts* erschien 1899. In diesem Werk sang Chamberlain das Loblied des "Germanentums" und erklärte, daß Deutschland am besten dazu geeignet sei, in Europa eine "neue Ordnung" zu verwirklichen. Er wies darauf hin, daß die Deutschen der westarischen Völkergruppe angehörten und daher allen anderen rassisch überlegen seien. Deutschland bringe eine neue Rasse von "Supermenschen", hervor, so erklärte er. Chamberlain glaubte an Eugenik (Verbesserung der menschlichen Rasse durch sorgfältige Auswahl der natürlichen Eltern), und er verkündete, daß alle arischen Deutschen die Pflicht hätten, aus ihrem arischen Erbgut die Superrasse zu züchten. Chamberlain zögerte auch nicht, seinem Antisemitismus Ausdruck zu verleihen. Er erklärte, daß die Juden einen fremden Einfluß nach Europa brächten, und daß sie alle Kulturen zersetzten, in die sie assimiliert würden.

Auf den deutschen Kaiser Wilhelm II. und viele Angehörige des deutschen Offizierscorps machten Chamberlains Schriften tiefen Eindruck. Der Kaiser lud Chamberlain an den Hof ein und begrüßte ihn angeblich mit den Worten: "Gott hat dem deutschen Volk ihr Buch und mir Sie selbst gesandt".[1] Chamberlain blieb Gast im kaiserlichen Palast in Potsdam, wo er der geistige Mentor des Kaisers wurde. Die mystischen Gedanken, die Chamberlain vertrat, trugen viel dazu bei, den Kaiser und andere führende deutsche Persönlichkeiten in den Größenwahn zu treiben, der zum ersten Weltkrieg führte.

Anlaß des ersten Weltkriegs waren eine Reihe von Krisen, die durch die Ermordung des österreichischen Thronfolgers Erzherzog Franz Ferdinand versacht worden waren. Er und seine Frau, die Erzherzogin Sophie, wurden am 28. Juni 1914 in Serajewo von serbischen Attentätern erschossen, die einer "Schwarze Hand" genannten okkulten Geheimgesellschaft angehörten. Die Ermordung löste eine politische Kettenreaktion aus, und der erste Weltkrieg begann, als der deutsche Generalstabschef General Helmuth von Moltke (selbst ein Schwärmer, auch wenn er einigen Berichten zufolge nicht so fanatisch an die deutsche Bestimmung glaubte wie der Kaiser) die absolute Mobilmachung anordnete, und die Deutschen am 1. August 1914 in Frankreich einmarschierten.

Die Mitglieder des geheimen Netzwerks hatten wieder einmal einen grausamen und sinnlosen Krieg entfesselt.

Es gibt noch eine weitere Geschichte über den ersten Weltkrieg, die man kennen sollte. Es ist die Geschichte von einem ungewöhnlichen Frieden. Sie wurde von dem Autorenteam Irving Wallace, David Wallichinsky und Amy Wallace in ihrer Kolumne "Significa" in der Zeitschrift *Parade* veröffentlicht. Hier ist die Geschichte, wie sie sie erzählt haben:

> Mitten in den Schrecken des ersten Weltkrieges gab es eine Atempause, als sich Feinde einige Stunden lang wie Freunde verhielten.
>
> Am Heiligabend 1914 war an der französischen Westfront vom Kanal bis zu den Schweizer Alpen alles ruhig. Die Schützengräben waren bis auf 50 Meilen an Paris herangekommen. Es war erst seit fünf Monaten Krieg, und etwa 800.000 Mann waren getötet oder verwundet worden. Jeder Soldat fragte sich, ob die Kämpfe und das Töten Weihnachten wohl weiter gehen würden. Aber plötzlich geschah etwas : die britischen Soldaten hoben Schilder hoch, auf denen "Fröhliche Weihnachten" stand, und bald darauf hörte man aus den deutschen wie aus den britischen Schützengräben Weihnachtslieder.
>
> Als der Weihnachtstag anbrach, verließen unbewaffnete Soldaten ihre Schützengräben, und die Offiziere auf beiden Seiten versuchten vergeblich, ihre Truppen davon abzuhalten, mit dem Feind in der Mitte des Niemandslandes zusammenzutreffen, um gemeinsam mit ihm zu singen und sich mit ihm zu unterhalten. An weiten Strecken der Front verbrachten sie Weihnachten friedlich mit dem Austausch kleiner Geschenke - meistens Süßigkeiten und Zigarren. An einer Stelle spielten die Briten mit den Deutschen Fußball, die sie 3:2 gewannen.
>
> An einigen Orten setzte man die spontane Waffenruhe am nächsten Tag fort, da keine der beiden Seiten bereit war, den ersten Schuß abzugeben. Mit der Ankunft neuer Truppen wurde der Krieg schließlich wieder aufgenommen, und das Oberkommando beider Armeen ordnete an, weitere "inoffizielle Verbrüderungen" mit dem Feind als Verrat zu bestrafen.[2]

Das Vorstehende ist eine weitere jener kleinen aber denkwürdigen Episoden, die zeigen, daß die Menschen nicht von Natur aus kriegerisch sind. Wenn sie die Möglichkeit dazu haben, legen sie die Waffen nieder und wenden sich sehr viel konstruktiveren und unbeschwerteren Beschäftigungen zu. Was die Soldaten dazu veranlaßte weiterzukämpfen, waren die

Zwänge einer künstlich geschaffenen Gesellschaftsstruktur, die aus vielen der in diesem Buch beschriebenen Faktoren entstanden ist.

Eines der Hauptereignisse des ersten Weltkriegs war die bolschewistische Revolution von 1917 in Rußland. Durch diese Revolution wurde aus Rußland der kommunistische Staat, als den wir ihn heute kennen. Die Revolution brach ein Jahr vor Ende des ersten Weltkriegs aus. An ihrer Spitze stand in erster Linie Wladimir Iljitsch Uljanow, den wir eher unter seinem Decknamen "Lenin" kennen.

Zur Zeit der Revolution waren Rußland und Deutschland Feinde. Die Härten des ersten Weltkriegs hatten beim russischen Volk starke antideutsche Gefühle geweckt. Die Gegner des Bolschewismus nutzten diese Gefühle gegen die Bolschewiken geschickt aus, indem sie Lenin vorwarfen, deutscher Agent zu sein. In gewisser Hinsicht stimmte dieser Vorwurf. Sir Winston Churchill, der während des zweiten Weltkriegs Premierminister von Großbritannien war, schrieb, "man (die Deutschen) hat Lenin wie einen Pestbazillus in einem plombierten Zug von der Schweiz nach Rußland befördert".[3] Churchill spielte damit auf den Zug an, in dem Lenin und seine Begleitung von ihrem revolutionären Hauptqartier in der Schweiz durch Deutschland nach Rußland reisten, um sich an die Spitze der Revolution zu setzen, die bereits im Gange war. Das deutsche Militär garantierte Lenins Zug sichere Durchfahrt durch Deutschland, erlaubte Lenin und seinen Anhängern jedoch nicht, den Zug zu verlassen, solange er sich auf deutschem Boden befand. Als der Zug die Schweizer Grenze passiert hatte und zum ersten Mal in Deutschland hielt, stiegen zwei deutsche Offiziere zu, die die revolutionäre Gruppe schweigend eskortierten. Die Offiziere waren zuvor von General Erich Ludendorff, dem Oberbefehlshaber der 8. deutschen Armee an der Ostfront instruiert worden. Ludendorff wurde später einer der einflußreichsten Männer auf der politischen Bühne und ein prominenter Anhänger Hitlers.

Michael Pearson, der Autor des ausgezeichneten Buches *Der plombierte Zug* belegt, daß die Bolschewiken auch nach der Revolution noch von den Deutschen unterstützt wurden. Das deutsche Militär wollte sichergehen, daß die Bolschewiken in Rußland an der Macht blieben. Nach Unterlagen des deutschen Auswärtigen Amtes, die nach dem zweiten Weltkrieg freigegeben wurden, hatte das Auswärtige Amt bis zum 5. Februar 1918 insgesamt 40.580.997 Mark für "Propaganda" in Rußland und "besondere Zwecke" zur Verfügung gestellt. Der größte Teil des Geldes soll direkt an das neue kommunistische Regime gegangen sein.

Denselben Dokumenten zufolge wurden vom deutschen Schatzamt nur einen Tag, nachdem Lenin im November 1917 offiziell die Macht übernommen hatte, fünfzehn Millionen Mark an Rußland freigegeben. In einem vom 3. Dezember 1917 datierten Telegramm Richard von Kühlmanns, Staatssekretär im deutschen Auswärtigen Amt, heißt es:

> ...die Bolschewiken erst, seitdem sie von uns einen ständigen Strom von Geldern über verschiedene Kanäle erhielten, in der Lage waren, ihr Hauptorgan Prawda aufzubauen, energische Propaganda zu betreiben und die ursprünglich schmale Basis ihrer Partei merklich zu erweitern.[4]

Drei Monate später* wird in einem weiteren Telegramm von Kuhlmanns mitgeteilt, daß:

> ... die bolschewistische Bewegung ohne unsere kontinuierliche Unterstützung nie die Größe oder den Einfluß hätte erreichen können, den sie heute hat.[5]

Lenin bestritt verständlicherweise Vorwürfe, irgendwelche Unterstützung von den Deutschen erhalten zu haben. Die Deutschen waren Rußlands Feinde, und Lenin hätte als Verräter Rußlands gegolten. Warum sollten deutsche Kapitalisten russischen Kommunisten auch helfen? Der tyrannische Zar hatte schon vor der Revolution abgedankt, und die an seiner Stelle eingesetzte provisorische Regierung war eine nach dem Vorbild der Vereinigten Staaten errichtete republikanische Regierungsform.

Die meisten Leute glauben, daß Deutschland Lenin half, die provisorische Regierung zu stürzen, um der Beteiligung Rußlands am ersten Weltkrieg ein Ende zu setzen. Die deutschen Militärs wünschten nichts sehnlicher als das Ende des Krieges an der Ostfront, um Soldaten und Nachschub, die dringend benötigt wurden, umzudisponieren. Die provisorische Regierung hatte den Krieg gegen Deutschland fortgesetzt, während das bolschewistische Rußland sich nach der Machtübernahme aus dem Krieg zurückzog.

---

* Anm. des Übersetzers: In der deutschen Übersetzung des zitierten Buchs heißt es hier "drei Monate früher".

Die Frage ist daher, warum Deutschland den *kommunistischen* Revolutionären half. Es gab andere politische Gruppen in Rußland, die man hätte unterstützen können.

Zum einen hatten die Bolschewiken wahrscheinlich die besten Aussichten auf Erfolg. Wichtiger noch ist, daß einige sehr prominente Industrielle und Geldgeber, die Einfluß auf das deutsche Militär hatten, die kommunistische Bewegung unterstützten. Ihre Unterstützung hatte bereits lange vor dem ersten Weltkrieg eingesetzt. Einer der sich ganz offen zu Marx bekannte, war der wohlhabende deutsche Industrielle Friedrich Engels. Er verfaßte zusammen mit Marx sogar das *Kommunistische Manifest*. Beträchtliche Hilfe erfuhr der Kommunismus auch von den deutschen Banken. Max Warburg, einer der führenden Männer in der Finanzwelt, unterstützte die Bolschewiken ebenso wie der Bankier Jakob Schiff, der zwar Amerikaner war, aber von der deutschen Familie abstammte, die Generationen zuvor gemeinsam mit den Rothschilds in Frankfurt ein Haus bewohnt hatte. Schiff hatte nach Aussage seines Enkels der ersten kommunistischen Regierung in Rußland ein Darlehn in Höhe von 20 Millionen Dollar gewährt. Das erste bolschewistische Regime konnte sich nur durch die Darlehn des Westens und die vom deutschen Schatzamt zur Verfügung gestellten Gelder halten.

Es gab viele Gründe, warum die Bankiers der westlichen Welt die Bolschwewiken finanzierten. Die Tatsache, daß der Kommunismus und das System des künstlich vermehrbaren Papiergeldes ihren Ursprung im selben mystischen Netzwerk haben, ist einer der zu berücksichtigenden Faktoren. Der Marxismus entsprach genau dem philosphischen Denkschema, das dem Christentum und anderen Religionen der "Herrgötter" mit ihrer "Letzten Schlacht" und ihren Prophezeiungen eines Utopia zugrundelag. Ein vielleicht ganz wichtiger Faktor im Zusammenhang mit dem modernen Kommunismus, aus dem heraus sich die Unterstützung von seiten westlicher Banken erklären läßt, ist der Umstand, daß der Kommunismus eigentlich ein auf die Spitze getriebener Kapitalismus ist. Um das zu verstehen, müssen wir darauf eingehen, was "Kapitalismus" eigentlich ist.

"Kapitalismus" und "freies Unternehmertum" werden oft gleichgesetzt. Das ist nicht richtig. "Freies Unternehmertum" bedeutet unbeschränkte Wirtschaftstätigkeit; sie findet dort statt, wo es einen freien und offenen Markt für die Produktion und den Austausch von Waren und Dienstleistungen gibt. Unternehmer (Leute, die eine Utnernehmung gründen und das Risiko übernehmen) sind das Rückgrat einer "freien Marktwirtschaft".

Es gibt zwei grundlegende Defintionen des "Kapitalismus". Die erste bezieht sich auf die sogenannten "Kapitalgüter". Das sind Güter, die zur Herstellung anderer Güter verwendet werden. Ein typisches Kapitalgut ist eine im Fließbandverfahren verwendete Maschine. Ein "Kapitalist" kann daher jemand sein, der Kapitalgüter erwirbt und sie dazu verwendet, andere Güter gewerbsmäßig herzustellen. Diese Art von Kapitalist findet man im allgemeinen in einer "freien Marktwirtschaft"; er braucht jedoch keine freie Marktwirtschaft, um sich halten zu können. Solange ein Gewinn erzielt wird, kann er in fast jedem politischen oder wirtschaftlichen System existieren. Eigentlich überlebt diese Art von Kapitalist am besten in einer Volkswirtschaft ohne Außenhandel, in der es nur wenig oder überhaupt keine Konkurrenz gibt.

Regierungen sind Kapitalisten, wenn sie Kapitalgüter besitzen und darin investieren.

Die zweite Art von Kapitalismus ist der "Finanzkapitalismus". Darunter versteht man die Kontrolle der Ressourcen durch Investitionen und Kapitalbewegungen. Er kann den Erwerb von Kapitalgütern einschließen, muß es aber nicht. Ein Finanzkapitalist investiert sein Geld im allgemeinen in Aktien und beeinflußt die Verwendung der Ressourcen dadurch, daß er selbst bestimmt, in welchen Unternehmen er sein Geld anlegt. Ein Finanzkapitalist kann auch ein Bankier sein, der das Recht hat, für Kreditzwecke künstlich vermehrbares Papiergeld zu schöpfen und der die Verwendung der Ressourcen dadurch beeinflußt, wie er sein "aus dem Nichts geschaffenes" Geld ausleiht. Der Finanzkapitalist braucht ebenfalls kein freies Unternehmertum, um zu überleben und er profitiert oft von Monopolen.

Wir sehen also, daß Kapitalismus nicht das Gleiche ist wie freies Unternehmertum, selbst wenn sie häufig nebeneinander bestehen. Freies Unternehmertum und Kapitalismus geraten oft miteinander in Konflikt, weil Kapitalismus zu Monopolen neigt und freies Unternehmertum im allgemeinen jedem Unternehmer zugängliche freie und offene Märkte begünstigt.

In den Jahren 1989 und 1990 begannen Rußland und die meisten anderen osteuropäischen Länder, sich vom Kommunismus zu lösen und ihn durch eine Demokratie nach westlichem Muster zu ersetzen. Grundbesitz und wirtschaftliches Eigentum in privater Hand wurde weitgehend wieder zugelassen. Wenn dieses Buch in Druck geht, ist der Übergang noch nicht abgeschlossen, und wenn Sie dieses Buch lesen, wird sicherlich noch viel mehr geschehen sein. Um verstehen zu können, wie sehr diese bedeutende Gruppierung der Bruderschaft dazu beitrug, wichtige Probleme in unserer Zeit fortbestehen zu lassen, ist es dennoch nützlich, sich damit zu befassen, wie Rußland unter dem Kommunismus aussah. Außerdem gibt es noch immer Länder, in denen der Kommunismus herrscht, und er beschwört auch weiterhin revolutionäre Konflikte in der Dritten Welt herauf.

Das Wirtschaftssystem des kommunistischen Rußlands war extrem kapitalistisch, denn die dortige Industrie war noch stärker monopolisiert, und die Wirtschaft des Landes wurde noch stärker von den gleichen Institutionen gesteuert, die auch die kapitalistischen Staaten beherrschen. Die wichtigste dieser Institutionen war die sowjetische Zentralbank, die mit den gleichen Mitteln arbeitete wie die Zentralbanken westlicher Länder. Der Hauptunterschied bestand darin, daß die russische Zentralbank das Wirtschaftsleben des Landes sogar noch stärker bestimmte.

Die sowjetische Zentralbank wurde Gosbank genannt. Sie war gleichzeitig Zentralbank und Handelsbank. 1980 hatte die Gosbank etwa 3.500 Filialen und 150.000 Mitarbeiter. Große russische Unternehmen, allesamt Staatsbetriebe, waren darauf angewiesen, daß die Gosbank sie in Zeiten, in denen ihre Ausgaben höher waren als ihre Einnahmen, mit Darlehn über Wasser hielt. Anders ausgedrückt, die staatseigenen Industriebetriebe arbeiteten ebenfalls auf der Grundlage von Gewinn und Verlust und mußten Geld bei der Gosbank aufnehmen, wenn sie Verluste erlitten. Wie in nichtkommunistischen Ländern zahlten die russischen Unternehmen Zinsen für das aufgenommene Geld. Der einzige Unterschied bestand darin, daß die Gosbank mit einem festen Zinssatz arbeitete, während viele westliche Banken variable Zinssätze haben.

Die Gosbank war und ist eine "Emissionsbank". Das heißt, sie war zur Ausgabe von Banknoten berechtigt. Ebenso wie die westlichen Banken schöpfte die Gosbank Geld "aus dem Nichts". Obwohl sie angeblich von der Regierung kontrolliert wurde, war sie in Wirklichkeit eine halbautonome Institution, bei der die russischen Unternehmen hohe Schulden hatten.

Die Gosbank kontrollierte sowjetische Finanzgeschäfte sogar noch stärker, als das bei den Zentralbanken westlicher Länder der Fall ist, denn alle Transaktionen zwischen sowjetischen Unternehmen wurden über die Gosbank abgewickelt. Auf diese Weise konnte die Gosbank alle laufenden Geldgeschäfte, an denen sowjetische Unternehmen beteiligt waren, überwachen. Zu den Aufgaben der Gosbank gehörte auch die Auszahlung der

Löhne an die Arbeitnehmer. Die sowjetische Wirtschaftstätigkeit war in hohem Maße bürokratisiert.

Wie man sehen kann, war das kommunistische Rußland der Traum eines jeden Finanzkapitalisten. Der marxistische Gedanke, daß im Kommunismus alles "Kollektiveigentum" ist, bedeutet nur, daß eine ausgewählte Bank- und Regierungselite die Verwendung aller verwertbaren Ressourcen im Land allein bestimmen konnte. Die sowjetischen Arbeiter erhielten Löhne, mit denen sie Güter für den persönlichen Bedarf erwerben konnten, aber nach sowjetischem Recht durften sie weder eigenen Grund und Boden, eigene Häuser, Geschäfte noch Eigentum an großen Industrieausstattungen besitzen. Die Sowjetbürger durften nur "gebrauchte" oder selbsthergestellte Dinge verkaufen, sie durften niemand gewerbsmäßig für sich arbeiten lassen und auch keine Tätigkeit als Zwischenhändler aufnehmen. Es gab zwar eine begrenzte Zahl von Ausnahmen für diese Beschränkungen und einen florierenden schwarzen Markt, doch wurde durch die sowjetischen Gesetze ein wirksames Monopol geschaffen, in dem die sowjetischen Arbeitnehmer in einem streng feudalistischen System rücksichtslos ausgebeutet wurden; um das zu erkennen, braucht man das kommunistische Rußland nur mit dem Feudalismus des Mittelalters zu vergleichen.

Wie in den alten feudalistischen Systemen Europas mußten die Sowjetbürger einen chronischen Mangel an Waren und Dienstleistungen ertragen, und man sagte ihnen, daß sie dieses Opfer zum Wohle von Mütterchen Rußland bringen müßten.

Wie in alten feudalistischen Systemen erreichte man durch eine starre Bürokratie, die den Menschen verbot, ohne staatliche Genehmigung ihren Wohnort zu wechseln, daß die Russen "an die Scholle gebunden" waren. Durch diese Regelung, *dh*. dadurch, daß von oben entschieden wurde, wo die Menschen leben und arbeiten mußten, konnte man das politische und wirtschaftliche Leben kontrollieren. Aus demselben Grund wurden die Menschen zur Zeit der früheren Feudalherren an das Land gebunden. Das hatte zur Folge, daß die russischen Menschen in gewisser Hinsicht Leibeigene waren. Eine Auswanderung in Länder außerhalb des Eisernen Vorhangs war stark eingeschränkt, was ebenfalls auf eine Art der Leibeigenschaft hinauslief, weil die Menschen an das Land gekettet waren, in dem sie geboren wurden.

Wie in den alten feudalistischen Systemen gewährte man der "Elite" des kommunistischen Rußlands besondere Privilegien und Luxusgüter, was den "Massen" verwehrt wurde. Zu diesen Privilegien gehörten Luxusläden, in denen nur einige wenige einkaufen durften. Für diese "Elite" war es auch einfacher, ins Ausland zu reisen und ihre Kinder zur Ausbildung auf ausländische Schulen zu schicken.

Die früheren Feudalherren konnten das System dadurch aufrechterhalten, daß sie den Leibeigenen Schutz in ihrer Burg boten, wenn diese von Marodeuren oder fremden Truppen angegriffen wurden. Das sowjetische System konnte sich halten, indem es die Fremdenfeindlichkeit förderte und das russische Volk regelmäßig an den Einmarsch Napoleons und Nazideutschlands in Rußland erinnerte. Der sowjetische Staat versprach seinem Volk Schutz gegen eine furchterregende und gefährliche Außenwelt.

Wie man sehen kann, fügte sich die Verherrlichung des Arbeiters sehr gut in das kommunistische System ein. Da das Eigentum in diesem System so stark beschränkt wurde, war die große Mehrheit des Volkes nur als Arbeiter und Bürokraten von Nutzen. Der Kommunismus bekannte sich auch offen zum Atheismus, *d.h.* er leugnete die Existenz jeder geistigen Realität. Dadurch erfüllte das kommunistische System in Rußland die in den alten Texten zum Ausdruck kommenden Absichten der "Herrgötter", den *Homo sapiens,* dessen Dasein von der Geburt bis zum Tod ein einziger langer Kampf um die physische Existenz sein sollte, ohne einen Zugang zu geistigem Wissen, das ihn erlösen könnte, als Arbeitsrasse zu erhalten.

Ein wichtiger Aspekt der Russischen Revolution war auch die Rolle, die die Geheimdienste bei diesem Umsturz spielten. Zur Zeit der Revolution hatten sich die internationalen Geheimdienste zu einer großen und komplexen Institution mit beträchtlichem Einfluß entwickelt. Durch die gesamte Geschichte hindurch haben Mitglieder des Netzwerks der Bruderschaft in politisch einflußreichen Positionen Geheimdienste wegen der üblicherweise damit verbundenen Geheimhaltung für einen idealen Weg zur Förderung der gesellschaftlichen und politischen Pläne der Bruderschaft gehalten. Infolgedessen wurden viele Geheimdienste zum Ausgangspunkt von Manipulation, Umsturz und Verrat. Das zeigte sich in Rußland bereits zur Zeit der Russischen Revolution.

Vor der Bildung der Provisorischen Regierung wurde Rußland von einem Zaren regiert. Der letzte Zar verfügte über einen riesigen "Ochrana" genannten Geheimdienstapparat. Die Ochrana bestand aus mehreren Geheimdienstorganisationen, die mit ihren Geheimagenten, Doppelagenten, agents provocateurs und Geheimakten alle üblichen Agentenfunktionen wahrnahmen. Die Ochrana bespitzelte sowohl Freunde wie Feinde des

Zaren und fungierte innerhalb Rußlands, wo sie eine umfassende antisubversive Tätigkeit entfaltete, als Geheimpolizei. Die unpopulären Aktivitäten der Ochrana im eigenen Land waren eines der Hauptthemen, dessen sich die Bolschewiken bedienten, um den Zaren anzugreifen.

Der Zar wurde schließlich gestürzt. Das mußte bedeuten, daß die Ochrana versagt hatte.

Oder doch nicht?

Die Historiker haben festgestellt, daß die bolschewistische Bewegung von der Ochrana stark unterwandert war und von ihr unterstützt wurde. Das geschah durch Agenten, die man "agents provocateurs" nennt. Ein agent provocateur ist jemand, der andere bewußt zu strafbaren oder aufrührerischen Handlungen provoziert, im allgemeinen, um das manipulierte Opfer zu diskreditieren oder zu verhaften. In Amerika und anderen Ländern werden agents provocateurs heutzutage häufig von der Polizei eingesetzt, um die Zielpersonen zu einer strafbaren Handlung zu veranlassen oder zu kompromittieren. Diese Aktivitäten werden manchmal als "Lockspitzel-Operation" bezeichnet.

Es gibt offenbar einen naheliegenden Grund für den Einsatz von Lockspitzeln. Wenn die Zielperson nichts unternimmt, wofür sie verleumndet, kompromittiert oder verhaftet werden kann, muß man sie dazu bringen. Da sich die meisten Spitzelaktionen gegen angebliche Kriminelle oder Aufrührer richten, entsteht der Eindruck, daß Bespitzelei ein nützliches Mittel zur Bekämpfung von Verbrechen und Umsturz darstellt. In Wirklichkeit ist das jedoch nicht der Fall.

Bei näherer Betrachtung stellt man sehr schnell fest, daß die Provokation fast immer von Geheimdienstlern und Polizisten ausgeht, die selbst kriminell oder subversiv sind. Spitzeldienste erweisen sich häufig als Deckmantel für offiziell abgesegnete Subversion oder Kriminalität. Sie bieten Polizei und Geheimdiensten eine sehr gute Möglichkeit, ihre geheime Unterstützung von subversiven und kriminellen Elementen zu kaschieren. Die Ochrana in Rußland war dafür ein klares Beispiel.

Die Ochrana schleuste viele Agenten als Mitglieder in die wachsende kommunistische Bewegung in Rußland ein. Agenten der Ochrana fanden in die innersten Kreise der bolschewistischen Partei Eingang und steuerten viele Aktivitäten der Bolschewiken. Diese Infiltration war so groß, daß in den Jahren 1908-1909 vier von fünf Mitgliedern des Petersburger Komitees der bolschewistischen Partei Agenten der Ochrana waren. Obwohl es häufig zu Verhaftungen von Revolutionären kam, ließ die Ochrana den russischen Bolschewiken unter dem Vorwand der Bespitzelung weit mehr Unterstützung zuteil werden, als daß sie ihnen schadete. Die Ochrana versorgte die Revolutionäre regelmäßig mit Geld und dringend benötigtem Material. Sie trug dazu bei, zwei Rivalen der Bolschewiken zu unterdrükken: die Sozialdemokratische Partei und die Menschewiken. Die Ochrana verhalf dem Hauptpropagandaorgan der Bolschewiken, der *Prawda,* zum Start. Als die *Prawda* 1912 gegründet wurde, fungierten zwei Agenten der Ochrana als Herausgeber (Roman Malinowski, der auch dem bolschewistischen Zentralkomitee angehörte und Lenins Hauptstellvertreter in Rußland war) und als Finanzleiter (Miron Chernomazow).

Der Ochrana verdanken die russischen Kommunisten möglicherweise auch den berüchtigten Diktator Josef Stalin. Stalins Biograph Edward Ellis Smith läßt in seinem Buch *Der junge Stalin* anklingen, daß Stalin - ein Revolutionär, der später an die Spitze der sowjetischen Regierung gelangte - möglicherweise als Spitzel in die kommunistische Bewegung kam. Die Historiker haben darauf hingewiesen, daß Stalin ein wichtiger Kontaktmann zwischen den Bolschewiken und der zaristischen Polizei war und daß er von der Ochrana vieles zu beschaffen wußte, was dringend benötigt wurde.

Nach der Abdankung des Zaren im Jahre 1917 löste die Provisorische Regierung den ganzen Apparat der Ochrana auf. Sie war von der bolschewistischen Propaganda öffentlich gebrandmarkt worden, und man hätte deshalb erwartet, daß die siegreichen Kommunisten den russischen Geheimdienstapparat aufgelöst gelassen hätten. Die Bolschewiken taten jedoch genau das Gegenteil. Nachdem sie die Provisorische Regierung gestürzt hatten, bauten sie den Geheimdienstapparat innerhalb von sechs Wochen wieder auf. Das ist möglicherweise gar nicht so überraschend, wenn man bedenkt, wie stark die Ochrana mit der bolschewistischen Partei zusammenhing. Lenin nahm nur einige Umbildungen vor, gab der Ochrana einen neuen Namen und machte den Arm des staatlichen Geheimdienstes noch länger und unerbittlicher, als er unter dem Zaren gewesen war. Bis 1921, nur vier Jahre nach der Revolution, beschäftigte die bolschewistische Geheimpolizei zehnmal soviele Mitarbeiter wie die Ochrana unter dem Zaren. Es war in Rußland ein offenes Geheimnis, daß die Ochrana wieder existierte und daß sie noch schrecklicher war als je zuvor.

Der Name, des neuen umstrukturierten und unter dem Namen "Tscheka" bekannten russischen Geheimdienstes lautete: “Außerordentliche Kommission für den Kampf gegen Konterrevolution und Sabotage”. In den folgenden Jahrzehnten änderte die Tscheka noch mehrmals ihren Namen. 1920 wurde daraus die GPU, dann die OGPU und 1934 die "Volkskommission für Innere Angelegenheiten" ("NKWD"). Schließlich wurde sie in den jetzigen KGB umgewandelt, heute die größte Geheimdienstorganisation der Welt. 1982 beschäftigte der KGB etwa 90.000 Stabsoffiziere allein im System für Sicherheit und politische Gefängnisse. Der KGB unterhält eine eigene Armee, die aus einer 175.000 Mann starken Grenztruppe besteht, und der größte Teil der Agenten- und Spitzelaktivitäten, für die das kommunistische Sowjetregime so gut bekannt ist, geht auf sein Konto. Eine Organisation von den Ausmaßen des KGB verschlingt ganz ohne Zweifel viel Geld. Die ungeheuren Mittel, die für die Unterhaltung dieser riesigen Geheimdienstbürokratie benötigt werden, sind ein Grund, warum es der sowjetischen Wirtschaft auch nach dem Abbau des Kommunismus weiterhin so schlecht geht. Die sowjetischen Arbeiter zahlen für diesen gewaltigen KGB mit einem täglich niedrigeren Lebensstandard. Es bleibt abzuwarten, was nach den derzeitigen Reformen aus dem KGB wird.

Einer der über die Russische Revolution schrieb, war Arsene Goulewitsch*, ein früherer General der antibolschewistischen "weißrussischen" Armee. Obwohl Goulewitsch kaum als unparteiisch gelten kann, hat er in seinem Buch *Tsarism and the Revolution* einige interessante Ausführungen gemacht.

Goulewitsch zufolge gab es in Rußland vor und während der Revolution zahlreiche englische Agenten. Man munkelte, daß ein Teil der finanziellen Unterstützung für die Sache Lenins von englischen Bankiers stammte. Einer der Geldgeber soll Alfred Milner gewesen sein. Wie wir uns erinnern, gehörte Milner zu den Organisatoren des Round Table. Er spielte außerdem während des Burenkrieges eine wichtige politische Rolle in Südafrika. Im Burenkrieg errichteten die Engländer auch das moderne Konzentrationslager. Wenn Goulewitschs Behauptungen auf Wahrheit beruhen sollten, könnte man auch besser verstehen, woher die Bolschwiken die Idee hatten, als Teil der neuen kommunistischen Wirtschaftsordnung ein umfassendes Konzentrationslagersystem zu schaffen: nämlich von den Engländern.

Das sowjetische Konzentrationslagersystem der Anfangszeit war ein

---

* Anm. des Übersetzers: Die genaue Schreibweise des Namens im Deutschen konnte nicht in Erfahrung gebracht werden.

großangelegtes Unternehmen, das unter Lenins Nachfolger, Josef Stalin, seinen Höhepunkt erreichte. Unter dem grausamen Stalin wurde ein Sofortprogramm zur Industrialisierung Rußlands eingeführt, das mit dem ersten "Fünfjahresplan" begann. Dieser Plan machte große Mengen billiger Arbeitskräfte erforderlich. Um das zu erreichen, wurde in Rußland ein weitgespanntes Netz von Konzentrationslagern errichtet. Die Lager unterstanden der russischen Geheimpolizei, dem NKWD. Die Insassen der Konzentrationslager waren Zwangsarbeiter, die unter unmenschlichen Bedingungen arbeiten mußten. Fast alle Zwangsarbeiter waren gebürtige Russen, die unter den verschiedensten Vorwänden inhaftiert worden waren.

Die Lager waren jahrzehntelang Bestandteil der sowjetischen Wirtschaft. 1941 beispielsweise wurde dem NKWD 17 % des Kapitalstrukturfonds für Rußland zugewiesen, damit er die Lager betreiben konnte. Fast die Hälfte der Chrom- und zwei Drittel der Goldgewinnung erfolgte durch Lagerinsassen. Zehn Millionen Menschen wurden durch die Lager geschleust, und etwa zehn Prozent von ihnen starben dort. Etwa drei bis vier Millionen Menschen ließen in den Lagern allein in der Zeit von ihrer Einrichtung bis 1950 ihr Leben.

Die sowjetischen Konzentrationlager waren entschieden "kapitalistische" Institutionen, weil dort die menschliche Arbeitskraft rücksichtslos ausgebeutet werden sollte. Die "unterdrückte Arbeiterklasse" wurde von ihren kommunistischen "Befreiern" inzwischen sogar noch stärker unterdrückt. Angesichts der jetzigen Reformen in Rußland bleibt abzuwarten, was mit den Konzentrationslagern geschieht. Zur Zeit, da ich dieses schreibe, existieren sie noch immer als Arbeitslager für Gefangene.

Der Kommunismus und das damit zusammenhängende umfassende Konzentrationslagersystem wurde dem russischen Volk in einer ohnehin schon stürmischen Zeit aufgezwungen. Der erste Weltkrieg war eine grausame Auseinandersetzung. Er hatte bereits 10 Millionen Todesopfer unter den Soldaten und noch mehr Millionen unter den Zivilisten gefordert. Als er Ende 1918 zu Ende ging, folgte eine neue Katastrophe: eine weltweite Grippeepidemie. Die Epidemie dauerte nicht einmal ein Jahr, raffte jedoch in diesem erstaunlich kurzen Zeitraum über zwanzig Millionen Menschen dahin; sie trat ganz plötzlich auf und war fast so verheerend wie die Beulenpest im 14. Jahrhundert. In Rußland machten sich diese Ereignisse deutlich bemerkbar. Eine zugleich mit der Grippe ausbrechende Hungersnot brachte zwischen 1914 und 1929 über zwanzig Millionen

Russen den Tod. Die Hungersnot war weitgehend die Folge der russischen Revolution und der nachfolgenden wirtschaftlichen Umwälzungen.

Für das gequälte russische Volk waren diese Ereignisse der Anfang eines Alptraums, der immer größerer Ausmaße annahm.

Unter dem von Stalin im Jahre 1928 begonnenen Fünfjahresplan wurde alles Land im Privatbesitz "kollektiviert", *d.h.* es wurde Eigentum des Staates.

Viele Bauern und Landbesitzer widersetzten sich dem verständlicherweise. Die Regierung Stalins reagierte darauf mit einem organisierten Massenmord, der dem der Schreckensherrschaft in Frankreich gleichkam. Zielgruppe der Liquidierungen waren Bauern und Landbesitzer, um ihr Land zu beschlagnahmen und sie als Hindernis für das kommunistische Utopia beseitigen zu können. Dieser Vernichtungsfeldzug dauerte von 1929 bis 1934. Millionen Menschen wurden nur deshalb umgebracht, weil sie zufällig Grund und Boden besaßen. Als Reaktion darauf brach zwischen 1932 und 1934 ein Aufstand aus, in dem aufständische Bauern die Hälfte des Viehbestandes in Rußland vernichteten. Dieser Akt des Aufruhrs sowie der Versuch des kommunistischen Regimes, durch einen Überexport an Weizen (3,5 Millionen Tonnen innerhalb von zwei Jahren) Geld ins Land zu bringen, hatte eine weitere Hungersnot zur Folge, die noch einmal fünf Millionen Menschenleben forderte.

Die Gesamtzahl derer, die zwischen 1917 und 1950 als direkte oder indirekte Folge der Errichtung des Kommunismus in Rußland starben, wird etwa auf 35 bis 40 Millionen Menschen geschätzt. Das ist eine der höchsten Sterblichkeitsraten in der Geschichte im Zusammenhang mit einem Einzelereignis. Zu dieser Zahl kommen noch die Toten im Zusammenhang mit der Einführung des Kommunismus in anderen Ländern hinzu, wie die während Mao Tse Tungs industriellem Sofortprogramm in den fünfziger Jahren ermordeten Landbesitzer sowie die während der Herrschaft der Roten Khmer Anfang der siebziger Jahre umgekommenen Millionen in Kambodscha. Rein zahlenmäßig gesehen war der Kommunismus eines der katastrophalsten Ereignisse in der Geschichte der Menschheit.

Zweck dieser Abhandlung war nicht, einem fanatischen Antikommunismus das Wort zu reden, sondern nur aufzuzeigen, daß die historischen Gesetzmäßigkeiten, mit denen wir uns befaßt haben, auch im 20. Jahrhundert wieder in Erscheinung treten. Der Kommunismus ist kaum mehr als der Aufguß eines abgedroschenen Themas, das sich unablässig mit den gleichen tragischen Folgen wiederholt. Der "Kommunismus" ist nur ein weiteres künstlich geschaffenes Gebilde in einer langen Reihe von destruktiven künstlichen Gebilden, die aus dem Netzwerk der mystischen Bruderschaft hervorgegangen sind, das dazu beigetragen hat, daß die Menschen völlig sinnlos weiterkämpfen,-leiden und -sterben. Der "Kommunismus" war keine Alternative für die Feinde, gegen die er angeblich kämpfte, insbesondere den monopolistischen "Kapitalismus" und die Religionen, die das Ende der Welt verkünden. Der moderne Kommunismus war nur das, wohin uns monopolistischer Kapitalismus und Endzeitreligionen gebracht haben.

Die Loslösung vom Kommunismus, die derzeit in der Sowjetunion und in Osteuropa vonstatten geht, ist für die ganze Welt ein Grund zu echter Freude. Durch die gesamte Geschichte hindurch sind immer wieder neue Gruppierungen der Bruderschaft entstanden und alte verschwunden, und immer, wenn eine von ihnen verschwand, folgte eine Zeit des Aufatmens. Es ist sehr interessant zu beobachten, wie weit dieser Abbau geht, ob neue Gruppierungen entstehen, um den Ostblock zu ersetzen, und was mit der Gosbank und der osteuropäischen Finanzwirtschaft geschieht. Wenn Sie dieses lesen, dürften Sie bereits einige Antworten darauf kennen.

KAPITEL 34

Robo sapiens

Die Abkehr vom geistigen Wissen hin zu einer materialistischen Ideologie vollzieht sich offenbar stufenweise. Man kann diesen Prozess schematisch darstellen, angefangen bei einer Definition der geistigen und der physischen Realität aus einer richtigen geistigen Perspektive bis hinunter zu einer Definition dieser Realitäten aus einer materialistischen Perspektive.

GEISTIGE REALITÄT	*PHYSISCHE REALITÄT*
Jeder ist ein geistiges Wesen. Die geistige Existenz ist letztlich unabhängig von allen materiellen Prozessen. Geistige Prozesse sind dem materiellen Universum übergeordnet und wirken darauf ein. Es gibt keine feststehenden Grenzen für die potentiellen Fähigkeiten geistiger Wesen.	**Die materielle Wirklichkeit ist ausschließlich das Produkt geistiger Prozesse und kann letztlich verändert oder zum Verschwinden gebracht werden. Ein umfassendes Wissen über alle materiellen und geistigen Prozesse ist möglich.**
Jeder ist ein geistiges Wesen, es gibt jedoch verschiedene unveränderliche Kategorien von geistigen Wesen.	**Geistige Wesen unterliegen "zwingenden” oder "unveränderlichen” Gesetzen, die das Funktionieren des physischen Universums regeln.**
Jeder ist ein geistiges Wesen, aber es gibt höhere geistige Wesen, denen alle anderen geistigen Wesen untergeordnet sind.	**Materielle Prozesse sind in erster Linie auf das Wirken "höherer” geistiger Wesen zurückzuführen, denen alle anderen Wesen untergeordnet sind.**
Jeder hat etwas Geistiges an sich, es gibt jedoch nur ein rein geistiges	**Das materielle Universum wurde durch einen “alleinigen” Gott geschaf-**

Wesen, in der Regel ist das ein "alleiniger" Gott.	**fen. Es gibt viele "zwingende" Gesetze des Universums, die die Menschen niemals werden verstehen können.**
Es existiert eine geistige Realität, die jedoch durch ein materielles Universum bedingt ist und daraus hervorgeht. Sofern es ein Höchstes Wesen gibt, handelt es sich entweder um ein materielles Wesen oder ein Naturgesetz.	**Für geistige Phänomene sind allein materielle Prozesse ursächlich. Geistige Fähigkeiten wie "übersinnliche Wahrnehmung", "Hellsehen" etc. basieren, sofern sie überhaupt existieren, allein auf bisher noch nicht erkannten Prinzipien des materiellen Universums.**
Es gibt überhaupt keine geistige Realität. Alles läßt sich als Ergebnis materieller Prozesse erklären.	**Es existiert keine andere Realität als das physische Universum. Geistige Fähigkeiten, wie "übersinnliche Wahrnehmung" etc., gibt es nicht.**
"Leben" existiert nicht. Alle Bewegung ist das Ergebnis unbelebter physischer Prozesse, die die Illusion von "Leben" und "Denken" hervorrufen.	

Die heutige Kultur der westlichen Welt ist dabei im vorstehenden Schema wohl etwa in der unteren Mitte anzusiedeln. An der Spitze des nach unten verlaufenden Trends steht eine als "wissenschaftliche Psychiatrie" bekannte Methode. In der Psychiatrie arbeiten viele fähige Leute, aber dadurch, daß die Regierungen sich der Psychiatrie in den verschiedensten Situationen bedienen, erhält das Gebiet als solches immer stärker einen politischen Charakter und fördert dadurch allmählich eine rein materialistische Sicht der Dinge. Die moderne Psychiatrie hat leider auch die letzte Spur einer selbst von Marx anerkannten geistigen Realität verwischt. Um diese Entwicklung verstehen zu können, wollen wir kurz auf die Entwicklungsgeschichte der wissenschaftlichen Psychiatrie eingehen.

Versuche, Menschen von geistig-seelischen Gebrechen zu heilen, hat es schon immer gegeben. Vieles in der modernen Psychiatrie läßt sich bis zu den Griechen und Römern zurückverfolgen. Vor mehr als zweitausend

Jahren hat der griechische Arzt Hippokrates (etwa 400 v. Chr.) verschiedene Formen von Geisteskrankheiten klassifiziert und die weitverbreitete Auffassung verworfen, Geisteskrankheiten würden dadurch verursacht, daß man den Ärger der Götter auf sich gezogen hat oder von Dämonen besessen ist. Später in Rom hat der Arzt Galen (2. Jahrhdt. v. Chr.) als erster die Theorie aufgestellt, daß zwischen dem Gehirn und seiner Funktion ein Zusammenhang besteht. Nach Galen fiel die westliche Welt wieder in den Glauben an Dämonen und Hexen zurück.

Der vielleicht wichtigste Durchbruch in der Psychiatrie erfolgte in Österreich. Zwischen 1880 und 1882 entdeckte der Wiener Arzt Josef Breuer, daß er ein Mädchen von einer schweren Hysterie heilen konnte, indem er es dazu brachte, sich unter Hypnose an ein traumatisches Ereignis aus seiner Vergangenheit zu erinnern und es erneut zu durchleben. Die Symptome der Krankheit verschwanden für immer. Dr. Breuer hatte entdeckt, daß jemand tatsächlich einfach dadurch von einer geistig-seelischen Störung geheilt werden konnte, daß er sich an vergangene Ereignisse, die seinem bewußten Erinnerungsvermögen ohne Hilfe eines Therapeuten möglicherweise verborgen geblieben wären, erinnerte und mit ihnen konfrontiert wurde. Irgendwie wird die durch eine solche Störung verursachte Qual durch diesen Prozess gelindert. Dr. Breuer war zufällig auf etwas sehr Wichtiges gestoßen, doch seine Entdeckung wurde in der Psychiatrie niemals völlig erforscht, obgleich sie in der von Sigmund Freud entwickelten Psychoanalyse in gewissem Maße Anwendung fand. Auch Freud versäumte es in seiner Psychoanalyse, noch einen Schritt weiter zu gehen und präzise Methoden zu entwickeln, die es den Menschen ermöglichen, die einer Störung zugrundeliegenden Erlebnisse in der Vergangenheit genau zu bestimmen, und sich von der damit verbundenen geistigen, physischen oder seelischen Qual zu befreien. Freud verlegte sich auf seine schwammige Methode der "freien Assoziationen", die den Erinnerungsprozess ungenauer werden ließ. Er überbewertete auch den sexuellen Faktor.

Dem entscheidendem Durchbruch Breuers wurde durch das, was zu seiner Zeit im benachbarten Deutschland geschah, ein weiterer, noch stärkerer Schlag versetzt. Die "wissenschaftliche Psychatrie" war im Begriff zu entstehen.

Eines der ersten Zentren für "wissenschaftliche Psychiatrie" war Leizig in Deutschland. Dort begründete ein Mann namens Wilhelm Wundt (1832-1920) 1879 das erste Laboratorium der Welt für Psychologie. Bis dahin war es üblich, das Studium der Psychologie der philosphischen Abteilung der Universität zuzuordnen, denn man glaubte immer noch, daß der Mensch auch etwas Geistiges in sich trage. Wundt vertrat jedoch die Auffassung, daß die Psycholgie in ein biologisches Laboratorium gehöre. Für Wundt waren die Menschen nur biologische Organismen ohne geistige Realität. Daher hielt er seine Methode eher für "wissenschaftlich" als für philosophisch.

Nach der von Wundt aufgestellten Theorie des Geistes wird das menschliche Denken durch einen äußeren Reiz ausgelöst, der eine körperliche Identifizierung mit anderen vom Körper in der Vergangenheit empfangenen und registrierten Reizen bewirkt. Wenn diese Identifizierung eintritt, produziert der Körper oder das Gehirn automatisch einen "Willensakt", der auf den neuen Reiz reagiert. Es gibt weder einen schöpferischen Gedanken noch einen freien Willen. Wundt und seine Anhänger sahen im Menschen nur einen kompliziertem Organismus, der wie ein Roboter funktionierte.

Wundts Vorstellungen beruhten auf den in seinen Laboratorien und anderswo durchgeführten Experimenten. Bei einigen dieser Experimente zeigte sich, daß durch Elektrostimulation verschiedener Teile des Gehirns die physiologischen Symptome verschiedener Emotionen hervorgerufen werden. Die Experimentatoren schlossen daraus irrigerweise, daß das Gehirn der Sitz der Persönlichkeit sein müsse, da es die physischen Äußerungen des Fühlens und Denkens auslöst. Die fehlende Logik dieser Argumentation liegt auf der Hand. Derjenige, der den Versuch durchführt, wendet einen äußeren Reiz an. Mit anderen Worten, die Gehirnzentren funktionieren nicht von sich aus, außer in einem sehr begrenzten Maße. Die Experimente zeigten auch, daß noch etwas anderes, etwas Äußeres, hinzukommen muß, um diese Gehirnzentren zu stimulieren. Wodurch werden die Gehirnzentren aber stimuliert, wenn der Experimentator seine Elektroden nicht mehr anwendet? Es muß eine weitere äußerer Quelle geben - ein fehlendes Glied. Dieses fehlende Glied scheint eine geistige Wesenheit zu sein, die ihren eigenen Energieausstoß produziert. Obwohl Wundt und andere anhand dieser Experimente "beweisen" wollten, daß das menschliche Denken eine rein biologische Grundlage hat, wiesen die Ergebnisse eigentlich auf subtile Weise in die entgegengesetzte Richtung.

Falsch oder nicht, das in Leipzig entwickelte Reiz-Reaktionsschema wurde bald zur "neuen Welle" in der Psychiatrie und außerdem von der deutschen Regierung kräftig unterstützt. Wundt selbst blieb vierzig Jahre lang die maßgebende Persönlichkeit in der wissenschaftlichen Psychiatrie. Es zog Studenten aus aller Welt in die Leipziger Laboratorien, darunter viele in späterer Zeit bekannte Namen. Einer der Leipziger Studenten war der Russe Iwan Petrowitsch Pawlow (1849-1936), der durch seine Experimente mit Glocken und sabbernden Hunden berühmt wurde. In seinem Buch *History of Modern Psychology* (Geschichte der modernen Psychologie) faßt Duane P. Schultz das alles sehr schön zusammen:

> Durch diese Studenten beeinflußte das Leipziger Laboratorium die Entwicklung der Psychologie in ungeheurem Maße. Es diente als Modell für die zahlreichen neuen Laboratorien, die Ende des 19. Jahrhunderts entstanden. Die vielen Studenten, die nach Leipzig strömten und die gewissermaßen gleiche Ansichten und ein gemeinsames Ziel hatten, bildeten eine geistige Richtung in der Psychologie.[1]

Dadurch, daß die wissenschaftliche Psychiatrie Denken und Verhalten neu definierte, definierte sie auch die seelisch-geistige Anomalie und ihre Heilung neu. Es wurden Verfahren zur Umgehung des freien Willens und Intellekts des Menschen (Verhaltensmodifikation) erforscht und entwickelt. Da man die Menschen als rein biologisch-chemisch-elektrische Organismen ansah, galten alle Geisteskrankheiten als das Ergebnis physiologischer Prozesse, die irgendwie "schief liefen". Die Experimentatoren stellten die Theorie auf, daß Geisteskrankheiten mit rein physiologischen Mitteln, wie zum Beispiel Arzneimitteln, Schockbehandlung oder Gehirnchirurgie geheilt werden könnten. Man glaubte, daß solche Behandlungsmethoden Störungen des chemischen oder elektrischen Gleichgewichts beheben und somit die Geisteskrankheit selbst heilen könnten.

Aus diesen Theorien entstand eine Pharma-Industrie mit Millionenumsätzen, die den Markt alljährlich mit ungeheuren Mengen von stimmungsändernden Arzneimitteln überschwemmt. Diese Medikamente sollen jede psychiatrische Erkrankung von "ich kann nachts nicht schlafen" bis hin zu schweren Psychosen lindern. Außerdem wenden viele Psychiater bei der Behandlung des menschlichen Gehirns Elektroschocks an. Einige nehmen ihre Zuflucht sogar zur Gehirnchirurgie. Jetzt, da wir diese Heilmethoden bereits fast ein halbes Jahrhundert beobachten konnten, ist die Frage erlaubt: haben sie der Menschheit genützt? Ist die Welt heute gesünder als vor fünfzig Jahren? Um darauf eine Antwort zu finden, wäre es vielleicht gut, die von den Psychiatern am häufigsten verordnete Behandlung zu untersuchen: Psychopharmaka ("speziell auf psychische Funktionen wirkende Stoffe") .

Die Psychopharmaka haben eine Mammutindustrie ins Leben gerufen. Sie umfassen einen Großteil des gesamten Handels mit verschreibungspflichtigen Medikamenten, der 1978 einen Großhandelswert in Höhe von etwa 16,7 Milliarden Dollar des Gesamtumsatzes allein amerikanischer Hersteller ausmachte. In dieser Zahl ist der Umsatz Schweizer und anderer europäischer Hersteller nicht enthalten. Ein ausgezeichnetes Buch *The Tranquilizing of America* (Die Ruhigstellung Amerikas) enthüllte, daß das am häufigsten verordnete Psychopharmakon Valium (Roche Laboratoires) inklusive Ersatzpackungen 1977 über 57 Millionen Mal verschrieben wurde. Nach einer 1981 von La Roche veröffentlichten Anzeige haben in jenen Jahr fast acht Millionen Menschen Valium genommen! Rechnet man zu dieser Zahl die vielen Millionen Rezepte für andere Psychopharmaka hinzu, stellt man fest, daß jedes Jahr eine ungeheure Menge an stimmungs- oder bewußtseinsändernden Mitteln konsumiert wird. 1977 beispielsweise belief sich die Zahl der Rezepte für die zwanzig Hauptpsychopharmaka auf insgesamt mehr als 150 Millionen. Das sind etwa 8,35 Milliarden Tabletten! Heute werden diese Medikamente in ähnlichen Mengen verschrieben.

Dieser epidemisch ansteigende Arneimittelkonsum ist kein Zufall. Mit raffiniert aufgemachten Anzeigen der Werbebranche in Publikationen wie dem *American Journal of Psychiatry* sowie durch Workshops und Seminare, die von den Pharmaherstellern gesponsert werden, wird bei den Ärzten für starke Psychopharmaka kräftig Reklame gemacht.

Da es sehr vielen Patienten nach einer psychiatrischen Behandlung wirklich schlechter geht, richtet sich berechtigte Kritik gegen die pharmaorientierte Psychiatrie. So wurden beispielsweise eine überraschend große Zahl von Menschen, die scheinbar sinnlose Gewaltakte wie blindwütiges Umherschießen und andere gräßliche Taten begehen, die Schlagzeilen machen, zuvor mit Psychopharmaka behandelt. John Hinckley Jr. zum Beispiel stand unter dem Einfluß von Valium, als er 1981 versuchte, den amerikanischen Präsidenten Ronald Reagan zu ermorden. Ein solches Zusammentreffen wird im allgemeinen als Anzeichen dafür genommen, daß diese Menschen bereits vor den gewaltsamen Zwischenfällen psychisch gestört waren und schlimmstenfalls, daß die Medikamente ihnen nicht helfen konnten. Auf der anderen Seite weisen Kritiker darauf hin, daß diese Menschen vor ihrer Behandlung häufig nicht gewalttätig waren und es erst später wurden. Hat sich ihr psychischer Zustand durch die psychiatrische Behandlung soweit verschlimmert, daß er zu einer echten Psychose wurde?

Ein großes Verdienst der amerikanischen Food and Drug Administration (Behörde für Nahrungsmittel und Drogen) ist ihre Forderung, daß alle Arzneimittelhersteller die ihnen bekannten Nebenwirkungen oder "schädlichen Wirkungen" angeben müssen. Diese obligatorische Angabe macht die Ärzte auf mögliche Gefahren aufmerksam und ist ein Hinweis darauf, wann sie das Medikament bei einem Patienten absetzen müssen. Leider ist der Schaden möglicherweise schon eingetreten, bevor die schädigende Wirkung für den Arzt erkennbar wird. Die meisten schädlichen Wirkungen verschwinden wieder, wenn das Medikament abgesetzt wird, einige können jedoch langwierig sein und bleibende Komplikationen verursachen. Das ist besonders beunruhigend, wenn man feststellt, daß viele Nebenwirkungen psychischer Art sind.

Wer ein Exemplar des *American Journal of Psychiatry* aufschlägt und zum ersten Mal die Arzneimittelanzeigen sieht, ist möglicherweise nicht nur über ihre raffinierte Aufmachung sondern auch über den kleinen Druck geschockt. Bei jedem der Psychopharmaka, für die dort Reklame gemacht wird, findet sich eine lange Liste möglicher schädlicher physischer oder psychischer Wirkungen. Die meisten der aufgeführten Nebenwirkungen sind in der medizinischen Fachsprache angegeben und für den Laien unverständlich. Nachstehend eine Auswahl einiger der möglichen schädlichen Wirkungen bekannter Psychopharmaka, die in den achtziger Jahren angepriesen und verschrieben wurden:

Beim Arzneimittel Surmontil (Ives Laboratories), das als Medikament zur Überwindung von depresssiven Symptomen angepriesen wird, werden folgende mögliche Nebenwirkungen aufgeführt:

> Verwirrtheitszustände (besonders bei Älteren) mit Halluzinationen, Desorientiertheit, Wahn, Angstzustände, Unruhe, Erregtheit, Schlaflosigkeit, Alpträume, Hypomanie (anormale Erregung); Verschlimmerung (Intensivierung) von Psychosen.[2]

Haldol (McNeil Pharmaceutical), das als Möglichkeit zur Behandlung akut erregter Patienten empfohlen wird, kann folgendes auslösen:

> Schlaflosigkeit, Unruhe, Angstzustände, Euphorie, Erregtheit, Somnolenz, Depressionen, Lethargie, Kopfschmerzen, Verwirrung, Schwindel, Grand mal-Attacken sowie Verschlimmerung psychotischer

> Symptome unter Einschluß von Halluzinationen und katatonie-ähnlicher Verhaltenszustände.[3]

Thorazine, das als Mittel zur Behandlung pychotischer Erwachsener und Kinder angepriesen wird, gehört zu einer Kategorie von Medikamenten, bei denen bekanntlich folgendes auftreten kann:

> ...psychotische Symptome, katatonie-ähnliche Zustände, Hirnödeme, (übermäßige Hirnflüssigkeit), Krampfanfälle, Anomalie der Zerebrospinalflüssigkeitsproteine...WICHTIG: Bei Patienten, die Phenothiazine nehmen (Arneimittelkategorie, zu der Thorazine gehört), wurden (offenbar aufgrund eines Herzstillstands oder einer Asphyxie als Folge eines Versagens des Hustenreflexes) plötzlich eintretende Todesfälle beobachtet, ein ursächlicher Zusammenhang konnte jedoch nicht festgetellt werden.[4]

Der letzte Satz des vorstehenden Zitats ist eine ziemliche Augenwischerei. Danach ist die Verabreichung dieser Art von Medikamenten mit dem plötzlichen Tod von Patienten zusammengetroffen, doch der Hersteller bestreitet, daß es irgendwelche Anzeichen dafür gebe, daß der Tod auf das Medikament zurückzuführen ist! Daß es bei einigen Menschen zu einem Herzstillstand oder Versagen des Hustenreflexes kam, als sie das Medikament einnnahmen, war zweifellos nur ein außergewöhnlicher Zufall. Manchmal geht das Schicksal schon sehr mysteriöse Wege.

Bei Stelazine, einem anderen Medikament von Smith Kline, werden viele der gleichen Nebenwirkungen angegeben wie bei Thorazine und der langen Liste noch "Hypotonie (manchmal tödlich); Herzstillstand"[5] hinzugefügt. Das Mittel wird als "Klasssisches Antipsychotikum" angepriesen.

Bei Norpramin (Merrel Dow Pharmaceuticals Inc.) werden die gleichen Nebenwirkungen aufgeführt wie zuvor bei Surmontil außerdem noch "Herzblock, Myokardinfraktion und Schlaganfall".[6]

Sogar das verhältnismäßig "leichte" Medikament Valium, das heutzutage so viel verschrieben wird, kann folgendes verursachen:

> Paradoxe Reaktionen wie akute Überregungszustände, Angstzustände, Halluzinationen, erhöhte Gefahr von Muskelkrämpfen, Schlaflosigkeit, Tobsucht, Schlafstörungen und Reizungen wurden beobachtet; sollten sie auftreten, ist das Medikament abzusetzen.[7]

Die vorstehenden Medikamente sind nur ein Beispiel. Bei fast allen Arzneimitteln, für die im *American Journal of Psychiatry* Reklame gemacht wird, werden eine ganze Reihe gleicher oder ähnlicher möglicher Nebenwirkungen aufgeführt. Die Auswirkungen sind beträchtlich. Es ist bekannt, daß sich der psychische Zustand eines Menschen durch diese Medikamente bisweilen beträchtlich verschlechtert oder daß sie weit größere psychische Probleme schaffen, als sie der Patient zu Anfang hatte.

Wie erwähnt, verschreiben die Ärzte diese Mittel, weil die gravierenden Nebenwirkungen angeblich nur bei einer kleinen Zahl von Fällen auftreten und viele dieser schädlichen Wirkungen nach dem Absetzen des Medikaments auch wieder verschwinden. Das kann jedoch häufig sehr lange dauern. Jemand, der an einem durch psychischen Stress oder ein Arzneimittel ausgelösten Nervenzusammenbruch leidet, braucht möglicherweise lange, um sich davon zu erholen. In der Zwischenzeit kann er sich selbst oder anderen beträchtlichen Schaden zufügen. Wenn man bedenkt, in welchem Umfang diese Medikamente verschrieben werden, stellt bereits ein kleiner Prozentsatz von Patienten, die an einer schweren psychischen Reaktion leiden, eine große Zahl von Menschen dar. Damit ist auch schon das Rätsel gelöst, warum einige Patienten mit psychischen Problemen nach der Behandlung regelrecht "durchzudrehen" scheinen. Leider werden nur wenige dem Medikament die Schuld dafür geben, selbst wenn es die Ursache sein sollte, sondern vielmehr dem Patienten ("Er hat sich ohnehin schon immer am Rande einer Katastrophe bewegt") oder der Gesellschaft ("Schau nur was die Gesellschaft diesem armen verrückten Wesen angetan hat"). Die große Tragik liegt darin, daß möglicherweise einige Kinder davon betroffen sind. Viele Schulen und Behandlungszentren geben Problemkindern und -jugendlichen sehr schnell starke Psychopharmaka.

Es wird argumentiert, daß die Zahl der Menschen, denen die Medikamente geholfen haben, weitaus höher ist als die Zahl derjenigen, denen es schlechter geht. Die Befürworter stützen sich auf Statistiken, wonach viele Patienten aufgrund der Medikamente psychiatrische Einrichtungen früher verlassen und in die Gesellschaft zurückkehren können. Psychopharmaka scheinen einige Leute in die Lage zu versetzen, ihre psychologischen Symptome soweit unter Kontrolle zu halten, daß sie ein sinnvolles Leben in der Gesellschaft führen können. Die Frage ist nur: um welchen Preis werden diese scheinbaren Vorteile erlangt?

Wie viele Psychiater zugeben, werden psychische Krankheiten selten durch Psychopharmaka geheilt. Sie unterdrücken nur die Symptome. In dieser Hinsicht sind Psychopharmaka wie Grippemittel, die den Menschen helfen, sich besser zu fühlen und gesunder auszusehen, jedoch nur selten die zugrundeliegende Krankheit selbst kurieren. Wird das Mittel abgesetzt, kommen die Symptome im allgemeinen wieder. Dem Patienten geht es nicht besser als vorher, vielleicht sogar weniger gut, weil er unter den Nebenwirkungen des Medikaments leidet. Daher sprechen viele Psychiater nicht von "Heilung" sondern von "Erhaltung". Die Psychiatrie ist stolz auf eine hohe "Erhaltungsrate" und nicht auf eine wenn auch niedrige "Heilungsrate". Solange die Fabriken am laufenden Band Tabletten produzieren, kann auch die medikamentöse "Erhaltung" weitergehen.

Ist das dem Patienten gegenüber fair? Wird der Gesellschaft auf lange Sicht damit geholfen?

Die Gefahr bei der erhaltungsorientierten Psychiatrie besteht darin, daß psychische Krankheiten in gewissem Sinne "ansteckend" sind. Das wird beim Phänomen der "Massenpsychologie" wie auch unter anderen Umständen sehr deutlich. Werden psychische Krankheiten nicht wirklich geheilt, sondern deren Symptome nur verdeckt und nehmen unterdessen krankhafte psychische Störungen aus anderen Ursachen zu, folgt daraus, daß psychische Krankheiten wahrscheinlich in jeder Gesellschaft zunehmen, die auf die Arzneimittelbehandlung vertraut. Wenn außerdem jedes Jahr viele tausend Menschen aufgrund der gefährlichen Nebenwirkungen von Psychopharmaka immer stärker in pychische Schwierigkeiten geraten, wird offenbar, daß die pharma-orientierte Psychiatrie Gefahr läuft, eine Gesellschaft in den Ruin zu treiben; dennoch stellen die Psychopharmaka in den meisten psychiatrischen Institutionen die Haupttherapieform dar.

Die mit starken Psychopharmaka verbundenen Gefahren erhöhen sich noch durch einen weiteren Faktor. Ein großes Problem, mit dem sich die Psychiatrie heute konfrontiert sieht, ist die ungewöhnlich hohe Selbstmordrate unter den Ärzten. In den Vereinigten Staaten ist die Selbstmordrate unter den Psychiatern sechsmal so hoch wie in der übrigen Bevölkerung. Der höchste Prozentsatz von Suizidfällen findet sich unter den Ärzten, die in Nervenkliniken arbeiten. Diese hohe Selbstmordrate wird häufig als Berufsrisiko angesehen, das durch Frustration und den ständigen Umgang der Ärzte mit psychisch Kranken verursacht wird. Welchen Grund das auch immer haben mag, die Selbstmordstatistik ist ein für das Wohl psychisch gestörter Patienten zu berücksichtigender Faktor. Einem Selbstmord geht normalerweise eine Periode abnehmender psychischer Gesundheit voraus.

Man findet selten einen wirklich stabilen und ausgeglichenen Menschen, der Selbstmord begeht. Eine der Hauptaufgaben eines Psychiaters ist die präzise Diagnose und die richtige Behandlung, aber eine der häufigsten Erscheinungsformen einer psychischen Krankheit ist das Sichtbarwerden eigener Probleme bei anderen. Ein Psychiater, der vor dem Selbstmord steht, läuft daher Gefahr, eine schwerwiegende falsche Diagnose zu stellen, da er vielleicht bei einem Patienten das diagnostiziert, woran er eigentlich selbst leidet. Da eine falsche Diagnose und eine falsche Behandlung das Leben eines Menschen ruinieren können, besonders in einem klinischen Milieu, wo starke Psychopharmaka, Schocktherapie und Psychochirurgie eingesetzt werden, ist es von entscheidender Bedeutung, daß die behandelnden Psychiater und das übrige Personal wirklich gesund, ausgeglichen und sozial sind. Leider ist das laut Statistik bei vielen nicht der Fall.

Durch den epidemisch ansteigenden Konsum von Psychopharmaka entsteht noch ein weiteres großes Problem. Drogenmißbrauch gilt als einer der großen gesellschaftlichen Mißstände von heute. Zu seiner Bekämpfung wenden die Vollstreckungsorgane ungeheuer viel Zeit und Geld auf. Der Kampf gegen den Drogenmißbrauch beruht auf der Einstellung, daß man keine illegalen Drogen nehmen sollte, um seine Stimmung oder seine psychische Verfassung zu ändern. Die moderne Psychiatrie macht diesen Feldzug zunichte. Pharmaorientierte Psychiater sagen uns: Fühlen Sie sich niedergeschlagen? Nehmen Sie etwas dagegen. Fühlen Sie sich zu glücklich (manisch)? Nehmen Sie etwas dagegen. Fühlen Sie sich einer Sache nicht gewachsen? Nehmen Sie etwas dagegen. Trauen Sie sich zuviel zu (megalomanisch)? Nehmen Sie etwas dagegen. Sind Sie verwirrt und unsicher? Nehmen Sie etwas dagegen. Fühlen Sie sich zu selbstsicher (Selbsttäuschung)? Nehmen Sie etwas dagegen. Können sie nicht schlafen? Nehmen Sie etwas dagegen. Fühlen Sie sich schläfrig? Nehmen Sie etwas dagegen. Sehen Sie Dinge, die gar nicht da sind (Halluzinationen)? Nehmen Sie etwas dagegen. Sehen Sie Dinge; die da sind, nicht? Nehmen Sie etwas dagegen. Erhaltungsorientierte Psychiater fördern gerade die Haltung, durch die die Pharmaindustrie floriert: Wollen Sie sich geistig und seelisch besser fühlen? Nehmen Sie ein Medikament. Es entbehrt nicht einer gewissen Ironie, daß einige dieser "konservativen, auf Ruhe und Ordnung bedachten" Richter und Gesetzgeber, die härtere Strafen für die illegalen Drogenhändler fordern, zu denen gehören, die sehr schnell den Gesetzesapparat einschalten, um Menschen gegen ihren Willen in Nervenheilanstalten einzuweisen, wo Medikamente, die so stark sind wie nur irgend etwas auf dem illegalen Markt, routinemäßig und offen eingesetzt werden.

Es ist hier nicht meine Absicht, den Bereich der allgemeinen Psychotherapie in Zweifel zu ziehen. Wie bereits erwähnt, gibt es heutzutage viele gute Psychiater. Man muß auch sagen, daß viele Therapeuten und Berater, die auf kommunikationsorientierte ("Gesprächs-") Therapien ohne Medikamente spezialisert sind, ausgezeichnete Erfolge aufzuweisen haben und sich große Mühe geben, ihren Patienten zu helfen. Um die besonderen Probleme der wissenschaftlichen Psychiatrie verstehen zu können, sollte man sich vielleicht daran erinnern, daß Psychiater (im Gegensatz zu den meisten Psychologen) Ärzte sind, und Ärzte werden in den medizinischen Fakultäten dazu ausgebildet, physische Probleme mit physischen Mitteln zu heilen: einer Infektion mit Antibiotika zu Leibe zu rücken oder ein gebrochenes Bein in Gips zu legen. Wo viele Ärzte fehlgehen, ist ihre Ansicht, daß ein geistiges Problem das gleiche ist wie ein gebrochenes Bein oder eine Virusinfektion. Also "bombardieren" sie die "psychische Erkrankung" mit einem Medikament, oder sie wenden Elektroschocks an. Eine solche Methode geht am Ziel vorbei, denn eine "gebrochene Psyche" muß nach ganz anderen Regeln geheilt werden. Das drückt sich auch darin aus, daß in den meisten Ländern Therapeuten und Berater nicht unbedingt einen medizinischen Grad haben müssen.

Hat der Materialismus einen erfolgreichen Berufstand der Psychiater hervorgebracht, der zu mehr Gesundheit der Patienten, der Ärzte und der Welt im allgemeinen beiträgt? Leider scheint die Antwort darauf negativ auszufallen. Die Psychiatrie war auf dem richtigen Weg, als sie entdeckte, daß anorganische Krankheiten durch eine Konfrontation mit verborgenen Traumata der Vergangenheit geheilt werden konnten, doch sie versäumte es, diese Entdeckung über die unausgegorenen und zufälligen Techniken hinaus weiterzuentwickeln, die heute in der Psychotherapie verwendet werden. Die Psychiatrie kam jedoch vom Wege ab, als sie begann, psychische Probleme mit chemischen Mitteln zu kaschieren und als sie seltsame Methoden zur Umgehung des freien Willens zugunsten einer Reiz-Reaktionsmanipulation (Verhaltensmodifikation) entwickelte. Es ist möglicherweise an der Zeit, von einer rein materialistischen Sicht der Dinge abzurükken, von den Medikamenten wegzukommen und den freien Willen und Intellekt eines Menschen wieder zu respektieren. Dann sind wir vielleicht in der Lage, wirklich wieder auf den Weg, der zu echter seelischer, sozialer und geistiger Erlösung der Menschen führt, zurückzufinden.

KAPITEL 35

Saint Germain kehrt zurück

Die Umwälzungen am Anfang des 20. Jahrhunderts überzeugten viele Menschen davon, daß der Tag des Jüngsten Gerichts nahe sei. Viele Christen und Mystiker sahen die kurz bevorstehende Wiederkunft Christi voraus. Getreu der Prophezeiung traf sie auch ein.

Ein Vorbote der "Wiederkunft Christi" war der auferstandene Graf von Saint Germain - der geheimnisvolle Agent der Bruderschaft, der im 18. Jahrhundert lebte und mit dessen Aktivitäten wir uns in Kapitel 26 befaßt haben. Nach Saint Germains angeblichem Tod im Jahre 1784 sorgte man dafür, daß er als unsterblich galt. Anfang der dreißiger Jahre dieses Jahrhunderts behauptete ein Mann namens Guy Warren Ballard, daß Saint Germain auf einem Berg in Kalifornien mit ihm gesprochen habe. Diese Unterhaltung führte zur Enstehung eines interessanten neuen Zweiges der Bruderschaft, der nicht nur den Glauben an die Rückkehr Saint Germains, sondern auch an die Wiederkehr "Christi" förderte.

Guy Ballard war Bergbauingenieur. 1930 unternahm er eine Geschäftsreise zum Mount Shasta in Nordkalifornien. Ballard hatte bereits vor dieser Reise begonnen, sich für Mystizismus zu interessieren, und er wollte in seinen freien Stunden am Mount Shasta Gerüchte über die Existenz eines geheimen Zweiges der Bruderschaft enträtseln, der "Bruderschaft des Mount Shasta" genannt wurde. Die Shasta Bruderschaft sollte ein geheimes unterirdisches Hauptquartier in dem berühmten kalifornischen Berg haben.

Die Geschichten, die Ballards Interesse geweckt hatten, begannen vor der Jahrhundertwende zu kursieren. Es gab hartnäckige Gerüchte über geheimnisvolle Menschen, die angeblich im Mount Shasta lebten und eine zutiefst mystische Tradition pflegten. Es sollte sich dabei um Nachkommen der Bewohner des früheren untergegangenen Kontinents "Lemurien" im Pazifischen Ozean handeln.

Unabhängig davon, ob diese Geschichten nun wahr sind oder nicht, außer Zweifel steht, daß der Mount Shasta seit langem ein Zentrum mystischer Aktivitäten ist. Im Zusammenhang damit steht ein bedeutsames UFO-Phänomen. In der Ausgabe des *Rosencrucian Digest* vom Mai 1931 (die im Jahr nach Ballards Reise zum Mount Shasta erschien und fünfzehn Jahre, bevor die UFOs in den Medien ein populäres Thema wurden) findet sich in einem Artikel über die Schwärmer des Shasta folgende Beschreibung eines fliegenden "Schiffes":

> Viele bezeugen, daß sie gesehen haben, wie das merkwürdige Schiff oder die merkwürdigen Schiffe auf dem Pazifischen Ozean segelte(n), an seinen Küsten aufstieg(en) und durch die Luft flog(en) , um dann in der Nähe des Mount Shasta wieder zu landen. Dieses Schiff wurde mehrere Male von Angestellten der Kabelstation bei Vancouver gesehen, und es wurde sogar hoch im Norden auf der Höhe der Aleuten gesichtet...[1]

Dem vorstehenden Artikel zufolge hatte das Schiff "weder Segel noch Schornsteine".[2]

Vor diesem Hintergrund kommt Ballards Erlebnis erhöhte Bedeutung zu.

Ballard schreibt, daß er an der Bergseite hochwanderte und bei einer Quelle Rast machte. Als er sich niederbeugte, um eine Tasse mit Wasser zu füllen, fühlte er, wie ihn ein elektrischer Schlag von Kopf bis Fuß durchfuhr. Er schaute sich um und sah hinter sich einen bärtigen Mann stehen, der seinem Aussehen nach zwanzig oder dreißig Jahre alt war. Der Fremde stellte sich später als Graf von Saint Germain vor.*

Nach dieser Begegnung gab Ballard seine Tätigkeit auf und widmete sich nur noch der Verbreitung der Lehren des neuen Grafen von Saint Germain. Ballard errichtete die "I AM Foundation" - eine Organisation mit geheimen Initiationsriten und in Erkenntnisstufen gegliederten Lehren. Ballard behauptete, führenden Mitglieder der Bruderschaft vorgestellt worden zu sein, unter deren Ägide die I AM Foundation gegründet wurde.

---

* Im Aussehen unterschied sich der Saint Germain vom Mount Shasta beträchtlich vom Saint Germain des 18. Jahrhunderts. Der erste Graf von Saint Germain befand sich in den vierzigern, war dunkelhaarig und glattrasiert. Saint Germain vom Mount Shasta wird als braunhaariger junger Mann mit Bart beschrieben.

Was Ballard uns über seine Erlebnisse mit Saint Germain berichtet, ist so außergewöhnlich, daß viele Leute sie verächtlich als Phantastereien abtaten. Wenn man aber die Interpretationen, die sowohl Ballard wie auch seine Kritiker seinen Erlebnissen gegeben haben, wegläßt, stellt man überraschenderweise fest, daß das, was er sagt, nicht nur genau ins Bild der übrigen Geschichte paßt, wie wir sie sehen, sondern daß bemerkenswerte neue Behauptungen mit ziemlich überraschenden Folgen für unsere eigene Zeit hinzukommen.

Die ersten Begegnungen zwischen Ballard und "Saint Germain" fanden in der Zeit von August und Oktober 1930 statt. Bei einer der frühesten dieser Begegnungen gab Saint Germain Ballard eine Flüssigkeit zu trinken, die eine starke körperliche Reaktion hervorrief und ihn "aus seinem Körper heraushob". (Dieses Phänomen des "Aus-dem-Körper-Heraustretens" wird häufig von Menschen beobachtet, die starke Drogen nehmen). Nachdem Ballard diese Flüssigkeit bei mehreren Gelegenheiten verabreicht worden war, konnte er seinen eigenen Behauptungen zufolge ohne den Trank "aus seinem Köper heraustreten". Diese Aussage stimmt mit anderen Erklärungen überein, denen zufolge jemand ohne Schwierigkeiten eine Zeitlang "aus seinem Körper heraustreten" kann, sobald er es einmal gelernt hat.

Ballard behauptet, daß, Saint Germain ihn, als sie sich beide "außerhalb ihrer Körper" befanden, bisweilen an ziemlich ungewöhnliche Orte führte. Einer davon war ein Berg in der Teton Range in Wyoming - den Ballard den "Königlichen Teton" nennt. Ballard zufolge befand sich in der Nähe der Bergspitze der versiegelte Eingang eines Tunnels, der zu Aufzügen führte. Die Aufzüge brachten die beiden zu einem zweitausend Fuß tiefer gelegenen unterirdischen Komplex von riesigen Hallen, Lagerräumen und Minen.

In einem der großen unterirdischen Räume sah Ballard angeblich das Symbol des Allsehenden Auge Gottes an der Wand. Es gab auch eine riesige Vorrichtung , die Ballard beschreibt als:

> ... eine Scheibe aus Gold-* mindestens zwölf Fuß im Durchmesser. Sie so ausfüllend, daß die Zacken den Rand berührten - strahlte ein

* Ballard bricht seine Sätze mit Gedankenstrichen (-) ab. Ich habe die Gedankenstriche so übernommen, wie sie im Originaltext erscheinen.

> siebenzackiger Stern - der ganz aus gelben Diamanten bestand - eine kompakte Masse gleißenden goldenen Lichts.[3]

Um diese Hauptscheibe befanden sich mehrere kleine Scheiben, denen Ballard ebenfalls eine symbolische Bedeutung beimaß. Ballard erkannte jedoch sehr bald, daß diese große Vorrichtung nicht nur ein Symbol war.

> Wie ich später erfuhr, gießen Große Kosmische Wesen - für besondere Zwecke zu bestimmten Zeiten - ihre mächtigen Kraftströme durch diese Scheiben.[4]

"Große Kosmische Wesen" war der Ausdruck, den Ballard zur Bezeichnung führender Persönlichkeiten auf der höchsten Ebene der Bruderschaft verwendete. In seinen Schriften behauptete Ballard, daß einige der "Großen Kosmischen Wesen" der Bruderschaft außerirdischen Ursprungs seien.

Ballard wurde gesagt, daß die von der Vorrichtung ausgesandten Kraftströme auf die "Menschheit" gerichtet seien.[5] Zweck des Ganzen?

> Diese Strahlung beeinflußt - die sieben Ganglienzentren (Nervenzentren außerhalb des Gehirns und des Rückenmarks) im Körper eines jeden Menschen auf unserem Planeten - sowie alles tierische und pflanzliche Leben.[6]

Das ist eine erstaunliche Behauptung, denn es würde bedeuten, daß die "Großen Kosmischen Wesen" der Bruderschaft das menschliche Nervensystem mittels mächtiger elektronischer Apparaturen in hohem Maße beeinflussen. Nach einer Zeitschrift der I-AM-Foundation war der Zweck dieser Strahlung eine Verhaltensmodifikation zur "Aufzehrung und Reinigung der Kraftstrudel, die durch die widerspruchsvollen und verwerflichen Aktivitäten der Menschen erzeugt werden"[7]

Der Gedanke einer Verhaltensmodifikation durch elektronische Strahlung ist keineswegs absurd. In den letzten Jahren hat die Sowjetunion elektronische Beruhigungsmaschinen entwickelt und eingesetzt, um das Verhalten großer Bevölkerungsteile zu beeinflussen. Es gibt Vorschläge, solche Apparaturen auch in Klassenräumen in den Vereinigten Staaten einzuführen. Wir werden in einem der folgenden Kapitel auf diese Vorrichtungen eingehen.

Obwohl der Zweck der Strahlungsvorrichtung im Königlichen Teton angeblich darin bestand, die widerspruchsvollen Aktivitäten der Menschen zu reduzieren, bewirkt eine solche Strahlung langfristig in der Regel das Gegenteil, da diese Emanationen eigentlich das Zentralnervensystem reizen, selbst wenn sie eine oberflächliche Beruhigung zur Folge haben. Es entbehrt nicht einer gewissen Ironie, daß, nachdem Ballard über seine Erlebnisse berichtet hatte, es nicht einmal ein Jahrzehnt dauerte, bis einer der blutigsten Konflikte der Weltgeschichte ausbrach: der Zweite Weltkrieg. Entweder hat die Vorrichtung der "Großen Kosmischen Wesen" nicht funktioniert...oder aber sie hat funktoniert.

In seinen ersten Büchern behauptete Ballard, insgesamt vier geheime unterirdische Orte besucht zu haben: zwei, als er sich "außerhalb" seines Körpers befand, und zwei auf normalem Wege. Interessanterweise stimmte jeder dieser Orte mit einer Region überein, in der in früherer Zeit eine große Zivilisation lebte, die die "Herrgötter" verehrte. Der Ort auf dem Teton deckte sich mit dem einer frühen nordamerikanischen Zivilisation. Ein ähnlicher unterirdischer Ort in Südamerika fiel mit dem der Inka-Kultur auf diesem Kontinent zusammen. Eine Reise mit dem Schiff und dem Auto führte sie angeblich zu einem unterirdischen Ort auf der arabischen Halbinsel, der mit dem der ägyptischen und der mesopotamischen Kultur der Frühzeit übereinstimmte. Der vierte Ort in den Bergen oberhalb der Stadt Darjeeling in Indien entsprach dem der alten arischen Zivilisationen auf den indischen Subkontinent.

Die unterirdischen Plätze sollen ziemlich groß gewesen sein und einer Reihe von Zwecken gedient haben. Es gab dort nicht nur elektronische Spielereien, in den Höhlen haben sich angeblich auch ungeheure Mengen von Edelmetallen und -steinen befunden. Das ist interessant, denn bekanntlich brachte man den "Herrgöttern" in den meisten alten Kulturen, in denen sie verehrt wurden, regelmäßig große Opfer in Form von Gold, Silber, Edelsteinen und anderen Edelmetallen. Ballard zufolge stammten die Schätze, die er sah, von einigen jener Zivilisationen:

> In diesen Behältern wird das Gold der untergegangenen Kontinente - Mu und Atlantis - der frühen Zivilisationen der Wüsten Gobi und Sahara* - Ägyptens - Chaldäas -Babyloniens - Griechenlands - Roms und zweier anderer verwahrt.[8]

---

* Bei den "frühen Zivilisationen der Wüsten Gobi und Sahara" handelte es sich um Kulturen, die einst in der Sahara in Nordafrika und der Wüste Gobi im östlichen

Im allgemeinen vermuten die Historiker, daß die alten Opfergaben an die Priesterkaste gingen. Wenn wir jedoch davon ausgehen, daß die "Herrgötter" wirklich existiert haben, ist es eher wahrscheinlich, daß sie die Wertsachen tatsächlich selbst beiseiteschafften. Ballards Aussage würde bedeuten, daß die "Götter" einen Großteil der Edelsteine und -metalle an unzugänglichen unterirdischen Plätzen horteten, vielleicht, um damit eigene Aktivitäten zu finanzieren oder die korrupte Bruderschaft am Leben zu erhalten.

Edelmetalle und -steine sind weitgehend aufgrund ihrer künstlichen Verknappung teuer. Als Cecil Rhodes seine monopolähnliche Stellung im Diamantenabbau in Südafrika aufbaute, konnte er die Preise für Diamanten dadurch hochhalten, daß er für den Verkauf von Diamanten einen ganz genau vorgeschriebenen Absatzweg festlegte. Das ist im Diamantenhandel heute noch so. Ballard zufolge sollten Edelmetalle und -steine nach dem Willen der "Ascended Masters" der Bruderschaft selten bleiben. Er sagte:

> Falls all dieses Gold der Außenwelt zugänglich gemacht werden sollte - würde das auf jeder Stufe menschlicher Erfahrung - plötzlich eine Neuorientierung erforderlich machen . Gegenwärtig - wäre das - nicht weise.[9]

Saint Germain hat angeblich erklärt, daß ungeheure Mengen von Gold und Silber an die Außenwelt freigegeben würden, "wenn die Menschheit über ihren - ungezügelten - Egoismus hinausgewachsen ist".[10]

Zentralasien existiert haben sollen. Diese Zivilisationen sollen wie Mu und Atlantis älter sein als Sumer, und sie werden deshalb von den meisten Historikern ins Reich der Legende verwiesen. Man nimmt an daß die Zivilisation der Wüste Gobi und die der Sahara sich auf einem hohen technologischen Stand befunden haben, und daß die Wüsten einst eine üppige Vegetation aufwiesen. Den Mythen zufolge wurden die Zivilisationen in der Wüste Gobi und der Sahara durch einen kataklysmischen Krieg zerstört. Moderne Geologen haben in diesen Gegenden Spuren einer Atomexplosion entdeckt. Diese Spuren werden jedoch in der Regel damit erklärt, daß hier vor langer Zeit eine Spontanzündung natürlicher radioaktiver Elemente stattgefunden hat. Andere halten es für wahrscheinlicher, daß die Spuren von Atomwaffen herrühren, die vor Tausenden von Jahren eingesetzt wurden und die alten Zivilisationen sowie die Natur ringsum zerstört haben, wodurch diese Gegenden zu Wüsten wurden.

Danach gibt es auf der Erde genug Edelsteine und -metalle, um einen ungeheuren Abfall ihres Wertes zu verursachen, wenn sie alle allgemein zugänglich würden. Es bedeutet außerdem, daß sie gehortet und selten gemacht werden, um den Reichtum der Bruderschaft zu erhalten. Wenn die Schätze wirklich existieren, ist die Bruderschaft eine beträchtliche unsichtbare Wirtschaftsmacht auf Erden. Nach Ballard existiert diese unsichtbare Wirtschaftsmacht und wurde dazu benutzt, das menschliche Geschehen zu beeinflußen. Als sie den Ort am Teton besuchten, soll Saint Germain zu Ballard gesagt haben:

> Niemand - auf dieser Welt - ist jemals zu großem Reichtum gelangt - ohne die Hilfe und Austrahlung einiger - "Ascended Masters". Es gibt Gründe, - für besondere Zwecke - großen Reichtum auf einzelne zu konzentrieren - und in diesen Zeiten - strömt besonders viel Kraft in sie - denn dadurch - können sie persönlich Hilfe erhalten. Eine solche Erfahrung ist ein - Test - und eine Chance - für ihre Entwicklung.[11]

Es ist sicherlich richtig, daß Reichtum von alters her nur in den Händen einer kleinen Minderheit liegt. Es ist auch richtig, daß im Laufe der Geschichte viele Angehörige dieser Minderheit mit dem Netzwerk der mystischen Bruderschaft verbunden waren. Das Problem bei dieser Sachlage war nicht die beschränkte Kontrolle des Reichtums, sondern daß diese Kontrolle so häufig zu Krieg und geistigem Niedergang führte.

Auf seinen Ausflügen zu den angeblichen unterirdischen Orten wurden Ballard auch einige radioartige Apparaturen gezeigt. Mit einer dieser Apparaturen konnte man dem Vernehmen nach Gespräche abhören, die in den verschiedensten Teilen der Welt stattfanden - einschließlich den Büros der Bank von England! Wie wir uns erinnern, war die Bank von England eine der ersten Institutionen, die auf dem System des künstlich vermehrbaren Papiergeldes basierte. Dieses System war weitgehend von Mystikern und Revolutionären geschaffen worden, die dem Netzwerk der Bruderschaft angehörten. Die Bank von England ist bis auf den heutigen Tag ein Hauptzentrum dieses Systems geblieben. Daß Ballards "Ascended Masters" angeblich in der Lage waren, heimlich Gespräche abzuhören, ist deshalb bemerkenswert, weil es auf eine direkte Überwachung einer Hauptzentralbank im System des künstlich vermehrbaren Papiergelds durch die Führungsspitze der Bruderschaft hindeutet. Im nächsten Kapitel, in dem wir uns mit der Unterstützung befassen, die der Direktor der Bank von England, Montague Norman, Adolf Hitler und der deutschen Nazibewegung genau in der Zeit gewährte, in der diese elektronische Schnüffelei angeblich stattfand, kommt dem noch mehr Bedeutung zu.

An anderer Stelle in diesem Buch wurde bereits die weitreichende Zerstörung unersetzlicher religiöser und geschichtlicher Dokumente durch fanatische Christen erwähnt. Die Historiker konnten die Geschichte der Menschheit allerdings zum größten Teil wieder Stück für Stück zusammensetzen; doch ist diese Geschichte vollständig? Nach Ballard ist das nicht der Fall. Die Menschheit verlor nämlich zudem Unterlagen an Führer der Bruderschaft, die die Schriften absichtlich beiseitegeschafft und versteckt hatten. Ballard behauptete, einige dieser alten historischen Werke in einem unterirdischen Bergkomplex nördlich von Darjeeling in Indien gesehen zu haben. Er fügte hinzu, daß die Aufzeichnungen erst dann an die Menschen freigegeben würden, wenn die "Ascended Masters" das anordneten:

> Diese Aufzeichnungen werden aufgrund des mangelnden geistigen Wachstums und Verständnisses der Außenwelt zum gegenwärtigen Zeitpunkt nicht zugänglich gemacht. Die Menschheit legt eine Rastlosigkeit und eine kritische Einstellung an den Tag,...die sehr destruktiv ist. Die "Ascended Masters" der Großen Weißen Bruderschaft haben solche destruktiven Impulse immer schon vorausgesehen und alle wichtigen Aufzeichnungen jeder Zivilisation entfernt und verwahrt und dann die weniger wichtigen der Vernichtung durch die verwerflichen Triebkräfte der Vandalen überlassen.[12]

Wenn das stimmt, so ist das ein erstaunliches Eingeständnis. Das "fehlende geistige Wachstum" ist eben jenen Organisationen zuzuschreiben, denen die angeblichen "Ascended Masters" angehören. Es war die Bruderschaft, die geistiges Wissen in unverständliche Symbole, unergründliche Mysterien, abergläubische Riten, grauenerregende Apokalypsen und alle anderen Übel verwandelte, die daraus folgen. Unter solchen Umständen überrascht es nicht, daß die Menschen "Rastlosigkeit und eine kritische Einstellung" an den Tag legen. Wissen zurückzuhalten ist sicherlich keine Lösung und beseitigt diese Unzulänglichkeiten der Menschen sicherlich nicht. Dadurch wird das Problem nur noch größer. Die Behauptung, daß wichtige Dokumente versteckt werden müssen, um ihrer Zerstörung zuvorzukommen, ist falsch. Zu Lebzeiten Ballards existierte die Buchdruckerkunst schon sehr lange. Alle wichtigen Unterlagen konnten leicht kopiert und vervielfältigt und die Originale sicher verwahrt werden. Wenn es tatsächlich solche verborgenen Aufzeichnungen gibt, läßt das darauf schließen, daß sie nur deshalb versteckt werden, damit die Menschheit auch weiterhin nichts über die Vergangenheit erfährt.

Die von Ballard gegründete I-AM-Bewegung vertrat den Glauben an den Tag des Jüngsten Gerichts und einen strengen Antikommunismus. Trotz der Angriffe von seiten der Presse und der amerikanischen Regierung gewann die Bewegung Ende der dreißiger und Anfang der vierziger Jahre zahlreiche Anhänger. I-AM lehrte, daß der Kommunismus das letzte Übel in der Welt sei und bald von den "Ascended Masters" vernichtet würde. Interessanterweise wurde der Nationalsozialismus, der sich zu jener Zeit in Deutschland rasch verbreitete, nicht erwähnt.

Die "Ascended Masters" und ihre Anhänger waren ganz ohne Zweifel politische Werkzeuge. Ballard zufolge unterhielten die Mitglieder der Bruderschaft in den dreißiger Jahren enge Beziehungen zu den Geheimdienst- und Polizeiorganisationen. Angeblich arbeiteten Mitglieder der Bruderschaft für den Amerikanischen Geheimdienst, und Ballard behauptete, mit Agenten des Französischen Geheimdienstes (Frankreichs staatlichem Geheimdienst) zusammengetroffen zu sein, die der Bruderschaft angehörten und sich selbst "Brüder des Lichts" nannten.

Als sei die Wiederauferstehung von "Saint Germain" im Jahre 1930 noch nicht genug gewesen, konnte die I-AM-Bewegung noch mit einem weiteren illustren Sprecher aufwarteten: "Jesus Christus". Jesus war am 24. Oktober 1937 in New York und am 15. Februar 1939 in Oakland, Kalifornien, ein groß herausgestellter Gast. Ob es sich bei diesem "Jesus" tatsächlich um einen Menschen handelte, der vorgab, Jesus zu sein, oder ob Ballard oder seine Frau als Medium für die "Geisterstimme" Jesu fungierte, konnte ich nicht herausfinden. Wie sich das auch immer verhalten haben mag, möchte ich hier doch unterstellen, daß es sich um eine ebenso gutgläubige "Wiederkehr" gehandelt hat, wie sie in den Religionen der "Herrgötter" wahrscheinlich immer wieder vorkommen wird. Für diese "Wiederkehr" zeichnete dasselbe Netzwerk der Bruderschaft verantwortlich, das Jesus Jahrhunderte zuvor unterstützt und verraten hatte und das die apokalyptischen Lehren, in denen die Rückkehr Jesu seit jeher vorausgesagt wurde, lebendig erhalten hat. Natürlich folgte auf die neueste "Wiederkehr" kein tausendjähriger Friede und keine geistige Erlösung. Sie trug nur dazu bei, die Voraussetzungen für den Zweiten Weltkrieg zu schaffen.

Nachdem die I-AM-Bewegung in den vierziger Jahren ihren Höhepunkt überschritten hatte, ging es mit ihr ziemlich schnell bergab. Sie ist heute recht klein,* und sie hat niemals so viele Anhänger und so viel Einfluß gewonnen wie eine ganze Reihe anderer Zweige der Bruderschaft. Für die meisten Menschen ist die I-AM-Fondation gegenwärtig kaum mehr als eine Kuriosität, die in erster Linie von Leuten im Ruhestand geleitet wird. Die heutige I-AM-Bewegung ist für uns freilich bedeutungslos; ihre Bedeutung liegt in dem, was sie in den dreißiger und vierziger Jahren darstellte.

War Ballards I-AM-Foundation die Erfindung offenkundiger Scharlatane, die den Menschen, die in einer aus den Fugen geratenen Welt nach einem Hoffnungsstrahl suchen, ein selbstgebrautes geistiges Elixier offerierten? Oder hatte Ballard an jenem Nachmittag im Jahre 1930 wirklich eine Begegnung auf dem Mount Shasta? War I AM nur eine ziemlich groß aufgezogene Geheimniskrämerei, die der Familie Ballard Geld einbringen sollte, wie Kritiker behauptet haben, oder gestatten Ballards angebliche Erlebnisse einen der selten gewährten kurzen Blicke auf einige der Aktivitäten der Bruderschaft im 20. Jahrhundert? Leider ist Ballard heute nicht hier, um sich dazu zu äußern.

---

* Aus der I-AM-Foundation sind verschiedene Splittergruppen hervorgegangen. Eine dieser Gruppen ist die “Summit Lighthouse”, derzeit die größte der I-AM-Gruppen, obwohl sie von der ursprünglichen I-AM-Organisation weder anerkannt noch ihr angeschlossen ist. Die Summit Lighthouse, die ihrem Hauptsitz in Malibu, Kalifornien, hat, wird derzeit von ihrer Mitbegründerin Elizabeth Claire Prophet geleitet, die vor der Gründung von Lighthouse, zusammen mit ihrem verstorbenen Ehemann Mark Prophet, einer anderen “Bridge to Freedom” genannten Splittergruppe der I-AM-Bewegung angehört haben soll. Wie Ballards I-AM-Foundation glaubt die Summit-Lighthouse-Gruppe daran, daß Saint Germain ein “Ascended Master” ist. Die Summit Lighthouse ist deshalb erwähnenswert, weil Frau Prophet der Ansicht ist, daß viele UFOs dem Wohlergehen der Menschen feindlich gegenüberstehen.

KAPITEL 36

Steinernes Universum

Die Menschen sterben nicht für materielle Interessen, sondern nur für Ideale.
- Adolf Hitler in *Mein Kampf*

"Saint Germain" und "Jesus" waren nicht die einzigen Messiasgestalten, die in den dreißiger Jahren des 20. Jahrhunderts auftauchten und ein unmittelbar bevorstehendes Utopia verhießen. In Deutschland gewann ein weiterer Messias eine große Anhängerschaft. Sein "Kommen" sollte der Beginn eines Tausendjährigen Reiches sein. Der Name dieses deutschen Messias, der eines der wichtigsten Symbole der Bruderschaft, das Hakenkreuz, benutzte, war Adolf Hitler.

Bei Adolf Hitler handelte es sich natürlich um den großtuerischen Mann mit dem Oberlippenbart, der zu Deutschlands unumschränkten Diktator wurde und zum Zweiten Weltkrieg aufhetzte. Heute würden uns Hitler und seine Umgebung lächerlich vorkommen, hätte ihr Wahnsinn nicht so tragische Folgen gehabt.

Als junger Mann, und bevor er an die Macht kam, lebte Hitler in Wien. Einer seiner Freunde in jener Zeit war Walter Johannes Stein. Im Zweiten Weltkrieg wurde Stein Berater des englischen Premierministers Winston Churchill. Vieles von dem, was Dr. Stein über den jungen Hitler zu sagen hatte, fand seinen Niederschlag in einem Buch von Trevor Ravenscroft mit dem Titel *Der Speer des Schicksals*.

In *Der Speer des Schicksals* heißt es, daß Hitler in seinen von Armut geprägten Wiener Jahren ein Anhänger des Mystizismus geworden war. Zwischen 1909 und 1913 mit Anfang zwanzig war er davon überzeugt, daß er:

> ...mit Hilfe von Drogen zu höheren Bewußtseinsebenen gelangte und tiefgehende Studien über mittelalterlichen Okkultismus und rituelle Magie betrieb. Stein diskutierte mit ihm die umfassende politische, historische und philosophische Literatur, mit deren Hilfe er formulierte, was später zur nazistischen Weltanschauung (eine spezielle Sicht der Menschheitsgeschichte) werden sollte.[1]

In seiner Autobiographie *Mein Kampf* bestätigte Hitler, daß diese Zeit für die Entstehung seines Weltbildes wichtig gewesen sei.

Hitler entwickelte seine Ideologie nicht im luftleeren Raum. Einer seiner einflußreichsten Mentoren war ein Wiener Buchhändler namens Pretzsche. Pretzsche wurde von Dr. Stein als bösartig aussehender Mann von einem etwas krötenartigen Äußeren beschrieben. Pretzsche war ein glühender Anhänger des germanischen Mystizismus, demzufolge sich das Kommen einer arischen Herrenrasse ankündigte. Hitler suchte Pretzsches Laden häufig auf und versetzte dort Bücher, wenn er Geld brauchte. Bei diesen Besuchen unterwies Pretzsche Hitler im germanischem Mystizismus und animierte ihn mit Erfolg zum Genuß der halluzigenen Droge Peyotl als Mittel zur Erlangung mystischer Erleuchtung.

Wie sich zeigte, verkehrte Pretzsche mit einem Mann namens Guido von List. Von List war Gründungsmitglied und einer der führenden Männer einer okkulten Loge, die bei ihren Ritualen statt eines Kreuzes ein Hakenkreuz verwendete. Bevor von List in Ungnade fiel und aus Wien fliehen mußte, hatte er mit seinen Schriften über den germanischen Mystizismus ein großes Publikum gewonnen. Dank Pretzsche gehörte auch Hitler zur Schar seiner Anhänger.

Wieder zurück in seiner billigen Wiener Pension, vertiefte sich der junge Hitler eifrig in Broschüren und Bücher über das mystische Schicksal Deutschlands und das Kommen einer arischen Herrenrasse. Einigen dieser Traktate zufolge wurden die Arier von außerirdischen "Übermenschen", einem Volk von Riesen, geschaffen. Während Hitler seine Aquarelle auf der Straße verkaufte, um seinen mageren Lebensunterhalt zu verdienen und seine durch Drogen hervorgerufenen Erleuchtungen zu finanzieren, wurde er zu einem glühenden Verfechter dieser Gedanken.

Daß Hitler als junger Mensch rauschgiftsüchtig war und durch chemische Stoffe mystische Erleuchtung suchte, dürfte keine Überraschung sein. Drogen haben bei der Entwicklung seiner Persönlichkeit eine große Rolle gespielt. Hitler hat auch weiterhin sein ganzes Leben lang starke Narkotika genommen. Den Tagebüchern seines Leibarztes Dr. Theodor Morell zufolge, die in den Staatsarchiven der Vereinigten Staaten auftauchten, wurden dem deutschen Diktator in den gesamten vier Jahren des Zweiten Weltkrieges wiederholt verschiedene Schmerzmittel, Beruhigungsmittel, Strychnin, Kokain, ein Morphiumderivat und andere Drogen injiziert.

Bei der vom jungen Hitler so bereitwillig übernommenen mystischen Philosophie handelte es sich um dieselbe, die bereits beim Kaiser und anderen führenden deutschen Persönlichkeiten einen so tiefen Eindruck hinterlassen hatte. Houston Stewart Chamberlain, der Mystiker, der einen so großen Einfluß auf den Kaiser ausgeübt hatte, erklärte Jahre später, daß Hitler der angekündigte deutsche Messias sei. Am 25. September 1925 gedachte die Zeitung der Nazis, der *Völkische Beobachter,* Chamberlains siebzigstem Geburtstag und erklärte sein Werk *Grundlagen des Neunzehnten Jahrhunderts* zur "Bibel der nationalsozialistischen Bewegung". Wie wir uns erinnern, hielt der Kaiser dieses Buch für gottgesandt.

Hitlers politischer Weg begann als deutscher Soldat im Ersten Weltkrieg. Bei Ausbruch des Krieges meldete er sich freiwillig. Während er im Felde kämpfte, machte er sich auch weiter Gedanken über das mystische Schicksal Deutschlands und die arische Frage. Dadurch war er bei seinen Kameraden sehr unbeliebt, die sich eher für Essen, Urlaub, Frauen und das Ende des von fast allen verabscheuten Krieges interessierten. Hitler dagegen blühte in der vom Krieg zerrissenen Umgebung auf und tat sich als Soldat hervor. Er erhielt die höchste Auszeichnung, die ein Soldat seines Ranges (Unteroffizier) erreichen konnte: das Eiserne Kreuz erster Klasse.

Etwa zwei Monate, nachdem Hitler das Eiserne Kreuz verliehen worden war, erblindete er während einer Schlacht durch Senfgas. Er wurde ins Militärkrankenhaus Pasewalk in Pommern gebracht, wo man irrtümlich eine "psychopathische Hysterie" bei ihm diagnostizierte. (Die Symptome waren wahrscheinlich durch das Senfgas ausgelöst worden.) Hitler wurde daher von dem Psychiater Dr. Edmund Forster behandelt. Was genau mit Hitler geschah, während er sich in der Behandlung Dr. Forsters befand, ist unklar, denn Jahre später, 1933, machte Hitlers Geheimpolizei, die Gestapo, alle psychiatrischen Unterlagen über seine Behandlung ausfindig und vernichtete sie. Dr. Forster "beging" im selben Jahr "Selbstmord".

Was Hitler in Pasewalk widerfuhr, wird durch seine eigenen Erklärungen noch geheimnisvoller. Nach dem, was Hitler selbst darüber berichtete, hatte er während seines Aufenthaltes in Pasewalk eine "Vision" aus "einer anderen Welt". In dieser Vision wurde ihm gesagt, daß sein Augenlicht wiederhergestellt werden müsse, damit er Deutschland zum Ruhm zurückführen könne. Hitlers latenter Antisemitismus, der ihm bereits durch seine mystische Lektüre in Wien eingepflanzt worden war, kam in Pasewalk zum Ausbruch.

Was *geschah* in diesem Krankenhaus?

In einem Artikel, der in der Zeitschrift *History of Childhood Quarterly* veröffentlicht wurde und das Ergebnis scharfsinniger Detektivarbeit ist, deutet der Psychohistoriker Rudolph Binion an, daß Hitlers Vision vom Psychiater Edmund Forster absichtlich herbeigeführt worden sein könnte, um ihn so von seiner Blindheit zu heilen. Hitlers mystische Überzeugungen waren wohlbekannt, und sie sind sicher während der Gespräche mit den Psychotherapeuten deutlich geworden. Dr. Binion zitiert ein 1939 fertiggestelltes Buch mit dem Titel *Der Augenzeuge*, das von einem jüdischen Arzt namens Ernst Weiss verfaßt wurde, der Deutschland 1933 verlassen hatte. In *Der Augenzeuge* erzählt der Autor die nur leicht veränderte fiktive Geschichte eines Mannes "A.H.", der zu einer psychiatrischen Behandlung nach Pasewalk gebracht wird. A.H. behauptet, daß er mit Senfgas in Berührung gekommen sei. In Pasewalk setzt der behandelnde Psychiater dem hysterischen "A.H." visionäre Ideen in den Kopf, um eine Heilung zu erreichen. Die "Wunderkur" ist erfolgreich, und Jahre später, im Sommer 1933, versucht der Psychiater, die Unterlagen über diese Behandlung ins Ausland zu schaffen, damit sie nicht der Gestapo in die Hände fallen. Dr. Binion weist in seinem Artikel darauf hin, daß Hitlers Psychiater Edmund Forster in jenem Sommer in Paris war, und er vermutet, daß Forster in dieser Zeit jemandem Einzelheiten über die Behandlung Hitlers mitgeteilt hat, was zur Entstehung des Buchs *Der Augenzeuge* geführt hat. Möglicherweise war Forster auch derjenige, der verlauten ließ, daß zwei andere hochrangige Nazis, Bernhard Rust (preußischer Erziehungsminister) und Hermann Göring, psychisch schwer vorbelastet waren. Rust war nachweislich Psychopath und Göring ein früherer Morphinist.

Nach seiner Entlassung aus Pasewalk im November 1918 fuhr Hitler zurück nach München. Er blieb in der Armee und übernahm im April 1919 Spionageaufgaben. In Süddeutschland hatte gerade eine kommunistische Revolution stattgefunden, und nach dem Zusammenbruch der bayerischen Regierung war eine Räterepublik ausgerufen worden. Hitler befand sich unter den Militärspitzeln, die in München zurückbleiben und sich unter den prokommunistischen Soldaten umtun sollten, um herauszufinden, wer ihre Führer waren. Als eine Truppe der deutschen Reichswehr aus Berlin einmarschierte, ging Hitler die Reihen der gefangengenommenen Soldaten entlang und sonderte die Rädelsführer aus. Die von Hitler bezeichneten Soldaten wurden abgeführt und ohne Gerichtsverfahren sofort exekutiert. Hitler schaute zu, wie viele seiner Opfer an die Wand gestellt und erschossen wurden.

Hitlers hervorragende Leistungen brachten ihm eine Beförderung ein. Er wurde der streng geheimen politischen Abteilung des Bezirkskommandos der Armee überstellt. Hitlers neue Einheit war ein nachrichtendienstliches Kommando, das im Inland Terrorakte beging. Die Einheit lehnte es ab, Deutschlands Niederlage im Ersten Weltkrieg anzuerkennen, und ermordete deshalb einige der führenden deutschen Persönlichkeiten, die an den Verhandlungen über Deutschlands Kapitulation teilgenommen hatten.

Ein prominenter Führer des Bezirkskommandos war Hauptmann Ernst Röhm. Röhm war Berufssoldat und fungierte als Verbindungsmann zwischen dem Bezirkskommando und den deutschen Industriellen, die den Kampf des Bezirkskommandos gegen den Kommunismus durch unmittelbare Finanzhilfe unterstützten. Hauptmann Röhm und einige andere Angehörige des Bezirkskommandos waren Mitglied einer "Thulegesellschaft" genannten mystischen Organisation. Die Thulegesellschaft glaubte an eine "arische Herrenrasse", und sie prophezeite das Kommen eines neuen "Messias", der Deutschland zu Ruhm und einer neuen arischen Kultur verhelfen würde. In dem Buch *Der Speer des Schicksals* erfahren wir von Dr. Stein, daß die Gruppe Thule von einigen jener Industriellen finanziert wurde, die das Bezirkskommando unterstützten. Direkte Finanzhilfe erhielt die Thulegesellschaft auch vom deutschen Oberkommando.

Viele der vom Bezirkskommando verübten Morde gingen möglicherweise auf das Konto der Thulegesellschaft. Dr. Stein zufolge war die Thulegesellschaft eine "Mördergesellschaft". Sie hielt geheime Gerichtsverhandlungen ab und verurteilte Menschen zum Tode. Wahrscheinlich wurden der vom Bezirkskommando ermordeten Opfer zuvor in geheimen Gerichtsverfahren der Gruppe Thule verurteilt. Zahlreiche prominente Deutsche unterstützten diese Gewalt und waren nachweislich Mitglied der Thulegesellschaft. Der Polizeipräsident von München*, Franz Gürtner, gehörte beispielsweise zum innersten Kreis von Thule. Er wurde später im Dritten Reich Justizminister.

---

* Anm. des Übersetzers: Nach dem in diesem Kapitel zitierten Buch *Der Speer des Schicksals* war Gürtner bayerischer Ministerpräsident.

Als der Unteroffizier Adolf Hitler dem Bezirkskommando angehörte, wurde er ein guter Freund Ernst Röhms. Es war Röhm, der Hitler mit zu Dietrich Eckart nahm, einem Morphinisten, der an der Spitze der deutschen Thulegesellschaft stand. Röhm arrangierte dieses Treffen aus einem bestimmten Grund. Er war der Ansicht, daß Hitler große Führungsqualitäten besaß und daß er genau der Mann war, nach dem die Thulegesellschaft Ausschau hielt. Eckart teilte diese Ansicht. Damit hatte Hitlers Karriere als neuer deutscher Messias begonnen.

Das Mittel, dessen Hitler sich bediente, um politischen Einfluß zu gewinnen, war eine kleine sozialistische Organisation, die Deutsche Arbeiterpartei hieß. Im September 1919 wurde Hitler vom Bezirkskommando zu einer Versammlung dieser Partei geschickt. Daraufhin lud ihn die Partei ein, ihr beizutreten, und innerhalb eines Jahres hatte er die Führung der Partei übernommen. Auf einem Parteitreffen im Jahre 1920 in einem Müncher Bierlokal kündigte Hitler an, daß die Deutsche Arbeiterpartei in *Nationalsozialistische Deutsche Arbeiterpartei* oder kurz NSDAP umbenannt werden sollte.

In seinem Buch *Mein Kampf* erklärte Hitler, daß er den schweren Entschluß gefaßt habe, das Bezirkskommando zu verlassen, um der Deutschen Arbeiterpartei beizutreten. Viele Historiker bezweifeln stark, daß Hitler aus dem Bezirkskommando ausgeschieden war und vertreten stattdessen die Auffassung, daß das Bezirkskommando die Deutsche Arbeiterpartei als Mittel dazu benutzte, seine eigenen politischen Ziele im Geheimen voranzutreiben. Es spricht vieles für diese Schlußfolgerung. Ernst Röhm, Hitlers Mentor im Bezirkskommando, war der Deutschen Arbeiterpartei schon vor Hitler beigetreten und hatte bereits damit begonnen, sie zu verändern. Röhm unterstützte Hitler tatkräftig dabei, die Deutsche Arbeiterpartei zu Hitlers politischem Werkzeug umzufunktionieren. Als die NSDAP immer größer wurde, wuchs auch der Einfluß Röhms, dem späteren Führer der - eher als "Braunhemden" bekannten - SA.* Der Leiter der Thulegesellschaft, Dietrich Eckart, der auch mit den Führern des

---

* Röhm verlor schließlich seine politische Macht, als die SA verkleinert wurde und Himmlers SS die Vorherrschaft gewann. Für die Thulegesellschaft und den deutschen Geheimdienstapparat hatte Röhm 1934 ausgedient, als Nazi Offiziere bei ihm zuhause erschienen, um ihn wegen angeblicher Verschwörung zum Sturz seines früheren Untergebenen Hitler zu verhaften. Wie es hieß, wurde Röhm mit einem seiner Hauptadjudanten in einer kompromittierenden Situation in seinem Schlaf-

Bezirkskommandos enge Kontakte unterhielt, wurde Chefredakteur der neuen nationalsozialistischen Zeitung *Völkischer Beobachter*. Hitler hatte seine Freunde aus dem Bezirkskommando keineswegs vergessen. Bei der Umwandlung der Deutschen Arbeiterpartei in die NSDAP waren sie alle wieder dabei.

Obgleich Thule wahrscheinlich die wichtigste mystische Organisation war, die hinter dem Aufkommen des Nationalsozialismus stand, war sie nicht die einzige. Es gab noch die "Vrilgesellschaft", die nach einem Buch von Lord Bulwer-Lytton - einem englischen Rosenkreuzer - benannt worden war. In Lyttons Buch ging es um ein arisches "Volk von Übermenschen", das auf die Erde kam. Mitglied der Vrilgesellschaft war auch Professor Karl Haushofer - ein früherer Mitarbeiter des deutschen Militärabschirmdienstes. Haushofer war ebenso wie Hitlers Propagandaspezialist Rudolf Hess ein Mentor Hitlers. (Hess war an der Universität München Haushofers Assistent gewesen.) Ein weiteres Mitglied der Vrilgesellschaft war der zweitmächtigste Mann in Nazideutschland, Heinrich Himmler, dem späteren Chef der gefürchteten Organisationen SS und Gestapo. Himmler hat die Vrilgesellschaft dem Okkulten Büro der Nazis angegliedert. Eine andere Geheimgruppe war die Edelweißgesellschaft, die das Kommen eines "nordischen Messias" verkündete. Der Finanzchef der Nazis, Hermann Göring, war 1921, als er in Schweden lebte und arbeitete, aktives Mitglied der Edelweißgesellschaft geworden. Göring hielt Hitler für den nordischen Messias.

Der Nationalsozialismus war ganz ohne Zweifel nicht nur eine politische Bewegung. Er war eine mächtige neue Gruppierung der Bruderschaft mit bruderschaftlichen Anschauungen und Symbolen. Das von der Nazipartei gewählte Emblem war das Hakenkreuz - seit dem Altertum ein bedeutendes Symbol der Bruderschaft. Hitler wurde nicht allein als politi-

---

zimmer überrascht. Man bot ihm die Chance, Selbstmord zu begehen, was er jedoch ablehnte, und so erschossen ihn die Nazis in einem Münchner Gefängnis. Interessant ist, daß Röhm überhaupt keinen Verdacht hegte, welches Schicksal ihn erwartete, da Hitler sich persönlich nach München begeben hatte, um mit ihn zusammenzutreffen und ihn zu begleiten. Hitler verstand es meisterhaft, das Vertrauen anderer zu mißbrauchen, um sie dann in außerordentlich heimtückischer Weise zu verraten - es war eine der Methoden, deren er sich bediente, um Juden und andere "unerwünschte Elemente" in den nationalsozialisten Arbeitslagern in den Tod zu schicken.

OBEN: *Das Hakenkreuz, ein Symbol der Bruderschaft, feierte bei der nationalsozialistischen Bewegung des 20. Jahrhunderts ein aufsehenerregendes Comeback. Hakenkreuze sollten Glück bringen und wurden von den Nazis auf Fahnen, Dokumenten, Briefmarken, Uniformen und anderswo groß herausgestellt.*

UNTEN: *Fotografie Adolf Hitlers (vierter von rechts) aus dem Jahre 1924. Rechts neben Hitler steht General Ludendorff, der dazu beitragen hatte, daß die Bolschewiken in Rußland an die Macht kamen. Zweiter von rechts ist Ernst Röhm, der Hitler in die Thulegesellschaft einführte und mithalf, ihn als mystischen deutschen "Messias" zu lancieren.*

scher, sondern auch als religiöser Messias ausgerufen, dessen Kommen die Erfüllung der von den deutschen mystischen Gruppen vertretenen akopokalyptischen Philosophien ankündigte. Hitlers Kommen sollte das "Tausendjährige Reich" bringen - ein Jahrtausend, in dem die Menschheit "geläutert" und seine höchste Daseinsstufe erreichen würde. Der Nationalsozialismus war ebenso sehr eine Religion der "Herrgötter" wie eine politische Ideologie. In einer Ansprache auf dem Nürnberger Parteitag der Nazis im Jahre 1934 sagte Hitler über die Partei, "ihr Gesamtbild wird das eines heiliger Ordens sein."[2]*

Die brutale Nazipartei als heiliger Orden? Im nachhinein erscheint diese Vorstellung lächerlich, bis man feststellt, daß es nicht das erste Mal in der Geschichte wäre, daß ein heiliger Orden für ungeheure Greueltaten verantwortlich ist. Die Dominikaner, denen im Mittelalter die Katholische Inquisition unterstand, sind dafür ebenfalls ein Beispiel.

Der Zweite Weltkrieg dauerte von 1939 bis 1945. Er forderte eine ungeheure Zahl von Menschenleben. Ein großer Teil davon geht auf das Konto einer der entsetzlichsten Errungenschaften der Nazis: eines gewaltigen Systems von Konzentrationslagern, in dem elf Millionen Menschen umkamen. Sechs Millionen der Opfer waren Juden. In dieser Zeit waren Konzentrationslager ziemlich in Mode gekommen, angefangen bei den Briten in Afrika über die Bolschewiken in Rußland und die Internierung von Amerikanern japanischer Abkunft im Zweiten Weltkrieg, bis sie in Nazideutschland auf der untersten Stufe der Barbarei angelangt waren.

Die meisten Menschen kennen die Konzentrationslager wegen ihrer Gaskammern, der grauenerregenden Experimente an Menschen und deswegen, weil man die Insassen absichtlich verhungern ließ. Die Lager waren ein Teil der sogenannten "Endlösung" der Nazis. Die Endlösung war nicht nur der Versuch, die Menschheit durch die Ausrottung aller Juden und anderer "unerwünschten Elemente" rassisch "rein zu erhalten" - sie war

---

* Die Nazis waren nicht die einzigen Beteiligten am Zweiten Weltkrieg, bei denen Mystizismus eine Rolle spielte. Viele der obersten Heerführer Japans, das mit Deutschland verbündet war, waren Mitglied einer mystischen Geheimgesellschaft, die wegen ihres Symbols, einem Schwarzen Drachen, berühmt war. In den Vereinigten Staaten gehörten Präsident Franklin D. Roosevelt, ein eingeschworener Antinazi, ebenso wie sein Nachfolger Harry S. Truman, der gegen Ende des Krieges den Abwurf von Atombomben auf zwei japanische Städte (Hiroshima und Nagasaki) befahl, zu den Freimaurern.

Auf allen Seiten des Zweiten Weltkriegs spielten mystische Philosophien der Bruderschaft für die Führer eine Rolle. Beispielsweise waren beide während der Dauer dieses Konflikts amtierenden amerikanischen Präsidenten Freimaurer.

OBEN: *Präsident Roosevelt (in der Mitte sitzend) wird mit seinen freimaurerischen Insignien bei der Initiation seines Sohnes in New York City gezeigt. Andere prominente Politiker, die zu den Freimaurern gehörten, wie der New Yorker Bürgermeister La Guardia, waren ebenfalls anwesend.*

LINKS: *Dies ist ein Logenportrait Präsident Harry S. Trumans in seiner Freimaureruniform. Beachten Sie das Symbol des Allsehenden Auges auf seinem Schurz. Präsident Truman war derjenige, der den Abwurf der Atombomben auf die japanischen Städte Hiroshima und Nagasaki befahl.*

auch der Versuch, sie im Rahmen eines großangelegten Wirtschaftsplans umzubringen. Wie in Rußland sollten die Konzentrationslager der Nazis ein wesentlicher Faktor der deutschen Wirtschaft sein. Allein in Deutschland wurden mehr als 300 Lager eingerichtet. Viele von ihnen befanden sich in der Nähe großer Fabriken, die in erster Linie mit Zwangsarbeitern aus den Lagern betrieben werden sollten. Das berüchtigte Lager in Auschwitz wurde beispielsweise ganz in der Nähe einer riesigen Industrienanlage für die Verarbeitung und Veredelung von Öl und Gummi gebaut. Mit der "Endlösung" beabsichtigte man, Nichtarier (die nach Ansicht der Nazis menschliche "Mutationen" waren) dadurch zu eliminieren, daß man sie auf den kleinsten gemeinsamen Nenner reduzierte: die Lagerinsassen wurden zu verbrauchbaren Wirtschaftseinheiten, die bis zur Höchstgrenze ihrer Belastbarkeit arbeiten mußten, während sie langsam verhungerten. Nach dem Tod dienten die einzelnen Bestandteile ihres Körpers häufig noch weiteren Zwecken. Goldene Zahnfüllungen wurden herausgerissen und gingen an die deutsche Staatskasse. Menschenhaar wurde bisweilen in Decken eingewebt. Sogar die Haut der Menschen verarbeitete man zu Lampenschirmen und anderen dekorativen Gegenständen. Durch das Konzentrationslagersystem wurden Menschen fast buchstäblich auf die Stufe von Vieh herabgewürdigt.

Die meisten Fabriken, in denen Häftlinge aus Konzentrationslagern arbeiten mußten, gehörten zum riesigen deutschen Chemiekonzern I.G. Farben. Eine Tochtergesellschaft der I.G. Farben stellte auch das Giftgas her, das in den Gaskammern der Konzentrationslager verwendet wurde. In einem bemerkenswerten Buch *The Crime and Punishment of I.G. Farben* von Joseph Borkin wird belegt, wie die I.G. Farbenindustrie zusammen mit der SS Konzentrationslager und die angrenzenden Fabriken als gewerbliches Unternehmen betrieb. In Borkins Buch ist eine Abrechnung zwischen der I.G. Farben und der SS für die von den Insassen des Konzentrationslagers geleistete Arbeit abgedruckt. Die Quittung ist fein säuberlich handgeschrieben und die Löhne der Zwangsarbeiter sind in einer sehr geschäftsmäßigen Art aufgeführt. Bei den Nürnberger Kriegsverbrecherprozessen nach Kriegsende wurden alle vierundzwanzig der Führungsspitze von I.G. Farben angehörenden Personen wegen Verbrechens gegen die Menschlichkeit unter Anklage gestellt. Die wenigen leitenden Angestellten, die aufgrund der Rolle, die sie bei der Betreibung des Lagersystems gespielt hatten, wegen Zwangsarbeit und Massenmordes verurteilt wurden, erhielten sehr geringe Strafen. Otto Ambros, Experte für Giftgas und I.G. Farben

Vorstandsmitglied, saß nur acht Jahre seiner Strafe ab. Heinrich Buetefisch wurde zu sechs Jahren verurteilt. Nach dem Zweiten Weltkrieg wurde der Konzern I.G. Farben unter verschiedenen Namen umstrukturiert. Er ist bis auf den heutigen Tag ein internationales Mammutunternehmen geblieben.

Die Naziorganisation, der die Konzentrationslager unterstanden, war die Schutzstaffel ("SS"). Die SS war eine skrupellose Militär- /Geheimdienstorganisation, die von einem ehemaligen zum Polizisten avancierten Hühnerfarmer namens Heinrich Himmler geleitet wurde. Wie so viele andere Naziführer war Himmler Anhänger des Mystizismus und gehörte, wie in diesem Kapitel bereits erwähnt, der Vrilgesellschaft an. Himmler führte die SS wie eine Geheimgesellschaft mit Initiationen. Angehörigen der SS wurde eine mystische Tradition vermittelt, die auch einen Katechismus einschloß, demzufolge Hitler dem deutschen Volk von Gott gesandt worden war. Es wurde auch eine mystische Symbolik gelehrt mit besonderer Betonung der okkulten Bedeutungen des Hakenkreuzes. Himmler träumte davon, daß die SS die Grundlagen für ein neues arisches Utopia legen würde. Um in die SS aufgenommen zu werden, mußte man reinster arischer Abkunft sein.*

Als Eliteorganisation verfügte die SS über sehr viel Autonomie. Obwohl Himmler dem Führer persönlich treu ergeben blieb, sind sich eine Reihe von Historikern darüber einig, daß er in vieler Hinsicht ebenso mächtig war wie Hitler. Himmlers Traum war die Schaffung eines völlig unabhängigen und allein von der SS nach den Grundsätzen der SS geführten Staates in Burgund. Er wollte, daß ihn die Welt um diesen SS-Staat "beneidete". Die Autonomie der SS ergab sich auch daraus, daß sie von bedeutenden deutschen Industriezweigen direkt finanziert wurde. Einer der Geldgeber war natürlich I.G. Farben. Andere waren die deutschen Tochtergesellschaften von ITT und General Electric. Wie beim Bezirkskommando ermöglichte es diese Direktfinanzierung der SS, außerhalb der Finanzkontrolle einer größeren staatlichen Partei zu agieren, und sie gestattete den Industriellen, einen unmittelbareren Einfluß auf die Aktivitäten der SS auszuüben.

Ohne die Unterstützung der Bruderschaft der Bankiers hätte es nie zum Nationalsozialismus mit seinen Greueltaten kommen können. Banken,

---

*Gegen Ende des Krieges schraubte die SS ihre rassischen Anforderungen beträchtlich herunter, da das deutsche Militär verzweifelt Menschenmaterial benötigte.

Industrie und Regierung waren im nationalsozialistischen Deutschland so eng miteinander verflochten wie heute in fast allen Ländern. In Deutschland hatten viele Bankiers Führungspositionen in anderen Unternehmen, nicht zuletzt bei I.G. Farben. Max und Paul Warburg zum Beispiel, die große Banken in Deutschland und den Vereinigten Staaten besaßen (und die zufälligerweise auch das Federal Reserve System* in den Vereinigten Staaten mit aufgebaut haben) saßen im Vorstand der I.G. Farben. H.A. Metz von I.G. Farben war Mitglied des Verwaltungsrats der Bank von Manhattan, einer Warburg Bank in den Vereinigten Staaten, die später zu der von der Familie Rockefeller betriebenen Chase Manhattan Bank gehörte.** Ein Mitglied des Verwaltungsrats der amerikanischen I.G. Farben war C.E. Mitchell, der auch dem Verwaltungsrat der Federal Reserve Bank in New York und der National City Bank angehörte. Und was überaus bezeichnend ist, Hermann Schmitz, Präsident der I.G. Farben in Deutschland, hatte sowohl zum Vorstand der Deutschen Bank als auch zum Vorstand der Bank für Internationalen Zahlungsausgleich gehört. Wie wir uns erinnern, bildete die Bank für Internationalen Zahlungsausgleich die Spitze des internationalen Zentralbankwesens und des verflochtenen Systems des über eine Deckung hinaus vermehrbaren Papiergeldes. Schmitz war einer der wenigen Führungskräfte der I.G. Farben, die in Nürnberg zu einer Freiheitsstrafe verurteilt wurden. Er erhielt zehn Jahre.

Die vielleicht überraschendste Unterstützung für Hitler von seiten der internationalen Bruderschaft der Bankiers kam vom Direktor der Bank von England, Montague Norman. Im Zweiten Weltkrieg war England natürlich ein Feind Nazideutschlands. Dr. Quigleys Buch *Tragedy and Hope* zufolge war Norman während seiner Zeit als Präsident der Bank von England in den Jahren von 1920 bis 1944 "der Mann an der Spitze des internationalen Bankenaufsichtssystem".[3] Dr. Quigley schreibt:

> ...viele wohlhabende und einflußreiche Persönlichkeiten wie Montague Norman und Henri Detering (Eigentümer von Shell Oil) lenkten die Aufmerksamkeit der Öffentlichkeit auf die Gefahren des Bolschewismus, während sie dem Nationalsozialismus gegenüber eine neutrale oder positive Haltung einnahmen.[4]

---

* Anm. des Übersetzers: amerikanisches Zentralbanksystem.

** Ein anderes Rockefeller Unternehmen, die Standard Oil in New Jersey, und die I.G. Farben waren vor dem Krieg Kartellpartner.

Montague Norman stand dem Nationalsozialismus jedoch offenbar mehr als neutral gegenüber. In einem Bericht einer Chikagoer Zeitung vom 3. November 1938 heißt es:

> Im Frühjahr 1934 versammelte sich eine ausgewählte Gruppe von Financiers der City im fensterlosen Gebäude der Bank von England in der Threadneedlestreet um Montague Norman. Unter den Anwesenden waren Sir Alan Anderson, Teilhaber von Anderson, Green & Co.; Lord (damals Sir Josiah) Stamp, Vorsitzender des L.M.S. Railway System; Edward Shaw, Präsident der P. & O. Steamship lines; Sir Robert Kindersley, Teilhaber von Hambros Bros.; C.T. Tiarks, Inhaber von J. Schroeder Co...Aber jetzt war eine neue Macht an Europas politischem Horizont aufgetaucht - Nazideutschland. Hitler hatte seine Kritiker enttäuscht. Sein Regime war kein vorübergehender Alptraum, sondern ein System mit Zukunft, und Mr. Norman riet den Mitgliedern seines Verwaltungsrats, Hitler in ihre Pläne einzubeziehen. Es gab keinen Widerspruch, und so wurde beschlossen, daß Hitler von der Londoner Finanzsektion insgeheim unterstützt werden sollte, bis es Mr. Norman gelänge, soviel Druck auf die Regierung auszuüben, daß sie ihre profranzösische Politik zugunsten einer erfolgversprechenderen prodeutschen Ausrichtung aufgibt.[5]

Die Bank von England unterstützte Hitler auch noch, als der Nazidiktator bereits angefangen hatte, seinen Eroberungsplan in die Tat umzusetzen. Nachdem Hitler in die Tschechoslowakei einmarschiert war und damit den zwischen ihm und dem damaligen Premierminister Chamberlain bestehenden Nichtangriffspakt gebrochen hatte, erhielt Hitler von der Bank von England sechs Millionen Pfund dort deponierter tschechischer Goldreserven.

So wie eine kleine Clique deutscher Duodezfürsten durch die Vermietung von Soldaten an kriegführende Nationen in den Kriegen des 18. Jahrhunderts zu einem Vermögen gelangt war, schlug eine kleine aus Banken und multinationalen Unternehmen bestehende Clique aus Waren und Dienstleistungen für beide der im Zweiten Weltkrieg kämpfenden Seiten großes Kapital. Nachdem die Bank von England zunächst Hitler unterstützt hatte, gewährte sie natürlich auch Großbritannien Darlehen zur Bekämpfung Hitlers. In einer Zeit, in der die deutschen Tochtergesellschaften von ITT und General Electric der SS finanziell unter die Arme griffen und Nazideutschland die erforderliche Hilfe leisteten, unterstützten andere Zweige in Amerika und anderswo die Feinde Deutschlands. Als die I.G.

Farben Hitlers Kriegsmaschinerie in Deutschland anheizte, schürte einer ihrer alten Kartellpartner, die Standard Oil, ähnliche gegen Deutschland gerichtete Anstrengungen. Während die Ford Motor Company Material für den Kampf der amerikanischen Armee gegen Deutschland herstellte, produzierten die Fordwerke in Deutschland Militärfahrzeuge für die Nazis. Wer auch immer den Krieg gewinnen würde, jene Banken und Unternehmen würden davon profitieren und vor den Augen des Siegers Gnade finden, unabhängig davon, wer das wäre.

Die überaus große Rolle, die einigen Bankiers und Industriellen im Zusammenhang mit der Unterstützung Hitlers und dem Aufbau der Kriegsmaschine der Nazis zukommt, hat mancheHistoriker dazu veranlaßt, diese Bankiers und Industriellen für die wahren Mächte hinter dem Nationalsozialismus zu halten. Sie waren zwar sehr wichtig, doch waren sie auch wirklich diejenigen, die uns den Nationalsozialismus beschert haben?

Wie bereits gesagt, ging Hitler aus dem Netzwerk der mystischen Bruderschaft hervor. Einige Forscher sind fälschlicherweise zu dem Schluß gelangt, daß radikale Organisationen der Bruderschaft eher das Werkzeug politischer, militärischer und wirtschaftlicher Führer sind als umgekehrt. Dieser Fehler wird in der Regel deshalb gemacht, weil nur wenige Historiker daran zu denken wagten, daß die Bruderschaft mehr Macht und Einfluß hat als menschliche Eliten. Sobald man diesen Einfluß jedoch anerkennt, stellt sich die Frage: wer ist die Macht, die hinter der Bruderschaft steht? Wir haben auf diese Frage bereits eine für viele Menschen unannehmbare Antwort gegeben: Angehörige einer außerirdischen Rasse, *d.h.* die Zivilisation der "Herrgötter". Zieht man eine solche ungewöhnliche Möglichkeit erst einmal ernsthaft in Betracht, muß man sich zur Bestätigung wieder der Geschichte zuwenden - in diesem Fall Nazideutschland. Dann macht man eine bemerkenswerte Entdeckung:

Die Nazis selbst haben behauptet, daß ihre Ideologie auf eine außerirdische Zivilisation zurückgehe und daß sie die Macht hinter ihrer Organisation sei!

Im Laufe der Geschichte haben sich Organisationen der Bruderschaft den verschiedendsten von anderen Planeten stammenden "Göttern", "Engeln", "Kosmischen Wesen", "Ascended Masters" und ähnlichen Außerirdischen gegenüber zu treuer Ergebenheit verpflichtet. Es handelte sich dabei fast immer um die von einem mythologischen Schleier verborgenen "Herrgötter". Auch die Thulegesellschaft und selbst der nationalsozialistische Mystizismus nehmen für sich in Anspruch, daß ihre wahren

Führer Außerirdische seien. Die Nazis bezeichneten ihre unsichtbaren außerirdischen Meister als unterirdische "Übermenschen". Hitler glaubte an die "Übermenschen" und behauptete wie auch andere Angehörige der Thuleführung, daß er einmal einem von ihnen begegnet sei. Den Nazis zufolge leben die "Übermenschen" im Innern der Erde, und sind die Schöpfer der arischen Rasse. Aus diesem Grund stellten die Arier die einzige "reine" Rasse dar, und alle anderen Menschen galten als genetische Mutationen. Die Nazis planten eine "Reinerhaltung" der menschlichen Rasse durch Ermordung aller Nichtarier. Die höchsten Naziführer glaubten, daß die unterirdischen "Übermenschen" auf die Erde zurückkehren und über sie herrschen würden, sobald die Nazis ihren Plan zur Reinerhaltung der Rasse in die Tat umsetzten und das Tausendjährige Reich errichteten.

Die Überzeugungen der Nazis glichen sehr stark denen anderer Religionen der "Herrgötter", wonach die Menschen auf die künftige Rückkehr übernatürlicher oder übermenschlicher Wesen vorbereitet sein müssen, die dann über ein irdisches Utopia herrschen. Wie in anderen Religionen der "Herrgötter" würde das Kommen der "Übermenschen" der Nazis mit einem großen letzten "Gottesgericht" zusammenfallen. Über dieses "Gottesgericht" hatte Hitler zu Anfang seiner Nazikarriere vor Gericht gesagt:

> Die (nationalsozialistische) Armee, die wir herangebildet haben, wächst von Tag zu Tag. Ich hege die stolze Hoffnung, daß diese ungestümen Kompanien zu Bataillonen, die Bataillone zu Regimentern, die Regimenter zu Divisionen werden, daß die alte Kokarde aus dem Schmutz herausgeholt wird, daß die alten Fahnen wieder flattern, und es zur Versöhnung kommt beim ewigen letzten Gottesgericht, zu dem wir anzutreten bereit sind.[6]

Es sah so aus, als ob die "Übermenschen" der Nazis keineswegs außerirdischen, sondern irdischen Ursprungs wären, da sie angeblich aus dem Innern unseres Planeten stammten. Hitler und seine dem Mystizismus verhafteten Landsleute hatten eine seltsame auf den Kopf gestellte Vorstellung vom Universum. Ihrer Anschauung nach bestand das Universum aus einem unendlichen Felsen, der zahlreiche Hohlräume aufwies. Anders ausgedrückt, das Universum ist wie ein unendliches Stück Schweizer Käse - kompakt und mit vielen Löchern darin. Die konkaven Oberflächen der Hohlräume sind die Oberflächen von "Planeten", einschließlich der Erde. Die Menschen leben daher nicht auf der äußeren Oberfläche eines runden Balls: sie werden von der Schwerkraft gegen die innere Oberfläche eines

Hohlraumes gedrückt. Den Nazis zufolge ist die Sonne in der Mitte des Hohlraumes aufgehängt, der Himmel besteht aus blauem Gas, und die Sterne sind winzige Objekte (vielleicht Eiskristalle), die in der gleichen Weise aufgehängt sind wie die Sonne. In diesem unendlichen steinernen Universum, das einem "Schweizer Käse" gleicht, gibt es viele Risse und Spalten, durch die man von einem Hohlraum in den anderen gelangt. Die Nazis glaubten nun, daß in einem der angrenzenden Hohlräume ein Volk von arischen "Übermenschen" lebt. Hitlers unterirdische "Übermenschen" waren deshalb echte Außerirdische, nur in einer seltsam verkehrten Weise. Wenn man davon ausgeht, daß es sich bei dem nationalsozialistischen "Schweizer-Käse-Modell" des Universums nicht um eine von Hitler "großen Lügen" handelte, spricht einiges dafür, daß die Naziführer ernsthaft daran glaubten. Im Zweiten Weltkrieg versuchte man beispielsweise, die britische Flotte durch in den Himmel gerichtete Infrarotstrahlen ausfindig zu machen. Die Nazis waren der Auffassung, daß die Strahlen auf der gegenüberliegenden Seite der "konkaven" Erde auftreffen würden. Allein aus diesem Grund können wir froh sein, daß die Nazis den Krieg verloren haben und uns so ihre Lektionen in Astronomie erspart geblieben sind.

Leider hörte mit der Niederlage der Nazis und dem mutmaßlichen Tod Hitlers und Heinrichs Himmlers der Einfluß der Nazis in der Welt nicht auf. Nach dem Zweiten Weltkrieg finden wir in vielen wichtigen Bereichen Nazis:

Der amerikanische Geheimdienst (CIA) akzeptierte das Angebot von Reinhart Gehlen, Leiter russischer Geheimdienstoperationen beim Abwehrdienst der Nazis, beim Aufbau des amerikanischen Nachrichtendienstnetzes in Europa mitzuhelfen. Gehlens Organisation gehörten viele ehemalige Angehörige der SS an. Die Organisation Gehlen wurde ein wichtiger Bestandteil des CIA in Westeuropa und er bildete auch die Grundlage des Geheimdienstapparates der Bundesrepublik. Der CIA holte sich aus den Unterlagen der Nürnberger Kriegsverbrecherprozesse auch Informationen über die psychiatrischen Methoden der Nazis, die Jahrzehnte später bei den berüchtigten Experimenten Verwendung finden sollten, in denen es um die Bewußtseinskontrolle ging.

INTERPOL, eine private internationale Polizeiorganisation zur Bekämpfung weltweit operierender Krimineller und Drogenhändler wurde bis 1972 mehrfach von ehemaligen SS-Offizieren geleitet. Wenn man bedenkt, daß Interpol während des Zweiten Weltkriegs von den Nazis kontrolliert wurde, ist das nicht weiter erstaunlich.

OBEN: *Zeichnung des Autors, die zeigt, wie Hitler und andere Naziführer das Universum sahen. In ihrer umgekehrten Welt leben wir auf der Innenseite eines konkaven Hohlraumes innerhalb eines unendlichen steinernen Universums. Im Fels sind zahlreiche Risse, durch die man von einem Hohlraum in den anderen gelangen kann. In einem angrenzenden Hohlraum ("Planet") sollen die arischen Übermenschen leben, die den Nazis zufolge im Verborgenen die.Geschicke der Erde lenken.*

Prinz Bernhard der Niederlande war vor dem Krieg bei der SS und hatte anschließend eine Anstellung bei I.G. Farben. Dann heiratete er ins Haus Lippe-Biesterfeld ein und übernahm einen Posten bei der Shell Oil. Prinz Bernhard initiierte die internationalen "Bilderberger" Treffen, die noch immer jedes Jahr abgehalten werden. Die Bilderberger Treffen sind als informelle Zusammenkünfte führender Bankiers, Industrieller, Politiker und anderer prominenter Leute gedacht, bei denen die Weltlage erörtert und gelegentlich ein informeller Konsens erzielt werden soll. Bis zur zweiten Hälfte der siebziger Jahre führte Prinz Bernhard selbst den Vorsitz bei diesen Treffen.

Für die Jüngeren unter uns gehört der Zweite Weltkrieg einer fernen Vergangenheit an, so wie der Erste Weltkrieg für die jetzt Dreißig- und Vierzigjährigen Alte Geschichte ist. Der Konflikt, zu dem die meisten jungen Leute unserer Zeit einen Bezug haben, ist der "Kalte Krieg" zwischen den Vereinigten Staaten und Rußland. Der Zweite Weltkrieg hat wesentlich dazu beigetragen, die Voraussetzungen für diese der neueren Zeit angehörende Konfrontation zu schaffen. Im Zweiten Weltkrieg war Rußland ein Verbündeter der Vereinigten Staaten, Großbritanniens und Frankreichs im Krieg gegen Nazideutschland. In vielen der an Rußland angrenzenden Balkanstaaten kämpften russische Truppen gegen die Deutschen. In der darauffolgenden Zeit der Instabilität gewannen kommunistische Bewegungen in diesen Balkanstaaten beträchtliche Macht, und nachdem die Deutschen besiegt waren, blieben die russischen Truppen dort. Die Allierten gedachten nicht, den Krieg dadurch zu verlängern, daß sie gegen Rußland kämpften; so entstand der Ostblock.

Die Erfahrung mit dem Nationalsozialismus ist von außerordentlich großer Bedeutung, weil sie von heute lebenden Menschen gemacht wurde. So unglaublich es auch sein mag, in Amerika, Deutschland und anderen Ländern sind Nazigruppen zu neuem Leben erwacht. Es ist nur schwer vorstellbar, daß sich irgendjemand einer Bewegung anschließt, die derart irrsinnige Theorien vertritt, und doch ist es so. Die Erfahrung mit dem Nationalsozialismus in Deutschland hat uns gezeigt, daß in der Welt wie schon seit Jahrtausenden noch immer Krieg, Ignoranz und wiederholter Völkermord herrschen: dank einer mystischen Bruderschaft mit Organisationen, die sich einer außerirdischen Zivilisation gegenüber zu äußerster Loyalität verpflichten. Die Erfahrung mit dem Nationalsozialismus läßt wieder einmal einen der wichtigsten Kanäle deutlich werden, über den die verzweigte Bruderschaft ihren Einfluß ausübt: ein System von staatlichen

Geheimdienstorganisationen, deren Tätigkeit durch Gesetz geheim gehalten wird, sich aber häufig außerhalb des Gesetzes bewegt. Der Nationalsozialismus war eine weitere unmenschliche Gruppierung der Bruderschaft, die so vielen anderen aus dem Netzwerk der Bruderschaft hervorgegangenen Gruppierungen gegenübergestellt wurde; dadurch bestand die Garantie für weitere Kriege, noch mehr Leid und die anhaltende Gefangenschaft auf einem kleinen Planeten hinter Mauern der Unwissenheit. Beim Nationalsozialismus konnten wir feststellen, wie alle Elemente, die wir in diesem Buch gesehen haben, zusammentreffen: das Netzwerk der Bruderschaft, apokalytische Visionen, eine auf dem Papiergeld fußende Bankelite, Völkermord und eine außerirdische als "Götter" und Eigentümer der Erde verehrte Zivilisation. Den Nationalsozialismus hätte es eigentlich vor zweitausend Jahren geben sollen, doch es gab ihn erst vor einigen Jahrzehnten. Alles in der Geschichte, womit wir uns in diesem Buch befaßt haben, erleben wir heute noch.

Diese Schlußbemerkungen machen es erforderlich, daß wir uns noch einmal dem UFO-Phänomen zuwenden. Wenn man bedenkt, daß eine Zivilisation der "Herrgötter" die Menschheit heute auf die gleiche Weise manipuliert wie vor zweitausend Jahren, dann ist anzunehmen, daß die UFOs sich ebenfalls noch so verhalten wie in der fernen Vergangenheit. Diese Feststellung wirft möglicherweise zwei Fragen auf: verbreiten UFOs heute noch die gleichen korrupten Mystizismen der Bruderschaft wie früher? Verbreiten sie immer noch die falsche Vorstellung, daß sie Gott sind? Wenn man den Aussagen derer Glauben schenken soll, die in jüngster Zeit von UFOs entführt wurden, lautet die Antwort auf beide Fragen ja.

KAPITEL 37

Moderne "Hesekiels"

Ich habe einige Leute gekannt, die behaupten, daß sie einem UFO begegnet seien, und die gesagt haben, daß UFOs sehr freundlich, traumhaft und wunderbar seien. Aber Invasoren kommen nicht immer bis an die Zähne bewaffnet und als Bedrohung! Manchmal kommen sie mit einem glücklichen Lächeln, fähnchenschwenkend, mit Bibeln und mit Kreuzen.[1]

- Über das Interview auf der Straße, mit freundlicher Genehmigung der Zeitschrift *UFO*.

Entführungen durch UFOs verlaufen anders: jemand wird gegen seinen Willen an Bord eines UFOs gebracht, einer eingehenden körperlichen Untersuchung unterzogen und dann wieder freigelassen. In der Regel fehlt dem Entführten jede Erinnerung daran, weil er von den Außerirdischen, die ihn gefangennahmen, psychisch beeinflußt wurde. Einige Forscher vergleichen diese Entführungsfälle mit dem Vorgehen von Biologen, die wilde Tiere außer Gefecht setzen, sie untersuchen und dann wieder in die freie Wildbahn entlassen.

Fälle von Entführungen durch UFOs aus den sechziger, siebziger und achtziger Jahren dieses Jahrhunderts weisen ein weiteres höchst bedeutsames und immerwiederkehrendes Merkmal auf. Dr. Thomas E. Bullard von der Universität Indiana, dessen Worte im *MUFON UFO Journal* vom Februar 1988 veröffentlicht wurden, meinte, nachdem er sich selbst mit dem Phänomen der Entführung befaßt hatte:

> Sehr häufig kommt es nach der Untersuchung (eines von einer UFO-Besatzung entführten Menschen) zu einer Unterredung, einer mehr oder weniger formellen Unterhaltung zwischen dem Zeugen und denjenigen, die ihn gefangengenommen haben ... Warnungen, daß

bestimmte menschliche Verhaltensweisen gefährlich seien, und Vorhersagen kommender Ereignisse sind ebenfalls üblich. In den Vorhersagen geht es im allgemeinen um künftige Katastrophen, ja selbst apokalytische Veränderungen auf der Erde, Ereignisse, die von den Außerirdischen oder von einem erleuchteten Zeugen gemildert werden können.[2]

Die von Dr. Bullard untersuchten dokumentarisch belegten Fälle sind ein faszinierender Beweis dafür, daß die "Herrgötter" auch heute noch die gleichen apokalyptischen Botschaften verbreiten wie vor Jahrtausenden. Umgekehrt verleihen diese neuen Fälle den historischen Beweisen großeres Gewicht, denen zufolge viele der früheren apokalyptischen Botschaften, wie man sie in der Bibel findet, tatsächlich aus den gleichen außerirdischen Quellen stammen. Dr. Bullards Feststellungen lassen darauf schließen, daß die "Herrgötter" noch immer sehr stark an den Drähten ziehen, indem sie nämlich sagen, "Ihr Menschen benehmt Euch alle schlecht (obgleich wir Euch natürlich nicht sagen werden, daß möglicherweise wir diejenigen sind, die Euch dazu aufhetzen), und es wird zu einer Katastrophe kommen. Aber fürchtet euch nicht, denn wir engelgleiche Seelen werden Euch erretten. Haltet Euch an uns und die von uns ernannten Boten, dann werdet ihr erlöst." Das ist ein Paradebeispiel für machiavellistisches Denken.

Die UFO-Besatzungen erklären heute noch immer ganz unumwunden, daß sie Gott seien. In einer Entführung, bei der das so war, ging es um eine Frau namens Betty Ann Andreasson, deren gut belegtes und eingehend untersuchtes Erlebnis Thema eines fesselnden Buches von Raymond Fowler mit dem Titel *The Andreasson Affair* ist.

Frau Andreasson wurde am 25. Januar 1967 entführt. Sie erinnerte sich später unter Hypnose daran, daß sie in ihrem Haus gekidnappt, an Bord eines offensichtlich außerirdischen Flugobjekts gebracht und an einen unbekannten Ort geflogen wurde, wo man sie, wie ihr schien, durch eine Reihe ungewöhnlicher grüner und roter Gänge in irgendeiner Art Stadt führte. Frau Andreasson erlebte dann etwas, was ihre Geschichte in den Augen vieler Menschen unglaubwürdig erscheinen läßt; für uns jedoch ist es dieses Erlebnis, das der Geschichte die größte Glaubwürdigkeit verleiht.

Frau Andreasson berichtet, daß ihre Entführer sie in einen besonderen Raum brachten. Dort widerfuhr ihr etwas, das ihre Entführer als "den schmerzlichsten und emotionalsten Teil ihres gesamten Erlebnisses beschrieben".[3] In dem Raum sah Frau Andreasson einen großen etwa fünfzehn Fuß hohen Vogel. Der Vogel ähnelte einem Adler, hatte jedoch einen längeren Hals. Es handelte sich nämlich um die Replik eines Phönix, und er sah aus, als sei er lebendig. Wie Frau Andreasson so dastand und ihn anschaute, begann sich der Phönix zu verwandeln. Frau Andreasson empfand die intensive Hitze unter Hypnose noch so stark, daß sie vor Schmerz schrie, als sie über den Vorfall berichtete. Plötzlich kühlte sich der merkwürdige außerirdische Raum ab. Wo der "große Vogel" gestanden hatte, brannte jetzt ein kleines Feuer. Das Feuer erstarb zu einem Häufchen Glutasche. Als das Häufchen weiter abkühlte, erblickte Betty etwas in der Asche: "Jetzt sieht es aus wie ein Wurm", erinnerte sie sich unter Hypnose, "ein dicker fetter Wurm. Es sieht genauso aus wie ein Wurm - ein dicker grauer Wurm, der dort einfach nur liegt".[4]

Frau Andreasson wohnte einer Neuaufführung der Phönixlegende bei, die ganz ohne Zweifel für sie in Szene gesetzt worden war. Der Phönix ist, wie wir uns erinnern, ein Symbol der Bruderschaft, dessen man sich bediente, um das apokalyptische Denken zu fördern und das nichtendenwollende menschliche Leid zu rechtfertigen. Obgleich Frau Andreassons "Vision" des Phönix nur einen kleinen Teil ihres gesamten Erlebnisses ausmachte, kamen die Forscher zu folgendem Schluß:

> ...es ist nur zu offensichtlich, daß der Vogel, zu dem die Außerirdischen Betty gebracht hatten, das war, worum es bei ihrem gesamten Erlebnis eigentlich ging; es schien der Zweck ihrer Reise durch die grünen und roten Räume gewesen zu sein.[5]

Frau Andreasson bestätigte unter Hypnose, daß, nachdem ihr diese mystische Vision eingepflanzt worden war, zwischen ihr und den Entführern folgende Unterhaltung stattgefunden hatte:

> Sie riefen meinen Namen und wiederholten ihn mit erhobener Stimme. Ich sagte, "Nein, ich weiß nicht, was das alles soll, und auch nicht, warum ich hier bin." Und sie - was immer sie gewesen sind - sagten, "ich habe dich erwählt."
>
> "Warum hast du mich erwählt?" fragte Betty.
>
> "Ich habe dich erwählt, um dir die Welt zu zeigen."
>
> "Bist du Gott?", fragte Betty, "Bist du Gott der Herr?"
>
> "Ich werde es dir im Laufe deines Lebens zeigen."[6]

Zur Zeit ihrer Entführung war Frau Andreasson bereits Christin. Nach ihrem Erlebnis begann sie, UFOs in ihre eigenen apokalyptischen Glaubensvorstellungen zu übernehmen. Der Forscher Raymond Fowler unterzog diese Glaubensanschauungen einer gründlichen Prüfung:

> RAYMOND FOWLER: Haben sie (UFOs) irgend etwas mit dem zu tun, was wir die Wiederkunft Christi nennen?
> BETTY: Mit Sicherheit.
> RAYMOND FOWLER: Wann findet sie statt?
> BETTY: Es ist nicht an ihnen, uns das zu sagen.
> RAYMOND FOWLER: Wissen sie es denn?
> BETTY: Sie wissen, daß der Herr sich vorbereitet und sehr nahe ist.[7]

Wenn das stimmt, hatte Betty Andreasson ein außerordentliches Erlebnis. Es wäre ein Hinweis darauf, daß sie nur einer in einer langen Reihe widerstrebender Propheten war, denen von Angehörigen der Zivilisation der "Herrgötter" gewaltsam eine apokalyptische religiöse Botschaft eingepflanzt wurde. Wie bei den "Hesekiels" vor ihr läßt Betty Andreassons Aussage den Schluß zu, daß sie von ihren Entführern psychisch stark beeinflußt wurde. Diese Beeinflussung ist möglicherweise auch der Grund für einige der ungewöhnlichen Phänomene, die sie während ihrer Entführung wahrgenommen hat. Im Gegensatz zu früheren "Hesekiels" werden Frau Andreassons Erlebnisse wahrscheinlich weder in die Bibel übernommen, noch werden sie sie dazu veranlassen, eine Armee aufzustellen und einen religiösen Eroberungfeldzug zu unternehmen. Ihr mutiges Zeugnis wird der Welt nur einen weiteren Beweis dafür liefern, daß sich die Methoden, mit denen die Zivilisation der "Herrgötter" die Menschen offenbar beherrscht, auch im 20. Jahrhundert nicht geändert haben.

Bedeutet Frau Andreassons Erlebnis, daß der Menschheit noch ein weiteres "Ende der Welt" bevorsteht? Angesichts der politischen, wirtschaftlichen und gesellschaftlichen Struktur der Welt ist das sicherlich möglich. Das Netzwerk der Bruderschaft wie auch viele der von ihr geschaffenen Institutionen sind lebendig und aktiv. Sie können unserer Welt durchaus noch eine weitere sinnlose "Letzte Schlacht" bescheren.

KAPITEL 38

Das neue Eden

Heute ist man dabei, ein neues Eden zu errichten, vielleicht verleiht man dem alten aber auch nur ein neues Aussehen. Typisch für das heutige Eden sind eine sterile Architektur und eine Vereinheitlichung des Stils. Die Bewohner von Eden haben viele Möglichkeiten, um mit den Belastungen, die ein Leben in Eden mit sich bringt, fertigzuwerden; dazu zählen auch Drogen, die fast alle negativen (und auch alle positiven) Eigenschaften des Menschen zu ändern oder unter Kontrolle zu halten versprechen. Den neuen Bewohnern von Eden werden Philosophien vermittelt, die ein materialistisches Utopia inmitten einer geistigen Einöde verheißen. Trotz aller dieser "Fortschritte" nimmt sich noch immer eine überraschend große Zahl von "Edenitern" das Leben. Tragischerweise sind sehr viele Selbstmörder junge Menschen. Was sagt uns das? Vielleicht, daß auch der heutige Garten Eden eben nur ein Garten Eden ist: ein goldener Käfig, ein komfortables Gefängnis. Zahlreiche junge Menschen spüren das und lehnen sich dagegen auf, indem sie ihre Kleidung und ihre Frisur ändern, aber sie fühlen sich immer noch gefangen und wissen nicht so recht wie oder warum. Viele Menschen haben, unabhängig davon, wie erfolgreich oder verwöhnt sie sind, gleich Adam und Eva das Gefühl, daß sie fliehen möchten.

Der jetzige Garten Eden steht noch immer stark unter dem Einfluß der verzweigten Bruderschaft und ihren Nebenerscheinungen. In der Welt von heute ist jedoch jede Diskussion über die Bruderschaft ein heißes Eisen. Wir sprechen nämlich nicht mehr über Menschen und Gruppen der Vergangenheit, die ein bequemes Leben führten, sondern wir sehen uns Menschen und Organisationen gegenüber, die in der Welt von heute eine Rolle spielen. Gestatten Sie mir deshalb, an zwei wichtige Punkte zu erinnern:

1. Der überwiegende Teil der Menschen, die sich Bewegungen anschließen oder Organisationen beitreten, einschließlich derer, die den Zweigen der Bruderschaft beitreten oder sich zu einer der Religionen der

"Herrgötter" bekennen, tun das aus den richtigen Gründen. Sie haben etwas Wahres gehört oder eine Lösung für ein wirkliches Problem gesehen. Sie engagieren sich in diesen Organisationen, um diese Wahrheit zu verbreiten oder dieses Problem zu lösen. *Durch die gesamte Geschichte hindurch hat sich fast keiner von ihnen, einschließlich der meisten ihrer höchsten Führer, wissentlich auf machiavellistische Aktivitäten eingelassen.* Sie wissen nur, daß sie für eine gerechte Sache gegen irgendeine andere Gruppe von Menschen kämpfen und sind sich dessen nicht bewußt, daß woanders andere Menschen in ähnlichen Organisationen ebenfalls für eine gerechte Sachen gegen *sie selbst* kämpfen. Die Korruption innerhalb der verzweigten Bruderschaft und die daraus entstehende Gewalt beunruhigt sie ebensosehr wie alle anderen.

2. Ich möchte die Dinge in Ordnung bringen, nicht verurteilen. Schließlich gibt es auf der Erde keine Heiligen, und wahrscheinlich auch nirgendwo anders. Es gibt zwar eine ganze Menge großartiger Menschen, die es verdienen, daß man ihnen hilft, aber vermutlich findet man auf der Erde kein einziges Wesen, das nicht zu irgendeiner Zeit in irgendeiner Weise zu dem beigetragen hat, worum es in diesem Buch geht. Zum gegenwärtigen Zeitpunkt des Spiels machen Anklagen, Strafen oder Gegenbeschuldigungen die Sache nur noch schlimmer. Ich hoffe, dem Gedanken zum Siege zu verhelfen, daß es - gleichgültig, was wir in der Vergangenheit getan haben - Gegenwart und Zukunft sind, die wirklich zählen. Ich schreibe dieses Buch nur, weil ich Sie bitten möchte, einen Augenblick innezuhalten, einen Schritt zurückzutreten und auf das zu schauen, in das wir möglicherweise alle verwickelt sind. Vielleicht kann dann jeder von uns sorgfältig abwägen, was wir tun müssen (oder nicht mehr tun dürfen), um zu den Veränderungen beizutragen, die erforderlich sind, um die Dinge zurechtzurücken, ohne unser Leben oder die Institutionen zu zerstören, die uns lieb und teuer sind. Gefragt sind jetzt Kooperation und keine Anklagen.

Wenn man die modernen Organisationen und Religionen, die aus dem Netzwerk der Bruderschaft hervorgegangen sind, näher betrachtet, macht man eine kuriose Entdeckung. Da der intellektuelle Flirt der Welt mit dem Materialismus andauert, gehören die Organisationen der Bruderschaft und die Religionen der "Herrgötter" zu den wenigen Einrichtungen, die den Gedanken lebendig erhalten, daß der Mensch möglicherweise ein geistiges Wesen ist. Infolgedessen fühlen sich einige großartige Leute, in denen der geistige Funke noch nicht erstorben ist, von vielen Organisationen der Bruderschaft und Religionen der "Herrgötter" angezogen. Man findet nur selten einen Jesuitenpater, einen amerikanischen Freimaurer, einen Pfarrer der Presbyterianer oder einen jüdischen Rabbi, der nicht auch ein höchst anständiger Mensch ist. Dem überwiegenden Teil von ihnen ist der Aspekt der Güte und Erbauung ihrer Religion wichtig. Ebenso schwer ist es, sich in einer katholischen Christmette nicht wohlzufühlen oder von der Unterhaltung mit einem offensichtlichen Rosenkreuzer über den Sinn des Lebens nicht angeregt zu sein. Es ist ebenfalls unmöglich, nicht vom Lächeln eines kleinen Kindes angerührt zu sein, das von der Wärme umfangen ist, die in einer vom jüdischen Glauben getragenen Familie herrscht, oder die Ästhetik eines außergewöhnlichen hinduistischen Kunstwerks nicht zu schätzen. Kinder und alte Menschen profitieren jeden Tag von den karitativen Einrichtungen der Freimaurer, Oddfellows und Shriners*. Man kann mit einem überzeugten Marxisten faszinierende Gespräche führen, und von einem in der Wolle gefärbten Anhänger des "rechten Flügels" eine Menge erstaunlicher Dinge lernen. Trotzdem verursachen die meisten Institutionen, die aus der Bruderschaft hervorgegangen sind, auch weiterhin Probleme.

Wir haben uns in diesem Buch auch eingehend mit dem System des über eine Deckung hinaus vermehrbaren Papiergeldes befaßt. Über 75% der Geldmenge werden in den Vereinigten Staaten heute von den Handelsbanken geschöpft. Wenn man einen Dollar in eine Handelsbank einzahlt, wird dieser Dollar zu Geld, das die Bank ausleihen kann, und die Bank schöpft einen weiteren Dollar, der zum Dollar auf Ihrem Bankkonto wird. Der Dollar auf Ihrem Bankkonto ist jedoch kein wirklicher Dollar. Es ist nur der Betrag, den die Bank Ihnen schuldet. Dieser geschuldete Betrag verwandelt sich jedoch rasch in Geld, weil man ihn sofort ausgeben kann, und die Bank noch immer den ursprünglichen Dollar hat. Auf diese Weise hat die Bank Geld "aus dem Nichts" geschöpft. Aus der Erlaubnis, auf diese Weise Geld schöpfen zu dürfen, zieht die Bank auch den höchsten Gewinn Die Zinsen, welche die Bank für Kredite berechnet, decken einige der Verwaltungskosten und, was noch wichtiger ist, sie sind der Ausgleich für die Inflation, die die Bank zwangsläufig dadurch erzeugt, daß sie auf diese Weise Geld schöpft. Es gibt natürlich gesetzlich vorgeschriebene Höchstgrenzen dafür, wieviel Geld eine Bank schöpfen darf. Eine Handelsbank

---

* Anm. des Übersetzers: Bei den Oddfellows und Shriners handelt es sich um geheime Wohltätigkeitsorden.

muß für jeden eingezahlten Dollar eine Bargeldmindestreserve (Zentral banknoten) unterhalten, die jedoch nur einen kleinen Prozentsatz ausmacht. Solange die Menschen ihre Scheckkonten benutzen und sich nicht zuviel Bargeld auszahlen lassen, ist eine Bank sicher. Sie kann jedoch ihre Tore schließen müssen, wenn nicht genug ihrer Kredite zurückgezahlt werden oder zuviele Kontoinhaber Bargeld verlangen und so die kleine Kapitalgrundlage einer Bank aufzehren.

Die Folge dieses Systems ist heute eine hohe Verschuldung auf jeder Stufe der Gesellschaft. Die Banken haben Schulden bei den Kontoinhabern, das Geld der Kontoinhaber wird ausgeliehen, was wiederum Schulden gegenüber der Bank zur Folge hat. Daß Banken wie auch die übrigen Kreditgeber, Sachvermögen pfänden dürfen, wenn ihr Papiergeld nicht zurückgezahlt wird, läßt dieses System noch stärker so aussehen, als sei das Hirngespinst eines Verrückten.

Auf nationaler und internationaler Ebene lesen wir heute von Ländern der Dritten Welt, die von riesigen Schuldenbergen erdrückt werden. Die meisten dieser Schulden sind "fiktive" Schulden, insofern, als die Kredite zum großen Teil von Banken kommen, die "aus dem Nichts" Geld schöpfen oder solches Geld bestimmten Zwecken zuführen. Manche dieser Banken, wie zum Beispiel einige, die vom Internationalen Währungsfonds (IWF) vertreten werden, dürfen, um eine Rückzahlung der gewährten Kredite zu sichern, den verschuldeten Ländern die Wirtschaftspolitik vorschreiben und Sparmaßnahmen fordern. So erlegte der IWF Brasilien beispielsweise Anfang der achtziger Jahre strenge Sparmaßnahmen auf. Dazu gehörten unter anderem umfassende Lohnkürzungen für die brasilianischen Arbeitnehmer, höhere Preise für alle Waren, eine Abwertung der Währung und vermehrte Importe - nur, damit die im wesentlichen auf einer Fiktion beruhenden Schulden zurückgezahlt werden könnten. Die Folge war, daß der Wohlstand des brasilianischen Volkes zurückging, und es zu Aufständen kam. Die Zerstörung des brasilianischen Regenwalds, die wir heute erleben, wird weitgehend dadurch verursacht, daß Brasilien seine auf fiktivem Geld basierenden Schulden zurückzahlen muß. Von der Weltbank erstellte Studien machen das Bevölkerungswachstum für die Zerstörung der Regenwälder verantwortlich, unterschlagen jedoch bequemerweise, welche Rolle die Weltbank selbst bei der Verschuldung Brasiliens spielt.

Ein weiteres Beispiel ist die Dominikanische Republik, die Mitte der achtziger Jahre Schulden in Höhe von drei Milliarden Dollar hatte. Das Land hätte seine geringen Einkünfte gern dafür verwendet, bessere Wohnverhältnisse für seine Bürger zu schaffen. 1985 war das Land jedoch gezwungen mehr Geld für die Rückzahlung seiner Schulden auszugeben, als es in Devisen einnehmen konnte. Dennoch forderte der IWF rigorose Sparmaßnahmen, darunter drastische Anhebungen der Grundpreise, was zu Unruhen führte. Außerdem verlangte der IWF eine Abwertung der dominikanischen Währung; dadurch erhöhten sich die Exporte, während die Importe sehr viel teurer wurden. Wer waren die eigentlichen Verlierer bei alledem? Das dominikanische Volk.

Während der Amtszeit des letzten Präsidenten, Ronald Reagan, verdoppelten sich die Staatsschulden der USA. Der größte Teil der Kredite ließ sich natürlich auf das "aus dem Nichts" geschaffenen Geld der großen Banken zurückführen. Trotzdem müssen die Zinsen für dieses Geld jetzt bezahlt werden. Dazu wurden unter Reagan die Sozialleistungen der Bundes gekürzt, was sich auf den Lebensstandard vieler Amerikaner negativ auswirkte. Wofür wurde ein großer Teil der zusätzlichen Kredite verwendet? Für militärische Zwecke.

Im kleineren Rahmen führt das System des künstlich vermehrbaren Papiergeldes dazu, daß die Farmer ihre Farmen verlieren. Die meisten Farmer verlieren ihren Lebensunterhalt nicht deshalb, weil sie nicht arbeiten oder nichts Hochwertiges produzieren, sondern weil sie die Anforderungen des Papiergeldsystems nicht erfüllen können. Dadurch hat die Agroindustrie die Möglichkeit, sich einzuschalten und das Farmland aufzukaufen, wodurch es zu einer immer stärkeren Konzentration der Lebensmittelproduktion in der Hand einiger weniger kommt.

Wie man sieht, wirkt sich das moderne Währungssystem so aus, daß es viele Vorteile, welche die Massenproduktion und der Fortschritt in Wissenschaft und Technik der Menscheit geboten hätten, zunichte macht. Heutzutage sollte der allesverzehrende Kampf um die materielle Existenz weitgehend beendet sein; doch das System des künstlich vermehrbaren Papiergeldes hat durch eine massive Verschuldung, eine chronische Inflation und eine allgemeine wirtschaftliche Instabilität dazu beigetragen, daß diese Notwendigkeit weiter besteht. In allen Ländern der Erde ist der weitaus größte Teil der Menschen heute noch immmer gezwungen, von früh bis spät zu arbeiten, um seinen Lebensunterhalt sicherzustellen. Das in der Geschichte von Adam und Eva zum Ausdruck kommende Ziel der "Herrgötter", wonach die Menschen sich von der Geburt bis zum Tod abmühen sollen, wird noch immer verfolgt.

Ein weiteres wichtiges Nebenprodukt des modernen Währungssystems ist die Besteuerung. Die meisten Amerikaner sind der Ansicht, daß die amerikanische Regierung ihr eigenes Geld schöpft. Warum sollte die Regierung irgendwen besteuern, wenn das stimmte? Warum teilt sie sich nicht selbst das Geld zu, daß sie benötigt, um funktionsfähig zu sein? Das wäre ohne Zweifel vernünftiger, als eine gewaltige Bürokratie zur Einziehung der Steuern zu errichten, durch die Menschen zur Verzweiflung getrieben werden können und die Produktivität möglicherweise stark abnimmt.

Die Antwort darauf ist, daß nicht die amerikanische Regierung Geld schöpft, sondern die Federal Reserve Bank und die Handelsbanken, und das sind keine öffentlich-rechtlichen Einrichtungen. Um einiges von dem Geld zu bekommen, daß diese Banken schaffen, muß die Regierung entweder Steuern erheben oder Kredite aufnehmen. Sie tut beides, und die Bürger zahlen. Die Besteuerung macht es besonders in Ländern mit einem gestaffelten Einkommenssteuersystem schwer, Geld zu sparen, und sie trägt so dazu bei, daß die meisten Menschen sich den größten Teil ihres Lebens für ihren Lebensunterhalt abmühen müssen.

Trotz der zu begrüßenden politischen Reformen, die jetzt Rußland und den Ostblock verändern, stellt der Kommunismus in anderen Ländern noch immer eine Macht dar und hat dort, wie die Menschen in Äthiopien und Kamputschea zu ihrem großen Kummer haben erfahren müssen, in den zurückliegenden Jahrzehnten zu einer furchtbaren Willkürherrschaft geführt.

Am 12. September 1974 wurde der Monarch in Äthiopien durch einen Militärputsch gestürzt. Sechs Monate später schaffte die Revolutionsregierung die Monarchie endgültig ab, und Äthiopien wurde zu einem kommunistischen Staat, in dem auch Kolchosen und Staatsbetriebe nicht fehlen. Die neuen marxistischen Machthaber sahen sich bald mit einer Unabhängigkeitsbewegung in den äthiopischen Provinzen Eritrea und Tigre konfrontiert. Die Unabhängigkeitsbewegung wurde und wird noch immer weitgehend von einer anderen marxistischen Gruppe am Leben erhalten: der Volksbefreiungsfront. Die sich daraus ergebenden Kämpfe zwischen dem marxistischen Regime und der marxistischen Befreiungsbewegung hat sehr viele Menschen das Leben gekostet. Die Hungersnöte in Äthiopien, über die wir heute soviel hören, resultieren in erster Linie aus dem Versuch der äthiopischen Regierung, die eritreische Befreiungsfront dadurch zu vernichten, daß sie die Hilfslieferungen in die Trockengebiete verhindert. Das ist gleichbedeutend mit Völkermord. Die Menschen, die sich zwischen zwei gleichermaßen grausamen Gruppierungen wiederfanden, sind auf schreckliche Weise umgekommen. Hinter alledem steckt offenbar wieder einmal das Netzwerk der Bruderschaft: auf dem Emblem des marxistischen Regimes ist das bruderschaftliche Symbol des "Allsehenden Auges" deutlich erkennbar.

Am 17. April 1975 fiel die Hauptstadt von Kamputschea (vormals Kambodscha) an die kommunistischen Revolutionstruppen. Es kam zu einer totalen Nachrichtensperre. Die Geschichten, die durchsickerten, spotteten jeder Beschreibung. Nach der Wahl Pol Pots zum Premierminister im April 1976 erlebte Kamputschea nach Ansicht einiger Experten den schlimmsten Völkermord, den es seit dem Zweiten Weltkrieg gegeben hat. Mindestens eine Million, wenn nicht sogar drei Millionen Bewohner Kamputscheas kamen um. Das ist bei einer Bevölkerung von 7,5 Millionen eine sehr hohe Zahl. Diese Massenvernichtung war Teil eines großen Wirtschaftsplans, der von hochgebildeten Führern Kamputscheas aufgestellt worden war, die stolz auf ihre an französischen Universitäten erworbenen Abschlüsse in Wirtschafts- und Sozialwissenschaften waren. Diese Führer entschieden, daß ihr Land eine Agrarwirtschaft haben sollte...sofort. Die Hauptstadt Kamputscheas Phnom Penh wurde zwangsweise evakuiert, und die Bewohner mußten aufs Land ziehen, wo ländliche Produktionsgenossenschaften sie erwarteten. Das Privateigentum wurde abgeschafft. Bürger, von denen man glaubte, daß sie dem neuen Utopia aufgrund ihres Berufes oder ihrer Erziehung im Wege ständen, und diejenigen, die sich gegen eine "Versklavung" wehrten, wurden ermordet. Zu den Morden zog man häufig Kinder heran, was mit dazu geführt hat, daß in Kamputschea eine junge Generation mit einem über dem Durchschnitt liegenden Anteil an Psychopathen herangewachsen ist. Der großangelegte kamputscheanische Plan unter Pol Pot war ein genaues Abbild jenes unmenschlichen Programms, das es bereits früher in der Geschichte unter dem Revolutionsrat im Frankreich des 18. Jahrhunderts, im Regime Joseph Stalins in Rußland und während der Kulturrevolution Mao Tse Tungs in China gegeben hatte. Im Januar 1979, als die kommunistischen Nordvietnamesen in Kamputschea eindrangen, die selbst auch nicht gerade ein Musterbeispiel für Zivilisiertheit waren, brach das Regime Pol Pots zusammen. 1990 sind Pol Pot und die Roten Khmer erneut in Erscheinung getreten. Sie gehören einer Koalition an, die mit Militärgewalt wieder an die Macht zu kommen versucht. Die Koalition wird von den Vereinigten Staaten unterstützt, und einigen Augenzeugen zufolge erhalten die noch

OBEN: *Von Äthiopien 1977 herausgegebene Briefmarke. Sie zeigt das Emblem des marxistischen Regimes. Beachten Sie das deutlich herausgestellte bruderschaftliche Symbol des "Allsehenden Auges" im Zentrum.*

immer unmenschlich grausamen Truppen der Roten Khmer vom CIA gelieferte Waffen.

Vor den Reformen, die kürzlich im Ostblock stattgefunden haben, wurden viele kommunistische Bewegungen in der Welt vom sowjetischen KGB und anderen Geheimdiensten des Ostblocks unterstützt, zu deren Auftrages gehört, rund um die Welt "Befreiungskriege" zu entfachen. Interessanterweise haben auch westliche Geheimdienste beim Aufbau kommunistischer Regime geholfen, geradeso wie das deutsche Militär 1917 in Rußland. Die Vereinigten Staaten haben anfangs auch Fidel Castro in Kuba und Ho Chi Minh in Vietnam unterstützt, die später beide in ihren jeweiligen Ländern ein kommunistisches Regime errichteten. Beide Länder sind zur Zeit, da ich dieses schreibe, noch immer kommunistisch. Ursprünglich hatten die Vereinigten Staaten auch Pol Pot unterstützt und ihm in Kamputschea zur Macht verholfen. Die kommunistische Welt war in der Vergangenheit wie in der Gegenwart weitgehend ein Produkt westlicher Aktivitäten.

Es spricht einiges dafür, daß der heute in der Politik herrschenden Parteigeist auf ein unmittelbares Eingreifen der verzweigten Bruderschaft zurückzuführen ist. Der Souveräne und Militärische Orden von Malta (SMOM) beispielsweise ist stark antikommunistisch und indoktrinierte seine Mitglieder mit antikommunistischem Gedankengut. Daran ist nichts Böses, solange es nicht zu einer weiteren Rechtfertigung für noch mehr Gewalt, Unterdrückung und Unfrieden wird. Einer der Ritter des SMOM in Amerika, der verstorbene William Casey, leitete vom 28. Januar 1981 bis zum 29. Januar 1987 den amerikanischen CIA. In seiner Amtszeit als Chef des CIA setzte sich Casey sehr für eine verstärkte Geheimdiensttätigkeit ein, namentlich in Mittelamerika. Dort verübten die vom CIA unterstützten "Kontrarebellen" und rechtsextremen "Todesschwadrone" im Interesse einer Bekämpfung des Kommunismus entsetzliche Greueltaten gegen Zivilisten. Andere Ritter des SMOM in staatlichen Geheimdiensten waren unter anderem James Buckley von Radio Freies Europa/Radio Liberty, John McCone (Leiter des CIA unter Präsident John Kennedy) und Alexandre de Marenches (Chef des französischen Geheimdienstes unter Präsident Giscard d'Estaing, der ebenfalls Ritter des SMOM ist).

Der amerikanische Geheimdienst steht auch unter dem Einfluß von Mormonen, Freimaurern sowie anderen weniger bekannten Organisationen der Bruderschaft. Mormonen sind bei den Anwerbern des CIA aufgrund ihrer in der Missionsarbeit erworbenen Auslandserfahrungen begehrt, und einige sind im amerikanischen Geheimdienstwesen zu sehr hohen Positionen aufgestiegen. Manche antikommunistisch eingestellte Freimaurergruppen gewähren jungen Mitgliedern besondere Stipendien für den Besuch der Foreign Service School in Washington D.C. Aus dieser Schule gehen viele Staatsbedienstete, Diplomaten und Agenten hervor. Zusammengenommen bilden alle diese Einflüsse der Bruderschaft die ideologische Basis der amerikanischen Außenpolitik. Die Folge ist, daß Amerika als eine politische Gruppierung fortbesteht, die den Unfrieden rund um die Welt lebendig erhält.

Auch heute kommt dem "allein arbeitenden Attentäter" noch Bedeutung zu. An anderer Stelle haben wir uns bereits mit dem Ursprung des Phänomens des allein arbeitenden Attentäter als einem politischem Werkzeug befaßt. Die deutlichen Anzeichen dafür, daß den modernen Attentaten "Verschwörungen" zugrundeliegen, zeigen, daß solche Morde auch weiter zu den primitiven Waffen der Politik gehören. Der Hauptunterschied besteht heute darin, daß einige der "allein arbeitenden Attentäter" ein Deckmantel für einen zweiten verborgenen Attentäter zu sein scheinen und daß vorgegeben wird, der "allein arbeitende Attentäter" habe wirklich auf eigene Faust gehandelt. In allen anderen wichtigen Punkten entsprechen die "allein arbeitenden Attentäter" von heute fast genau jenen, die Jahrhunderte früher im Mittleren Osten von der zur Bruderschaft gehörenden Organisation der Ismaeliten "programmiert" wurden. Um das zu veranschaulichen, lassen Sie uns einige der Beweise im Zuammenhang mit den in den Zurückliegenden Jahren verübten Attentaten noch einmal näher in Augenschein nehmen.

Über die Ermordung des amerikanischen Präsidenten John F. Kennedy am 22. November 1963 wurde schon soviel geschrieben, daß ich den Tatbestand nur kurz zusammenfassen werde. Präsident Kennedy wurde auf einer Fahrt in einer Wagenkolonne durch Dallas, Texas, durch einen Gewehrschuß getötet. Fast sofort nach der Schießerei tauchten Gerüchte über eine Verschwörung auf. Der angebliche "allein arbeitende Attentäter" Lee Harvey Oswald erklärte öffentlich, daß er nur ein "Sündenbock" sei. Die Ergebnisse der ballistischen Untersuchungen sowie die Augenscheinsbeweise deuteten stark darauf hin, daß Kennedy von Kugeln getroffen wurde, die vor ihm abgefeuert worden waren und nicht hinter ihm, wo Oswald stand. Oswald hatte niemals die Möglichkeit, seine Behauptung, daß er nur ein Sündenbock sei, zu erläutern, oder vor Gericht gestellt zu werden, denn zwei Tage nach seiner Verhaftung wurde er, während er sich in Polizeigewahrsam befand, vom Nachtclubbesitzer Jack Ruby ermordet - einem Mann, von dem man wußte, daß er Verbindungen zur Mafia hatte. Ruby kam ins Gefängnis und starb dort nicht einmal vier Jahre später.

Es wurde ein offizieller Regierungsausschuß eingesetzt, der die Ermordung von JFK untersuchen sollte. Der nach seinem Vorsitzenden, dem Präsidenten des Obersten Bundesgerichts, Earl Warren benannte "Warren-Ausschuß" kam zu dem Schluß, daß Oswald ganz allein gehandelt habe. Jahre später befaßte sich ein Ausschuß des amerikanischen Repräsentantenhauses 26 Monate lang erneut mit der Ermordung John F. Kennedys und der des schwarzen Bürgerrechtsführers Martin Luther King jr. (der 1968 angeblich von einem "allein arbeitenden Attentäter" niedergeschossen wurde). Diese Kommission kam zum Schluß, daß die "allein arbeitenden Attentäter" *nicht* auf eigene Faust gehandelt hatten und daß der Ermordung Kennedys und Kings Verschwörungen zugrunde lagen. Die Ausschuß vertrat die Ansicht, daß weitere polizeiliche Untersuchungen gerechtfertigt seien. Trotz der Gerüchte und Beweise für eine Beteiligung des CIA und der Mafia an der Erschießung Kennedys, kam es niemals zu einer Verurteilung etwaiger Mitverschwörer.

John F. Kennedys jüngerer Bruder, Robert F. Kennedy, wurde kanpp fünf Jahre später am 5. Juni 1968 im Ambassador Hotel in Los Angeles in Kalifornien ermordet. RFK kandidierte zum Zeitpunkt seiner Ermordung für das Amt des Präsidenten, und es war fast sicher, daß er von den Demokraten nominiert werden würde. Er hatte gerade eine Rede an begeisterte Wahlhelfer gehalten und schickte sich an, in Begleitung einer Menge wohlmeinender Freunde und Reporter durch den hinteren Anrichteraum zu gehen. Er war in der Anrichte angelangt, als der als Mörder verurteilte Sirhan Sirhan mit einer Pistole des Kalibers 22 aus nächster Nähe das Feuer eröffnete. Eine Reihe von Leuten wurden getroffen, und Kennedy fiel an Kopf und Körper verwundet zu Boden. Sirhan wurde sofort verhaftet. Kennedy starb am darauffolgenden Tag, und Sirhan wurde als alleiniger Attentäter verurteilt. Trotz der Verurteilung gibt es noch immer viele Widersprüche. Der Forscher Theodore Charach vollbrachte eine Meisterleistung journalistischer Recherchen, als er eine große Zahl von Beweisen sammelte, die zeigen, daß ein zweiter verborgener Schütze den tödlichen Schuß auf Kennedy abgegeben hatte und nicht Sirham. Charach drehte einen Dokumentarfim mit dem Titel *The Second Gun* (Die zweite Pistole), der Spielfilmlänge hat und auf dem Beweismaterial basiert. Der Film wurde in den Siebzigern kurze Zeit in den Kinos gezeigt und ist seit neuestem als Video erhältlich.* Charachs Untersuchungsergebnisse wurden von anderen aufgegriffen und führten schließlich zu den Anhörungen über die Ermordung vor dem Board of Supervisors** des Bezirks Los Angeles.

Der Fall "zweite Pistole" im Zusammenhang mit dem Tod RFKs stützt sich auf eine großen Anzahl fesselnder ballistischer Beweise und Augenzeugenberichte. So ließ der Untersuchungsrichter die durch Pulver hervorgerufenen Verbrennungen an Kennedys Kopf und Kleidung analysieren. Die Brandwunden ergaben, daß die Mündung der Pistole bei der Abgabe der tödlichen Schüsse nicht weiter als fünf bis acht Zentimeter von Kennedys Kopf entfernt war, *d.h.* die Mündung hat sich unmmittelbar daneben befunden. Alle Augenzeugen berichten indes, daß Sirhans Waffe niemals näher als 30cm entfernt war; ein bedeutender Unterschied, was die Verbrennungen betrifft. Im Film *Die Zweite Pistole* wird angedeutet, daß die tödliche Kugel möglicherweise aus der Pistole des uniformierten Sicherheitsbeamten stammt, der Kennedy zu Beginn der Schießerei am rechten Arm festgehalten hatte. Der Beamte gab zu, daß er seine Waffe während des Handgemenges gezogen hatte, bestritt jedoch, sie abgefeuert zu haben. Ein Augenzeuge auf dem Schauplatz sagte indes aus, daß er den Beamten habe feuern sehen. Es gibt keine Unterlagen darüber, daß die Polizei jemals die Pistole des Beamten untersucht hat.

Ein seltsames, angeblich von Sirham geführtes Tagebuch, das nach der Schießerei in seiner Wohnung gefunden wurde, scheint der Theorie, daß es sich um eine Verschwörung gehandelt habe, Gewicht zu verleihen. In diesem Tagebuch sprach Sirham im Zusammenhang mit dem Erhalt großer Geldbeträge mehrfach davon, daß Robert Kennedy sterben müsse. Einmal werden 100.000 Dollar erwähnt. In der wohl interessantesten Eintragung wiederholt Sirham, dem der Gedanke, hohe auf ihn ausgestellte Schecks zu erhalten, gefiel, offenbar eine Anweisung des Inhalts, daß man ihm für den Tod Kennedys, der am 5. Juni 1968 eintreten müßte - dem Tag der Vorwahl in Kalifornien - niemals Geld versprochen hatte. In Sirhams Tagebuch stehen folgende Worte:

> Robert F. Kennedy muß ermordet werden Robert F. Kennedy muß vor

---

* *The Second Gun* wurde von Video Cassette Sales Inc. herausgegeben. Die Anschrift ist dem Literaturverzeichnis zu entnehmen.

** Anm. des Übersetzers: Oberstes Selbstverwaltungsorgan eines Kreises.

> dem 5. Juni 1968 ermordet werden Robert F. Kenney muß ermordet werden Ich habe niemals gehört bitte zahlen Sie an Order von von von von von.[1]

Die Polizei von Los Angeles hielt die Tagebucheintragungen nur für das leere Gerede eines psychisch gestörten allein arbeitenden Attentäters. Sollte Sirham das wirklich geschrieben haben, wären seine Anspielungen auf das Geld ein zusätzliches Motiv für ihn, auf Kennedy zu schießen, den er ohnehin sehr verabscheute. Es stellt sich die Frage: wer hat Sirham das Geld angeboten, und glaubt Sirham, daß er das Geld noch bekommt, wenn er endlich aus dem Gefängnis entlassen wird? Bis heute bleibt Sirham dabei, daß er auf eigene Faust gehandelt habe, und das FBI sowie die Polizei von Los Angeles stimmen ihm bereitwillig zu.

Wenn der tödliche Schuß auf RFK von einem Sicherheitsbeamten abgegeben wurde, so besteht die Möglichkeit, daß er es versehentlich tat. Der Beamte könnte die Waffe aus dem Halfter gezogen haben, um Kennedy zu verteidigen, und ihn dann im Handgemenge erschossen haben, ohne es überhaupt zu bemerken. Die Polizei hat diese Möglichkeit jedoch nicht einmal in Betracht gezogen, obwohl vieles dafür spricht, daß der tödliche Schuß nicht aus Sirhams Waffe stammte. Die Polizei von Los Angeles hat in sehr einseitiger Weise ihre Theorie vom "allein arbeitenden Attentäter" vertreten und - worauf in einem Artikel in der Los Angeles Times hingewiesen wurde - einige der Hauptbeweise böse verpatzt.*

Wie der kursierten ein Unmenge von Gerüchten, daß die Mafia und/

---

* Zu dem verpatzten Beweismaterial gehören Deckenplatten aus der Anrichte, die möglicherweise Kugellöcher enthalten haben und so auf eine zweite Pistole hindeuten. So unglaublich es ist, die Polizei hat die Platten vernichtet. Dem Polizeichef vom Los Angeles, Daryl Gates, zufolge war das eine Routinesache. Gates sagte, daß es sich dabei nicht um Unterdrückung von Beweismaterial gehandelt habe, da die Platten bei Sirhams Verfahren nicht als Beweismaterial vorgelegt worden seien. Er fügte jedoch hinzu:

> **Ich glaube einfach, daß es (die Vernichtung der Deckenplatten) Mangel an Urteilsvermögen war. Es war Mangel an gesundem Menschenverstand und unentschuldbar, da dem Fall internationale Bedeutung zukam.**
>
> **Was noch wichtiger ist, Sirham war verurteilt worden und seine Berufung war noch nicht einmal in Sicht. Potentielles Beweismaterial sollte niemals vernichtet werden, bevor ein Fall völlig abge-**

oder der CIA in die Ermordung Robert Kennedys verwickelt gewesen sein könnte. Es wurden im Zusammenhang mit diesem Fall jedoch niemals Mitverschwörer verhaftet.

Am frühen Nachmittag des 30. März 1981 hatte Präsident Ronald Reagan gerade eine Rede im Washingtoner Hilton Hotel gehalten. Umringt von seiner Begleitung und Geheimdienstagenten ging Reagan in die Auffahrt hinaus, wo ihn eine Limousine erwartete. Wie bei der Ermordung Robert Kennedys löste sich ein scheinbar verrückter junger Mann aus der Menge und feuerte eine Pistole ab. Reagan wurde von einem Geheimdienstmann in die Limousine gestoßen, in aller Eile in ein Krankenhaus gebracht, wo man die eine Kugel, die den linken Brustkorb getroffen hatte und in den linken Lungenflügel eingedrungen war, herausoperierte. Glücklicherweise war die Verletzung nicht lebensgefährlich. Der "allein arbeitende Attentäter" John Hinckley jr. wurde für dieses Verbrechens verurteilt. Einem Zeitungskolumnisten zufolge tat der FBI alles, um zu beweisen, daß Hinckley der einzige Attentäter auf dem Schauplatz war. Einige Leute haben jedoch Zweifel an den Schlußfolgerungen des FBI geäußert. Auf einer Pressekonferenz, die einen Monat nach seiner Genesung abgehalten wurde, beantwortete Reagan Fragen, und aus dem, was er sagte, ging hervor, daß er den Aufprall der Kugel, von der er getroffen worden war, erst fühlte, als er in der Limousine war:

> F: Was waren ihre ersten Gedanken, als sie merkten, daß sie getroffen worden waren?
> A: Eigentlich erinnere ich mich nicht so genau. Ich wußte, daß ich verletzt war, aber ich dachte, daß mich der Sicherheitsbeamte, der im Wagen auf mir landete, verletzt habe, und ich muß sagen, es war ein äußerst betäubender Schmerz. Ich habe es beschrieben, als wenn man von einem Hammer getroffen worden wäre.
>
> Mir schien jedoch, daß sich diese Empfindung erst einstellte, als ich bereits im Wagen war, und so glaubte ich, daß vielleicht seine Pistole oder so mir eine Rippe gebrochen hätte, als er (der Sicherheitsbeamte) sich auf mich geworfen hatte.

---

schlossen ist.

Warum zum Teufel wurden diese Dinge vernichtet?

Das grenzt an Irrsinn. Es war geradeso, als ob sie der totalen Kritik und dem totalen Zweifel Tor und Tür öffneten. Dafür gibt es keine Erklärung.[2]

> Aber als ich mich aufrichtete, und der Schmerz nicht aufhörte, und ich plötzlich feststellte, daß ich Blut hustete, kamen wir beide zu dem Schluß, daß ich möglichweise eine gebrochene Rippe oder einen Lungenschuß hatte.[3]

In einem späteren Interview bestätigte Nancy Reagan den Eindruck ihres Mannes.

War bei Reagan nur eine verzögerte Reaktion auf die aus Hinkleys Pistole stammende Kugel eingetreten, oder war er tatsächlich erst im Wagen, vielleicht versehentlich, von einem Sicherheitsbeamten getroffen worden, worauf die vorstehende Aussage hindeuten würde? Dem FBI zufolge war die Kugel, die Reagan verwundete, in dem Moment an der Tür der Limousine abgeprallt, als Reagan in den Wagen gestoßen wurde. Wenn die Erklärung des FBI zutrifft, warum explodierte die Kugel dann nicht, als sie auf die Tür auftraf, da es sich doch um eine explodierende Kugel handelte? War die Kugel vielleicht ein "Blindgänger"? Möglicherweise geschahen bei dem Attentat auf Reagan zwei Dinge gleichzeitig: ein Blindgänger gefolgt von einer verzögerten Schmerzreaktion. Eine andere Erklärung, bei der es keines Zusammentreffens bedürfte, wäre die, daß Reagan im Wagen vielleicht versehentlich von einem Sicherheitsbeamten angeschossen wurde: das wäre eine Erklärung dafür, daß die explodierende Kugel nicht explodierte (sie traf keine dazwischenliegende Metalltür), als auch für das, woran Reagan sich selbst Erinnert.

Der FBI ging dem Aspekt der "zweiten Pistole" bei dem Attentat auf Reagan nicht nach. Das ist beunruhigend, denn der als Attentäter verurteilte John Hinckley jr. behauptete, daß das Attentat auf einer Verschwörung beruhe. In ihrer Ausgabe vom 21. November 1981 berichtete die *New York Times:*

> Im Justizministerium bestätigte man gestern abend einen Bericht, wonach John W. Hinckley jr. in einem Schriftstück, das im Juli in seiner Zelle beschlagnahmt wurde, vermerkt habe, daß er Mitglied einer Gruppe von Verschwörern gewesen sei, als er am 30. März Präsident Reagan und drei weitere Männer niederschoß.[4]

Hinkleys Behauptung hätte gründliche Ermittlungen über eine Verschwörung in Gang setzen sollen. Schließlich war John Hinkley jr. nicht irgendwer im großen amerikanischen Schmelztiegel. Er war der Sohn eines persönlichen Freundes und politischen Anhängers des damaligen Vizepräsidenten, der beim Tode Reagans Präsident geworden wäre. Das soll nicht heißen, daß diese Verschwörung zwangsläufig existiert hat, sondern nur, daß unter solchen Umständen im allgemeinen sehr viel gründlicher ermittelt wird. In der *New York Times* stand, daß der FBI Hinkleys Papiere beschlagnahmt sowie die Spur weiterverfolgt habe und zum Schluß gekommen sei, daß Hinckleys Behauptung von einer Verschwörung nicht der Wahrheit entspreche. Der mit dem Fall befaßte Richter ordnete an, daß die Anwälte und Zeugen den Inhalt von Hinckleys Papieren der Öffentlichkeit nicht zugänglich machen dürften. Die Gefängnisbeamten, die die Papiere konfiziert und gelesen hatten, machten ihre Aussage dem Richter gegenüber hinter verschlossenen Türen. Bei Hinckleys Prozess stellte weder die Verteidigung noch die Anklage jemals die Frage nach einer "Verschwörung" oder der Möglichkeit eines zweiten Gewehrs. Stattdessen drehte sich der gesamte Prozess um Hinckleys erkennbaren psychischen Probleme.

Vielleicht wurden die gerade besprochenen Attentate tatsächlich nur von allein arbeitenden Attentätern begangen, wobei sich bei zwei der Schießereien versehentlich ein Schuß aus der Feuerwaffe eines Sicherheitsbeamten löste. Eine Ermordung auf den Philippinen war jedoch ein Beweis dafür, daß solche Umstände bisweilen als Ablenkungsmanöver für einen vom Geheimdienst begangenen Mord dienen.

Es geschah im Jahre 1983. Benigno Aquino war ein populärer Oppositionsführer auf den Philippinen. Die Philippinen wurden damals von Diktator Präsident Ferdinand Marcos diktatorisch regiert. Marcos hatte in den sechziger Jahren den Ausnahmezustand verhängt und sah sich niemals in der Lage, ihn wieder aufzuheben. Nach einem dreijährigen freiwilligen Exil außerhalb seines Heimatlandes entschloß sich Aquino, in sein Land zurückzukehren, obgleich er sechs Jahre zuvor wegen seiner politischen Tätigkeit zum Tod durch Erschießen verurteilt worden war.

Aquinos Maschine landete am 21. August 1983 auf dem Flughafen von Manila. Auquino war umringt von philippinischen Sicherheitsbeamten gerade die Treppen des Flugzeug heruntergeschritten, als Schüsse ertönten. Eine Kugel traf ihn in den Hinterkopf und tötete ihn. Der "allein arbeitende Attentäter" Rolando Galman y Dawang, der sich auf der Rollbahn befand, wurde auf der Stelle erschossen. Die Regierung erklärte Galman unverzüglich zum "allein arbeitenden Attentäter" und versuchte die Beweisaufnahme zu schließen.

Sofort tauchten Gerüchte auf.

Präsident Marcos hatte ein Motiv für die Ermordung Aquinos, und

Aquino war bereits zum Tode verurteilt worden. Um diese Gerüchte zum Schweigen zu bringen, setzte er einen offiziellen Ausschuß ein, der den Tod untersuchen sollte, so wie zwanzig Jahre zuvor in den Vereingten Staaten der Warren-Ausschuß eingesetzt worden war, um die Ermordung Präsident Kennedys zu untersuchen. Kritiker bemängelten, daß der von Marcos gebildete Ausschuß voreingenommen und marcosfreundlich sei. Viele bezweifelten, daß der Ausschuß überhaupt zu einer anderen als der offiziellen Schlußfolgerung kommen würde. Es geschah jedoch etwas Unerwartetes. Der Ausschuß führte die Untersuchung objektiv. Er trat in die Beweisaufnahme über die Pulverspuren an Aquinos Kopf ein, denen zufolge der tödliche Schuß aus einer Entfernung von 30 bis 45 Zentimetern abgegeben worden war. Die Regierung behauptete, daß Galman so nahe gestanden habe, was von Augenzeugen jedoch nicht bestätigt wurde. Ein Journalist aus dem Flugzeug sagte aus, daß kurz bevor die Schüsse zu hören gewesen seien, zwei direkt neben Aquino stehende Sicherheitsbeamte ihre Revolver gezogen und sie auf Aquinos Hinterkopf gerichtet hätten. Erdrückende forensische Beweise und Zeugenaussagen ergaben, daß Aquino von einem der ihm als "Schutz" zugewiesenen Sicherheitsbeamten erschossen worden war. Der "allein arbeitende Attentäter" war nur ein primitives Ablenkungsmanöver. Zu diesem Ergebnis gelangte der von Marcos eingesetzte Untersuchungsausschuß.

Das Untersuchungsergebnis führte zu einer strafrechtlichen Anklage einiger hochrangiger Militärs. Im Prozess wurden sie jedoch alle freigesprochen. Aufgrund der Hintertüren im philippinischen Justizsystem durften eine große Zahl entscheidender Zeugenaussagen, die von der Untersuchungskommission zusammengetragen worden waren, im Prozess nicht verwendet werden. Eine Reihe wichtiger Belastungszeugen erschien nicht. Einige Zeugen hatten von Einschüchterungen berichtet. Nachdem Marcos seines Amtes enthoben und von Benigno Aquinos Witwe Corazon Aquino in ein luxuriöses Exil auf Hawaii geschickt worden war, tauchten Zeugen auf, die aussagten, daß der Prozess von Marcos manipuliert worden sei. Weitere Zeugen der Schießerei traten mit weiteren Beweisen an die Öffentlichkeit, die eine Bestätigung dafür waren, daß Benigno Aquino von einem Sicherheitsbematen erschossen worden war.

Die Bedeutung von Aquinos Tod liegt darin, daß die Umstände der Schießerei mit anderen Vorfällen, an denen "allein arbeitende Attentäter" beteiligt waren, praktisch identisch sind. Sollte hinter den Schüssen auf RFK oder Ronald Reagan beispielsweise eine Verschwörung stecken, wäre der modus operandi offensichtlich der gleiche wie bei der Ermordung Aquinos: ein geistig verwirrter oder politisch fanatischer "allein arbeitender Attentäter" dient als Ablenkungsmanöver für den wahren Attentäter, der sich als Sicherheitsbegleiter für das Opfer auf dem Schauplatz aufhält. Das ist wichtig, denn zu den philippinischen Offizieren, die als Drahtzieher der Schießerei auf Aquino vor Gericht standen, gehörten General Fabian Ver und Männer unter seinem Kommando. Ver unterstanden nicht nur die Streitkräfte des Landes, sondern auch der Geheimdienstapparat. Mit anderen Worten die Ermordung Benigno Aquinos war eine Militär-/*Geheimdienstoperation.* Das ist von Bedeutung, weil die Republik der Philippinen zur Zeit der Ermordung ein wichtiger Verbündeter der USA war, und die USA dort noch immer große See- und Luftstützpunkte unterhalten. Außer amerikanischen Militär- und Geheimdienstberatern kommt ein Großteil der Entwicklungshilfe für die Philippinen aus den Vereinigten Staaten. Der philippinische Geheimdienstapparat verdankt dem amerikanischen CIA und dem militärischen Abschirmdienst der US sehr viel. Das soll nicht heißen, daß zwangsläufig auch amerikanische Institutionen in die Ermordung Aquinos verwickelt waren. Es zeigt nur, wie sich ein bedeutender westlicher Geheimdienst der Methode des "allein arbeitenden Attentäters" bediente, dabei jedoch so plump vorging, daß die Menschen das sofort durchschauten. Sogar die amerikanischen Zeitungen, die bei den amerikanischen Attentaten so bereitwillig die auf einen "allein arbeitenden Attentäter" lautenden Urteile übernommen hatten, veröffentlichten Leitartikel, in denen der Freispruch der philippinischen Militärs verurteilt wurde. Wir sollten den Hut ziehen vor jenen beherzten Ausschußmitgliedern, die den Mut hatten, den Schleier des Mythos vom "allein arbeitenden Attentäter" zu lüften, und den Augenzeugen, die couragiert genug waren, auszusagen. Eine solche Integrität ist etwas sehr Wertvolles.

Moderne "allein arbeitende Attentäter" sind nicht nur ein amerikanisches Phänomen; es gibt sie auf der ganzen Welt. Am 13. Mai 1981 wurde auf Papst Johannes Paul II. anläßlich eines öffentlichen Erscheinens auf dem Petersplatz geschossen. Er überlebte und ist heute noch immer Papst. Der als "allein arbeitender Attentäter" verurteilte Mehmet Ali Acga hatte aus einer Menge, die den Wagen des Papstes umringte, heraus geschossen. Interessanterweise verhaftete die italienische Polizei im Zusammenhang mit der Schießerei noch einen zweiten bewaffneten Verbrecher und beschuldigte den bulgarischen Geheimdienst, an dem Komplott zur Ermordung des Papstes beteiligt gewesen zu sein. Bulgarien war zu dieser Zeit noch ein kommunistisches Land. Rußland warf dem amerikanischen CIA vor, die sogenannten "nach Bulgarien weisenden Beziehungen" zu Propagandazwecken künstlich erfunden zu haben. Die Zeitungen in der westlichen Welt berichteten jedoch, daß der CIA tatsächlich eingegriffen und auf die italienische Polizei Druck ausgeübt, die "nach Bulgarien weisenden Beziehungen" und die Möglichkeit einer "zweiten Pistole" fallenzulassen. Die Italiener kamen dem Verlangen des CIA nach, nachdem der angeklagte Attentäter seine eigene Glaubwürdigkeit dadurch zerstört hatte, daß er seine Geschichte um 180° änderte und ein sehr seltsames Verhalten an den Tag zu legen begann.

In Schweden ging es bei einem bedeutenden Zwischenfall, in den ein "allein arbeitender Attentäter" verwickelt war, um die Ermordung des sehr populären schwedischen Ministerpräsidenten Olof Palme am 28. Februar 1986. Palme kam aus dem Kino und befand sich mit seiner Frau auf dem Heimweg, als ein bewaffneter Mann auf den Ministerpräsidenten zurannte, zweimal abdrückte und in die Nacht floh. Sofort kamen Gerüchte von einer Verschwörung auf, es wurde jedoch sehr schnell die Parole ausgegeben, daß der Mord das Werk eines "Verrückten" sei. Schließlich wurde ein Verdächtiger verhaftet, der die Tat jedoch bestritt und freigesprochen wurde. 1990 zahlt ihm die schwedische Regierung sogar eine Entschädigung für die Zeit seiner Inhaftierung. Weitere Verdachtspersonen sind nicht in Sicht.

Der letzte erwähnenswerte Zwischenfall ereignete sich am 25. April 1990 in der BRD und betraf Oskar Lafontaine. Lafontaine, der saarländischer Ministerpräsident ist, kandidierte für das Amt des deutschen Bundeskanzlers. Er stand während einer Parteiveranstaltung mit Johannes Rau, einem anderen führenden Sozialdemokraten, auf der Bühne. Jemand, der wie ein Sicherheitsbeamter aussah, führte eine Frau auf die Bühne; die Frau hielt einen Blumenstrauß in der Hand. Als sie bei Lafontaine ankam, zog sie in aller Ruhe ein Fleischermesser hervor und stach es ihm in den Hals. Glücklicherweise überlebte Lafontaine trotz eines beträchtlichen Blutverlustes und kandidiert zum Zeitpunkt, da ich dieses schreibe, noch immer für das Amt des Bundeskanzlers. Die Attentäterin Adelheid Streidel wurde sofort festgenommen und als geistesgestörte "allein arbeitende Attentäterin" bezeichnet. Der Anschlag weist alle Merkmale einiger der gerade untersuchten früheren Zwischenfälle auf, bei denen "allein arbeitende Attentätern" beteiligt waren: Anwesenheit von offensichtlichem Sicherheitspersonal, einen sogenannten "allein arbeitenden Attentäter", der Anzeichen einer schweren psyschischen Beeinflussung zeigt, und Öffentlichkeit der Tat. Durch das Fleischermesser gleicht Frau Streidel noch stärker den Assassinen des mittelalterlichen Persiens, die Stichwaffen benutzten. Der Attentatsversuch geschah zu einer politisch entscheidenden Zeit: Lafontaine trat gegen Bundeskanzler Helmuth Kohl an. Kohl war der Hauptverfechter einer schnellen Wiedervereinigung Deutschlands und Vereinigung Europas, die in politischer, wirtschaftlicher und militärischer Hinsicht weltweit mit großen Veränderungen verbunden ist. Nach dem Wahlprogramm Lafontaines und der Sozialdemokraten sollte der Prozess der Wiedervereinigung nicht übereilt werden.

Wiebei Adelheid Streidel ist der Geisteszustand "allein arbeitenden Attentäter" zur Zeit der Tat ein wichtiger Faktor in allen Fällen der letzten Zeit, bei denen diese Art Attentäter beteiligt waren. Die offensichtliche "Geisteskrankheit", die bei so vielen von ihnen erkennbar ist, könnte sehr wohl für eine geistige Beeinflussung sprechen. Sirhan Sirhan war bekanntlich mehrfach von "Freunden" hypnotisiert worden, die von der Polizei nur ungenügend überprüft wurden. Nach Berichten von Augenzeugen schien Sirhan in der Nacht, als er auf Robert Kennedy schoß, fast in Trance gewesen zu sein. John Hinckley jr. war in den Tagen vor der Ermordung intensiv psychiatrisch behandelt worden, doch wir wissen noch immer nicht, worin die Behandlung bestand. Hat man Hinckley Visionen eingepflanzt ähnlich denen, die Hitler als Patient der Psychiatrie in Pasewalk eingepflanzt wurden? Wie früher die Assassinen in Persien wurde Hinckley von der verrückten Vorstellung motiviert, daß er in den Himmel komme, wenn er Reagan tötete, nur daß Hinckleys Himmel die unerreichbare Liebe einer bestimmten Filmschauspielerin war. Hinckley glaubte, ihre Liebe dadurch erringen zu können, daß er den Präsidenten tötete. Der seltsame Geisteszustand von Mehmet Ali Acga und anderen Attentätern von heute (wie "Squeaky" Fromme, die 1975 versuchte, Präsident Gerald Ford zu ermorden) ist ein weiteres Anzeichen dafür, daß, ebenso wie im mittelalterlichen Persien, bei den meisten Vorfällen, in die heutige "allein arbeitende Attentäter" verwickelt sind, möglicherweise geistige Beeinflussung im Spiel ist.

So gesehen ist es möglicherweise auch keine Überraschung, wenn man Beweise dafür endeckt, daß zwischen dem Netzwerk der Bruderschaft und einigen der Attentate von heute ein ummittelbarer oder mittelbarer Zusammenhang steht. John Hinckley jr. war beispielsweise eine Zeitlang Mitglied einer amerikanischen Naziorganisation. Im modernen amerikanischen

Nationalsozialismus sind durch Organisationen wie die Aryan Nations (Arische Nationen) die mysthische Einflüsse im Stile der Bruderschaft ebenso stark spürbar wie im ursprünglichen Nationalsozialimus in Deutschland. "Squeaky" Fromme war eine Anhängerin von Charles Manson, der in einer kleinen kalifornischen Gemeinde einen seltsamen apokalyptischen Mystizismus predigte. Manson und seine "Familie" waren diejenigen, die 1969 die furchtbaren Tate-La Bianca-Morde in Los Angeles verübten. Interessanterweise handelte es sich bei Manson um einen ehemaligen Polizeispitzel.

Solange die Methode des "allein arbeitenden Attentäters" ungehindert weiterbesteht, werden sich die Länder, die ihr zum Opfer fallen, niemals über das Niveau einer Bananenrepublik erheben. Das gilt auch für die Vereinigten Staaten und die Länder Europas. Man braucht sich nur anzuschauen, auf welche Weise solche Attentate die Nachfolge amerikanischer Präsidenten beeinflußt haben, um zu erkennen, wie sehr eine solche Methode der Demokratie schadet. Das Problem mit der amerikanischen Führung wird heutzutage nicht so sehr durch das Wahlverfahrens oder durch Mängel der Verfassung verursacht. Es besteht vielmehr darin, daß Wahlen und Verfassung durch die Ermordung führender Persönlichkeiten und Kandidaten ernsthaft unterlaufen worden sind. Wenn Polizeiorganisationen dazu beitragen, indem sie Beweise unbeachtet lassen oder unterdrücken und in anderer Weise entsprechende Ermittlungen behindern, werden diese Polizeiorganisationen in einem sehr wirklichen und legalen Sinne Mittäter bei den Verbrechen. Das geschieht, wenn eine Demokratie am Ende ist.

Im gesamten Buch haben wir gesehen, welche Rolle das Netzwerk der Bruderschaft für das Fortbestehen von Revolutionen spielt. Für Revolutionen und bewaffneten Widerstand braucht man viel Geld, und so kann man feststellen, daß sie heute meistens von Geheimdiensten finanziert werden. Ein bedauerliches Nebenprodukt dieser Aktivität ist der Terrorismus.

Terroristische Gruppen sind ein erfolgreiches Mittel zur Aufrechterhaltung von Konflikten. In einem interessanten Buch von Caire Sterling mit dem Titel *The Terror Network* wird die enge Verflechtung von scheinbar nicht zusammenhängenden Terroristengruppen aufgedeckt. Terroristische Organisationen in der ganzen Welt und mit entgegengesetzten Ideologien wurden wechselseitig mit Hilfe von "konspirativen Wohnungen" und Lieferanten unterstützt. *The Terror Network* zeigt auf, daß viele der wechselseitigen Lieferquellen Beziehungen zum russischen KGB unterhielten, läßt jedoch die Rolle, die westliche Geheimdienste bei der Unterstüzung verschiedener Formen des Terrorismus spielen, unerwähnt.

Das Ziel einiger terroristischer Gruppen ist die Aufrechterhaltung einer sogenannten "Permanenten Revolution", *d.h.* einer gewaltsamen Revolution ohne Ende. Dieses Ziel wurzelt in der marxistischen Auffassung, daß der Klassenkampf unvermeidlich ist und ständig weitergehen muß, damit ein Utopia entsteht. Wie wir uns erinnern, entstammt diese Vorstellung letztlich dem Glauben der Calvinisten, wonach eine Welt, die sich im Krieg befindet, eine Welt ist, die Gott nahe ist. Der Zweck der "Permanenten Revolution" besteht darin, daß die Menschen unablässig kämpfen, so daß sie an einem künftigen Utopia Gefallen finden können. Das klingt verrückt, sagen Sie? Das ist es auch. Die "Permanente Revolution", die von verschiedenen Geheimdiensten finanziert und von Vorstellungen getragen wird, die aus dem Netzwerk der Bruderschaft kommen, ist nur eine weitere Möglichkeit, Krieg und Zwietracht unter den Menschen auf Dauer aufrechtzuerhalten.

Die Bestrebungen, ständigen Unfrieden auf der Erde zu stiften, waren offensichtlich so erfolgreich, daß sie den größten Teil der Menschheit auszulöschen drohen. Für eine weitere "Letzte Schlacht" zwischen den Heeren des "Guten" und des "Bösen" wurden wirkungsvolle Atomwaffen gebaut. Wer einen Atomkrieg für undenkbar hält, sollte sich das noch einmal durch den Kopf gehen lassen. In einem Klima unablässiger Auseinandersetzungen, wie wir es auf der Erde erleben, geschieht es nur selten, daß irgendwelche Waffen nicht eingesetzt werden. Im Zweiten Weltkrieg wurden bereits zwei Atombomben abgeworfen, und, sollten wir einigen Beweisen Glauben schenken, wurden möglicherweise bereits in einer weit zurückliegenden Vergangenheit Atombomben eingesetzt, um die Menschheit auszulöschen. Darin liegt eine ungeheure Ironie. Sollte der Aufruhr unter den Menschen letztlich tatsächlich von einer Zivilisation der "Herrgötter" manipuliert werden, könnte sich diese sehr bald im Besitz eines stark beschädigten Stücks Lands wiederfinden. Es trifft zu, daß Atomwaffen notorisch instabil sind und darum viele Atomgefechtsköpfe nicht explodieren, wenn sie abgeschossen werden, wir verfügen jedoch über genug Overkill-Capacity, um zu gewährleisten, daß ein Nuklearkonflikt beträchtlichen Schaden anrichtete. Die größte Gefahr, die von Atomwaffen ausgeht, käme jedoch nicht von den instabilen Marschflugkörpern, sondern von stationierten Bomben, die an den Zielorten versteckt sind. In einem höchst geheimen Militärbericht aus dem Jahre 1945 kommen entsprechende Befürchtungen des Pentagons zum Ausdruck. Diese Befürchtungen wurden in den letzten Jahren erneut geäußert, als Bestrebungen im Gange waren, ein "Sternenkrieg" genanntes Raketenabwehr-Verteidigungssystem zu entwickeln, bei dem Lazerstrahlen einsetzt werden, um feindliche Raketen abzuschießen.* Einige Strategen befürchteten, daß ein erfolgreiches "Star Wars"-System eine feindlich gesinnte fremde Macht dazu ermutigen könnte, Atombomben in die Vereinigten Staaten einzuschmuggeln und dort zu deponieren, wenn sie ihre eigenen Raketen für nicht wirkungsvoll hält. Solche Bomben können leicht auf Lastwagen und in Lieferwagen gelagert und beweglich gehalten werden. Die in den siebziger Jahren herrschende Furcht vor "Nuklearterrorismus", von der in den Medien soviel die Rede war, zeigt, daß es in den USA bereits einige stationierte Bomben gibt. Man darf auch nicht vergessen, daß solche Bomben möglicherweise nicht nur von einer feindlichen Regierung oder feindlich gesinnten terroristischen Gruppen stammen können. Es besteht auch immer die Gefahr, daß die eigene Regierung eines Landes für den Eventualfall im Rahmen eines Kriegsplanes, der auf einer "Politik der verbrannten Erde" basiert, möglicherweise in den eigenen Städten insgeheim Atombomben deponiert, so wie die Schweiz an allen Brücken im Lande Minen angebracht hat, für den Fall, daß feindliche Truppen ins Land einfallen und die Brücken zu benutzen versuchen. In fremdenfeindlichen Ländern kann eine von innen kommende atomare Bedrohung dieser Art durchaus Wirklichkeit werden. Dessen sollten sich Menschen in jeden Land, das Atomwaffen besitzt, immer bewußt bleiben.

Der sogenannte Kalte Krieg zwischen den Vereinigten Staaten und Rußland verläuft zwar infolge der jüngsten Reformen in der Sowjetunion immer mehr im Sande, doch hat er in vielen Hinsichten, die auch heute noch spürbar sind, starke Auswirkungen auf uns gehabt. Höhere Steuern, deutlich ins Auge fallende Militär- und Geheimdienstorganisationen und eine ganze Reihe weiterer Übel wurden den Menschen als Schutz gegen den Feind aufgezwungen. Wir sind auch in anderer Weise in Mitleidenschaft gezogen worden, was zwar weniger bekannt, jedoch genau so bedeutsam ist.

---

* "Star Wars" kann auch in eine konventionelle Waffe für die rasche Zerstörung feindlicher Städte durch Lazerstrahlen umgewandelt werden. Würden solche Lazerwaffen entwickelt, wären sie weitaus todbringender als ein nukleares Arsenal und könnten unsere Atomwaffenvorräte ersetzen.

In der zweiten Hälfte der siebziger Jahre tauchten in der Presse Enthüllungen über Experimente im Bereich der biologischen Kriegsführung auf. Überraschenderweise wurden viele dieser Experimente in amerikanischen Städten durchgeführt und richteten sich gegen amerikanische Bürger. So wurde beispielsweise San Francisco in den fünziger Jahren von einem Schiff der Marine mit einem "Keimnebel" überzogen. In der *Los Angeles Times* hieß es:

> Aufzeichnung des amerikanischen Militärs zufolge belegte ein Schiff der Marine bei einem Experiment, in dem Angriffs- und Verteidigungsfähigkeit biologischer Waffen getestet werden sollten, San Francisco und die benachbarten Städte 1950 sechs Tage lang mit einem bakteriengeladenen Nebel.
>
> Die Aufzeichnungen enthalten die Schlußfolgerung, daß fast jeder der 800.000 Einwohner San Franciscos der Wolke ausgesetzt war, die von einem knapp hinter der Golden Gate Bridge auf und ab fahrenden Schiff der Marine freigesetzt wurde.
>
> Die vom Schiff aus freigesetzte Aerosolsubstanz enthielt als Serratia bekannte Bakterien, die das Militär zu jener Zeit für unschädlich hielt, von denen man jedoch heute weiß, daß sie eine Art Lungenentzündung verursachen, die tödlich verlaufen kann.[5]

In der *L.A. Times* stand weiter, daß um diese Zeit mindestens zwölf Menschen mit einer durch Serratia verursachten Lungenentzündung ins Krankenhaus eingewiesen wurden. Einer von ihnen starb. Das war jedoch erst der Anfang. Die Armee enthüllte, daß sie zwischen 1949 und 1969 239 Versuche unter freiem Himmel durchgeführt hatte! Davon 80, wie zugegeben wurde, mit Keimen. Die Versuche richteten sich gegen Washington D.C., New York City, Key West, Panama City (Florida) und San Francisco. Legt man die von der Armee genannte Zahl von 80 Experimenten mit lebensgefährlichen Krankheiten zugrunde, ergibt sich ein Durchschnitt von jährlich vier gegen amerikanische Städte gerichtete "Keimangriffe", und das zwanzig Jahre lang! Aus anderen Regierungsdokumenten gehen weitere vom CIA in der gleichen Weise durchgeführte Experimente im Bereich der biologischen Kriegsführung hervor. Das bedeutet, daß einige große bevölkerte Gebiete in den USA zugegebenermaßen zwanzig Jahre lang von den eigenen Miltär- und Geheimdienstorganisationen ziemlich intensiv mit Keimen bombardiert wurden!

Diese "Versuche" mit Keimwaffen wurden angeblich 1969 eingestellt.

Was den plötzlichen Ausbruch neuer Krankheiten angeht, insbesondere solcher, für die unser Wissen auf dem Gebiet der Epidermiologie nicht auszureichen schein, ist Mißtrauen jedoch berechtigt. Die jüngste dieser Krankheiten ist AIDS (Acquired Immune Deficiency Syndrome - erworbene Immunschwäche). Nach Ausbruch der AIDS-Epidemie wurde in den Nachrichtenblättern der Sowjetunion behauptet, daß AIDS eine vom amerikanischen Militär entwickelte biologische Waffe sei. Diese Behauptungen wurden allgemein als unwahre Propaganda abgetan, und die Sowjetunion nahm sie später unter dem Druck der Vereinigten Staaten wieder zurück. Trotzdem stimmen eine Reihe von Forschern in den Vereinigten Staaten darin überein, daß vieles für die ursprüngliche Behauptung spricht.

Die Bürger Amerikas wurden nicht nur mit Keimen, sondern auch mit etwas anderem bombardiert. Ein sehr interessanter Ausschnitt aus dem Fernsehprogramm *NBC Magazine with David Brinkley,* das am 16. Juli 1981 ausgestrahlt wurde, zeigte, daß der Nordwesten der Vereinigten Staaten von der Sowjetunion ständig mit Niedrigfrequenz-Radiowellen bombardiert wurde. Diese Radiowellen wurden etwa auf die Höhe biologischer elektronischer Frequenzen eingestellt. Brinkley erklärte:

> Wie gesagt, kann ich es nur schwer glauben, es ist verrückt, und niemand von uns hier weiß, was man davon halten soll: die russische Regierung versucht bekanntlich, das menschliche Verhalten durch elektronische Einflüsse von außen zu modifizieren. Soviel wissen wir. Wir wissen auch, daß irgendein russischer Sender dieses Land mit Radiowellen von extrem niedriger Frequenz bombardiert.[6]

Ein Sprecher der Regierung bestätigte, daß die Funkleitstrahlen eine Art Niedrigfrequenz-Radarsystem seien, aber er konnte nicht erklären, wie ein solches "Radarsystem" funktioniert. Tatsache ist, daß Niedrigfrequenz-Wellen dieser Art, die neurologischen und physiologischen Funktionen durch eine Verminderung der geistigen Funktionen beeinträchtigen werden und dadurch, daß sie die Menschen suggestibler machen. Das ist offenbar die Absicht, die dahintersteckt. Nach einem Artikel der Associated Press vom 20. Mai 1983 verwendet die Sowjetunion seit mindestens 1960 eine Lida genannte Vorrichtung dazu, das menschliche Verhalten mit einer Radiowelle von 40 Megahertz zu beeinflussen. Die Lida wird in der Sowjetunion als Gerät für die Ruhigstellung eingesetzt, und sie bewirkt einen tranceähnlichen Zustand. Das russische "Benutzerhandbuch" nennt Lida ein "aus der Ferne auf den Puls wirkendes Gerät" für die Behandlung von psychischen Problemen, Bluthochdruck und Neurosen. Das Gerät wurde als möglicher Ersatz für Psychopharmaka angeboten. Als der AP-Artikel erschien, verfügte das Jerry L. Pettis Memorial Veterans Hospital bereits über eine Lida, die ihr im Rahmen eines medizinischen Austauschprogramms leihweise überlassen worden war. Dem Leiter der Forschungsabteilung des Krankenhauses zufolge könnte das Gerät eventuell in amerikanischen Klassenräumen zur Überwachung gestörter oder zurückgebliebener Kinder eingesetzt werden. Wie der AP-Artikel zeigt, handelt es sich bei der Lida offenbar um eine kleine Ausführung der Vorrichtung, die David Brinkley in seiner Show beschrieben hat:

> (Der Leiter der Forschungsabteilung) sagte, einige Leute nähmen an, daß die Sowjets insgeheim möglicherweise bereits ein verbessertes Modell dazu benutzten, das Verhalten der Menschen in den Vereinigten Staaten durch Signale zu modifizieren, die von der der UDSSR aus gesteuert werden.[7]

Offenbar wurde den Amerikanern von der sowjetischen Regierung eine kostenlose elektronische Beruhigungskur verordnet. Es ist unglaublich, daß die USA nicht öffentlich die sofortige Beendigung eines solchen Eingriffs gefordert haben. Amerika ist im Laufe dieser "Kur" militanter geworden. Darin liegt zwar eine gewisse Ironie, doch eine Überraschung ist das nicht. Die antisowjetischen Gefühle nahmen zu, und das galt auch für die militärische Rüstung. Die erhöhte Militanz der Vereinigten Staaten kann nicht allein den russischen Vorrichtungen zugeschrieben werden, aber im günstigsten Fall machte die sowjetische Kur Amerika auch nicht ruhiger. Tatsächlich scheinen die elektronischen Beruhigungsvorrichtungen die Reizbarkeit zu erhöhen und so letzlich zu einer verstärkten Aggression beizutragen. Die Russen und alle anderen, die solche Vorrichtungen zur Zeit einsetzen, täten besser daran, sie auszuschalten und ausgeschaltet zu lassen.

Wie sich gezeigt hat, haben es heute die großen Militär- und Geheimdienstorganisationen übernommen, den Menschen das anzutun, was ihnen früher angeblich von den UFOs und einigen "Ascended Masters" angetan wurde: sie verbreiten gefährliche Krankheitskeime und bombardieren die Menschen mit verhaltensändernden elektronischen Strahlen. Angesichts dessen ist es möglicherweise von Bedeutung, daß es zumindest in den Vereinigten Staaten vor allem die Militär- und Geheimdienstorganisationen waren, die UFOs viele Jahre lang "entlarvten".

Die erste offizielle Untersuchung der amerikanischen Regierung über das UFO-Phänomen wurde am 22. Januar 1948 von der amerikanischen Luftwaffe eingeleitet. Die Untersuchung lief unter dem Namen "Project Sign". Wie in seiner "Beurteilung der Situation" angekündigt, kam Project Sign zu dem überraschenden Schluß, daß UFOs Flugkörper aus einer "anderen Welt" seien. Diese Schlußfolgerung wurde vom Generalstabschef, General Hoy S. Vandenberg, der die Beweise als "unzureichend" abtat, sofort zurückgewiesen. Später am 11. Februar 1949 wurde eine neue Project Grudge genannte Forschungsgruppe wurde ins Leben gerufen. "Grudge" sollte das UFO-Phänomen untersuchen und dabei von der Prämisse ausgehen, daß außerirdischen Flugkörper nicht existierten. Project Grudge lief einige Jahre und wurde 1952 - ein Jahr, in dem die Berichte über UFOs in aufsehenerregender Weise zunahmen - schließlich zum berühmten "Project Bluebook". Project Bluebook kam zu dem Schluß (was angesichts der Prämisse von der sein Vorgänger, Project Grudge ausgegangen war, nicht verwunderlich ist), daß alle UFOs erklärbare Naturerscheinungen seien.

Im Jahr, nachdem das "Project Bluebook" seine Arbeit aufgenommen hatte, beteiligte sich der CIA mit einer eigenen Untersuchung an der Kontroverse um die UFOs. 1953 setzte der CIA einen Ausschuß ein, dem hervorragende Wissenschaftler angehörten und der unter dem Namen "Robertson-Ausschuß" bekannt war. Der CIA-Ausschuß bestätigte kurze Zeit später die offizielle Ansicht, wonach UFOs keine Vertreter einer außerirdischen Zivilisation darstellten. Der Ausschuß setzte hinzu, UFOs seien keine unmittelbare Bedrohung für die nationale Sicherheit und daher nicht von Interesse. Er erklärte jedoch, daß Berichte über UFOs eine Bedrohung der nationalen Sicherheit sein könnten! Um anzudeuten, daß es im Interesse der Nation wünschenswert sei, Berichte über UFOs zu unterdrücken, schrieb der Ausschuß folgendes:

> ...eine fortgesetzte Herausstellung von Berichten über diese Phänomene in diesen schrecklichen (gefährlichen) Zeiten führt zu einer Bedrohung des ordnungsgemäßen Funktionierens der Schutzorgane des Staates.[8]

Infolgedessen wurden viele Leute, die UFOs meldeten, vom CIA und FBI befragt. Die amerikanische Luftwaffe verhielt sich kooperativ und erließ 1958 eine Anordnung, in der die Untersuchungsbeamten der Luftwaffe angewiesen wurden, dem FBI die Namen der Leute zu geben, die behaupteten, in irgendeiner Form Kontakt mit einem UFO gehabt zu haben; die Begründung war, daß solche Leute das Thema "in unzulässiger oder irreführender Weise an die Öffentlichkeit brächten".[9] Obwohl diese Anweisungen gelockert wurden und das FBI angeblich keine UFO Fälle mehr untersucht, war die amerikanische Regierung in den fünfziger und sechziger Jahren fest entschlossen, in der Öffentlichkeit Berichte und Diskussionen über das UFO-Phänomen zu verhindern.

Heute hat sich die amerikanische Regierung offiziell aus dem UFO-Geschäft zurückgezogen. Der größte Teil der Entlarvungen wurde einer privaten Gruppe übertragen, die sich Committee for the Scientific Investigation of Claims of the Paranormal ("CSICOP" - Ausschuß für die wissenschaftliche Untersuchung von Behauptungen aus dem Bereich des Übersinnlichen) nennt. Das Mitgliederverzeichnis von CSICOP weist eine eindrucksvolle Zahl wissenschaftlicher und technischer Berater auf, von denen viele einen Lehrstuhl an einer angesehenen Hochschule innehaben. CSICOP hat die Gründung lokaler Zweigorganisationen angeregt, die sich im allgemeinen "Skeptische Gesellschaften" nennen. CSICOP veröffentlicht eine Vierteljahresschrift, die *The Skeptical Inquirer* heißt.

Die Grundvoraussetzung, von der CSICOP bei seiner Arbeit ausgeht, ist die, daß es keinen Beweis dafür gibt, daß UFOs außerirdische Flugkörper sind. CSICOP "entlarvt" auch alle anderen Phänomene, die er für falsch oder "pseudowissenschaftlich" hält, wie Hellsehen, Spiritismus, Yeti, den abscheulichen Schneemenschen, das Monster von Loch Ness und alle geistigen Phänomene. Jeder Versuch einer ernsthaften Erforschung von UFOs oder geistigen Phänomenen wird als "Pseudowissenschaft" abgestempelt - ein Begriff, mit dem diese Institution sehr großzügig umgeht. CSICOP befaßt sich selbstverständlich nur mit der "echten" Wissenschaft. Viele Mitglieder von CSICOP und den lokalen Skeptischen Gesellschaften sind recht aktiv, und einige von ihnen erscheinen regelmäßig in Radio- oder Fernsehshows.

CSICOP ist heute sehr einflußreich. Die Institution ist nicht nur in den Universitäten durch eine CSICOP angegliederte Fakultät vertreten, sondern verfügt auch über Einfluß in den Medien. So ist beispielsweise der berühmte Astronom Carl Sagen Mitglied von CSICOP. Weitere Mitglieder sind Bernhard Dixon, der europäische Herausgeber der Zeitschrift *Omni;* Paul Edwards, Herausgeber der *Encyclopedia of Philosophy;* Leon Jaroff, Chefredakteur der Zeitschrift *Discover;* Phillip Klass, für Luft- und Raumfahrtelektronik verantwortlicher Redakteur der Zeitschrift *Aviation Week and Space Technology;* und B.F. Skinner, Autor und bekannter Vertreter des Behaviorismus, der so viel dazu beigetragen hat, das Modell von Reiz und Reaktion als Grundlage menschlichen Verhaltens in unserer eigenen Generation zu fördern.

CSICOP hat vor allem deshalb Anhänger gewonnen, weil die Organisation erfolgreich den Eindruck von Objektivität zu vermitteln weiß. In der Erklärung über den Zweck der Institution heißt es zum Beispiel:

> Der Ausschuß für die Wissenschaftliche Untersuchung von Behauptungen im Bereich des Übersinnlichen ist bestrebt, kritische und unter einem verantwortlichen wissenschaftlichen Aspekt geführte Untersuchungen von Behauptungen zu fördern, die übersinnliche und grenzwissenschaftliche Phänomene betreffen, und Wissenschaftlern sowie der Öffentlichkeit auf Fakten beruhendes Wissen über die Ergebnisse solcher Untersuchungen mitzuteilen.
>
> ...
>
> Der Ausschuß ist eine gemeinnützige Organisation für Wissenschaft und Erziehung.[10]

Es scheint so, als ob CSICOP eine wundervolle Einrichtung sei. Die Welt hat große Vorteile durch die objektive Untersuchung von UFOs und übersinnliche Phänomene. Für ernsthafte Forscher ist es besonders wichtig, die Spreu vom Weizen zu trennen, und das ist nicht immer leicht. Leider verfügt CSICOP nicht über die dazu erforderliche Objektivität. Das Ergebnis einer von CSICOP durchgeführten Untersuchung war meines Wissen immer eine vollständige Entlarvung. Das hat jene Leute verwirrt, die nicht verstehen können, wie man bei einer objektiven Betrachtungsweise einen Beweis ablehnen kann. Um dieses Rätsel zu lösen, muß man herausfinden, wer CSICOP ins Leben rief und warum.

CSICOP wurde 1976 unter der Schirmherrschaft der Amerikanischen Humanistischen Vereinigung gegründet. Die Amerikanische Humanistische Vereinigung setzt sich natürlich für eine Förderung der Philosophie des "Humanismus" ein. "Humanismus" läßt sich nur schwer definieren, denn nicht alle verstehen darunter das Gleiche. Unter Humanismus versteht man im wesentlichen eine geistige Richtung, bei der es nicht um religiöse Belange und Werte geht, sondern um menschliche. Es geht um Fragen der Ethik und der Existenz aus der Sicht des Menschen als einem irdischen Wesen. Für die "religösen Humanisten" spielen geistige und religiöse Dinge eine Rolle, sie betrachten sie jedoch unter einem Gesichtspunkt, bei dem der Mensch im Mittelpunkt steht und nicht Gott oder der Geist, wie bei den meisten Religionen.

Die bekannteste Form eines organisierten Humanismus in den Vereinigten Staaten heute wird “säkularer (nichtreligiöser) Humanismus” genannt. Der säkulare Humanismus akzeptiert nur die Wirklichkeit einer physischen Existenz und lehnt eine religiöse und geistige Realität ab. Es handelt sich um eine rein materialistische Philosophie. Viele Säkularhumanisten sind im Hinblick auf das menschliche Verhalten Anhänger des Reiz-Reaktions-Modells.

Der Gründungsvorsitzende und derzeitige Vorsitzende von CSICOP ist Paul Kurtz, Professor für Philosophie an der Staatlichen Universität von New York in Buffalo. Kurz war viele Jahre lang Herausgeber der Zeitschift *The Humanist*. Er gehörte zu den Autoren des *Humanistischen Manifests II* und verfaßte ein Buch mit dem Titel *In Defence of Secular Humanism*. Dieses Buch ist interessant, denn es enthält einige der Grundsätze und Ziele der organisierten säkularhumanistischen Bewegung. Diese Grundsätze und Ziele sind unter dem Gesichtspunkt der Rolle, die Professor Kurtz und andere Säkularhumanisten bei der Gründung von CSICOP gespielt haben, von Bedeutung. Zum Thema geistige Existenz schrieb Professor Kurtz:

> Die Humanisten lehnen die These ab, daß Seele und Körper trennbar sind oder daß das Leben nach dem Tode in irgendeiner Form weitergeht.[11]

Im *Humanistischen Manifest II* heißt es:

> Die Wissenschaft bestätigt vielmehr, daß die menschliche Spezies aus natürlichen evolutionären Kräften entstanden ist. Soweit wir wissen, ist die gesamte Persönlichkeit eine Funktion des biologischen Organismus in einer sozialen und kulturellen Umwelt.[12]

Diese Gedanken sind gut für den, der daran glaubt. Mein Einwand ist der: für Einzelpersonen und Organisationen, die solche Vorstellungen aktiv fördern ist es schwer, bei der Untersuchung von Beweisen, die ihren feststehenden Ansichten konträr widersprechen, wirklich objektiv zu sein. Sie haben ja bereits erklärt, was sie glauben und was sie ablehnen.

Objektivität ist noch schwieriger, wenn dieselben Leute aktiv versuchen, ihre Überzeugungen als soziales Ziel zu verbreiten. Im *Humanistischen Manifest II* heißt es:

> Wir bestätigen eine Reihe von gemeinsamen Grundsätzen, die als Grundlage für ein vereintes Handeln dienen können - positive Grundsätze, die für die gegenwärtige Situation des Menschen Bedeutung haben. Sie sind ein Modell für eine säkulare Gesellschaft auf planetarischer Ebene.[13]

Aus diesem Zitat geht hervor, daß bei vielen Säkularhumanisten die gemeinsame Absicht besteht, eine weltweite säkulare Gesellschaft zu schaffen. Der Gründungsvorsitzende von CSICOP, Professor Kurtz, gehörte zu den Verfassern eines Dokuments, das diese Absicht verkündet. An sich ist ein solches Ziel nichts Böses. Es ist vielen aktivistischen Religionen und Philosophien gemeinsam, daß sie versuchen, die Welt nach ihren eigenen Vorstellungen zu formen. Für diesen Aktivismus muß man natürlich einen Preis bezahlen: CSICOP und die angeschlossenen Skeptischen Gesellschaften verlieren ihre Glaubwürdigkeit. Sie sind als Vertreter eines bestimmten Standpunkts zu betrachten, nicht als neutrale Forscher. In den Untersuchungsgerichten sind sie die Ankläger und nicht die Richter oder Geschworenen.

Bei Gruppen wie CSICOP wird ein Problem deutlich, daß seit Jahrhunderten existiert. Die meisten ideologischen Schlachten werden von Extremisten geschlagen. Die Säkularhumanisten zum Beispiel verkörpern ein materialistisches Extrem, und sie befinden sich häufig im Kampf mit den "christlichen Fundamentalisten" von heute, die das "religiöse" Extrem verkörpern. Beide Seiten sind insofern extremistisch, als sie Ansichten vertreten, die nur aufrechterhalten werden können, wenn man viele Beweise ignoriert. Sie sind eine leichte Beute füreinander, denn sie haben beide viele Schwachpunkte; dennoch werden die Menschen ermutigt, sich der einen oder anderen Seite anzuschließen, mit der Begründung, daß, wenn die eine Seite Unrecht hat, die andere, die auf diese Fehler hinweist, Recht haben muß. Das kann eine gefährliche Logik sein. Es kommt häufig vor, daß zwei Leute leidenschaftlich über ein Thema diskutieren, wobei jede Seite davon überzeugt ist, daß sie Recht hat, und die dann, wenn sie schließlich die Wahrheit erfahren, feststellen, daß sie beide Unrecht hatten. Zwei Verrückte könnten ohne Ende darüber streiten, wer von ihnen der echte Napoleon Bonaparte ist, aber wehe dem Außenstehenden, der Partei ergreift und einem von beiden nachgibt! Wenn Extremisten miteinander streiten, liegt die Wahrheit häufig unerkannt in einer völlig anderen Richtung.

Trotz der Bemühungen der Säkularhumanisten und anderer, die eine ähnliche ideologische Richtung vertreten, Religion und Theologie zu verneinen, ist die Religion auch weiterhin eine mächtige Kraft in der menschlichen Gesellschaft. Wenn man heute aus allen etablierten Religionen und mystischen Systemen alle Wahrheiten, die überdauert haben, zusammennähme, würden sie nicht ausreichen, um jemand über die schreckliche Barriere zu bringen, die eine Wiedererlangung der absoluten geistigen Erlösung verhindert. Zusammengenommen würden diese Wahrheiten höchstens Anhaltspunkte darstellen, die bei einer ganz neuen Untersuchung hilfreich wären. Damit soll nicht das wirklich Befriedigende gering geschätzt werden, das viele Menschen noch empfinden, weil sie den Geboten der verschiedenen Religionen Folge leisten. Die meisten Weltanschauungen haben noch etwas Gutes, was das Leben eines Menschen bereichern kann.

Heute gilt, wie schon immer in der Geschichte, daß neue Religionen in großer Zahl kommen und gehen. Wenige von ihnen halten sich sehr lange, geschweige denn, daß sie zu großen Religionen werden. Trotzdem greift man neue Religionen heute noch ebenso oft an wie in der Vergangenheit. Auch die Art der Angriffe hat sich seit Jahrhunderten nicht geändert: neue Religionen werden als geheimnisvolle Übel bezeichnet, die alles Gute untergraben. Man bezeichnet heute eine neue Religion sehr schnell als "Kult", auch wenn viele dieser Religionen kein "Kult" im eigentlichen Sinn sind. Genaugenommen bezieht sich der Begriff "Kult" auf eine "Untergruppe" einer größeren Religion, wie beispielsweise ein christlicher oder ein moslemischer Kult. Jede völlig neue oder selbständige Religion wird richtigerweise "Sekte" genannt oder, noch besser, ganz einfach neue Religion. Das Wort "Kult" ist offenbar aufgrund seiner phonetischen Eigenschaften populär geworden. Außerdem macht es sich gut in den Schlagzeilen der Zeitungen.

Die größte Gefahr, die von neuen Religionen ausgeht, liegt nicht darin, daß sie etwas ganz Neues oder anderes verkörpern, sondern, daß sie die Menschen spalten, wie die Religionen das auch in der Vergangenheit getan haben. Das kann auch ohne Verschulden der Religion geschehen. Allein dadurch, daß eine moderne Religion existiert und angegriffen wird, kann sie zu einer kämpferischen Gruppierung werden, wenn sie sich in einem sozialen Klima der "Kulthysterie" wiederfindet. Diese Art von gesellschaftlichem Klima entsteht heutzutage leicht, da die meisten gebildeten Menschen glauben, daß sie etwas von menschlicher Psychologie verstehen.

Wenn man diese Eitelkeit weckt, kann man dadurch, daß man religiöse Intoleranz in psychologische Begriffe kleidet, bei ansonsten toleranten Menschen leicht eine feindselige Haltung gegen neue Religionen heraufbeschwören. Es liegt schon eine gewisse Ironie darin, daß der Antikult-Aktivismus heute zum größten Teil von den sogenannten christlichen "Rechtsextremisten"ausgeht, die bestrebt sind, die "Werke des Satans" auszumerzen, wozu alle Religionen zählen, die sich nicht zum fundamentalistischen christlichen Glauben bekennen. Christliche Buchläden sind heute in den Vereinigten Staaten die Hauptabsatzmärkte für Antikult-Bücher. Diese Christen haben in Gruppen wie CSICOP und in anderen eingefleischten Materialisten (*z.B.* einigen Psychiatern), die alle Religionen für ungesund halten und für die die neueren Religionen leicht zur Zielscheibe werden, seltsame Verbündete gefunden.

Der Schlüssel für eine Analyse neuer Religionen ist deshalb nicht, sie alle pauschal unter der Rubrik "Kulte" zusammenzufassen und sich dann in Gemeinplätzen über sie zu ergehen. Die richtige Methode besteht darin, jede neue Religion einzeln zu betrachten, das Einzigartige an jeder von ihnen zu erkennen und unter Zugrundelegung der jeweiligen charakteristischen Merkmale zu untersuchen, was gut und schlecht daran ist. Bei einigen von ihnen wird man feststellen, daß sie eine bedauerliche Fortsetzung alles dessen sind, womit wir uns in diesem Buch befaßt haben, andere sind ernsthafte Versuche, einen Weg zu geistiger Erleuchtung zu finden. Es ist wichtig, allen neuen Religionen gegenüber objektiv zu bleiben, weil echte geistige Erkenntnisse wahrscheinlich nur über eine neue Religion zu erlangen sind. Die älteren Religionen werden sich nicht sehr weit von ihren bestehenden Glaubensätzen entfernen, und die meisten modernen Wissenschaften werden Beweise für eine geistige Realität nicht einmal in Betracht ziehen.

Es gibt eine erwähnenswerte neue religiöse Bewegung. Das ist die lose gefügte und schnell wachsende "New- Age"-Bewegung. Die New-Age-Bewegung heißt so, weil sie das Erwachen eines neuen Zeitalters auf Erden anstrebt, in dem geistige Freiheit, körperliche Gesundheit und weltweiter Friede vorherrschen. Die Musik der New-Age-Bewegung ist zum Teil recht hübsch, und die Bedeutung, die New-Age auf natürliche und gesunde Nahrung legt, ist ein sehr positiver Aspekt dieser Bewegung. Einige Grundsätze der Bewegung enthalten nonkonformistische Vorstellungen über die Natur des geistigen Wesens, aber wie im Hinduismus zerstören die meisten New-Age-Systeme den vollen Nutzen dieser nonkonformistischen Gedanken dadurch, daß sie sie mit einer großen Dosis Mystizismus, Glaubenssätzen der "Herrgötter" (*d.h.* einigen geheiligten Glaubenssätzen, nach denen statt einer Trennung eine Vereinigung von Psyche, Körper und Geist wünschenswert ist) und Selbsthilfemethoden, die Hypnose und Programmierung des Unterbewußtseins einschließen (die beide nicht eingesetzt werden sollten), verquicken.

Von besonderem Interesse sind für uns die Vorstellungen der New-Age-Bewegung zu UFOs. Sehr vielen Menschen in der ganzen Welt ist die "Präastronauten"-Theorie mit ihrem Postulat bekannt, daß einige der früheren religiösen Ereignisse das Werk einer außerirdischen Zivilisation des Raumzeitalters sind. Dadurch ist der Schleier des Mythos, der sich um die UFOs rankt, zum Teil gefallen. Vielleicht hat man sich deshalb bemüht, durch die New-Age-Bewegung die alten religiösen Anschauungen wiederherzustellen, denen zufolge die außerirdische Zivilisation, die man an unserem Himmel herumfliegen sieht, aus erleuchteten fast gottähnlichen Wesen besteht, denen man ehrerbietige Achtung erweisen und die man als Heilsbringer ansehen sollte. Diese anbetende Haltung wurde sicherlich durch die New-Age-Literatur und in neueren amerikanischen Kinofilmen wie *Close Encounters of the Third Kind* (Nahe Begegnungen der dritten Art) oder *Cocoon* in gewissem Maße gefördert. Viele andere Glaubenssätze, einschließlich der Lehren vom Ende der Welt, werden von Menschen, die von Ufonen angeblich Botschaften erhalten (was bei einigen ja vielleicht auch wirklich der Fall ist), in einer neuen Variante verbreitet. Statt "Engeln" offeriert uns die New-Age-Bewegung jetzt "Brüder aus dem Weltraum". Wenn man sich an der Geschichte orientiert, scheinen uns die "Brüder aus dem Weltraum" außer Unterdrückung und Völkermord wenig bieten zu können, wenn man sie nicht davon überzeugen kann, ihre Methoden zu ändern. Offenbar sind es die Menschen, die den Außerirdischen Mitgefühl beibringen müssen und nicht umgekehrt. Die angeblichen Menschenfreunde unter den "Herrgöttern", die der Erde möglicherweise gelegentlich einen Besuch abstatten und den menschlichen Augenzeugen und Entführten Gutes tun, scheinen eine ausgesprochene Minderheit zu sein, die keine Macht hat, etwas wirklich Bedeutendes für die Menschheit zu erreichen. Ebenso wie Ärzte, Sozialarbeiter und Priester, die in die Gefängnisse gehen und den Insassen Beistand leisten, haben die Menschenfreunde unter den "Herrgöttern" die Gefängnismauern niemals niedergerissen. Es scheint, daß die einzigen "Engel" und "Brüder aus dem Weltraum", die wir haben, wir selbst sind und unsere sehr irdischen Nachbarn.

Wenn diese Auflage im Mai 1990 in Druck geht, vollziehen sich in der Welt gerade viele Veränderungen. Einige davon sind außerordentlich willkommen, wie die Loslösung zahlreicher Länder vom Kommunismus, die gegenwärtigen Bestrebungen der südafrikanischen Regierung, die Apartheid zu lockern und die kürzlich erfolgte Wahl neuer Präsidenten in verschiedenen Ländern der Dritten Welt. Diese Ereignisse zeigen, daß die Verhältnisse besser werden können, vielleicht sogar so gut, um der mißlichen Lage der Menschen, um die es in diesem Buch geht, schließlich ein Ende zu machen.

Leider zeigen andere Ereignisse, daß Gruppierungen, die ihre Wurzeln nachweislich in der Bruderschaft haben, auf Abruf bereitstehen, um weitere Kriege anzuzetteln und den derzeit positiven Triebkräften in der Welt entgegenzuwirken.

Mit der Hilfe Chinas und den Ländern der westlichen Welt finden ballistische Waffen heutzutage in den islamischen Staaten und in den Staaten der Dritten Welt rasche Verbreitung; unterdessen sorgt der islamische Fundamentalismus weiter für Aufruhr im Mittleren Osten und anderswo. In Jordanien gewann eine radikale moslemische Sekte, die sich Moslemische Bruderschaft nennt, die Kommunalwahlen in den Städten Zarka und Akaba.

Zur Zeit, da ich dieses schreibe, töten in Peru und auf den Philippinen marxistische Revolutionäre noch immer Menschen. In Peru sind die am meisten gefürchteten maoistischen Guerilleros Mitglieder einer geheimen Sekte, die sich Sendero Luminoso nennt, was übersetzt etwa "Leuchtender Weg" oder "Weg der Erleuchtung" heißt.

Auch die Drogenkartelle wurden eine politische Macht; wie in Kolumbien, wo die Kokainkartelle gegenwärtig einen gewaltsamen Krieg gegen die kolumbianische Regierung führen. Als Beweis dafür daß die Bruderschaft in die Schattenwelt der Drogen verwickelt ist, kann der Sendero Luminoso in Peru gelten, der in den Anbau von Koka und in den Heroinhandel verwickelt ist, wo Geheimgesellschaften, deren Wurzeln bis ins 17. Jahrhundert zurückreichen, derzeit Dreiergruppen bilden, die mit Heroin handeln.

Obwohl rechtsgerichtete nationalistische Organisationen im allgemeinen keine Popularität genießen, werden sie von Regierungsstellen noch immer unterstützt, so wie zur Zeit ein rechtsgerichtetes Bündnis in Rußland, das sich Orthodoxe Bewegung des Russischen Volkes nennt und ein Kreuz auf einem gelben Hintergrund verwendet, das an ein Hakenkreuz erinnert. Trotz der Proteste, daß die Redner Anitsemiten seien, werden die Mitglieder dieser Bewegung vom Informationsbüro der Vereinigten Staaten gesponsort, damit sie Vorträge in den USA halten können.

Die Entweihung jüdischer Gräber in Haifa in Israel im Mai 1990, über die so viel berichtet wurde, ging, wie sich herausstellte, auf das Konto einer tausend Jahre alten jüdischen Geheimsekte. Mitglieder dieser Sekte gaben zu, daß sie die Entweihung in der machiavellistischen Absicht begangen hatten, den Konflikt zwischen Juden und antisemitischen Kräften zu schüren.

Die Weltbank sagt neue aidsartige die Immunität zerstörende Viruskrankheiten voraus, und eine Gruppe von Ärzten aus den Vereinigten Staaten wurde im März 1990 im Rahmen eines fünf Jahre dauernden Programms nach Afrika entsandt, um neue Viruskrankheiten zu finden. Das Geld für diese Mission wurde von der wichtigsten Regierungsstelle für AIDS-Forschung zur Verfügung gestellt: dem Institute for Allergy and Defectious Deseases. Einer der Ärzte, Nikolas Lerche von der Universität von Kalifornien in Davis, wird auf Seite A8 der Ausgabe des *San Francisco Chronicle* vom 15. März 1990 zitiert: "Das ist das Problem, das wir gerade als auftauchende Viruskrankheiten zu erkennen beginnen, und es könnte durchaus viele andere tierische Erreger geben, die nur darauf warten, auf Menschen überzugreifen und neue Krankheiten zu verursachen." Angesichts dieser Behauptungen und der Beweise, daß AIDS möglicherweise absichtlich unter die Menschen gebracht wurde, besteht berechtigte Sorge, wie die von den Ärzten entdeckten neuen Krankheiten von einigen Sponsoren der Forschung vielleicht verwendet werden.

Unterdessen fliegen "da draußen" weiter UFOs herum, etwas, das man belächelt und das scheinbar mit dem, was auf der Erde geschieht, in keinem Zusammenhang steht.

Wenn Sie dieses lesen, wird sich viel Neues ereignet haben. Führende Persönlichkeiten und Politiker werden kommen und auch wieder von der Weltbühne abtreten; weitere Gruppierungen werden entstehen und wieder verschwinden. Ich hoffe, daß die in diesem Buch beschriebenen historischen Gesetzmäßigkeiten eine interessante und vielleicht nützliche Methode für die Analyse künftiger Ereignisse sein werden. Besser noch wäre es, wenn Hoffnung auf eine friedliche und konstruktive Lösung bestände, so daß dieses Buch nur noch eine Erinnerung an einen bösen Traum darstellte, aus dem wir alle erwacht sind.

KAPITEL 39

Flucht aus Eden

Es ist etwas ganz Normales, daß Menschen sich fragen, wie sie die Welt, in der sie leben, besser machen können. Es ist ein weitverbreiteter Trugschluß, daß jemand reich, Politiker oder ein Heiliger sein müsse, um etwas zu erreichen. Die Wahrheit ist, daß man genau auf dem Platz, auf dem man steht, erfolgreich die Verantwortung für sich selbst und seine Mitmenschen übernehmen kann, ohne sein Leben oder seinen Lebensunterhalt von Grund auf zu ändern. Man kann ganz allmählich beginnen, indem man zunächst einmal sein eigenes Leben verbessert, dann der Familie und Freunden hilft, wo das gewünscht wird, danach sich Gruppen mit wünschenswerten gesellschaftlichen Zielen anschließt oder sie gründet und schließlich, indem man ein Gefühl unmittelbarer persönlicher Verantwortung für die Menschheit entwickelt. Es ist wichtig, daß mehr Menschen damit beginnen. Die Geschichte hat klar gezeigt, wenn man sich seine Welt nicht selbst schafft, tut es jemand anders, und vielleicht gefällt einem nicht, was man bekommt.

Große konstruktive Veränderungen unserer Welt erfordern nicht sehr viel. Das System des über eine Deckung hinaus vermehrbaren Papiergeldes zum Beispiel, das auf jeder Ebene zu Verschuldung und Instabilität führt, kann leicht durch ein stabiles Währungssystem ersetzt werden, indem man einfach mit der Geldschöpfung durch die Banken Schluß macht und ein System errichtet, bei dem das Geld von den nationalen Regierungen entsprechend ihren Bruttosozialprodukt ausgegeben und ohne, Schulden zu machen, verteilt wird. Die Banken könnten als Kanal für die Freigabe und das Inumlaufsetzen des Geldes auch weiter an diesem System beteiligt sein; sie dürften jedoch nicht mehr länger selbst Geld schöpfen. Die Regierungen brauchten niemanden mehr zu besteuern, und sie brauchten kein Geld aufzunehmen; sie könnten sich selbst innerhalb der ihnen durch das Bruttosozialprodukt gesetzten Grenzen einfach das Geld zuteilen, das sie für ihr

Funktionieren benötigen. Nach diesem Plan könnten alle den Banken geschuldeten Summen sofort erlassen werden: Die Banken könnten von den Regierungen für ihre Dienste bei der Verteilung und dem Inumlaufsetzen des Geldes und von den Verbrauchern für Dienstleistungen bezahlt werden.

Wie wir gesehen haben, stellt uns die Zivilisation der "Herrgötter", sofern sie existiert, vor eine außerordentliche Herausforderung. Um die Fähigkeit der Menschen, mit dieser Herausforderung fertigzuwerden, dadurch zu verringern, daß sie das Thema UFOs und geistige Phänomene durch falsche Berichte, zweifelhafte "Beweise", verwirrende "Erklärungen" und Schwindeleien ausklammert, soll den Zukunftsaussichten der Menschheit schwerer potentieller Schaden zugefügt werden. Heute ist absolute Wahrheit von allen Seiten notwendig.

Wenn die Erde tatsächlich einer tyrannischen außerirdischen Zivilisation gehört, muß irgendeine Art von Kommunikation zwischen ihnen und den Menschen bestehen. Ich spreche nicht von der mutmaßlichen telepathischen Kommunikation, sondern von einem direkten persönlichen Kontakt zwischen Menschen und "Herrgöttern". Ein Teil der Lösung wäre, diese Kommunikationswege zu finden und dann zu beginnen, über ein Ende der Mühsal und des Leids auf der Erden zu verhandeln. Dieser Vorschlag mag vielleicht völlig verrückt klingen, da er bedeutete, daß man versuchte, mit einer außerirdischen Zivilisation, deren Existenz die meisten Regierungen nicht einmal zugeben würden, diplomatische Beziehungen aufzunehmen, um die Freiheit der Menschheit zu erreichen - deren Gefangenschaft die meisten Menschen sogar abstreiten würden. Andererseits könnten einige Leute argumentieren, daß derartige Verhandlungen ebenso vergeblich seien, als wenn Gefangene in San Quentin versuchten, mit dem Gefängnispersonal über ihre Freiheit zu verhandeln oder die Insassen eines Konzentrationslagers der Nazis mit ihren SS-Wachen. Man müßte der Zivilisation der "Herrgötter" versichern, daß die Menschen weder Rache fordern, noch politischen Aufruhr wünschen. Daß die Menschheit nur nach einem Weg sucht, wie sie die verheißene Erlösung erlangen kann und daß sie ihre Errungenschaften mit der Zivilisation der "Herrgötter" teilen würde. Das Ziel wäre, Vergangenes vergangen sein zu lassen und sich der Zukunft zuzuwenden.

Unterdessen könnte das Problem der Kriege unter den Menschen direkt angegangen werden. Es sollte klar sein, daß es in keinem Krieg, sei er "heiß" oder "kalt", wirkliche "Sicherheit" gibt. Die Menschen sprechen zwar von nuklearer Abrüstung, doch warum sollte man sich um eine geringfügigen' Abbau des nuklearen Arsenals bemühen, wenn immer mehr chemische und biologische Waffen hergestellt werden? Glücklicherweise verstehen viele Menschen, daß *echte* Sicherheit durch Frieden und Freundschaft erreicht wird. Fragen Sie irgendeinen Amerikaner, ob er sich durch Kanada militärisch bedroht fühlt, oder stellen Sie einem Kanadier, der nicht gerade an Wahnvorstellungen leidet, die gleiche Frage in bezug auf Amerika. Beide Staaten fühlen sich sicher, und das nicht, weil sie Waffen aufeinander gerichtet hätten, die sehr schnell losgehen können, sondern weil sie auf freundschaftlichem Fuß miteinander leben. Belgien in Europa verausgabt sich nicht, um gegen die "holländische Gefahr" zu rüsten, und Holland bewaffnet sich nicht bis an die Zähne gegen die "französische Bedrohung". Sich auf Waffen, Agenten, Propaganda und andere Mittel des Krieges zu verlassen, um nationale Sicherheit zu erreichen, schlägt zwangsläufig fehl. Früher oder später wird jemand eine bessere Bombe bauen oder einen Weg finden, ihre zu umgehen. Sie werden einen besseren Agenten anheuern oder eine überzeugendere Lüge erzählen. Niemandes Sicherheit sollte von solchem "faulen Zauber" abhängen.

Es gibt heute viele Menschen auf der Welt, die Sicherheit durch Freundschaft zu erreichen suchen. Diese Menschen konnten jedoch einige große Hürden nicht überwinden. Die Führer dieser Welt hören immer noch auf Geheimdienste, die durch geheime Besprechungen, alarmierende Berichte und grauenvolle Pläne einem chronischen Klima der Angst und der Gefahr Vorschub leisten. Solange es zwischen den nationalen Führern künstlich erzeugte ideologische Differenzen gibt, werden diese Führer nicht in der Lage sein, vernünftig zu denken und miteinander zu reden. Solange sie überzeugt sind, daß ein großes Utopia entstehen wird, wenn sie auf ihrem Standpunkt beharren, wird es niemals Frieden geben. Es wird nur dann Frieden herrschen, wenn unsere Führer bereit sind, ihre großen apokalyptischen Kämpfe aufzugeben und sich der übrigen Menschheit in einem einfachen Freundschaftspakt anzuschließen.

Das erste, was die Menschen für ihre Freiheit tun können, ist, sich all der kleinen Freiheiten bewußt zu werden, die sie haben, und sie auszubauen. In unserer Welt wird viel Wert auf weitreichende, gigantische soziale, politische und geistige Freiheiten gelegt, doch viele Leuten haben sogar mit ganz kleinen Freiheiten Schwierigkeiten, wie zum Beispiel in einem gesellschaftlichen Kreis einfach nur eine Tatsache oder eine Meinung zu äußern. Es liegt eine gewisse Ironie darin, daß es wirklich umfassende

Freiheiten gibt, so daß die Menschen alle die kleinen Freiheiten, die das Leben lebenswert machen, wahrnehmen können. Man hat diese kleinen Freiheiten einfach dadurch, daß man sie wahrnimmt. Da immer mehr Menschen das tun, werden die Freiheiten für alle größer werden. Daraus folgt, daß man schließlich alle Freiheiten verliert, wenn man "kleinere" Freiheiten aufgibt, um "größere" zu erlangen.

Es gibt noch eine ganze Reihe weiterer Probleme in dieser Welt, die gelöst werden müssen. Jetzt liegt es an Ihnen, sich Lösungen dazu einfallen zu lassen. Sobald Sie sich etwas überlegt haben, teilen Sie es mit und handeln Sie danach. Was Sie denken, was Sie wahrnehmen und wie Sie die Welt ringsherum sehen, ist außerordentlich wichtig, weil Sie eine angeborene einmalige Perspektive haben, die von niemand anderem geteilt wird. Sagen Sie, was sie zu sagen haben, entdecken Sie, was Sie entdecken möchten und verfolgen Sie jene humanitären Ziele in Ihnen weiter. Es könnte für uns alle eine Hilfe sein.

KAPITEL 40

Die Natur eines Höchsten Wesens

Bevor ich mich von Ihnen verabschiede, möchte ich noch auf ein letztes Thema eingehen. Es handelt sich um ein Thema, daß sich im Hintergrund durch das gesamte Buch zieht und das ich bisher erfolgreich vermieden habe. Es ist das Thema Höchstes Wesen. Gibt es irgendein Höchstes Wesen? Wenn ja, in welcher Beziehung steht es zum Leben auf der Erde und zu dem, worum es in diesem Buch geht? Ich werde versuchen, diese Fragen aufzugreifen, aber machen Sie sich darauf gefaßt, daß dieses Kapitel, das spekulativste und philosophischste des Buches ist. Die Abhandlung des Themas wird in vereinfachter Form erfolgen, und sie soll nicht abschließend sein; ich rate dem Leser, weitere Informationen bei anderen einzuholen. Wenn Ihnen das nicht gefällt, gehen einfach zu nächsten und letzten Kapitel über.

Leider ist der Begriff "wissenschaftliche Methode" fast gleichbedeutend mit Materialismus. Man sollte die beiden nicht auf eine Stufe stellen. Die wissenschaftliche Methode ist einfach nur ein Versuch, ein Wissensgebiet auf sinnvolle und pragmatische Weise zu erforschen. Mit ihr wird versucht, das Verhältnis von Ursache und Wirkung zu ergründen und logische Axiome und Verfahren zu entwickeln, die zu vorhersagbaren Ergebnissen führen. Das ist die Art von Methodologie, die auf den geistigen Bereich angewendet werden kann und muß, was jedoch in hohem Maße nicht der Fall ist. Die großen Universitäten und Stiftungen sind zu sehr mit ihren "Der Mensch ist Gehirn"-Studien beschäftigt, um sich mehr als in oberflächlicher Weise mit den wachsenden Beweisen für eine geistige Existenz zu befassen. Die großen Religionen haben ihr "Wort Gottes", und betreiben daher selten wissenschaftliche Studien auf diesem Gebiet.

Einige Leute leugnen die Existenz eines Höchsten Wesens überhaupt. Wenn man sich anschaut, wie sehr es mit dem geistigen Wissen bergab gegangen ist, kann man es ihnen nur schwer verdenken. Die erdrückenden Beweise für eine geistige Existenz des Individuums und die vielen charakteristischen Merkmale, die allen geistigen Wesen offenbar gemeinsam sind, geben einen Hinweis darauf, daß es wahrscheinlich ein "Höchstes Wesen" als gemeinsamen Ursprung alles geistigen Lebens gibt.

Wenn es denn ein Höchstes Wesen gibt, würden die meisten Menschen es nicht erkennen, wenn sie ihm begegneten. Viele Menschen halten ein Höchstes Wesen für einen riesigen Mann mit wehendem Bart, der tobt, phantasiert und Menschen tötet. Andere glauben, daß ein Höchstes Wesen ein helles Licht ist, das Wärme und Liebe ausstrahlt. Wieder andere sehen es als unergründliches Mysterium, daß man nur durch künstliche mystische Verrenkungen je verstehen zu können hoffen darf.

Ein Höchstes Wesen ist wahrscheinlich nichts von alledem.

Bei meinen Recherchen zu diesem Buch bin ich auf viele Ausichten darüber gestoßen, was ein Höchstes Wesen sein könnte. Man geht diese Frage am besten dadurch an, daß man zunächst einmal zu bestimmen versucht, was ein geistiges Einzelwesen ist.

Ein geistiges Wesen ist offenbar etwas, das nicht der physischen Welt angehört und doch sowohl äußere wie innere Selbstbewußtheit besitzt. Die Definitionen des Samkhya auf den Seiten 113 und 114 dieses Buches scheinen ziemlich zutreffend zu sein, und ich verweise den Leser auf diese Seiten. Die zunehmenden wissenschaftlichen Beweise für geistige Unsterblichkeit bei Todesnähe-Erlebnissen und aufgezeichneten Erinnerungen an vergangene Leben zeigen, daß geistige Wesen am besten als zeitlose und unzerstörbare Bewußtseinseinheiten definiert werden.[1]

Jedes geistige Wesen oder jede Bewußtseinseinheit scheint abolut einzig und unabhängig zu sein und einen eigenen unverwechselbaren Standpunk tzu besitzen, der mit dem einer anderen Bewußteinseinheit nicht völlig deckungsgleich ist. Diese Einzigartigkeit und Individualität des Standpunktes scheint das eigentliche Wesen und den eigentlichen Zweck geistiger Existenz auszumachen. Ein Beweis dafür könnte die Tatsache sein, daß Menschen unglücklicher werden und es ihnen schlechter geht, wenn man ihnen Gleichförmigkeit aufzwingt; Ihre Wahrnehmungen verschlechtern sich, und sie sind weniger kreativ. Wenn den Menschen ihre wahre Einzigartigkeit und Individualität wiedergegeben wird, erlangen sie damit auch ihre Vitalität und Kreativität wieder.

Offenbar ist jede Bewußtseinseinheit unendlicher Schöpfung fähig, denn Schöpfung durch ein geistiges Wesen vollzieht sich durch Denken oder Phantasie.* Wenn man sich vorstellt, daß oben auf diesem Buch eine weiße Katze ist, hat man eine weiße Katze erschaffen, auch wenn sie nur für einen selbst existiert. Wenn andere an solchen Schöpfungen teilhaben und mit Ihnen übereinstimmen, lassen diese Schöpfungen schließlich ein Universum entstehen, an denen alle anderen teilhaben und das von ihnen allen erlebt wird. Auf diese Weise scheinen geistige Wesen allein und gemeinsam mit anderen Universen zu schaffen, und es ist auch der Grund, warum es in der modernen Physik Beweise dafür gibt, daß unser Universum letztlich auf dem Denken beruht.

Damit ein Universum oder eine Realität existiert, muß zunächst etwas Unendliches existieren, in die das Universum oder die Realität gestellt werden kann. Jede Realität einschließlich dieses materiellen Universums entsteht aus etwas Unendlichem und nicht umgekehrt; das wurde durch einige bemerkenswerte mathematische Berechnungen, die gerade an verschiedenen Universitäten durchgeführt werden, bewiesen. Jede Bewußtseineinheit ist der Ursprung ihrer eigenen Unendlichkeit, da dem Denken und der Phantasie keine Grenzen gesetzt sind. Jedes geistige Wesen kann sich Raum, Zeit oder Materie jeden Ausmaßes vorstellen, und letztlich können andere geistige Wesen damit einverstanden sein und daran teilhaben.

Woher kommen diese unzähligen Bewußtseinseinheiten? Gab es zu irgendeiner Zeit einmal eine einzige Bewußstseinseinheit, aus der alle anderen entstanden sind? Die vielen Ähnlichkeiten zwischen allen geistigen Wesen, lassen es so aussehen. Die ursprüngliche Bewußtseinseinheit war dann, was üblicherweise Höchstes Wesen genannt wird und was man auch Urwesen nennen könnte.

Geistige Einzelwesen sind offenbar im Grunde die Bewußtseinseinheiten eines Urwesens oder Höchsten Wesens, wobei jede Einheit Selbstbewußtheit, Persönlichkeit, freien Willen selbständiges Denken und unendliche Kreativität besitzt.

Das würde bedeuten, daß ein Höchstes Wesen unzählige einzigartige und individuelle Bewußtseinseinheiten erschaffen oder "hervorgebracht" hat, durch die dieses Höchste Wesen in der Lage war, die unzähligen Unendlichkeiten, Universen, und Realitäten zu erleben, die alle diese

* Die Wörter "Denken" und "Phantasie" sind wahrscheinlich nicht die besten, um den Prozess wirklich zu beschreiben, aber für unseren Zweck reichen sie aus.

geistigen Wesen frei und unabhängig schaffen konnten. Ein Höchstes Wesen könnte daher, grob gesagt, mit jemandem verglichen werden, der in einer Mischkabine sitzt und Billionen von Videokameras ausfährt. Jede Kamera (geistiges Wesen) projiziert auf ihren jeweiligen Monitor in der Mischkabine ein Bild, das vom Techniker (höchstes Wesen) kontrolliert wird. Jede Kamera befindet sich an einem etwas anderen Standort, und darum hat auch jede von ihnen einen unterschiedlichen Standpunkt und eine unterschiedliche Perspektive. Jede Kamera kann also ihre eigenen "Spezialeffekte" (Universen) produzieren.

Wenn diese Theorie stimmt, könnte man fragen: wie kann ein Höchstes Wesen so dumm gewesen sein? Warum hat es Bewußtseinseinheiten geschaffen, die sich ihrer *selbst* bewußt sind? Schließlich ist es das Merkmal der Selbstbewußtheit oder des Bewußtseins, Bewußtsein zu haben, die geistigen Wesen völlige Unabhängigkeit verleiht und ihnen gestattet, sich auf den Unsinn einzulassen, der sie in diese beklagenswerten Situation gebracht hat, die sie jetzt auf der Erde und wahrscheinlich anderswo erdulden müssen. Warum hat das Höchste Wesen nicht einfach eine ungeheure Zahl von Bewußtseinseinheiten ausgeworfen, die sich nur der Außenwelt bewußt sind und nicht ihrer eigenen Existenz? Noch besser, warum hat das Höchstes Wesen nicht vernünftig gehandelt und einfach seinen eigenen Standpunkt ungeteilt für sich behalten?

Selbstbewußtheit ist offenbar etwas, das geistigen Wesen Denkfähigkeit und Vorstellungskraft verleiht und somit die Fähigkeit, eine Quelle für Unendlichkeit und Schöpfung zu sein.

Ohne Selbstbewußtheit könnte ein geistiges Wesen selbst nicht schöpferisch sein. Selbstbewußtheit scheint als "Spiegel" zu fungieren, im dem ein geistiges Wesen die Quelle einer Unendlichkeit sein und innerhalb dieser Unendlichkeit Realitäten und Universen schaffen kann.

Theoretisch war ein Höchstes Wesen natürlich bereits fähig, eine Unendlichkeit und alles darin zu schaffen, *jedoch nur von seinem eigenen Standpunkt aus.* Ein Höchstes Wesen konnte nur der Ursprung einer Unendlichkeit sein: seiner eigenen. Wenn ein Höchstes Wesen eine andere Unendlichkeit erfahren wollte, mußte es zunächst eine andere einzigartige und ihrer selbst bewußte Bewußtseinseinheit schaffen. Offenbar hat es genau das getan. Es hat sich jedoch nicht einfach mit einer weiteren Bewußtseinseinheit begnügt: offenbar hat es unzählige hervorgebracht, so daß es nahezu unendlich viele Unendlichkeiten und Wirklichkeiten erfahren konnte. Das deutet darauf hin, daß die potentielle Reichweite eines

Höchsten Wesens weit über die Grenzen dieses kleinen Universums hinausgeht - sie umfaßt Billionen möglicher Unendlichkeiten und Universen.

"Aha", könnten Sie sagen, "per definitionem kann nur ein Universum existieren. Für etwas, das bereits zu unendlicher Schöpfung fähig ist, ist es überflüssig, sich weiter auszudehnen. Unendlichkeit mal unzählige Billionen ergibt noch immer Unendlichkeit".

Wie gesagt, Unendlichkeit scheint einzig und allein das Ergebnis eines Standpunktes zu sein. Nur Bewußtseinseinheiten können einen Standpunkt haben. Deshalb gibt es soviele Unendlichkeiten, wie es Bewußtseinseinheiten (geistige Wesen) gibt. Unendlichkeit entsteht nicht aus einem mechanischen Universum oder nach einem seiner Gesetze; vielmehr scheinen das mechanische Universum und alle seine Gesetze aus Unendlichkeit zu entstehen.

Was ist schiefgegangen? Wie kam es, daß so viele geistige Wesen, von denen jedes unendlicher Schöpfung fähig war, mit einem dumpfen Aufprall auf der Erde gelandet sind, in dem Glauben, daß sie nur Fleisch und Elektrizität seien?

Es gibt scheinbar viele Gründe dafür, einschließlich der in diesem Buch abgehandelten. Ich überlasse es jemand anderem, weitere vielleicht sogar bedeutsamere weitreichende Ursachen zu beschreiben. Ich möchte nur noch sagen, daß sich geistige Wesen hoffnungslos in ihren eigenen verwickelten Labyrinthen verfangen können. Obwohl das Universum aus sehr einfachen Bausteinen zu bestehen scheint (vergleichen Sie bitte das auf den Seiten 114 und 115 des Buches Gesagte), kann es, wenn diese Bausteine an Ort und Stelle sind und andere Beliebigkeiten eingeführt werden, außerordentlich komplex werden und kompakt aussehen, wie das Universum, in dem wir uns jetzt befinden. Wenn das geschieht, können geistige Wesen in einem solchen Universum steckenbleiben wie Kameras in einem dichten Regenwald; die Kameras können nicht wahrnehmen, was hinter dem Laub direkt vor ihnen ist. Wenn die Kameras lange genug auf das Laub gestarrt haben, fangen sie vielleicht an zu glauben, daß auch sie nur Laub sind, und sie vergessen, daß sie Kameras sind. Die Erlösung würde darin bestehen, daß man die eigentliche Selbstbewußtheit der Kameras wiederherstellt und ihnen die Fähigkeit verleiht, den Regenwald nach Belieben zu betreten und wieder zu verlassen.

Wenn man sich die einzelnen geistigen Wesen auf der Erde anschaut, stellt man fest, daß sie verglichen mit dem Universum sehr klein sind. Das ist die Situation, die offensichtlich eintritt, wenn geistige Wesen in Körpern oder anderen physischen Objekten gefangen sind. In diesem Zustand haben geistige Wesen ihre Macht verloren, die Perspektive in bezug auf das Universum zu verändern. Offenbar ist es die Perspektive, welche die "Größe" eines geistigen Wesen bestimmt. Haben Sie jemals oben auf einem Wolkenkratzer gestanden und hinuntergeschaut? Ihre erste Reaktion war möglicherweise der Gedanke, "Himmel, sehen die Menschen klein aus. Sie sind so groß wie Ameisen!" Diese Leute sehen so klein aus und sind auch wirklich so klein, weil Sie sie aus einem anderen Blickwinkel sehen. Ein nicht gefangenes geistiges Wesen kann offenbar auf dieselbe Weise das gesamte physische Universum aus einem anderen Blickwinkel betrachten. Das Universum braucht nicht größer als eine Kaffeetasse auszusehen und ein Atom kann so groß sein wie ein Berg. Offenbar wird ein geistiges Wesen auf diese Weise "größer" oder "kleiner". Eine solche Veränderung der Perspektive ist jedoch nicht nur ein rein gedanklicher Prozess. Es geht darum, die unmittelbare geistige Wahrnehmung in einer so realen und greifbaren Weise zu verändern, wie jemand, der in einen Aufzug zum obersten Stockwerk eines Wolkenkratzers steigt. Geistige Wesen auf der Erde sind weitgehend auf die einzige Perspektive beschränkt, die ihnen von den physischen Körpern, die sie beseelen, vorgeschrieben wird. Geistige Perspektiven können sich immer noch verändern, nicht aber die unmittelbare Perspektive geistiger Wesen in bezug auf das Universum an sich.

Die vorstehende Abhandlung hat einige ziemlich klare Auswirkungen auf das übrige Buch. Wenn man ein geistiges Wesen unterdrückt, es in Materie einzuschließt oder in anderer Weise versucht, sein Vorstellungsvermögen, seine Kreativität oder seine Sebstbewußtheit als geistiges Wesen vermindern, versucht man ein Höchstes Wesen zu schwächen. Wenn man die Bewußtseinseinheit eines Höchsten Wesens (*d.h.* ein geistiges Wesen) - gerade nur um eine Einheit von vielen Billionen - reduziert, hat man ein Höchstes Wesen immer noch um soviel reduziert. Da eine solche Unterdrückung nur von anderen Bewußtseinseinheiten ausgehen kann, folgt daraus, daß eine seltsame Psychose ausgebrochen ist. Es ist, als ob Hervorbringungen desselben Höchsten Wesens versuchen, andere Hervorbringungen zu unterdrücken, *d.h.* die linke Hand versucht, die rechte Hand zu schwächen und in eine Falle zu locken. Zu einer solchen Psychose kommt es offenbar, wenn Wesen, die einen freien Willen haben, gefangen sind.

Einige mystische Religionen lehren, daß es das höchste geistige Ziel eines Menschen sein sollte, für immer in einem Höchsten Wesen "aufzugehen" oder "sich wieder mit ihm zu vereinigen". Das scheint ein falsches Ziel zu sein. Wenn geistige Wesen als einzigartige und unabhängige Standpunkte geschaffen wurden, würde ein dauerndes "Aufgehen" in anderen Bewußtseinseinheiten oder in einem Höchsten Wesen dem Schöpfungszweck widersprechen. Vielleicht ist das auch gar nicht möglich. Das wahre Ziel eines Erlösungsplanes sollte die vollständige Wiedererlangung der einmaligen geistigen Selbstbewußtheit und Perspektive sein.

Das Vorstehende läßt den Schluß zu, daß viele weitverbreitete Vorstellungen über "Gott" falsch sind. So berichten beispielsweise einige Leute mit "Todesnähe-Erlebnissen", daß sie durch einen Tunnel gegangen und einem "Lichtwesen" begegnet ist, das dem Betreffenden ein Gefühl von Liebe und "Allwissen" eingeflößt hat. Ich habe einen Mann kennengelernt, der einer hinduistischen Sekte angehörte, die versuchte, in ihren Meditationen mit diesem "Lichtwesen" in Verbindung zu treten und in ihm aufzugehen. Der Mann schrieb seine persönlichen Erfahrungen nieder. Die Beschreibung, wie er im Geist durch einen "Tunnel" ging und einem "Lichtwesen" begegnete, gleichen sehr den Aussagen von Todesnäheopfern. Ich erkenne zwar die Bedeutung und mögliche Wirklichkeit vieler solcher Erlebnisse an, bezweifle jedoch einige der Glaubensanschauungen, die daraus entstanden sind. Das von diesem "Wesen" vermittelte Gefühl der "Liebe" und "Allwissenheit" kann von Drogen, elektronischen Strahlungen und anderen künstlichen Mitteln herrühren. Interessanterweise haben Menschen, die von UFOs entführt wurden, über solche Empfindungen während ihrer angeblichen Untersuchungen an Bord eines UFOs berichtet. In einigen dieser UFO-Fälle, lassen die Begleitumstände den Schluß zu, daß die Empfindungen durch eine als Mittel der Beruhigung eingesetzte elektronische Vorrichtung hervorgerufen wurden. Worum es sich bei dem "Lichtwesen" eines Erlebnisses in Todesnähe auch immer handeln mag (und ich werde nicht einmal den Versuch einer Vermutung anstellen), es ist ganz sicher kein Höchstes Wesen. Es kann sogar etwas sein, daß bei einer nachtodlichen geistigen Amnesie mitwirkt. Man sollte niemandem empfehlen, während einer Meditaton und im Tode mit einem "Lichtwesen" zu "verschmelzen" oder "zu ihm zu gehen". Wenn sie können, sollten Sie sich von ihm fernhalten. Ich will damit nicht die im übrigen positiven und tiefen Gefühle ableugnen, die einige Hindus und Todesnäheopfer als Folge einer vorübergehenden erneuten Erfahrung ihrer geistigen Unsterblichkeit erlebt haben.

Was ist dann von dem Gedanken zu halten, daß ein Höchstes Wesen über die Erdenwesen "zu Gericht sitzt"?

Es ist nur schwer vorstellbar, daß ein Höchstes Wesen seine eigenen Bewußtseinseinheiten verdammen würde, wobei es keine Rolle spielt, wie stark sie gefangen sind und wie verrückt und destruktiv sich einige von ihnen infolgedessen verhalten.

Wenn ein Höchstes Wesen sähe, wie sehr sich alles zum Schlechten entwickelt hat, würde es dann vielleicht sein Experiment beenden und alle anderen Bewußtseinseinheiten mit Ausnahme von sich selbst auslöschen? Selbst, wenn das möglich wäre, würde es wohl nicht geschehen. Die Erschaffung von nahezu unzähligen Bewußtseinseinheiten wäre tatsächlich ein brillianter Schachzug von seiten eines Höchsten Wesens, um eine grenzenlose Erweiterung seiner selbst zu erreichen. Die Lösung für das, was falsch gelaufen ist, würde darin bestehen, die Bewußtseinseinheiten zu erhalten und sie zu ermutigen, nach ihrer Erlösung zu streben.

Die geistige Erlösung wäre wahrscheinlich jedoch nicht dadurch zu erreichen, daß ein Gott seinen Zauberstab schwenkt. Da geistige Wesen mit einem freien und unabhängigen Willen begabt sind, scheint Erlösung etwas zu sein, für das geistige Wesen selbst die Verantwortung übernehmen müssen. Es liegt an jedem einzelnen, auf sinnvolle Weise einen Weg für die eigene Erlösung zu finden. Erlösung ist offenbar etwas, das so pragmatisch wie jedes andere Ziel im Leben erreicht werden kann, vorausgesetzt, man lernt rational erkennen, wie man es anstellen muß.

Viele Religionen lehren, daß ein Höchstes Wesen einen Widersacher hat. Vielleicht ist daran etwas Wahres, selbst wenn die Wahrheit verdreht wurde. Man kann feststellen, daß es auf jeder Existenzstufe eine Bedingung oder ein "Spiel" gibt, bei dem das Überleben in Frage gestellt wird. Im persönlichen Bereich wird das Überleben des einzelnen durch den Alterungsprozess, Krankheiten und andere Faktoren bedroht. Das Überdauern eines Familienverbandes wird häufig durch finanzielle Probleme, feindlich gesinnte Verwandte und sexuelle Versuchungen außerhalb auf die Probe gestellt. Organisationen haben in der Regel Konkurrenten und Feinde. Im Tierreich spielt sich das Drama des Überlebens höchst lebendig in der Beziehung Jäger und Beute ab. Alle Materie sieht sich dem unvermeidlichen Verfall ausgesetzt. Geistige Wesen werden mit dem Problem des Überlebens dadurch konfrontiert, daß sie in Materie gefangen sind.

Da es dieses Überlebensspiel auf jeder Existenzstufe zu geben scheint, besteht die Möglichkeit, daß auch ein Höchstes Wesen davon betroffen ist

- ein Spiel, bei dem das Überleben eines Höchsten Wesen durch die Reduzierung seiner Bewußtseinseinheiten und letztlich durch die Reduzierung des Höchsten Wesens selbst auf die Probe gestellt wird. Damit ein solches Spiel existieren kann, müßte ein Höchstes Wesen entweder mit einem oder mehreren seiner Bewußtseinseinheiten, die dem Höchsten Wesen feindlich gesinnt sind, verhandeln, oder es müßte in einem oder mehreren seiner Bewußtseinseinheiten die Erkenntnis schaffen, daß ein Höchstes Wesen für den Fortbestand aller anderen geistigen Wesen eine Gefahr darstellte. Ein Widersacher eines Höchsten Wesens wäre nicht anders und von Natur aus nicht böser als irgendein anderes geistiges Wesen, ebensowenig wie jemand, der sich einem anderen gegenübersetzt, um eine Partie Monopoly mit ihm zu spielen, von Natur aus böser ist als sein Gegenüber. Ein Gegner wäre einfach jemand, der eine andere Farbe auf dem Spielbrett erhielt und so gut wie möglich spielte. Wenn ein solches Spiel tatsächlich existiert hat, dann können wir sicherlich davon ausgehen, daß es bald von einem Höchsten Wesen beendet werden könnte, das dem(n) Gegner(n) für ein gutes Spiel dankt, den unbegrenzten Fortbestand seiner Bewußtseinseinheiten verspricht und um die Beendigung des Spiels bittet. Es scheint an der Zeit zu sein, viele alte Spiele zu beenden, damit jeder einen neuen Abschnitt einer von Grund auf besseren Existenz beginnen kann.

KAPITEL 41
An den Forscher

Im allgemeinen ist es das Schicksal einer neuen Wahrheit, als Ketzerei zu beginnen.
- Thomas Huxley

Vielen Dank, daß sie bis hierher gelesen haben. Mir ist klar, daß vieles von dem, was ich zu Papier gebracht habe, für Sie eine ebensolche Herausforderung ist wie für mich. Auf jeden Fall hoffe ich, daß einige der Informationen, mit denen ich meine Ansichten belegt habe, von Interesse für Sie waren. Ich hatte schon immer etwas für neue Aspekte übrig, und ich glaube, es ist wichtig, daß man auch bereit ist, sie zu artikulieren. Jeder Aspekt kann uns einen Schritt weiterbringen, er kann das jedoch nur, wenn er geäußert wird.

Es ist wichtig, sich vor Augen zu halten, daß Wissen an sich bis zu einem gewissen Grade ein historisches Phänomen ist. Fast jede Zivilisation verfügte zu einem bestimmten Zeitpunkt in ihrer Geschichte über eine ganze Reihe historischer, gesellschaftlicher und wissenschaftlicher Theorien, die allgemein anerkannt waren und anhand derer sich nahezu alles erklären ließ. Es liegt natürlich eine gewisse Ironie darin, daß viele dieser Theorien heute anders sind als im 13. Jahrhundert. Sehr wahrscheinlich werden die Gelehrten in fünfhundert Jahren einige der Theorien unseres 20. Jahrhunderts ebenso belächeln wie wir einige der feststehenen Theorien des 14. Jahrhunderts. Deshalb ist es hilfreich, von seinem eigenen Zeitalter abzurücken und zu verstehen, daß Wissen trotz aller gegenteiligen Beteuerungen noch niemals etwas "Absolutes" war. Wissen ist vielmehr etwas, das sich ständig verändert, da es mit der Zeit umfangreicher und vollkommener wird.

Die Beendigung meines Buches bedeutet zugleich das Ende meiner Forschungen. Außer einer eventuellen Überarbeitung, um die Fehler, die ich möglicherweise selbst feststelle oder auf die man mich aufmerksam macht, zu berichtigen, plane ich keine weitere Arbeit auf diesem Gebiet. Das vorliegende Buch hat gewaltige finanzielle, emotionale und soziale Opfer gefordert, genug für ein Leben. Ich hoffe, die Fackel der Forschung an andere zu weitergeben zu können.

Trotz seiner Länge vermittelt dieses Buch nur einen groben Überblick. Es ist nur ein Versuch, alle vorhandenen Informationen und Beweise zu den erörterten Themenbereichen präsentieren. Es gibt eine Unmenge von Informationen, die sehr wichtig sind, doch fehlte mir die Zeit, das Geld und die Neigung, sie weiterzuverfolgen. Auch mußte ich mich auf die englische Sprache beschränken und habe daher kaum fremdsprachliche Bücher oder Quellen verwendet. Aus jedem Kapitel dieses Buches könnte ohne weiteres ein eigenes Buch werden. Mein Problem war nicht, daß ich zu wenig oder unzureichendes Material hatte, sondern die übergroße Fülle. Ich entdeckte, daß ich leicht weitere acht oder zehn Jahre damit hätte verbringen können, Informationen zusammenzutragen und eine mehrbändige Enzyklopädie daraus zu erstellen, doch das war nicht mein Ziel. Als mir das gewaltige Ausmaß meines Vorhabens klar wurde, habe ich mich ganz bewußt beschränkt, so daß ich hoffen konnte, ein einbändiges Buch über dieses Thema vorzulegen. Ich bin sicher, daß andere durch die Veröffentlichung eigener Schriften zu meiner Arbeit beitragen werden.

In diesem Kapitel möchte ich einige der Mittel und Methoden umreißen, deren sich ein Forscher bei der Bearbeitung eines Themas wie diesem bedienen kann. Ich möchte auch kurz auf einige interessante Aspekte und historische Ereignisse eingehen, denen nachzugehen mir die Zeit fehlte, die jedoch meiner Ansicht nach zu interessanten Ergebnissen führen könnten.

Die wichtigsten Hilfsmittel waren für mich die wissenschaftlichen Universitätsbibliotheken. Ich habe sie weidlich genutzt. An der Westküste sind die wissenschaftlichen Bibliotheken der Universität von Kalifornien in Los Angeles (UCLA) und der Stanford Universität besonders gut. Im Osten ist die Kongressbibliothek eine hervorragende Einrichtung. Wissenschaftliche Universitätsbibliotheken gehören ohne Frage zu den wichtigsten Institutionen zur Bewahrung von Wissen. Ich möchte jedem Forscher, der eine Bibliothek benutzt, ans Herz legen, Bücher und Personal höflich und rücksichtsvoll zu behandeln. Ich habe mir auch angewöhnt, alle Bücher selbst wieder ins Regal zurückzustellen (was einige Bibliothekarinnen nicht gern sehen). Ich habe das getan, weil ich erfuhr, daß es manchmal einige Tage dauert, bis ein Buch wieder im Regal steht. Einmal ist ein Buch, daß ich in der UCLA auf dem Bibliothekskarren gelassen hatte, nie wieder aufgetaucht. Dadurch, daß ich die Bücher selbst zurückstellte, konnte ich sicher sein, daß sie am nächsten Tag aller Wahrscheinlichkeit nach auch dort sein würden. Überzeugen Sie sich aber, daß Sie das Signatursystem kennen und daß Sie die Bücher genau dorthin stellen, wo Sie sie gefunden haben; sonst können die Bücher auch innerhalb der Bibliothek "verlorengehen". Wenn Sie das System nicht genau kennen, überlassen Sie es besser den Bibliotheksangestellten, die Bücher zurückzustellen, damit Sie sicher sein können, sie auch wiederzufinden.

Ich kann nicht genug betonen, wie wertvoll die grundlegenden Nachschlagewerke, wie Enzyklopädien, Almanache und Lexika für mich waren. Wenn es um die Weltgeschichte geht ist der Zugang zu leichtverständlichen und umfassenden Enzyklopädien unbezahlbar. Unzählige Daten, Namen und Orte müssen nachgeschlagen und im Auge behalten werden; sie sind die Einzelheiten, die bei Nachforschungen so entscheidend sind und zu großen Durchbrüchen führen können. Eine gute Enzyklopädie vermittelt auch das grundlegende Wissen für das Verständnis historischer Zeitabschnitte, Ereignisse und Persönlichkeiten, wenn man sich mit einem geschichtlichen Zeitalter befaßt, mit dem man nicht vertraut ist. Die beste Enzyklopädie für meine speziellen Zwecke war die *Encyclopedia Americana. Collier's Encyclopedia* war genauso gut, sie wird jedoch nicht mehr aufgelegt. In fast allen Universitäts- und öffentlichen Bibliotheken stehen Enzyklopädien, anhand derer man sich informieren kann. Wenn Sie sich selbst eine leisten können, empfehle ich Ihnen den Kauf einer mehrbändigen Enzyklopädie, denn bei dieser Art der Forschung geschieht es häufig, daß man plötzlich eine Frage oder einen Idee hat, die sich durch einen kurzen Blick in ein Lexikon klären lassen. Wenn Sie sich keine neue mehrbändige Enzyklopädie leisten können, empfehle ich den Kauf einer mehrbändigen Enzyklopädie aus zweiter Hand, die man in den Vereinigten Staaten häufig bei Bibliotheksverkäufen und in den Kleinanzeigen der Zeitungen finden kann.

Ein weiteres außerordentlich gutes Nachschlagewerk ist *The World Almanac and Book of Facts*, das bei Newspaper Association Inc. erschienen ist. Die Ausgabe, die ich benutzt habe, enthielt einen Abschnitt über Weltgeschichte und amerikanische Geschichte, der zwar relativ kurz, aber erstaunlich nützlich war. Ich hoffe, *Almanac* zeichnet sich auch weiter dadurch aus. Ich habe häufig auf dieses Buch zurückgegriffen.

Ein großes umfassendes Lexikon ist bei einem Vorhaben wie diesem ein absolutes "Muß". Es hilft wirklich, wenn man Wörter, deren Bedeutung einem unklar ist, im Lexikon nachschlägt, um das, was man liest, insgesamt besser zu verstehen. Das gilt besonders für historische Forschungen, wo man häufig auf ältere Bücher stößt, in denen Wörter stehen, die heute nicht mehr zum allgemeinen Sprachgebrauch gehören. Das beste Lexikon, das ich gefunden habe, war das zweibändige *World Book Dictionary.* Leider sind die kleinen broschierten Lexika nicht sehr sinnvoll, da sie eine ganze Reihe von Wörtern nicht enthalten. Ich habe es mir zur Gewohnheit gemacht, stets mein eigenes *World Book Dictionary* in die Bibliothek mitzunehmen, so lästig das auch war, denn noch unbequemer ist es, in der Bibliothek immer wieder aufstehen und zu den Nachschlagewerken gehen zu müssen.

Ein weiteres praktisches Nachschlagewerk ist möglicherweise ein Weltatlas. Auf diese Weise kann man häufig genau sehen, wie die Orte zueinander liegen. Auf jeden Fall trägt er dazu bei, Geschichte lebendiger zu machen. Gegen Ende meiner Recherchen entdeckte ich Poole's Geschichtsatlanten. Obwohl ich niemals die Gelegenheit hatte, sie zu benutzen, scheinen diese Atlanten recht brauchbar zu sein.

Bei unserer Art von Recherchen geht es um die unangenehmsten Aspekte der Menschheitsgeschichte. Nach einer Weile kann das zu einer schwer verdaulichen geistigen Kost werden. Das Studium einiger der wahren Helden und Menschenfreunde in der Geschichte hat mir geholfen, besser damit fertigzuwerden. Es hat auch zu der Erkenntnis beigetragen, daß die Menschen im täglichen Leben zum überwiegenden Teil mehr Richtes als Falsches tun. Es gibt eine ganze Menge großartiger Menschen, und es ist hilfreich, sich intensiv mit ihnen zu beschäftigen.

Ich bin auf viele Theorien gestoßen, die ich nicht verwendet habe. So extrem die in diesem Buch dargelegten Auffassungen auch sein mögen, doch verglichen mit anderen, die derzeit kursieren, sind sie wirklich noch sehr konservativ. Ich bin von den historischen Fakten, Daten und Personen ausgegangen, von denen im allgemeinen auch die Historiker ausgehen. Das mag in einigen Fällen ein Fehler gewesen sein, aber es ist die Methode, für die ich mich nun einmal entschieden habe. Wer Recherchen über die in diesem Buch angesprochenen Themen anstellt, wird mit vielen revisionistischen Theorien konfrontiert, mit denen man versucht, die allgemein akzeptierten historischen Fakten für ungültig zu erklären. Ich stieß zum Beispiel auf die "George Washington-Adam-Weishaupt" -Theorie, nach der Washington heimlich aus dem Amt des amerikanischen Präsidenten entfernt wurde und Adam Weishaupt von den bayerischen Illuminati, der Washington tatsächlich ein bißchen ähnlich sieht, nach seinem Verschwinden aus Bayern Washingtons Stelle eingenommen hat. Nach einer anderen Theorie, die die Runde macht, wurde die vom Fernsehen übertragene Landung der amerikanischen Astronauten auf dem Mond in Wirklichkeit in einem Studio gedreht. Einer weiteren Theorie zufolge ist die Erde hohl und kommen die UFOs aus einer Zivilisation in der Welt unter uns. Vielleicht sind zwei dieser Theorien richtig, möglicherweise sogar alle drei, da ich jedoch nicht genug Material gefunden habe, um sie selbst schlüssig begründen zu können, habe ich sie nicht übernommen.

Wer über die Rolle von Geheimgesellschaften in der Weltgeschichte recherchiert, stößt früher oder später auf die Werke Nesta H. (Mrs. Arthur) Websters. Mrs. Websters Werke wurden in den ersten zwei Jahrzehnten des 20. Jahrhunderts veröffentlicht, und sie tragen Titel wie *The French Revolution, World Revolution, The Socialist Network, Surrender of an Empire und Secret Societies and Subversive Movements*. Sie vertrat in ihren Büchern im wesentlichen die These, daß die meisten der großen Revolutionen in den letzten zwei Jahrhundeten von den freimaurerischen Tempelrittern angezettelt wurden. Ihre Werke haben späteren Forscher viele Argumente geliefert, auf die sie Theorien über historische “Verschwörungen” stützen konnten.

Es ist Mrs. Webster ohne Frage gelungen, sehr viele wertvolle Informationen ans Licht zu bringen, die wir sonst wahrscheinlich niemals erhalten hätten. Alle ihrer Bücher lassen eine gründliche Arbeit erkennen. Sie hätte als die Forscherin auf ihrem Gebiet in die Geschichte eingehen können und hätte ungeheuer viel für die Menschheit tun können, wenn ihre eigene Sicht nicht getrübt gewesen wäre. Mrs. Webster beging einen verhängnisvollen Fehler, als sie zu dem Schluß kam, daß der offenbar machiavellistische Ursprung der Welt eine sogenannte “jüdische Verschwörung” sei. In ihrem Buch *Secret Societies and Subversive Movements* widmete sie “der wirklichen jüdischen Gefahr” ein ganzes Kapitel, in dem sie den Juden die Schuld an der Unterwanderung der christlichen Welt gab. Diese antisemitische wie auch eine antideutsche Tendenz sind so stark, daß ihre Forschungen dadurch wertlos werden, da ein Forscher nicht allen Informationen, die sie vorlegt, so ohne weiteres trauen kann. Das ist schade, aber es ist auch für jeden Forscher eine gute Lehre. Es zeigt, daß eine tiefsitzende Voreingenommenheit schließlich jeden Nutzen, der sonst aus dieser Art von Forschung erwachsen könnte, zunichte macht. Es zeigt auch, daß man angesichts der sich verändernden Geschichte und Belege flexibel bleiben muß. Hätte Mrs. Webster länger gelebt und miterlebt, was mit den Juden im Zweiten Weltkrieg geschah, hätte sie vielleicht eine andere Auffassung vertreten.

Es gab viele Themen, denen nachzugehen ich niemals Zeit hatte, die jedoch zu Ergebnissen führen könnten (obwohl ich das nicht garantieren kann). Für diejenigen, die vielleicht daran interessiert sind, tiefer einzusteigen, stelle ich sie hier vor, ohne dabei eine bestimmte Reihenfolge einzuhalten.

1. Auf der ganzen Welt gibt es eine sehr starke politische und wirtschaftliche Kraft: die Gewerkschaften. Die Gewerkschaften haben eine ganze Menge dazu beigetragen, die Arbeitsbedingungen für viele Arbeitnehmer zu verbessern, aber es besteht kein Zweifel daran, daß einige Strategien der Gewerkschaften zu ständigen Auseinandersetzungen geführt haben. Die Vergewerkschaftung hatte auch die Entstehung einer abgeschwächten Form des Feudalismus zur Folge, indem sie die unnötige Unterscheidung zwischen Managern und Nichtmanagern verstärkte und die beiden Gruppen miteinander in Konflikt brachte. Interessanterweise war eine der Hauptkräfte hinter der amerikanischen Gewerkschaftbewegung der Anfangszeit eine Bewegung, die sich "Knights of Labor" (Ritter der Arbeit) nannte. Die Knights of Labor waren eine Geheimgesellschaft mit Geheimhaltungseiden genau wie andere Organisationen der Bruderschaft. Obwohl sie später ihre mystischen Praktiken aufgaben und ihre Macht schließlich schwand, spielten sie bei der Gründung der American Federation of Labor (AFL), die sich zur größten Gewerkschaft Amerikas entwickelt hat, eine Rolle. Man könnte folgende Fragen untersuchen: wer gründete die Knights of Labor? Gab es Gründungsmitglieder, die anderen Organisationen angehörten, was angesichts des Gepräges der Knights of Labor wahrscheinlich zu sein scheint?

2. Ein Argument gegen den Auffassung, daß hinter den Kriegen auf der Erde ein machiavellistischer Urheber steckt, ist die Tatasache, daß auch primitive von der westlichen Welt unberührte Stammesgesellschaften immer wieder Kriege geführt haben. Damit würde offenbar widerlegt, daß die Bruderschaft "ihre Finger im Spiel hat" und es würde darauf schließen lassen, daß Kriege vielleicht wirklich nur Bestandteil der menschlichen Natur sind.

Ich möchte noch einmal wiederholen, daß bei den Kriegen unter den Menschen bestimmte psychologische Faktoren eine Rolle spielen, mit denen man sich befassen muß, bevor das Problem insgesamt gelöst ist. Durch machiavellistische Machenschaften werden nur Häufigkeit und Härte der Kriege erhöht, ausbrechen können solche Konflikte auch ohne diese Machenschaften. Es ist jedoch bemerkenswert, daß es überall auf der Welt Geheimgesellschaften im Stile der Bruderschaft gibt und daß sie sogar bei sehr primitiven Völkern vorkommen. Solche Gesellschaften sind offenbar in der "primitiven Welt" ebenso verbreitet wie in der "zivilisierten". So sagt beispielsweise Captain F.W. Butt-Thompson in seinem Buch *West African Secret Societies* über Afrika:

> Unter den Völkern und Stämmen an der Westküste Afrikas gibt es viele einheimische Geheimgesellschaften. In den folgenden Kapiteln werden fast einhundertfünfzig von ihnen erwähnt.[1]

Captain Butt-Thompson unterteilt diese Gesellschaften in zwei grundlegenden Gruppen: mystische und politische. Über die mystischen schreibt er:

> Von ihrem Aufbau und Zweck her ähneln sie den griechischen Pythagoräern, den römischen Gnostikern, der jüdischen Kabbala und den Essenern, den bayerischen Illuminati, den preußischen Rosenkreuzern und den weltweit anzutreffenden Freimaurern. Im Laufe der Jahre haben sie eine offizielle Klasse hervorgebracht, die mit der von Ignatius von Loyola gegründeten Priesterschaft (den Jesuiten) verglichen werden kann.[2]

Einige der afrikanischen Geheimgesellschaften sind offensichtlich fremden Ursprungs, wie zum Beispiel die moslemischen Gesellschaften. In einigen von Naturvölkern bewohnten Gebieten von Afrika bis Guinea sind solche Gesellschaften im Land selbst entstanden. Die Fragen, die man untersuchen könnte, sind unter anderem: wie stark verbreitet ist eigentlich diese Form des Mystizismus in primitiven Gesellschaften? Wie sind die primitiven Geheimgesellschaften entstanden, und kennen sie Legenden über Außerirdische? In welchem Maße vermitteln sie mystische Überzeugungen, die den Krieg verherrlichen und dazu aufrufen?

3. Wenn es eine Zivilisation der "Herrgötter" geben sollte, ist die

Geschichte der Erde vielleicht nur eine tragische Fußnote in einem sehr viel größeren geschichtlichen Zusammenhang, der lange, bevor es Menschen auf der Erde gab, bestanden hat. Wie mag dieser geschichtliche Zusammenhang aussehen? Wodurch wurde der erkennbare ethische, soziale und geistige Niedergang der Zivilisation der "Herrgötter" verursacht? Gibt es irgendeine Möglichkeit des herauszufinden?

4. Am 18. November 1978 ereignete sich im südamerikanischen Guyana eine Tragödie. Mehr als 900 Männer, Frauen und Kinder wurden in einer abgelegenen religiösen Gemeinschaft, die als "Tempel des Volkes" ("Jonestown") bekannt ist, auf geheimnisvolle Weise ermordet. Ein großes Faß mit einem vergifteten Getränk wurde auf dem Schauplatz gefunden, was anfänglich zu der Vermutung führte, daß der Tod auf Selbstmord zurückzuführen sei. Die Körper der Opfer wurden in ordentlichen Reihen nebeneinanderliegend gefunden, als ob die Menschen das Gift getrunken hätten und sich dann zum Sterben niedergelegt hätten. Bei einer Autopsie der Opfer stellte man jedoch fest, daß 700 der 900 Menschen durch Gewehrschüsse oder Erdrosseln und nicht durch Gift gestorben waren. Sie hatten keineswegs Selbstmord begangen. Wahrscheinlich haben auch diejenigen, die Gift tranken, das nicht freiwillig getan, oder aber sie wußten nicht, was sie tranken. Die einzigen, die der Tragödie entkamen, waren nicht anwesend, als die 900 Opfer ermordet wurden. Es gibt keine uns bekannten Zeugen für den gesamten Vorfall. Die Frage ist: wer ermordete die Einwohner von Jonestown?

Am 27. September 1980 schrieb der recherchierende Journalist Jack Anderson eine Kolumne über das Ereignis in Jonestown. Eine Zeitung brachte die Kolumne unter der Schlagzeile "Ist der CIA in das Massaker in Jonestown verwickelt?" Anderson zitierte eine Tonbandaufnahme vom Führer des Tempels des Volkes, Jim Jones, auf der sich Jones auf einen Mann namens Dwyer bezog. Anderson zufolge kamen die Ermittler zu dem Schluß, daß es sich um Richard Dwyer, den stellvertretenden Leiter der nach Guyana entsandten Mission handelte. Dwyer hatte den amerikanischen Abgeordneten Leo Ryan an jenem schicksalhaften Tag zum Camp in Jonestown begleitet. Leo Ryan wurde ebenfalls ermordet, Richard Dwyer passierte jedoch nichts, und er behauptete später sogar, daß die Anspielung von Jim Jones auf seine Person "mißverstanden" worden sei. Wie sich herausstellte, wurde Richard Dwyer in der ostdeutschen Veröffentlichung "Wer ist wer im CIA?" als langjähriger CIA-Agent aufgeführt. Dwyer hatte seine Laufbahn, wie es hieß, 1959 in einem Nachrichtendienst begonnen. Der Kolumne Andersons zufolge erwiderte Dwyer, “Kein Kommentar”, als er gefragt wurde, ob er CIA-Agent sei.

Nach dem Massaker fanden die Ermittlungsbeamten in Jonestown große Mengen Waffen und Drogen. Unter den Drogen befanden sich unter anderem starke Psychopharmaka, wie Quaaludes, Valium, Demerol und Thorazine. Eine weitere in Jonestown gefundene Droge war Chloralhydrat, das der CIA in seinem unter dem Namen “MK ULTRA” bekannten Programm benutzt hatte, bei denen es um Bewußtseinskontrolle ging. War Jonestown ein Bewußtseinskontrollexperiment des CIA, für das unter dem Deckmantel der Religion Versuchsobjekte, namentlich ärmere Schwarze, angeworben wurden. Zu dem Massaker kam es, als der amerikanische Kongressabgeordnete Leo Ryan nach Guyana flog, um Jonestown persönlich in Augenschein zu nehmen, nachdem er vom Außenministerium keine Informationen darüber erhalten hatte. Leo Ryan konnte nicht mehr erzählen, was er entdeckt hatte, und fast alle Männer, Frauen und Kinder wurden zum Schweigen gebracht. Das Massaker ereignete sich zu einer Zeit, als viele amerikanische Zeitungen Artikel über Bewußtseinskontrollexperimente des CIA brachten - Experimente, von denen der CIA behauptete, daß er sie nicht mehr durchführe. Hat der CIA die 900 Menschen niedergemetzelt, um zu verbergen, daß er auf einem kleinen Areal im Dschungel Guyanas solche Versuche noch immer in großem Umfang durchführte?

Weitere Fragen, denen man nachgehen könnte, sind: Wie verlief die Entwicklungsgeschichte der Sekte “Tempel des Volkes” vor Jonestown wirklich? Welchen Hintergrund hat Jim Jones? Wer unterstützte ihn und seine "Kirche” in den Anfängen?

5. In Büchern, Filmen und anderen Kunstformen werden UFOs, Agenten, Attentatskomplotte und so weiter gern romantisch verklärt dargestellt. Vielleicht begreifen wir langsam, daß hinter der “Romatik” einige grausame und gewaltätige Psychosen stecken. Es ist für jede auf offene und verdeckte Kriege eingestellte Gesellschaft bezeichnend, daß sich unter den Regierenden leicht Soziopathen befinden. Soziopathen kennen keine Gewissensbisse, und es macht ihnen Vergnügen, anderen Schaden zuzufügen. Sie werden in Dienststellen, die mit Krieg befaßt sind, häufig in hohe Stellungen befördert, denn solche Persönlichkeiten können andere wiederholt angreifen und ihnen schaden, ohne daß es sie gefühlsmäßig belastet. Soziopathen mit einem hohen IQ wissen oft sehr genau, wie sie anderen

schaden können. Diese Verschlagenheit ist für Geheimdienste oft wertvoll. Wie die Geschichte gezeigt hat, wird ein Land umso stärker von psychopathischen Persönlichkeiten beherrscht, je mehr es auf Krieg ausgerichtet ist. Diese Beherrschung wiederum führt zu einem raschen Niedergang des Landes und ist letztlich der Grund für seinen Ruin. Das ist eine der großen Gefahren, mit der sich jedes Land konfrontiert sieht, wenn es in eine langfristige Auseinandersetzung verwickelt wird, wobei es keine Rolle spielt, wie demokratisch und human das Land ansonsten ist.

Fragen, die man untersuchen könnte, sind unter anderem: in welchem Ausmaß werden heute Regierungen von echten soziopathischen Persönlichkeiten beherrscht? Warum werden sie von den Menschen toleriert? Haben Religionen der "Herrgötter", die die Anbetung in kriminellen Weise psychisch gestörter Wesen wie "Engel" oder "Götter" fordern, vielleicht viele Menschen blind dafür gemacht, Soziopathologie so zu sehen, wie sie ist?

6. In diesem Buch wurde kaum auf den Einfluß von Organisationen der Bruderschaft in der asiatischen Geschichte eingegangen. Ich habe zwar den Hinduismus behandelt, doch es gibt da noch sehr viel mehr. Zum Beispiel wurde der blutige Boxeraufstand in China im Jahre 1900 von den Mitgliedern eines asiatischen Zweiges des Netzwerks der Bruderschaft angezettelt: den Boxern. Die Boxer waren stark fremdenfeindlich eingestellt, sie massakrierten über 100.000 Menschen (wobei sie die enthaupteten Opfer häufig auch noch fotografierten), und sie hetzten zu einer Revolte auf, welche die Armeen mehrerer westlicher Mächte nach China brachte, die den Aufstand niederschlagen sollten.

Fragen, die man untersuchen könnte, sind unter anderem: welche anderen Kriege und Erhebungen wurden von Organisationen der Bruderschaft ausgelöst? Wie hat sich das Netzwerk der Bruderschaft insgesamt auf die Geschichte Asiens ausgewirkt?

7. Ein Thema, mit dem ich mich eingehender beschäftigen wollte, waren die Drogen. Das Thema Drogen wurde mehrfach angeschnitten, jedoch nicht wirklich historisch vertieft. Zwar haben Drogen offenbar immer zur menschlichen Kultur gehört, doch gibt es eine Zeit, in der Drogen wirklich zum ersten Mal auf die Menschheit "losgelassen" wurden? Falls ja, wann war das und von wem ging es aus?

8. Ein Problem heutzutage, über das viel geredet wird, ist das Verschwinden von Kindern. Jedes Jahr werden viele Kinder bei Streitigkeiten über das Sorgerecht von den Eltern, von Verwandten oder von Fremden entführt. Noch mehr Kinder verschwinden, indem sie von zuhause weglaufen. Ausreißer und Entführungen durch die Eltern sind leicht auszumachen und stellen die Mehrheit der Fälle von vermißten Kindern dar. Es besteht jedoch einige Unklarheit über das Ausmaß der Kindesentführungen durch Fremde. Anfang der achtziger Jahre erklärte die führende Stelle für vermißte Kinder, Child Find Inc., daß jedes Jahr etwa zwischen 20.000 und 50.00 Kinder verschwänden. 1985 waren es laut Child Find Inc nur noch 600. Ich rief bei Child Find Inc. an, um zu erfahren, welchen Grund es für eine so drastische Änderung der Zahl gegeben habe. Man sagte mir, daß die frühere Zahl auf einer breiteren "Erfassung" beruhe und daß 600 die wirkliche Zahl der Entführungsfälle durch Fremde pro Jahr sei. Noch verworrener wurde die Sache, als ich aus anderer Quelle erfuhr, daß von allen Ausreißern in den Vereinigten Staaten jährlich etwa 3000 spurlos verschwinden. Wird diese Zahl auch geändert? Wie der Leser sehen kann, besteht wirklich einige Unklarheit darüber, wieviele Kinder tatsächlich verschwinden. Natürlich werden viele Kinder schließlich gefunden. Andere tauchen nie wieder auf.

Wegen der angeblichen Entführungen von Menschen durch UFOs fing ich an, mich für dieses Problem zu interessieren. Die UFO-Entführungen, von denen wir heutzutage erfahren, sind solche, bei denen die Opfer wieder zurückgebracht werden. Gibt es viele uns bekannte Fälle, bei denen die Opfer *nicht* zurückkehren? Könnten bei einigen dieser Fälle Kinder im Spiel sein? Ich habe mir sogar die unfaßbare Frage gestellt: falls die Menschheit als Sklavenrasse geschaffen worden wist, wäre es dann möglich, daß sie die "Herrgötter" noch immer Arbeitskräften versorgte, vielleicht in Form von Kindern?

Ein angesehener UFO-Forscher dieser Generation ist Jacques Vallee, der einige maßgebliche Bücher über das UFO-Phänomen verfaßt hat. Vallee war einer der ersten, die darauf aufmerksam gemacht haben, daß zwischen UFO-Phänomen und Zeiten gesellschaftlichen Wandels durch die gesamte Geschichte hindurch eine enge Verbindung bestanden hat. Vallee hat auch einen offenbar zwischen der alten Folklore und UFOs bestehenden Zusammenhang festgestellt. In der Folklore wurden einige der "Wichtelmännchen" in genau derselben Weise beschrieben wie die modernen UFO-Piloten. In den alten Geschichten über "Wichtelmännchen" wurden gelegentlich auch UFO-ähnliche Phänomene beschrieben.

Etwas, was man den den “Wichtelmännchen” in der Folklore zuschrieb, war die häufige Entführung von Kindern. Viele dieser Kinder wurden nie wieder gesehen. Das war einer der Hauptgründe für den Streitereien zwischen Menschen und “Wichtelmännchen”. Daraus ergeben sich einige erstaunliche Fragen: Gibt in letzter Zeit viele Fälle von Kindesentführungen im Zusammenhang mit UFOs? Ist es denkbar, daß es heute auf der Erde ein Netzwerk zur Entführung von Kindern gibt, das die noch immer bestehende Nachfrage der “Herrgötter” nach menschlichen Arbeitskräften deckt. Zugegeben, diese Fragen sind “abwegig” und Stoff, aus dem Groschenromane sind (und wahrscheinlich sind sie auch die spekulativsten, die in diesem Kapitel gestellt wurden), dennoch könnte es sich angesichts alles dessen, was wir über UFOs in Erfahrung gebracht haben, tatsächlich lohnen, wenn jemand den Mut aufbrächte, diesen Fragen nachzugehen.

Ich hoffe, daß einige der vorstehenden Fragen einen guten Ausgangspunkt für weitere Recherchen darstellen. Letztlich kommt es darauf an, mit Ideen flexibel umzugehen und sogar Spaß mit ihnen zu haben. Ich habe mich in diesem Buch sehr weit vorgewagt und hoffe dadurch anderen Menschen Mut zu machen, die Themen, über die sie mehr wissen möchten, weiterzuverfolgen und ihre Entdeckungen mitzuteilen. Sie und ich haben vielleicht nicht immer recht; wichtig ist, daß wir bereit sind, zu forschen und am dem, was wir herausfinden, auch andere teilhaben zu lassen. Achten Sie darauf, daß Sie ihre Überzeugungen nicht alle nur auf eine Handvoll Autoren, Lehrer, Geistliche oder Wissenschaftler stützen. Lernen Sie von ihnen, aber forschen Sie auch selbst und haben Sie Spaß dabei. Machen Sie das, was sie entdeckt haben, nicht immer von der Zustimmung anderer abhängig. Wenn ihre innere Stimme Ihnen sagt, daß etwas ein gangbarer Weg ist, bleiben Sie dabei ungeachtet etwaiger Schelte oder Kritik. Bleiben Sie flexibel, wenn Sie selbst herausfinden, daß sie unrecht haben. Festzustellen, daß man unrecht hat, ist oft bitter, aber es gehört zum Lernprozess. Wer vorgibt, daß er immer recht habe, ist entweder ein Egoist oder ein Lügner und wird auch nicht viel dazulernen.

Viel Glück ... und fröhliches Forschen!

EINLADUNG

Der Autor würde sich über Fragen und Kommentare zu seinem Buch freuen. Die Leser werden gebeten, ihm unter folgender Anschrift zu schreiben:

Dahlin Family Press
5339 Prospect Road #300
San Jose, California 95129-5020
USA

Anmerkungen

KAPITEL 3: *UFOs: Wahrheit oder Fiktion?*

1. Reader's Digest: *Mysteries of the Unexplained.* Pleasantville, The Reader's Digest Association Inc., 1982, S. 208.
2. Pauwels, Louis, Berger, Jacques: *Morning of the Magicians.* New York, Avon Books, 1963, S. 181.
3. Fort, Charles: *The Books of Charles Fort.* New York, Henry Holt & Co., 1941, S. 163.
4. *a.a.O.*
5. *a.a.O.*
6. *a.a.O.*, S. 163-4.
7. *a.a.O.*, S. 163.
8. Klass, Philip J.: *UFOs Explained.* New York, Random House, 1974, S. 14.
9. Gillmor, Daniel S. (Hrsg.), Condon, Dr. Edward U. (wissenschaftlicher Direktor): *Scientific Study of Unidentified Flying Objects.* New York, E.P. Dutton & Co. Inc.,1969, S. 305.
10. Klass, Philip: "Radar UFOs: Where Have They Gone?". *Skeptical Inquirer,* CSICOP, Buffalo, Bd. 9, Nr. 3, Frühjahr 1985, S. 258-59.

KAPITEL 4: *Die Götter von Eden*

1. Lambert, W.G., Millard, A.R.: Atra-Hasis, *The Babylonian Story of the Flood, with the Sumerian Flood Story by M. Civil.* Oxford at the Clarendon Press, 1969, S. 43.
2. The American Corp., *The Encyclopedia Americana.* International Ed., Danbury, Grolier Inc., 1984, Bd.4, S. 545m.
3. *a.a.O.*
4. *The New Encyclopedia Britannica.* Chicago, Encyclopedia Britannica Inc., 1986, S. 965.
5. Lambert, *a.a.O.*, S. 59.
6. Sitchin, Zecharia: *The Twelfth Planet.* New York, Avon Books, 1976, S. 356.
7. Lambert, *a.a.O.*, S. 65,67.
8. *a.a.O.*, S. (73)
9. *a.a.O.*, S. (107).

KAPITEL 5: *Die Bruderschaft der Schlange*

1. Sitchin, *a.a.O.*, S. 90.

KAPITEL 6: *Die Erbauer der Pyramiden*

1. Wilson, Don: *Secrets of Our Spaceship Moon.* Dell Publishing Co., 1979, S. 20.

2. *a.a.O.*, S. 21.
3. Breasted, James Henry: *A History of Egypt, From the Earliest Times to the Persian Conquest.* New York, Charles Scribner's Sons, 1937, S. 62.
4. *a.a.O.*, S. 60.
5. Weigall, Arthur: *A History of the Pharoas.* Bd. 1, New York, E.P. Dutton & Co., 1925, S. 148.
6. Fakhry, Ahmed: *The Pyramids.* Chicago, The University of Chicago Press, 1961, S. 99.
7. *a.a.O.*, S. 6-7.
8. *a.a.O.*, S. 7.

KAPITEL 7: *Jehova*

1. Lewis, H. Spencer: *Rosicrucian Questions and Answers With Complete History of the Rosicrucian Order.* San Jose, Supreme Grand Lodge of AMORC, 1977, S. 79-80.
2. *a.a.O.*, S. 79.
3. Machiavelli, Nicolo: *Der Fürst.* Philipp Reclam jun. Stuttgart, 1961, S. 119
4. *a.a.O.*, S.120
5. Machiavelli, Nicolo: *Discorsi. In: Politische Schriften,* Fischer Taschenbuch Verlag Frankfurt a. M., 1990, S.

KAPITEL 8: *Melchisedeks Schurz*

1. MacKey, Albert G.: *An Encyclopedia of Freemasonry and its Kindred Sciences.* New York, The Masonic History Company, 1919, Bd. 1, S. 114.
2. University Books: *The Book of the Dead.* New Hyde Park, 1960, S. 343-344.
3. Lewis, H. Spencer: *a.a.O.*, Phototeil.

KAPITEL 9: *Götter und Arier*

1. Bloomfield, Maurice: *The Religion of the Veda, The Ancient Religion of India* (From Rig-Veda to Upanishads). New York, AMS Press, 1969, S. 155.
2. A.C. Bhaktivedanta Swami Prabhupada: *Srimad Bhagavatam, Seventh Canto.* New York, The Bhaktivedanta Book Trust, 1976, S. 10.

KAPITEL 10: *Die Nonkonformistischen Religionen*

1. Americana Corp., *a.a.O.*, Bd. 14, S. 212.
2. Eliot, Sir Charles: *Hinduism and Buddhism. A Historical Sketch,* New York, Barnes & Noble Inc., 1957, S. 297.

KAPITEL 12: *Das Wirken Jesu*

1. Bock, Janet: *The Jesus Mystery, Of Lost Years and Unknown Travels.* Los Angeles, Aura Books, 1980, S. 211.
2. *a.a.O.*
3. *a.a.O.*, S. 211-212.
4. *a.a.O.*, S. 213.

5. Durant, Will: *The Story of Civilization.* Teil III, *Caesar and Christ,* New York, Simon & Schuster, 1944, S. 569.

KAPITEL 14: *Die Justinianische Pest*

1. Smith, John Holland: *Constantine the Great.* London, Hamish Hamilton, 1971, S. 102.
2. Hubbard, L. Ron: *Have You Lived Before This Life? A Scientific Survey.* Los Angeles, Church of Scientology Publications, 1977, S. 284.

KAPITEL 15: *Mohammed*

1. American Corp., *a.a.O.,* Bd. 8, S. 267.
2. *a.a.O.*

KAPITEL 17: *Fliegende Götter über Amerika*

1. Pauwels, *a.a.O.,* S. 174-5.
2. Goetz, Delia and Morley, Sylvanus G.: *Popol Vuh, The Sacred Book of the Ancient Quiche Maya.* Norman, University of Oklahoma Press, 1950, S. 86.
3. *a.a.O.,* S. 89.
4. *a.a.O.,* S. 168
5. *a.a.O.,* S. 169.
6. *a.a.O.*
7. *a.a.O.*
8. *a.a.O.,* S. 190.

KAPITEL 18: *Der Schwarze Tod*

1. Nohl, Johannes: *Der Schwarze Tod. Eine Chronik der Pest,* 1348-1720. Verlag Kiepenheuer & Witsch, Köln-Berlin, 1924, S. 65.
2. Deaux, George: *The Black Death. 1347,* New York, Weybright & Talley Inc., 1969, S. 1.
3. Nohl, *a.a.O.,* S. 64.
4. *a.a.O.,* S. 80.
5. *a.a.O.,* S. 68.
6. *a.a.O.,* S. 60.
7. *a.a.O.,* S. 73.
8. *a.a.O.,* S. 68.
9. *a.a.O.,* S. 11-12.
10. *a.a.O.,* S. 72-73.
11. Deaux, *a.a.O.,* S. 2.
12. *a.a.O.*
13. *a.a.O.,* S. 4.
14. *a.a.O.,* S. 78.
15. *a.a.O.,* S. 4.
16. Nohl, *a.a.O.,* S. 73
17. *a.a.O.,* S. 81.

18. *a.a.O.*, S. 77.
19. *a.a.O.*, S. 78.
20. *a.a.O.*, S. 72.
21. *a.a.O.*, S. 70.
22. Corliss, William R.: *Handbook of Unusual Natural Phenomena*. Garden City, Anchor Books, 1983, S. 206.
23. Deaux, *a.a.O.*, S. 10.
24. Nohl, *a.a.O.*, S. 75-76.
25. Bell, Walter George: *The Great Plague in London in 1665*. Dodd, Mead & Co., 1924, S. 1.
26. Halsey, William D. (Hrsg.): *Collier's Encyclopedia*. The Crowell-Collier Pub. Co., 1965, S. 579.

KAPITEL 19: *Luther und die Rose*

1. Lewis, H. Spencer: *a.a.O.*, S. 103.
2. Jones, Rufus M.: *Studies in Mystical Religion*. London, Macmillan & Co. Ltd., 1923, S. 269.

KAPITEL 22: *Die Heiligen marschieren*

1. Walzer, Michael: *The Revolution of the Saints. A Study in the Origin of Radical Politics*, Cambridge, Harvard University Press, 1965, s. 279.
2. *a.a.O.*
3. *a.a.O.*, 287

KAPITEL 23: *Wilhelm und Maria führen Krieg*

1. Brown, William Adrian: *Facts, Fables and Fantasies of Fremasonry*. Boyce, Carr, Publishing Co. Inc., 1968, S. 131.
2. Wantoch, Hans, *Magnificent Money-Makers*. London, Desmond Harmsworth, 1932, S. 94.

KAPITEL 24. *Das neue Erwachen der Ritter*

1. MacKey, Albert Gallatin: *The History of Freemasonry*. New York, The Masonic History Company, 1898, Bd. 19, S. 280.

KAPITEL 25: *Die "Rattenkönige"*

1. Roberts, J.M.: *The Mythology of the Secret Societies*. New York, Charles Scribner's Sons, 1972, S. 111.
2. Snyder, Henry L. (Hrsg.): *The Malrborough-Godolphin Correspondence*. Oxford at the Clarendon Press, 1975, S. 57-58.
3. *a.a.O.*, S. 159.
4. Lewis, W.S. (Hrsg.): *Horace Walpoles's Correspondance with Sir Horace Mann*. New Haven, Yale University Press, 1960, Bd. 19, S. 123.
5. *a.a.O.*

6. *a.a.O.*, S. 180.
7. *a.a.O.*, Bd. 20, S. 570.
8. Petrie, Sir Charles: *The Four Georges*. Port Washington, Kennikat Press, 1971, S. 101.
9. Katz, Jacob: *Jews and Freemasons in Europe, 1723-1939*. Cambridge, Harvard University Press, 1970, S. 64.

KAPITEL 26: *Der Graf von Saint Germain*

1. Lewis, W.S.: *a.a.O.*, Bd. 20, S. 570.
2. Cooper-Oakley, Isabel, *The Count of Saint Germain*. Blauvelt, Rudolf Steiner Publications, 1970, S. 94.
3. Franco, Johan: *"The Count of Saint Germain." The Musical Quaterly*, New York, G. Schirmer Inc., Oktober 1950, Bd. XXXVI, Nr. 4, S. 541.
4. Cooper-Oakley, *a.a.O.*, S. 233.
5. *a.a.O.*, S. 169.
6. *a.a.O.*, S. 170.
7. *a.a.O.*, S. 100-101.
8. *a.a.O.*, S. 147-148.
9. *a.a.O.*, S. 135.
10. *a.a.O.*, S. 7.

KAPITEL 27: *Hier ein Ritter, da ein Ritter*

1. Gray, Tony: *The Orange Order. London,* The Bodley Head Ltd., 1972, S. 209.

KAPITEL 28: *Amerikanischer Phönix*

1. Linn, Col. Lavon P.: "Freemasonry and the National Defense, 1759-1799". *The New Age*, Washington, Supreme Council, 33rd degree, Ancient & Accepted Scottish Rite of Freemasonry of the Southern Jurisdiction, USA, März 1974, Bd. LXXXII, Nr. 3.
2. a.a.O., S. 13.
3. De La Fuye, Maurice und Babeaux, Emile: *The Apostle of Liberty: A Life of Lafayette*. London, Thames & Hudson, 1956, S. 42.
4. Miller, John C., *Sam Adams, Pioneer in Propaganda*. Stanford, Stanford University Press, 1936, S. 40.
5. Linn, *a.a.O.*, S. 16.
6. Lunden Sven G. "Annihilation of Freemasonry". *The American Mercury*, New York, The American Mercury Inc., Feb. 1941, Bd. LII, Nr. 206, S. 189.
7. Miller, *a.a.O.*, S. 70.
8. *a.a.O.*, S. 37.
9. *Official Masonic Record of the Third Annual Fashion and Home Exposition for the Benefit of Masonic Free Hospitals*. New York, 13. bis 24. Mai 1924.
10. MacKey, *a.a.O.*, S. 292.
11. Ford, Paul Leicester (Hrsg.): *The Works of Thomas Jefferson*. New York, G.P. Putnam's Sons, 1905, Bd. X, S. 57.
12. *a.a.O.*

13. Rutland, Robert A. (Hrsg.): *The Papers of George Mason, 1725-1792*. Chapel Hill, University of North Carolina Press, 1970, Bd. 1, S. 296.
14. *a.a.O.*, S. S. cxxv.

KAPITEL 29: *Die Welt in Flammen*

1. Fay, Bernard: *Revolution and Freemasonry, 1680-1800*. Boston, Little, Brown & Co., 1935, S. 259.
2. Lunden, *a.a.O.*, S. 189.
3. DeHaan, Richard: "Fraternal Organizations." *Colliers Encyclopedia*, Halsey, *a.a.O.*, Bd. 10, S. 338.
4. Lunden, *a.a.O.*, S. 190.
5. *a.a.O.*
6. Cowles, Virginia: *Die Rothschilds, 1763-1973. Geschichte einer Familie*. Würzburg, Verlag Ploetz KG, 1974, S. 22.

KAPITEL 30: *Der Junge Herr Smith und der Engel*

1. Fryer, A.T.: "Psychological Aspects of the Welsh Revival." *Society of Psychical Research, Proceedings*, 19:80, 1905, neuaufgelegt von Sourcebook Project, Glen Arm, S. 158.
2. *a.a.O.*, S. 159.
3. *a.a.O.*
4. *a.a.O.*, s. 149.
5. *a.a.O.*, S. 148-149.
6. *a.a.O.*, S. 134.
7. The Church of Jesus Christ of Latter Day Saints: "Granite Mountain - Where a Billion People 'Live'", undatierte Werbeschrift, S. 7.
8. *a.a.O.*
9. O'Dea, Thomas F.: *The Mormons*, Chicago. The University of Chicago Press, 1957, S. 57.
10. The Church of Jesus Christ of Latter Day Saints, *a.a.O.*, S. 5.

KAPITEL 31: *Die Marxsche Apokalypse*

1. Braunthal, Julius: *Die Geschichte der Internationale*. Bd. I: 1864-1914.

KAPITEL 32: *Seltsames Geld international*

1. Quigley, Caroll: *Tragedy and Hope, A History of the Word in Our Time*. MacMillan Co., New York, 1966, S. 50.
2. *a.a.O.*, S. 324.
3. Plomer, William: *Cecil Rhodes*. Edinburgh, Peter Davies Ltd., 1933, S. 25-26.
4. Quigley, *a.a.O.*, S. 951.
5. Imperialist: *Cecil Rhodes, a Biography an Appreciation*. New York, The MacMillan Company, 1897, S. 401-402.

KAPITEL 33: *Das Arbeiterparadies*

1. Ravenscroft, Trevor: *Der Speer des Schicksals*. Universitas Verlag Berlin, 1988, S. 131
2. Wallace, Irving, David Wallechinsky and Amy Wallace: "Significa". *Parade,* New York, Parade Publications Inc. Dezember20, 1981, S. 12.
3. Pearson Michael: Der plombierte Zug. Universitas Verlag Berlin, 1977, S. 90-91
4. *a.a.O.*, S. 91
5. *a.a.O.*

KAPITEL 34: *Robo sapiens*

1. Schultz, Duane P.: *A History of Modern Psychiatry*. New York Academic Press, 1969, S. 45.
2. *The American Journal of Psychiatry*. Washington Academic Psychiatric Assn, August 1981, Werbebeilage.
3. *a.a.O.*, Dez.1981, S. A56.
4. *a.a.O.*, Sept. 1981, S. A28.
5. *a.a.O.*, Dez. 1981, S. A35
6. *a.a.O.*, Okt. 1981, S. Werbebeilage
7. *a.a.O.*, Dez. 1981, S. Werbebeilage

KAPITEL 35: *Saint Germain kehrt zurück*

1. Frater Selvius: "Descendants of Lemuria, A Descritption of an Ancient Cult in California." *Rosicrucian Digest,* San Jose, AMORC, Mai 1931, S. 497.
2. *a.a.O.*
3. King, Godfre Ray: *Unveiled Mysteries*. Chicago, St. Germain Press, 1934, S. 82.
4. *a.a.O.*, S. 83.
5. *a.a.O.*
6. *a.a.O.*
7. "Royal Teton, Thou Mountain of Light." *The Voice of the I AM* (Sindelar Studios, Datum und Publikationsdaten nicht verfügbar) S. 16.
8. King, *a.a.O.*, S. 89.
9. *a.a.O.*
10. *a.a.O.*, S. 88.
11. *a.a.O.*, S. 89.
12. King, Godfre Ray, *The Magic Presence,* Chicago, St. Germain Press, 1935, S. 352-3.

KAPITEL 36: *Steinernes Universum*

1. Ravenscroft Trevor, *a.a.O.*, S.xxi
2. Riefenstahl, Leni (Prod.): *Triumph des Willens*. 1934, 1975.
3. Quigley, *a.a.O.*, S. 325.
4. *a.a.O.*
5. Katz, Howard S.: *The Warmongers*. N. Y., Books in Focus, Inc, 1979, S. 78-79.

6. Ravenscroft, *a.a.O.*, S. 233.

KAPITEL 37: *Moderne "Hesekiels"*

1. Henry, William; Interview mit der Zeitschrift *California UFO*, Los Angeles, Vicki Cooper and Sherie Stark, Hrsg. u. Verleger, Bd. 2, Nr. 3, 1987, S. 12.
2. Bullard, Thomas E.: "Abductions: A Comparative Study." *MUFON UFO Journal*, Seguin Mutual UFO Network Inc., Nummer 238, Feb. 1988, S. 4.
3. Fowler, Raymond E.: *The Andreasson Affair*. Englewood Cliffs, Prentice-Hall Inc., 1979, S. 95.
4. *a.a.O.*, S. 99.
5. *a.a.O.*, S. 202.
6. *a.a.O.*, S. 99.
7. *a.a.O.*, S. 201.

KAPITEL 38: *Das neue Eden*

1. Kaiser, Robert Blair, *R.F.K. Must Die!* New York, E.P. Dutton & Co., 1970, S. 550.
2. *Los Angeles Times*, Los Angeles, Ottis Chandler, 1. März 1976, Teil I, S. 4.
3. *The New York Times*, The New York Times Company, New York, 12. April 1981, S. B12.
4. *a.a.O.*, 21. Okt. 1981, S. A22.
5. *Los Angeles Times*, a.a.O., 17. Sept. 1979, Teil I, S. 11.
6. National Broadcasting Company, *N.B.C. Magazine with David Brinkley*, New York, 16. Juli 1981.
7. *San Jose Mercury*, Anthony P. Ridder, Verleger, San Jose, 20. Mai 1983, S. 2A.
8. Sachs, Margaret: *The U.F.O. Encyclopedia*. G.P. Putnam's Sons, New York, S. 269.
9. *a.a.O.*, S. 7.
10. *The Skeptical Inquirer*, Buffalo, Committee for the Scientific Investigation for the Claims of the Paranormal, Bd. 9, Nr. 1, Herbst 1984, rückwärtiger Schutzumschlag.
11. Kurtz, Paul, *In Defense of the Secular Humanism*. Buffalo, Prometheus Books, 1983, S. 169.
12. *a.a.O.*, S. 42.
13. *a.a.O.*, S. 41.

KAPITEL 40: *Die Natur eines Höchsten Wesens*

1. Hubbard, L. Ron: *Dianetics and Scientology Technical Dictionary*. Publication Organisation, Los Angeles, 1975, S. 431-432.

KAPITEL 41: *An den Forscher*

1. Butt-Thompson, Captian W.F., *West African Secret Societies*, London, H.F. & G.

Literaturverzeichnis

A.C. Bhaktivedanta Swami Prabhupada: *Srimad Bhagavatam, Seventh Canto,* The Bhaktivedanta Book Trust, New York, 1976

Adamski, George: *Inside the Spaceships,* Abelard-Schuman, New York, 1955

Alden, John R.: *A History of the American Revolution,* Alfred A. Knopf, New York, 1969

Alfold, Andrew (Übers. Harold Mattingly): *The Conversion of Constantine and Ancient Rome,* Oxford at the Clarendon Press, London, 1948

Allegro, John Margo: *The People of the Dead Sea Scrolls,* Doubleday & Company, Inc., New York, 1958

Allen, Gary: *None Dare Call It Conspiracy,* Concord Press, Rossmoor, undatiert (ca. 1971)

American Broadcasting Company: 20/20, New York

Americana Corporation: *The Encyclopedia Americana,* New York, mehrere Jahre 1971-1981

Anderson, Jack: "CIA Involved in Jonestown Massacre?", *Seattle Post-Intelligence,* Seattle, 27. September 1980

- *Jack Anderson: Confidential,* von mehreren Sendern ausgestrahlte Fernsehserie, Washington, 1983

Andrae, Tor (Übers. Theophil Menzel): *Mohammed: The Man and His Faith,* Books for Libraries Press, Freeport, 1971

Andreades, Andreas Michael (Übers. Christabel Meredith): *History of the Bank of England, 1640-1903,* 4. Aufl. (1. Aufl. 1909), A.M. Kelley, New York, 1966

Andrus, Hyrum L.: *God, Man and the Universe,* Bookcraft, Salt Lake City, 1968

Apfel, Necia H. und J. Allen Hynek: *Architecture of the Universe,* The Benjamin/Cummings Publishing Company, Inc., Menlo Park, 1979

Asimov, Isaac: *Asimov's Guide to the Bible, The Old and New Testaments,* Avenel Books, New York, 1969, 1981

Ballard, Mr.s G.W.: *Purpose of the Ascended Masters "I AM" Activity,* St. Germain Press, Inc., 1942

Barnhart, Clarence L. (verantwortl. Hrsg.): *The World Book Dictionary,* Field Enterprises Educational Corporation, Chicago, 1974

Bell, Walter George: *The Great Plague in London in 1665,* John Lane the Bodly Head Ltd., London, erstmalig erschienen 1924

Binion, Rudolph: "Hitler's Concept of Lebensraum: The Psychological Basis", *History of Childhood Quarterly: The Journal of Psychohistory,* Atcom, Inc., New York, Herbst 1973, Bd. 1, Nr. 2

Birch, Una: "The Compte de Saint-Germain", *The Nineteenth Century and After,* Bd. LXIII, Januar-Juni 1908, Leonard Scott Publication Co., New York

Blom, Eric (Hrsg.): *Grove's Dictionary of Music and Musicians,* 5. Auflage, St. Martin's Press, Inc., New York, 1954

Bloomfield, Maurice: *The Religion of the Veda, The Ancient Religion of India (From Rig-Veda to Upanishads),* AMS Press, New York, 1969

Bock, Janet: *The Jesus Mystery, Of Lost Years and Unknown Travels,* Aura Books, Los Angeles, 1980

Bock, Richard: *The Lost Years* (Filmtranskript), Aura Enterprises, Los Angeles, 1978

Borkin, Joseph: *The Crime and Punishment of I.G. Farben,* Pocket Books, New York, 1978

Bouquet, A.C.: *Comparative Religion,* Penquin Books, Baltimore, 1962

Bowart, Walter H.: *Operation Mind Control,* Dell Publishing Co., New York, 1978

Braunthal, Julius (Übers. Henry Collins und Kenneth Mitchell): *History of the International,* Bd. 1: 1864-1914, Frederick A. Praeger, New York, 1967

Breasted, James Henry: *A History of Egypt, From the Earliest Times to the Persian Conquest,* Charles Scribner's Sons, New York, 1937

Brown, W. Norman: *The Swastika: A Study of the Nazi Claims of Its Aryan Origin,* Emerson Books, Inc., New York, 1933

Brown, William Adrian: *Facts, Fables and Fantasies of Freemasonry,* Vantage Press, Inc., New York, 1968

Buckley, Kevin (Hrsg.): *GEO,* GEO Publishing Company, Los Angeles, verschiedene Ausgaben 1984/1985

Bullard, Thomas E.: "Abductions: A Comparative Study", *MUFON UFO Journal,* Seguin, Mutual UFO Network, Inc., Seguin, Nummer 238, Februar 1988

Burke, J. Bruce und James B. Wiggins: *Foundations of Christianity, From The Beginnings to 1650,* The Ronald Press Company, New York, 1970

Burns, James: "Further Illumination", *Liberty,* The Review and Herald Publishing Association, Bd. 5, Nr. 2, März/April 1980

Butt-Thompson, Capt.F.W.: *West African Secret Societies, Their Organisations, Officials and Teaching,* H.F. & G. Witherby, London, 1929

Calkins, Carroll C. (Hrsg.): *Mysteries of the Unexplained,* The Reader's Digest Association, Inc., Pleasantville, 1982

Catholical Biblical Association of America: *The New American Bible,* P.J. Kenedy & Sons, New York, 1970

Charach, Theodore und Gerard Alcan: *The Second Gun* (Film), Video Treasures, Inc. (c/o Video Cassette Sales, Inc., 200 Robbins Lane, Jericho, New York 11753), 1973, 1976

Cheesman, Paul R.: *The World of the Book of Mormon,* Horizon Publishers & Distributors, Inc., Bountiful, 1984

Chesneaux, Jean (Hrsg.): *Popular Movements and Secret Societies in China,* 1840-1950, Stanford University Press, Stanford, 1972

- (Übers. Gillian Nettle), *Secret Societies in China,* The University of Michigan Press, Ann Arbor, 1971

Chionetti, Marta Luchino: *Corrado Licostene, E le Antiche Osservazioni sui Fenomeni Naturali D'Interesse Geografico,* G. Giappichelli, Turin, 1960

Church of Jesus Christ of Latter Day Saints (Mormonen): *The Doctrines and Covenants of the Church of Jesus Christ of Latter Day Saints/The Pearl of Great Price,* Salt Lake City, 1949, 1948

- "Granite Mountain - Where a Billion People Live" (Werbebroschüre), undatiert

- "Read The Book of Mormon, It Can Change Your Life", Salt Lake City, 1975

Clymer, Dr. R. Swinburne: *The Book of Rosicruciae,* The Philosophical Publishing Company, Quakertown, 1947

- *The Rosicrucian Fraternity in America,* The Rosicrucian Foundation, Quakertown, 1935

Coil, Henry Wilson: *Coil's Masonic Encyclopedia,* Macoy Publishing and Masonic Supply Company, Inc., New York, 1961

Committee for the Scientific Investigation of Claims of the Paranormal (CSICOP): "Paranormal Beliefs: Scientific Facts and Fictions" (Vortrag), Stanford University, Palo Alto, 9. November 1984

Conquest, Robert: *The Great Terror: Stalin's Purge of the Thirties,* The MacMillan Company, New York, 1968

Cooper, Vicki and Sherie Stark, eds. & pubs.: UFO (früher *California UFO*) magazine, Los Angeles, Bd. 2, Nr. 3, 1987

Cooper-Oakley, Isabel: *The Count of St. Germain,* Rudolph Steiner, Publications, Blauvelt, 1970

Corliss, William R.: *Handbook of Unusual Natural Phenomena,* Anchor Books, Garden City, 1983

Cowles, Virginia: *The Rothschilds, A Family of Fortune,* Alfred A. Knopf, New York, 1973

Crowther, Duane S.: *Reading Guide to the Book of Mormon,* Horizon Publishers & Distributors, Inc., Bountiful, 1975

Daniel, Clifton (verantwortl. Hrsg.): *Chronicle of the 20th Century,* Chronicle Publications, Mount Kisco, 1987

Darmesteter, James (Übers.): *The Zend-Avesta,* Greenwood Press, Westport 1972

Dawood, N.J. (Übers.): *The Koran,* Penquin Books, New York, 1977

Deaux, George: *The Black Death, 1347,* Weybright & Talley, Inc., New York, auch Hamilton, London; 1969

DeHaan, Richard: "Fraternal Organizations", *Collier's Encyclopedia,* William D. Halsey (Hrsg.), The Crowell-Collier Publishing Company, 1965

De La Fuye, Maruice und Emile Babeau: *The Apostle of Liberty: A Life of Lafayette,* Thames & Hudson, London, 1956

Denslow, Ray V.: *Freemasonry and the Presidency,* U.S.A., Missouri Lodge of Research, Missouri, 1952

DiPietro, Vincent: Gregory Molenaar; John Brandenburg:*Unusual Mars Surface Features,* Mars Research, P.O.Box 284, Glenn Dale, Maryland 20769, 1988

Dupuy, Col. R. Ernest und Col. Trevor N. Dupuy: *The Compact History of the Revolutionary War,* Hawthorn Books, Inc., New York, 1963

Durant, Will: *The Story of Civilization,* Teil III, *Caesar and Christ,* Simon & Schuster, New York, 1980

Eberhard, Wolfram: *History of China*, University of California Press, Berkeley, 1960

Edelson, Edward: *Who Goes There?* Doubleday & Co., Inc., Garden City, 1979

Eliot, Sir Charles: *Hinduism and Buddhism, An Historical Sketch*, Barnes & Noble, Inc., New York, 1957

Erman, Adolf (Übers. H.M. Tirard): *Life in Ancient Egypt*, MacMillan and Company, London, 1894

Evans, Medford: "The Prince and the Bilderbergers", *American Opinion*, Robert Welch (Hrsg.), Robert Welch, Inc., Belmont, Oktober 1975

Fakhry, Ahmed: *The Pyramids*, The University of Chicago Press, Chicago, 1961

Fay, Bernard: *Revolution and Freemasonry*, 1680-1800, Little, Brown & Co., Boston, 1935

Fife, Austin and Alta, *Saints of Sage and Saddle, Folklore Among the Mormons*, Indiana University Press, Gloucester, 1956

Fiske, John: *The American Revolution*, Houghton, Mifflin & Co., Boston, 1891

Ford, Brian J.: *The Earth Watchers*, Leslie Frewin of London, 1973

Fort, Charles: *The Books of Charles Fort* (enthält *The Book of the Damned, New Lands, Lo!* und *Wild Talents*), Henry Holt and Company, New York, 1941

Ford, Paul Leicester (Hrsg.): *The Works of Thomas Jefferson*, G.P. Putnam's Sons, New York, 1905

Fowler, Raymond E.: *The Andreasson Affair*, Prentice-Hall, Inc., Englewood Cliffs, 1979

Franco, Johan: "The Count of St. Germain", *The Musical Quarterly*, G. Schirmer, Inc., New York, Oktober 1950, Bd. XXXVI, Nr. 4

Frazier, Kendrick (Hrsg.): *The Skeptical Inquirer*, Committee for the Scientific Investigation of Claims of the Paranormal, Buffalo, Bd. IX, Nr. 1, Herbst 1984

Free, Joseph: *Archaeology and Bible History*, Angaben über Veröfflichung nicht verfügbar

French, Allen: *Charles I and the Puritan Upheaval*, Houghton Miflin Company, Boston, 1955

Fryer, Rev. A.T.: "Psychological Aspects of the Welsh Revival", *Society of Psychical Research, Proceedings*, 19:50, 1905; Neuaufl. durch The Sourcebook Project, P.O.Box 107, Glen Arm, Maryland, 21057 USA.

Gillmor, Daniel S. (Hrsg.): Dr. Edward U. Condon (wissenschaftlicher Leiter): *Scientific*

Study of Unidentified Flying Objects, E.P. Dutton & Co., Inc., New York, 1969

Goetz, Delia und Sylvanus C. Morley: *Popol Vuh, The Sacred Book of the Ancient Quiche Maya,* University of Oklahoma Press, Norman, 1950

Goldsmith, Donald und Tobias Owen: *The Search for Life in the Universe,* The Benjamin/ Cummings Publishing Co., Inc., MenloPark, 1980

Gould, Robert Freke: *The History of Freemasonry,* Thomas C. Jack, London, 1887

Gowens, Lawrence: *Paintings in the Louvre,* Stewart, Tabori & Chang, New York, 1987

Graham, William Franklin (Billy): *Angels; God's Secret Agents,* Doubleday, Garden City, 1975

Gray, Tony: *The Orange Order,* The Bodley Head, Ltd., London 1972

Grey, Ian: *Stalin, Man of History,* Doubleday & Co., Inc., Garden City, 1979

Grunwald, Henry Anatole (verantwortl.Hrsg.): *Time,* Time Inc., Los Angeles, Bd. 117, Nr. 23, 8. Juni 1981

Hale, Van: "How Could a Prophet Believe in Moonmen?" (Broschüre), Mormon Miscellaneous, Sandy, April 1983

Hall, Manly Palmer: *An encyclopedic outline of Masonic, Hermetic, qabbalistic and Rosicrucian symbolical pohilosophy; being an interpretation of the secret teachings concealed within the rituals, allegories and mysteries of all ages,* H.S. Crocker Co., San Francisco, 1928

- "The Masters at Work in the World Today", Philosophical Research Society, Los Angeles, 25. Oktober 1944

- *Secret Destiny of America,* Philosophical Research Society, Los Angeles, 1944

Halsey, William D. (verantwortl.Hrsg.): *Collier's Encyclopedia,* The Crowell-Collier Publishing Co., The MacMillan Educational Corp., New York, verschiedene Daten

Hamilton, Tolbert: *The Great Pyramid, Its Importance and Significance in Today's World,* Tobert Hamilton, Ukiah, 1979

Hanfstaengl, Ernst: *Hitler, The Missing Years,* Eyre & Spottiswoode, London, 1957

Hansen, Klaus J.: *Quest for Empire, The Political Kingdom of God and the Council of Fifty in Mormon History,* Michigan State University Press, East Lansing, 1967

Haywood, H.L.: *Freemasonry and Roman Catholicism,* The Masonic History Company, Chicago, 1943

Head, Ralph H. (Hrsg.): "Freemasonry - A Way of Life", Grand Lodge, Free and Accepted Masons of California, San Francisco, 1981

Hervet, Francoise (Pseud.): "Knights of Darkness: The Sovereign Military Order of Malta", *Covert Action Information Bulletin,* Covert Action Publications, Inc., Washington, Nr. 25, Winter 1986

Hexner, Ervin: *International Cartels,* Sir Isaac Pitman & Sons, New York, 1973

Hitler, Adolph (Übers. Ralph Manheim): *Mein Kampf,* Houghton Mifflin Co., Boston, 1927, 1971

Hohne, Heinz (Übers. Richard Barry): *The order of the Death's Head,* Coward-McCann, Inc., New York, 1969

Hubbard, L. Ron: *Dianetics and Scientology Technical Dictionary,* Publications Organization, Los Angeles, 1975

- *Have You Lived Before This Life?, A Scientific Survey,* The Church of Scientology of California Publications Organization, Los Angeles, 1977

- *Hymn of Asia, An Eastern Poem,* The Church of Scientology of California Publications Organization, Los Angeles, 1974

- *The Volunteer Minister's Handbook,* The Church of Scientology of California Publication Organization, Los Angeles, 1976

Huber, Heinz und Artur Muller: *Das Dritte Reich, Seine Geschichte in Texten, Bildern und Dokumenten,* Verlag Kurt Desch GmbH, München, 1964

Hughes, Richard und Robert Brewin: *The Tranquilizing of America, Pill Popping and the American Way of Life,* Harcourt Brace Jovanovich, New York, 1979

Hunt, Gaillard: *The History of the Seal of the United States,* U.S. Department of State, Washington, 1909

Imperialist: *Cecil Rhodes, A Biography and Appreciation,* The MacMillan Company, New York, 1897

Jacobs, David Michael: *The U.F.O. Controversy in America,* Indiana University Press, Bloomington, 1975

Jessee, Dean C.: *The Early Accounts of Joseph Smith's First Vision,* Mormon Miscellaneous, Sandy, Dezember 1984

Jones, Rufus M.: *Studies in Mystical Religion,* MacMillan and Co., Ltd., London, 1923

Kaiser, Robert Blair: *R.F.K. Must Die!, A History of the Robert Kennedy Assassination and Its Aftermath,* E.P. Dutton & Co., Inc., New York, 1970

Kath, Howard S.: *The Warmongers,* Books in Focus, Inc., New York, 1979

Ketchum, Richard M. (Hrsg.): *The American Heritage Book of the Revolution,* American Heritage Publishing Company, Inc., New York, 1958

King, Godfre Ray (Pseudonym von Guy Warren Ballard): *The Magic Presence,* St. Germain Press, Chicago, 1935

- *Unveiled Mysteries,* St. Germain Press, Chicago, 1934

Klass, Lance J.: *The Leipzig Connection, A Report on the Origins and Growth of Educational Psychology,* The Delphian Press, 1978

Klass, Philip J.: *UFOs Explained,* Random House, New York, 1971

- "Radar UFOs: Where Have They Gone?", *Skeptical Inquirer,* CSICOP, Buffalo, Bd. IX, Nr. 3, Frühjahr 1985

Knight, David C.: *UFOs: A Pictorial History from Antiquity to the Present,* McGraw-Hill Book Company, New York, 1979

Kurtz, Paul: *In Defense of Secular Humanism,* Prometheus Books, Buffalo, 1983

Lafore, Laurence: "Lord Mountbattan: A Man for the Century", *TV Guide,* Triangle Publications, Inc., Radnor, 24. November 1979

Lambert, W.G. und A.R. Millard: *Atra-Hasis, The Babylonian Story of the Flood, with The Sumerian Flood Story by M. Civil,* Oxford at the Clarendon Press, Oxford, 1969

Lane, Hana Umlauf (Hrsg.): *The World Almanac and Book of Facts 1981,* Newspaper Enterprise Association, Inc., New York, 1980

Leggett, George: *The Checka: Lenin's Political Police,* Clarendon Press, Oxford, 1981

Lennhoff, Eugen: *The Freemasons: The History, Nature, Development and Secret of the Royal Art,* A Lewis (Masonic Publishers) Ltd., London, 1978

Leone, Mark P.: *Roots of Modern Mormonism,* Harvard University Press, Cambridge, 1979

Leslie, Desmond und George Adamski: *Flying Saucers Have Landed,* The British Book Centre, New York, 1953

Lewis, H. Spencer: *The Mystical Life of Jesus,* Supreme Grand Lodge of AMORC Printing and Publishing Department, San Jose, 1957

- *Rosicrucian Questions and Answers, With Complete History of the Rosicrucian Order,* Supreme Grand Lodge of AMORC Printing and Publishing Department, San Jose, 13. Auflage, 1977

- *The Secret Doctrines of Jesus,* Supreme Grand Lodge of AMORC Printing and Publishing Department, San Jose, 19. Auflage, 1981

Lewis, Ralph M.: *Along Civilizations's Trail,* Supreme Grand Lodge of AMORC Printing and Publishing Department, San Jose, 1940

Lewis, W.S. (Hrsg.) et al.: *Horace Walpole's Correspondence with Sir Horace Mann,* Yale University Press, New Haven, Bd. 18: 1954, Bd. 20: 1960

Lewis, W.S. (Hrsg.) et al.: *Horace Walpole's Correspondence with Sir Horace Mann and Sir Horace Mann the Younger,* Yale University Press, New Haven, Bd. 26: 1971

Lien-Teh, Wu, J.W.H. Chun, R. Pollitzer und C.Y.Wu: Plague, *A Manual for Medical and Public Health Workers,* Weishengshu National Quarantine Service, Shanghai Station, 1936

Linn, Col.La Von P.: "Freemasonry and the National Defense, 1754-1799", *The New Age;* Supreme Council, 33rd Degree, Ancient & Accepted Scottish Rite of Freemasonry of the Southern Jurisdiction, United States of America; Washington, März 1974, Band LXXXII, Nr. 3

Linn, William Alexander: *The Story of the Mormons, From the Date of Their Origin to the Year 1901,* Russell & Russell, Inc., New York, 1963

Los Angeles Times: Otis Chandler (Hrsg.), Los Angeles, mehrere Daten

Lunden, Sven G.: "Annihilation of Freemasonry", *The American Mercury,* Eugene Lyons (Hrsg.), The American Mercury, Inc., New York, Februar 1941, Bd. LII, Nr. 206

Machiavelli, Niccolo (Übers. W.K. Marriott): *The Prince,* E.P. Dutton & Company, New York, 1935

Mackay, Charles: *Extraordinary Popular Delusions and the Madness of Crowds,* Harmony Books, New York, 1980 (erstmalig erschienen London, 1852)

Mackenzie, Norman: *Secret Societies,* Holt, Rinehart and Winston, New York, 1967

MacKey, Albert Gallatin: *An Encyclopedia of Freemasonry and Its Kindred Sciences,* The Masonic History Company, New York, 1919

- *The History of Freemasonry,* The Masonic History Company, New York, 1898

- *Lexicon of Freemasonry,* Moss, Brother & Company, Philadelphia, 1860

Marx, Karl: *The Class Struggles in France, 1848 to 1850,* International Publishers, New York, 1964

Mazour, Anatole G.: *The First Russian Revolution, 1825, The Decembrist Movement, Its Origins, Development, and Significance,* University of California Press, Berkeley, 1937

McGavin, E. Cecil: *Mormonism and Masonry,* Bookcraft Publishers, Salt Lake City, 1956

Mc Whirter, Norris (Hrsg.): *Guinness Book of World Records,* Bantam Books, Inc., New York, 1982

Menzel, Donald H.: *Flying Saucers,* Harvard University Press, Cambridge, 1953

- und Ernest H. Taves: *The UFO Enigma, The Deifnitive Explanation of the UFO Phenomenon,* Doubleday & Company, Inc., New York, 1977

Michael, Douglas: *The Cartoon Guide to Economics,* Harper & Row Publishers, New York, 1985

Michell, John und Robert J.M. Rickard: *Phenomena, A Book of Wonders,* Pantheon Books, New York, 1977

Middlehurst, Barbara, et al.: "Chronological Catalog of Reported Lunar Events," NASA Technical Report (NASA TR R-277), Washington, 1968. Zu beziehen bei Sourcebook Projekt, P.O.Box 107, Glen Arm, Maryland 21057 U.S.A.

Miller, John C., Sam Adams: *Pioneer in Propaganda,* Stanford University Press, Stanford, 1960 (erstmalig erschienen 1936)

Miller, Ken: *What the Mormons Believe, An Introduction to the Teachings of the Church of Jesus Christ of Latter-day Saints,* Horizon Publishers & Distributors, Inc., Bountiful, 1983

Muller, F. Max (Hrsg.): *The Sacred Books of the East,* Oxford at the Clarendon Press, London, 1879-1894

National Archives of the United States, Ausstellungsstücke, Washington, Mai 1981

National Archives Trust Fund Board: "Documents from America's Past, Reproductions from the National Archives", National Archives and Records Service, Washington, 1978

National Broadcasting Company: N.B.C. *Magazine with David Brinkley,* New York, 16. Juli 1981

Nemiah, John C. (Hrsg.): *The American Journal of Psychiatry,* American Psychiatric Association, Washington, verschiedene Ausgaben, 1981

The New Age, Supreme Council, 33rd Degree, Ancient & Accepted Scottish Rite of

Freemasonry of the Southern Jurisdiction, United States of America, Washington, verschiedene Ausgaben

New York State Grand Lodge: *Official Masonic Record of the Third Annual Fashion and Home Exposition for the Benefit of Masonic Free Hospitals*, New York, 1924

The New York Times, The New York Times Company, New York, verschiedene Daten

Nohl, Johannes: *The Black Death, A Chronicle of the Plague*, George Allen and Unwin Ltd., London, 1926

Noorbergen, Rene: *Secrets of the Lost Races, New Discoveries of Advanced Technology in Ancient Civilizations*, The Bobbs-Merrill Co., Inc., Indianapolis, 1977

Nugoshi, Thomas T.: *Coroner*, Pocket Books, New York, 1983

Nutall, Zelia: "The Fundamental Principles of Old and New World Civilizations", *Archaeological and Ethnological Papers of the Peabody Museum* - Harvard University - Bd. II, Peabody Museum of American Archaeology and Ethnology, Cambridge, 1901

O'Dea, Thomas F.: *The Mormons*, The University of Chicago Press, Chicago, 1957

Office of Educational Programs: *The Written Word Endures, Milestone Documents of American History*, National Archives and Records Service, Washington, 1976

Pauwels, Louis & Jacques Bergier: *Morning of the Magicians*, Avon Books, New York, 1963

Payne, Robert: *The Rise and Fall of Stalin*, Simon & Schuster, New York, 1965

Pearson, Michael: *The Sealed Train*, C.P. Putnam's Sons, New York, 1975

Philatelic Bureau, Malta: "The Malta Stamp", Nr. 52, April 1982

Plomer, William: *Cecil Rhodes*, Peter Davies, Ltd., Edinburgh, 1933

Quigley, Caroll: *Tragedy and Hope, A History of the World in Our Time*, The MacMillan Company, New York, 1966

Ravenscroft, Trevor: *The Spear of Destiny*, G.P. Putnam's Sons, New York, 1973

Richards, LeGrand: *A Marvelous Work and Wonder*, Deseret Book Company, Salt Lake City, 1978

Ridpath, Ian: *Messages from the Stars; Communication and Contact with Extraterrestrial Life*, Harper & Row Publishers, New York, 1978

Riefenstahl, Leni (Produzentin): *Triumph des Willens*, Film, 1934, 1975

Roberts, J.M.: *The Mythology of the Secret Societies,* Charles Scribner's Sons, New York, 1972

Robison, John: *Proofs of a Conspiracy,* Western Islands, Boston, 1967 (erstmalig erschienen 1798)

Rosicrucian Egyptian Museum, San Jose, Ausstellungsstücke, 1981, 1988

Rosicrucian Order (AMORC), San Jose, telefonisches Interview mit einem Lehrer, 1981

Rutland, Robert A. (Hrsg.): *The Papers of George Mason,* The University of North Carolina Press, Chapel Hill, 1970

Sachs, Margaret: *The UFO Encyclopedia,* Perigee Books (G.P. Putnam's Sons), New York, 1980

Sadie, Stanley (Hrsg.): *The New Grove Dictionary of Music and Musicians,* MacMillan Publishers, Ltd., London, 1980

Sagan, Carl: "The Man in the Moon", *Parade* magazine, Walter Anderson (Hrsg.) Parade Publications, Inc., New York, 2. Juni 1985

Sanders, N.K.: *The Epic of Gilgamesh,* Cox & Wyman, Ltd., London, 1964

San Jose Mercury, P. Anthony Ridder (Hrsg.), San Jose, verschiedene Daten

San Jose News, Anthony Ridder (Hrsg.), San Jose, verschiedene Daten

Savelle, Max (Hrsg.): *A History of World Civilization,* Bd. 1, Henry Holt and Company, New York, 1957

Schalk, Louis Gott: *Lafayette Comes to America,* The University of Chicago Press, Chicago, 1935

Schiller, Ronald: "Decoding the Mysteries of the Ancient Calendars", *Reader's Digest,* The Reader's Digest Association, Inc., Pleasanton, November 1980

Schultz, Duane P.: *A History of Modern Psychiatry,* Academic Press, New York, 1969

Shklovskii, I.S. und Carl Sagan: I*ntelligent Life in the Universe,* Dell Publishing Co., New York, 1966

Singer, Michael und David Weir: "Nuclear Nightmare", *New West,* New York Magazine Company, Inc., Beverly Hills, 3. Dezember 1979

Sitchin Zecharia: *The Twelfth Planet,* Avon Books, New York, 1976

- *The Stairway to Heaven,* Avon Books, New York, 1980

- *The Wars of Gods and Men,* Avon Books, New York, 1985

Skousen, W. Cleon: *The Naked Capitalist,* W. Cleon Skousen, Salt Lake City, 1970

Smith, Edward Ellis: *The Young Stalin,* Farrar, Straus & Giroux, New York, 1967

Smith, John Holland: *Constantine the Great,* Hamish Hamilton, London, 1971

Smith, Joseph (Übers.): *The Book of Mormon, An Account Written by The Hand of Mormon Upon Plates Taken from the Plates of Nephi,* The Church of Jesus Christ of Latter Day Saints, Salt Lake City, 1980

Snyder, Henry L. (Hrsg.): *The Marlborough-Godolphin Correspondence,* Oxford at the Clarendon Press, 1975

Sommer, A. Dupont: *The Essene Writings from Qumran,* Basil Blackwell, Oxford, 1961

Stark, Dr. W. (Hrsg.): *The Discourses of Niccolo Machiavelli,* Bd. 1, (Übers. Leslie J. Walker), Routledge & Kegan Paul, London, 1950

Sterling, Claire: *The Terror Network, The Secret War of International Terrorism,* Berkley Books, New York, 1981

Supreme Grand Lodge AMORC: "History of the Rosicrucian Order" (Broschüre), Department of Publications (AMORC), 1963

- "Mastery of Life" (Broschüre), The Department of Publications (AMORC), 25. Auflage, undatiert

- *Rosicrucian Documents,* Rosicrucian Press, Ltd., San Jose, 1978

Sutton, Antony C.: *Wall Street and the Rise of Hitler,* '76 Press, Seal Beach, 1976

Selvius (Frater): "Descendants of Lemuria, A Description of an Ancient Cult in California", *Rosicrucian Digest,* AMORC, San Jose, Mai 1931

Taylor, Connie R.: *Before Birth, Beyond Death,* Horizon Publishers & Distributors, Inc., Bountiful, 1987

Thieriot, Richard T. (Hrsg.): *San Francisco Chronicle,* Chronicle Publishing Company, San Francisco, 30. November 1981

Thomas Nelson, Inc.: *The Holy Bible, Old and New Testaments in the King James Version,* Nashville, 1970

Tompkins, Peter: *Mysteries of the Mexican Pyramids,* Harper and Row, New York, 1976

- *Secrets of the Great Pyramid,* Harper Colophon Books, New York, 1971

Tryon, James Owen: "Count St. Germain", *The Catholic World*, The Office of the Catholic World, Paulist Fathers, New York, Bd. CXLIX, April 1939

Tucker, Robert C.: *Stalin as Revolutionary*, W.W. Norton & Company, Inc., New York, 1973

Tyndale House Publishers: *The Way*, Wheaton, 1971

United States War Office: *Why We Fight*, Serie (Film) 1942-1945

University Books: *The Book of the Dead*, New Hyde Park, 1960

Vallee, Jacques: *The Invisible College*, E.P. Dutton & Co., Inc., New York, 1975

- *Passport to Magonia, From Folklore to Flying Saucers*, Henry Regnery Company, Chicago, 1969

Van Tyen, Claud H.: *Founding of the American Republic*, Houghton Mifflin Company, Boston, 1929

Viola, Herman J.: *The National Archives of the United States*, Harry N. Abrams, Inc., New York, 1984

The Voice, St. Germain Press, Chicago, verschiedene Daten

Von Daniken, Erich (Übers. Michael Heron): *Chariots of the Gods?*, Bantam Books, Inc., New York, 1969

- (Übers. Michael Heron): *Gods From outer Space* (a.k.a. *Return to the Stars und Evidence for the Impossible*), Bantam Books, Inc., New York, 1971

- (Übers. Michael Heron): *In Search of Ancient Gods, My Pictorial Evidence for the Impossible*, Bantam Books, Inc., New York, 1973

Wallace, Irving, David Wallechinsky und Amy Wallace: *The Book of Lists II*, Bantam Books, Inc., New York, 1980

- "Significa", *Parade*, Parade Publications, Inc., New York, verschiedene Daten

Wallechinsky, David, Irving Wallace und Amy Wallace: *The Book of Lists*, Bantam Books, Inc., New York, 1977

Walzer, Micahel: *Revolution of the Saints*, Harvard University Press, Cambridge, 1965

Wantoch, Hans: *Magnificent Money-Makers*, Desmond Harmsworth, London, 1932

Weber, Max: *The Protestant Ethic and the Spirit of Capitalism*, Scribner's Sons, New York, 1976

- "The Protestant Sects and the Spirit of Capitalism", *From Max Weber: Essays in Sociology*, (Übers. & Hrsg.) H.H. Gerth und C. Wright Mills, Oxford University Press, Inc., New York, 1958

Webster, Nesta H. (Mrs. Arthur): *The French Revolution, A Study in Democracy*, The Christian Book Club of America, 1969 (erstmalig erschienen 1919)

- *Secret Societies and Subversive Movements*, The Christian Book Club of America, undatiert (erstmalig erschienen 1924)

- *World Revolution: The Plot Against Civilization*, Constable & Company, London, 1921

Weigall, Arthur: *A History of the Pharaohs*, Band 1, The First Eleven Dynasties, E.P. Dutton & Company, New York, 1925

West, Ray B. Jr.: *Kingdom of the Saints, The Story of Brigham Young and the Mormons*, The Viking Press, New York, 1957

William Collins Publishers, Inc.: *The Lost Books of the Bible and The Forgotten Books of Eden*, 1926, 1927

Williams, Gurney III (Hrsg.): "Metropolis on Mars", *Omni*, Omni Publications International Ltd., New York, Bd. 7, Nr. 6, März 1985

Wilson, Colin: *The Occult*, Vintage Books, New York, 1973

Wilson, Don: *Secrets of Our Spaceship Moon*, Dell Publishing Company, Inc., New York, 1979

Ziegler, Philip: *The Black Death*, The John Day Company, New York, 1969

Sachregister

Schlüssel:
F=Fußnote